数字江孜 2016

辖区面积：3800平方千米

年末常住人口：72171人

地区生产总值：18.32亿元

第一产业：3.26亿元

第二产业：3.34亿元

第三产业：11.7亿元

全社会固定资产总额：11.57亿元

全社会消费品零售总额：4.21亿元

地方公共财政预算收入：3700万元

工业总产值：4609.08万元

招商引资到位资金：3.61亿元

农牧民人均可支配收入：10819.55元

县委书记　白　玛

县委副书记、县长　杨　军

县委副书记、人大常委会主任　张　峰

政协党组书记、主席　次　罗

2016年8月5日，西藏自治区原党委副书记、人大常委会党组书记、主任列确（左一）听取江孜县第一小学校长普布旺堆关于列确教育发展奖励基金会工作汇报

2016年3月18日，西藏自治区人大常委会副主任、日喀则市委书记丹增朗杰（右一）到江孜县江孜镇调研特色小城镇建设

2016年7月15日，西藏自治区人大常委会副主任李文汉（右二）带队精准扶贫专题调研组一行到江孜县红河谷现代农业科技示范区调研

2016年7月15日，西藏自治区人大常委会副主任李文汉（右三）到江孜县调研指导精准扶贫工作

2016年11月8日，西藏自治区人大常委会副主任周春来（左五）到江孜县车仁乡看望慰问贫困户及驻村驻寺工作队

2016年9月10日，西藏自治区政协副主席、自治区总工会主席洛桑久美（右二）到江孜县藏改乡检查指导工会工作

2016年11月20日，日喀则市委书记张延清（左二）到江孜县重孜乡看望结对帮扶户

2016年11月23日，日喀则市委书记张延清（前排左二）到江孜县红河谷现代农业示范区调研

2016年4月23日，西藏自治区教育厅副厅长吴艾珍（后排左二）到江孜县第二小学检查指导工作

2016年10月18日，西藏自治区农牧厅副厅长布琼次仁（左七）一行到江孜县现场观摩新型农机具展示及深耕深松作业

2016年10月18日，西藏自治区农牧厅副厅长布琼次仁（左四），日喀则市副市长巴桑（右三），日喀则市政协副主席、农牧局党组书记达娃占堆（左三）出席江孜县举办的日喀则市新型农机具展示暨深耕深松作业现场会

2016年4月12日，西藏自治区文化厅副厅长任淑琼（右三）到江孜县年堆乡检查指导公共文化服务体系建设工作

2016年12月2日，西藏自治区新闻出版广电局副局长朗杰央宗（左三）到江孜中波台检查指导工作

2016年3月14日，日喀则市政协副主席、市委驻江孜县督导组组长邱林（右二）检查指导综治宣传月活动

2016年11月3日，西藏自治区安全厅五总队政委李胜（左七）一行检查组到江孜县验收平安创建工作

2016年5月19日，县委书记孙嘉丰（左二），县委副书记、县长曲达（左四），华润电力西南大区副总经理杨永江（左三）出席华润20MWP光伏电站开工仪式

2016年12月21日，县委书记白玛到县纪委调研

2016年12月18日，县委书记白玛到加克西乡调研

2016年12月15日，县委副书记、县长杨军到龙马乡恩达寺看望慰问僧尼

2016年12月15日，县委副书记、县长杨军到江孜县农业示范园区检查藏红花生长情况

2016年6月21日，欢送上海第七批援藏干部，迎接上海第八批援藏干部

2017年4月7日，党政综合楼六楼会议室《江孜年鉴（2017）》培训会

2016年8月8日，江孜达玛文化旅游节——赛马比赛

2016年8月7日，江孜达玛文化旅游节文艺演出——扎念弹唱

传统民族服饰（节日的盛装）

大型实景剧《江孜印迹》——江孜欢迎你

室内剧《江孜印迹》——光的印迹

非物质文化遗产——达果米果

江孜陶瓷

非物质文化遗产——江孜卡垫

江孜县红河谷现代农业示范区——立柱栽培区

江孜县红河谷现代农业示范区——平菇

江孜县红河谷现代农业示范区——塌菜

江孜县宗山广场亮化工程

朗莎姑娘

八大庄园之一——帕拉庄园

白居寺

江孜抗英纪念馆

野生动物——黑颈鹤

紫金湿地

编辑说明

一、《江孜年鉴》自2017年开始编纂，每年出版1卷，2017年卷为第1卷。

二、《江孜年鉴》以马克思列宁主义、毛泽东思想、邓小平理论、“三个代表”重要思想、科学发展观和习近平新时代中国特色社会主义思想为指导，始终坚持“实事求是、质量第一、存史资政、服务大众”的办鉴宗旨，全面、系统、翔实地记述江孜县上一年度政治、经济、文化、社会等各项事业的基本情况，为社会各界与国内外人士了解和研究当今江孜县提供翔实资料。

三、《江孜年鉴》分为正文与彩页两部分。正文采取分类编辑法，以类目、分目、条目为主要框架结构，个别包含多方面资料的条目，则在段落间加插楷体标题提示，方便读者查阅全书。

四、《江孜年鉴（2017）》载录江孜县2016年经济社会发展的基本资料，设有特载、综述、大事记、政治、援藏工作、武装、法治、经济管理、社会事业、城市建设·环保、交通·通讯、金融、乡（镇）概况、附录等内容，通过这些内容，可以为人们了解江孜县、认识江孜县提供一个全新的窗口。

五、《江孜年鉴》的编辑宗旨，在于求真务实，力求真实生动地反映江孜县在改革开放和现代化建设中取得的崭新成就。

六、《江孜年鉴》所提供的内容和数据，分别来自于江孜县各有关部门和乡（镇）人民政府，经各级领导审核，但由于口径与统计方法不同，恐有不一致之处，使用时应以县统计局提供的数据为准。

《江孜年鉴》编辑部

2017年11月1日

《江孜年鉴》编纂委员会

《江孜年鉴》编辑部

图书在版编目（C I P）数据

江孜年鉴. 2017 / 江孜县地方志办公室编. -- 北京 : 方志出版社，2017.10
ISBN 978-7-5144-2685-4

Ⅰ. ①江… Ⅱ. ①江… Ⅲ. ①江孜县－2017－年鉴 Ⅳ. ①Z527.54

中国版本图书馆CIP数据核字（2017）第281813号

江孜年鉴（2017）

编　　者：江孜县地方志办公室
责任编辑：刘方圆

出 版 人：冀祥德
出 版 者：方志出版社
地址　北京市朝阳区潘家园东里9号（国家方志馆 4 层）
邮编　100021
网址　http://www.fzph.org
发　　行：方志出版社图书经销中心
电话（010）67110500
经　　销：各地新华书店
印　　刷：河南匠心印刷有限公司

开　　本：889×1194　1/16
印　　张：34.5
字　　数：623千字
版　　次：2017年10月第1版　2017年10月第1次印刷
印　　数：001～500册

ISBN 978-7-5144-2685-4　定价：350.00元

目　录

特　载

综　述

大事记

政 治

中共江孜县委员会

江孜县人民代表大会常务委员会

江孜县人民政府

中国人民政治协商会议江孜县委员会

中共江孜县纪律检查委员会（监察局）

中共江孜县委办公室

中共江孜县委组织部

中共江孜县委宣传部

中共江孜县委统战部

中共江孜县委政法委员会

中共江孜县机关工作委员会

中共江孜县委党校

中共江孜县委老干部局

江孜县总工会

共青团江孜县委员会

江孜县妇女联合会

江孜县工商业联合会

江孜县人民代表大会常务委员会办公室

江孜县人民政府办公室

中国人民政治协商会议江孜县委员会办公室

江孜县信访局

援藏工作

武　　装

江孜县人民武装部

江孜县公安消防大队

武警江孜县中队

法 治

江孜县公安局

江孜县人民检察院

江孜县人民法院

江孜县司法局

经济管理

江孜县发展和改革委员会

江孜县财政局

江孜县国土资源局

江孜县商务局

江孜县安全生产监督管理局

江孜县国家税务局

江孜县工商行政管理局

江孜县旅游局

江孜县红河谷现代农业科技示范区

社会事业

江孜县民政局

江孜县人力资源和社会保障局（公务员局）

江孜县民族宗教事务局

江孜县卫生局

江孜县食品药品监督管理局

江孜县人民医院

江孜县文化广播电影电视局

江孜县农牧局

江孜县扶贫（农发）办

江孜县林业局

江孜县水利局

西藏自治区满拉水利枢纽管理局

江孜县科学技术局

江孜县教育（体育）局

江孜县藏语文工作委员会办公室（编译局）

江孜县第一中学

江孜高级中学

江孜县闵行中学

江孜县第一小学

江孜县第二小学

江孜县幼儿园

江孜县气象局

西藏自治区新闻出版广电局江孜中波转播台

城市建设·环保

江孜县住房和城乡建设局

江孜县环境保护局

交通·通讯

江孜县交通运输局

日喀则市交通运输局江孜公路段

中国邮政集团公司西藏自治区江孜县分公司

中国电信集团公司江孜电信局

中国移动通信集团西藏有限公司江孜县分公司

中国联合网络通信有限公司日喀则市分公司江孜县营业部

金　融

中国农业银行股份有限公司江孜县支行

乡（镇）概况

江孜镇

纳如乡

卡麦乡

卡堆乡

藏改乡

日朗乡

达孜乡

热索乡

重孜乡

龙马乡

紫金乡

江热乡

年堆乡

康卓乡

金嘎乡

日星乡

热龙乡

车仁乡

加克西乡

附　录

彩页目录

特 载

在“两学一做”学习教育工作座谈会上的讲话

2016年5月6日

孙嘉丰

在全体党员中开展“学党章党规、学系列讲话，做合格党员”学习教育，是党中央贯彻全面从严治党要求，深化党内教育、加强思想政治建设的重要部署，对于推动全面从严治党向基层延伸、保持发展党的先进性和纯洁性具有重大意义。如何深刻领会习近平总书记对开展“两学一做”学习教育作出的重要指示精神，全面认识和准确把握“两学一做”的科学内涵，并在实践中认真贯彻落实“两学一做”要求，是我们当前的首要任务。今年2月，中共中央办公厅印发了《关于在全体党员中开展“学党章党规，学系列讲话，做合格党员”学习教育方案》，并发出通知，要求各地区各部门认真贯彻执行。4月15日和27日自治区和日喀则市相继召开了“两学一做”学习教育工作座谈会，自治区党委常务副书记吴英杰和自治区人大常委会副主任、日喀则市委书记丹增朗杰分别作了重要讲话，并明确了具体要求。今天我主要带着三个问题：“两学”学什么，“一做”怎么做，如何开展好江孜县“两学一做”学习教育进行专题辅导授课。

一、学什么—内容

“两学”，即学党章党规，学系列讲话。把学习摆在首要位置，通过学习进一步统一思想、武装头脑、提高认识，是我们党深化党内教育、加强思想政治建设的鲜明特点和成功经验。中央强调，开展“两学一做”学习教育，基础在学，就是学党章党规、学习近平总书记系列重要讲话，并对全体党员和县处级以上党员领导干部的学习提出不同要求。这既突出了学习的基础性地位，又明确了学习的基本内容和重点，体现了思想政治理论学习要精当适用、区分层次对象、务实管用的要求。

“两学”首要的是学好党章。近日中共中央总书记、国家主席、中央军委主席习近平对在全党开展“两学一做”学习教育作出重要指示强调，“两学一做”，基础在学，首先要学好党章。党章是党的总章程，集中体现了党的性质和宗旨、党的理论和路线方针政策、党的重要主张，规定了党的重要制度和体制机制，是全党必须共同遵守的根本行为规范。党章是党的根本大法，是全面从严治党的总依据和总遵循，也是全体党员言行的总规矩和总遵循。全党学习贯彻党章的水平，决定着党员队伍党性修养的水平，决定着各级党组织凝聚力和战斗力的水平，决定着全面从严治党的水平。不论是高级干部还是普通党员，要做合格党员，学习贯彻党章都是第一位的要求。习近平强调，学习党章是全体党员的基本功，这个功课要经常做。学习党章不仅要原原本本学、反反复复学，做到知其然，而且要联系实际学、深入思考学，做到知其所以然。要联系党的历史和今天党所处的历史方位、承担的历史使命的实际，联系党的理论发展和今天坚定理想信念的实际，联系党的基本路线和今天做好各项工作的实际，联系党的性质宗旨和今天更好为人民服务的实际，联系党员义务权利和今天发挥好党员先锋模范作用的实际，联系党的纪律规矩和今天解决好党内存在的突出问题的实际，深入思考党章对党组织和党员、干部的要求是哪些、怎样身体力行，深入思考对照党章自己哪些没做到、应该如何提高，深入思考全面从严治党还有哪些环节需要加强、哪些制度需要完善。要通过这样的学习，把党章融会贯通，做到学而懂、学而信、学而用。

党章是中国共产党的行动纲领，集中体现了党的性质宗旨、指导思想、党的理论和路线方针政策。党章共分为总纲和十一章。总纲规定中国共产党的性质、最高理想和最终目标、行动指南，概括和总结了社会发展规律、中国的发展经验及其基本要求（五个方面问题）。其中十一章分别为党员、党的组织制度、党的中央组织、党的地方组织、党的基层组织、党的干部、党的纪律、党的纪律检查机关、党组、党和共产主义青年团的关系、党徽党旗。党章规定了党的重要制度，明确了党员的义务和权利、党的干部的基本条件、党组织的行为规范和党的纪律，为坚持党的领导、加强党的建设、全面从严治党提供根本制度保证。历史上党面临的形势任务不断变化，党章的具体内容和形式也随之变化，但共产主义理想、马克思主义信仰、全心全意为人民服务的宗旨从未改变，一直写在中国共产党的章程里，昭示天下，毫不动摇，展现着党的理想信念宗旨的坚定性。加强党的领导，坚持中国特色社会主义道路，最根本的就是要遵循党章确定的理想信念和奋斗目标。

党规党纪是党章的延伸和具体化，是党内法规，是党内制度、党的纪律和规矩的重要载体。习近平总书记反复强调，要坚持制度治党、依规治党，广大党员特别是党员干部要守纪律、讲规矩。全面从严治党、依规治党，首先要尊崇党章，以党章为根本依据，建立健全党内法规制度。经过近百年的实践探索，我们党已经形成了包括党章、准则、条例、规则、规定、办法、细则在内的一整套党内法规制度体系，这是我们党的一大政治优势。中共十八大以来，党中央依据党章，坚持问题导向，总结实践经验，制定和修订了一系列党内法规，进一步扎牢了制度的笼子，使管党治党建设党的尺子越来越清晰。王岐山常委明确指出，修订《准则》和《条例》始终坚持以党章为根本遵循，从研读党章入手，联系历史、把握当下，捋清来龙去脉，探究党内规则的理论源头，把“为什么修改”“怎么修改”想透彻、说明白。制度源自于实践。中共十八大以来，党中央坚定不移推进党风廉政建设和反腐败斗争，从治标入手，为治本赢得时间。落实中央“八项规定”精神言出纪随，严明政治纪律和政治规矩，强化巡视监督、利剑作用凸显，遏制腐败蔓延、形成高压威慑，丰富的实践为制度创新奠定了坚实基础。把学习党规纳入这次学习教育的重要内容，体现了全面从严治党、制度治党依规治党的要求。守纪律、讲规矩，前提是知纪律、知规矩。全体党员要重点学习《中国共产党廉洁自律准则》《中国共产党纪律处分条例》《中国共产党党员权利保障条例》。党员领导干部还要学习地方党委工作条例、党组工作条例、党政领导干部选拔任用工作条例等。通过学习，进一步明确行为规范，增强党规党纪意识，自觉遵守党的制度、纪律和规矩，自觉同破坏党的制度、纪律和规矩的行为作斗争，共同维护党的纪律和规矩的严肃性。

列宁指出："没有革命的理论，就不会有革命的运动。"我们党从成立之日起，就把马克思列宁主义作为指导思想和行动指南。在党的90多年奋斗历程中，我们党紧紧依靠人民，把马克思列宁主义基本原理同中国实际和时代特征相结合，不断推进马克思主义中国化，形成了毛泽东思想和中国特色社会主义理论体系，取得了革命建设改革的伟大胜利，开创和发展了中国特色社会主义。在中共十八大以来治国理政新的实践中，习近平总书记围绕改革发展稳定、内政外交国防、治党治国治军发表一系列重要讲话，形成一系列治国理政新理念新思想新战略，进一步丰富和发展了党的科学理论，为我们在新的历史起点上实现新的奋斗目标提供了基本遵循，开辟了马克思主义中国化的新境界，为在新的历史条件下深化改革开放、加快推进社会主义现代化提供了科学理论指导和行动指南。深入学习贯彻习近平总书记系列重要讲话精神，是做合格党员的基本要求，也是这次学习教育的基本任务。要坚持学原著读原文悟原理，坚持系统学、跟进学、深入学，念好"全、新、深"三字经。注重从整体上理解和把握系列讲话的丰富内涵、内在联系、理论体系、实践要求，做到全面把握、融会贯通。要深刻理解和把握讲话的核心要义，深入领会贯穿其中的马克思主义立场观点方法。学习习近平总书记系列重要讲话要同学习马克思列宁主义、毛泽东思想、邓小平理论、"三个代表"重要思想、科学发展观结合起来，同学习马克思主义经典著作包括《党委会的工作方法》结合起来，深刻理解党的科学理论既一脉相承又与时俱进的内在联系，坚定中国特色社会主义道路自信、理论自信、制度自信。要经常自觉地与系列讲话精神"对表"，始终做到理论清醒、旗帜高扬。

需要明确的是，学党章党规与学习近平总书记系列重要讲话，二者是紧密联系、内在统一、相互促进的。党章是党的总章程和党内的根本大法。十八大党章充分体现了我们党在推进中国特色社会主义伟大事业和党的建设新的伟大工程中取得的重大实践成果、理论成果、制度成果，实现了党章的与时俱进，在推进党的事业和党的建设中发挥了根本性规范和指导作用。习近平总书记系列重要讲话处处透视着对党章的尊崇。十八大刚闭幕，总书记就发表署名文章，要求全党认真学习党章、严格遵守党章。系列重要讲话与党章精神一脉相承，既旗帜鲜明坚持党的领导，是党的路线方针政策的具体体现。又深刻总结党的历史中的经验教训，尤其是十八大以来党的建设和治国理政的实践经验，坚持和发展中国特色社会主义理论，深化了对共产党执政规律、社会主义建设规律的认识。要深刻把握党章和系列讲话的内在联系，融会贯通，强化党章意识和党的观念，以党章修身、以党章律己，把党章内化于心、外化于行。因此，"两学一做"中的"两学"，虽然是学习党章党规、系列重要讲话两个方面的内容，但二者在精神实质和核心要义上是完全一致的。这也正是中央要求把党章党规和系列重要讲话贯通起来学习、统一起来领会的根本原因所在。只有这样，才能融会贯通、学深悟透，做到学而懂、学而信、学而用，内化于心、外化于行，把合格的标尺立起来、把做人做事的底线划出来，把党员的先锋形象树起来，用实际行动体现信仰信念的力量。

二、怎么做一标准

"一做"，即做合格党员。空谈误国，实干兴邦。合格党员，是实干出来的，是踏踏实实做出来的。中央强调，开展"两学一做"学习教育，关键在做。要坚持理论联系实际，以学促做、知行合一，做"四讲四有"合格党员。这不仅明确了学习教育的根本方法和着眼点、落脚点，而且明确了新的历史条件下合格党员的要求和标准，为广大党员指明了行为规范和行动指南，提供了对照检查的"镜子"和衡量检验的"尺子"。

根据不同时期的形势任务，我们党在革命建设改革的奋斗历程中分别提出了党员的条件和标准。在1929年召开的古田会议上，毛泽东确定了新分子入党的"五个条件"。在1938年党的扩大的六届六中全会上，毛泽东提出了党员要在抗日战争中成为模范的具体要求。1939年，陈云提出了党员的“六条标准”。新中国成立之初，刘少奇提出了党员标准的“八项条件”。改革开放初期，邓小平概括了合格党员应当具备的“五种精神”。当前和今后一个时期，党的中心任务，就是团结带领全党和全国各族人民协调推进“四个全面”战略布局，决胜全面建成小康社会。适应这一中心任务的需要，党中央明确提出了讲政治、有信念，讲规矩、有纪律，讲道德、有品行，讲奉献、有作为的“四讲四有”合格党员的要求和标准。这24字的要求和标准，充分体现了我们党对自身状况和面临形势任务的清醒认识，刻画出新的历史条件下共产党员先锋模范形象的“标准像”，赋予共产党员以新的时代内涵。做合格党员，就要自觉践行“四讲四有”，时时处处事事用这把“尺子”来衡量自己，用这面“镜子”检视自己，提振精气神、展示新作为、发挥先锋模范作用，在工作岗位上建功立业。

需要明确的是，“四讲四有”的要求和标准不是另起炉灶、另搞一套，而是与我们党关于党员的要求和标准一脉相承的，与党章党规关于合格党员的规定是内在一致的，与习近平总书记对党员干部提出的更具时代特点的新要求是内在一致的，是对党章党规和习近平总书记关于合格党员的规定和要求的集中概括和提炼。为此，做“四讲四有”合格党员，就要同深入领会掌握党章党规和习近平总书记关于合格党员的规定和要求紧密结合起来，在学习党章党规和系列重要讲话精神过程中，加深对“四讲四有”的理解领会，加大贯彻执行力度。在践行“四讲四有”过程中，加深对党章党规和习近平总书记系列重要讲话精神的理解领悟和把握。“两学一做”学习教育确定了“四个进一步”的目标，即进一步坚定理想信念，进一步增强政治意识、大局意识、核心意识、看齐意识，进一步树立清风正气，进一步强化宗旨观念。要紧紧围绕这个目标，始终盯住目标学、对照目标改，不达目标不罢休，努力做讲政治、有信念，讲规矩、有纪律，讲道德、有品行，讲奉献、有作为的合格党员。引导党员强化政治意识，保持政治本色，把理想信念时时处处体现为行动的力量。坚定自觉地在思想上政治上行动上同以习近平同志为总书记的党中央保持高度一致，经常主动向党中央看齐，向党的理论和路线方针政策看齐，做政治上的明白人。践行党的宗旨，保持公仆情怀，牢记共产党员永远是劳动人民的普通一员，密切联系群众，全心全意为人民服务。加强党性锻炼和道德修养，心存敬畏、手握戒尺，廉洁从政、从严治家，筑牢拒腐防变的防线。

三、如何开展好“两学一做”学习教育工作

中央明确指出，这次学习教育不是一次活动，而是推动党内教育从“关键少数”向广大党员拓展、从集中性教育向经常性教育延伸的重要举措。为此，中央要求，要突出经常性教育的特点，把党的思想政治建设抓在日常、严在经常。这就指明了这次学习教育的基本定位和特色。经常性教育与集中教育是有所不同的。集中教育是针对突出问题，针对“关键少数”，大喝一声、猛击一掌，是下“猛药”，治“重病”，集中整治。经常性教育，关键是抓在日常、严在经常。在对象上，涵盖所有基层党组织和全体党员。在方式上，立足抓常、抓细、抓长，是思想建党和制度治党的紧密结合，是细水长流。在目标上，强调“保健”，是有病治病、无病强身，把思想政治建设融入日常的党内组织生活之中，推动思想政治建设常态化制度化。

*一是要坚持领导带头。*党员领导干部既是党内普通一员，又是“关键少数”，既要以普通党员身份投身学习教育，又要以自己的模范行为带动普通党员这个“最大多数”，形成层层带动、上行下效的示范效应。从县委常委开始，各级领导干部要以身作则，先学一步、深学一层，特别是在学习掌握党中央治国理政新理念新思想新战略、提高执政能力上下功夫、见成效。要以普通党员身份参加所在支部的组织生活，与支部党员一起学习讨论、一起查摆解决问题、一起接受教育、一起参加党员民主评议、一起参加组织生活会，带头开展批评和自我批评。要积极到基层党支部讲党课。还要积极参加党委（党组）组织的领导班子学党章党规、学系列讲话专题学习，搞

好集中研讨，深化学习效果。在民主生活会中，领导干部要真正把自己摆进去，对照党章党规、系列讲话认真查找自己存在的问题，并切实整改，为普通党员作表率。特别是各乡镇、各单位一把手是第一责任人，要自始至终把责任扛在肩上，带头学习提高、带头讲党课、带头查找问题、带头开展批评与自我批评、带头整改落实。

二是要坚持从严要求。要以从严从实的作风开展学习教育，把严的标准、严的措施、严的纪律贯穿学习教育始终，以严促深入，以严求实效。特别是要把专题党课、专题学习研讨、专题民主生活会和组织生活会、民主评议党员、整改落实这五个"关键动作"抓细抓实抓到位，真正从思想上、工作上、作风上严起来、实起来。县委将采取走访调研、明察暗访、随机抽查、专项检查等多种方式进行督导，坚决防止走过场，对那些组织不力、敷衍塞责、效果不好的，要追究问责。

三是要坚持因类施教。这次学习教育，面对的是全体党员，层级多、范围广，党员文化程度、职业等差异很大。学习教育既要统一要求，又要分类施教，不能"一般粗""一锅煮"。要紧密结合江孜县实际，分门别类找准问题，丰富内容，创新载体，切实增强针对性和实效性。要把握从"关键少数"向全体党员拓展、从集中性教育向经常性教育延伸这两个特点，突出正常、经常教育，把握好学习教育的特点，根据不同领域、不同行业党员情况提出具体要求，确保学习教育全覆盖。特别是要针对非公有制企业和社会组织、流动党员、离退休干部职工党员及年老体弱党员等的各自特点，在学习内容重点、学习要求、组织方式等方面作出灵活安排，既体现从严要求，又切实可行。应用好现代传媒手段，创新学习教育方式，开展在线学习交流，扩大覆盖面、增强实效性。

四是要坚持问题导向。对这次学习教育，中央明确要求，要强化问题导向，学和做都要针对问题，把解决问题贯穿学习教育全过程。为此，党组织和党员要把认真查找和着力解决问题贯穿于日常的组织生活，把发现问题、解决问题作为出发点和落脚点。在学习教育中，要通过自我反思、民主评议党员、召开组织生活会等方式，引导党员对照党章党规、系列讲话，深入检查自己言行，看是否存在上述问题、存在哪些问题，检视自己在新任务新考验面前，能否坚守共产党人信仰信念宗旨，能否正确处理公与私、义与利、个人与组织、个人与群众的关系，能否努力追求高尚道德、带头践行社会主义核心价值观、保持积极健康生活方式，能否做到党规党纪面前知敬畏守规矩，能否保持良好精神状态、积极为党的事业担当作为。特别是在与十四世达赖集团的反分裂斗争中，是否存在立场不坚定、旗帜不鲜明等问题。要聚焦问题，深挖根源，闻过则改，立行立改，对群众反映强烈的问题，要进行专项整治，严格正风肃纪，同时要建制度、立规矩，强化刚性约束，以解决问题的成果来检验学习教育的成效。

五是要坚持学习出实效。开展"两学一做"学习教育，推动广大党员做合格党员，最终目的是通过发挥广大党员的先锋模范作用来推动当前工作、推动事业发展。现在，江孜县正面临着十三五开局之年，也面临着精准扶贫的攻坚战，"两学一做"学习教育要紧密结合这个中心任务来开展，要把学习的成果体现在推动实现这个中心任务上，做合格党员要落实到为实现这个中心任务而奋力拼搏上，起先锋模范作用，平常时候看得出来，关键时刻冲得上去。要把学习的成果体现在树牢新发展理念上，要把学习的成果体现在提振精气神上，努力开好局、起好步，努力在扶贫攻坚主阵地、经济建设主战场建功立业。

同志们，开展"两学一做"学习教育，意义深远、责任重大。我们要严格按照各级党委的安排部署，端正态度，提高认识，以高度的政治责任感，优良的精神状态和扎实的工作作风，聚精会神，齐心协力把学习教育开展好，从严打造一支对党忠诚、个人干净、敢于担当的党员队伍，为党和国家的社会主义建设保驾护航，为实现"两个一百年"的奋斗目标和中华民族伟大复兴的中国梦而不懈奋斗！

在全县产业推进会议上的讲话

2016年11月8日

白 玛

经县委、政府研究，今天，我们召开全县产业发展推进会议，主要任务是，认真贯彻落实全市产业发展大会精神，进一步认清形势，坚定信心，迎难而上，明确目标要求，理清思路，采取有力举措，全力抓好产业发展，着眼提升农牧民群众收入，为早日实现“富民强县”目标提供更加有力的支撑。下面，我讲三点意见。

一、提高认识，进一步把握产业发展的重要性

产业建设牵动全局、关乎长远，是经济发展、社会稳定、民生改善的有力支撑。当今，江孜县各项事业已经步入了“不进则退、慢进也是退”的历史阶段，但是，在产业发展方面依然存在规模不大、效益不高、带动能力不强等问题。因此，大力培育和发展特色产业，已经势在必行、迫在眉睫。

（一）大力发展产业是落实市委决策部署的内在要求。今年9月，市委专门召开产业发展大会，市委书记张延清做了重要讲话，明确提出了我市产业发展的目标、方向、思路及要求，只有加快产业发展才能实现后发赶超，也只有加快产业发展才能实现争先进位。我们要认真按照市委的决策部署和工作要求，立足丰富的农牧、文化、旅游等优势资源，大力发展特色产业，切实把资源优势转化为经济优势和发展优势，不断壮大全县经济实力。

（二）大力发展产业是推动区域经济发展的必然要求。2015年，江孜县生产总值完成17.08亿元，同比增长15%；完成全社会固定资产投资7.13亿元，同比增长15%；实现财政收入3075万元，同比增长15%；农牧民人均纯收入9850.71元，同比增长9.62%。纵向比较，江孜县产业从无到有、从小到大，产业对群众增收致富、对城镇化建设、对县域经济发展的促进作用日趋明显。但横向比较，江孜县作为“农业百强县”“历史文化名城”，产业发展水平已滞后于桑珠孜区、白朗等兄弟县（区），至少存在着科技对农业产业发展的支撑作用还不够明显、招商引资力度还需进一步加强、文化旅游业基础设施投入还不足、旅游经济还需要进一步引导和发展、财源、税源相对单一等方面问题。长此以往，我们江孜未来的发展空间将会越来越小，发展道路将会越来越窄，发展后劲将会越来越弱。因此，我们要进一步强化责任意识、忧患意识，加快发展特色产业，推动产业向中高端迈进，实现规模化、高端化、精品化。

（三）大力发展产业是全面建成小康社会的迫切要求。产业发展的规模、速度、水平和质量直接决定着生产力发展的水平、经济实力的强弱、人民群众的生活质量。目前，距离全面建成小康社会仅剩四年时间，全县经济社会发展仍然面临着很多困难和挑战，全面建成小康社会的压力巨大。特别是我们的群众还不富裕，农村居民人均可支配收入在全市平均水平排名中还比较靠后，这充分说明我们的发展层次还很低，离群众的期盼还有很大差距，亟须通过产业发展来实现“富民强县”目标，亟须通过产业发展来凝聚人心、夯实基础。因此，我们务必要充分认识产业发展对于全面建成小康社会的重要作用，正视现实，自我加压，实现赶超，做强做优特色产业，努力形成多个产业互为支撑、联动发展的良好格局，为顺利建成小康社会奠定坚实基础。

（四）大力发展产业是确保局势和谐稳定的根本要求。在西藏，发展是第一要务，稳定是第一责任。稳定是发展的前提基础，唯有社会稳定，人们才能一心一意搞经济建设。发展是稳定的根本保障，是解决西藏所有问题的基础和关键；没有经济的发展，稳定就失去了支撑。近年来，江孜县认真贯彻落实党中央治边稳藏战略和区、市党委维稳工作举措，实现了持续长期全面稳定。我们要维护好、巩固好、发展好这来之不易的大好局面，必须在落实好维稳十项措施的同时，把产业发展作为重要工作任务，努力做到生产要素向产业聚集、优惠政策向产业倾斜、人才资源向产业汇聚，切实改善产业发展环境，夯实产业发展基础，推动产业发展突破，以产业的快速培育壮大推动江孜县经济实力大提升、大跨越，进一步筑牢维护社会稳定和长治久安的物质根基。

二、理清思路，进一步提升产业发展的生命力

当前和今后一个时期，江孜县产业发展的指导思想是：以邓小平理论、“三个代表”重要思想、科学发展观为指导，深入贯彻落实中共十八大、十八届历次全会精神和中央第六次西藏工作座谈会精神，深入贯彻落实习近平总书记系列重要讲话精神，特别是“治国必治边、治边先稳藏”重要战略思想，牢固树立“以人为本、绿色发展、市场引领、尊重自然”的理念，紧紧围绕“1135”产业发展思路（打造一个品牌，壮大一个园区，发展三大产业，建好五个基地），大力发展优势产业、特色产业和现代产业，挖掘发展潜力、厚植发展优势，拓展发展空间。

（一）着力打造“一个品牌”。江孜县是全国历史文化名城，“红河谷”品牌已经逐渐成为江孜县的一大优势品牌。我们要充分发挥品牌效应，坚持以品牌引领带动，大力实施品牌战略，充分做好与上级相关行业部门的沟通衔接，积极注册“红河谷”有机青稞、“红河谷”文化旅游、“红河谷”农畜产品、“红河谷”藏药、“红河谷”特色手工艺品等品牌商标，打造以“红河谷”地理标志命名的品牌集群。

（二）着力壮大“一个示范区”。按照“两头在上海，中间在江孜”（新品种新技术研发和产品市场在上海，生产基地在江孜）的模式，充分发挥上海浦东援建优势，加快“红河谷农业科技示范区”建设，通过农业的接二连三，大力发展观光农业、休闲农业，走出一条农旅共兴的发展新路。投入400万元援藏资金着力从日光温室扩建、农牧综合技能培训中心建设、标准化藏鸡养殖基地建设等方面对园区综合功能进行完善，以现代农业科技为引领，充分发挥示范区技术攻关、成果转化、平台建设、要素对接作用，努力提升示范区的承载能力、招商引资水平和辐射带动功能，力争在农业科技创新、农业增产增效方面取得新突破。在示范区大力发展藏红花种植、食用菌种植、花卉种植、优质瓜果种植，全面辐射周边乡（镇）农业发展。同时，着力培养一批懂经营、会管理的职业农民致富带头人，以先富带后富引领带动广大群众脱贫致富。

（三）努力发展“三大产业”。一是发展现代农业。江孜是农业大县，要在抓好传统农业的基础上，推进高标准农田建设项目实施，大力推广优质农作物品种，加强农牧业合作社建设，切实提高农业的组织化、标准化、科技化、机械化水平。加快农村土地确权登记颁证工作，为实现土地集约化经营和土地有序流转，为连片种植、连片机械化创造条件。巩固提升“阿香大蒜”“青稞压缩饼干”等传统产业，加大江孜酥油、酸奶、藏鸡蛋等特色农畜产品加工，打造一批有市场竞争力和影响力的特色农畜产品。二是发展文化旅游业。江孜是旅游文化资源大县，是打通南亚通道的重要节点城市，我们要主动对接珠峰特色旅游业，继续深化“6+1”（一座古堡、一座寺庙、一条老街、一座庄园、一座冰川、一片湿地、加一台演出）发展思路，打造以卡若拉冰川、紫金湿地、帕拉庄园等景点为主的精品旅游线路，围绕加日郊老街、宗山城堡、白居寺等景点打造古城古堡古寺旅游观光带。围绕旅游“吃、住、行、游、购、娱”六大要素，进一步完善旅游景区景点基础配套设施建设，积极申报宗城AAAAA级景区。实施宗山城堡复原工程，不断丰富宗山城堡的内涵。对加日郊老街进行全面升级改造，把老街打造成为集演艺、住宿、餐饮、旅游、购物、娱乐为一体的样板项目。加强与区内外各大旅行社的合作，不断扩大江孜“达玛节”和《江孜印迹》实景剧影响力，努力把江孜建设成为后藏重要文化旅游目的地。三是发展光伏产业。江孜地势平坦，日照充足，我们要充分利用宝贵的自然资源，坚持生态优先、统筹考虑、适度开发、坚守底线，大力推进太阳能为主的新能源开发利用。立足西藏是国家“西电东送”能源接续基地的战略定位，通过华润、中能建、协信、北京恒基阳光等企业，在江热乡和车仁乡集中规划建设光伏产业园区，并全力支持协信建设220ＫＶ变电站，促使光伏企业尽快并入国家电网，逐步实现电力规模外送。

（四）着力建设“五个基地”。一是建设有机青稞初深加工基地。江孜年产青稞过亿斤，素有“西藏粮仓”的美誉。我们利用青稞产量高这一资源优势与“西藏青藏高原生物科技有限公司”合作成立了“西藏红河谷青稞实业有限公司”，以此为龙头做大做强青稞产业，打响“世界青稞之乡”品牌。将投资2亿元分三期建设青稞初深加工项目，重点推进高原青稞有机食品研发与生产，着力提升有机青稞产品附加值，确保投产第一年加工青稞达到２万吨，５年之内达到10万吨。按计划逐渐提高青稞特别是“藏青320”的收购单价，以此带动广大农牧民群众可持续增收、脱贫致富奔小康。二是建设高原食用菌基地。依托“国家食用菌工程技术研究中心西藏基地”平台，与上海食用菌种植企业合作，在示范区建立年产50万个食用菌菌棒的加工厂，引进食用菌全自动化生产设备，实现年生产香菇40吨。不断扩大食用菌种植规模，拓宽产品销售渠道，使小香菇走向大市场。三是建设藏药材种植基地。引进藏红花种植企业，培育藏红花为主的藏药材种植产业，建立规范化、规模化藏药材种植基地，扶持和发展一批生产能力和带动能力强的种植专业村、专业户，推行“公司+基地+农户”的产销模式，不断打通关节、拓宽领域、实现产业化，促进项目区域农户和企业互利共赢。四是建设特色民族手工业基地。进一步推进卡垫、谢玛氆氇等民族手工业与旅游业、文化产业融合发展，扩大规模，推动产品结构从日常生活用品为主向开发旅游商品转变。规划建设民族手工业园，充分整合现有资源，打造集产业资源、手工匠人、产品展销的平台。加强传承保护，认定一批各类特色手工技艺的传承人，在政策和资金上给予大力支持，千方百计让特色手工技艺永久传承。五是建设农畜产品基地。大力实施人工饲草基地、畜牧养殖标准化建设，推进畜牧养殖从粗放型向集约型转变、从分散型向规模型转变。着力推广良种繁育，加大黄牛和绵羊的品种改良力度，积极融入“岗巴羊经济圈”。走高原“有机产业、生态家园”发展之路，加强龙头企业、家庭农场、种植大户的培育，以“园区+合作社+农牧民”的方式建好农畜产品生产基地。

三、多管齐下，进一步强化产业发展的保障力

一张蓝图绘到底，真抓实干是关键。全县各级各部门一定要解放思想、更新观念，树立超常规发展的理念，打破条条框框，突破思维定式，转变作风、狠抓落实，努力开创产业发展新局面。

（一）进一步强化组织保障。产业发展涉及行业多，牵扯面广，必须加强组织领导。县里已经成立了由我任组长、杨军县长任常务副组长、相关县级领导任副组长、相关部门和乡（镇）主要负责人为成员的产业发展领导小组，负责统筹谋划全县产业发展工作。领导小组下设八个专项小组，由相关县级领导任专项小组组长，负责制定出台本领域产业发展的实施方案，要做到有任务书、有路线图、有时间表，要加大统筹推进力度。各级各部门要牢固树立“一盘棋”的思想，把推动产业发展作为“一把手”工程，摆在突出位置、纳入议事日程，做到主动作为、密切配合、全力支持，协调解决全县产业发展的具体问题，形成齐抓共管的强大合力。要建立产业发展考核评价办法，层层落实“一把手”责任制，将产业发展指标纳入单位年终考核中，确保各项目标任务落到实处。

（二）进一步强化政策保障。要紧紧抓住中央第六次西藏工作座谈会给予西藏更多支持、国家“一带一路”发展战略加速推进的有利时机，加大与区、市相关部门协调对接，积极对上争取政策、项目和资金，加快江孜县产业发展步伐。要结合江孜发展实际，抓紧研究制定更加开放、更加优惠，切实可行的产业发展政策，切实保障产业科学持续跨越发展。要进一步深化行政审批制度改革，最大限度减少审批环节、缩短审批时限，最大限度为投资者提供优质服务。要放宽准入条件，全面实行“非禁即入”，除了国家有特殊规定以外，所有产业发展投资领域必须放宽管制、降低门槛，赋予不同所有制企业同等待遇，进一步激发市场活力。

（三）必须进一步强化资金保障。要重视资金、用活资金、善用资金，按照集中力量办大事的原则，加大相关领域项目资金的整合力度，向产业发展集聚，形成合力、加快发展。要积极争取资金，协调对口支援单位进一步加大产业援藏力度，推动援藏资金优势与江孜农牧文化旅游、特色民族手工等特色资源优势深度融合，促进特色产业繁荣发展；各部门要加大与上级归口部门的沟通协调，争取更多的资金、项目向江孜县倾斜，推动产业发展壮大。要拓宽投融资渠道，提升融资水平，积极融资、大胆融资；要做大做强宗城投资开发有限公司，逐步打造1—2家具有强劲市场竞争力和广阔市场前景的支柱企业，做大融资平台，引领产业发展。

（四）进一步强化人才保障。要坚持请进来，加大人才引进力度，依托援藏优势，邀请相关专家学者，为产业发展科学决策提供咨询服务；用优惠的政策、优越的环境、优厚的待遇，吸引、聚集一批区内外高层次产业发展科技人才和企业经营人才，不断增强产业发展后劲。要坚持走出去，有计划、分批次组织优秀人才前往区内外学习产业招商、管理、运营等知识，启发思路、开阔视野，借鉴经验、促进发展。要用好现有人才，注重科学实践，搭建良好平台，推动人尽其才、才尽其用。

（五）进一步强化作风保障。要坚持求真务实、真抓实干，切实把心思凝聚到干事业上，把精力集中到做工作上，把功夫下到抓落实上。要深入践行“三严三实”，以严的作风、实的举措谋事创业，无论任务多重都要限时完成，无论困难多大都要坚决攻克，绝不能让产业发展停留在口号上，必须见行动、出实效。要强化督查问责，以治庸提能力，以治懒增效率，以治散正风气，对不推不动、推而不动、进展滞后，影响发展的，严肃追究相关人员责任。

同志们，加快产业发展事关江孜县长远发展，任务艰巨、责任重大。我们一定要增强责任感、紧迫感，坚定信心、振奋精神，开拓进取、真抓实干，全力推进江孜县产业大发展大跨越，为加快建成小康社会步伐、建设和谐文明幸福美丽江孜做出新的更大贡献！

政府工作报告

——在江孜县第十三届人民代表大会第二次会议上（节选）

2017年3月31日

江孜县人民政府县长 杨 军

2016年工作回顾

过去的一年，在区党委、政府，市委、市政府和县委的坚强领导下，在上海市浦东新区的无私援助下，在县人大、政协的监督支持下，江孜县深入贯彻落实习近平同志系列重要讲话精神以及中共十八大、十八届历次全会精神和中央第六次西藏工作座谈会精神，按照“四个全面”战略布局，处理好稳增长、调结构、促改革、惠民生、防风险之间的关系，主动适应社会经济发展新常态，艰苦奋斗，真抓实干，顺利完成了2016年确定的各项工作目标任务。

一、规划引领，产业先行，社会经济实力快速提升

经济发展稳中有进。2016年，全县GDP达到18.32亿元，增长1.25亿元，同比增长6.2%；地方一般公共预算收入达到3700万元，同比增长20.30%；完成全社会固定资产投资11.57亿元，同比增长58.50%；城乡居民可支配收入10819.55元；农村经济总收入达10.23亿元。

现代农牧业提速增效。全县共完成实播面积16.19万亩，累计粮油产量71265吨，被自治区评为“产粮先进县”。全年推广优质青稞等新品种8.5万亩，农机三项作业率达50%以上。年底存栏牲畜30.82万头（只、匹）。出栏牲畜11.83万头（只、匹），肉类总产量2185.8吨，奶类产量18393.75吨，禽蛋产量98.55吨。青稞初深加工项目一期建成。红河谷藏红花农业科技有限公司、藏宏农业生态科技有限公司等一批企业入驻科技示范区。

文化旅游产业投入加大。不断加强旅游基础设施建设，新建旅游厕所4个、停车场2个。在拉萨召开旅游推介会，与120余家旅游社签订协议。《江孜印迹》舞台版成功编排演出。完成宗山抗英遗址、卓玛山旅游景区、紫金湿地及《江孜印迹》配套设施建设。江孜县文化体育中心项目申报工作进展顺利。2016年，江孜县共接待旅游人次13.9万人，实现旅游收入4865万元。

“三农”工作有效推进。新型农业经营体系逐步确立，登记注册农牧民合作社93个。基本农田整理、农田排灌、农田道路、农业用电等重大设施建设加快推进，完成农业基础建设项目9个，资金达6900余万元。农村集体土地和宅基地登记工作进展顺利，草场承包经营责任制全面落实，全面启动了农村土地承包经营确权登记颁证试点工作。

二、关注民生，促进和谐，社会保障体系不断完善

脱贫攻坚全面推进。投资3.2亿元开工建设7个产业扶贫项目，兑现生态补偿岗位资金2710.8万元，完成49户173人易地搬迁安置任务，完成转移就业培训115人，筹措资金71.3万元帮助贫困学生460人，发放救助资金1027万元并完成医疗救助对象免费检查，发放小额信用贷款129笔504.2万元，实现对贫困户结对帮扶全覆盖，与市珠峰扶贫开发有限公司签订1亿元青稞初深精加工协议。

教育事业优先发展。积极推进义务教育均衡发展迎检工作。多方筹措资金1.8亿元实施了一大批教育基础设施建设项目，城乡办学条件明显改善。教育教学质量稳居全市前列，其中初中升学率达80%以上，高中升学率达到95.2%。

公共卫生服务水平明显提升。新型农村合作医疗政策全面落实，医疗设施设备得到了全面改善，城乡居民、在编僧尼得到免费体检。获得全区首家基层藏药制剂资格。充分利用“组团式医疗援藏”资源全力提升医疗水平发展，建设了日喀则市首家微生物实验室和高原疾病氧疗中心。

科技文化事业繁荣进步。实现全县155个行政村（居）各2名科技特派员的目标。完成了19个乡（镇）综合文化活动站建设，农家（寺庙）书屋、“户户通”广播电视覆盖率均达到100%。积极申报了涉及舞蹈、藏医药、戏剧、唐卡、宗教活动、手工技艺等类型的9个自治区级非物质文化遗产代表性项目。群众自办文艺团体建设项目顺利通过国家验收。

社会民生不断改善。城乡低保工作实现“应保尽保”“双集中”供养工作稳步推进。筹措资金2375万元，实施了“八件实事”民生工程。完成35家企业488万元农民工工资保证金收缴工作。发放1467万元救助弱势群体1.4万人次。完成残疾人基本服务状况和需求专项调查工作。强基础惠民生干部驻村工作扎实有效，全年投入资金1800余万元实施强基础惠民生项目126个。全年完成农牧民富余劳动力输出2.5万人，预计收入达1.7亿元。

三、推进改革，扩大开放，城镇发展活力明显增强

招商引资取得阶段性成果。一大批招商引资项目陆续落户，吸引各类企业10家，2016年完成招商引资3.61亿元，其中华润投资2.4亿元的江孜县太阳能光伏电站项目已运营投产；江孜县金塔东城综合市场、娘曲藏布庄园酒店、顶峰家俱城等社会民间投资项目共计1.4亿元，预计今年全部完工运营。

对口援藏力度不断加大。第八批援藏工作开局良好，围绕基础设施、产业扶持、社会民生等重点领域确立了“1+2+2”三年援建工作思路，编制了《第八批援藏江孜小组三年援藏工作规划》。积极探索产业和智力援藏新模式，全面开展医疗、教育“组团式”援藏工作，设立农牧业扶持基金和贫困大学生精准帮扶基金，实施基层工作人员赴沪培训项目，筹办了江孜县第一期中青年干部培训班。投资5886万元实施涉及精准脱贫、产业建设和民生事业等援藏项目26个。

城镇化建设进程进一步加快。大力实施城镇改造、小城镇和新农村建设。2015年150套公租房、440套乡（镇）周转房建设完工，400套棚户区改造工程已完成初步验收，附属工程完成总工程量的70%；2016年80套公租房、1230户棚户区改造已开工建设。

生态环保建设稳步推进。全年完成造林3.7万亩，成活率达85%以上，育苗149亩69.9万株。全县集中式饮用水水源水质达标率100%、空气质量达到《环境空气质量标准》二级以上。实施7个行政村新能源推广项目。完成3个自治区级生态村申报工作。投资58万余元添置部分环卫设施设备。开展了年河两岸砂场专项整治工作，使全县地材开采秩序进一步规范。

四、优化机制，强化措施，社会稳定局面持续巩固

社会管理体系进一步强化。有效落实“十项维稳措施”，建立健全党政军警民协调联动维稳工作机制，严厉打击十四世达赖集团各种分裂渗透破坏活动。干部驻寺工作深入推进，全面落实“六建”“九有”等一系列利寺惠僧政策，寺庙管理长效机制逐步完善，扎实开展民族团结进步表彰活动与和谐模范寺庙暨爱国守法先进僧尼创建评选活动。

社会综合治理机制有效推进。不断加强和创新社会治理机制，巩固深化城镇网格化管理体系，投入资金400万元建设了平安城市监控升级项目。高度注重信访工作的有效性，做到知民意、解民情，群众来访办结率达100%。2016年，江孜县被评为自治区级“平安县”。

安全生产持续稳定。大力加强专项整治和安全宣传教育，以防范遏制重特大事故为重点，切实落实企业主体责任、部门监管责任、政府领导责任，对安全生产做到源头管控、综合治理，安全生产事故起数和死亡人数实现“双下降”，全年事故死亡人数指标保持“零”。强化安全生产、食品安全和道路交通安全等工作，全年无一起较大以上安全事故。

五、公正优质，廉洁高效，科学执政水平全面提升

职能转变不断加快。以权责清单制度改革为抓手，有效推进政府治理体系和治理能力现代化，激发市场活力和社会创造力。依照法定权限和程序行使职权，坚持向人大报告、向政协通报，自觉接受民主监督，答复和办理人大代表议案149件、政协委员提案64件，答复率、满意率均达到100%。

政府服务能力进一步提高。运用市场化、社会化、信息化方式，打造服务型政府，建立19个乡（镇）便民服务大厅，全面推行“一站式”服务，方便了办事群众，提高了办事效率和服务水平，树立了良好形象。

廉洁行政有效彰显。严格执行中央“八项规定”和自治区“约法十章”“九项要求”等廉洁自律规定。切实落实一岗双责主体责任。2016年政府“三公”经费支出908.47万元，比去年有所降低。

各位代表，一年来取得的成绩来之不易。这些成绩的取得，是区党委、政府，市委、市政府亲切关怀、悉心指导的结果，是县委统揽全局、正确领导的结果，是县人大和县政协大力支持、有效监督的结果，是全县上下同心同德、奋力拼搏的结果。在此，我谨代表县人民政府，向全县各族干部群众、向人大代表、政协委员、人民团体、驻县部队、武警官兵、政法干警和离退休老同志致以崇高的敬意！向上海市和上海市浦东新区，以及关心支持江孜发展的社会各界人士表示衷心的感谢！

看到成绩的同时，我们也清醒地认识到，在江孜县经济社会发展中还存在不少困难和问题，主要表现在：我们经济总量大而财政收入小；发展优势突出而产业不发达；文化底蕴深厚而旅游经济不明显；城市规模不小而建设管理落后；农牧民群众不算穷而拓宽增收门路不多；推进社会发展基础较好而行政服务水平落后等方面存在短板。这些困难和问题需要我们在今后的工作中加以解决。

2017年工作安排

2017年是全面深化改革的关键之年，是深入贯彻落实中央第六次西藏工作座谈会精神、十八大和十八届五中、六中全会精神的重要时期，是全面建成小康社会过渡转型之年。因此，做好2017年各项工作，意义重大。

政府工作的总体思路：紧紧围绕“四个全面”战略布局，深入贯彻落实中共十八大、十八届历次全会和中央第五次、六次西藏工作座谈会精神以及习近平同志系列重要讲话精神，秉承“创新、协调、绿色、开放、共享”的五大发展理念，坚持“依法治藏、富民兴藏、长期建藏、凝聚人心、夯实基础”的重要原则，抓住“文化名城、区域重镇、农业大县”三大优势，按照县委“5566”工作思路和“1136”产业发展思路，大力发展优势产业、特色产业和现代产业，着力推进精准脱贫工作、现代农业提升、产业融合发展、文化旅游开发、城镇建设管理、民生事业改善，进一步强化投资拉动、科技支撑、生态红线、稳定保障；着力打造一个品牌，壮大一个园区，发展三大产业，建好六个基地，有效促进全县经济持续增长、民生持续改善、生态环境持续良好、群众生活水平持续提高、社会大局持续稳定，圆满完成2017年经济社会发展目标任务，加快建设“和谐、富裕、文明、法治、美丽”江孜。

2017年主要预期目标是：预计，全县GDP达23.23亿元，增长15%；全社会固定资产投资完成13.70亿元，增长18%；地方一般公共预算收入实现5365万元，增长45%；城乡居民可支配收入增长

13%以上；农村经济总收入增长15%。

为顺利完成2017年各项目标任务，我们将主动作为，强化措施，在十个“更加注重”上下功夫、求实效。

一、更加注重脱贫攻坚，加快推进摘帽进程

抓紧实施易地扶贫搬迁。按照既定规划、既定地点、既定时间，切实加快亚吾塘和帮玉塘搬迁点续建工作进度。有效整合农、牧、林、水、交通等项目资金，扶贫专项资金以及援藏资金，启动实施江嘎易地搬迁点建设，确保年内完成560户2262人的搬迁任务。有效改善安置区的人居环境，杜绝出现“底层牲畜圈、上层群众住”的老旧布局。同时，将土地分配、户籍迁移、公共服务、产业发展等统筹考虑，一起推进，让搬迁对象搬得出、稳得住，有事做、能致富，从根本上挪穷窝，拔穷根，摘穷帽。

着力推进扶贫产业落实。进一步完善扶贫产业政策，争取金塔东城综合市场等13个扶贫产业项目早日建成投产，带动群众就业创业。充分利用融资平台，加强与珠峰扶贫开发公司的合作，加大与农行等金融部门的对接，发挥金融杠杆的撬动作用。着力打造电商示范县，力争产业带动建档立卡贫困户50%以上。落实“政府风险基金+银行信贷”支持扶贫产业发展机制，设立扶贫基金，制定出台《脱贫致富产业发展资金管理办法》，为扶贫产业发展提供保障。

认真落实生态补偿政策。继续落实好森林生态效益、小河流域综合治理和草原生态保护补助奖励政策，加大生态保护修复和建设力度，鼓励和引导贫困人口参与重点区域植树造林、退牧还草、防沙治沙、土地承包、绿化、苗圃建设。用好用活9036个生态补偿岗位指标，定岗定员、定岗定责、定岗定酬、落实到人，增加贫困群众政策性收入。

统筹实施扶贫工程。进一步实施好生产脱贫、教育脱贫、就业脱贫、兜底脱贫等“九项措施”，力争完成1622户6811人的脱贫任务，实现5个乡（镇）79个村（居）脱贫摘帽。坚持“扶贫先扶智”，整合教育、人社、农牧等部门的培训资源，强化“订单式”培训，实现贫困家庭劳动力掌握实用技术，努力推进富裕劳动力向二三产业转移，并将无法依靠生产脱贫、产业扶持、就业脱贫等家庭纳入最低生活保障。重点落实好贫困群众的基本医疗保障、重特大疾病医疗报销和医疗救助政策，降低因病致贫率。全力推进乡、村一级集体经济发展。同时，进一步健全脱贫攻坚工作台账、资料整理工作，切实强化脱贫攻坚基础工作。

二、更加注重转型升级，培育农业竞争优势

进一步调整农牧业结构。有效转变农牧业生产方式，加大经济结构调整，使粮、经、饲结构更加优化合理。重点围绕农牧业品牌、品种、品质“三品”建设，发展糌粑、酥油、藏鸡等特色农畜产品，打造有机、无污染的绿色农业、生态农业，形成一产二产三产融合、农宿和农家乐休闲互动的服务农业，开创互联网和电子商务销售、高科技高附加值的智慧农业。

切实加快现代农业步伐。以年河乡（镇）为重点，大力推广“喜拉22号”“藏青2000”等新品种7.3万亩，重点实施好10个“百亩千斤”“千亩千斤”青稞高产栽培示范田，全力打造全区“青稞良种仓库”。落实好“粮食安全县（区）长责任制”，确保粮食安全。切实做好卡麦乡5000亩全程农业机械化示范工程，辐射带动周边乡（镇）实现农业全程机械化，力争农机三项作业率达60%以上。采取“加大农家肥蓄积、适量增加有机肥”的方式，通过县域低产田改造、农田水利设施建设和提高科技服务水平等有效措施，力争实现青稞亩均增产50斤的目标。积极推进青稞、蔬菜、食用菌系、奶牛、藏鸡等系列农牧产品深加工，逐步形成以“江孜”地理标志命名的农产品集群。

健全农牧业科技公共服务体系。充分发挥“红河谷”现代农业科技示范区二期项目的辐射作用，力争在农业科技创新、农业增产增效方面取得新突破。深化园区食用菌种植、花卉种植，引进优质瓜果和藏药，全面辐射周边乡（镇）。着重培养一批懂经营、会管理的农牧民致富带头人，带动贫困群众发家致富。进一步加大高品质牲畜的引进力度，力争年内打造3个牲畜良种示范基地。切实强化动物春秋防疫工作，确保疫苗注射率达100%。同时，扎实推进农业综合改革工作和全国第三次农业普查工作。

加强新型农业主体培育。积极走高原“有机产业、生态家园”发展之路，重点加强龙头企业、家庭农场、种粮大户的培育，以“公司+合作组织+农户”的发展模式，培育壮大2-3家农副产品加工企业，形成适度规模化经营，提高农畜产品的市场竞争力，并逐年壮大生产规模，带动周边农户增收致富。进一步引导农牧民群众做好土地流转工作，力争年内实现土地流转3000亩以上。

三、更加注重产业建设，汇聚发展强势动能

加大招商引资力度。进一步放宽招商引资政策，完善招商引资机制，立足本县优势资源，突出高原特色，围绕农畜加工、清洁能源、文化旅游、商贸物流等产业招商引资，完善城乡经济发展功能。积极争取国家投资、优化援藏投资、激活民间投资，形成以政府为引导、企业为主体的投资模式，有效吸引外来投资者到江孜县投资兴业。围绕日亚铁路建设规划方向，加快物流仓储中心建设。加快推进城市天然气供气工程落实。力争全年完成招商资金4.23亿元，增长17%以上。

狠抓主导产业。吸引有实力的企业、个体经营者投资，完善产业链条。讲好“青稞故事”，强化对接青稞初深精加工项目双方合作经营模式，努力实现一期项目青稞加工1万吨以上；加快二期项目建设进度。进一步规划光伏用地，做好华润、中能建、协信等一批签约光伏电站项目跟踪服务，督促项目建设进度，确保华润二期30兆瓦、协和15兆瓦项目顺利建成达产。全力支持220KV变电站建设，扩大光伏开发，实现“内联外输”。

拓展特色产业。积极引进农业技术服务企业、藏药研发生产企业，推进高原青稞有机食品、食用菌、藏红花、青稞“β-葡聚糖”产品研发加工，提升特色产业发展层次。重点实施好示范区内藏红花3000平方米种苗培育基地、8000平方米种植基地和300亩贫困户种植基地建设。完成好2200亩江孜沙棘种苗培育基地建设项目。加大地毯、谢玛氆氇、陶艺等民族手工业的扶持力度，鼓励创新经营模式，积极引导外来企业参与经营，实现农牧民合作社资源整合，推动民族手工业与文化旅游业的融合。

四、更加注重文旅融合，打造后藏旅游重地

优化旅游资源配置整合。全力探索符合江孜地方旅游业发展的现代旅游方式。理顺县域景区的统一管理机制。重点打造江孜古城老街特色小城镇、民族手工艺商品体验馆等，进一步在特色旅游产品上做文章，积极发展卡垫、唐卡、藏毯、氆氇、陶艺等特色民族手工业，鼓励支持农牧民群众办家庭旅馆、农家乐，让更多农牧民群众吃上“旅游饭”。

加快旅游景区景点建设。依托江孜深厚的历史文化底蕴，继承和挖掘历史文化，努力打造卡若拉冰川景区、满拉水库、宗山古堡、古城老街、白居寺精品旅游景区。同时，加大与区内外各大旅行社的合作，加强帕拉庄园的开发保护，提升江孜“达玛节”文化品牌，加大《江孜印迹》舞台版“走出去”演出的力度，扩大对历史文化名城—江孜的宣传。

强化文化旅游宣传推介。结合旅游资源及区域定位，重点打造“6+1”文化旅游线路，不断加大“江孜两日游”宣传力度。进一步探索县域景区联票制，并加快市场化运营模式进度，通过与旅行社合作联营的方式，促进江孜“过境游”到“目的地游”的转变。聘请专业团队制作具有特色性的宣传片，把民俗旅游、文化旅游、宗教旅游、冰川旅游、生态旅游为一体的江孜旅游推向区内外。

提升文化旅游服务质量。围绕旅游“六大要素”，进一步加强旅游景区景点基础配套设施建设，切实加快旅游接待服务中心、散客接待中心、旅游卫生厕所、停车场等建设，集中开展旅游专项整治行动。加大旅游宣传和服务人员培训，提高旅游讲解服务质量和水平，合理布局公共服务设施，完善导游、售票、医疗救助、旅游投诉等多种服务功能。2017年，力争实现接待游客总量15万人次以上，旅游总收入突破5500万元。

五、更加注重城镇建设，增强城市载体功能

完善城镇规划体系。坚持“规划引领、改造老城、辟建新区，发展小城镇、建设新农村”的发展思路，完成城市总体规划修编工作。扎实推进“撤县设市”工作，加快18个乡（镇）规划、小城镇控详规划、管网规划、景观规划和风貌规划。按照不同的功能定位，对行政区、商业区、工业区、生活区进行合理布局，为城市建设管理提供规划保障。在城镇建设过程中做到严格遵循、坚决执行，绝不允许任意调整和改辕易辙。

加强城市建设管理。重点实施好英雄路、卫国路、上海路等城市道路的改造升级工程。全力推动“厕所革命”，继续加大城市“脏乱差”、道路交通、违规经营和违法圈地整治力度。立足宗山一带，加强老街的保护与开发，组织实施好特色小城镇示范点棚户区改造项目；对新城区按照“治、改、建、管”的要求，加强旧街老道、污水河渠、卫生死角的整治和改造，进一步推进城市绿化、给排系统和城市综合管廊的建设。

加快房地产市场开发。不断拓展商业、住宅用地，有效盘活土地资源，加大土地储备，建立健全“招、拍、挂”制度，加强房地产企业培育，加快推进房地产开发进度。通过棚户区动迁、新城区扩建，加速人口集聚、商业集群构建，加快城市化发展进程，确保全县城镇化率增长5个百分点。

推进“美丽乡村”建设。重点围绕年堆乡、紫金乡等5个乡（镇）多个生态村申报创建工作，开展好新能源民生项目的配套和推广，推进以“藏韵风情，美丽家园”为特色的乡村改造。完善农村基础设施，构建公共服务体系，争取对全县153个行政村村委会逐步进行建设改造，重点对农牧民生活垃圾、生活污水集中处理，培育文明乡风，健全长效管理机制，努力打造有魅力的乡村环境。

六、更加注重民生福祉，提升群众幸福指数

加大教育体育事业投入力度。继续保持教育体育事业投入资金占本级财政比例25%以上，积极争取援藏资金投入教育事业达到援藏总投资的30%。进一步巩固“两基”教育成果，大力发展学前教育。高度重视职业技术教育发展。加大全民健身工作力度。统筹城乡教育均衡发展，整合各方资金，加快教育建设项目和教育信息化建设，确保今年顺利通过国家义务教育均衡发展评估验收。同时，扎实推进幸福教师工程、名师工程、德育校本教材开发；不断健全贫困大学生助学基金制度。

加大卫生事业投入力度。切实加强以藏医院项目建设为重点的基础设施建设，健全县、乡、村三级卫生服务体系，提高农牧区基本医疗等公共卫生服务均等化水平，全面完成全民健康体检及先天性心脏病筛查救治工作；强化包虫病综合防治工作；加快疾病预防控制体系、突发公共卫生事件医疗救治体系建设；进一步巩固完善上海浦东新区人民医院与县人民医院远程会诊工作。

完善现代公共文化服务体系。深入探索文化产业与旅游等相关产业深度融合，全力打造文化强县。积极开展法律、政策、科技等下乡活动，推动党的理论和重大决策部署全覆盖。加快基层公共文化设施建设，健全现代公共文化服务体系。争取援藏资金1000万元，实施宗山复原式陈列改造。

完善社会保障体系。全力做好民生“十件实事”。实施好“全民参保登记”计划工作，进一步健全覆盖城乡的社会救助和保障体系，着力提升公共服务能力和城乡社会救助水平，切实解决群众的后顾之忧。加强食品、药品监督，重点加强县域学校周边食品流通经营单位专项整治工作，切实让群众吃得放心、用得安心。不断扩大城乡居民养老、医疗、失业等保险的覆盖面，加大“双集中”供养力度，加快健康养老服务中心、救灾物资储备库和福利院建设。结合扶贫生态补偿岗位，帮助大龄失业、长期失业等困难群体稳定就业，力争城镇登记失业率控制在2.4%以内。

七、更加注重项目投资，拉动经济增长引擎

统筹规划找准项目。结合县域实际情况，围绕产业建设、新型城镇化建设和社会民生等领域，重点策划有竞争力的项目，精准对接、深度推进，着力引进一批牵动能力强、支撑能力大、发展前景好的大项目、好项目，力争全年社会固定资产投资达到13.7亿元。

积极争取落实项目。进一步加大与上级行业部门的对接、衔接力度，做深、做细、做快项目各项前期工作，争取主动、抢占先机，确保项目如期落地。对投入运行的重大项目要组织好专班跟进，抓好调度，排定进程，搞好服务，以确保水利、交通、市政等重点项目尽快开工建设，使江孜县项目建设取得更大突破。

全力以赴建设项目。重点协助推进日喀则至江孜快速通道和日亚铁路建设进程。实施好康马县雄章乡—江孜县加克西乡—白朗县东喜乡工程建设项目；强化农村公路养护，探索建立符合江孜县的农村公路养护机制。加大力度解决好无电村庄的供电问题，实现电网人口覆盖率达100%。加大农牧区人畜饮水工程建设，实现农村饮水安全人口普及率达100%。加快农业水价改革和3000亩全区高效节水试点工程。加快康卓水库项目及其灌区工程落实。同时，建立健全县域河道河长制工作机制。

加强管理用好项目。成立项目建设服务中心，做好各项目前期工作。建立健全政府财力投资项目规划、项目申报、项目审批、项目建设、项目验收、项目资金管理等一系列制度，不断提升项目承接能力。在项目实施上，严格招投标程序，严厉打击和预防工程招标中的各种违法违纪行为，并进一步加强项目监督管理，杜绝出现“烂尾子”和“豆腐渣”工程，确保项目建一个成一个，发挥最大效益。

八、更加注重科技支撑，完善创业创新体系

大力推进科技人才建设。加快完善引才政策体系，坚持人才优先发展战略，打造有利于人才发挥作用、实现价值的工作环境、社会环境和生活环境。坚持以产业转型为导向、以发展需求为重点，加强人才引育。强化专业技术人才队伍培育，将产业发展与人才引育相结合，不断推进创新型科技人才队伍建设。

切实加快供给侧结构性改革。积极推进经济结构和产业结构调整，充分发挥市场在资源配置中的作用，优化一产、提升二产，通过控制一二三产比重来提高经济运行质量的稳定性和可靠性，强化供给能力，提高生产效率，增强地方经济实力。进一步提高农牧民群众的市场经济意识，引导群众将更多的农畜产品投放市场，提高现金收入。加大农牧区商品市场建设，丰富生产资料和生活产品，改善农牧民群众的生活质量。

不断强化科技创新。加快江孜县电商平台建设步伐。建立科技扶持基金，健全人才培养机制，加大乡村科技特派员的培训力度，壮大科技人才队伍，积极推进科技下乡、科技兴农，提高基层科技普及率。力争全年科技对经济社会发展的贡献率达45%以上，科学普及率达100%。

加强对外合作交流。用好对口支援优惠政策，重点做好经济、教育、卫生、干部人才等援藏受援工作，着力从“资金援藏”向“智力援藏”转变。不断深化与浦东新区等地区的互动，加强全方位、宽领域、多层次的合作交流，促进部门间的“结对帮扶”，重点引进科技人才和专业技术人员队伍，学习先进的理念和经验，提升江孜的软实力。

九、更加注重生态红线，构建环境保护屏障

牢固树立生态红线观念。按照人口资源环境相均衡、经济社会生态效益相统一的原则，整体谋划县城国土空间开发，科学布局生产空间、生活空间、生态空间。坚定不移加快实施主体功能区战略，严格按照优化开发、重点开发、限制开发、禁止开发的主体功能定位，划定并严守生态红线，构建符合江孜实际的城镇化推进格局、农业发展格局、生态安全格局，保障县域生态安全，提高生态服务功能。

构建自然生态文明。把生态文明建设放在突出地位，融入经济建设、文化建设、社会建设等各方面。鼓励推广应用节能环保的新工艺、新技术、新设备、新材料，扎实推进节能、节水、节地、节材工作。大力开展植树造林，美化家园，防治水土流失。切实提高环境监测能力，项目建

设环境风险评估，杜绝矿山开采、项目施工中破坏生态、污染环境等违法行为，建立矿山环境治理和生态恢复责任制，保障生态安全。

完善生态环境保护。全力做好中央环保督察迎检工作，确保江孜县环保工作顺利通过验收。继续加强年楚河、擦曲河治理工作。完成植树造林1.9万亩，拉萨周边造林项目江孜段造林5471.7亩、防沙治沙9000亩、森林抚育5000亩，经济林试点192亩。大力实施生态造林和争取“两江四河”造林绿化7000亩工程。在强化天然林、重点公益林保护的同时，继续深化整治公益林周边违规采砂现象。以生态农业、沙棘林、防护林、橡胶坝等建设项目为载体，积极构建绿色空间、绿色生活，打造宜居城镇，建设美丽江孜。

十、更加注重稳定保障，筑牢社会安全防线

提升社会治理能力。围绕“平安城市”创建要求，加大资金、技术、人员的投入，高度重视公共安全问题的预防、预警、反应和处置，建立健全社会治安、网络安全以及防灾减灾、消防安全等领域公共安全体系和突发公共事件应急体系，降低刑事案件的发生率，确保破案率达90%以上。全面推进“七五”普法各项工作。加强和创新信访工作，健全社会矛盾纠纷排查调处机制，从源头上预防和化解各类社会矛盾。

强化安全生产管理。按照“党政同责、一岗双责、齐抓共管、失职追责”的要求，全力推进“五个全覆盖”工作开展，牢固树立安全生产红线意识和底线思维。充分发挥安全生产巡查工作机制，制定《安全生产工作责任追究暂行办法》。扎实开展好“百日扫雷”活动。重点针对道路交通、非煤矿山、建筑施工等领域，持续深入开展“打非治违”和隐患排查治理专项行动，强化宣传教育和日常监管，建立分级分类排查、评审挂牌、整改销号的长效工作机制，全力防范和遏制各类安全事故的发生，使江孜县安全生产事故起数、受伤人数、经济损失实现“三下降”，重特大事故和死亡人数继续保持“零”，确保安全生产形势持续稳定。

同时，大力支持工青妇等人民团体工作，发挥社团组织在政府管理中的参谋和助手作用。扎实做好老龄、慈善、方志、档案、双拥等工作。

各位代表，面对新形势、新任务、新要求，我们一定要在县委的坚强领导下，重点改善和加强政府管理，提高行政效能，增强全面依法履职能力，苦干实干科学干，说办就办马上办，努力建设勤政廉洁、务实高效、敢于担当、人民满意的政府。

紧盯目标科学干。紧盯全面建成小康社会这个目标，突出法治政府建设这个重点，抓住精准扶贫攻坚这个关键，明确群众增收致富这个方向，真正把心思用在干事业上，把精力用在抓工作上，主动承担急难险重任务，扎扎实实推进工作。重点加强政务督查工作，切实解决领导责任不到位、推动措施不到位、落实结果不到位等问题，对县委布置的各项工作已经落实的查成效、正在落实的查进度、没有落实的查原因，确保件件有落实、件件有回音，确保年度目标任务圆满完成。

领导带头主动干。自觉深入践行“三严三实”，强化“四个意识”，积极推行“两学一做”常态化、制度化，以“深化五项教育、增进五个意识”主题教育为契机，恪尽职守、敢于担当、主动作为，坚决查处慢作为、不作为、乱作为现象。要当好标杆，做好表率，牢固树立基本法治理念，带头恪守依法行政基本要求，健全完善重大行政决策机制，严格执行政府工作规则、政府常务会议制度和重大事项请示报告等各项制度，不断提高科学决策、民主决策、依法决策水平，团结带领广大干部群众“一条心”破难题、“一个调”促发展、“一股劲”谋突破，把江孜改革发展稳定各项事业推向前进。

转变作风艰苦干。坚持有苦不怕苦、有苦不言苦、有苦不叫苦，在困难面前披荆斩棘，在任务面前披挂上阵，在压力面前披坚执锐，讲奉献、讲效率、讲认真，想方设法为群众谋利益，诚心诚意为群众办实事，尽心竭力为群众解难事，少用声音指挥、多用行动引导，拿出最高标准、尽到最大努力。厉行勤俭节约，严控“三公”经费，持续精文减会，减少公务支出，将节约下来的资金投入到民生领域，做到“政府过紧日子、群众过好日子”。

严明纪律廉洁干。严格落实“八项规定”、约法十章、九项要求，严格遵守《廉洁自律准则》和《纪律处分条例》，全面落实党风廉政建设主体责任，加强土地出让、工程建设、政府采购等重点领域监管，从源头上预防和抑制招投标领域不良现象的发生。主动接受人大法律监督和工作监督、政协民主监督、社会舆论监督。进一步完善惩治和预防腐败体系，强化行政监督、审计监督，严肃查处各类违法违纪案件，以政风建设新成效取信于民。

各位代表，宏伟的蓝图引领我们开拓进取，美好的未来激励我们奋勇拼搏。让我们紧密团结在以习近平同志为核心的党中央周围，在区党委、政府，市委、市政府和县委的坚强领导下，紧紧依靠全县各族干部群众，履职尽责践忠诚、脚踏实地干事业、创新提升勇担当、撸起袖子加油干，共同谱写改革发展崭新篇章，以优异的成绩迎接党的十九大胜利召开!

名词解释

1. “四个全面”战略布局：全面建成小康社会、全面深化改革、全面依法治国、全面从严治党。

2. “1+2+2”援藏工作思路：一条主线：以精准扶贫、精准脱贫为主线。两个产业主攻方向：以现代农业和文化旅游业为主攻方向。两大社会事业支柱：以教育和卫生事业发展为支柱。

3. “5566”工作思路：五大战略：大力实施农业立县、产业富县、文旅活县、商贸兴县、科教强县。五个江孜：全面建设和谐江孜、富裕江孜、文明江孜、法治江孜、美丽江孜。 六大任务：加快推进从严治党、精准扶贫、改善民生、城市建设、对口支援、改革创新。 六个基地：全力建好有机青稞初深加工基地、沙棘苗圃培育基地、高原食用菌基地、藏药材种植基地、特色民族手工业基地、农畜产品基地。

4. “1136”产业规划：打造一个品牌：红河谷及其子品牌；做好一个园区：农业科技示范园；建设三大产业：现代农业产业、文化旅游产业、光伏产业；建好六个基地：全力建好有机青稞初深加工基地、沙棘苗圃培育基地、高原食用菌基地、藏药材种植基地、特色民族手工业基地、农畜产品基地。

5. 九项措施：发展生产、易地扶贫、生态补偿、发展教育、社会保障兜底、转移就业、信贷扶贫、医疗救助、结对帮扶。

6. “6+1”文化旅游线路：一座古堡、一座寺庙、一条老街、一座庄园、一座冰川、一片湿地+一台实景剧演出。

7. 旅游“六大要素”：吃、住、行、游、购、娱。

8. 五个全覆盖：“党政同责”全覆盖；“一岗双责”全覆盖；“三个必须”（管行业必须管安全、管业务必须管安全、管生产经营必须管安全）全覆盖；政府主要负责人担任安委会主任全覆盖；各级安监部门向同级组织部门通报安全生产情况全覆盖。

9. 四个意识：政治意识、大局意识、核心意识、看齐意识。

聚焦新思路　谋划新发展
全面建设和谐富裕文明法治美丽新江孜

——在中共江孜县第九届委员会第四次全体会议上的报告（节选）

2017年3月29日

王高安

党的十八届六中全会明确了习近平总书记的核心地位、正式提出了“以习近平同志为核心的党中央”。这是党的选择、人民的选择、历史的选择，是党心所向、人心所盼、众望所归。自治区第九次党代会全面总结了过去五年的工作、特别是习近平总书记治边稳藏重要战略思想在西藏的成功实践，系统概括了做好西藏工作的宝贵经验，深入分析了全区经济社会发展的阶段特征和变化，科学确定了今后五年工作的总体要求、目标任务和重点工作，为我们做好今后改革发展稳定各项工作指明了方向、提供了遵循。日喀则市委一届五次全会，提出了以“珠峰精神”为引领，大力实施“六大战略”，扎实开展“六城共建”，加快推进“七区建设”，统筹发展“七大产业”的“6677”工作思路，为我们抓好经济社会发展工作把准了方向、理清了思路、找准了路径。全县各级党组织和各族干部群众，必须牢固树立“四个意识”，在思想上拥戴核心、政治上信赖核心、组织上忠诚核心、行动上捍卫核心，坚决与习近平同志为核心的党中央保持高度一致，切实把思想和行动统一到以习近平同志为核心的党中央关于全面从严治党的重大决策部署上来，统一到区党委和市委的工作部署上来，不断开创江孜各项事业发展的新局面。

在全县上下认真学习宣传、全面贯彻落实党的十八届六中全会、自治区第九次党代会和市委一届五次全会精神之际，我们召开县委九届四次全会，意义重大、影响深远。现在，我受县委常委会委托，向全会作工作报告，请予审议。

会议的主要任务是：深入贯彻以习近平同志为核心的党中央治国理政新理念新思想新战略，深入贯彻习近平总书记治边稳藏重要战略思想，深入贯彻自治区第九次党代会和市委一届五次全会精神，总结过去一年的工作，研究确定今后一个时期的发展思路，明确今年的奋斗目标和具体任务，团结和动员全县各族干部群众，齐心协力、锐意进取、攻坚克难，聚焦新思路、谋划新发展，全面建设和谐富裕文明法治美丽新江孜。

一、团结奋进，在开拓创新中取得新突破

2016年以来，在自治区党委、市委的正确领导下，江孜县严格按照自治区党委、市委的工作要求和张延清书记江孜调研时的指示精神，团结带领全县党员干部群众真抓实干、务实创新，开创了科学发展、和谐稳定、民族团结、宗教和睦、民生改善、党建加强的大好局面。2016年，全县GDP达到18.32亿元，增长1.25亿元，同比增长6.2%；全县一般性公共财政收入达到3700万元，同比增长20.30%；完成全社会固定资产投资

11.57亿元，同比增长58.50%；城乡居民可支配收入达到10819.55元，农村经济总收入达到10.23亿元，全县整体经济运行质量和效益稳步提升。

——经济健康稳步发展。县委始终坚持以经济建设为中心，认真贯彻落实“五大发展理念”，统筹做好稳增长、调结构、促改革、惠民生、防风险各项工作，推动经济发展持续向好。召开全县产业发展大会，确定了“1136”产业发展思路，积极打造以“珠峰红河谷”为品牌的产业发展集群，优化产业发展布局，农牧产业转型升级，第二产业提质增效，第三产业稳步增长，三次产业比例优化为20:14:66。农牧业综合生产能力不断提高，累计粮油产量71265吨，肉类总产量2185.8吨，奶类产量18393.7吨，禽蛋产量98.5吨。获得国家、自治区级科普惠农兴村计划先进集体和个人等奖项4个。重点完成了原生态文化史诗剧《江孜印迹》实景版提升和舞台版创排项目，其中舞台版作为市珠峰文化节上海活动周开幕首演剧目，取得圆满成功。接待国内外游客13.9万人，实现旅游收入4865万元，同比分别增长64%、66%。招商引资力度不断加大，共引进投资约3.6亿元，超出年初预定目标0.6%。吸引各类企业10家，其中华润投资2.4亿元的光伏电站已投产运营。全年全社会开（复）工固定资产投资项目144个，年内重点完成了县城道路、县城排水、县城供水等重点项目，开工建设江孜镇特色小城镇建设、重孜乡特色小城镇建设等灾后重建项目。开展项目建设领域突出问题专项整治，责令关停违规采砂采石企业，发展环境更加优化。

——民计民生持续改善。县委始终坚持民生优先、民生先行，着力完善薄弱学校基础设施建设等民生十件实事，努力解决人民群众最直接、最现实的利益问题。脱贫攻坚有序推进，实施扶贫产业项目7个，总投资达3.2亿元；易地搬迁到位使用资金4959.5万元，完成49户173人易地搬迁任务；落实八类生态补偿岗位9036个，每人发放岗位补贴3000元；实现劳务输出30007人次，25199人，总收入达1.7亿元，人均收入达6715.6元；救助弱势群体13869人次，发放救助资金1467万余元，五大保险实现应保尽保。完成3期含建档立卡贫困人员187名的培训，89人走上工作岗位。社会事业蓬勃发展，积极推进义务教育均衡发展验收，筹措资金1.8亿元，实施了一小教学楼改扩建等一大批教育基础设施建设项目；教育教学质量明显提高，高考、中考、小考成绩均位居全市前列。实施全民免费体检政策，农牧民和在编僧尼体检覆盖率均达100%，进一步巩固二级甲等医院评审成果和县乡基本药物制度。

——民族宗教团结和睦。县委始终坚持把维护祖国统一，加强民族团结作为各项工作的落脚点，全面落实党的民族宗教政策。加强四省藏区学经返回人员教育管控工作，对33名在外学经人员登记造册，制定出台《江孜县四省藏区学经返回人员专项督导检查方案》和《江孜县四省藏区学经返回人员集中办班教育工作方案》，对23名学经返回人员进行教育转化，2名学经返回人员融入当地社会生产生活。各民族共同团结奋斗、共同繁荣发展的意识深入人心，各民族和睦相处、和衷共济、和谐发展的局面不断巩固，利用“民族团结月”和“3·28”等活动，开展民族政策宣传。对全县10个模范集体以及15名模范个人进行表彰；评选出县级、市级、自治区级和谐模范寺庙29座、爱国守法先进僧尼609名；完成洛日寺、尼布寺、恩朵寺、日星寺等4个寺庙的灾后重建项目。申报5个片区管委会和特派员机构综合业务用房项目。

——援藏工作成效显著。援藏江孜小组始终坚持“民生为本、产业为重、规划为先、人才为要”的对口支援工作基本方针，不断拓宽援藏渠道，加大援藏工作力度。第八批援藏江孜小组在顺利与第七批完成工作交接的基础上，通过深入调研，确定了“1+2+2”三年援建思路，即“一条主线，以精准扶贫、精准脱贫为主线；两个产业主攻方向，以现代农业和文化旅游业为主攻方向；两大社会事业支柱，以教育和卫生事业发展为支柱”。2016年，安排援建项目26个，计划资金6097万元，共完成资金计划5886万元，占年度计划的96.5%。编制了援建江孜小组三年工作规划和2017年项目计划，涉及精准扶贫项目6个，产业发展项目5个，社会事业项目13个，设立了农牧业扶持基金和贫困大学生精准帮扶基金。积极开展教育医疗人才援藏，邀请上海教育名师、名校长团13人到江孜，对江孜492名教育系统领导班子、教师，分5个班开展了60节培训课；新建日喀则市首家规范化微生物实验室、高原病氧疗中心，开展三级以上手术30多例，各种全院性培训讲座10次以上，与上海市浦东新区人民医院签订了对口帮扶协议书，并开展了相关援助工作。大力开展智力援藏，组织江孜第一期中青班培训，25名副科级干部到浦东参训，组织2期共50人的基层干部培训班到浦东培训。

——党的建设全面加强。县委始终坚持党要管党、从严治党，不断推进党的执政能力建设和先进性、纯洁性建设，不断增强各级党组织的凝聚力、战斗力和号召力。重点开展“两学一做”学习教育、县乡两级班子换届、“讲学习、讲忠诚、正风纪、转作风、提效能”主题活动和党建规范建设年活动；强化理论武装，大力践行社会主义核心价值观，严格落实党委意识形态工作责任制，系统学习习近平总书记系列重要讲话精神，学习贯彻党的治藏方略，切实加强非物质文化遗产的保护、传承和管理工作，推进文化事业大发展、大繁荣；大张旗鼓宣传长征精神、老西藏精神、两路精神、珠峰精神，始终把牢正确的政治方向。积极配合区党委巡视二组开展巡视工作，针对巡视组反馈的11个问题，及时研究制定了整改措施并坚决整改。科学制定党员发展计划，转正党员214名，发展新党员220名，吸收入党积极分子800余名。各驻村工作队按照“5+3”工作任务，投入资金1708.7万元，实施强基惠民项目126个；投入资金350.3万元，实施扶贫开发项目7个，直接受益群众达6280人。工青妇等社会团体，响应党的号召，积极组织开展创就业等活动，助推农牧民脱贫致富。严格执行中央“八项规定”和区党委“约法十章”“九项要求”；出台《党政机关重大事项请示报告制度》，严格干部管理，作风新常态深入人心。认真落实“两个责任”，严肃党纪政纪，处理违纪人员14名，其中党内警告9名，党内严重警告、行政降级1名，行政记过1名，行政警告2名，行政记大过1名，共为国家挽回经济损失63万余元。

一年来，县委高度重视自身建设，坚持“严”字当头、“实”字为本，带头加强理论学习、带头模范遵守党章、带头执行民主集中制、带头改进工作作风、带头密切联系群众、带头强化责任担当、带头狠抓工作落实、带头恪守廉洁自律，在为民、务实、清廉方面树立了标杆、作出了表率。

同志们，回顾一年的工作，成绩来之不易，经验尤为宝贵。这是党中央英明决策，区党委、市委坚强领导的结果，是上海市真诚关心、无私援助的结果，是驻军部队、武警官兵积极参与、鼎力支持的结果，是全县各级党组织、广大党员干部和人民群众同心同德、艰苦奋斗的结果。在此，我代表县委，向所有为江孜改革发展稳定做出重要贡献的各级党政组织、社会各界人士、各条战线的同志和全体援藏干部表示衷心的感谢！向广大驻军部队、武警官兵和政法干警致以崇高的敬意！

二、科学统筹，在优化布局中聚焦新思路

当前，我们正处在全面建成小康社会的决胜阶段，脱贫攻坚任务繁重、产业发展亟待提升、维稳形势复杂严峻，压力越大、困难越多，越要把压力转化成动力，越要在困难中把握机遇，进一步认清形势、明确任务，开拓创新、奋力前行。

要明确战略定位。江孜，作为日喀则市的东部经济中心，在全市改革发展稳定大局中发挥着重要作用，我们要立足自身优势，科学定位、助推发展。发展机遇难得。撤县设市进程加快，江孜在全市发展战略中的地位更加凸显，我们要主动融入日喀则市“6677”工作思路，与珠峰“七大产业”对接，加快产业融合发展，优化县域经济发展格局，推动产业与城市发展相结合，确保全县经济社会长足发展、持续发展、跨越发展。农牧业基础扎实。江孜，被誉为“西藏粮仓”，耕地面积16.3万亩，有优质青稞、小麦、酥油、奶渣、牛羊肉等农畜产品，依托红河谷现代农业科技示范园区的深化建设，打造一条集生产、加工、运输、餐饮、休闲为一体的产业链，推动县域经济科学持续健康发展。旅游资源丰富。江孜是“中国历史文化名城”，被称为“英雄城”“卡垫之乡”，文化底蕴深厚，旅游资源富集，文化旅游业潜力巨大、前景广阔，民族手工业特色鲜明、势头强劲，我们要进一步对接珠峰旅游业，主动融入旅游发展大格局，深度挖掘文化旅游资源，加大与区内外旅游公司合作交流，推进文化旅游业健康发展。发展环境优化。社会局势保持和谐稳定，各族干部群众干事创业的热情高涨，解放思想、开拓创新的氛围日益浓厚，为推动县域经济发展奠定扎实基础，形成了强大动力。

要正视困难问题。近年来，江孜县经济社会呈现出稳步发展的良好态势，也取得了一定的成绩，但是与全区和全市的发展态势相比，还存在一定差距，在发展过程中也存在不少困难和问题，主要表现在：产业转型升级压力较大，特色农牧产品标准化、规模化任重道远；战略性新兴产业发展不足，龙头企业尚未形成实力；旅游整体竞争力不足，深入挖掘和服务能力有待加强；贫困人口内生动力不足，脱贫摘帽任务重、压力大、可持续性较差；基础设施历史欠账较多，县城公共服务功能不足，生态保护建设任务繁重；法治江孜建设任务艰巨，公民文明素质和社会文明程度有待提升；领导干部思想作风和创新发展能力有待提高，党员干部先锋模范作用有待加强。因此，要巩固来之不易的大好形势，建设和谐富裕文明法治美丽新江孜，我们必须加倍努力、艰苦奋斗，创造性地做好各项工作。

要明确战略思路。全县各级党组织和全体党员干部一定要以县委的中心工作为重点，聚焦“5566”中长期工作思路，进一步统一思想、汇聚力量，准确把握时代特征，深刻认识当前形势，主动扛起重任，以更高的标准、更严的要求，大力实施农业立县、产业富县、文旅活县、商贸兴县、科教强县“五大战略”，全面建设和谐江孜、富裕江孜、文明江孜、法治江孜、美丽江孜“五个江孜”，加快推进从严治党、精准扶贫、改善民生、城市建设、对口支援、改革创新“六大任务”，全力建好有机青稞初深加工基地、沙棘苗圃培育基地、高原食用菌基地、藏药材种植基地、特色民族手工业基地、农畜产品基地“六个基地”，形成一个目标、一个声音、一个步调、一个行动，积极比学赶超、争先进位，实现百业振兴、全面发展。

要牢记职责使命。当前和今后一个时期的主要任务是，全力推进“十三五”规划实施、加快产业发展、加快脱贫攻坚、加快城镇化建设、加快建成小康社会，努力实现经济社会跨越式发展和长治久安。这就要求我们必须坚决在政治上思想上行动上与党中央、区党委、市委保持高度一致，坚决拥护以习近平同志为核心的党中央，牢固树立“四个意识”，加强和改进党的领导，执政为民，科学执政，充分发挥基层党组织的战斗堡垒作用和共产党员的先锋模范作用，团结依靠广大人民群众，形成齐心协力、共谋发展的强大合力。必须坚持发展第一要务，把农业现代化作为发展县域经济的根本基础，把产业升级作为带动全县经济发展的第一任务，把发展新型旅游业作为推动县域经济发展的重要动力，把新型城镇化作为江孜产城融合的关键举措，把改善民生作为全县各项工作的首要目标，提升日喀则市东部经济中心的底蕴和内涵。必须坚持以人为本，把“富民强县”作为追求目标，把造福农牧民群众作为最高追求，做到决策坚持民生首选、工作坚持民生首要、支出坚持民生首位，努力解决好人民群众最关心最现实最直接的利益问题。必须全面贯彻落实党的统战民族宗教政策，推动各民族和睦相处、和衷共济、和谐发展。必须坚持改进作风，实干兴业，不折不扣地把党中央、区党委、市委各项决策部署落到实处。

三、全面推进，在跨越提升中谋划新发展

站在新的历史起点上，迫切需要我们认清形势、科学统筹，以更加宽广的视野谋划未来，以更加科学的理念指导实践，以更加有力的举措推动跨越，以更加坚强的保障砥砺前行，向更加宏伟的目标阔步迈进。

面对新的发展形势、新的历史使命，我们今年工作的总体要求是：高举中国特色社会主义伟大旗帜，以邓小平理论、“三个代表”重要思想、科学发展观为指导，深入贯彻落实中共十八大、十八届历次全会和中央第六次西藏工作座谈会精神，深入贯彻落实习近平总书记系列重要讲话精神和治国理政新思想新战略，深入贯彻落实习近平总书记治国必治边、治边先稳藏的重要战略思想和加强民族团结、建设美丽西藏的重要指示，坚持“五位一体”总体布局和“四个全面”战略布局，牢固树立“五大发展理念”，坚持党的治藏方略，坚持依法治藏、富民兴藏、长期建藏、凝聚人心、夯实基础的重要原则，认真贯彻落实自治区第九次党代会和市委一届五次全会精神，把建设和谐富裕文明法治美丽新江孜作为总目标，把维护祖国统一、加强民族团结作为工作的着眼点和着力点，把改善民生、凝聚人心作为经济社会发展的出发点和落脚点，把党要管党、从严治党作为推进工作的重要保障，全力实施“五大战略”，建设“五个江孜”，推进“六大任务”，建好“六个基地”，以长足发展和长治久安的新成就，谱写好江孜各族人民美好生活的崭新篇章。

我们今年的目标任务是：预计，全县GDP达到23.23亿元，同比增长15%；全社会固定资产投资完成13.70亿元，同比增长18%；一般性公共财政收入实现5365万元，同比增长45%；城乡居民可支配收入增长13%，农村经济总收入增长15%。

（一）多措并举，维护社会稳定，全力打造和谐江孜

和谐社会是富民强县的基础和保障，全县各级党组织和全体党员干部要牢固树立稳定压倒一切的思想，继续把深入开展对达赖集团斗争作为硬任务，抓重点、抓关键、抓薄弱环节，确保社会局势持续稳定、长期稳定、全面稳定。

——切实打牢维稳思想防线。毫不松懈地抓好意识形态和宣传思想工作，对各种政治性、原则性、导向性问题敢抓敢管，对各种错误思想敢于亮剑，牢牢把握意识形态工作的主动权。加强理想信念教育，强化正面引导，深入开展中国梦和社会主义核心价值观教育、新旧西藏对比教育和感党恩教育，加强未成年人思想道德和思想政治教育。在群众中宣传好、解读好党的富民惠民政策，用身边人身边事引导群众追求健康文明的幸福生活。加强网络舆情监控，开展反宣品清查行动，严厉打击“黄赌毒”等有损社会风气和稳定的行为。提高安全生产意识，加强安全生产监管，实行党政同责、一岗双责、失职追责，杜绝重特大事故发生。深入开展“双拥共建”活动，加强国防教育，增强国防动员能力，增强军政军民团结。

——切实做好民族宗教工作。全面贯彻党的民族宗教政策，广泛开展民族团结进步宣传教育和创建活动，推动“五个认同”和“三个离不开”进机关、进学校、进寺庙、进乡镇、进村居、进企业、进军营。全面落实各项利寺惠僧政策，全力实施寺庙僧尼居住环境整治工程，不断强化寺庙公共服务。加强宗教事务管理，坚持寺庙管委会和特派员工作制度，坚持依法管理、民主管理，加强驻寺干部队伍建设，发挥驻寺干部优势作用。广泛开展民族团结宣传教育，围绕重大节庆节点，发挥爱国主义教育基地作用，充分利用传统载体和新媒体，针对不同对象开展富有实效的爱国主义教育。扎实开展民族团结进步创建活动，大力表彰民族团结先进典型，树立人人为民族团结做贡献的导向；积极参与日喀则市民族团结进步示范市创建活动，创建一批民族团结进步示范村、示范学校、示范寺庙、示范单位。

（二）优化布局，加快产业升级，全力打造富裕江孜

发展和壮大县域经济，要以产业发展为牵引，以现代农业为基础，以文化旅游为依托，以商贸流通为支点，以科技教育为基础，以改革创新为动力，以企业壮大为突破，推进精准扶贫、加快城市建设、深化对口援建，不断增强县域经济整体实力。

——切实加快产业升级发展。认真贯彻落实全市产业发展大会和延清书记重要讲话精神，深

化“1136”产业发展思路，编制《江孜县产业发展整体规划》。大力推进农业现代化进程，加快推动农业供给侧改革，坚持以品牌引领带动，打造“珠峰红河谷”品牌集群，树立品牌形象，扩大品牌影响。积极探索土地流转、使用权入股等农业规模化、集约化改革，提高农业生产率。全面落实“藏青2000”“喜拉22号”等良种推广和粮食播种任务，推动农业接二连三发展。加快青稞初深加工产业项目进度，尽快实现一期投产运行和二期厂房开工建设。充分利用示范区菌棒加工辐射带动作用，以沿年楚河乡镇为重点，广泛推广食用菌种植业，打造沿年楚河流域食用菌产业带。加大藏红花种苗培育基地、种植示范基地和异地搬迁点种植基地建设力度。加快融入岗巴羊经济圈，重点完成1.7万头牲畜改良任务，推进标准化建设进度。大力发展文化旅游服务业，继续加大投入力度，加快智慧旅游城市建设，加大基础设施投入，加强特色旅游产品的设计生产和加工销售，重点抓好《江孜印迹》深化提升、可持续发展工作，全力打造江孜宗城4A级旅游景区。打造江孜沙棘种苗培育基地，完成300万株沙棘育苗任务，以满足江孜和周边县区优质江孜沙棘种苗需求，力争把江孜苗圃打造成为全区优质沙棘种苗培育基地。发展光伏产业，做好华润、中能建、协信等一批签约光伏电站项目跟踪服务，力争年内华润二期与协和光伏项目落地，促使县内光伏企业顺利实现“内联外输”。

——切实加大项目建设投入。不断增强千方百计抓项目、竭尽全力抓项目、规划引领抓项目、“无中生有”抓项目、突出特色抓项目的意识，围绕“十三五”规划，加强项目库建设，优质高效地做好项目前期工作；进一步狠抓招商引资、优化援藏投资、激活民间投资，确保2017年全社会固定资产投资完成13.7亿元。建立健全项目推进机制和责任机制，规范项目程序，明确工作责任，对已审批的项目要力争早开工、早建设，对在建项目要力争早竣工、早见效；严把质量关，对项目建设实行全程监管；克服重建轻管现象，发挥好项目的经济效益和社会效益；加强土地管理，规范用地行为，保障重点项目建设用地；加大项目领域的专项整治力度，确保不发生一起安全生产事故。重点配合推进日喀则至江孜快速通道建设进程，积极争取日喀则市面向南亚重要仓储物流中心建设项目；加快推进加克西乡交通道路通畅，努力实现具备条件的行政村公路通畅、自然村道路通达；科学编制《2017—2035江孜县城市建设规划》，用好特色小城镇建设和棚户区改造相关政策，稳步推进新型城镇化建设；加强水利基础设施建设，积极推进高效节水灌溉试点工程和擦曲河治理工程等项目建设。不断强化招商引资工作，积极发展光电光热新能源产业、高原绿色饮食产业、民族手工业等优势产业。同时，用好对口支援政策，做好经济、教育、卫生、干部人才等援藏受援项目的实施推进。

——切实推进精准扶贫攻坚。今年是实现全面脱贫攻坚任务的关键之年，要抓紧抓实脱贫攻坚工作，进一步强化“市级统筹、县抓落实、乡镇专干、工作到村、扶持到户”的扶贫工作体制，加强精准扶贫工作的组织领导；进一步完善领导干部联系乡（镇）机制，不断深化“党员干部进村入户、结对认亲交朋友”活动。加大农牧民思想观念转变和职业技能培训力度，做好富裕劳动力转移大文章。进一步做好宣传引导工作，鼓励更多企业参与到扶贫工作中来，努力构建全新扶贫大格局。把新型城镇化、产业集聚与精准扶贫结合起来，实施好“九个一批”工程。加快推进561户2264人的搬迁任务，继续用好生态岗位政策，充分利用融资平台，发挥金融撬动作用，加强与珠峰扶贫开发公司、雅江扶贫开发有限公司的合作，加大与农行等金融部门的对接，落地实施食用菌种植基地等13个产业项目，积极打造电商示范县，力争产业带动建档立卡贫困户50%以上，努力实现全年5个乡（镇）79个村1622户6811人如期脱贫。

——切实关注民生事业发展。大力实施“十件实事”民生工程，继续加大本级教育体育事业资金投入力度，充分利用好上海援藏、组团式援藏结对帮扶资源和资金，突出教育优先，全面推进县域内义务教育均衡发展，大力发展学前教育，重视职业技术教育发展。不断壮大基层卫生队伍，加强医疗人才培养，加强农村优生优育和妇女保健工作，降低两个死亡率、提高住院分娩率。加快推进医疗基础设施建设，提高医疗保障能力和服务水平。鼓励大众创业、万众创新，严格控制城镇登记失业率，创新科技体制机制，壮大科技人才队伍，积极推进科技普及。加快基层公共文化广电设施建设，健全现代公共文化广电服务体系，探索文化产业与其他产业深度融合，加强文化遗产保护、传承和弘扬，促进文化产业大发展、大繁荣。积极做好“全民参保登记”计划工作，进一步完善城乡居民新型社会救助体系，加大防灾抗灾体系建设投入力度。进一步完善城镇服务功能，提升城镇综合承载能力，不断创新城市管理模式，提升城市服务水平。

——切实加强基础设施建设。坚持适度集聚、节约土地、有利生产、方便生活的原则，积极推广太阳能等清洁能源，大力推进新型城镇化建设，努力把江孜镇打造成为集文化旅游、历史展览、红色教育、民俗体验、特色购物、休闲度假为一体的旅游服务型小城镇，辐射带动农牧区建设；大力推进新农村建设，深入推进人居环境建设和环境综合整治，改善生产生活条件，建设各具特色的美丽乡村；着力推动城镇公共服务向农牧区延伸，实现公共资源均衡配置，提高社会主义新农村建设水平。按照优化布局、提升功能、体现特色、适度超前的原则，进一步加快县城基础设施建设步伐，全力打造综合功能配套、基础设施完善、生态环境优美、适宜人居创业、充满特色魅力的古城江孜新形象，为广大居民创造更加良好的生活环境。

（三）教育引导，注重文化发展，全力打造文明江孜

深入开展精神文明创建活动，普及科学、弘扬先进，千方百计引导基层农牧民群众移风易俗，努力让全县各族人民群众形成勤劳致富、勤俭节约的思想观念，形成良好的卫生习惯和文明的生活方式，不断提高公民道德素质、社会文明程度，努力推进文化传承发展。

——切实加强精神文明建设。加大自治区级、市级文明村镇、文明单位、文明社区和文明户创建力度，进一步调动全社会参与精神文明建设的积极性、主动性；继续扎实开展“创建文明江孜，你我共同参与”志愿服务活动，扩大和改进志愿服务活动的范围及方式，扩大志愿服务活动影响力。继续利用好帕拉庄园、宗山抗英遗址和江孜抗英陈列馆等场所，组织接待中小学生、党员群众，开展以爱国主义教育为主题的培育和践行社会主义核心价值观活动。积极开展“五下乡”、第一届“感动江孜人物”表彰和致富带头人先进典型培树活动，通过歌曲、相声、小品、文艺会演集中展示和反映江孜县经济社会发展、民生改善、社会稳定、宗教和睦、民族团结、人民安居乐业的良好景象。

——切实繁荣发展文化事业。大力实施文化惠民工程，健全现代公共文化服务体系，完善公共文化基础设施，实现公共文化服务项目基本健全；加大民间艺术团的扶持建设力度，大力支持开展多层次的文艺表演。加快制定老城区保护规划，疏解老城功能，突出历史文化，保持特色风貌，加强保护传承。要大力实施文化遗产保护工程，积极筹备白居寺、宗山等文物保护单位申报世界文化遗产工作，积极组织申报国家级、自治区级物质和非物质文化遗产、国家级历史文化街区项目，进一步继承和弘扬民族、民俗文化。

——切实加强文化执法监管。进一步完善县城内文化执法职责分工制度；进一步调整和充实成员单位，加大联合执法力度和乡、村级文化市场管理力度。畅通12318举报电话，完善信息举报奖励机制，切实发挥群众信息员队伍的监督作用。进一步加强法制宣传教育，提高执法人员和管理相对人的法律意识。组织开展“法治宣传日”活动，大力宣传文化市场法律、法规和规章，进一步提高全社会的文化法律意识，从而推进文化市场管理工作。

（四）依法治县，维护法律权威，全力打造法治江孜

加强法治建设是党和政府加强自身建设、提高执政能力的重要举措。我们一定要认真执行《党政

主要负责人履行推进法治建设第一责任人职责规定》，坚持科学立法、严格执法、公正司法、全民守法，坚决维护宪法法律权威，依法维护人民权益和社会公平正义，确保法治建设再上新水平。

——切实加快推进依法治县。坚持学法知法守法，全县各级各部门要认真组织学习宪法、严格遵守宪法，弘扬法治精神、维护法律尊严，使各族干部群众成为社会主义法治的忠实崇尚者、坚定捍卫者。加快推进《关于在全县公民中开展法治宣传教育的第七个五年规划（2016—2020）》的实施，进一步加强基层法治乡镇、民主法治村（居）、法治机关、法治寺庙、诚信守法企业等建设，提高依法自治和管理水平；以“七五”普法教育为契机，广泛开展“法律七进”活动，重点加强对党员领导干部、青少年、企业管理人员、农牧民群众、寺庙僧尼和流动人口的法制宣传教育。法律援助中心要积极拓展法律服务，降低法律援助成本，最大限度地为农牧民群众提供优质高效的法律服务。

——切实推进执法司法建设。要深入推进阳光执法司法，坚决纠正司法不公正、不作为等问题，完善司法运行机制，确保每个环节符合规范程序；继续推进人民法院以审判为中心的诉讼制度改革、审判机制改革、人民检察院人民监督员制度改革、检务公开改革，公安机关交通管理改革、户籍制度改革，司法行政机关律师制度改革、法律援助改革；加快政法机关新媒体建设，努力构建开放、动态、透明、便民的执法司法新机制，切实让执法司法行为在阳光下运行。

——切实加强民主法治建设。加强对人大、政协工作的领导。充分发挥人民代表大会及其常委会的职能作用，积极支持人大及其常委会依法履行职权，更好地发挥人大代表的作用，切实保障人民依法管理国家和社会事务的权利。人大及其常委会要加大对法律法规实施和“一府两院”的监督力度，不断推进依法行政和公正司法进程。充分发挥人民政协政治协商、民主监督、参政议政的作用。政协要紧紧围绕江孜县改革、发展、稳定的各项事业和重大问题，发扬民主，广开言路，充分反映社情民意，积极为江孜县经济社会快速健康发展、构建和谐平安江孜建言献策。

（五）坚守底线，推进生态建设，全力打造美丽江孜

大力实施生态文明建设，牢固树立绿水青山就是金山银山、冰天雪地也是金山银山的理念，坚持尊重自然、顺应自然、保护自然，真正把发展建立在生态安全的基础上，更加自觉地珍爱自然，更加积极地保护生态，坚定不移确保青山常在、绿水长流、空气常新。

——切实加大生态工程建设。推进生态安全屏障建设，加强年楚河治理工作，认真做好造林绿化和义务植树规划，计划年内完成植树造林1.9万亩，拉萨周边造林项目江孜段造林5471.7亩、防沙治沙9000亩、森林抚育5000亩，经济林试点192亩的目标任务；大力实施生态造林和争取“两江四河”造林绿化7000亩工程。大力加强自然生态保护区建设，加强河流、湖泊、湿地、林地、雪山以及生物多样性保护，协同推进农田生态、森林生态、草原生态、湿地生态和流域生态系统建设，构建绿色生态屏障，真正让生态林“保起来”、城市林“绿起来”、景观林“美起来”。大力实施水源地保护工程，推进自治区级生态村创建工作，营造人人关心生态、人人支持生态、人人爱护生态的浓厚氛围。

——切实打牢生态发展基础。树立尊重自然、顺应自然、保护自然的生态文明理念，把生态文明建设放在突出地位，融入经济建设、文化建设、社会建设等各方面。推行节能环保，节约集约利用水、土地、矿产等资源，大力开展植树造林，美化家园，防止水土流失。巩固采砂采石领域专项整治工作成效。切实提高环境监测能力，认真开展项目建设环境风险评估，杜绝矿山开采、项目施工中破坏生态、污染环境等违法行为，建立矿山环境治理和生态恢复责任制，保障生态安全。

——切实严守生态保护红线。坚持生态第一，严守生态底线，对出现生态环境问题的乡镇和单位实行“一票否决”制，进一步强化责任

追究，坚持环境保护党政同责、一岗双责。推进环评审批制度改革，严禁“三高”项目进入江孜县，绝不以牺牲环境为代价谋求一时发展。坚定不移加快实施主体功能战略，严格按照优化开发、重点开发、限制开发、禁止开发的主体功能定位，动员全县各族干部群众牢固树立生态安全发展理念，划定并严守生态红线，不越雷池一步，违者必究。

四、全面从严，在党的建设中再上新水平

建设和谐富裕文明法治美丽新江孜，关键在全县各级党组织和党员干部。我们要坚决落实新形势下全面从严治党新要求，深入开展“两学一做”学习教育，主动对接“党建珠峰”战略，扎实开展“深化五项教育，增进五个意识”主题活动，全面实施“111”党建工作思路，努力推动党建工作再上新水平。

——*切实加强思想政治建设*。以县委理论中心组学习为龙头，带动全县党员干部深入学习中国特色社会主义理论体系、党章党规、习近平总书记系列重要讲话精神。深入开展新旧西藏对比，大力弘扬“长征精神”“老西藏精神”“两路精神”和“珠峰精神”，不断坚定“四个自信”，做“四讲四有”合格党员，坚守共产党人的精神家园。以“深化五项教育，增进五个意识”主题活动为抓手，推进“两学一做”学习教育常态化、机制化。深入持久地把学习习近平总书记系列重要讲话精神同江孜县改革发展与社会稳定结合起来，进一步健全各级党组织学习制度，增强学习的自觉性和紧迫感，要认真学习经济理论、政策法规和科学知识，切实提高驾驭全局的能力，围绕跨越式发展目标，找差距、理思路、谋发展、促提高。

——*切实加强干部人才队伍建设*。深化干部人事制度改革，坚持“信念坚定、为民服务、勤政务实、敢于担当、清正廉洁”好干部标准，树好选人用人导向；坚持五湖四海选拔任用干部原则，重视培养选拔长期在藏工作的汉族干部及其他少数民族干部，形成合理的民族搭配，同时立足班子建设的实际需要，加紧县直机关领导班子中至少一名汉族干部的配备；更加重视基层干部培养，注重在反分裂斗争一线、驻村驻寺工作、乡镇基层、急难险重岗位培养锻炼和发展使用实绩突出的干部；按照党管人才工作要求，认真落实《关于进一步加强人才工作意见》，大力实施重大人才工程，积极探索建立引才机制，坚持“需要什么、就引进什么，缺什么、就补什么”的原则，逐步加大资金投入，多举措引进急需紧缺人才；整合资源，利用援藏优势，坚持学习与实践相结合、培养与使用相结合，积极开展教育培训，着力提高现有人才队伍素质；加强干部管理，以严的标准要求干部，以严的措施管理干部，以严的纪律约束干部。认真落实老干部“两项待遇”，关心、尊重老干部。

——*切实落实党建“111”工作思路*。实施“书记领航工程”。坚持书记抓思想教育、抓基层调研、抓部署落实、抓队伍建设、抓示范点建设，各级党组织书记要把党员干部日常教育抓在手上，使党员干部牢固树立“四个意识”，要带头讲党课，开展党建示范村（居）创建工作，形成“一乡一品”及“一支部一载体”党建工作抓手，真正使党建与中心工作有机结合，努力培育和打造一批过得硬、叫得响、推得开的党建品牌。探索抓党建促脱贫攻坚新模式。找准基层党建与扶贫攻坚工作的结合点，各项工作围绕脱贫攻坚转，党员干部围绕贫困群众转，扶贫举措围绕产业发展转，工作机制围绕巩固成果转，以“红色引擎·脱贫攻坚堡垒工程”为工作载体，以“党支部+”为抓手，有效整合各领域资源优势，开展“集体经济百村破零”行动，探索“党支部+合作社+贫困户”“党支部+党员就创业基地+贫困户”“党支部+驻村工作队+贫困户”和“党支部+党员干部结对帮扶”等路径，促进脱贫攻坚工作。进一步深化“5+3”工作任务落实，充分发挥驻村工作队作用，扩大强基惠民活动成果。提升党建工作规范化建设新水平。在进一步巩固“党建基础建设年”和“党建规范建设年”活动成果的基础上，通过抓阵地建设、完善资料归档、开展三项活动，巩固提升党建工作水平。精心组织开展村（居）和机关支部换届工作，摸准吃透村情复杂、组织涣散、发展滞后、管理薄弱的重点、难点村（居）情况，确保换届工作顺利圆满。

——切实加强党风廉政建设。按照中央“八项规定”和区党委“约法十章”“九项要求”，强化“两个责任”，坚持从解决“四风”等问题延伸开去，密切党群干群关系，用好巡察制度，以零容忍的态度惩治腐败，严肃查处违纪违法案件，形成强大震慑，持续把作风建设引向深入。以“六项纪律”为抓手，加强党员干部理想信念和廉洁从政教育，牢固树立正确的权力观、地位观、利益观，切实践行勤政为民宗旨。准确把握监督执纪“四种形态”，以新颁布的《中国共产党纪律检查机关监督执行工作规则（试行）》为依据，推动管党治党从“宽松软”走向“严紧硬”。以领导干部为重点，深入开展党风党纪和从政道德教育，加强廉政文化建设，筑牢拒腐防变的思想道德防线。严格执行领导干部廉洁从政各项规定，加强对权力运行的监督制约。全面落实中央《深化党的建设制度改革实施方案》，不断深化组织制度、干部人事制度、基层组织建设制度和人才发展体制机制改革。强化制度的严肃性和权威性，推进党员干部的制度执行力建设，确保每一名党员干部自觉遵守制度、执行制度、维护制度，切实把权力关进制度的笼子里。创新机关效能建设举措，倡导雷厉风行、求真务实的机关作风，进一步规范办事行为，优化办事流程，强化工作督查，突出效能监察，切实提高行政效能。加强乡镇纪委规范化建设，强化对村（居）党员干部的教育、监督、管理。

同志们，蓝图已经绘就，希望就在眼前，让我们更加紧密地团结在以习近平同志为核心的党中央周围，在自治区党委和市委的坚强领导下，全面落实中共十八大和十八届历次全会，自治区第九次党代会、日喀则市委一届五次全会精神，大力实施“五大战略”，全面建设“五个江孜”，扎实推进“六大任务”，奋力建好“六个基地”，不忘初心，撸起袖子加油干，为全面建设和谐富裕文明法治美丽新江孜而努力奋斗，以实际行动和最新成果向党的十九大献礼！

江孜县人民代表大会常务委员会工作报告

——在江孜县第十三届人民代表大会第二次会议上

2017年3月31日

江孜县人民代表大会常务委员会主任　张　峰

2016年的主要工作

2016年，在县委的正确领导下，县人大常委会把扎实推进江孜县长足发展和长治久安作为履职目标，共召开8次常委会议，听取和审议工作报告10个，开展执法检查7次，专题调研4次，集中视察1次，作出决议15项，并圆满完成了县乡人大换届工作，年初确定的各项任务顺利实现，人大工作在以往基础上取得了新进展、新成效。

一、深入推进监督工作，促进经济社会健康协调发展

围绕中心，大力推动党委重大决策部署落实。人大常委会坚持把国民经济和社会发展计划、财政预算审查监督放在重要位置，听取和审议了国民经济和社会发展计划执行情况报告、财政预算执行情况报告和县人民政府2016年前三季度财政预算执行情况的报告，突出年度计划安排审查和各阶段执行情况的监督，切实维护计划的科学性和财政预算的严肃性。听取商务工作情况报告，就发挥江孜特色产业优势、地域优势和文化底蕴，把握机遇做好商务规划，充分利用文化、品牌、地域等优势，把商务工作做大做强提出了具体建议。组织人大代表对红河谷农业园区进行了视察调研。围绕稳定工作，在重要时段、敏感时期，常委会班子成员赴联系乡、寺庙、学校蹲点督促指导，在维护基层稳定中发挥了积极作用。

依法治县，不断推进民主法制建设进程。组织人大代表对《老年人权益保障法》落实情况、农牧民子女受教育情况、城市管理工作情况进行检查，并配合自治区、市人大对《中华人民共和国归侨侨眷权益保护法》和《中华人民共和国公益事业捐赠法》《宗教事务条例》等7部法律法规落实情况开展执法检查。在部分乡（镇）及县城开展《日喀则市市容和环境卫生管理条例》的宣传工作。强化对“法检”两院工作的监督，听取并审议县法院关于《民事审判工作情况报告》。

关注民生，切实维护人民群众根本利益。常委会听取并审议县人民政府关于《2016年前三季度脱贫攻坚工作开展情况的报告》及《全县环保工作及城市环境卫生管理情况的报告》，并组织代表前往垃圾填埋场、江孜镇老街等地开展调研。同时，常委会积极回应群众关切，紧盯教育、惠民政策落实、食品安全等热点问题开展检查，提出了一些有益的工作建议，有效发挥了人大监督作用。

坚持原则，依法任免国家机关工作人员。常委会坚持党管干部和人大依法任免有机统一的原则，严格程序，认真行使任免权。2016年共任免国家机关工作人员52人次，做到了合法、严密、有序、规范。为增强被任命干部的宗旨意识、法制意识和责任意识，常委会组织召开多次任职承诺及颁发任命书会议，新任命干部向宪法宣誓，激励接受任命的干部牢记责任和使命，不忘初心，恪守承诺。

二、充分发挥代表作用，不断增强人大工作的生机与活力

强化培训，提高代表综合素质。积极参加自治区、市人大组织的各类学习培训活动。人大换届筹备阶段，组织19个乡（镇）人大主席及人大工作干事，对换届工作流程、严肃换届工作风气进行了集中培训。新一届代表产生后，及时举办乡（镇）人大干部培训班，邀请市人大领导为代表作专题讲座，进一步提升了基层人大代表的代表意识，提升了基层人大干部的履职能力。

加强联系，增强代表履职活力。人大常委会坚持邀请部分人大代表参与执法检查、视察调研等活动，坚持人大代表列席人大常委会会议制度，畅通代表知情知政渠道，提高代表参政议政的能力和水平。全年共邀请36名人大代表列席常委会及常委会组织的执法检查和专题调研等活动。召开专题会议，征求代表建议，在市一届人大四次会议上江孜县代表团共提出建议10件。

加大投入，优化代表履职平台。县人大常委会投入40余万元为乡（镇）“人大代表之家”配齐相关设备；在上海市第八批援藏小组支持下，县级“人大代表之家”得到了修缮。同时为进一步规范“人大代表之家”的运行管理，常委会修订完善各项管理制度并上墙，组成成员分片检查落实，保证了“人大代表之家”制度资料完整，代表活动经常。建立了十三届人大代表履职档案，有效促进了人大代表依法履行职责。

加大力度，促进代表建议落实。坚持把督办人大代表建议作为保障代表权利的重要手段，及时将十二届人大八次会上代表提出的建议转交县政府。为提高代表建议办理质量和效率，人大常委会专门召开政府职能部门办理代表建议工作汇报会，邀请部分人大代表，听取意见建议办理情况。2016年，人大代表提出意见建议149件，答复率100%，办结率51.7%。人大代表和群众满意度较上年有明显提升。

三、精心组织依法实施，有序推进县乡人大换届选举工作

常委会认真贯彻落实中央、自治区、市和县委关于换届选举工作的决策部署，高度关注和预防换届选举中可能出现的新情况新问题，深入调查研究，统筹安排各环节工作，推动换届选举依法有序开展。在6月6日全县换届选举日，依法设立193个投票站，选民参选率达到90%。顺利选举产生新一届县级人大代表131名、乡（镇）人大代表732名，当选的县乡人大代表结构比例进一步优化，广泛性和代表性得到更好地体现。19个乡（镇）人民代表大会第一次会议，先后于6月8日至10日成功召开，选举产生了新一届乡（镇）人大和乡（镇）政府领导班子，实现了坚持党的领导、充分发扬民主和严格依法办事的有机结合，有力推进了地方民主法治建设和政权建设。

四、密切联系乡（镇）人大，有效推动县乡人大联动发展

常委会切实加强对乡（镇）人大工作的指导、支持和联系，组成人员多次分赴乡（镇）进行调研，推动了县乡两级人大同步发展。各乡（镇）人大充分利用“人大代表之家”开展代表培训、听取代表意见建议、解决矛盾纠纷等工作，并结合本乡（镇）重点工作、群众关心热点组织代表视察，取得良好效果。如：江孜镇组织代表对干部职工周转房进行视察，卡麦乡组织代表对乡完小食堂安全、完小新校区建设情况进行视察，藏改乡对脱贫攻坚搬迁户新房建设进行视察，同时针对存在的问题提出了整改建议。江孜镇、龙马乡人大组织代表分别对小城镇建设和脱贫攻坚工作展开调研，并形成调研报告。

五、着力加强自身建设，全面提升常委会依法履职能力

坚持党的领导。人大常委会坚持把党的领导贯穿于依法履职的全过程，重大事项及时向县委请示报告，在县委的领导下，克服常委会副主任兼任乡（镇）党委书记，兼顾双重繁重工作任务的困难，团结协作，依法开展工作、行使职权，使人大各项工作与县委的要求合拍。对县委的重要会议和重大部署，人大常委会及时组织学习，并结合实际提出贯彻措施，适时作出决议、决定，将党的主张通过法定程序转变为人民意志。始终坚持全县工作一盘棋的思想，努力做到在监督中支持，在支持中监督，较好地发挥了人大工作职能。

狠抓队伍建设。常委会及常委会机关始终把学习放在突出位置，认真学习党的最新理论成果和习总书记系列重要讲话，扎实学习新修改的选举法、监督法、代表法等法律法规，不断提高政策理论、法律知识及业务工作水平。在县委的关心支持下，配齐配强了19个乡（镇）由乡党委副书记兼任的人大主席。重视对常委会机关工作的领导和干部的培养，注重发挥机关的参谋助手和服务保障工作。

促进作风转变。按照县委统一部署，积极开展“两学一做”学习教育，常委会领导坚持深入基层广泛听取代表和群众意见，认真召开班子民主生活会，坚持边查找问题、边寻找根源、边落实整改、边巩固成果，有效解决了常委会自身存在的问题，营造了更为浓厚的民主团结氛围。认真贯彻落实中央“八项规定”和自治区、市、县委关于作风建设的各项规定，严格遵守《领导干部廉政准则》，全面加强机关作风建设，树立了常委会及人大机关为民务实廉洁的良好形象。

各位代表，一年来常委会依法有效地行使各项法定职权，人大工作取得了新进展。这是县委正确领导的结果，是市人大精心指导和积极帮助的结果，是各级人大代表共同努力的结果，也是“一府两院”、全县人民及社会各界大力支持、积极配合的结果。在此，我谨代表县人大常委会，向关心支持人大及其常委会工作的同志和各界人士表示衷心的感谢和崇高的敬意！

回顾一年来的工作，我们清醒的认识到，与形势的发展、人民的期望、代表的要求相比，常委会工作还存在一些差距和不足：监督工作实效需不断加强，代表履职管理需积极探索，县乡两级人大上下联动需加深，密切联系代表的各项制度需更好地落实，常委会及其机关建设需进一步加强。我们将高度重视这些问题，虚心听取代表意见建议，站在新的起点上，采取有效措施，认真加以解决，不断加强和改进人大工作。

2017年主要工作

2017年是十三届人大常委会及代表履职的第一年，起好步、开好头，是今年人大工作的关键。县人大常委会一定能够不负重托、砥砺奋进，从人大定位和江孜县发展稳定实际出发，全面履行宪法和法律赋予的各项职责，努力开创全县人大工作新局面。

县人大常委会工作的总体要求是：高举中国特色社会主义伟大旗帜，以邓小平理论、“三个代表”重要思想、科学发展观为指导，全面贯彻落实中共十八大、十八届三中、四中、五中、六中全会和中央第六次西藏工作座谈会精神，深入贯彻落实习近平总书记系列重要讲话精神和治国理政新理念新思想新战略，按照自治区第九次党代会精神和市委、市人大工作部署，结合县委“5566”工作思路，依法行使职权，突出“开展一次基层代表素质提升活动、编辑一本书，围绕重点项目、重点工作开展监督检查”等重点任务，积极履职尽责，力争为江孜的发展稳定做出新的更大的贡献。

一、围绕工作大局，在全面履行职能、推动科学发展中主动作为

一是在监督方面，围绕县委重大决策部署、事关改革发展稳定全局的重大事项和群众关注的热点难点问题，依法行使监督权，努力做到热点事项持续监督、集中力量重点监督。以促进经济持续健康发展为重点，听取和审议关于计划执行情况以及决算、预算执行情况等报告；超年初预算的资金安排，需经县人大常委会审议通过后，方可拨付使用。以推进城镇化建设进程为目标，开展重点建设项目督导检查。以落实重点工作为目标，对教育均衡发展、脱贫攻坚工作、安全生产工作开展专题调研；对张延清书记在江孜调研时讲话精神的工作任务分解落实情况、教育专项资金使用、扶贫资金使用、脱贫政策落实情况进行监督；对已脱贫户生活现状进行视察。以严格落实常委会听取审议专项工作报告制度为目标，围绕重点工作听取政府部门关于扶贫、教育、卫生及检察院专项工作报告。二是在决定重大事项方面，建立县人大常委会讨论决定重大事项制度，进一步规范重大事项决定程序，促进重大决策科学民主、符合江孜县人民群众的利益。三是在人事任免方面，进一步规范人事任免工作程序，建立并推行拟任命人员任前法律、条例考试制度，考试不合格者暂不任命；严格执行任职承诺、颁发任命书、举行宪法宣誓仪式等程序，督促新任命人员自觉接受人大监督，切实依法履行好工作职责。四是在信访工作方面，进一步发挥人大信访工作的积极作用，畅通民意诉求渠道，切实保障群众的合法权益，维护社会和谐稳定。

二、深化法治建设，在推进依法治县、维护公平正义中履职尽责

找准发挥人大职能作用、促进法治建设的切入点和着力点，大力推进依法治县进程。加强法治宣传教育，按照“深化五项教育、增进五个意识”主题活动的要求，充分发挥代表紧贴群众的优势，深入农牧民群众中进行法律、法规宣传，增进全民法律意识；通过听取“七五”普法规划实施及普法决议贯彻执行情况报告、开展普法检查等方式，督促政府部门落实普法要求，推动普法教育，在全社会营造良好的法治氛围。开展执法检查，围绕执法问题多、群众反映集中的涉法问题，开展执法检查和跟踪监督等形式，纠正有法不依、执法不严甚至是不作为、乱作为等问题；对执法单位执法情况进行调研，促进“一府两院”不断提升执法水平。开展江孜县安全巡查工作制度、日喀则市市容和环境卫生管理条例、日喀则市制定的地方性法规条例的宣传工作和执行情况督查，做到宣传无盲区、执法无例外；积极配合自治区、市执法检查组工作，做好对县域内法律实施情况的监督。

三、密切联系代表，在保障代表权利、支持代表履职中提升水平

推行联系代表“双坚持”工作法，即坚持邀请部分人大代表参与执法检查、视察调查等活动，坚持组织懂法的代表旁听法院重大案件庭审，不断增强代表参与社会管理的能力。采取“双一”工作模式，开展一次基层代表素质提升活动、编辑一本书，调动代表履职积极性和主动性，即在完成每年1—2次代表集中培训的基础上，开展一次以“争做合格代表”为主题的基层代表素质提升活动，通过“自学—授课—开展大讨论—考试验收”的方法，掀起代表主动学宪法、组织法、代表法的学习热潮，丰富代表闭会期间活动；积极挖掘人大代表在扶贫攻坚、维护稳定、党的建设、教育卫生等方面的先进事迹，编写“代表风采录”展现江孜县人大代表的精神风貌。各乡（镇）人大要以“代表之家”为阵地，一年开展1—2次活动，确保代表就近参加视察、检查和各种履职活动，真正让代表“动”起来、作用发挥出来。健全乡（镇）人大工作台账，加强“八簿一册”登记和管理，增强代表活动的针对性和实效性。同时结合全县脱贫攻坚工作，广泛发动各级人大代表积极助推精准脱贫，发挥代表植根基层、联系群众的优势，体现“人大代表在行动”，实现代表履职与脱贫攻坚深度融合。加强和改进代表建议办理工作，完善代表建议督办机制，人大代表建议办理较上年有较大提高。

四、加强自身建设，在提升履职能力、提高工作效率中激发活力

*加强思想政治建设。*自觉坚持党的领导，严守政治纪律和政治规矩，牢固树立政治意识、大局意识、核心意识、看齐意识，更加自觉地在行动上同以习近平同志为核心的党中央保持高度一致，更加扎实地把中央大政方针，区党委、市委的指示要求及县委的决策部署落到实处。

*紧抓纪律作风建设。*不折不扣落实好全面从严治党的主体责任，按照“两学一做”学习教育

要求，不断加强常委会党组和机关党支部建设；扎实开展“深化五项教育，增进五个意识”活动，不断提升常委会和机关凝聚力。进一步密切联系群众，改进调查研究，真心实意为群众办实事解难题。密切与乡（镇）人大的工作联系，推动解决实际问题。进一步推进常委会机关驻村工作，定期听取工作汇报，切实帮助解决所驻村群众生产生活中遇到的困难和问题。

强化能力素质建设。落实人大常委会机关周例会制度，不断在强化执行力上下功夫、求实效；加强对机关工作的领导，提升服务保障能力；以召开人大常委会为契机，组织常委会组成人员及与会人大代表开展理论学习与业务学习，争取机会，选派人大代表及人大干部走出去，学习好的经验，开拓视野，进一步提升人大干部理论水平和服务能力。

稳步推进规范化建设。全力协助县委抓好中央、区党委关于进一步加强和改进人大工作相关要求、区党委人大工作会议精神的贯彻落实，逐步推进人大工作规范化。完善常委会议制度，原则上每两月召开一次常委会议（单月第二周周一），“一府两院”需提请人大常委会审议决定的事项，在常委会召开前10日提交，进一步规范人大常委会讨论决定重大事项工作。完善执法检查工作办法、审议意见办理办法、联系“一府两院”办法等制度，逐步形成较为完善的制度体系，逐步推进常委会工作规范化。

各位代表，认真履行代表职责，做好2017年人大工作意义重大、责任重大。新年新气象，让我们紧密团结在以习近平同志为核心的党中央周围，在县委的坚强领导下，团结和凝聚全县人民的智慧和力量，实干进取，开拓创新，为打赢脱贫攻坚战、全面建成文明、和谐、幸福、美丽江孜而努力奋斗!

中国人民政治协商会议第九届江孜县委员会常务委员会工作报告

——在政协第九届江孜县委员会第二次会议上

2017年3月30日

江孜县政协主席 次 罗

2016年工作回顾

2016年，是政协第九届江孜县委员会常务委员会在县委、县政府的坚强领导和大力支持下，高举爱国主义和社会主义旗帜，坚持团结民主两大主题，深入学习贯彻中共十八大、十八届三中、四中、五中、六中全会和中央第六次西藏工作座谈会以及自治区第九次党代会、市委一届五次全委会精神，贯彻落实习近平总书记系列重要讲话精神和治国理政新理念新思想新战略，贯彻落实习近平总书记治国必治边、治边先稳藏的重要战略思想和加强民族团结、建设美丽西藏的重要指示，坚持党的治藏方略，坚持依法治藏、富民兴藏、长期建藏、凝聚人心、夯实基础的重要原则，紧密团结和带领广大政协委员，全面贯彻落实县委的决策部署，担当履职、发挥作用，为全力助推江孜长足发展和长治久安做出了积极贡献。

一、顺利开展换届工作

2016年是政协换届之年，政协常委会按照区市两级换届工作的要求，政协第九届江孜县委员会委员核定编制名额从八届65名确定为120名，选举产生了主席1名、副主席4名、常务委员24名，设中共、宗教、少数民族、教育、农业、经济、文化艺术和医疗卫生共8个界别。委员着重从乡村两级干部、青年创业能手、基层妇女、少数民族、文化艺术等领域推选产生，使委员结构更加合理，人民政协的广泛性、代表性、包容性得到进一步体现，为做好新时期人民政协工作打下了良好基础。

二、强化政治理论学习，不断夯实共同思想政治基础

坚持以建设学习型政协组织为抓手，把学习教育摆在首位，贯穿始终。每年根据各级党委的要求，认真制定理论学习和专项教育活动方案。采取委员双月座谈会、每周支部理论学习、委员培训、常委以上轮流讲座等形式，及时传达中共十八大以来重大会议精神和三级“两会”精神，学习习近平总书记系列重要讲话，特别是关于人民政协的新思想、新论断、新要求，学习《中共中央关于加强人民政协协商民主建设的实施意见》，学习区党委、市委、县委的重要会议精神。通过学习，使政协新老委员和干部职工坚定了政治信念、共同理想、原则立场、宗旨意识，增强了协商为民、履职为民的责任感、荣誉感和使命感。

三、围绕中心参政议政，全力助推江孜跨越式发展

常委会坚决贯彻习近平总书记关于“懂政协、会协商、善议政”的重要指示和俞正声主席关于“政协不是靠说了算，而是靠说得对”的履职要求，以及对西藏政协工作提出的“把政协作为一个平台，大家共同商量，共同研讨，使民族团结搞的更好，藏传佛教发展的更好，老百姓的生活改善得更好”的要求。始终把助推发展作为政协履职的第一要务。以议政建言，献计出力，坚持用事实说话，用数据分析的工作原则，围绕精准扶贫提高西藏人均期望寿命、日朗乡纳如村整体搬迁、环境监测和监管执法能力建设以及赴上海市浦东新区政协学习交流等4个课题，集中政协优势资源积极开展调研议政，形成调研报告4份，提出提案意见建议共75件（其中向自治区政协提出提案建议1件，向市政协提出提案建议10件），提案答复率达100%。

四、切实履行政治责任，努力促进江孜长治久安

常委会坚持把维护社会稳定作为履职首要政治任务，坚决贯彻落实习近平总书记“治国必治边、治边先稳藏”的重要战略思想，坚持把维护社会稳定作为硬任务和第一政治责任，充分发挥政协联系范围广、基层委员多，特别是民族宗教界委员多的优势主动靠上、团结联合、凝心聚力，在反分裂斗争等大是大非面前，始终做到立场坚定、旗帜鲜明、态度坚决。在重大节庆期间和重大敏感节点班子成员深入各自联系乡镇、村（居）、学校、寺庙全程督导维稳工作，驻村工作队认真完成各项任务的同时，帮助村“两委”认真落实各项维稳措施，积极引导群众投身到先进“双联户”创建评选活动和群防群治队伍的建设中，为基层一线筑牢反分裂斗争和维护社会稳定的第一道防线起到了积极的作用。

发挥政协委员联系范围广、在群众身边的优势，经常走访慰问各界代表人士，加强与社会不同阶层、不同群体的联系。坚持求同存异、体谅包容，协助县委做好协调关系、化解矛盾、增进团结、促进和谐的工作，扩大团结面、增强包容性。

五、凝心聚力，切实发挥了团结统战功能

坚决贯彻习近平总书记“加强民族团结，建设美丽西藏”的重要指示精神，在履职实践中加强民主协商和团结联谊，最大限度地凝聚和增进共识，巩固和扩大团结。

加强团结联谊工作。通过政协平台联谊交友，增进各族各界的思想认同和政治认同。精心举办藏历新年政协委员、统战爱国人士、佛协理事和工商联会员喜迎藏历年座谈会，增进了社会各界的团结联谊。加强与内地政协的交流合作，年初政协组织考察团赴上海浦东新区政协，深入研讨交流，相互学习借鉴，并与上海浦东新区政协建立了对接友好关系。

走访慰问政协老委员。在县政府的大力支持下，政协常委会每年对政协老委员进行走访慰问，今年在“三大节日”期间对29名老委员进行了走访慰问，送去了节日祝福，使他们深切感受到党的关怀和政协的温暖。

六、进一步推进文史资料收集工作

在政协文史资料领导小组的精心安排部署下，广大委员积极收集整理各自辖区的历史、人物、事件、名胜古迹、寺庙历史、非遗文化、人文习俗、民歌等方面文史资料，到目前为止已收集整理全县32座寺庙历史和图片；藏式骰子、克郎球、藏棋等江孜民间娱乐游戏；协玛氆氇等民族服饰；其吾岗派唐卡、达果米果、卡堆藏戏等江孜非遗文化等资料。

七、加强自身建设，提高履职水平

加强委员履职能力。通过以会代训和发放《政协第九届江孜县委员会新委员读本》形式，加大委员培训力度，制定委员制度汇编，建立委员履职档案，提高委员的整体素质和履职能力。

加强党风廉洁和机关建设。政协党组十分重视党的建设和机关思想、组织、队伍、作风、制度建设，认真落实全面从严治党要求，坚决贯彻《准则》和《条例》，坚决落实中央“八项规定”精神。扎实开展“两学一做”学习教育，坚持问题导向、从严要求、以上率下、注重实效，突出“重点在学、关键在做”，使政协党的建设全面加强。

在肯定成绩的同时，政协工作也存在一些不足之处。主要表现在：政协协商民主制度化建设有待进一步加强，方式需要进一步改善；民主监督职能有待进一步强化；提案办理答复不够理想；政协界别优势有待进一步发挥等。这些问题在今后工作中加以改进。

2017年工作要点

2017年，是实施“十三五”规划承上启下的重要一年，也是打赢脱贫攻坚战的重要一年。政协工作总体思路是:高举爱国主义、社会主义旗帜，坚持团结民主主题，深入学习贯彻落实中共十八大、十八届三中、四中、五中、六中全会和中央第六次工作座谈会精神，贯彻落实习近平总书记系列重要讲话精神和治国理政新理念新思路新战略，贯彻落实习近平总书记治国必治边、治边先稳藏重要战略思想和加强民族团结、建设美丽西藏的重要指示，坚持“五位一体”总体布局和“四个全面”战略布局，坚持党的治藏方略，坚持依法治藏、富民兴藏、长期建藏、凝聚人心、夯实基础的重要原则，把维护祖国统一，加强民族团结作为工作的着眼点和着力点，认真贯彻落实区党委、市委和县委决策部署，紧密围绕江孜县实施“五大战略”，建设“五个江孜”，推进“六大任务”，建好“六个基地”即“5566”总体工作思路，努力实现全面建成小康社会宏伟目标，认真履行政治协商、民主监督、参政议政职能，充分发挥政协协商民主渠道和专门协商机构作用，不断推动政协工作创新发展，为建设和谐富裕文明法治美丽江孜作出新贡献。

一、坚持党的领导，夯实共同思想政治基础

深入学习贯彻党的十八届六中全会、中央第六次西藏工作座谈会和习近平总书记系列重要讲话、自治区第九次党代会和市委一届五次全委会精神作为当前头等大事和首要政治任务，同政协履职实践结合起来，采取多种形式，在江孜县广大政协委员中迅速掀起学习宣传贯彻的热潮，深刻理解把握、贯彻落实党的十八届六中全会正式提出“以习近平同志为核心的党中央”的重大意义和自治区度九次党代会提出必须忠诚“一个核心”的要求和市委一届五次全委会提出的“6677”工作思路，深入开展“深化五项教育，增进五个意识”和“提升政协委员履职能力”主题活动，教育引导广大政协委员牢固树立“四个意识”，在思想上拥戴核心，在政治上信赖核心，在组织上忠诚核心，在行动上捍卫核心，始终对党中央、区党委、市委和县委的决策部署和要求，坚定不移地贯彻、毫不迟疑地执行、千方百计地落实，切实把智慧和力量凝聚到建设和谐富裕文明法治美丽江孜上来，不断巩固江孜县各族各界干部群众共同思想基础。

二、坚持履职靠前，助推江孜改革发展稳定

坚持以人民为中心的发展理念，按照自治区第九次党代会和全区经济工作会议、市委一届五次会议及江孜县工作的部署要求，靠前履职尽责，贡献政协智慧和力量。

*把维护祖国统一、加强民族团结作为履行职能的着眼点和着力点。*坚决贯彻党的治边稳藏方略，发挥政协助推社会大局持续稳定、长期稳定、全面稳定的优势作用。把深入开展反分裂斗争作为履职硬任务，在坚决维护祖国统一、坚决贯彻中央对达赖集团斗争方针等方面，发挥好政协优势。围绕创新完善社会治理、依法做好宗教工作、巩固发展民族团结等方面视察调研，选择影响社会稳定的重大问题开展调研议政，提出有针对性的意见建议。

*把助推经济社会发展作为履行职能的第一要务。*着眼全面建成小康社会目标，紧扣供给侧结构性改革这一经济工作主线，围绕推动经济持续健康发展、加强基础设施建设、完善城市规划、加快产业结构优化升级、统筹城乡和区域协调发展等方面视察调研、建言献策。组织政协界别委员对县级佛学院、僧尼养老院和农牧民职业技术学校的建设以及后藏农运会的筹备等作为协商内容进行协商议事。

*把助力建设美丽江孜作为履行职能的光荣使命。*助推绿色发展、循环发展、低碳发展、围绕树立生态理念、加强生态建设、健全生态制度、培育生态文化等方面视察调研，为保护好江孜的一草一木、山山水水，建设美丽江孜竭智尽力。

把改善民生、凝聚人心作为履行职能的出发点和落脚点。围绕推进落实利民惠民政策、加快发展非公经济政策、扩大就业、完善社会保障体系、加快教育卫生事业发展等，开展视察调研和咨政建言活动。围绕易地扶贫搬迁等问题继续调查研究，倾听群众呼声、反映群众需求，促进各族群众共享改革发展成果。

三、坚持创新发展，推进政协协商民主建设

坚决贯彻落实中央《关于加强社会主义协商民主建设的意见》《关于加强人民政协协商民主建设的实施意见》和《区党委《关于加强西藏政协协商民主建设的实施意见》精神，进一步加强政协制度建设，创新履职方法，提高履职成效，努力寻求全社会意愿和要求的最大公约数、画出民心民愿的最大同心圆。

制定实施好2017年协商计划。坚持协商计划与视察调研紧密衔接，聚焦江孜县短板，围绕全县中心工作和人民群众切身利益问题等方面选择切口小，可操作性强的2—3个题目集中调研，探索开展调研报告和文史资料征集评优表彰活动，使政协视察调研和文史资料征集成为政协委员的履职品牌和特色。

更加灵活多样地开展专题协商、对口协商、界别协商、提案办理协商。组织委员视察调研、培训、区外视察学习活动，开拓委员视野，发挥好委员的主体作用。坚持团结民主主题，把团结的精神、民主的作用、和谐的理念贯穿政协工作全过程，形成民主讨论、开诚布公、各抒已见的良好风气。

四、坚持问题导向，创新民主监督形式

根据中办发[2017]13号《关于加强和改进人民政协民主监督工作的意见》的通知精神，今年主要对国家机关及工作人员的工作进行民主监督，对县委、政府重大决策、重大事项的执行情况进行动态监督。同时把江孜县司法领域和重点工程项目、扶贫项目、生态岗位等落实情况、财政预算执行情况、教育“三包”经费使用情况、合作医疗结算情况、家电补助政策实施情况、驻村办实事经费使用情况等方面作为政协常规民主监督检查的内容进行履职尽责。通过民主评议把社会分散的意见、建议集中起来，归纳分析提炼后向决策机关反映，通过广泛倾听各界群众的呼声，对各部门存在的不作为乱作为进行有效监督，不断增强党政部门的决策力、执行力、公信力。并积极探索让政协委员进乡村（社区）充当村居两委监督委员会成员和机关义务监督员。

五、坚持示范带动，形成风清气正政治生态

坚持政协党组发挥领导核心作用与支持依法依章程履行职责相统一，深入学习贯彻习近平总书记关于正确处理“亲”“清”的新型政商关系重要指示精神，发挥政协在推进江孜县民主政治建设进程中的示范带动作用。深入开展“讲学习、讲忠诚、正风气、转作风、提效能”主题活动，加强政协机关特别是领导班子和委员队伍思想政治建设。发挥政协优势作用，做好团结联系各民族、各宗教、各阶层、各界别、各团体和党外代表人士、统战爱国人士、非公经济人士的工作。牢固树立反腐倡廉在西藏没有特殊性、在西藏政协也没有特殊性的意识。把落实全面从严治党“两个责任”贯穿于政协履职全过程，充分发挥政协作为民主监督机构的职能作用。贯彻落实《准则》和《条例》，贯彻落实中央“八项规定”精神和区党委“约法十章”“九项要求”，形成风清气正的政治生态。

六、坚持强基固本，加强政协自身建设

加强常委会建设。以创新理念和务实举措，在推进履职能力建设中充分发挥作用，不断提高政治把握、调查研究、联系群众、合作共事能力。常委会始终着眼发挥委员主体作用，牢固树立服务委员履职活动的责任意识，认真总结委员联络和服务管理工作的经验做法，科学安排委员履职活动。

加强委员管理。探索建立委员履职活动登记通报制度，建立健全委员履职档案，实行委员履职奖惩机制和进出机制，有效调动委员履职的积极性和主动性，不断提高委员履职能力和素质。突出界别特色，着眼发挥界别特殊作用，不断提高界别工作组织化程度。

进一步发挥政协机关作用。巩固“两学一做”学习教育成果，深入开展“深化五项教育，增进五个意识”专题活动，继续加强机关思想、组织、队伍、作风、制度建设，展现新气象、树立新形象、开创新局面。依托新闻媒体宣传政协工作取得的新进展新成果，扩大影响力。合理安排委员培训，争取在任期内对委员每年轮训一遍，努力提高委员整体素质和履职尽责的自觉性、主动性。

各位委员、同志们：凝心聚力谱新篇、同心同德向未来。让我们更加紧密地团结在以习近平同志为核心的党中央周围，在市政协的精心指导和县委的坚强领导下，不忘初心、继续前进，团结拼搏、扎实工作，全力推进江孜县政协协商民主建设，为建设和谐富裕文明法治美丽的新江孜作出新贡献，以优异的成绩喜迎党的十九大胜利召开！

强化党内监督 聚力执纪审查 努力推进江孜县全面从严治党向纵深发展

——在中国共产党第九届江孜县纪律检查委员会第二次全体会议上的工作报告

2017年4月11日

县委常委、纪委书记 张桂英

这次会议的主要任务是：深入学习贯彻十八届中纪委第七次全会精神特别是习近平总书记重要讲话和王岐山书记的工作报告精神，深入学习贯彻九届自治区纪委第二次全会精神和一届市纪委第五次全会精神，总结我县2016年纪律检查工作，部署2017年任务。

一、2016年工作回顾

2016年，在县委和上级纪委的坚强领导下，县、乡两级纪检监察组织认真履行党章赋予的职责，聚焦主责主业，坚持把纪律挺在前面，聚力党的纪律建设，着力推进正风反腐，不断深化体制改革，执纪审查到基层，监督为民抓落实，全县党风廉政建设和反腐败工作取得了新成效，全力助推全面从严治党，为全县改革发展稳定大局提供了有力的纪律保障。

（一）坚持全面从严治党，“主体责任”落地有效

坚持率先垂范，履行主体责任坚强有力。江孜县委始终把党风廉政建设和反腐败工作作为全面从严治党的重要内容重点部署，把“主体责任”作为党风廉政建设的“牛鼻子”扎实推进。县委常委会定期专门研究党风廉政建设工作，县委主要领导定期听取党政领导班子成员党风廉政建设责任制落实情况专题汇报。首次制定下发了《江孜县“四套班子”成员落实党风廉政建设和反腐败工作目标责任清单》《2016年江孜县各乡镇落实党风廉政建设及反腐败工作目标责任清单》，确保各级党组织工作职责明确，责任压力传导到位。

强化责任追究，释放倒逼追责信号。2016年县委成立了以县委常委为组长的6个党风廉政建设工作督导小组，定期不定期对各乡（镇）、部门党风廉政建设工作落实情况进行督导，现场检查、限时整改。首次对“主体责任”落实不力的4名乡镇主要领导进行问责，分别给予党纪、政纪处分。紧盯“三重一大”执行情况，对热索乡贡斯村两名村委委员优亲厚友、虚报数据套取新型农村社会养老保险问题给予党纪处分，起到了警醒震慑作用，把问责压力转化成工作动力。

（二）坚持动真碰硬，扎实推进纪律和作风建设

严明政治纪律，把政治纪律放在首要位置。坚持把政治纪律和政治规矩摆在首位不动摇，认真贯彻执行《关于共产党员违反政治纪律行为的处分规定》，结合江孜县实际，严禁严查党员干部宗教信仰、追随十四世达赖集团分裂国家、破坏民族团结、参与非法组织活动、散布反动言论等行为。对违反政治纪律问题线索做到快速核查、从严处理，2016年，严肃查处了违反政治纪律及造谣传谣问题4起，给予党政纪处分4人。查

处维稳工作中失职渎职案件2起，给予党政纪处分2人，有力维护了中央、区、市、县委的权威，确保党员干部队伍的先进性和纯洁性。

严肃换届纪律，把好党员干部提拔使用的廉政关口。县纪委把换届风气作为监督重点，专题研究部署，选派6名干部全程参与全县换届风气巡回督导工作。按照有关规定对“两代表一委员”进行廉政审核，对4名正在立案调查或处分期间的候选人提出取消资格意见，并对换届拟任干部进行任前廉政谈话，确保了换届工作风清气正，顺利进行。

严格落实中央“八项规定”精神，驰而不息纠正“四风”问题。坚持越往后执纪越严，严格督促落实中央“八项规定”等制度，盯住“四风”问题新形势、新变种，大力整治“节日病”。截至2016年底，紧盯各类节日等重要时间节点，开展27次专项检查，出动655余人次，125车次，对发现的违纪情况，依规给予当事人提醒谈话、党纪政纪处分及经济处罚，对2名不作为的乡党委书记作了岗位调整，对“庸懒散”现象发挥了很好的警示震慑作用。为狠刹“车轮上的腐败”，从2016年9月中旬起，县纪委牵头对全县各乡（镇）、各单位212辆公务用车进行了标志喷涂工作，公开身份，接受监督。

（三）聚焦执纪审查，强化反腐压倒性态势

创新举措，拓宽和畅通信访渠道。积极搭建群众信访举报平台，面向全县155个村（居）统一制作安装了举报箱，印制了19个乡镇纪委书记近3000张廉政名片，发放给各村群众；纪委机关实行县纪委书记信访接待制度，确定每月10日、20日为县纪委书记信访接待日，受理群众的信访、申诉工作；同时县纪委班子成员定期不定期赴基层就相关工作开展下访调研，主动寻找问题线索，倾听群众意见呼声。2016年，县纪委共接待信访人员9人（次），深入基层下访47次，有效拓宽了群众信访渠道，及时化解了基层矛盾，杜绝了越级上访现象的发生。

加大执纪审查力度，遏制腐败蔓延。全县各级纪检监察组织聚焦主业，坚持有腐必惩、有贪必肃、有案必查。执纪审查全覆盖、抓典型、讲方法，针对影响较大的全县较大范围内存在的已故人员冒领新型农村社会养老保险问题、党政机关不同程度存在单位出租房租金自收自支、私设“小金库”问题、公职人员违规领取低保金问题，制定针对性调查方案，对全县范围内问题涉及单位和个人进行了地毯式排查，反复核对相关数据，对发现的问题及时责令整改，对相关责任人进行了严肃问责，为国家追回冒领新型农村社会养老保险金57万余元、违规领取低保金5.3万余元，追缴单位出租房租金违规使用款项161.9万余元，做到了执纪审查横向到边。同时坚持违纪处分后续监督纵向到底，对相关处分的执行进行全程跟踪监督，督促组织、人社部门严格执行对相关违纪人员的后续处分。通过持续加大执纪审查力度，有效遏制了腐败蔓延势头，2016年，县纪委共受理信访举报和问题线索46起（重复2件），其中了结处理34件，拟立案11件，已结案10件，正在审理1件，立案率同比增长175%。处理违纪人员14人，其中党内警告9人，党内严重警告、行政降级1人，行政记过1人，行政警告2人，行政记大过1人，其中乡科级干部5人。释放失责必问、问责必严的强烈信号，有力维护了党纪国法的权威。

探索实践“四种形态”，强化不敢腐氛围。适时研究出台了《中共江孜县纪委诫勉谈话办法（试行）》和《中共江孜县纪委函询谈话办法（试行）》，为运用好“四种形态”提供制度保障。2016年，县纪委监察局坚持抓早抓小，发现苗头及时提醒、触犯纪律及时查处，共谈话函询5人（次），谈话提醒78人（次），诫勉谈话3人，给予党纪轻处分6人。特别是针对重要典型案件，在规范做好事前调查、事中审查的同时，认真撰写事后案情报告，把警示教育、案件剖析融入执纪审查工作中，充分发挥执纪审查工作的治本功能。

（四）创新纪检机制体制改革，激发工作效能

实施机构改革，凸显主业主责。为优化结构、规范流程、提升效能，县纪委主动请示汇报，积极沟通协调，于2016年初全面完成了内设机构改革任务，将内设机构细化为4个专业科室。内设机构调整后，县纪委直接从事执纪监督和案

件查办的科室有3个，占机构总数的75%，办案人员占行政编制总数的60%，做到职责清晰、主业明确，为纪检监察机关切实履行监督执纪问责职能提供有力保障。

完善组织协调机制，形成工作合力。注重加强与相关部门沟通协调，联合县委办、政府办等部门开展综合督查，联合县委组织部做好换届风气督查工作，联合县财政局开展科级干部离任经济审查，与公检法和信访局建立信访信息共享机制；依托大格局充分发挥反腐败协调工作领导小组作用，对牵扯复杂的江孜镇地毯厂问题线索进行联合办案，小组成员单位统一部署、分工协作，召开案件讨论会6次，多次联合实地调查、入户访谈，适时召开案情解释宣告职工大会，作出了合理合法合规的处理决定，迁延数十年的错综复杂的江孜镇地毯厂问题最终得以妥善解决，为广大干部职工挽回经济损失89.9万余元，受到一致好评；同时，通过坚持乡镇纪委工作月汇报会制度、纪委书记约谈、乡纪委干部轮岗、以案代训等形式，加强了县乡两级纪委的沟通、协调力度，提升了乡镇纪委独立处理问题的能力，截至2016年底，全县各乡（镇）纪委共处置问题线索16件，最多的乡（镇）达5件，基层执纪审查生力军作用发挥明显，从而形成统筹协作的党风廉政建设工作格局。

（五）加强队伍建设，确保忠诚干净担当

配齐队伍强化管理。根据《中共西藏自治区委员会办公厅印发〈关于加强和改进基层纪检机关建设的意见〉的通知》，县委、县政府高度重视，县纪委积极协调，实现每乡纪检干部增加至3人，目前，全县19个乡（镇）纪委全部配齐纪检干部57人，其办案补贴、人头经费与县纪委实现同等标准，为基层纪检工作提供有力组织和物质保障；根据“三转”工作要求，及时清退议事协调机构，确保聚焦监督主责、回归执纪主业；同时研究出台了《江孜县乡（镇）纪委干部管理办法（试行）》，注重建立激励机制，奖优罚劣，激发纪检监察队伍工作积极性和创造性。为使纪检工作真正走进人民群众，全县155个村（居）配齐了村民监督委员，并督促民政部门及时足额落实其误工补贴，切实增强了基层机关执纪监督力量。

强化能力提升建设。一是把政治学习放在第一位，以精准把握党章党规为根本，深入开展“两学一做”学习教育活动及“讲学习、讲忠诚、正风纪、转作风、提效能”主题活动，依托委（局）党支部“三会一课制度”，固化一周“两会”学习载体，集体学与自学相结合，注重学以致用，知行合一，真正做到学思践悟；二是把业务能力提升放在基础位置，建立干部教育培训备案表，合理统筹上级调训、以案代训、跟班学习等各类学习平台。2016年，共选派33名纪检干部参加了中纪委和区、市纪委组织的各类专题业务培训，进一步增强了纪检监察干部的业务能力和综合素质。

2016年，全县党风廉政建设和反腐败工作取得显著成效，这些成绩的取得，离不开市纪委、县委的坚强领导和各乡（镇）党委、县直各部门的高度重视，更离不开广大干部群众的鼎力支持和全县纪检监察干部的奋力拼搏，在此，我代表县纪委常委会表示衷心感谢。在看到成绩的同时，我们也要清醒地看到，目前，全县党风廉政建设和反腐败工作形势依然严峻复杂，主要表现为：一是“两个责任”落实不平衡。个别党委（党组）把履行主体责任等同于开会、讲话、签责任书，履行责任清单重形式、走过场；个别乡镇纪委职责定位不准，能力素质不高、发挥作用不明显。二是作风建设长效化推进不够。由于缺乏常态化、长效化的作风监督机制，“庸懒散浮拖”现象改观不明显，“隐形四风”问题时有发生。三是典型案例综合效应发挥不足。对案件综合效应运用欠佳，震慑性、警示作用发挥不明显。四是监督执纪方式有待转变。对实践应用监督执纪“四种形态”认识不到位，“咬耳扯袖、红脸出汗”尚未形成氛围。对此，我们将高度重视，强化措施，认真自查整改。

二、2017年工作部署

2017年是喜迎党的十九大和江孜县改革发展关键之年，做好今年纪律检查工作意义重大。今年工作的总体要求是：更加紧密地团结在以习近平同志为核心的党中央周围，坚持以中共十八大和十八届三中、四中、五中、六中全会精神为指导，深入贯彻落实习近平总书记系列重要讲话精神和治国理政新理念新思想新战略、特别是治边稳藏重要战略思想，深入贯彻落实自治区第九次党代会、一届市委五次全会和九届县委四次全会精神，按照十八届中央纪委七次全会、九届区纪委二次全会、一届市纪委五次全会的部署，坚持全面从严治党，严肃党内政治生活，强化党内监督，推进标本兼治，全面加强纪律建设，持之以恒抓好作风建设，不断把党风廉政建设和反腐败斗争引向深入，以良好的精神状态和优异的工作成绩迎接党的十九大召开。

（一）继续强化两个责任，把全面从严治党工作推向深入

一是要强化两个责任，明确工作任务。继续坚持“两个责任”清单制度，完善党风廉政工作考核细则，重实效、强落实，弱化纸面形式痕迹考核，加大实际效用评估和群众评议考核分量。二是要严肃党内政治生活，督促各级党组织严格执行《关于新形势下党内政治生活的若干准则》和《中国共产党党内监督条例》，严肃规范地开展党内政治生活。三是要严格把关干部提拔任用。严禁干部带病提拔，强化干部任前廉政审核，对已经提拔任用的干部使用要坚持能升能降的原则，彻底打破“铁饭碗”的思想观念。四是严肃整治不作为、慢作为、乱作为行为。坚决对以“庸懒散拖”、纪律松弛、搞“潜规则”“软阻力”为特点的不作为、慢作为、乱作为开刀，决心坚定、态度果断的刹住歪风邪气。

（二）驰而不息纠正“四风”，巩固深化作风建设成果

一要扩展“四风”问题督查范围和对象。督查对象向基层站所、村（居）等延伸，将作风建设落实到“最后一公里”，做到全覆盖、零盲区。二要加大监督查处力度。既要抓日常、抓细微，又要紧扣重要时间节点，重点查处穿“隐形衣”打“擦边球”的“四风”变异问题。三要构建监督长效机制。统筹县、乡纪委和村民监督委员会三级纪律监督组织资源，运用明察暗访、探索乡际交叉检查，构建立体化监督格局，形成常态化、长效化机制。四要强化执纪问责震慑。执纪问责要从严、从速，针对“四风”典型案例，进行点名道姓通报曝光，扩大影响，发挥震慑，对有严重违纪行为、造成严重后果或恶劣影响的将严格依规依纪处理。着力营造“不敢腐”氛围，持续把作风建设引向深入。

（三）准确把握“四种形态”，加大执纪审查力度

一是规范执纪，严格审查。将规范、法治、文明贯穿于信访受理、线索处置、谈话函询、初步核实、立案审查、审理复议等各个环节。严格按照《中国共产党纪律检查机关监督执纪工作规则（试行）》规定，规范执纪审查程序流程。二是突出审查重点领域和方向。综合运用纪律处分和组织处理手段，让党纪轻处分和组织处理成为大多数。强化对违反政治纪律、违反中央“八项规定”精神和落实“两个责任”不力等问题的审查力度，着力查处群众身边的“微腐”和“蝇贪”问题。三是完善反腐协作机制。探索建立党委巡察与组织、公检法、信访、财政等部门的信息沟通机制和工作联席会议制度，做好反腐败协调领导小组与县委巡察办的工作协作和机制衔接。四是惩防并举，治病救人。注重日常督促与提醒谈话，完善趋势研判、分类处置机制，针对苗头性、倾向性问题，做到早发现、早纠正、早查处，避免小错酿成大祸。要形成事前有预防、事后有改进的惩防机制。

（四）探索县级巡察制度，发挥反腐利剑作用

按照市委《关于建立县（区）委巡察制度的意见》精神，2017年初，及时研究起草了《江孜县巡察工作实施办法（试行）》，积极协助县委筹备江孜县巡察软硬件建设工作，县委巡察制度初步形成，巡察震慑之剑即将出鞘，其遏制、治本作用必将有效显现。在巡察工作探索实践中，我们将常规巡察与专项巡察、巡察监督与整改落实、巡察回访与执纪问责“三结合”，对照执行

“六大纪律”情况等开展针对性的常态化巡察，切实发挥江孜县巡察工作反腐利剑作用，推动党内监督向基层延伸。

（五）注重事前预防，厚植廉政文化根基

一是从“六项纪律”教育入手，通过廉政党课讲党章、讲纪律、讲法制，进一步提升广大党员干部的政治敏锐性和纪律自觉性；二是从身边的警示教训说起，整理近年来发生的典型案件广泛宣传，发挥教育震慑作用，让广大党员干部明确纪律的红线、高压线，树立敬畏之心，逐步形成不敢腐的氛围；三是廉政宣教进基层，营造社会氛围。以通俗易懂的语言，喜闻乐见的形式，开展党风廉政教育进村入户活动，同时，注重廉政宣传与“五五”教育活动相结合、廉政教育与感恩教育相整合、廉政文化与藏民族文化相融合，打造独具江孜特色的廉洁文化精品。形成党风廉政建设浓厚的社会氛围。

（六）学思践悟抓提升，打造忠诚干净担当的纪检队伍

一要持续推进能力素质提升工程，通过大力开展专项培训、轮岗练兵、以案代训、业务竞赛等活动，不断提高把握运用监督执纪“四种形态”和新时期加强党风廉政建设的工作能力，特别要继续强化乡镇纪委独立监督执纪能力，在权限范围内实现问题线索属地解决，杜绝随意上交矛盾。二要加强理论学习，以“两学一做”教育活动为契机，结合“四讲四爱”主题活动，坚持一周“两会”学习制度，准确把握党的十八届六中全会对党风廉洁建设和反腐败工作新部署、新要求，提升纪检监察干部队伍的党性修养和敬业精神，把好思想“关”。三要扎紧制度“笼子”。纪检监察干部要以身作则，坚决防止“灯下黑”，严肃查处跑风漏气、瞒案不查、以案谋私等行为，坚决调整、清除不称职的纪检监察干部，以铁的纪律打造一支绝对忠诚、敢于担当、干净廉洁的纪检监察干部队伍。

同志们，我们要更加紧密地团结在以习近平同志为核心的党中央周围，牢牢把握政治方向，在县委的领导下，在市纪委的指导下，求真务实、真抓实干，不辱使命、不负重托，要以“不破楼兰终不还”的气势和自信打赢反腐败这场战争，向江孜人民交上一份满意的答卷，为江孜政治生态的绿水青山提供有力保障，为江孜长足发展和长治久安保驾护航，以优异的成绩迎接党的十九大胜利召开！

江孜县人民法院工作报告

——在江孜县第十三届人民代表大会第二次会议上（节选）

2017年4月1日

江孜县人民法院院长 洛桑旦增

2016年工作回顾

2016年，江孜法院在县委坚强领导、人大有力监督、上级人民法院正确指导和政府、政协、社会各界关心支持下，深入贯彻落实中共十八大，十八届三中、四中、五中、六中全会和中央第六次西藏工作座谈会精神，贯彻落实习近平总书记系列重要讲话精神和治国理政新理念新思想新战略、治边稳藏重要战略思想和对政法工作“防控风险、服务发展，破解难题、补齐短板”的重要指示精神，贯彻落实自治区第九次党代会，市委一届五次全会精神，坚持依法治藏、富民兴藏、长期建藏、凝聚人心、夯实基础的重要原则，紧紧围绕“努力让人民群众在每一个司法案件中感受到公平正义”的工作目标，坚持司法为民、公正司法，各项工作取得了新的成绩。全年共受理各类案件222件，审执结217件，综合结案率为95.50%。

一、反对分裂、防控风险，维护稳定取得新成效

维护社会稳定。把维护社会稳定、促进长治久安作为首要政治任务，依法严厉打击故意伤害、两抢一盗、交通肇事等各类违法犯罪行为，审结刑事案件5件5人。坚持惩防并举、讲究斗争策略，严格落实宽严相济刑事政策，罪犯中判处十年以上有期徒刑1人，判处拘役、管制等轻缓刑2人，实现了法律效果与社会效果、政治效果有机统一。

二、定纷止争、促进和谐，服务发展有了新作为

牢固树立五大发展理念，按照全区经济工作会议“九个一”的部署要求，突出司法服务的针对性、精准性、实效性，推动法院工作更好适应经济社会发展新常态，审结民商事案件92件，结案标的额845.5549万元，法定审限内结案率达100%。落实平等、全面、依法保护产权要求，加大对各种所有制组织和自然人财产权的保护力度，审结涉及非公有制经济主体的案件8件。促进协调发展，审结建设工程领域，买卖、租赁、借款、运输等合同纠纷39件，针对审判执行工作中发现的普遍性、倾向性问题向有关部门提出司法建议3条，依法保障城乡、区域协调发展。服务共享发展，坚持人民利益至上，审结婚姻家庭、劳动争议、劳务合同和财产权、人身损害赔偿纠纷等与群众生产生活密切相关的案件45件，依法保障各族群众共享改革发展成果。把依法促进案结事了人和作为审判工作的最高追求，民商事案件一审调撤率达65.22%。

三、破解难题、规范司法，司法为民推出新举措

破解执行难题。按照最高人民法院、区党委和自治区高院部署，坚持以人民群众的呼声为第

一信号，制定“用两到三年时间基本解决执行难”的时间表和路线图，向执行难全面宣战。建立上下一体、内外联动、规范高效、反应快捷的执行指挥系统，与各县直机关签订《执行联动协议》，接入集查询、冻结、扣划于一体的网络查控系统，形成联动治理执行难工作格局。严厉打击规避执行、抗拒执行等违法犯罪行为，依法拘留2人、罚款5000元。积极推进社会信用体系建设，依法公布失信黑名单5人，对5名失信被执行人采取限制高消费、招投标、出入境等信用惩戒措施，构建“一处失信、处处受限”的信用惩戒格局。共执结执行案件116件，执结标的额106.2063万元。

规范司法行为。认真落实县人大常委会关于规范司法行为工作的审议意见，从健全司法行为规范、改进司法管理、推进司法公开、加强司法队伍建设等方面入手，持续开展规范司法行为年活动。严格落实立案登记制，做到有案必立、有诉必理，依法保障当事人诉权。大力开展案件质量、庭审和裁判文书“三评查”，评查案件217件。建立审判态势运行分析和数据月报制度，上网公布裁判文书217份、其中藏文裁判文书193份，公开审判流程信息115条、执行信息129条，所有庭审全部视频录像并实时上传至高院服务器，以更宽领域、更深层次的监督和公开，倒逼法院工作全面规范。

创新便民举措。积极推进“四位一体”诉讼服务中心建设，最大限度减轻当事人诉累，诉讼服务大厅接待当事人354余人次，“12368”诉讼服务热线提供咨询查询等服务83人次，车载流动法庭巡回办理案件63件。积极推进矛盾纠纷多元化解机制建设，加大对人民调解、行业调解组织的业务指导力度，诉前调处案件36件。强化司法救助，为当事人减免诉讼费1.59万元，发放救助资金2.55万元，让人民群众切身感受到司法的人文关怀。

四、推进改革、落实责任，补齐短板实现新突破

以建设公正高效权威的司法制度，实现审判体系和审判能力现代化为目标，按《西藏法院司法体制改革试点工作实施方案》，开展司法责任制、法官员额制等四项改革试点工作。细化落实《关于在司法体制改革中加强思想政治工作的意见》，把思想政治教育贯穿司法体制改革始终，确保改革蹄疾步稳。积极推进审判责任制改革，出台法院办案人员权力清单、法官违法审判责任追究办法等制度，让审理者裁判、由裁判者负责，法官办案的主体地位得到加强，符合司法规律的责任体制逐步形成。积极推进人员分类管理改革，认真落实法官员额制，完成江孜法院法官职务套改、员额测定及首批法官入额考核考试工作，合理配置审判资源，一批优秀办案骨干充实到办案一线，审判质效逐步提升，队伍活力不断迸发。积极推进各项配套改革，推进案件繁简分流、认罪认罚从宽制度、以审判为中心的诉讼制度、执行体制、司法业务管理监督方式等15项配套改革措施落实，坚决冲破思想观念束缚，确保司法改革各项任务精准落地。

五、从严治党、强化监督，自身建设开创新局面

推进从严治党。扎实开展“两学一做”学习教育，规范党内政治生活，严肃党的政治纪律和政治规矩，增强“四个意识”，坚决拥戴、信赖、忠诚、捍卫以习近平同志为核心的党中央，对县委的决策部署坚定不移地贯彻、毫不迟疑地执行、千方百计地落实，做“四讲四有”的合格党员、合格法官。认真落实区高院司法巡察整改要求，研究制定《关于加强机关管理的规定》等3项规章制度，开展落实党风廉政建设责任制情况考核工作，切实履行全面从严治党主体责任。

提升能力素质。建立健全分层分类培训机制，选派干警参加各类培训班18期，培训干警21人次。选派1名干警到城关区等案件较多的法院实战实训。接收法律实习生2名，为法治西藏建设培养人才。选派1名干警参与完成藏汉双语法律文化出版工程编译任务，促进藏区双语审判实务标准化建设。2016年，江孜法院有3个集体、9名个人获得县级以上表彰。

夯实基层基础。全力做好“十三五”规划项目编制实施工作，2个乡镇人民法庭开工建设，总投资809万元。大力推进智慧法院建设，扎实开展网上办案、网上阅卷和远程视频接访等智能服务。

自觉接受监督。认真落实县“两会”期间代表、委员提出的意见建议，制定分工方案，逐一交办落实，加强督查反馈。探索建立庭审计划定期通报、案件旁听评议、现场见证执行、参与矛盾化解等制度，邀请代表、委员视察和监督法院工作13人次。加强代表、委员关注事项和意见建议的办理，健全办理台账，强化流程管理，严格跟踪回访，办结意见建议1件次。

各位代表，过去一年，江孜法院各项工作所取得的成绩，是以习近平同志为核心的党中央治边稳藏重要战略思想正确指引的结果，是县委坚强领导、人大及其常委会有力监督、上级人民法院正确指导的结果，是政府及相关部门大力支持、政协民主监督、浦东法院无私支援的结果，是全体人大代表和政协委员建言献策、真诚帮助的结果。在此，我代表江孜法院表示衷心的感谢，致以崇高的敬意!

在看到成绩的同时，我们也清醒地认识到，江孜法院工作还存在许多问题和不足：一是面对日益尖锐复杂的反分裂斗争形势和维稳风险挑战，法院工作从被动处置向主动应对的转变尚需加强；二是随着江孜县经济社会发展步入快车道，审判执行工作的理念、措施、方法、能力还不能很好地适应供给侧结构性改革的需要；三是执行难问题还没有得到完全解决，执行案件积了又清、清了又积的现象没有得到根本遏制；四是缺编缺员、人才流失、双语法官短缺等问题依然存在，信息化建设兼容对接、联通共享格局有待完善；五是个别干警作风不实、纪律不严，违规违纪问题仍然存在。针对上述问题和困难，我们将以改革创新为动力，切实加以解决。

2017年工作安排

2017年，江孜法院将以党的十八届六中全会、自治区第九次党代会、市委一届五次全会精神为统领，按照中央政法工作会议、全区中级人民法院院长会议和全市法院院长会议部署安排，准确领会和把握“六个一”工作原则，主动适应江孜改革发展稳定的阶段性特征，贯彻和坚持市委“6677”、法院“忠诚一个核心、实施两轮驱动、履行三大职责、落实四项部署、紧盯一个目标”工作思路，锐意改革、砥砺前行，奋力开创法院工作新局面，为实现中华民族伟大复兴中国梦提供有力司法保障。

一、忠诚“一个核心”，把牢政治方向

把增强“四个意识”、绝对忠诚核心，作为队伍建设的根本和灵魂，按照“三个牢固树立”的要求，驰而不息地抓好干警的思想政治建设，引导广大干警真正在思想上拥戴核心、政治上信赖核心、组织上忠诚核心、行动上捍卫核心，更加紧密地团结在以习近平同志为核心的党中央周围，更加坚定地维护以习近平同志为核心的党中央权威，更加深入地学习以习近平同志为核心的党中央治国理政、治边稳藏新理念新思想新战略，更加自觉地把思想和行动统一到党的十八届六中全会、自治区第九次党代会、市委一届五次全会精神和“两学一做”学习教育上来，坚决做党中央、区党委、市委、县委决策部署的坚定执行者、模范实践者、忠诚捍卫者，确保法院工作正确的政治方向。

二、实施“两轮驱动”，增强内生动力

把司法体制改革和智慧法院建设作为“两轮”“两翼”，牢牢抓住司法责任制改革这个“牛鼻子”，全面推进各项改革措施落实，着力解决制约司法能力、影响司法公正的深层次问题，切实规范司法行为，增强各族群众对司法改革的获得感。统筹考虑各族群众期盼、审判执行工作需要和监督管理需求，大力推进智慧法院建设，纵向实现法院机关、人民法庭和各项工作全覆盖，横向实现与政法各机关、政府各部门互联互通，以信息系统共建、信息数据共享，努力解决江孜县交通不便、诉讼成本高的问题，真正让数据多跑路、让群众少受累。

三、履行“三大职责”，服从服务大局

自觉把法院工作置于江孜改革发展稳定大局中去思考和谋划，坚持和发扬“八个必须始终”工作经验，落实“六个一”工作原则，切实履行好维护社会大局稳定、促进社会公平正义、保障人民安居乐业的职责使命，为排除干扰、补齐短板、激发动力、忠诚使命、抓住机遇、深挖潜力、用好保障提供更加优质高效的司法服务。保证全年法定审限内结案率达到100%，综合结案率达到90%以上。

四、落实“四项部署”，强化使命担当

把落实“四个坚定不移”决策部署作为围绕中心、服务大局的根本着眼点，担当首责抓维稳，准确把握反分裂斗争的新形势新任务。依法严厉打击各类分裂破坏、反动宣传、聚集闹事等活动。针对社会治安形势、特点、规律，从严惩治盗抢骗、黄赌毒、涉黑涉恶、非法集资、电信诈骗等违法犯罪行为，提升法院工作防控社会稳定风险的前瞻性、针对性；服务要务促发展，坚持稳中求进、进中求好、补齐短板的总基调，围绕推进供给侧结构性改革主线，妥善化解稳增长、调结构、惠民生、扩内需等各项工作推进过程中出现的各类矛盾纠纷，加强产权司法保护，推动完善市场在资源配置中起决定性作用的体制机制，为经济平稳健康发展营造高效的服务环境、公平的竞争环境、公正的法治环境、“亲”“清”的政商环境；树牢理念保生态，牢固树立生态优先和绿水青山就是金山银山、冰天雪地也是金山银山的理念，落实环境公益诉讼制度，建立环境执法、司法联动机制，实施最严格的环境资源司法保护制度，为维护江孜青山常在、绿水长流、空气常新贡献力量；聚焦责任强党建，坚持抓党建带队建促审判工作思路，落实管党治党责任，加强和规范党内政治生活，严格党内监督，提高法院队伍司法专业能力，以零容忍态度惩治司法腐败，从严惩处各种违纪违法行为特别是法院干警充当诉讼掮客、以案谋私等行为，破除任何形式的“潜规则”，斩断司法腐败的“利益链”，铲除滋生腐败的土壤，确保廉洁司法。依法严惩腐败犯罪，为全面从严治党营造良好司法环境。

五、紧盯“一个目标”，彰显公平正义

把实现“努力让人民群众在每一个司法案件中感受到公平正义”的目标作为司法审判工作的最高追求和最终归宿，把宪法法律作为履职的基本遵循，坚持法律面前人人平等，坚持程序正义与实体正义并重，坚持诉讼证据出示在法庭、案件事实查明在法庭、诉辩意见发表在法庭、裁判结果形成在法庭，坚持自觉接受检察机关诉讼监督、依法保障律师执业权利，严把案件事实关、证据关、程序关、法律适用关，努力把每一起案件都办成经得起法律和历史检验的铁案，坚决守好社会公平正义的最后一道防线。

各位代表，法安天下，德润人心。新的一年，江孜法院决心更加紧密地团结在以习近平同志为核心的党中央周围，在县委坚强领导、人大有力监督、上级人民法院正确指导下，按照自治区第九次党代会、市委一届五次全会的部署和本次大会决议，坚持和发展“6677”“12341”工作思路，忠实履行宪法法律赋予的司法审判职责，努力为实现江孜长足发展和长治久安总目标提供更加坚强有力的司法保障，以优异成绩向党的十九大献礼!

江孜县人民检察院工作报告

——在江孜县第十三届人民代表大会第二次会议上

2017年4月1日
江孜县人民检察院检察长 尼玛平措

2016年主要工作回顾

2016年，县检察院在县委和市检院的正确领导下，在县人大的有力监督下，深入贯彻落实党的十八届三中、四中、五中、六中全会精神和中央第六次西藏工作座谈会精神，学习贯彻好习近平总书记系列重要讲话精神和治国理政新理念新思想新战略，深入贯彻落实自治区第九次党代会精神以及市委“6677”工作总体布局，紧紧围绕江孜县经济社会发展大局，坚持全面依法治国，充分发挥检察职能，为推动江孜县稳定发展提供了有力司法保障。

一、忠诚履行法律职责，奋力推进法治江孜建设

县检察院严格按照宪法和法律赋予的职责，紧紧围绕建设和谐江孜、法治江孜的决策部署，履职尽责，强化监督，着力维护社会和谐稳定、保障社会公平正义。

依法惩治多发性刑事犯罪。一是认真履行批捕、起诉职责，依法惩治影响群众人身财产安全的多发性犯罪。2016年，共批准逮捕各类刑事犯罪嫌疑人8人；依法提起公诉4件4人。二是认真执行宽严相济刑事司法政策，对初犯、偶犯、未成年人及当事人达成和解等轻微刑事案件，依法作出不起诉决定7件7人。

坚决查办和预防职务犯罪。深入贯彻落实各级党委和上级检察机关关于推进反腐倡廉建设的总体部署和要求，积极完善预防和查办职务犯罪联动体制机制，进一步彰显了检察队伍敢打敢拼形象。一是积极查办贪污贿赂、渎职侵权等职务犯罪。全年共初查职务犯罪案件4件5人，重点查办了镇卡垫社负责人经济问题案件，在办案中将收回的违法资金63万余元重新分配给33名员工，得到员工的一致肯定。二是结合办案，充分运用年度报告、预防调查、检察建议等方式，推进预防职务犯罪工作。针对县城及周边乡镇的10家诊所及个体医疗机构部分存在无相关资质和证件，相关医师资格证、护士资格证等资质不全，超出营业许可范围，非法行医等问题向县卫生局发出检察建议1份；同时，发现1家诊所出现药品及医疗器械过期问题，涉案金额约合人民币1万余元。在县食品药品监督管理局只作出没收过期药品、销毁医疗器械的措施，并未采取任何相关的行政处罚的情况下，我院要求县食品药品监督管理局作出书面材料进行说明。三是深化联合预防工作，与县纪检、安监、扶贫办等部门签订了《预防职务犯罪工作联系制度》，切实增强预防合力。

着力强化法律监督各项职责。紧紧抓住“质量”和“规范”两个关键，全面抓力度、重点抓质量、着力抓规范，各项监督工作有序推进。在侦查监督方面，提前介入疑难、复杂案件4件4人；在民事行政检察监督方面，依法审查生效民事行政判决、裁定、调解52件，审判监督4次，执行监督13次，同时，我院民行部门向县卫生、环保部门发出履职检察建议，对县城从事碗筷消毒企业及餐饮行业供应、使用不合格碗筷开展专项检查，充分发挥了检察职能作用；在刑事执行检察监督方面，对社区矫正“五类”人员进行了全面统计，对12名监外执行人员进行了逐一登记造册；在控告申诉监督方面，推进涉法涉诉信访工作及时有效开展，完善涉检信访受理、办理、终结等机制，有效化解社会矛盾。坚持每月开启2次举报箱，对案件线索按有关规定及时分流，及时催办，做到了事事有交代，件件有着落。全年共受理各类来信来访8件8人，依法妥善处理8件8人，未出现涉检上访、闹访等事件。

二、积极落实群众新期待，助力江孜服务大局

县院紧紧围绕县委深化改革、推动经济发展、脱贫攻坚等战略部署，引导本部门立足职能，服务大局，促进经济社会科学发展。

*扎实做好综治维稳工作。*始终把维护社会稳定作为首要责任，克服松懈麻痹思想，制定并建立健全《维稳安保工作方案》，提高对突发事件的依法处置能力，坚持以敏感节点、重要会议、重大活动为抓手，深入开展“西藏百万农奴解放纪念日”“民族团结月”活动，全院干警始终牢固树立“三个离不开”思想，服从命令、听从指挥，充分体现了政法干警政治思想坚定、行动果敢坚决的优良作风。积极参与平安单位建设和“双联户”创建评选，深化社会治安综合治理，出色地完成了各项维稳任务。

*广泛开展惠民生活动。*充分立足检察职责分工，进一步引导群众感党恩、跟党走，积极宣传惠在何处、惠从何来。全面做好法律宣传、强基惠民等工作。在加强民众法律素养方面，加大法律、法规的宣传力度，教育引导群众不断提高法律意识、增强法制观念，形成全社会知法、懂法、守法、用法的浓厚氛围。全年共开展法制宣传教育活动10次，其中预防职务犯罪专题法制宣传3次、综治宣传月法制宣传2次、法制宣传周2次、巡回法制宣传3次，受教育人数达3200人，发放各类宣传资料4100余份（册）、接受法律咨询55人次。在强基惠民活动方面，帮助制定村务公开、民主管理、乡规民约等制度14件；帮助培养入党积极分子6名，发展党员9名；排查调处矛盾纠纷2件；开展技能培训班2个；解决卓帕村自来水安装到户、卓普村饮水灌溉、水塘新建、线路改造工程累计4个，共计落实资金377万余元，获得了当地群众的广泛肯定和赞许。

*主动投入脱贫攻坚战。*按照县委部署，进一步增进干群交流平台，了解群众所需所想，全院共21名党员干部与康卓乡34名贫困户建立结对帮扶关系，深入开展结对帮扶慰问贫困群众、资助贫困大学生、看望孤寡老人、“争做一日环卫工”、助农收割等亲民为民活动。深入基层倾听群众对检察机关在保障民生建设上的新要求和新期待，通过系列活动的开展，累计向困难群众捐款捐物达4.1万元人民币。

三、主动强化自身监督，着力促进公正规范司法

始终坚持把检察工作置于党和国家工作大局，自觉接受监督，打破检察机关孤立办案局面。以司法体制全面改革为契机，推进法治江孜建设，加大检务公开力度。一是切实加强与人大代表、政协委员的联系，广泛听取外部意见、建议，向党委、人大请示汇报重大事项10件，各级党委领导8次对检察工作作出重要批示。二是完善检委会议事和工作规则，共计召开检委会7次对疑难复杂案件4件进行科学分析判断。三是大力推进检务公开，充实完善检察门户网站、微博、微信，传递和弘扬正能量，于2016年6月份开通了“两微一端”，共计订阅量2318人次，发布图文信息22条。

四、狠抓队伍素能建设，大力提升司法能力和水平

始终将队伍建设摆在重要位置，坚持政治建检、素质强检、从严治检，努力建设高素质检察队伍，为检察事业科学发展提供有力的组织保证。

*加强队伍专业化建设。*一是严格按照自治区司法体制改革要求，积极稳妥地推进司法体制改革各项工作，组织开展了本院首批检察官入额考核，从21名具备检察官资格的人员中遴选10名优秀检察人员进入员额检察官序列，确保了检察队伍的稳定性和专业化，保障检察工作严格、规

范、公正展开。二是借力对口援助和国家检察官学院西藏分院，选派14人参加岗位锻炼、“双语”培训和司法考试培训。

*加强纪律作风和廉政建设。*狠抓领导班子建设和“两个责任”，推进检察长述职述廉报告制度，签订党风廉政建设责任书，认真学习《中国共产党廉洁自律准则》和《中国共产党纪律处分条例》，加强党员干部教育。在全院推行干部述职述廉以及岗位目标责任制度，切实加强干警党风廉政教育，有效增强干警特别是领导干部的廉洁自律意识和拒腐防变能力。

*加强基础设施建设。*一是顺利完成院“两房”建设和技侦楼项目。二是统一业务应用系统正式运行，初步实现了网上办公办案。通过统一受理、分配、送达案件，对办案期限、程序、质量和涉案款物进行全程同步监控、管理，为辩护人、诉讼代理人及公众提供案件查询和阅卷等服务，保障诉讼参与人及相关人员的权利，全年共计录入侦监案件7个，公诉案件10个，案件信息公开7次。三是受援工作稳步进行。紧紧围绕“六位一体”受援目标，与上海浦东新区检察院加强交流协作，协调落实援助资金20万元。

各位代表，过去一年县检察院工作取得的成绩，是县委和市检院正确领导，县人大及其常委会有力监督，县政府关心支持和县政协及社会各界监督支持的结果。在此，我代表县人民检察院表示衷心感谢！

回顾过去一年的检察工作，我们还存在一些问题和困难：一是业务能力的发挥影响了服务大局的水平。江孜县检察院在党组班子的带领下，各项工作取得了良好的业绩，但是，在查办和预防职务犯罪、立案监督等方面需要进一步发力，通过业务能力的提升来扩大检察机关的影响力，树立百姓心中的地位。二是对司法体制改革带来的问题前瞻性不足。在司法体制改革大背景下，在进一步明确职责分工下，检察官如何回应群众新期待、新要求，预判性有待加强。三是需要创新在精准扶贫、服务保障民生方面措施手段。目前，县院服务精准扶贫的办法仍停留在发放物资、爱心捐款等输血手段上，对如何结合强基础惠民生活动、精准扶贫等办法来强化群众造血功能的措施欠缺，难以取得较大实效。

2017年工作要点

2017年县检察院将不忘初心、不辱使命、不负众望，在县委和市院的坚强领导下，高举中国特色社会主义伟大旗帜，坚持以“三个代表”重要思想和科学发展观为指导，深入贯彻落实党的十八届三中、四中、五中、六中全会精神，深入学习贯彻习近平总书记系列重要讲话精神和治国理政新理念新思想新战略，紧紧围绕统筹推进“五位一体”总体布局和协调推进“四个全面”战略布局，坚定贯彻落实市委“6677”工作布局和县委“5566”工作思路，坚持稳中求进工作基调，深化司法体制改革，“撸起袖子加油干”，全力抓好检察业务建设，增强执法办案质量和效率。将着重做好以下几个方面的工作：

一、准确把握党委发展战略，发挥好检察机关在服务发展、改善民生中的职能作用

*加强脱贫攻坚领域职务犯罪侦查力度。*脱贫攻坚事关全面建成小康社会大局，事关人民群众福祉，需要凝聚和汇聚全社会力量，服务和参与脱贫攻坚战是检察机关立检为公、执法为民宗旨的具体体现。作为检察机关，要按照精准定位、精准预防、精准出拳的要求，深入开展扶贫、搬迁领域检察工作，特别是要派专人对项目规模大、缺乏政策透明度、问题多发易发领域为重点查办对象，进行全方位跟踪，把目光和精力集中在扶贫资金申报、审批、发放、验收等环节，凡是涉及职务犯罪的将严格查办、严肃处理。

*强化强基惠民政策宣传落实力度。*在改善民生环节，坚持以强基础惠民生活动为有效载体，牢牢把握“七项任务”，充分听取广大人民群众的意见建议，听取人民群众的心声，切实把惠民政策宣传到千家万户，同时，切实解决好人民群众最直接、最现实的利益问题，争取民生项目，让每个群众明白惠在何处、惠从何来。

二、切实找准瓶颈问题，着力改善好业务能力参差不齐的问题，为全县经济社会发展群策群力

严格制定绩效考核制度，调动干警积极性。按照科室、业务条块的区分，执行严格的绩效考核、考评制度，区分好工作优劣，杜绝干好干坏一个样，干与不干一个样的逻辑，在职务晋升、评优选优中实行绩效为先的准则，确保调动好每一名干警的工作积极性。

严格执行岗位练兵人员交流制度，确保干警学有所获、学有所成。要抓好到内地检察机关学习的有利契机，一心扑在学习上，切实掌握好、学习好内地先进省市院先进办案理念，办案方式。返岗后一律实行交流制度，分享学习成果，让更多检察人员聆听到内地检察机关工作方法和先进模式，同时，充分借助内地业务专家传帮带作用，带动本地检察人员业务水平和能力更加精湛。

切实加强制度建设，坚持制度执行实体化。坚决杜绝打折扣的现象。将纸面上的制度同规则意识、规矩意识形成有机结合，形成包括涵盖党建、业务、学习、固定资产管理等为主要内容的规章制度。

三、顺应司法体制改革后对检察队伍的要求，着力把服务大局与自我完善有机结合

强化绩效考核、岗位流动机制。充分利用司法体制改革契机，在10名入额检察官遴选工作的基础上，把平时敬业精神、工作水准和组织纪律情况作为重要的考核依据。特别是要开设每周讲堂，由10名检察官轮流进行授课，把主任检察官的业务经历、工作方法、办案经验分享给全体干警，发挥好传帮带作用。同时，把具备法律职业资格证的干警调整到业务部门，着力把“主任检察官+司法辅助人员+书记员”的模式逐步开展实行起来，让每个人尽快适应在司法体制改革浪潮下的工作状态。

完善检察人员管理机制。积极探索未能进入员额制检察人员的管理机制、人才保留机制、竞争机制。鼓励和动员非主任检察官干警参加学习再教育、培训活动，消除他们对未来晋升通道的担忧，确保检察人才留得住、用得好。

四、抢抓机遇，精准发力，切实在公益诉讼试点环节创造新的业绩

近三年来，江孜县院在民事行政检察方面取得了良好的业绩，分别在2015年和2016年对全县周边商铺销售五毛零食、餐饮用具不符合标准等行为进行了严厉打击，得到了人民群众的高度评价。2017年，将以公益诉讼试点县院为契机，注重和探索公益诉讼试点工作。拜访关心社会发展的退休老干部及社会人士，借助老干部高度关注经济社会发展状况的良好机遇，向他们了解民生领域存在的侵害百姓权益的问题，力争在食品、药品安全、环境卫生监管方面取得突破，确保公益诉讼试点工作取得新突破。

各位代表，检察机关作为法律监督机关，在全面推进依法治国中肩负着重要职责。新的一年，我们将在市院和县委县府的领导下，认真贯彻本次会议决议，依法履职，真抓实干，为江孜县稳定健康发展保驾护航！

江孜县2016年国民经济和社会发展计划执行情况与2017年国民经济和社会发展计划（草案）的报告

——江孜县第十三届人民代表大会第二次会议上

2017年3月31日

江孜县发展和改革委员会

一、2016年经济社会发展计划执行情况

2016年是“十三五”开举之年，面对国内外经济环境趋紧，经济下行压力持续加大的严峻形势，在县委的正确领导下，县人民政府团结带领全县各族人民，深入贯彻落实中共十八大和十八届三中、四中、五中全会精神，深入贯彻落实习近平总书记系列重要讲话精神，坚持稳中求进的工作总基调，主动适应经济发展新常态，全力以赴稳增长、调结构、防风险、促改革、惠民生的一系列政策措施，使全县农业生产形势稳步提升，工业经济小幅增长，固定资产投资较快增长，消费品市场平稳运行，财政收入增长回升，金融机构存贷款稳步增加，价格水平低位运行，城乡居民收入平稳增长，国民经济呈现出稳步增长良好态势，实现了“十三五”良好开局。

（一）经济总量增长情况

2016全县生产总值18.32亿元，增长1.25亿元，同比增长6.2%。2016年全县财政收入3700万元，同比上年增长625万元，增长率达到20.30%。江孜县在经济总量基数较大的压力下，通过四套班子、各部门和各乡镇的共同努力，不仅顺利完成既定规划目标，也为整个日喀则市乃至全区的经济发展做出了贡献。2016江孜县的三大产业获得不同程度的增长，第一产业增加值3.26亿元，同比增长2.19%，第二产业3.34亿元，同比增长40.3%，第三产业11.7亿元，同比增长1.7%（以上数据为县级年终统计数据，最终以市统计局审核后的数据为准。）

（二）农村经济发展情况

2016年全县农村经济总收入达到10.23亿元，同比增长25.59%，农牧民人均纯收入预计达到10819.55元，同比增长25.95%，其中现金收入8130.8元。2016年江孜县粮食作物总产量达13013.12万斤，油菜籽产量1239.51万斤；牲畜存栏总数30.81万头（只、匹），其中大牲畜6.9万头（只、匹）；家禽5.3万只，奶产量3678.75万斤，肉类产量437.95万斤，绵羊毛产量26.3万斤，羊绒产量0.8万斤，牛皮产量14017张，羊皮产量93466张。2016年江孜县外出务工人员共计22620人次，外出务工总收入达30370万元。（以上数据为县级年终统计数据，最终以市统计局审核后的数据为准。）

（三）项目建设完成情况

2016年度，江孜县全社会开（复）工固定资产投资项目共计144个，完成固定资产投资共计11.57亿元，同比上年增长4.27亿元，增长率达到58%。农牧方面，实施了江孜县饲草料加工基地建设项目、江孜县岗巴羊规模化养殖场建设项目等8

个项目，共投资0.71亿元；交通方面，实施了江孜镇嘎吾村路面硬化工程、龙马乡S307岔口至日朗乡浪村断头路公路工程等8个项目，共投资1.13亿元；水利方面，实施了2016年小型农田水利重点县等7个项目，共投资0.39亿元；社会事业方面，实施了江孜县第二幼儿园建设项目、江孜县疾病预防控制中心建设项目等41个项目，共投资2.07亿元；城乡住房类方面，实施了江孜县2016年公共租赁住房工程、江孜县2016年棚户区改造工程等10个工程，共投资1.26亿元；扶贫方面，实施了江孜县2016年易地扶贫搬迁项目等3个项目，共投资0.91亿元；基层政权建设方面，实施了江孜县年堆乡基础人民法庭建设项目等6个项目，共投资0.18亿元；土地治理方面，实施了2015年高标准土地治理等4个项目，共投资0.23亿元；林业方面，实施了江孜县重点区域生态公益林等3个项目，共投资0.13亿元；市政方面，实施了江孜县市政道路、市政排水等4个项目，共投资0.93亿元；招商引资方面，实施了华润光伏发电项目等4个项目，共投资3.72亿元；灾后重建方面，实施了江孜县江孜镇特色小城镇建设项目等12个项目，共投资1.15亿元。

（四）社会事业发展情况

脱贫攻坚方面，江孜县2016年共完成了440户，2001人的脱贫，对比年初计划任务，提前完成了33户、155人的脱贫。实施了易地扶贫搬迁工程2项，涉及资金7974万元，完成投资4068万元。

教育方面，加大办学条件改善力度，落实义务教育均衡发展要求，多渠道筹措资金，加大教育投入，大力推进学校基本设施建设。2016年，共向上级争取薄弱学校改造资金11969万元，改善了达孜乡完小等17所农村小学办学条件；争取资金1848万元，新建设了江孜县第二幼儿园；争取资金2713万元，对县城内的已有学校进行了改造；另外完成了10个乡村级幼儿园建设项目的前期工作，总投入资金2236万元。

卫生方面，实施了江孜县疾控中心、日星乡卫生院、纳如乡卫生院等医疗机构建设项目。目前，全县共有医疗预防保健机构21所，其中县级人民医院、疾控中心各1所，乡（镇）卫生院19所。县人民医院目前实施开放100张病床，乡（镇）卫生院实施开放76张病床。全县共有262名卫生专职工作人员，其中县人民医院共有152名工作人员、乡（镇）卫生院共有110名工作人员。另外，县疾控中心共有11名工作人员，以及根据上级卫生部门每个行政村配备2名村医、2床/乡的相关要求，共有310名村医。

人力资源和社会保障方面，2016年实现城乡就近就业350人，就业咨询250人次，就业指导80人次，发布就业信息10次。全县参加新农合人数达62107人，占农牧民总数的99.9%。2016年，全县养老保险参保人数达34096人（包括基本养老保险、新型农村养老保险、城镇居民社会养老保险），征缴养老金金额1234.67万元；全县参加医疗保险人数达7576人（包括农村医疗保险及城镇居民医疗保险），征缴医疗保险金额3681.65万元；全县工伤保险参保人数达2811人，征缴工伤保险金额88.34万元；全县生育保险参保人数达2411人，征缴生育保险金额185.51万元；全县失业保险参保人数达1505人，征缴失业保险金额277.24万元。

民政事业方面，截至2016年底，全县共有城镇低保对象157户、257人，农村低保475户、760人，全年兑现低保资金820.3万元（包括物价补贴、提标）；五保供养老人共116人，其中集中供养52人、分散供养64人，有意愿集中供养率达100%，全年兑现供养补助资金54.98万元；全年实施医疗、教育等各类救助1051人次，兑现救助资金332.03万元。

文化事业方面，江孜县已有1个县城综合文化活动中心、19个乡（镇）综合文化站、155个农家书屋、32个寺庙书屋以及139个基层文化信息资源共享点。广播电视方面，在维护原有“村村通”设备的基础上，实施“户户通”清流设备置换项目7740套，同时新增“户户通”用户800户，覆盖率达到100%；县城无线数字化电视新增用户370户；积极开展农村基层电影放映，全年完成电影放映1873场次，观众达到12.85万余人次。不断加强文物基础设施建设，有效对白居寺、帕拉庄园、宗山古堡等文物进行了保护；加强推进非物质文化遗产保护工作，积极完成了9个县级非物质文化遗产申报自治区级非物质文化遗产代表性项目的相关工作。

二、2017年经济社会发展面临的形势

2017年是全面实施“十三五”规划，建设小康社会的重要一年，是精准扶贫集中发力的关键之年。西藏自治区第九次党代会、日喀则市经济工作会以及日喀则市6677发展战略思路明确了未来一段时期经济社会发展的主要任务和发展目标，为江孜县经济社会发展提供了根本遵循。党中央、国务院制定的一系列特殊优惠政策，为全面建成小康社会提供了有力支撑。全区经济工作会议提出的坚持稳中求进、进中求好、补齐短板的工作总基调，为我们指明了工作方向。在看到良好机遇的同时，我们也要充分认清当前经济社会发展面临的问题。

一是总体上全县干部职工还存在思想解放不够，改革创新意识不强，开放合作力度不大的问题，影响了全县经济社会发展步伐；二是基础设施仍然落后，瓶颈制约仍未根本改善；三是项目储备不足、专业技术人员缺乏；四是产业发展还未形成规模，资源优势很难转化为经济优势。

三、2017年经济社会发展的总体要求、发展目标和主要措施

（一）2017年江孜县经济工作的总体要求是：

全面贯彻落实中共十八大和十八届三中、四中、五中、六中全会精神，贯彻落实习近平总书记系列重要讲话和中央第六次西藏工作座谈会精神，紧紧围绕自治区第九次党代会和自治区经济工作会的决策部署，坚持稳中求进、进中求好、补齐短板的工作总基调，按照县委、县政府“5566”工作思路和“1136”产业发展思路，主动适应经济发展的新常态和江孜县面临的新机遇、新问题，以打造日喀则东部区域中心、全面建设小康社会为目标，以小城镇建设、灾后恢复重建、推进精准扶贫为工作重点，进一步优化产业结构，强化投资落实，改善民计民生，加强生态建设，推动改革创新，确保江孜县经济社会长足发展和长治久安。

（二）2017年江孜县国民经济和社会发展的主要目标是：

2017年，全县生产总值计划增长15%以上，全社会固定资产投资增长18%以上，农牧民的人均纯收入增长13%以上，财政收入力争增长45%，人口自然增长率控制在11‰以内。

（三）2017年江孜县经济社会的主要工作任务和措施是：

1. 以现代农业示范区建设为抓手，推进农牧业跨越式发展。以江孜县红河谷现代农业示范区为依托，进一步转变农牧民群众的思想观念，积极引导农牧民群众摆脱传统的种植、养殖观念，根据市场的需求，加强农业经济作物的生产、加工和拓展营销渠道，促进农畜产品的流通，有效地提升农畜产品的附加值，实现增产增收的目标。研究推进江孜县农业机械化的发展路径，引导和加大农村土地流转的试点工作，有效提高农业生产效率，解放农村劳动力。继续加大江孜县红河谷现代农业示范区项目建设和扶持加工企业入驻，积极引导实施红河谷现代农业示范区青稞精深加工项目，提升江孜县农副产品加工业的整体水平。加大对良种青稞的推广力度，确保青稞种植面积，加大农田水利、农村安全饮水和小流域治理工程等水利建设项目，保障种子和化肥供应，确保粮食安全。以企业为龙头，加快江孜县融入“岗巴羊经济圈”，提升江孜县养殖业整体水平，做大做强岗巴羊品牌，增加产品附加值。

2. 提升文化旅游产业发展水平。以《江孜印迹》实景剧为依托，进一步挖掘江孜历史文化资源。高标准谋划江孜文化旅游发展，高起点建设旅游产业基础设施建设。根据《江孜县旅游总体规划》，重点完成古城AAAA级景区的提升工作，加快实施加日郊老街等重点文化旅游资源的开发利用，力争“十三五”实现文化旅游产业形成基本规模。提高县乡两级文化站的使用效率，引导江孜县民间艺术团和各乡镇文艺团体的节目创作和排演，为江孜县文化旅游发展提供人才资源和民族文化产品。

3. 加大项目建设力度，多渠道积极衔接和争取项目资金。以小城镇建设、灾后恢复重建为重点，将积极协调上级有关业务部门，全力推进项目建设实施，力争全年完成全社会固定资产投资13.7亿元以上。为进一步推动项目投资的落实，年度计划项目建设要实行项目主管单位责任制制度，将项目建设任务层层分解细化，对未审批项目，项目主管单位要针对性地制定项目前期工作计划，倒排任务工期，严格按计划抓具体任务落实，全力加快项目前期工作，力争2017年计划项目前期工作在2017年上半年全部完成。积极做好项目开工准备，全力推动重点项目建设，年内要重点建设完成江孜县江孜镇、重孜乡特色小城镇建设项目，江孜县县城道路、县城排水、县城供水工程，江孜县2017年易地扶贫搬迁工程，江孜县龙马乡S307岔口至日朗乡朗如村公路工程，江热乡S204线岔口至仁庆林村公里工程等重点建设项目。全力推动实施江孜县棚户区改造（一期）工程、江孜县重孜乡至仁德村公路硬化工程、江孜县藏改乡夏尔岗村至其吾村公路硬化工程、江孜县江孜镇特色小城镇建设白居路综合整治项目。加快推进江孜协合50兆瓦并网光伏发电项目、江孜县红河谷农业园区青稞精深加工项目等招商引资项目的落地实施。抓紧做好江孜县棚户区改造（二期）工程、江孜县康卓水库重点水源工程等项目的前期工作。着力抓好项目管理，加强项目建设全程跟踪管理，严格把好质量关，防止出现“豆腐渣”工程。认真落实安全生产各项措施，及时消除安全隐患，严防安全事故发生。完善项目建设后管理，确保项目发挥最大效益和长远效益。健全完善体制机制，定期召开项目推进联席会议，加大协调力度，切实解决项目审批、建设过程中遇到的困难和问题。优化项目建设环境，严厉打击垄断经营、乱圈乱占等违法违纪行为，维护市场正常秩序。

4. 着力推进精准扶贫。大力实施整村推进、易地扶贫搬迁、转移就业、社会救助等精准扶贫措施，统筹推进贫困区域基础设施建设、特色产业和公共服务发展，确保全县户2794个贫困户于2018年如期脱贫。扎实推进易地扶贫搬迁，加快搬迁点的住房、基础设施、生产资料的建设，确保600户2435人的搬迁任务按时按质按量完成；着力培育壮大扶贫产业，认真贯彻落实全市产业发展大会精神，结合江孜实际，紧紧围绕“1136”（即：打造“一大品牌”，壮大“一个园区”，发展“三大产业”，建好“六个基地”）产业发展思路，真抓实干，推进扶贫产业全面发展，带动更多群众就业创业；完善精准脱贫工作机制，建立和完善工作推进机制、激励责任机制和明察暗访督查机制，积极推进精准扶贫绩效考核，建立以扶贫开发工作成效为导向的考核机制。

5. 全面发展各项社会事业，努力改善民生。充分发挥现代农业示范区的科技平台，整合农口和科技口对农业示范区的投入，提升科技对江孜县农牧业发展的贡献率；全面落实党的教育方针，以改革创新为动力，以素质教育为导向，以促进教育公平为重点，以提高教育教学质量为核心，促进全县办学条件进一步改善，义务教育实现基本均衡，教育结构更趋优化协调，优质教育资源进一步发展壮大，努力推进全县各类教育均衡协调发展，确保2017年顺利通过国家义务教育均衡发展评估验收；依托上海援藏优势，加大对教育、卫生等基层工作人员的培训力度；健全完善覆盖城乡居民的社会保障体系，加强社会保险基金的征缴与管理，着力提高社会保障能力；加强对江孜县人民医院的软实力提升，带动县、乡、村三级医疗技术整体提升，服务7万江孜民众的医疗需求；加强社会救助工作，关心五保老人、孤儿、残疾人等弱势群体，提高城乡居民低保补助标准，切实保障贫困群众基本生活。

6. 发展壮大非公有制经济。以鼓励和引导民营企业加大技改力度，依托江孜县文化旅游潜力，拓宽产品营销思路，提升产品附加值。初步建立非公有制经济信用担保体系，引导和支持农牧民群众从事个体私营经济，加大对非公有制经济的扶持和引导力度，引导农牧区个体私营经济扩大规模、提高效益，向产业化、市场化、集约化方向发展。吸引和鼓励庄园酒店类型的文化旅游投资项目入驻。鼓励农牧民施工企业的发展壮大，提升对富裕劳动力的消化能力。加大城镇手工业和农产品深加工的技术升级改造力度，提高企业的生产经营效益。

7. 保护县域生态环境及资源可持续发展，建设生态环境友好型社会。坚守生态保护底线，确保生态环境良好，全面推进县域生态环境保护和创新城市环境卫生管理工作，确保顺利通过国家环保稽查。重点实施江孜县年楚河流域重要生态功能保护区建设工程、江孜县重点区域生态公益林建设项目、江孜县生态安全屏障防沙治沙等项目。严格执行江孜县土地利用总体规划，加强土地资源保护、开发和利用。着力强化基础设施建设过程中的环保监管，对项目的设计、施工、竣工全过程进行环保评估，对建设取土、弃土场地、完工后的平整绿化进行全程监测管理。加大对企业节能减排和环境监察的检查力度，既要扶持更要监管，绝不走先发展后治理的老路。

8. 抓好安全生产。贯彻落实好区、市两级关于推进安全生产领域各项工作的有关精神，做好江孜县安全生产各项工作。加强道路交通、建筑工地、工矿商贸、食品药品和消防等行业领域的安全生产监管，健全完善安全生产责任体系，强化安全生产专项整治，坚决遏制重特大安全事故发生。抓好维护稳定工作，始终坚持稳定压倒一切，坚持依法治理、系统治理、综合治理、源头治理，确保“三不出”。

各位代表，今年是实施“十三五”规划的重要之年，是如期打赢脱贫攻坚战、全面建成小康社会的关键之年，做好今年经济社会发展各项工作，任务艰巨、意义重大。我们要在县委、县政府的坚强领导下，在人大的监督下，紧紧围绕发展稳定两件大事，开拓创新、真抓实干，加快推进江孜县跨越式发展和长治久安，确保年度目标任务圆满完成，以优异的成绩迎接党的十九大胜利召开。

江孜县2016年财政收支预算执行情况与2017年财政收支预算安排（草案）的报告

——在江孜县第十三届人民代表大会第二次会议上

2017年3月30日

江孜县财政局局长　边巴次仁

一、2016年预算执行情况

2016年，全县财税部门在县委、县政府的坚强领导下，深入贯彻落实党的十八届三中、四中、五中、六中全会精神、中央第六次西藏工作座谈会精神、深入贯彻落实习近平总书记系列讲话精神，不断优化财政支出结构，服务发展，改善民生，促进和谐，为全县经济社会发展提供了有力的财力支撑，全县预算执行情况总体良好。

（一）财力构成情况

2016年，全县财力达到122462万元，同比增长20.32%。财力构成为：县级财政一般预算收入3700万元，政府性基金收入330万元，上级补助收入117841万元（其中：返还收入796万元，一般性转移支付收入64675万元，专项转移支付收入52370万元），上年专项结余190万元，调入预算稳定调节基金401万元。

（二）收入执行情况

2016年，县本级财政一般预算收入完成3700万元，完成年初预算的104.52%，完成市委、市政府既定目标的100.27%，同比增长20.32%。税收收入为1866万元，完成年初预算安排数的70.36%；其中：增值税1105万元，完成年初预算安排114.27%；营业税281万元，完成年初预算安排的14.08%；企业所得税67万元，完成年初预算安排32.36%；个人所得税66万元，完成年初预算安排的103.13%；城市维护建设税170万元，完成年初预算的105.59%；印花税44万元，完成年初预算安排的88%，耕地占用税133万元，完成年初预算的3.8倍；非税收入1834万元，完成年初预算安排数的2.07倍。

（三）支出执行情况

2016年，全县支出总数为122462万元（含基金支出330万元），同比增支6989万元，增长6.05%。具体如下：

（1）一般公共服务支出16553万元，同比减支314万元，下降1.86%；（2）公共安全支出8796万元，同比增支1897万元，增长27.5%；（3）教育支出27808万元，同比减支11786万元，下降29.76%；（4）科学技术支出355万元，同比增支84万元，增长31%；（5）文化体育与传媒支出2191万元，同比增支391万元，增长21.72%；（6）社会保障和就业支出17618万元，同比增支9772万元，增长124.55%；（7）医疗卫生支出8614万元，同比增支414万元，增长5.04%；（8）节能环保支出964万元，同比增支299万元，增长44.96%；（9）城乡社区事务支出7155万元，同比增支3270万元，增长

84.17%；（10）农林水事务支出19738万元，同比减支725万元，下降3.54%；（11）交通运输支出273万元，同比增支148万元，增长118.4%；（12）资源勘探信息等支出64万元，同比减支53万元，下降45.3%；（13）商业服务支出434万元，同比增支30万元，增长7.43%；（14）国土海洋气象等支出2075万元，同比增支226万元，增长12.22%；（15）住房保障支出9067万元，同比增支3110万元，增长52.2%；（16）粮油物资储备支出19万元，与2015年持平；（17）其他支出408万元，同比减支45万元，下降9.94%。

二、2016年预算执行的特点及成效

（一）财政收入运行的主要特点及分析

从全年的收入成分看，2016年江孜县收入中税收收入和非税收入的占比分别为50.43%和49.57%，非税收入与税收收入基本持平。出现这种情况的主要原因：一是全县各级各类税收收入仅完成了3303万元，其中纳入本级的收入为1866万元，税收对本县收入的贡献率56.49%。受营改增税费改革的影响税收对县本级的贡献率同比下降19.66%；二是税务系统没有具体的收入目标任务数，2016年全县税收收入同比增长9.4%，而财政年初下达的收入任务数是在上年的基础上递增20%，为如期如数完成收入任务只有增加非税收入。

（二）财政支出运行的主要特点及分析

江孜县2016年支出总量为122462万元，总支出比去年同期增长了6989万元，其中：工资福利支出38542万元，商品与服务支出9450万元，对个人和家庭补助支出37896万元，法定、专项及本级配套的各项资金支出36574万元。

2016年，从全年的支出运行情况来看，人员支出依然占了较大比重，其中包括：2016年干部职工的调资增资、创新寺庙管理、“强基惠民”活动等生活补助兑现；村干部误工补贴、村医待遇、三老人员补助、城乡低保等提高标准，造成了人员支出较上年有了显著上升。2016年，乡镇公务员、公益性岗位、转业军人、调入人员等新增人员较上年有明显增加。

虽然收支矛盾依然突出，但是在县委、县政府的正确领导下，江孜县财政工作紧紧围绕县委、县政府的中心工作，坚持“量入为出、量财办事”的工作原则，加强财政预算编制工作和预算执行过程的监督。

——保障重点，民生先行，进一步优化支出结构。2016年，科教文卫等九项重点支出92605万元，占全年支出总数的75.82%。一是坚持教育优先发展，在上级教育专项资金的基础上，县本级投入1305万元，达到本级一般预算收入的42.42%。二是支持医疗卫生事业，支出同比增长15.32%，其中县本级投入179万元。三是确保社会保障和就业，支出同比增长124.55%，其中县本级投入903.12万元。四是推进农林水工作，支出同比增长12.45%，其中县本级投入697.26万元。五是确保生态环境良好，支出同比增长44.96%，其中县本级投入40万元。六是保障科技支出需求，支出同比增长31%，其中县本级投入20万元。七是促进文化继承与发展，支出同比增长21.72%，其中县本级投入161万元。八是确保社会长治久安，支出同比增长27.5%，其中县本级投入667.41万元。九是加快保障性住房建设，支出同比增长84.17%，其中县本级投入346万元。

——深化改革，精益求精，预算管理更加科学。完善政府预算体系，完成县本级全口径预算编制，将当年年初预算安排数精确到项级科目。盘活财政存量资金，收回部门预算结转结余资金836.61万元，建立结转结余资金定期清理和盘活机制，扩大预决算及“三公”经费执行使用情况的公开范围，县本级公开范围覆盖全县所有预算单位，公开率达到100%。

——强化监督，提高效益，预算约束逐年硬化。树立“全口径预算监督”理念，认真开展扶贫资金、社保资金、涉农资金、“三公”经费、教育“三包”资金、会计信息质量等财政监督检查，严格按照年初预算落实各项资金，实现资金使用的最佳效益。积极配合各级审计、巡视组、纪检机关及上级财政部门专项检查工作，年内完成了区党委巡视第二组对江孜县的巡视工作、完成了单位出租房屋的清查、完成了全县固定资产清查等工作。

三、2017年预算安排

2017年，我们将认真学习贯彻落实十八大，十八届三中、四中、五中、六中全会和中央第六次西藏工作座谈会精神，贯彻落实习近平总书记系列重要讲话精神，以科学发展观为指导，充分发挥财政职能，努力培植财源，促进经济发展，壮大财政实力；优化支出结构，厉行勤俭节约，提高保障水平；深化财政改革，加强资金监管，完善管理制度全面提高依法行政、依法理财的工作水平。根据《预算法》，结合江孜县实际，编制完成了2017年江孜县财政收支预算草案。

（一）预算编制的基本原则

严格按照《预算法》和区、市两级经济工作会议要求，以本县的实际财力为准，坚持统筹兼顾、量入为出的原则，在“保工资、保运转、保民生、保稳定”的前提下，注重改善民生和社会和谐稳定，确保精准扶贫、维护稳定等重点工作资金需求。

进一步加强预算对政府支出的约束力，遵循中央“八项规定”和“约法十章”要求，严格控制“三公”经费，降低行政运行成本。

（二）2017年预算安排情况

1. 财力安排情况

2017年，全县预算总财力达到79530.88万元，同比增长20.33%。其中：县级财政一般预算收入4248万元，增长20%；上级转移性补助收入71762.68万元（其中：返还收入1492万元、一般性转移支付收入63414.87万元、专项转移性支付收入6855.81万元），增长19.68%，盘活存量资金3107.3万元，上级安排基金预算收入412.9万元。

2. 收入安排情况

2017年，县级财政一般预算收入安排为4248万元，比上年预算数增长20%。其中：税收收入2427万元，下降6.33%，非税收入1821万元，增长91.89%。

按照区、市两级财政部门的要求，本级财政一般预算收入在上年预算执行数的基础上增长45%，所以2017年实际需要完成的收入任务为5365万元。

3. 支出安排情况

2017年，全县一般公共预算支出安排为79530.88万元，同比增长20.33%。具体为：一般公共服务支出安排18962.71万元，同比增长31.36%，公共安全支出安排8080.77万元，同比增长23.63%，教育支出安排28992.29万元，同比增长26.64%，科学技术支出安排319.26万元，同比增长5.19%，文化体育与传媒支出安排1349.08万元，同比增长3.4%，社会保障和就业支出安排2782.32万元，同比下降45.87%（2017年起全县退休人员的相关支出划转到社保厅统一管理），医疗卫生与计划生育支出安排6826.33万元，同比增长19.26%，节能环保支出安排254.04万元，同比增长25.32%，城乡社区事务支出安排482.37万元，同比下降16.44%，农林水事务支出安排9055.04万元，同比增长60.08%，交通运输支出安排148.41万元，同比下降57.42%，资源勘探信息等支出安排146.88万元，同比增长87.49%，商业服务业等支出安排141.38万元，同比下降47.03%，国土海关气象等支出安排531.62万元，同比增长2.5倍，重要商品储备支出安排16.9万元，同比下降11.05%，其他支出安排1441.48万元，同比下降52.93%。

四、2017年工作措施

分析江孜县近几年的财政运行情况显示，财政收入稳中趋缓，支出保障范围广、配套压力大、支出增长急剧上升，存在较多的不确定和不稳定性因素，支出刚性需求的日益增长与收入增长乏力之间的矛盾日益凸显。为完成好2017年财政各项工作，我们将重点做好以下几点。

（一）继续加强财源建设工作，进一步拓宽增收渠道

一是以县委、县政府的“1136”，即打造一个品牌，壮大一个园区，发展三大产业，建好六个基地的发展思路引领财政各项工作，进一步加强招商引资工作，把具有工作经验、有经济实力且适合江孜县产业发展新思路的公司引进来，为他们提供更加优越的投资环境，依托他们把我们的文化旅游、特色农业、特色手工业推向市场，带动社会经济纵深发展。二是进一步做实做细非税收入的管理和收

缴工作。协同政府相关部门，对旅游景点门票收入、行政事业性收费收入、政法部门的罚没收入等进行清查核实，严格按照《江孜县行政事业单位房屋出租管理暂行办法》，加强对县直相关部门房租收入的征缴管理。三是充分利用江孜苗圃培育当地树苗的优势，有目的性地培育具有经济效益的树苗，进行市场化运作和管理，将培育好的树苗推向全区市场，以达到社会效益和经济效益的双营。

（二）进一步细化支出明细，切实提高财政支出的精细化程度

一是严格按照新《预算法》要求，并结合江孜县的实际财力情况，做好2017年的预算编制、执行工作，并接受县人大、纪检、审计等部门的监督。二是继续加大预算公开工作力度，进一步放大预算数据公开的辐射面，严格按照上级业务部门要求，除了涉及保密的资金之外其余的预算资金向社会公开。压缩一般性支出，将资金向改善民生、社会稳定、脱贫攻坚等重点领域倾斜。三是根据人大代表和政协委员提出的议案，需要政府出资解决的、群众反映强烈的难点和热点问题作为2017年的民生实事，整合有限资金投入该领域，做到资金使用切实，民生实事办实。四是加大对专项资金的监管力度。既要及时足额的将各种专项资金兑现到位，也要适时的组织人员对专项资金使用和发挥效益情况作进一步的跟踪调查。

（三）集中财力保障重点，支持经济社会稳步发展

创新财政投入方式，理清政府与市场的关系，加大吸引社会资本和金融资本的力度，灵活运用社会资本，积极撬动金融资本，集中有限财力发挥财政资金整合效益。加大城市建设投入力度，抓住新型城镇化建设和扶贫异地搬迁工作契机，加快城市功能升级改造等建设步伐。加大本级财政扶贫投入力度，按照上级要求进一步加强涉农资金整合力度，为顺利完成扶贫攻坚工作提供保障。加强涉农资金的管理工作力度，进一步加快农业产业化推进步伐。

（四）加快推进财政职能转变，进一步加强财政自身建设

一是深化部门预算编制、财政工作绩效考核等改革工作，进一步推进财政工作科学化、精细化纵深发展。严格执行中央“八项规定”，着力转变财政职能，推动作风建设常态化、长效化。二是坚持以需求为导向，以能力建设为中心，不断提高育人用人工作的科学化水平，切实加强财政干部队伍建设。三是进一步加强廉政风险防控和考核措施，加快建立完善的廉政风险防控机制，切实提高财政干部的防腐拒变能力。四是结合深化财税改革和启动全市争先进位考核工作，进一步建立健全财政经济运行形势预测分析制度，加强财政重点工作研究，着力提高财政工作的前瞻性、针对性和有效性。

各位代表，今年财政深化改革、促进发展各项工作任务艰巨，责任重大。我们将在市委、市政府和县委、县政府的坚强领导下，在县人大、政协的监督指导下，认真贯彻落实本次大会决议，求真务实、真抓实干，为全面建成小康社会提供保障！

综 述

江孜县概况

【位置境域】 江孜，藏语意为“胜利顶峰，法王府顶”，曾名季阳岗、江喀孜、江卡尔孜。位于西藏自治区南部，雅鲁藏布江支流年楚河上游，拉亚公路和日亚公路交汇处，处于北纬28° 92′东经89° 6′之间。东起乃钦康桑雪山，西至白朗县下觉乡，南与康马县接壤，北与日喀则市、仁布县相邻。东经浪卡子至拉萨264公里，西经白朗县至日喀则市90公里，南经康马县至亚东209公里，距贡嘎机场230公里。江孜县地处冈底斯山与喜马拉雅山之间，地势南北高，中西部低，平均海拔4100米左右。县境东西长102.5公里，南北宽90公里，县城所在地海拔4050米，全县总面积3800平方千米，人口密度达42人/平方公里。县城城区常住人口72171人，其中户籍人口32908人，暂住人口47333人（含流动人口），城镇化率49.5%。县城城区面积7平方公里，规划面积10平方公里。

【自然地理】 江孜县地处喜马拉雅雨影带，受海拔高度、地形地貌等影响，形成了独特的高原温带半干旱大陆季风气候，主要气候特点是：空气稀薄、温凉少雨，干湿分明。太阳辐射强，光照条件好，明洁度大。垂直变化大，立体气候显著。春迟，夏短，冬长，秋冬差异不大。寒冷期长，温凉期短，四季不分明，昼夜温差大。空气干燥，冬春多大风沙暴，无霜期短等。江孜县位于喜马拉雅山脉中段北坡印度板块和欧亚板块缝合线的典型地段。全境地形属藏南高山宽谷地地貌区，地貌以残存高原面为基础，兼有极高山、高山、高山湖盆、中山、低山、宽河谷与盆地以及永久冰川等多种地形类型，其中以寒冻剥蚀高中山为主，除年楚河沿岸为宽窄相间的农耕发达条带平原外，其余全为高山地貌。江孜县境内主要野生动物有野牦牛、青羊、黄羊、雪鸡、獐子等，主要野生植物有藏青杨、柳树、沙棘、红景天、贝母等104种植物。主要以农业为主，主要农作物有青稞、小麦、油菜等，畜牧业主要以牛、羊为主，江孜的奶渣、酥油更是盛名远播，成为江孜特色产品。境内有国家一、二级保护鸟类19种，自治区级20种。每年到境内年楚河流域迁徙的鸟类主要有黑颈鹤、斑头雁、赤麻雁、白额雁等。另外还有藏野驴、岩羊、黄羊、盘羊等。主要乔木树种有高山柏、竹柳、杨树等，灌木树种有砂生槐、三棵针、蔷薇、小檗、小叶杜鹃、沙棘等。已探明矿产资源有主要矿产资源有黄金、磷、石墨、水晶、石英岩。

【行政区管辖】 江孜县辖1个镇、18个乡，即江孜镇、纳如乡、卡堆乡、卡麦乡、达孜乡、藏改乡、热索乡、重孜乡、紫金乡、康卓乡、江热乡、日朗乡、年堆乡、车仁乡、龙马乡、热龙乡、金嘎乡、日星乡和加克西乡，155个行政村，3个居委会，367个自然村，居民以藏族为主，其他民族有汉族、回族等。

【历史沿革】 江孜历史上属前藏管辖，是西藏农业、商业和民族手工业基地，军事地位也十分重要。由于政治、经济、文化、宗教和地理位置等方面在全区占有重要地位，历史上又是外国游人和商贾云集之地，是中国西藏边境与尼泊尔、印度等。邻国进行经济、文化、宗教交流的窗口之一，也是茶马古道上的重要驿站。

1904年，英军首领莱赫鹏率英国侵略军侵入西藏，英勇的江孜人民与藏军一道在江孜宗山等地，用土枪、刀剑、弓箭，甚至牧羊用的抛石器“乌尔多”，与当时装备先进武器的侵略者展开殊死搏斗，用血肉之躯谱写了反击帝国主义入侵的壮丽诗篇，使江孜获得了“英雄城”的赞誉。宗山更是中华民族反抗外来侵略的纪念地，被列为全国爱国主义教育基地，因较完整地保存了封建农奴制时代宗政府的原貌，是难得的研究封建农奴制的“化石”。

1951年，中国人民解放军进驻江孜，在江孜设立中共江孜临时分工委、基巧办事处、专员公署及宗办事处。

1952年8月，中国共产党西藏工作委员会江孜分工委正式成立。

1956年8月30日，江孜基巧办事处成立。10月17日，西藏工委批准中共江孜宗委员会成立。

1957年5月，中共西藏工委会根据中央指示，实行机构精简，中共江孜宗委员会撤销。

1959年7月22日，江孜宗改为江孜县。9月，江孜县人民政府成立。同年7月31日，中共江孜县委员会成立。

1960年2月19日，撤销江孜县基巧办事处，成立江孜专员公署，江孜县人民政府归江孜专员公署管辖。

1964年，江孜地区撤销，江孜县划归日喀则地区管辖，江孜县由年楚河河谷平原上游地区和龙马沟、金嘎沟、卡卡沟等组成。

文化大革命“时期”，江孜县于1969年9月，由军队代表、干部代表和群众代表组成江孜县革命委员会，行使县政府职权。

1982年，撤销江孜县革命委员会，恢复成立江孜县人民政府。

1983年10月，经国务院批准恢复成立江孜地区，江孜县划归江孜地区管辖（因各方面原因，未恢复该地区。1999年，经国务院批准，撤销江孜地区建制）。

1996年，江孜县被国务院定为第三批全国历史文化名城，县域内有宗山抗英遗址、白居寺、帕拉庄园、乃钦康桑雪山等旅游景点，同年被中宣部列为全国百家爱国主义教育基地之一。

1997年，江孜县被国家农业部定为全国农业百强县之一，被自治区定为全区商品粮基地县之一，素有“西藏粮仓”美誉。

2000年底，县机关所在地已建有水泥厂、塑料厂、矿泉水厂、粮油加工厂、卡垫厂、饲料厂、民族手工业加工厂等小型企业。江孜地毯、卡垫因选材地道、做工精美、图案华丽而驰名中外，使江孜得到“卡垫之乡”的美称。

大力实施城镇改造、小城镇和新农村建设。2015年，江孜镇被确定为自治区级旅游服务型和特色小城镇示范点。

【现状】 江孜县在历史上是西藏的第三大城市，是西藏人口最为集中的县城之一，流动人员多，经贸交易活跃，紧密连接了拉萨市、桑珠孜区、亚东县3个不同的经济区域，既是重要的交通枢纽，也是一个重要的经济中心，更是整个日喀则市，乃至整个西藏自治区都具有重要战略意义和地位的军事重地。广大藏族以信仰藏传佛教为主，其主要教派有格鲁派、噶举派、萨迦派、宁玛派、普鲁派和苯教，共有寺庙32座，在编僧尼385人，登记备案的传统宗教活动150种。

2016年，江孜县GDP达到18.32亿元，增长1.25亿元，同比增长6.2%。全县一般性公共财政收入达到3700万元，同比增长20.30%；完成全社会固定资产投资11.57亿元，同比增长58.50%；城乡居民可支配收入达到10819.55元，农村经济总收入达到10.23亿元，全县整体经济运行质量和效益稳步提升。

2016年，全县共完成实播面积16.19万亩，累计粮油产量71265吨，被自治区评为“产粮先进县”。全年推广优质青稞等新品种8.5万亩，农机三项作业率达50%以上。年底存栏牲畜30.82万头（只、匹）。出栏牲畜11.82万头（只、匹），肉类总产量2185.8吨，奶类产量18393.75吨，禽蛋产量98.55吨。青稞初深加工项目一期建成。全年完成招商引资3.61亿元，吸引各类企业10家。城乡低保工作实现“应保尽保”“双集中”供养工作稳步推进。筹措资金2375万元，实施“八件实事”民生工程。全年完成35家企业488万元农民工工资保证金收缴工作。新型农村合作医疗政策全面落实，医疗设施设备得到了全面改善，城乡居民、在编僧尼得到免费体检。教育教学质量稳居全市前列，其中初中升学率达80%以上，高中升学率达到95.2%。红河谷藏红花农业科技有限公司、藏宏农业生态科技有限公司等一批企业入驻科技示范区。森林覆盖率11.84%，林地面积51718.74公顷，活立木总蓄积量80086立方米，林木绿化率12.90%。全县AAAA级景区1处（江孜古城旅游景区）；AAA级景区2处（卡若拉冰川、帕拉庄园）；AA级景区2处（斯米拉景区、热龙寺景区）；目前紫金湿地公园及藏王宫遗址景区已上报AAA级景区（待批）。全县星级酒店6家，其中2个三星级酒店；4个二星级酒店；农牧民家庭旅馆及小型招待所19家，其中2家金星级农牧民家庭旅馆。民族手工业以藏改谢玛氆氇加工、卡麦陶瓷、江孜地毯为主。

大事记

1月

6日 江孜县召开县十二届人大常委会第二十二次会议。常委会宣读了洛桑次仁、格桑旦增等18名同志的任免职决定，听取了10名新任同志的表态发言。县委副书记、人大常委会主任张峰，县委常委、统战部部长次仁欧珠向新任的10名同志颁发任命书、敬献哈达。

14—15日 江孜县2016年旅游景区（点）票务合作协议签字仪式在成都举行。县委书记孙嘉丰、政府副县长何斌及旅游局相关负责人出席仪式。

18日 日喀则市委常委、统战部部长拉巴平措一行到江孜县炯堆寺、尼布寺、坚热斯寺考察管委会工作开展情况，了解僧尼生活情况，并代表市委对僧尼和驻寺干部进行慰问。市委统战部常务副部长旦增欧珠，县委常务副书记赤列坚赞，县委常委、统战部部长次仁欧珠陪同考察。

22日 自治区人大常委会副主任周春来一行到江孜县，开展走访慰问活动。江孜县委书记孙嘉丰，县委常委、统战部部长次仁欧珠，县人大常委会副主任辜建峰陪同慰问。

26日 江孜县民间藏毯手工艺和庄园文化体验园项目通过市相关部门初审。

29日 江孜县委理论中心组召开2016年第一次（扩大）学习会。县委书记孙嘉丰主持会议并强调，春节、藏历新年期间，各级领导干部在做好各自工作的同时要严格落实中央“八项规定”，严格遵守廉政纪律，不断加强党风廉政建设，还要做好安全生产工作，特别是食品安全、消防安全和交通安全。县人大常委会副主任辜建峰，县委常委、宣传部部长普琼，县委常委、统战部部长次仁欧珠，县委常务副书记赤列坚赞，各部委办局负责人、附近乡（镇）党政领导参加学习。

2月

3—4日 江孜县在党政综合楼会议室举办乡（镇）村（居）妇女主任能力建设培训班，副县长格桑旦增出席开班仪式并讲话。

3—5日 江孜县举行2016年冬季物交会。县委书记孙嘉丰，县委副书记、政府县长曲达，县委常委、政府副县长洛桑次仁，县委常委、政法委书记、公安局局长扎西平措等领导于4日到物交会现场考察，了解物交会举行情况。

4日 江孜县政协召开八届六次会议，政协副主席尼玛扎西主持会议并宣布选举旺金、多吉次仁、扎塔为政协第八届江孜县委员会副主席，县委书记孙嘉丰出席会议。

同日 江孜县召开2016年政协、统战爱国人士座谈会。县政协主席次罗主持，县委书记孙嘉丰，县委副书记、政府县长曲达出席座谈会并作重要讲话。

26日　江孜县委组织部召开发展党员工作部署会暨党委工作者培训班。县委组织部副部长（正科级）米玛仓决主持会议，县委常委、宣传部部长普琼出席会议并作重要讲话。

27日　自治区高级人民法院民一庭庭长琼巴带队的工作组一行到江孜县进行调研，党组书记、院长洛桑旦增陪同，县法院副院长德吉进行工作汇报。

3月

4日　江孜县召开扶贫开发建档立卡动态管理“回头看”工作动员部署视频会议。政府副县长尼珍主持会议，县委副书记、政府县长曲达参会并作重要讲话。

8日　江孜县委组织部与县人社局召开第四次沟通协调会，会议由县委常委、组织部部长李孟云主持，会上就两部门在编制、考核、人事、工资福利、档案管理等方面事宜进行讨论和研究，最终达成一致。

同日　江孜县召开县委理论中心组学习（扩大）会议，集中传达学习中央、自治区、日喀则市相关文件精神。县委书记孙嘉丰主持会议并讲话，市委副秘书长、县委常务副书记、政府常务副县长赵亮参会并讲话，张峰、次罗、张桂英、洛桑次仁、尼珍、格桑旦增等领导出席会议。

12日　自治区纪委政策法规研究室副主任旺堆一行到江孜县调研党风廉政建设和反腐败工作。县委书记孙嘉丰，县委常委、纪委书记张桂英，县委常委、组织部部长李孟云及部分县直部门领导、乡（镇）纪委书记陪同调研。

14日　开展“2016年综治宣传月”集中宣传日活动。县委书记孙嘉丰，县委常委、政法委书记、公安局局长扎西平措等领导到现场检查指导工作。

17日　自治区卫计委党组书记王亚蔺一行到江孜县人民医院，对县医院基础设施建设、工作开展情况等进行检查指导。对县医院医疗质量、信息化建设等工作给予高度评价，并对县医院下一步工作指明了方向。

18日　江孜县工商局“三证合一、一照一码”登记制度改革取得显著成效。

19—20日　自治区教育厅副厅长吴爱珍为组长的2016年春季开学检查组到江孜县，对江孜县高级中学、县一中、县二小、紫金乡完小四所学校开展实地检查。政府副县长格桑旦增、县教育局局长普布旦增等陪同检查。

21日　江孜县召开县委八届七次全委（扩大）会议，会议总结回顾了江孜县2015年工作情况，县委书记孙嘉丰围绕“新常态”下如何做好“十三五”时期重点工作及2016年各项工作进行安排部署，县委副书记、政府县长曲达围绕2016年各项目标任务进行全面的安排部署，同时对2015年的先进集体和先进个人进行了颁奖。

23日　江孜县十二届人大八次会议在江孜县党政综合大楼六楼会议室开幕。县委副书记、人大常委会主任张峰主持会议，政府县长曲达向大会作政府工作报告，报告分为“十二五”工作回顾、“十三五”目标任务和2016年重点工作安排三个部分。全县19个乡（镇）、县直（区直、中直）单位、各人民团体、相关驻县军警部队的102名人大代表出席会议。

25日　江孜县十二届人大八次会议在江孜县党政综合办公楼六楼会议室顺利闭幕。县委书记孙嘉丰主持会议，全县19个乡（镇）、县直（区直、中直）单位、各人民团体、相关驻县军警部队的102名人大代表出席会议。大会表决通过了《政府工作报告草案的决议》《江孜县2015年国民经济和社会发展执行情况与2016年国民经济和社会发展计划草案的决议》《江孜县2015年财政收支预算执行情况与2016年财政收支预算安排草案的决议》《江孜县人民代表大会常务委员会工作报告草案的决议》《江孜县人民法院工作报告草案的决议》《江孜县人民检察院工作报告草案的决议》。

同日 江孜县组织召开2016年党建工作会议，全面总结2015年党建工作，研究部署2016年党建和组织工作。县委副书记、政府县长曲达主持会议，县委书记孙嘉丰出席会议并作重要讲话。

同日 江孜县召开2016年宣传思想工作会议，总结2015年全县宣传思想工作，安排部署2016年工作，并对2015年自治区级、市级文明村（镇）、文明单位、文明社区和文明户进行表彰。县委副书记、人大常委会主任张峰主持会议，县委书记孙嘉丰出席会议并作重要讲话。

同日 江孜县召开2016年统战民族宗教工作会议，总结2015年全县统战民族宗教工作，安排部署2016年工作任务，并与各乡（镇）党委、寺庙管理机构签订了2016年统战民族宗教工作目标责任书。县委常务副书记赤列坚赞主持，县委书记孙嘉丰出席会议并作重要讲话，县委常委、统战部部长次仁欧珠参会。

同日 政府副县长何斌代表江孜县人民政府就江孜县光伏电站建设项目与中国北京辉晟协信投资发展有限公司、协合风电投资有限公司、中国能源建设集团湖南省电力设计院有限公司在307会议室集中签订投资意向协议。

29日 江孜县在2015年西藏自治区环境保护考核工作中被评为“环境保护优秀县”，获得环保专项资金300万奖励，环境保护工作受到自治区的充分肯定。

31日 江孜县召开县委理论中心组学习（扩大）会议，传达学习国家“十三五”规划纲要精神，研究部署相关工作事宜。县委书记孙嘉丰主持会议并作重要讲话。

4月

1日 日喀则市卫生局局长索多一行到江孜县，对江孜县结核病管理，县卫生局新领导班子运行情况进行督导检查，政府副县长格桑旦增及县卫生局局长央宗等陪同检查。

1—4日 江孜县纪委对全县党员干部值班带班、驻村驻寺及是否存在使用公车参加私人扫墓祭祀、踏青出游、探亲访友、公款吃喝、出入高档娱乐场所等情况进行专项督导检查。

6日 日喀则市文化局党组书记陶明君一行莅临江孜县，督导检查基层公共文化服务体系建设工作开展情况。县政府副县长何斌，县委宣传部副部长、县文广局局长阿旺洛桑陪同检查。

8日 江孜县纪委召开2016年3月份纪检工作月汇报会，听取各乡（镇）纪委工作汇报，安排部署近期工作事宜。县纪委副主任科员智美罗布主持会议，县委常务副书记赤列坚赞出席会议并讲话。

11日 日喀则市实施“两个规划”工作现场推进会在江孜县召开。会议由日喀则市妇联主席叶青莲主持。自治区妇联副主席张莉蓉，日喀则市政府副市长、妇儿工委主任次仁央宗，江孜县委副书记、政府县长曲达等领导出席会议。

12日 自治区人大常委会副主任、执法检查组组长维色一行到江孜县，检查督导《中华人民共和国归侨侨眷权益保护法》贯彻落实情况。日喀则市人大常委会副主任尼玛仓、日喀则市政府副市长嘎玛洛穷及日喀则市相关部门领导陪同。江孜县召开工作汇报会，县委副书记、人大常委会主任张峰主持会议，自治区十届人大代表、江孜县委副书记、政府县长曲达及相关部门负责人参加会议。

同日 自治区文化厅党组成员、副厅长任淑琼率领预验收工作小组对江孜县群众自办文艺团队建设示范项目开展预验收。日喀则市文化局党组副书记、局长旺堆，江孜县政府副县长何斌，江孜县委宣传部副部长、文广局局长阿旺洛桑陪同预验收。

14日 江孜县旅游局、江孜县乃钦康桑文化旅游投资有限责任公司在拉萨隆重举行“体验红河谷之旅—千年古城·幸福江孜”主题旅游推介会。自治区旅发委、日喀则市旅游局负责人员参加会议。

同日 江孜县妇联联合县公安局在江孜县5个便民警务站创建江孜首批“妇女儿童维权服务岗”。

15日 江孜县召开精准扶贫工作部署会议，进一步贯彻落实中央、自治区、日喀则市扶贫开发工作会议精神，对全县精准扶贫工作进行再部署、再安排。县委副书记、政府县长曲达主持会议。县委书记孙嘉丰出席会议并作重要讲话。

16日 江孜县专项办工作人员到部分乡（镇）、施工地现场开展项目建设领域突出问题专项整治行动摸底排查工作。

21日 自治区文明办未成年人工作处处长杨华带队的调研组一行到江孜县，就农村精神文明建设、社区志愿服务建设以及文明村（镇）、文明社区、文明户创建情况进行检查指导。市委宣传部副调研员田世新，市委宣传部文明办副主任、主任科员巴顿、县委宣传部副部长普卓嘎陪同调研。

22日 日喀则市扶贫办党组书记达娃卓玛为组长的工作组一行到江孜县，利用两天时间对江孜县精准扶贫工作进行督导检查。县委副书记、政府县长曲达，政府副县长尼珍，县扶贫（农发）办以及相关乡（镇）主要领导陪同检查。

23日 江孜县公安局召开2015年度工作总结暨表彰大会，回顾总结2015年公安工作，安排部署2016年公安工作，并对2015年的先进集体和先进个人表彰。东郊一级公安检查站站长、公安局党委副书记、政委琼达主持会议，县委副书记、政府县长曲达出席会议并讲话。

25日 自治区司法厅党委委员、副厅长于续文带队的调研组一行到江孜县，就社会矫正工作开展情况进行检查指导。日喀则市司法局党组书记周先荣，县委常委、政法委书记、公安局局长扎西平措，政府副县长尼珍陪同调研。

26日 日喀则市政协主席普布带队的调研组一行到江孜县，就城镇居民生活现状、新型城镇化建设和土地流转等工作开展情况进行调研。县委副书记、政府县长曲达，县政协主席次罗，县委常委、统战部部长次仁欧珠，县政协副主席多吉次仁、扎塔以及相关部门负责人陪同调研。

28日 后藏石刻文化调查与保护工作队一行到江孜县，就石刻文物保护与抢救工作开展了为期5天的调研走访，县文物局相关负责人全程陪同调研。

5月

9日 日喀则市发改委调研员程联忠带队的市专项办检查组一行到江孜县，对全县项目建设领域突出问题专项整治工作、灾后重建项目以及重点项目推进落实情况进行督导检查。

10日 共青团江孜县委员会召开2015年度工作总结暨表彰大会。县人大常委会副主任巴片主持会议，市委副秘书长、县委常务副书记、政府常务副县长赵亮出席会议并作重要讲话。

11日 由县委组织部牵头，组织召开江孜县选派大学生干部到村任职培训会。县委常务副书记赤列坚赞出席会议并作重要讲话。

19日 江孜县在车仁乡吉瓦村举行华润新能源光伏发电（江孜）有限公司20MWP光伏发电项目开工仪式。县委副书记、政府县长曲达，县政协主席次罗，县人大常委会副主任巴片以及政府副县长达次等县“四套班子”在岗领导、政府各部门主要负责人以及项目涉及年堆乡曲乃村、车仁乡车仁村、吉瓦村农牧民群众代表参加了开工仪式。

24日 日喀则市委常委、纪委书记马陵田带队的工作组一行到江孜县，就党风廉政建设工作开展情况进行调研指导。日喀则市纪委副书记、监察局局长辛春弟及江孜县委主要领导陪同。

25日 自治区国土资源厅党组成员、副厅长布琼带队的工作组一行到江孜县，检查指导耕地保护工作。日喀则市国土资源局副局长伟色，江孜县政府副县长达次以及江孜县国土资源局相关负责人陪同检查。

26日 日喀则市委常委、组织部部长杨昆到江孜县检查指导县乡领导班子换届工作。江孜县委常委、组织部部长李孟云陪同检查。

6月

4日 自治区社会主义学院党组书记、院长达娃次仁带队的工作组一行到江孜县，就统一站线工作开展落实情况进行调研。日喀则市委统战部副部长韩恩昶，江孜县政协主席次罗，县委常委、统战部部长次仁欧珠，县政协副主席、民宗局局长旺金全程陪同调研。

7日 江孜县委副书记、政府县长曲达到江孜县高考考点所在地江孜县高级中学视察指导工作。

13日 自治区科技厅党组书记、副厅长张岩带队的调研组一行到江孜县，就科技项目实施情况和2016年科技项目需求工作进行调研。日喀则市副市长甘立泉，日喀则市科技局局长德吉秧宗，江孜县委副书记、政府县长曲达，江孜县科技局局长曲宗陪同调研。

14日 自治区司法厅法律援助处副处长刘杨带队的检查组一行到江孜县司法局，检查指导江孜县法律援助中心运行情况。日喀则市司法局相关负责人、江孜县司法局相关负责人陪同检查。

20日 江孜县委副书记、政府党组副书记杨军一行到江孜县普通高中、中职招生考试考点所在地江孜县高级中学视察指导工作。县政府副县长乔卫平及县相关部门领导陪同检查。

24日 日喀则市人大常委会副主任余德平带队的工作组一行到江孜县，对《日喀则市市容与环境卫生管理条例（草案）》起草情况进行调研。县委副书记、政府党组副书记杨军，县人大常委会副主任巴片陪同调研。

29日 自治区党委办公厅副秘书长李平带队的工作组一行到藏改乡其吾村，开展“两学一做”学习教育活动并看望慰问驻村点部分党员。县委常委、组织部部长李孟云及藏改乡、年堆乡、车仁乡党委主要领导出席活动。

同日 团市委联合日喀则市藏医院内科、骨科、眼科的专家组成的医疗队一行到江热乡亚吾村，开展送医送药送健康义诊活动，并为当地群众发放常用药品和健康宣传资料。

7月

7日 上海市浦东新区人民医院援藏医疗队到江孜县开展对口支援工作。

同日 江孜县召开县委理论中心组学习（扩大）会议。县委副书记、政府党组副书记杨军主持会议并讲话。参加会议领导有王高安、张桂英、李孟云、陆剑涛、辜建峰、美珍、多吉次仁。

12日 江孜县委副书记、政府县长曲达一行到金嘎乡检查指导基层工作开展情况。县委常委、统战部部长次仁欧珠及县政府办、县水利局主要领导陪同调研。

14日 自治区科技厅农牧处副处长李铁群带队的工作组一行到江孜县红河谷现代农业科技示范区，对示范区申报日喀则市国家农业科技示范区第二核心区工作进行检查指导。日喀则市副市长巴桑，日喀则市科技局局长德吉秧宗，日喀则国家农业科技园区管委会常委副主任拉巴扎西，江孜县委副书记、政府党组副书记杨军，江孜县政府副县长格桑旦增陪同检查。

15日 自治区人大常委会副主任李文汉带队的精准扶贫专题调研组一行到江孜县，对红河谷现代农业科技示范区工作开展情况进行调研指导。日喀则市人大常委会副主任尼玛仓，日喀则市扶贫办主任丹增，江孜县委副书记、政府党组副书记杨军，江孜县委常委、政府副县长尼珍，江孜县人大常委会副主任拉平陪同调研。

24日 国家康复辅具研究中心主任樊瑜波带领的调研组一行到江孜县五保集中供养服务中心，检查了解五保残疾老人集中供养情况。县政府副县长乔卫平、县民政局局长白玛德吉陪同调研。

25日 日喀则市委宣传部副部长冷兴邦带队的市委宣传部宣讲组一行到江孜县，就学习习近平总书记“七一”重要讲话精神进行宣讲报告。县委常委、组织部部长李孟云主持会议。

同日 日喀则市委副书记、常务副市长、上海市第八批援藏干部总领队倪俊南一行到江孜县调研指导工作，实地考察了江孜县红河谷现代农业科技示范区，并听取了江孜县委、县政府及上海市第八批援藏干部江孜小组工作情况汇报。

26日 国家卫计委卫生发展研究中心研究员李卫平带队的调研组到江孜县，就江孜县人民医院服务能力情况进行调研指导。江孜县人民医院相关负责人陪同调研。

同日　江孜县人民医院正式挂牌成为国家临床医学研究中心协同网络成员单位，标志着江孜县人民医院的服务能力、业务水平又迈上了新台阶。

27日　日喀则市农牧局和市财政局组成的验收组到江孜县，对江孜县部分农牧项目进行验收。

29日　江孜县政法委在县影剧院隆重举办了政法系统“庆建党九五华诞 展古城卫士风采”主题文艺会演。江孜县委副书记、政府县长曲达，县委副书记、政府党组副书记杨军，县委常务副书记王高安，日喀则市政法委委员、纪检组组长普穷达，县委常委、政府副县长洛桑次仁，县委常委、政法委书记、公安局局长扎西平措，县委常委、宣传部部长普琼，县委常委、政府副县长尼珍等领导出席晚会现场。

30日　区党委组织部副部长边巴扎西带队的调研组一行到江孜县，通过实地调研、听取讲解汇报、查看资料等方式，对县委党校、江孜抗英纪念馆、帕拉庄园等地进行实地考察调研并对下一步工作开展提出了相关要求。市委组织部常务副部长达瓦旦增，江孜县委副书记、政府县长曲达，县委常委、组织部部长李孟云陪同调研。

8月

2日　上海市司法局巡视员朱久伟带队的上海市司法局赴藏对口支援代表团到江孜县司法局检查指导工作。市司法局局长阿旺次仁，江孜县委副书记、政府县长曲达，江孜县委常委、政法委书记、公安局局长扎西平措，江孜县司法局局长普布顿珠陪同检查。

同日　自治区非物质文化遗产调研组一行到江孜县日朗乡卡尔村手工陶瓷制作合作社，对传统手工制陶工作进行检查指导。县委宣传部副部长、文广局局长阿旺洛桑，日朗乡党委副书记、乡长仓木琼陪同调研。

3日　自治区政协科教文卫体委员会副主任喜乐带队，自治区相关单位、界别委员、专家、学者组成的调研组一行到江孜县，就“围绕精准扶贫，提高西藏人均期望寿命”进行专题调研。日喀则市政协主席普布，江孜县委副书记、政府党组副书记杨军，县政协主席次罗和政府副县长格桑旦增陪同调研。

4日　自治区财政厅副厅长、自治区特困人员救助供养工作调研小组第二组组长高蓬一行到江孜县，对江孜县特困人员救助供养工作进行了走访调研。江孜县委副书记、政府党组副书记杨军，江孜县政府副县长乔卫平，江孜县民政局局长白玛德吉陪同调研。

6日　举行江孜县2016年达玛文化旅游节开幕式。县政协主席次罗主持，全国人大民族委员会原副主任委员列确，自治区政协原副主席平措，市政协副主席、市旅发委党组书记达娃占堆，市政协副主席、市旅发委党组书记邱林，自治区国家安全厅副厅长张国原，市民宗局党组书记、副局长赤列坚赞，市委统战部常委副部长丹增欧珠，桑珠孜区区委副书记、人大常委会主任达洛，昂仁县县委副书记、政府县长普布多吉，萨迦县县委副书记、政府县长次仁占堆，定结县县委副书记、政府县长贡嘎，市教体局党委副书记、市教体局局长索旺及市直单位，西藏金塔集团建设有限公司、西藏凌和建筑工程有限公司、华润电力（风能）开发有限公司等90余个赞助单位、非公有制经济个体代表和江孜县“四套班子”在岗领导出席开幕式。

9日　科技部创新司司长余健带队的调研组一行到江孜县，调研指导红河谷现代农业科技示范区工作。日喀则市科技局局长德吉秧宗，江孜县委副书记、政府党组副书记杨军，江孜县政府副县长格桑旦增以及江孜县科技局局长曲宗陪同调研。

10日　江孜县2016年达玛文化旅游节正式闭幕。

12日　自治区党委组织部副部长、编办主任仲崇东带队的工作组一行到江孜县，就机构编制管理工作开展调研。江孜县委副书记、政府县长、编委主任曲达，江孜县委常委、组织部部长李孟云及相关部门负责人参加座谈会。

同日 驻自治区国家安全厅纪检组副厅级纪检员、监察专员单增带队的督导组一行到江孜县，通过实地走访、查阅文件、召集江孜县“四套班子”领导召开汇报会等方式，对江孜县推动纪委“三转”工作落实情况进行专项督导检查。市纪委副书记任克奇，市纪委组织部部长李文超，江孜县委常务副书记王高安以及江孜县委常委、纪委书记张桂英等领导陪同调研。

17日 中国民协副主席、北京师范大学民俗学与文化人类学专家研究所所长万建中带队的13名优秀民俗专家、非遗学者到江孜县，就江孜县非物质文化遗产保护和民族传统文化工作开展情况进行考察。自治区文联副巡视员、民协副主席、秘书长克珠群培陪同考察。

23日 县委书记白玛对全县各部门、各乡（镇）的工作情况进行调研。

同日 市政协副主席、市旅发委党组书记邱林带队的工作组一行到江孜县，对《江孜印迹》室内剧演出编排工作进行预审。江孜县委副书记杨军，江孜县委常委、政府副县长洛桑次仁，江孜县政府副县长美珍及江孜县宣传、文广等部门负责人陪同预审。

24日 江孜县召开脱贫攻坚工作推进会议。会议主要内容是认真贯彻自治区、市脱贫攻坚推进会会议精神，总结上半年脱贫攻坚工作，分析研判面临的形势，安排部署下半年脱贫攻坚工作。同时，进一步动员全县上下统一思想，坚定信心，汇聚合力，坚决打赢脱贫攻坚战。县委常委、政府副县长尼珍主持会议。县委副书记杨军参会并作重要讲话。

27日 日喀则市委副书记、常务副市长、上海市第八批援藏干部总领队倪俊南带队的工作组一行到江孜县，对《江孜印迹》室内剧演出编排工作进行审查。县委书记白玛，县委副书记杨军，县委常委、政府副县长陆剑涛，县政府副县长美珍及江孜县宣传、文广等部门负责人陪同审查。

28—29日 上海市浦东新区卫计委副主任白云带队的浦东新区卫生界工作组一行8人到江孜县人民医院，对江孜县人民医院开展品管圈工作进行培训指导，同时与江孜县人民医院签署了对口帮扶协议。县委副书记杨军，县政府副县长格桑旦增陪同调研。

30日 中国共产党江孜县第九次代表大会召开。

31日 政协第九届江孜县委员会第一次会议预备会议召开。会议由县政协主席次罗主持。县委书记白玛参会并作重要讲话。

同日 政协第九届江孜县委员会第一次会议主席团第一次会议召开。

9月

1日 江孜县第十三届人民代表大会第一次会议召开。县委书记白玛出席会议并作重要讲话。

同日 政协第九届江孜县委员会第一次会议隆重开幕。

同日 政协第九届江孜县委员会召开第一次常务主席会议。

同日 政协第九届江孜县委员会各小组召开分组讨论会议，对政协江孜县第八届委员会工作报告和提案工作报告进行审议。

同日 政协第九届江孜县委员会召开第二次常务主席会议。

同日 政协第九届江孜县委员会召开第三次常务主席会议。

2日 政协第九届江孜县委员会第一次会议顺利闭幕。会议由县政协副主席、民宗局局长旺金主持。日喀则市政协提案工作委员会副主任吉宗等3名换届督导组成员亲临会场指导工作。县委书记白玛、县委副书记、政府县长杨军应邀列席会议。

同日 林芝市委副书记、常务副市长赵树明为组长，林芝市政府、农牧、水利、住建等部门领导和林芝市各县（区）长为成员的工作组一行35人到江孜县，考察学习精准扶贫工作。县委书记白玛，县委常委、政府副县长陆剑涛，县委常委、县政府副县长李小波、县政府副县长格桑旦增等领导陪同。

3日　江孜县第十三届人民代表大会第一次会议顺利闭幕。

4日　自治区妇联党组书记周世英带队的工作组一行到江孜县检查指导妇联工作及“三八绿色工程”建设情况。市妇联主席叶青莲、县委常委、统战部部长次仁欧珠等领导陪同。

7日　上海项目绩效专家考核组一行到江孜县，对江孜县援藏项目进行实地考察，县发改委相关负责人陪同。

8—9日　市人社局党组副书记、局长旦增加布带队的市人社局一行工作组到江孜县，对江孜县人社工作进行了检查指导，政府副县长杨秀梅陪同。

9日　江孜县召开2016年党建暨党风廉政建设工作现场推进部署会。

9—11日　自治区、日喀则市及江孜县食药监局领导组成的工作组一行到江孜县人民医院，对藏医科制剂室运行情况进行现场考核。

10—16日　第三届中国西藏旅游文化国际博览会在拉萨举行。江孜县三家妇女民族手工业合作社参展。

11日　自治区政协副主席、区总工会主席洛桑久美带队的考察调研组一行到江孜县，检查指导江孜县工会工作。日喀则市总工会副主席尼琼，江孜县委书记白玛，江孜县委常委、统战部部长次仁欧珠及县总工会、县工商联负责人陪同考察。

同日　日喀则市第十四届珠峰文化旅游节上海活动周在上海世博中学开幕。本次上海活动周以“珠峰神韵·沪藏情深”为主题，原生态历史文化舞台剧《江孜印迹》参加了上海活动周开幕式表演。

12日　江孜县召开2016年义务教育均衡发展工作推进暨重教先进表彰大会。县教育局副局长巴桑卓拉主持会议。江孜县原政协主席、日喀则市督学、江孜县督导委员会主任巴旺，县人大常委副主任、江孜镇党委书记多布杰，县政府副县长乔卫平出席会议。

14日　江孜县召开县委理论中心组学习（扩大）会议。县委书记白玛主持会议并讲话。参加会议的县级领导有李孟云、张桂英、洛桑次仁、朱书敏、美珍、拉平。

同日　上海市科委办公室副主任王震带队的调研组一行到江孜县考察食用菌实验基地建设情况。日喀则市科技局局长德吉秧宗，日喀则市科技开发交流中心副主任索边，江孜县政府副县长格桑旦增以及江孜县科技局局长曲宗陪同调研。

16日　江孜县综治办组织县宣传部、县法院、县公安局等综治成员单位在宗山广场开展“9.16平安西藏综治宣传日”活动。

19日　日喀则市人大常委会法制委员会主任委员、调研组组长达瓦平措一行到江孜县，对《日喀则市城镇排水与污水排放条例（草案）》及《日喀则市野生鱼保护条例（草案）》等三部法规起草情况进行调研。县委副书记、县人大常委会主任张峰主持会议。县委常委、政府副县长洛桑次仁，县人大常委会副主任拉平，县第十三届人大代表、妇联主席次央及县发改委、财政局、环保局、农牧局、住建局等相关单位负责人参加会议。

20日　自治区人大民宗外侨委副主任委员、执法检查组组长云丹次仁带队的检查组一行到江孜县，检查督导《宗教事务条例》贯彻实施情况，日喀则市人大常委会副主任尼玛仓及日喀则市相关部门领导陪同，县委副书记、人大常委会主任张峰及县委常委、统战部部长次仁欧珠陪同。

同日　江孜县召开县委理论中心组学习（扩大）会议。县委常务副书记王高安主持会议。参加会议的县级领导有普琼、扎西平措、陆剑涛等。

21日　中国社会科学院数量经济与技术经济研究所调研员李青带队的调研组一行到江孜县，就产业发展规划工作开展调研。日喀则市商务局副局长罗旦，江孜县委常委、政府副县长陆剑涛，政府副县长扎西旺拉陪同调研。

同日　浦东新区祝桥镇对口帮困助学结对及疾控中心捐建签约仪式在江孜县隆重举行。仪式由县委常务副书记王高安主持。上海市浦东新区祝桥镇党委副书记陆汝顺带队的考察团一行，江孜县委副书记、政府县长杨军，江孜县政府副县长杨秀梅以及上海市第八批援藏干部江孜小组成员、县教育局、卫生局等相关部门领导参加仪式。

25日 自治区质监局党委委员、副局长刘建伟带队的工作组一行到江孜县热龙乡看望慰问贫困家庭和留守儿童，县委常务副书记王高安以及县妇联负责人陪同慰问。

26日 江孜县组织召开光伏产业项目推进会，县商务局等相关行业主管部门及协议企业相关负责人参会。县委副书记、政府县长杨军，县委常委、政府副县长李小波出席会议。

26—27日 日喀则市纪委办公室主任拉多带队的综治考评工作组一行到江孜县，考核验收2016年全县综治工作。县委副书记、人大常委会主任张峰，县委常委、政法委书记、公安局局长扎西平措，县委政法委副书记、综治办主任尼玛陪同考核。

27日 区党委宣传部副部长嘎玛旦巴带队的调研组一行到江孜县，就宣传思想文化工作开展情况进行调研。市委宣传部副部长米玛，县委副书记、政府县长杨军，县委常委、宣传部部长普琼及县文广局、网信办、电视台及民间艺术团相关负责人陪同调研。

28日 昌都市妇联党组副书记、主席王英红带队，组织各县妇联工作人员、致富能手到江孜县参观考察学习。

30日 江孜县举办公祭活动，向烈士敬献花圈，隆重开展第三个烈士纪念日活动。县委副书记、政府县长杨军出席并作重要讲话。

10月

10日 日喀则市文化局党组副书记、局长旺堆带队的工作组一行到江孜县日星乡日星寺，调研指导工作并看望慰问日星寺寺管委、驻寺工作人员及寺庙僧尼。

11日 江孜县召开2016年全县信访工作会议。会议由县委常委、纪检书记张桂英主持。县委副书记、政府县长杨军，县委常委、政法委书记、公安局局长扎西平措，县委常委、政府副县长陆剑涛，政府副县长达次出席会议。

13日 江孜县召开永久基本农田规定动员大会。会议由县政府副县长达次主持。县委副书记、政府县长杨军出席会议并作重要讲话，各乡（镇）、各相关部门负责人参加会议。

同日 团区委“走进青年、转变作风、改进工作”活动第二调研组在共青团西藏自治区委员会工农部部长泽仁扎西的带领下到江孜县调研指导工作，共青团日喀则市委员会副书记巴桑顿珠、共青团江孜县委员会书记普布桑珠陪同调研。

13—15日 江孜县妇联组织全县乡（镇）妇女主任开展“关爱女性”健康体检活动。

14日 自治区卫计委常委副主任王寿碧带队的工作组一行到江孜县人民医院检查指导工作。日喀则市卫计委主任索多、江孜县人民医院院长格桑等领导陪同检查。

同日 自治区卫计委常务副主任王寿碧带队的工作组一行到江孜县人民医院检查指导工作。日喀则市卫计委主任索多、江孜县人民医院院长格桑等领导陪同检查。

18日 日喀则市新型农机具展示暨深耕深松作业现场在江孜县举办。自治区农牧厅副厅长布琼次仁，日喀则市政府副市长巴桑，日喀则市政协副主席、农牧局党组书记达娃占堆，江孜县委副书记、政府县长杨军及日喀则市18个县（区）分管农牧工作副县（区）长、农牧局长，部分农机合作社代表共计70余人参加会议。

21日 江孜县召开政协第九届江孜县委员会第五常务委员会议。会议由县政协副主席多吉次仁主持。

同日 西藏自治区减灾处副处长任永富带队的检查组一行到江孜县，对江孜2013年、2014年、2015年“三农”气象服务专项工作进行检查验收。日喀则市气象局副局长扎西，江孜县气象局、江孜县农牧局领导陪同检查验收。

25日　日喀则市政协副主席、市农牧局党组书记达娃占堆一行到卡麦乡开展精准扶贫结对帮扶走访慰问活动。县委常委、政府副县长李小波，县脱贫攻坚指挥部办公室相关负责人及卡麦乡党政主要领导陪同。

同日　自治区公安厅国保总队现案支队支队长次多带队的联合调研组一行到江孜县，对江孜县刑满释放、解除矫正人员安置帮教工作开展情况进行调研。县委常委、政法委书记、公安局局长扎西平措，县委常委、政府副县长陆剑涛，县司法局局长普布顿珠及各相关部门负责人的陪同。

26日　自治区党委巡视二组召开江孜县委巡视情况反馈会。会议由江孜县委书记白玛主持。区党委巡视二组组长李天明，区党委巡视二组副组长王全生，区党委巡视二组副组长达瓦，日喀则市委常委、纪委书记马陵田以及江孜县“四套班子”在岗全体成员、法院院长、检察院检察长、纪委班子成员参加会议。

同日　自治区人大常委会副主任、调研组组长李文汉一行到江孜县调研商务工作，日喀则市人大常委会副主任辛春弟及日喀则市相关部门领导陪同。

28日　中国健康教育中心研究员吕书红为组长的督导组到江孜县，就“健康促县”工作进行考核验收。县政府副县长杨秀梅以及县卫生局、县疾控中心负责人陪同检查。

11月

1日　召开江孜县民族工作暨2016年度民族团结进步表彰大会。会议由县委常务副书记王高安主持。县委书记白玛，县委副书记、人大常委会主任张峰，县委常委、人武部政委方美远，县委常委、统战部部长次仁欧珠，县委常委、纪检书记张桂英，县委常委、政法委书记、公安局局长扎西平措出席会议。

同日　江孜县召开县委常委（扩大）会议，针对区党委巡视二组对江孜县委反馈的巡视意见，就制定《中共江孜县委关于区党委巡视二组反馈意见的整改落实方案（送审稿）》进行研究讨论。

2日　江孜县召开“讲学习、讲忠诚、正风纪、转作风、提效能”主题活动动员大会，会议以电视电话会议形式召开。县委常务副书记王高安主持会议，县委书记白玛出席并作动员讲话。

3—4日　自治区安全厅五总队政委李胜为组长的验收组到江孜县，就综治工作和“先进双联户”创建活动及基层平安创建工作进行考核验收。县委副书记、人大常委会主任张峰，县委常委、政法委书记、公安局局长扎西平措，县委政法委副书记、综治办主任尼玛陪同检查。

5日　自治区人大常委会副巡视员达次一行调研组到江孜县开展《西藏自治区抗旱条例（草案）》立法调研。日喀则市人大财经委副主任米玛普赤，江孜县政协主席次罗、县人大常委会副主任巴片、县政府副县长格桑旦增及县水利局负责人陪同调研。

7日　江孜县农村土地承包经营权确权登记颁证试点工作动员部署会在年堆乡懂布村召开。会议由政府副县长格桑旦增主持，县委副书记、人大常委会主任、县农村工作领导小组组长张峰参加会议。

8日　自治区人大常委会副主任周春来深入联系点江孜县车仁乡看望慰问贫困户及驻村驻寺工作队。市人大常委会主任扎西泽仁，县委副书记、人大常委会副主任巴片及县统战、民宗部门负责人，车仁乡党委政府负责人陪同。

10日　江孜县召开“先进双联户”创建评选活动表彰大会。会议由县委常委、宣传部部长普琼主持。县委副书记、人大常委会主任张峰，县委常委、纪检委书记张桂英，县委常委、政法委书记、公安局局长扎西平措，县委常委、政府副县长陆剑涛，县安全局副局长次仁南木加等领导出席会议。

同日　自治区人民政府副主席多吉次珠、自治区民政厅厅长格桑仁青一行工作组到江孜县，对江孜县五保集中供养服务中心的工作运行情况进行走访调研，日喀则市委书记张延清，江孜县委书记白玛陪同。

13日　日喀则市中级人民法院党组成员、副院长央珍为组长的全市法院目标管理责任书考评组一行到江孜县人民法院开展全年考评工作，并召开考评工作大会，全院干警参加会议。

15日　自治区文化厅党组成员、巡视员阿齐，市委组织部副部长、编办主任周海浪一行第二巡回督导检查组到江孜县，通过“看查听问”四种形式，对全县“两学一做”学习教育、基层党建重点任务落实情况、驻村工作以及学习贯彻十八届六中全会精神进行集中督导检查，了解各项工作进展，明确工作要求。县委常务副书记王高安陪同检查。

17—20日　自治区教育厅职成处调研员罗布为组长的自治区义务教育均衡发展摸底调研组一行到江孜县，就义务教育均衡发展工作开展为期四天的调研摸底工作。日喀则市教育局副调研员普琼，江孜县政府副县长格桑旦增及县教育局相关负责人全程陪同调研工作。

18日　日喀则市卫计委书记高起森带队的调研组到江孜县人民医院检查指导工作，县政府副县长杨秀梅，县卫生局局长助理、县人民医院院长侯坤陪同调研。

19—20日　日喀则市委书记张延清到江孜县实地调研项目建设、产业发展、城镇打造、生态保护、维护稳定、寺庙管理等工作，看望慰问各族干部群众和公安民警。

20日　江孜县召开县委理论中心组学习会议。县委书记白玛主持会议并讲话。

23日　江孜县人民医院举行“微生物实验室”和“氧疗中心”挂牌仪式，江孜县委常务副书记王高安与县人民医院党支部书记、副院长格桑一同为仪式揭牌。上海市浦东新区人民医院“组团式”援藏医疗队队长、县卫生局副局长、县人民医院院长、县卫生服务中心主任侯坤，上海市浦东新区人民医院“组团式”援藏医疗专家房华、樊聪慧、刘怡，江孜县人民医院副院长尼玛旺堆参加仪式。

同日　自治区国家安全厅副巡视员、日喀则市国家安全局局长丹增一行到日朗乡开展结对帮扶慰问活动，对结对帮扶对象4户16人进行慰问，县委常委、政法委书记、公安局局长扎西平措全程陪同。

24日　江孜县召开学习贯彻自治区第九次党代会精神宣讲报告会。会议由县委常委、宣传部部长普琼主持。日喀则市委党校讲师陈立主讲。

同日　江孜县撤县设市工作协调会在日喀则市政府常务会议室召开。会议由日喀则市政府副秘书长刘伟峰主持。日喀则市民政、发改委、环保、财政、教育等部门主要负责人及江孜县相关部门领导参加会议。

28日　中国西藏文化保护与发展协会海外理事进藏考察团一行13人到江孜县考察访问。西藏自治区党委统战部境外藏胞工作处处长坚真，日喀则市委统战部常委副部长达娃卓玛，县委常委、统战部部长次仁欧珠和相关工作人员陪同考察。

29日　西藏自治区脱贫攻坚第三方评估组江孜县座谈会在县党政综合办公楼307会议室召开，第三方评估组总组长余成群、组长武俊喜和钟志明博士等10名领导和专家以及日喀则市扶贫办副主任傅晓、江孜县委书记白玛，江孜县政府副县长扎西旺拉出席会议。

30日　日喀则市副市长、市安委办副主任、市公安局局长次仁扎西带队的检查组一行到江孜县，对江孜县安全生产工作进行了督导检查，县委常委、政府副县长洛桑次仁，县安监局局长普琼的陪同。

12月

3日　县委书记白玛一行到年楚河流域相关乡（镇），通过实地查看、询问群众等方式，检查采砂专项整治工作开展情况。县委常委、宣传部部长普琼，县政府副县长达次，县政府副县长格桑旦增及县采砂专项整治工作领导小组相关单位负责人陪同检查。

4日 自治区水利厅总工程师周建华一行到江孜县，就江孜县拟定建康卓水库有关情况进行考察。市水利局局长普琼，县委书记白玛，县政府副县长格桑旦增，县水利局局长边巴顿珠陪同调研。

同日 县委宣传部、县普法办、县司法局组织江孜县26家普法成员单位，在宗山广场开展了形式新颖、内容丰富、声势浩大的国家宪法日暨全国法制宣传日“法制宣传一条街”活动。县委书记白玛，县委常委、政府副县长陆剑涛到活动现场指导活动开展情况。

6日 日喀则市委统战部副调研员申大银为组长的日喀则市涉宗部门考核组一行到江孜县，对统战民族宗教工作进行考核。县委常委、统战部部长次仁欧珠，县政府副县长杨秀梅以及县委统战部、民宗局、宗教办负责人陪同考核。

8日 日喀则市委副书记、政府常务副市长冯继康带队的考察组一行到江孜县检查指导产业项目工作。县委书记白玛，县委副书记、政府县长杨军，县委常委、政府副县长陆剑涛陪同检查。

9日 江孜县创先争优强基础惠民生活动第五批驻村工作总结表彰暨第六批驻村工作动员大会在党政综合办公楼六楼会议室召开。会议由县委副书记、政府县长杨军主持。县委书记、县创先争优强基惠民活动领导小组组长白玛出席会议并作重要讲话。

同日 江孜县县委理论中心组学习会议在党政综合办公楼307会议室召开。县委书记白玛主持会议并作总结讲话。参加会议的县级领导有杨军、张峰、次仁欧珠、张桂英、洛桑次仁、李孟云、普琼、陆剑涛、李小波、多布杰、扎西旺拉等领导。

10日 自治区新闻出版文广局副局长刘俐一行到江孜县龙马乡加热村、江热乡班久伦布村等地，对直播卫星清流设备置换升级项目及“十二五”时期新增户广播电视“村村通”工程项目进行验收。日喀则市广电局党组书记陈红英，县委副书记、政府县长杨军，政府副县长乔卫平陪同。

12日 日喀则市委党校管理教研室主任、讲师曹莉带队的市委宣讲团一行到江孜县，就学习党的十八届六中全会和自治区第九次党代表会精神进行宣讲报告。江孜县组织召开了学习中共的十八届六中全会和自治区第九次党代会精神宣讲报告会，就会议精神进行集中学习。会议由县委副书记、人大常委会主任张峰主持。

13日 西藏自治区科技厅厅长赤列旺杰带队的调研组一行到江孜县，实地调研红河谷现代农业科技示范区建设运行情况。日喀则市科技局局长德吉秧宗，县委副书记、政府县长杨军，县政府副县长格桑旦增以及县科技局负责人陪同调研。

同日 江孜县召开2016年下半年和谐模范寺庙暨爱国守法先进僧尼表彰大会。会议由县委副书记、政府县长杨军主持。县委书记、县统一战线工作领导小组组长、县宗教工作领导小组组长白玛出席会议。

同日 自治区妇联发展部部长李作梅带队的考核组一行到江孜县，考核验收2016年妇联目标责任落实工作。拉萨市妇联主席赵金花、江孜县政府副县长杨秀梅及县妇联负责人陪同考核。

19日 自治区信访局副局长郭顺成率领的督导组一行到江孜县，督导检查信访工作。县委副书记、政府县长杨军，县政府副县长达次，县政府办、县信访局相关工作人员陪同检查。

21日 江孜县召开农村土地承包经营权登记颁证工作动员部署会。会议由政府副县长格桑旦增主持。县委副书记、政府县长杨军出席会议并讲话。

21—22日 日喀则市卫计委副主任普次一行考核组利用两天时间，对江孜县2016年年终卫生工作落实情况进行考核督导。江孜县政府副县长杨秀梅、县卫生局局长央宗、副局长米玛、县疾控中心主任次平及相关工作人员陪同考核。

政 治

中共江孜县委员会

【概况】 1956年10月17日，中共江孜宗委员会成立，宗党委隶属中共江孜分工委领导，驻江孜镇。1957年5月，江孜宗党委撤销。1959年7月31日，中共江孜县委员会成立。1961年，撤销组宣部，分别成立组织部和宣传部，并增设统战部，12月，增设监察委员会和保密委员会。1962年5月2日，中共江孜县委设常务委员会。1964年，江孜、日喀则两个地区合并后，江孜县委隶属中共日喀则分工委。1969年9月，成立县革命委员会，行使县委职权。1970年4月，江孜县革命委员会党的核心领导小组成立，行使县委职权，隶属日喀则日喀则地区革命委员会党的核心领导小组领导。1972年6月，江孜县革命委员会党的核心领导小组撤销，恢复成立中共江孜县委。2016年，江孜县GDP达到18.32亿元，增长1.25亿元，同比增长6.2%；全县一般性公共财政收入达到3700万元，同比增长20.30%；完成全社会固定资产投资11.57亿元，同比增长58.50%；城乡居民可支配收入达到10819.55元，农村经济总收入达到10.23亿元，全县整体经济运行质量和效益稳步提升。

【经济建设】 年内，县委始终坚持以经济建设为中心，认真贯彻落实“五大发展理念”，统筹做好稳增长、调结构、促改革、惠民生、防风险各项工作，推动经济发展持续向好。召开全县产业发展大会，确定“1136”产业发展思路，积极打造以“珠峰红河谷”为品牌的产业发展集群，优化产业发展布局，农牧产业转型升级，第二产业提质增效，第三产业稳步增长，三次产业比例优化为20：14：66。农牧业综合生产能力不断提高，累计粮油产量71265吨，肉类总产量2185.8吨，奶类产量18393.7吨，禽蛋产量98.5吨。获得国家、自治区级科普惠农兴村计划先进集体和个人等奖项4个。重点完成原生态文化史诗剧《江孜印迹》实景版提升和舞台版创排项目，其中舞台版作为市珠峰文化节上海活动周开幕首演剧目，取得圆满成功。接待国内外游客13.9万人，实现旅游收入4865万元，同比分别增长64%、66%。招商引资力度不断加大，共引进投资约3.6亿元，超出年初预定目标0.6%。吸引各类企业10家，其中华润投资2.4亿元的光伏电站已投产运营。全年全社会开（复）工固定资产投资项目144个，年内重点完成了县城道路、县城排水、县城供水等重点项目，开工建设江孜镇特色小城镇建设、重孜乡特色小城镇建设等灾后重建项目。开展项目建设领域突出问题专项整治，责令关停违规采砂采石企业，发展环境更加优化。

【民计民生持续改善】 年内，县委始终坚持民生优先、民生先行，着力完善薄弱学校基础设施建设等民生十件实事，努力解决人民群众最直接、最现实的利益问题。脱贫攻坚有序推进，实施扶贫产业项目7个，总投资达3.2亿元；易地搬迁到位使用资金4959.5万元，完成49户173人易地搬迁任务；落实八类生态补偿岗位9036个，每人发放岗位补贴3000元；实现劳务输出30007人次，25199人，总收入达1.7亿元，人均收入达6715.6元；救助弱势群体13869人次，发放救助资金1467万余元，五大保险实现应保尽保。完成3期含建档立卡贫困人员187名的培训，89人走上工作岗位。社会事业蓬勃发展，积极推进义务教育均衡发展验收，筹措资金1.8亿元，实施了一小教学楼改扩建等一大批教育基础设施建设项目；教育教学质量明显提高，高考、中考、小考成绩均位居全市前列。实施全民免费体检政策，农牧民和在编僧尼体检覆盖率均达100%，进一步巩固二级甲等医院评审成果和县乡基本药物制度。

【民族宗教团结和睦】 县委始终坚持把维护祖国统一，加强民族团结作为各项工作的落脚点，全面落实党的民族宗教政策。加强四省藏区学经返回人员管理工作，对33名在外学经人员登记造册，制定出台《江孜县四省藏区学经返回人员专项督导检查方案》和《江孜县四省藏区学经返回人员集中办班教育工作方案》，对23名学经返回人员进行教育转化，2名学经返回人员融入当地社会生产生活。各民族共同团结奋斗、共同繁荣发展的意识深入人心，各民族和睦相处、和衷共济、和谐发展的局面不断巩固，利用“民族团结月”和“3·28”西藏百万农奴解放纪念日等活动，开展民族政策宣传。对全县10个模范集体以及15名模范个人进行表彰；评选出县级、市级、自治区级和谐模范寺庙29座、爱国守法先进僧尼609名；完成洛日寺、尼布寺、恩杂寺、日星寺等4个寺庙的灾后重建项目。申报5个片区管委会和特派员机构综合业务用房项目。

【援藏工作】 援藏江孜小组始终坚持“民生为本、产业为重、规划为先、人才为要”的对口支援工作基本方针，不断拓宽援藏渠道，加大援藏工作力度。第八批援藏江孜小组在顺利与第七批完成工作交接的基础上，通过深入调研，确定了“1+2+2”三年援建思路，即“一条主线，以精准扶贫、精准脱贫为主线；两个产业主攻方向，以现代农业和文化旅游业为主攻方向；两大社会事业支柱，以教育和卫生事业发展为支柱”。2016年，安排援建项目26个，计划资金6097万元，共完成资金计划5886万元，占年度计划的96.5%。编制了援建江孜小组三年工作规划和2017年项目计划，涉及精准扶贫项目6个，产业发展项目5个，社会事业项目13个，设立农牧业扶持基金和贫困大学生精准帮扶基金。积极开展教育医疗人才援藏，邀请上海教育名师、名校长团13人到江孜，对江孜492名教育系统领导班子、教师，分5个班开展了60节培训课；新建日喀则市首家规范化微生物实验室、高原病氧疗中心，开展三级以上手术30多例，各种全院性培训讲座10次以上，与上海市浦东新区人民医院签订了对口帮扶协议书，并开展了相关援助工作。大力开展智力援藏，组织江孜第一期中青班培训，25名副科级干部到浦东参训，组织2期共50人的基层干部培训班到浦东培训。

【党建工作】 年内，县委始终坚持党要管党、从严治党，不断推进党的执政能力建设和先进性、纯洁性建设，不断增强各级党组织的凝聚力、战斗力和号召力。重点开展“两学一做”学习教育、县乡两级班子换届、“讲学习、讲忠诚、正风纪、转作风、提效能”主题活动和党建规范建设年活动；强化理论武装，大力践行社会主义核心价值观，严格落实党委意识形态工作责任制，系统学习习近平总书记系列重要讲话精神，学习贯彻党的治藏方略，切实加强非物质文化遗产的保护、传承和管理工作，推进文化事业大发展、大繁荣；大张旗鼓宣传长征精神、老西藏精神、两路精神、珠峰精神，始终把牢正确的政治方向。积极配合区党委巡视二组开展巡视工作，针对巡视组反馈的11个问题，及时研究制定了整改措施并坚决整改。科学制定党员发展计划，转正党员214名，发展新党员220名，吸收入党积极分子800余名。各驻村工作队按照“5+3”工作任务，投入资金1708.7万元，实施强基惠民项目126个；投入资金350.3万元，实施扶贫开发项目7个，直接受益群众达6280人。工青妇等社会团体，响应党的号召，积极组织开展创就业等活动，助推农牧民脱贫致富。严格执行中央“八项规定”和区党委“约法十章”“九项要求”；出台《党政机关重大事项请示报告制度》，严格干部管理，作风新常态深入人心。认真落实“两个责任”，严肃党纪政纪，处理违纪人员14名，其中党内警告9名，党内严重警告、行政降级1名，行政记过1名，行政警告2名，行政记大过1名，共为国家挽回经济损失63万余元。

年内，县委高度重视自身建设，坚持“严”字当头、“实”字为本，带头加强理论学习、带头模范遵守党章、带头执行民主集中制、带头改进工作作风、带头密切联系群众、带头强化责任担当、带头狠抓工作落实、带头恪守廉洁自律，在为民、务实、清廉方面树立了标杆、做出了表率。

（寇雪姣）

【领导名录】

县委书记 孙嘉丰（上海援藏，7月免）

白　玛（藏族，9月任）

县委副书记、县长

曲　达（藏族，9月免）

杨　军（5月任县委副书记，9月任县长）

县委常务副书记

王高安（上海援藏，7月任）

县委副书记、人大常委会主任

张　峰

县委常务副书记

赤列坚赞（藏族，6月免）

市委副秘书长、县委常务副书记、常务副县长

赵　亮（上海援藏，7月免县委常务副书记、常务副县长）

县委副书记、常务副县长

江臻宇（上海援藏，7月免）

江孜县人民代表大会常务委员会

【概况】 江孜县人大常委会成立于1965年。第一届人民代表大会第一次会议于1965年8月8日召开；第三届人民代表大会第一次会议于1977年12月召开；第四届人民代表大会第一次会议于1982年1月6日至11日召开，选举产生江孜县人大常委会；第五届人民代表大会第一次会议于1984年12月28日至1985年1月4日召开；第六届人民代表大会第一次会议于1987年12月3日至7日召开；第七届人民代表大会第一次会议于1990年8月24日至26日召开；第八届人民代表大会第一次会议于1993年9月10日至13日召开；第九届人民代表大会第一次会议于1997年12月1日召开；第十届人民代表大会第一次会议于2002年11月18日至11月20日召开；第十一届人民代表大会第一次会议于2007年11月30日至12月3日召开；第十二届人民代表大会第一次会议于2012年7月28日至7月31日召开；第十三届人民代表大会第一次会议于2016年9月1日至9月3日召开。

江孜县人大常委会核定人员编制为5名，其中人大常委会主任1名，副主任4名，现满编配置。年内，共召开人民代表大会2次，县人大常委会会议8次，主任会议3次，听取和审议“一府两院”专项工作报告10个，开展执法检查7次，专题调研4次，集中视察1次，作出决议15项，依法任免国家机关工作人员52人次，并圆满完成了县乡人大换届工作。为推进江孜县跨越式发展和长治久安做出了积极贡献。

【党的领导】 年内，人大常委会坚持把党的领导贯穿于依法履职的全过程，重大事项及时向县委请示报告，在县委的领导下，克服常委会副主任兼任乡（镇）党委书记，兼顾双重繁重工作任务的困难，团结协作，依法开展工作、行使职权，使人大各项工作与县委的要求合拍。对县委的重要会议和重大部署，人大常委会及时组织学习，并结合实际提出贯彻措施，适时作出决议、决

定，将党的主张通过法定程序转变为人民意志。始终坚持全县工作一盘棋的思想，努力做到在监督中支持，在支持中监督，较好地发挥了人大工作职能。

【决定重大事项】 围绕中心，大力推动党委重大决策部署落实。人大常委会坚持把国民经济和社会发展计划、财政预算审查监督放在重要位置，听取和审议了国民经济和社会发展计划执行情况报告、财政预算执行情况报告和县人民政府2016年前三季度财政预算执行情况的报告，突出年度计划安排审查和各阶段执行情况的监督，切实维护计划的科学性和财政预算的严肃性。听取商务工作情况报告，就发挥江孜特色产业优势、地域优势和文化底蕴，把握机遇做好商务规划，充分利用文化、品牌、地域等优势，把商务工作做大做强提出了具体建议。

【人事任免】 年内，常委会坚持党管干部和人大依法任免有机统一的原则，严格程序，认真行使任免权。2016年，共任免国家机关工作人员52人次，做到合法、严密、有序、规范。为增强被任命干部的宗旨意识、法制意识和责任意识，常委会组织召开多次任职承诺及颁发任命书会议，新任命干部向宪法宣誓，激励接受任命的干部牢记责任和使命，不忘初心，恪守承诺。

【执法监督】 组织人大代表对《中华人民共和国老年人权益保障法》落实情况、农牧民子女受教育情况、城市管理工作情况进行检查，并配合自治区、市人大对《中华人民共和国归侨侨眷权益保护法》和《中华人民共和国公益事业捐赠法》《宗教事务条例》等7部法律法规落实情况开展执法检查。在部分乡（镇）及县城开展《日喀则市市容和环境卫生管理条例》的宣传工作。强化对“法检”两院工作的监督，听取并审议县法院关于《民事审判工作情况报告》。

【服务全局】 常委会听取并审议县人民政府关于《2016年前三季度脱贫攻坚工作开展情况的报告》及《全县环保工作及城市环境卫生管理情况的报告》，并组织代表前往垃圾填埋场、江孜镇老街等地开展调研。同时，常委会积极回应群众关切，紧盯教育、惠民政策落实、食品安全等热点问题开展检查，提出了一些有益的工作建议，有效发挥了人大职能作用。

【代表培训】 年内，参加自治区、市人大组织的各类学习培训活动。人大换届筹备阶段，组织19个乡（镇）人大主席及人大工作干事，对换届工作流程、严肃换届工作风气进行了集中培训。新一届代表产生后，及时举办乡（镇）人大干部培训班，邀请市人大领导为代表作专题讲座，进一步提升了基层人大代表的代表意识，提升了基层人大干部的履职能力。

【联系代表】 人大常委会坚持邀请部分人大代表参与执法检查、视察调研等活动，坚持人大代表列席人大常委会会议制度，畅通代表知情知政渠道，提高代表参政议政的能力和水平。全年共邀请36名人大代表列席常委会及常委会组织的执法检查和专题调研等活动。召开专题会议，征求代表建议，在市一届人大四次会议上江孜县代表团共提出建议10件。

【“人大代表之家”建设】 年内，江孜县人大常委会投入40余万元为乡（镇）“人大代表之家”配齐相关设备；在上海市第八批援藏小组支持下，县级“人大代表之家”得到了修缮。同时为进一步规范“人大代表之家”的运行管理，常委会修订完善各项管理制度并上墙，组成成员分片检查落实，保证“人大代表之家”制度资料完整，代表活动经常。建立了十三届人大代表履职档案，有效促进了人大代表依法履行职责。

【代表建议办理】 年内，坚持把督办人大代表建议作为保障代表权利的重要手段，及时将十二届人大八次会上代表提出的建议转交县政府。为提高代表建议办理质量和效率，人大常委会于2016年11月25日专门召开政府职能部门代表建议办理工作汇报会，邀请部分人大代表，听取意见建议办理情况。并于2017年3月31日召开会议表彰了代表建议办理先进单位。2016年，人大代表提出意见建议149件，答复率100%，办结率61.7%。人大代表和群众满意度较上年有明显提升。

【换届工作】 年内，常委会认真贯彻落实中央、自治区、市和县委关于换届选举工作的决策部署，高度关注和预防换届选举中可能出现的新情况新问题，深入调查研究，统筹安排各环节工作，推动换届选举依法有序开展。在6月6日全县换届选举日，依法设立193个投票站，选民参选率达到90%。顺利选举产生新一届县级人大代表131名、乡（镇）人大代表732名，当选的县乡人大代表结构比例进一步优化，广泛性和代表性得到更好的体现。19个乡（镇）人民代表大会第一次会议，先后于6月8日至10日成功召开，选举产生了新一届乡（镇）人大和乡（镇）政府领导班子，实现了坚持党的领导、充分发扬民主和严格依法办事的有机结合，有力推进了地方民主法治建设和政权建设。

【自身建设】 常委会及常委会机关始终把学习放在突出位置，认真学习党的最新理论成果和习总书记系列重要讲话，扎实学习新修改的选举法、监督法、代表法等法律法规，不断提高政策理论、法律知识及业务工作水平。在县委的关心支持下，配齐配强了19个乡（镇）由乡党委副书记兼任的人大主席。重视对常委会机关工作的领导和干部的培养，注重发挥机关的参谋助手和服务保障工作。

【党风廉政建设】 按照县委统一部署，开展“两学一做”学习教育，常委会领导坚持深入基层广泛听取代表和群众意见，认真召开班子民主生活会，坚持边查找问题、边寻找根源、边落实整改、边巩固成果，有效解决了常委会自身存在的问题，营造了更为浓厚的民主团结氛围。认真贯彻落实中央“八项规定”和自治区、市、县委关于作风建设的各项规定，严格遵守《领导干部廉政准则》，全面加强机关作风建设，树立了常委会及人大机关为民务实廉洁的良好形象。

（姜　雷）

【领导名录】

县委副书记、主任
　　张　峰
副主任　拉　平（藏族）
　　巴　片（女，藏族）
　　辜建锋
　　多布杰（藏族，9月任）

江孜县人民政府

【概况】 1956年9月14日，江孜宗办事处成立，驻江孜镇。1957年5月，进行机构收缩，江孜宗办事处撤销。1959年7月22日，江孜宗改为江孜县。9月6日江孜县人民政府成立，与县委合署办公，驻江孜镇，隶属江孜地区军事管制委员会管辖。1960年2月19日，撤销江孜县基巧办事处，成立江孜专员公署，江孜县人民政府归专员公署管辖。1969年9月，由军队代表、干部代表和群众代表组成了江孜县革命委员会，行使县政府职权。1982年1月撤销江孜县革命委员会，恢复成立江孜县人民政府，县委、县人民政府分开办公。

江孜县人民政府班子共10人，其中县长1名，县委常委、政府副县长3名，副县长6名。江孜县人民政府依照法律规定的权限，管理本行政区域内的经济、教育、科学、文化、卫生、体育事业、城乡建设事业和财政、民政、公安、民族事务、司法行政、监察、计划生育等行政工作，发布决定和命令，任免、培训、考核和奖惩行政工作人员。

【经济发展】 2016年，全县GDP达到18.32亿元，同比增长6.2%；全县一般性公共财政收入达到3700

万元，同比增长20.30%；完成全社会固定资产投资11.57亿元，同比增长58.50%；城乡居民可支配收入10819.55元；农村经济总收入达10.23亿元。

【农牧业生产】 2016年，全县共完成实播面积16.19万亩，累计粮油产量71265吨，被自治区评为“产粮先进县”。全年推广优质青稞等新品种8.5万亩，农机三项作业率达50%以上。年底存栏牲畜30.82万头（只、匹）。出栏牲畜11.83万头（只、匹），肉类总产量2185.8吨，奶类产量18393.75吨，禽蛋产量98.55吨。青稞初深加工项目一期建成。红河谷藏红花农业科技有限公司、藏宏农业生态科技有限公司等一批企业入驻科技示范区。

【文化旅游产业发展】 年内，不断加强旅游基础设施建设，新建旅游厕所4个、停车场2个。在拉萨召开旅游推介会，与120余家旅游社签订协议。《江孜印迹》舞台版成功编排演出。完成宗山抗英遗址、卓玛山旅游景区、紫金湿地及《江孜印迹》配套设施建设。江孜县文化体育中心项目申报工作进展顺利。2016年，江孜县共接待旅游人次13.9万人，实现旅游收入4865万元。

【“三农”工作】 2016年，新型农业经营体系逐步确立，登记注册农牧民合作社93个。基本农田整理、农田排灌、农田道路、农业用电等重大设施建设加快推进，完成农业基础建设项目9个，资金达6900余万元。农村集体土地和宅基地登记工作进展顺利，草场承包经营责任制全面落实，全面启动了农村土地承包经营确权登记颁证试点工作。

【脱贫攻坚】 年内，投资3.2亿元开工建设7个产业扶贫项目，兑现生态补偿岗位资金2710.8万元，完成49户173人易地搬迁安置任务，完成转移就业培训115人，筹措资金71.3万元帮助贫困学生460人，发放救助资金1027万元并完成医疗救助对象免费检查，发放小额信用贷款129笔504.2万元，实现对贫困户结对帮扶全覆盖，与市珠峰扶贫开发有限公司签订1亿元青稞初深精加工协议。

【教育事业发展】 年内，积极推进义务教育均衡发展迎检工作。多方筹措资金1.8亿元实施了一大批教育基础设施建设项目，城乡办学条件明显改善。教育教学质量稳居全市前列，其中初中升学率达80%以上，高中升学率达到95.2%。

【公共卫生服务】 年内，新型农村合作医疗政策全面落实，医疗设施设备得到了全面改善，城乡居民、在编僧尼得到免费体检。获得全区首家基层藏药制剂资格。充分利用“组团式医疗援藏”资源全力提升医疗水平发展，建设了日喀则市首家微生物实验室和高原疾病氧疗中心。

【科技文化事业】 2016年，实现全县155个行政村（居）各2名科技特派员的目标。完成了19个乡（镇）综合文化活动站建设，农家（寺庙）书屋、“户户通”广播电视覆盖率均达到100%。积极申报了涉及舞蹈、藏医药、戏剧、唐卡、宗教活动、手工技艺等类型的9个自治区级非物质文化遗产代表性项目，群众自办文艺团体建设项目顺利通过国家验收。

【社会民生不断改善】 年内，城乡低保工作实现“应保尽保”“双集中”供养工作稳步推进。筹措资金2375万元，实施了“八件实事”民生工程。完成35家企业488万元农民工工资保证金收缴工作。发放1467万元救助弱势群体1.4万人次。完成残疾人基本服务状况和需求专项调查工作。强基础惠民生干部驻村工作扎实有效，全年投入资金1800余万元实施强基础惠民生项目126个。全年完成农牧民富余劳动力输出2.5万人，收入达1.7亿元。

【招商引资】 2016年，一大批招商引资项目陆续落户，吸引各类企业10家，2016年完成招商引资3.61亿元，其中华润投资2.4亿元的江孜县太阳能光伏电站项目已运营投产；江孜县金塔东城综合市场、娘曲藏布庄园酒店、顶峰家俱城等社会民间投资项目共计1.4亿元，2016年全部完工运营。

【对口援藏】 2016年，第八批援藏工作开局良好，围绕基础设施、产业扶持、社会民生等重点领域确立了“1+2+2”三年援建工作思路，编制了《第八批援藏江孜小组三年援藏工作规划》。积极探索产业和智力援藏新模式，全面开展医疗、教育“组团式”援藏工作，设立农牧业扶持基金和贫困大学生精准帮扶基金，实施基层工作人员赴沪培训项目，筹办了江孜县第一期中青年干部培训班。投资5886万元实施涉及精准脱贫、产业建设和民生事业等援藏项目26个。

【城镇化建设】 2016年，大力实施城镇改造、小城镇和新农村建设。2015年150套公租房、440套乡（镇）周转房建设完工，400套棚户区改造工程已完成初步验收，附属工程完成总工程量的70%；2016年80套公租房、1230户棚户区改造已开工建设。

【生态环保建设】 2016年，完成造林3.7万亩，成活率达85%以上，育苗149亩69.9万株。全县集中式饮用水水源水质达标率100%、空气质量达到《环境空气质量标准》二级以上。实施7个行政村新能源推广项目。完成3个自治区级生态村申报工作。投资58万余元添置部分环卫设施设备。开展了年河两岸砂场专项整治工作，使全县地材开采秩序进一步规范。

【商事制度改革】 年内，按照“先照后证”“放宽场所条件”等降低市场准入，减少审批程序，优化服务窗口，全力推动大众创业、万众创新；推进“三证合一”“五证合一”“两证整合”改革工作，继续为企业开办和成长提供便利服务，降低创业准入制度性成本，优化营商环境，激发企业活力；严格执行“双告知、一承诺”制度，降低市场准入门槛，优化服务方式，提供宽松、便捷的市场准入环境，市场主体呈现猛增态势。对新登记企业一律实施“双告知”和“承诺”制度。对市场主体做好前端引导与服务，使市场主体明确自身责任和义务，促进行政管理部门协同监管，提升了市场主体规范化经营水平，避免企业跑冤枉路；完善市场主体信用体系建设，2016年度抽查年报公示信息85户，正常80户，隐瞒真实信息、弄虚作假3户、注销登记1户、通过登记场所无法取得联系1户，未及时报送2015年报公示等列入经营异常名录5户，实现“一处违法、处处受限”的局面；积极推进企业年报公示工作，制定《江孜县市场主体年报公示工作及“三证合一”换照工作实施方案》，明确工作目标和任务，建立工作协作机制，推行农牧区市场主体年报公示情况进行通报举措，有力促使各乡镇主要领导的重视，有效提高年报公示率，形成政府主导的工作格局。

【社会综合治理】 年内，不断加强和创新社会治理机制，巩固深化城镇网格化管理体系，投入资金400万元建设了平安城市监控升级项目。高度注重信访工作的有效性，做到知民意、解民情，群众来访办结率达100%。2016年，江孜县被评为自治区级“平安县”。

【安全生产】 年内，大力加强专项整治和安全宣传教育，以防范遏制重特大事故为重点，切实落实企业主体责任、部门监管责任、政府领导责任，对安全生产做到源头管控、综合治理，安全生产事故起数和死亡人数实现“双下降”，全年事故死亡人数指标保持“零”。强化安全生产、食品安全和道路交通安全等工作，全年无一起较大以上安全事故。

【职能转变】 年内，以权责清单制度改革为抓手，有效推进政府治理体系和治理能力现代化，激发市场活力和社会创造力。依照法定权限和程序行使职权，坚持向人大报告、向政协通报，自觉接受民主监督，答复和办理人大代表议案149件、政协委员提案64件，答复率、满意率均达到100%。

【政府服务】 年内，运用市场化、社会化、信息化方式，打造服务型政府，建立19个乡（镇）便民服务大厅，全面推行“一站式”服务，方便了办事群众，提高了办事效率和服务水平，树立了良好形象。

【廉洁行政】 年内，严格执行中央“八项规定”和自治区“约法十章”“九项要求”等廉洁自律规定。切实落实一岗双责主体责任。2016年政府“三公”经费支出908.47万元，比2015年有所降低。

（强巴旦增）

【领导名录】

县委副书记、县长

曲　达（藏族，7月免）

杨　军（8月任）

县委副书记、常务副县长

江臻宇（上海援藏，7月免）

县委常委、政府副县长

洛桑次仁（藏族，1月任）

李　荣（上海援藏，7月免）

陆剑涛（上海援藏，9月任）

李小波（7月任）

尼　珍（女，藏族，8月免）

副县长 达　次（藏族）

杨秀梅（女，8月任）

乔卫平

何　斌（5月免）

格桑旦增（藏族，1月任）

美　珍（女，藏族，1月任）

扎西旺拉（藏族，9月任）

中国人民政治协商会议江孜县委员会

【概况】 在1959年7月成立的江孜县委机构内设的统战干事的基础上设立，并于1961年11月正式成立江孜县参事室。1984年6月30日在原参事室的基础上，广泛组织爱国统战人士，以无记名投票方式选举出政协江孜县第一届委员44名，其中主席1名（平措 县委书记兼任政协主席），副主席5名（扬长扎西、江学·达瓦、洛桑丹增、恰娘·索朗白珍、角洛·土登），常务委员11名（平措、扬长扎西、江学·达瓦、洛桑丹增、恰娘·索朗白珍、角洛·土登、朗加旺久、许昌龙、阿旺丹增、帕拉·久美曲珍、欧珠），中国人民政治协商会议江孜县第一届委员会第一次会议在县里堂隆重举行，会期共五天，正式成立中国人民政治协商会议江孜县委员会。2016年1—7月，主席1名，副主席5名，办公室主任1名，副主任1名，主任科员1名，副主任科员1名，科员1名，工人1名。2016年9月至12月31日，主席1名，副主席4名，办公室主任1名，副主任1名，主任科员1名，副主任科员1名，科员1名，工人1名。政协第九届江孜县委员会确定委员名额为120人（预留5个名额为届中增补），实际推荐考察产生115名委员，共分8个界别。

【政协第八届江孜县委员会第六次会议】 2月4日，在政府第三会议室召开，会议应到委员65名，实到62名，政协主席次罗主持会议。会议上由县委组织部副部长米仓介绍了政协第八届江孜县委员会党内副主席建议名单和基本情况；由县委统战部部长次仁欧珠介绍政协第八届江孜县委员会党外副主席建议名单和简历；审议通过大会选举办法（草案）；审议通过了计票人、监票人、总监票人建议名单（草案）；选举多吉次仁、旺金、扎塔（党外）3名人员为政协第八届江孜县委员会副主席。

【政协第八届江孜县委员会第七次会议】 3月22日至24日，在江孜县政府综合楼六楼会议室隆重召开，会期共三天。应到委员65名，实到62名，政协主席次罗主持会议。本次会议听取并审议《政协第八届江孜县委员会常务委员会工作报告》《政协第八届五次会议以来的提案工作情况报告》《县政府关于政协八届五次会议以来提案答复情况的报告》《政协第八届江孜县委员会第七次会议提案审查情况的报告》和审议通过《政协八届八次会议常务委员会工作报告的决议（草案）》《政协第八届五次会议以来的提案工作情况报告的决议（草案）》《政协第八届江孜县委员会第七次会议政治决议（草案）》。共收到委员提案64件，经审查立案62件，意见建议2件。

【政协第九届江孜县委员会一次会议】 8月31日至9月2日，在江孜县政府综合楼六楼会议室隆重召开，会期三天。应到委员115名，实到102名，政协副主席多吉次仁主持会议。会议听取并审议《政协第九届江孜县委员会常务委员会工作报告》《政协第八届江孜县委员会第一次会议以来提案工作情况的报告》；选举产生主席1名，副主席4名，常务委员24名，确定委员名额120名（5个名额待届中增补），推荐考察产生了115委员，审议通过《政协九届一次会议常务委员会工作报告的决议（草案）》《政协第八届一次会议以来的提案工作情况报告的决议（草案）》《政协第九届江孜县委员会第一次会议政治决议（草案）》。

【第十一次常委会议】 2月3日，在政协主席办公室召开，应到常委13名，实到11名，政协主席次罗主持会议。会议上次罗主席传达政协十届自治区委员会第五次会议的主要精神和会议概况；审议通过2016年“三大节日”前夕政协老委员的慰问方案；向常委会提交了政协八届六次会议准备情况。

【第十二次常委会议】 3月20日，在政协主席办公室召开，应到常委13名，实到9名，政协主席次罗主持。会议上审议通过八届第七次会议程，八届第七次会议程日程，常委会工作报告和政协八届五次会议以来提案工作情况的报告。

【第十三次常委会议】 8月22日，在政协会议室召开，应到常委13名，实到10名，政协主席次罗主持，在会议上审议通过政协第九届江孜县委员会一次会议工作方案。

【第十四次常委会议】 8月31日，在政协会议室召开，应到常委13名，实到10名，政协主席次罗主持。在会议上审议通过政协第九届江孜县委员会第一次会议主席团常务主席名单，审议通过政协第九届江孜县委员会第一次会议主席团常务主席会议主持人名单，审议通过政协第九届江孜县委员会第一次会议日程，审议通过政协第九届江孜县委员会第一次会议各次大会执行主席、主持人名单。

【第十五次常委会议】 9月1日，在政协会议室召开，应到常委13名，实到10名，政协主席次罗主持。在会上，审议通过政协第九届江孜县委员会第一次会议选举办法（草案），审议通过主席、副主席建议名单（草案），审议通过政协第九届江孜县委员会第一次会议总监票人、监票人名单（草案）。

【第十六次常委会议】 9月2日，在政协会议室召开，应到常委13名，实到10名，政协主席次罗主持。在会上，审议通过政协第九届江孜县委员会常务委员会工作报告的决议（草案），审议通过政协八届一次会议以来提案工作情况报告的决议（草案），审议通过政协第九届江孜县委员会第一次会议政治决议（草案）。

【政治理论学习】 年内，坚持以建设学习型政协组织为抓手，把学习教育摆在首位，贯穿始终。每年根据各级党委的要求，认真制定理论学习和专项教育活动方案。采取委员双月座谈会、每周支部理论学习、委员培训、常委以上轮流讲座等形式，及时传达中共十八大以来重大会议精神和三级“两会”精神，学习习近平总书记系列重要讲话，特别是关于人民政协的新思想、新论断、新要求，学习《中共中央关于加强人民政协协商民主建设的实施意见》，学习区党委、市委、县委的重要会议精神。通过学习，使政协新老委员和干部职工坚定了政治信念、共同理想、原则立场、宗旨意识，增强了协商为民、履职为民的责任感、荣誉感和使命感。

【开展换届工作】 2016年是政协换届之年，政协常委会按照区市两级换届工作的要求，政协第九届江孜县委员会委员核定编制名额从八届65名确定为120名，选举产生主席1名、副主席4名、常务委员24名，设中共、宗教、少数民族、教育、农业、经济、文化艺术和医疗卫生共8个界别。委员着重从乡村两级干部、青年创业能手、基层妇女、少数民族、文化艺术等领域推选产生，使委员结构更加合理，人民政协的广泛性、代表性、包容性得到进一步体现，为做好新时期人民政协工作打下了良好基础。

【围绕中心参政议政】 常委会坚决贯彻习近平总书记关于“懂政协、会协商、善议政”的重要指示和俞正声主席关于“政协不是靠说了算，而是靠说得对”的履职要求，以及对西藏政协工作提出的“把政协作为一个平台，大家共同商量，共同研讨，使民族团结搞得更好，藏传佛教发展得更好，老百姓的生活改善得更好”的要求。始终把助推发展作为政协履职的第一要务。以议政建言，献计出力，坚持用事实说话，用数据分析的工作原则，围绕精准扶贫提高西藏人均期望寿命、日朗乡纳如村整体搬迁、环境监测和监管执法能力建设以及赴上海市浦东新区政协学习交流等4个课题，集中政协优势资源积极开展调研议政，形成调研报告4份，提出提案意见建议共75件（其中向自治区政协提出提案建议1件，向市政协提出提案建议10件），提案答复率达100%。

【履行政治责任】 常委会坚持把维护社会稳定作为履职首要政治任务，坚决贯彻落实习近平总书记“治国必治边、治边先稳藏”的重要战略思想，坚持把维护社会稳定作为硬任务和第一政治责任，充分发挥政协联系范围广、基层委员多，特别是民族宗教界委员多的优势主动靠上、团结联合、凝心聚力，在反分裂斗争等大是大非面前，始终做到立场坚定、旗帜鲜明、态度坚决。在重大节庆期间和重大节点班子成员深入各自联系乡镇、村（居）、学校、寺庙全程督导维稳工作，驻村工作队认真完成各项任务的同时，帮助村“两委”认真落实各项维稳措施，积极引导群众投身到先进“双联户”创建评选活动和群防群治队伍的建设中，为基层一线筑牢反分裂斗争和维护社会稳定的第一道防线起到了积极的作用。发挥政协委员联系范围广、在群众身边的优势，经常走访慰问各界代表人士，加强与社会不同阶层、不同群体的联系。坚持求同存异、体谅包容，协助县委做好协调关系、化解矛盾、增进团结、促进和谐的工作，扩大团结面、增强包容性。

【发挥团结统战功能】 加强团结联谊工作，通过政协平台联谊交友，增进各族各界的思想认同和政治认同。精心举办藏历新年政协委员、统战爱国人士、佛协理事和工商联会员喜迎藏历年座谈会，增进了社会各界的团结联谊。加强与内地政协的交流合作，年初政协组织考察团赴上海浦东新区政协，深入研讨交流，相互学习借鉴，并与上海浦东新区政协建立了对接友好关系。走访慰问政协老委员，在县政府的大力支持下，政协常委会每年对政协老委员进行走访慰问，2016年在“三大节日”期间对29名老委员进行走访慰问，送去了节日祝福，使他们深切感受到党的关怀和政协的温暖。

【文史资料收集】 在政协文史资料领导小组的精心安排部署下，广大委员积极收集整理各自辖区的历史、人物、事件、名胜古迹、寺庙历史、非遗文化、人文习俗、民歌等方面文史资料，截至年底，已收集整理全县32座寺庙历史和图片；藏式骰子、克郎球、藏棋等江孜民间娱乐游戏；协玛氆氇等民族服饰；其吾岗派唐卡、达果米果、卡堆藏戏等江孜非遗文化等资料。

【党风廉政建设】 加强委员履职能力。通过以会代训和发放《政协第九届江孜县委员会新委员读本》形式，加大委员培训力度，制定委员制度汇编，建立委员履职档案，提高委员的整体素质和履职能力。加强党风廉洁和机关建设。政协党组十分重视党的建设和机关思想、组织、队伍、作风、制度建设，认真落实全面从严治党要求，坚决贯彻《中国共产党廉洁自律准则》和《中国共产党纪律处分条例》，坚决落实中央“八项规定”精神。扎实开展“两学一做”学习教育，坚持问题导向、从严要求、以上率下、注重实效，突出“重点在学、关键在做”，使政协党的建设全面加强。

（果 果）

【领导名录】

党组书记、主 席 次 罗（藏族）

党组成员、副主席 尼玛扎西（藏族，7月免）

罗桑多吉·坚赞（藏族）

旺 金（藏族）

多吉次仁（藏族）

扎 塔（藏族）

中共江孜县纪律检查委员会（监察局）

【概况】 1961年12月，中共江孜县委成立监察委员会，1969年9月撤销。1980年2月，中共江孜县纪律检查委员会成立，区级建制。1987年7月升格为副县级建制。1994年2月，江孜县监察局成立，（与县纪检委合署办公），实行一个班子、两块牌子、一套工作机构，纪检、监察两种职能共性合并。2016年，中共江孜县纪律检查委员会（监察局）认真学习贯彻习近平总书记系列重要讲话精神，深入贯彻落实中共十八大、十八届历次全会和中央第六次西藏工作座谈会精神，贯彻落实十八届中央纪委历次全会精神，贯彻落实自治区第九次党代会、市委一届四次全会、县委九届三次全会精神，认真履行党章赋予的职责，加强纪检监察机关自身建设，严格按照全面从严治党要求，持续深化“三转”，聚焦监督执纪问责，贯彻落实中央“八项规定”精神，持之以恒纠正“四风”问题，解决群众身边的不正之风和腐败问题，遏制腐败蔓延势头，开展党风廉洁建设和反腐败斗争，各项工作取得新进展新成效，为江孜县经济社会发展和社会稳定大局提供坚强有力的纪律保障。

【落实主体责任】 强化领导，明确责任，县委书记为第一责任人率先垂范、以身作则，班子成员分工明确、各司其职，党风廉政建设和反腐败工作从组织领导上得到了保障。为明确工作职责，县委常委会议多次研究全县党风廉政建设和反腐败各项工作，推行责任清单化，措施具体化，协助县委制定并下发《2016年江孜县“四套班子”成员落实党风廉政建设和反腐败工作目标责任清单》《2016年江孜县各乡镇落实党风廉政建设及反腐败工作目标责任清单》，县委与各乡镇、县直机关各单位主要负责人签订《党风廉政建设工作目标责任书》，确保各级党组织目标任务清晰，工作职责明确，责任落实有据，压力传导到位；强化督导考核。采取约谈问询、述职述廉、督查考核等方式对各级党组织落实党风廉政建设主体责任进行评估，严格执行江孜县党风廉政建设主体责任问责制度，对维护党的纪律不力、反腐倡廉建设不扎实、“四风”及损害群众利益问题突出的组织和个人，实行“一案双查”制度，既追究当事人责任，又追究相关领导责任，起到警醒震慑作用，以刚性问责倒逼责任落实，把问责的压力转化成工作的动力。

【信访案件工作】 加强组织领导。进一步明确重要信访问题的责任人员和责任科室，落实首访问题处理及信访备案制度。县纪委主要领导对重要信访件亲自过问督办，对于上级交办转办的信访件做到“事事有交代，件件有落实”；拓宽和畅通信访渠道。积极搭建群众信访举报平台，在向全县155个村（居）统一制作安装了举报箱，印制19个乡镇纪委书记近3000张廉政名片，发放给各村群众和村民监督委员会成员，“双联户户长”等，方便接受广大群众的监督。为拓宽群众诉求渠道，纪委机关实行县纪委书记信访接待、下访制度。确定每月10日、20日为县纪委书记信访日，接待、受理群众的信访、申诉工作。同时县纪委领导定期不定期赴基层就相关工作开展调研，倾听群众意见呼声。2016年，县纪委共接待信访人员9人（次），深入基层下访47次，有效地化解了基层矛盾，杜绝越级上访现象发生；做好案件查办工作。县纪委细化案件工作流程，严格案件处理相关程序，对于需要立案处理的，严格按照相关规定依法办案，给予当事人相应党纪、政纪处分，并做好案件通报工作，2016年，江孜县纪委收到信访问题线索46件（次）、重复2件，其中了结处理34件，拟立案11件，已结案10件。

【严肃执纪问责】 明察暗访相结合，加大综合督查力度。2016年，县纪委组织人员，对各乡镇、各单位、驻村驻寺工作队，就维稳值班带班情况，各项强农惠农资金兑现情况和有关会议文件精神落实情况，进行综合督促检查，截至年底，共下乡督导检查近100次，达300多人次，对加强党风廉政建设和反腐败各项工作引向正轨、规范程序起到了促进作用；围绕重点，对问题易发领域加强专项督查力度。针对执行财经纪律情况及各项专项资金管理使用情况等共对11家单位进行了专项检查，就财务管理不规范、私设“小金库”、专项资金管理和使用不当等问题进行纠正和整改，及时收缴60周岁及以上已故人员冒领农保资金、私自变卖国家（集体）资产等非法所得资金69.64万余元，并全部上缴国库，加强督导检查力度。对19个乡（镇）、155个村（居）进行抽查，围绕干部职工执行“六项纪律”及在岗情况，各项文件会议学习贯彻情况和“两学一做”学习教育开展情况以及精准扶贫建档立卡情况等，进行随地抽查，及时掌握干部在岗情况和各项工作及时落实情况，查纠发生在群众身边的腐败问题和不正之风，切实做到监督检查的全覆盖。2016年，江孜县纪委监察局查处违纪违规案件11起，处理违纪人员16人，其中留党察看并行政撤职1人，党内严重警告1人，党内警告9人，党内严重警告、行政降级1人，行政记过1人，行政警告2人，行政记大过1人，共为国家集体及受害群众挽回了经济损失320余万元。

【党风廉政建设】 加大正风肃纪力度。持续严格贯彻执行中央“八项规定”、区党委“约法十章”“九项要求”工作加大检查力度，开展“节日病”专项治理，紧紧抓住元旦、春节、藏历新年三大节日期间及其他重要时间节点，下发文件及时提醒，集中力量突击检查，由县纪委牵头组织相关部门人员到餐馆、朗玛厅等公共场所严查公款吃喝、吃迎请送等行为，取得明显效果；严格监督检查。继续加大明察暗访力度和频率，开展检查15次，累计检查场所300余处。2016年以来，紧紧围绕县委县政府中心工作，聚焦“四风”问题，创新督查模式，严肃问题查处，取得了较好成效。截至年底，紧盯元旦春节等重要时间节点，开展27次专项检查，出动655余人次，125车次，检查63家单位，纠“四风”、倡新风，形成风清气正的浓厚氛围；健全作风建设长效机制。继续执行落实《江孜县关于进一步加强党员领导干部党风廉政建设的暂行规定》，明确监督内容和监督方式，每月组织召开纪检工作汇报会议，要求各乡（镇）每月以书面形式报告作风建设开展情况，县纪委进行评估通报，督促落实作风建设主体责任。

【组织协调工作】 年内，县纪委积极协助县委加强党风廉政建设和反腐败工作，主动向市纪委和县委报告工作开展情况和重大案件查办情况，在新常态下，加强对党风廉政建设和反腐败工作形势的研判和分析，提出新思路和新措施。充分发挥反腐败协调工作小组作用，2016年，召集成员单位研究部署党风廉政建设和反腐工作会议7场次，其中专门研究历史遗留的疑难问题线索会议6场次，反腐协调工作成效显著。进一步加大纵横协作力度，与县人民检察院，县公安局、信访局等相关部门之间建立信访问题线索分享机制，年内，共办理相关部门转交的问题线索4件，上级部门转办的问题线索8件。同时，通过坚持乡镇纪委工作月汇报会议制度、纪委书记约谈、乡纪委干部轮岗等形式，加强了县乡两级纪委的沟通、协调和合作力度，形成较为完善的反腐倡廉沟通协作机制。

【廉政文化宣讲】 年内，继续开展廉政文化进村（居）宣讲活动。2016年，县纪委联合县委宣传部等单位开展“廉政文化进社区”宣讲活动的基础上，组织19个乡（镇）纪委开展廉政文化进村（居）宣讲活动，覆盖面90%以上；发放廉政资料丰富教育内容。针对乡镇廉政教育内容单薄、载体缺乏等问题，江孜县为各乡镇发放了《党风廉政建设》杂志、《西藏纪检监察》等报刊以及县纪委制作的藏文版的党中央“八项规定”、区党委“约法十章”等学习宣讲资料，丰富了乡镇廉政教育内容，确保了廉政教育工作有序开展、形式多样；加强了反腐倡廉宣传报道和信息工作。2016年，江孜县共向自治区、市纪委报送工作简报80期，达到了交流经验、分享成绩的效果。

【提升队伍素质】 准确定位，认真清理议事协调机构。年内，县纪委共清退57个议事协调机构，与党风廉政建设监督责任和反腐败工作无关的工作逐步移交给其他职能部门，将主要精力放在监督、执纪、问责的主业主责上来；强素质、提效能，纪委机关带头，采取集中学习、专题党课、交流座谈等方式相结合，学习纪检监察业务及其他相关知识。为解决乡镇纪委作用发挥不明显的问题，采取上挂下派、干部轮岗、组织培训等措施，进一步提高乡镇检监察干部的履职能力；不断创新工作方式，把被动等待工作向主动出击转变，在积极探索县级纪律监察巡察制度的同时，通过下乡下村，走村入户，与广大农牧民群众面对面的交流，从交流中搜集党员干部及村（居）“两委”班子成员违反党纪国法，不作为、慢作为、乱作为的问题线索，并一一做出核实，妥善解决，尽最大努力做到急百姓所急，解百姓所难，保群众利益。

【协作联动办案】 2016年，反腐协调小组对牵扯复杂的江孜镇地毯厂问题线索进行联合办案，小组成员单位统一部署、分工协作，召开案件讨论会6次，多次联合实地调查、入户访谈，适时召开职工大会，通过联合审查、信息共享、反复研讨，最终作出合理合法合规的处理决定，错综复杂地毯厂问题得以妥善解决，受到广大群众的一致好评；执纪审查系统连续，案件处置善始善终。针对全县范围普遍存在的死亡人员冒领养老金问题，制定针对性调查方案，依托乡镇纪委，协同民政、人社、财政等部门对全县19个乡（镇）养老金冒领问题进行地毯式排查，反复核对相关数据，对发现的问题及时责令整改，对相关责任人进行严肃问责，既有力彰显法律法规权威，又有效维护人民群众正当利益；创新宣讲，务求实效。创新宣传载体以喜闻乐见的方式开展调查问卷，实际掌握党风廉政建设的社情民意并问计于民，以互动鲜活的形式开展知识竞赛，寓教于乐，提升党员干部的理论水平，使党纪党规内化于心；进村入户送政策，以通俗易懂的语言和贴近生活的形式开展面对面的宣教，达到实实在在的教育效果，深受广大干部群众的欢迎，为廉政文化营造了良好的社会氛围；执纪为民，延伸基层。执纪监督下移延伸到基层，加大对扶贫攻坚项目、惠民资金使用等事关人民群众利益的民生工程的纪律检查，把好廉政关，确保党的惠民利民政策走好最后一公里；通过轮岗锻炼、以案代训、专业培训、对口指导等方式提升乡镇纪委业务能力和水平，铸就独立办案能力，打造乡镇基层执纪审查力量；通过入村指导、集中培训等方式提升村民监督委员会业务能力，通过兑现福利保障激发起工作积极性主动性，引导村民监督委员会切实发挥一线监督作用。

（刘崇尧）

【领导名录】

书　记　张 桂 英（女）

副书记、监察局局长

代 雪 宁（女）

监察局副局长

索朗旦增（藏族）

中共江孜县委办公室

【概况】 江孜县委办公室成立于1959年。2016年，江孜县委办公室全面贯彻中央、区、市党委精神，紧紧围绕县委中心工作，以加强自身建设为抓手，以提高科学服务水平为支撑，以服务县委中心工作为重点，不断增强政治、大局、责任、担当、创新意识，解放思想，与时俱进，求真务实，真抓实干，开拓创新，积极发挥参谋助手、督导检查、综合协调和保障服务作用，较好地完成了各项目标任务，保障县委各项工作的开展，为全县经济快速发展和社会局势长治久安做出重要贡献。年内，办公室行政编制6人，机关事编1人；实有工作人员18人，其中行政人员16人，行政工人1人，志愿者1人，办公室下设方志办、档案馆、农工办、深改办、机要（密码管理局）、党风廉政建设和反腐败工作责任制领导小组办公室。机要（密码管理局）行政编制3人。档案馆行政编制2人。

【服务意识增强】 年内，围绕服务县委“统揽全局、协调各方”的职责，充分发挥县委办公室牵头抓总作用，始终坚持摆正位置、放好坐标，把握好参谋与决策关系，充分发挥主观能动性和组织协调各方能力作用，在准确把握县委、县政府领导工作意图及全县各阶段工作重点基础上，坚持对各项工作早思考、早研究、早安排、早部署、早准备，做到熟悉上情、摸准下情、知晓内情、了解外情；不断强化办文办会办事能力，特别是领导文稿起草、调查研究、信息提供、决策性建议等工作，想方设法增强工作积极性主动性针对性创造性，开动脑筋、多想办法、集思广益、博采众长，较好发挥服务领导职能作用。2016年，牵头组织制定重要工作推进文件20余件，重大活动或全县性工作方案25件，承办八届七次全委（扩大）会、县第九次党代会等重要会议活动34次，县委常委会29次，实现“零差错”。切实加强与各乡（镇）、县委各部委、县（中、区）直各单位沟通协调，既与县人大办、县政府办和县政协办保持密切协作，又与组织人事、财政发改等各单位保持良好关系；既同心同德、密切配合开展工作，又敢于直面问题、解决难题，有力推动全县各项工作开展，先后与县人大办、政府办、政协办等单位沟通协调各类事项50余次。

【文秘水平提高】 年内，进一步规范公文流转程序，改进和完善公文的报送、处理和审批制度，公文处理工作进一步规范，做到安全、及时、准确。制定完善会议工作流程，对各类常规性会议的举办都能做到有章可循，把差错率降到最低限度。围绕全县经济社会发展中的重大问题，深入开展调研，为县委科学决策提供了有力参考，对起草重要文稿，坚持做到起草前积极沟通协调、准确掌握基层真实情况，起草中谨慎严密、精准到位，起草后按照程序逐级审核、精益求精，力求全面贯彻区市党委指示精神、体现县委真实意图。2016年，先后起草领导讲话稿60余篇，起草印发各类文件（通知）239份，撰写汇报材料等50余篇。

【督查力度加大】 年内，为满足经济社会发展对督查工作的新要求，按照县委、县政府决策部署，在瞄准目标、突出重点上下功夫，继续大力弘扬求真务实、真抓实干的作风，以踏石留印、抓铁有痕的劲头，出实招，办实事，求实效，确保督查无缝隙、无盲区、无空白点。围绕中共十八届五中、六中全会精神、中央第六次西藏工作座谈会精神、“两学一做”学习教育活动、重大项目建设、新农村建设、上级督查任务等、领导重要讲话批示指示精神在江孜县的贯彻落实进展情况进行专项督查和跟踪问效。围绕上级党委、政府各项决策部署抓督查、求实效。先后对中共十八届五中、六中全会精神、中央第六次西藏工作座谈会精神、“两学一做”学习教育活动、重大项目建设、新农村建设、上级督查任务及领导重要讲话批示指示精神在江孜县的贯彻落实进展情况进行专项督查和跟踪问效。全年共开展党政联合督查82次，组织进行县级部门督查122次。

【信息质量提升】 年内，坚持“围绕中心、突出重点、提高质量、注重实效”的原则，着重报送重、大、急信息和群众广泛关注的热点难点焦点信息。坚持信息质量和数量并重，信息时效性、准确性、针对性明显增强。注重掌握典型、倾向、苗头性信息，及时总结和挖掘信息内涵外延，形成一批有价值建议类信息。加强信息报送规范化建设，从信息种类、采编管理、内容结构、采编方法、报送方式等方面进行统一规范，并纳入年终考评，有力提升信息报送数量与质量。2016年，共选派1人到市委信息科进行不少于30天的跟班学习，共上报各类信息545条，市委信息科采用80条，区党办采用3条，上报约稿信息10条。

【档案管理规范】 年内，档案工作积极履行“为党管档、为国守史、为民服务”的神圣职责，围绕中心，服务大局，圆满完成各项工作任务。在维护历史真实面貌前提下，根据档案分级管理原则，将应该由县档案馆接收的一切具有历史凭证作用和科学研究价值的各种门类、各种载体形态的档案，完整齐全地接收进馆，着重建立起覆盖民生、覆盖人民群众的档案资源体系和服务民生、服务人民群众的档案利用体系，充分发挥档案资源在和谐社会建设中的独特作用。全年，共收集归档各类案卷56卷、资料文件416件、接待查档人员25人次查阅卷64卷；组织业务知识培训。对各单位档案归整人员进行培训，认真学习《中华人民共和国档案法》及相关专业知识。根据有关规定和工作要求，加速推进全县档案信息资源的开发利用。系统培训全县档案专兼职人员，普及档案专业知识，极大增强档案管理人员科学化、规范化归整水平；建立健全工作机制。成立档案工作领导小组，江孜县档案馆新馆已投入运行，档案馆工作人员具体负责组织对各单位进馆档案的鉴定、验收和审核工作。

【机要密码安全】 严格落实党政密码规范化建设，完善了19项规章制度；进一步加强县（中、区）直单位电报使用和管理工作，3月与各单位机要办报秘书签订了“责任书”，共108份；加强各单位机要办报秘书的培训力度，于4月8日，邀请区党委机要局业务处秘书科科长刘倩和市保密局董培生，对全县108名机要办报秘书进行专业培训；进一步推进县乡党政信息网使用管理工作，3月与64家入网单位网络管理员和业务操作人员签订《江孜县县乡党政信息网岗位职责责任书》，共192份；全年办理电报19302份，县乡党政信息网使用率居全市第二。

【党建工作】 始终把建成一支“政治立场坚定、业务常识精通、作风素质过硬、纪律特别严明”的干部队伍作为目标任务，坚持以人为本，要求办公室所有工作人员时刻注重自身形象提升，努力做到政治上“强”、业务上“精”、作风上“实”，精心办文、悉心办会、细心办事，树立奋发有为、团结高效、廉洁奉公良好形象。办公室全体干部在政治上、思想上、行动上始终与区市县党委保持高度一致，特别是在大是大非问题面前思想不犹豫、立场不动摇、行动不迟缓。注重思想理论学习和业务知识积累，每周开展不少于1次学习活动，集中学习党中央，区市县党委、政府指示要求及会议精神等，切实提高全体干部政策理论水平和驾驭工作能力。积极开展“建设学习型党组织”、民族团结宣传教育、创先争优、结对帮扶等活动，全面提升干部综合素质，提高学习实践能力，有力推动各项工作不断迈向新台阶。

（吴 伟）

【领导名录】

县委常委、主任

张 裔（上海援藏，7月免）

副主任（正科级）

格桑卓玛（女，藏族）

副主任 赵英俊

机要局局长

达 罗（藏族）

中共江孜县委组织部

【概况】 1959年7月31日，中共江孜县委员会成立，委员会下设组宣部。1961年，撤销组宣部，分别成立组织部和宣传部。1977年4月，撤销中共江孜县委办事组和政工组和生产组，成立县委、革委会办公室，恢复成立组织部。2016年，组织部为中共江孜县委下设机构。中共江孜县委组织部干部职工共计17名，负责专项工作的11名（其中档案专项审核4名，强基办6名，“两学一做”办1名）；县级领导干部1名，正科级领导干部2名，副科级领导干部1名，主任科员1名，副主任科员3名，驾驶员1名，共设6个办公室：干部室、人才室、组织室、办公室、编制办、档案室。县委组织部属县委下辖机构，主要职能有:研究和指导党组织特别是党的基层组织的建设，组织开展新时期党的建设理论研究；负责干部宏观管理工作、抓好干部人事制度改革工作、贯彻执行和结合实际研究制定选拔任用干部的标准、程序、抓好干部双重管理工作；提出关于乡镇和县直副科级以上单位以及其他列入县委管理的领导班子调整、配备的意见和建议，并负责县委管理干部的考察及任免；负责干部监督工作的宏观指导，负责组织工作和干部工作的检查督促，同时抓好干部监督制度的落实和历史遗留问题的审查；制定干部教育规划，组织县委管理的干部和一定层次的中青年干部的培训；负责县直机关党的建设指导、监督及党员发展、教育与管理工作；培养和建设适应市场经济发展要求的人才队伍。

【县乡领导班子换届】 年内，把县乡领导班子换届作为年度首要政治任务、党建组织工作的重头戏，全面加强组织领导，充分调研筹备，严肃换届纪律，依法组织实施，采取自下而上、适当集中、党委在先的方式，倒排时序，压茬进行。圆满完成县乡领导班子换届各项工作。为确保换届工作圆满顺利完成，4月28日，组织召开“江孜县县乡领导班子换届选举工作动员部署暨培训会”，制定并及时下发《江孜县县乡党委领导班子换届工作实施方案》《江孜县县乡领导班子换届选举工作宣传方案》《江孜县县乡两级人大换届选举工作实施方案》《政协第八届江孜县委员会关于换届工作的实施方案》《中共江孜县委组织部关于加强换届风气监督工作的实施方案》《江孜县县乡领导班子换届选举期间维护稳定工作方案》《江孜县县乡领导班子换届选举信访工作应急预案》《江孜县县乡领导班子换届工作网络舆情应急处置预案》共8个实施方案，保证各项工作合法、规范、有序进行。县换届办及时将《镜鉴》《关于严肃换届纪律文编选》以及“中国共产党江孜县第九次代表大会”“政协江孜县第九届委员会第一次会议”和“江孜县第十三届人民代表大会第一次会议”等会议精神和有关政策，特别是“五个责任主体”“九严禁”“十不准”5种用人‘负面清单’等内容制成宣传单印发到各乡（镇），开展学习宣传，确保换届纪律从严从实贯彻执行。9月3日，顺利召开县、乡两级各项选举会议，选举产生了结构合理、思想创新、综合素质高、驾驭能力强的新一届县乡领导班子。

【党建工作】 以基层党建“十个一”，机关党建“五个一”为抓手，着力解决基层党建中存在的突出问题。推行“一季一推”“一季一督”制度，全年共召开党建推进部署会2次，成立联合督导组20余个，对各乡（镇）、机关党建工作督导3次，汇总问题90余个，形成督导报告20篇，形成整改方案100余份，稳步推进“党建规范建设年”各项任务。同时，制作《基层党建工作实用手册》发放至各基层党组织，推进党建工作科学化、规范化。

【党风廉政建设】 年内，根据实际制定《2016年江孜县党员发展计划》，层层签订书记抓发展党员工作目标责任书，建立发展党员沟通备案机制，2016年全县转正党员214名，新发展党员220名，吸收入党积极分子800余名。制定《江孜县处置不合格党员工作实施方案》，规范操作程序。积极开展党员志愿者服务活动。2016年，全县各级党组织结合自身业务工作，深入开展党员植树、助农秋收、换届宣传、环境整治、法律宣传、党员干部结对帮扶等活动110余次，参与人数累计3000余人。着力加强基层干部队伍建设，加大软弱涣散村（居）整顿力度，本着公平公正的原则对村（居）运行情况进行考核，最终确定先进村（居）23个，一般村（居）116个，后进村（居）16个。加强村（居）后备干部队伍建设，充实村级后备干部队伍，优化队伍结构。2016年，江孜县共储备村居后备干部985名，其中初中以上学历285人，致富能手162名，优秀"双联户长"90名。稳步推进"万名村（居）干部素质能力提升工程"，以村居党支部第一书记、大学生村干部、驻村工作队为主要力量，全面开展"三本书"（藏语、汉语、数学）教学工作，并形成定期督导、定期考核制度，及时查找不足，按期整改，确保教学工作落到实处。

【党建促脱贫】 年内，坚持党建与扶贫工作"两手抓、双推进"，使党建优势转化为扶贫优势、党建活力转化为攻坚动力，选拔有拼劲、懂扶贫、能吃苦的优秀干部进乡镇领导班子，换届后，38名乡镇党政正职中35名从乡镇一线培养成长起来，占92.1%；150名乡镇领导班子成员中，具有乡村一线2年以上工作经历有142人，占94.67%；从县直单位共选派135名党员干部驻村，帮助县乡按"村不漏户、户不漏人"要求做好建档立卡精准识别工作；结合调整期满村党支部第一书记，安排25名乡镇领导班子成员兼任村党支部第一书记，配强村级党组织带头人；拓展"321"党员干部结对帮扶法，广泛开展"党员干部进村入户，结对认亲交朋友"活动，各派驻单位与所驻村（居）、驻村工作队员与贫困户结成帮扶对子2794户，11352人，由对"亲戚户"的简单"慰问"，转向帮助其落实远景脱贫规划，多方面、多层次带动其脱贫，并建立领导挂点、部门包村、干部帮户制度，在区市领导和21家区、市驻村工作队派出单位对点帮扶的基础上，县级领导每人联系1个贫困村、结对3户贫困户，每个县直部门挂钩1个贫困村，科级干部每人联系2户贫困户，其他干部每人联系1户贫困户，实现党员干部挂钩帮扶全覆盖。

【机构编制实名制管理】 年内，结合人员编制信息卡片册、人力资源管理数据库，建立个人档案台账，绘制资料清单，实现对全县2229名干部职工的动态掌握和管理。

【行政审批事项、机构改革】 年内，设立机构改革委员会办公室，专项负责行政审批事项和机构改革，根据各单位职能、职责权限，制定科学、合理的"三定"方案。

【权责清单制度工作】 2016年3月，对全县29家所涉行政单位开展权责清单制度培训会；4月至5月，县审改办完成权责清单梳理"一上一下"涉及行政事项1802项；5月至10月完成"二上二下""合法性审查"的报送工作，共计梳理权责事项2035项；10月至11月进行"三上三下"的审核与报送工作，最终完成公示的行政职权为3488项。

（旺 珍）

【领导名录】

部 长 李孟云

副部长 米玛仓决（女，藏族）

编制办主任

黄崇伟

副部长 尼玛扎西（藏族）

老干部局局长

尼玛片多（女，藏族，11月免）

中共江孜县委宣传部

【概况】 1959年7月31日，中共江孜县委员会成立，委员会下设县委办公室、组宣部等工作机构；

1961年，撤销组宣部，分别成立组织部和宣传部，并成立统战部。1977年4月，成立中共江孜县委、革委会办公室，恢复成立组织部、宣传部。至2000年底，县委宣传部成为中共江孜县委员会常设机构。2011年3月15日，县委宣传部增设了江孜县文化市场综合执法大队内设机构。2012年12月27日，县委宣传部增设了江孜县互联网信息办公室内设机构。2016年，江孜县宣传思想文化工作紧密围绕中央、区党委、市委关于宣传思想文化工作的安排部署，结合县委、县政府中心工作，确定“一二三四五”工作思路，即贯彻一条主线（把学习贯彻习近平总书记系列重要讲话精神贯穿到宣传工作始终）；突出两项宣传（突出对内宣传、突出对外宣传）；做好三个结合（将宣传思想文化工作与精神文明创建、基层工作加强年、宣传思想文化队伍工作结合起来）；落实四项机制（落实组织领导、责任分工、目标考核、经费保障机制）；强化五项工作（强化理论武装、培育和践行社会主义核心价值观、互联网宣传和管理、文化惠民和维护意识形态安全），工作取得显著的成效。

【党建工作】 年内，江孜县始终把学习宣传贯彻习近平总书记系列重要讲话精神贯穿到宣传工作中，进一步夯实江孜县发展稳定的思想基础。扩大宣传覆盖面，以“两学一做”学习教育、“学讲话、找差距、转作风、抓落实”学习教育为契机，统筹抓好县委理论中心组学习、干部教育培训、基层理论宣讲等重点工作，深入开展习近平总书记系列重要讲话精神学习教育进机关、进企业、进乡村、进社区、进学校、进军营、进寺庙活动，在全县干部群众中营造学习习近平总书记系列重要讲话精神的浓厚氛围，确保全县广大干部群众在思想上行动上始终同以习近平总书记为核心的党中央保持高度的一致；确保宣传学习效果，坚持领导干部带头，紧密联系思想、工作实际，全面地学、系统地学，把握内在逻辑和基本精神，全面理解讲话的重大意义、科学内涵、实践要求，做到知其然知其所以然，做到学之愈久、知之愈深、信之愈笃、行之愈坚，引导广大党员干部努力在发展稳定实践中走在前列。

【“两项”宣传】 对内宣传造氛围：围绕县委、县政府中心工作和江孜县“1136”产业发展思路，结合学习习近平总书记系列重要讲话精神、纪念建党95周年、红军长征胜利80周年、西藏百万农奴解放57周年、西藏和平解放65周年、县乡领导班子换届工作、2016年江孜达玛文化旅游节及学习贯彻中共十八届六中全会和自治区第九次党代会精神等重点工作进行宣传报道，为相关活动开展营造氛围。2016年，江孜县委宣传部共收集、整理、编辑各类文字、图片信息2933条，其中，通过“江孜县发布”微信公众号发布信息1320条，向今日头条推送信息385条；通过江孜县政府新闻网发布信息2933条，设置学习宣传中共十八届六中全会、精准扶贫工作政策宣传报道及项目建设领域突出问题专项整治行动法律法规宣传等18个专栏，系统地宣传报道江孜县经济社会民生各领域取得的显著成效，为江孜县改革发展稳定各项工作提供强大的精神动力和支持；对外宣传树形象：2016年，县委宣传部共接待区内、外媒体记者300余人次，在《人民日报》《西藏日报》《日喀则日报》和日喀则新闻网等重要报刊、网站上刊发江孜县相关文章120余篇，协助中央电视台拍摄《路见西藏》《寻味屋脊》《驻藏大臣风云录》《风中的红景天》专题片4个，配合西藏电视台拍摄《跟我学藏语》《西藏诱惑》《美丽西藏》等专题片10个，西藏卫视《新闻联播 新旧西藏对比》专题栏目连续6天播出江孜经济社会各领域发生的变化；县电视台共制作各类新闻163条，上传市电视台90条，被采纳63条，制作《江孜县妇儿“两规”实施情况》等电视专题片5个。

【做好“三个结合”】 年内，将加强宣传思想文化工作与精神文明创建工作有机结合起来。2016年，对自治区级、市级文明村镇、文明单位、文明社区和文明户进行表彰，进一步调动全社会参与精神文明建设的积极性、主动性；组织未成人开展学雷锋志愿服务、小学生开展“童心向党”歌咏比赛、中小学生开展“诵中华经典·做有德之人”演讲比赛以及“美德少年”评选等形式多样、内容丰富的活动，使广大未成年人在潜移默化中滋养心灵、展示良好风貌；开展江孜县第一届“感动江孜人物”评选活动。通过走村入户调研宣讲以及江孜县电视台、“江孜县发布”微信公众号、江孜县政府新闻网等媒介，在全县范围内大力宣传“感动江孜人物（集体）”评选标准、评选对象、倡议书等内容，保证评选活动的广泛性和权威性，此次活动在广大群众中引起强烈反响，仅在“江孜县发布”微信公众号上设置的第一届“感动江孜人物（集体）”候选人投票环节就有7万多人参与，形成学习感动、品味感动的热潮；认真开展“创建文明江孜，你我共同参与”志愿服务活动。江孜县共组建成立江孜县青年、党员和江孜镇拉则居委会3个志愿服务队伍，共有志愿服务者704人，志愿者服务队在环境卫生整治、敬老爱老、助农收割等方面都发挥了积极的作用。江孜县卡堆乡青年志愿服务队入围第十一届中国青年志愿服务优秀组织获奖名单；江孜县志愿服务队主要事迹被中央文明网专题报道；将加强宣传思想文化工作与“基层工作加强年”有机结合起来，2016年，江孜县建成1个县城综合文化活动中心、19个乡（镇）综合文化站、155个农家书屋、32个寺庙书屋以及139个基层文化信息资源共享点；在维护原有“村村通”设备的基础上，新增“户户通”用户310户，使“户户通”电视用户达到12700余户，覆盖率达到100%；截至年底，无线数字电视用户近3000户，县城及周边乡镇无线数字电视覆盖率达到96%。

【思想文化工作】 配齐宣传思想文化工作人员：2016年，江孜县19个乡（镇）均配备了宣传委员，19个乡镇文化站配有89名工作人员、农家书屋及寺庙书屋配有兼职的书屋管理员，同时负责基层文化信息资源共享点的日常管理，宣传思想文化工作队伍不断壮大；不断加强宣传思想文化队伍人才培养，积极与上级部门协调沟通，争取各种培训学习机会，推荐人员以岗位培训、挂职锻炼、参观考察等形式提升干部的整体素质；宣传思想文化队伍学习不断强化。认真开展“两学一做”学习教育、新闻舆论战线“学讲话、找差距、转作风、抓落实”活动和“讲学习、讲忠诚、正风纪、转作风、提效能”主题活动，共开展专题学习会议15次，参学率达95%以上，受教育人数达100多人次；宣传思想文化队伍建设工作取得优异成绩，江孜县委宣传部荣获2016年度江孜县先进基层党支部、2016年度日喀则市级民族团结进步先进集体的荣誉称号；县民间艺术团演职人员在日喀则市第十四届珠峰文化节文艺调演活动中荣获“三等奖”“江孜县基层群众自办文艺团队”示范项目2016年5月18日通过文化部评审专家组的验收评审。

【落实“四项工作”机制】 落实组织领导机制，制定《中共江孜县委员会关于落实党委（党组）意识形态工作责任制的实施细则》，严格落实党委（党组）意识形态工作主体责任，落实党委（党组）书记第一责任、分管领导直接责任和班子成员“一岗双责”，形成党委统一领导，宣传部门协调指导，各部门分工协作，全社会共同参与的工作格局，确保将宣传思想文化工作放在心上、抓在手中；落实责任分工机制，按照属地管理、分级负责和谁主管谁负责的原则，江孜县各级党委（党组）领导班子对本乡镇、本单位宣传思想文化工作负主体责任。各乡镇、各部门领导班子切实将宣传思想文化工作列入单位的重要工作议程来抓好抓实，制定宣传思想文化工作计划，确定全年的工作任务并将工作任务具体分解落实到相关科室、人员；建立宣传信息审核、报送机制，为抓好宣传思想文化工作提供体制机制保障；落实目标考核机制，结合江孜县实际，制定切实可行的宣传思想文化工作考核办法，并将宣传思想文化工作考核与各乡（镇）、部门年度考核评优、干部升迁工作结合起来，调动各乡（镇）、各部门抓好宣传思想文化工作的积极性与主动性；落实经费保障机制，积极争取县委、县政府对宣传思想文化工作的大力关心与支持，适度增加宣传思想文化工作经费预算，确保基本工作需要，2016年先后追加100多万元的宣传工作专项经费。

【做好“五项工作”】 强化理论武装工作：县委理论中心组学习扎实有效，2016年，共召开县委理论中心组学习（扩大）会议15次，编写学习专报15期，围绕“两学一做”学习教育以及“讲学习、讲忠诚、正风纪、转作风、提效能”主题活动，县委理论中心组成员共撰写心得体会16篇，调研报告16篇，交流发言40余人次，撰写发言材料76篇。县委理论中心组学习呈现出科学安排学习计划、认真调查研究、提早做好学习预告、推行中心发言制及成果有效转化五大特点，特别是每次学习内容都由县委书记亲自审定、亲自做中心发言和理论指导，起到很好的表率作用，推动理论学习向纵深发展；理论学习内容丰富。县委宣传部向19个乡（镇）和155个村（居）免费发放《十件实事 实事实办》《抗震救灾英雄谱》等书籍1100余本，丰富全县党员干部理论学习内容，提升党员干部抓好理论学习的积极性、主动性；全县党员干部理论学习深入透彻，党员干部理论学习突出5个特点，即“听理论辅导和理论讲座、学总书记系列重要讲话精神和党的理论路线方针政策、写心得体会、记读书笔记、谈学习感受”，2016年，江孜县邀请日喀则市委讲师团和日喀则市委党校老师先后就纪念西藏百万农奴解放57周年、习近平总书记“七一”重要讲话精神、中共十八届六中全会和自治区第九次党代会精神工作进行四次宣讲，受益党员干部达900余人次。

【开展爱国主义教育主题活动】 年内，县委宣传部为各乡镇、各单位发放《社会主义核心价值观》藏、汉读本1100本，为各乡镇、各部门发放领袖画像12320张，县委常委、宣传部部长普琼在江孜县第一期中青年干部培训班上就培育和践行社会主义核心价值观进行授课。县电视台每晚在《江孜新闻》前后，用藏汉双语宣传社会主义核心价值观“24”字内容，在公共场所、公路沿线制作7个大型户外广告牌，江孜抗英纪念馆等爱国主义教育基地共组织接待学生、党员群众8006人次开展以爱国主义教育为主题的社会主义核心价值观活动。

【互联网宣传和管理】 健全网络新闻宣传机制：加大对江孜县政府新闻网、“江孜县发布”微信、微博及今日头条号的建设力度。2016年，“江孜县发布”微信公众号有粉丝4173人，粉丝数量位居日喀则市18县（区）前三位置；“江孜县发布”微信公众号全年阅读量43万次，连续5个月进入西藏自治区政务微信排行榜20强；加大舆情监控力度，2016年，针对“江孜县流浪狗收容中心无人看管、导致流浪狗无人喂养”和“江孜印迹”实景剧保安殴打游客等负面网络舆情及时进行说明和回应，消除部分干部群众的猜测、疑虑心理，相关工作获得市相关部门的表扬；建立舆情上报制度，先后向自治区党委宣传部舆情信息处、日喀则市网信办等相关部门报送舆情信息603条，被自治区党委宣传部舆情信息处采纳38条，确保江孜县舆情领域的安全。

【文化惠民】 2016年，日喀则市“五下乡”活动在江孜县紫金乡奴堆村和江孜镇东郊村开展，受益人数1000余人；由西藏人民广播电台、江孜县委、县政府主办，江孜县委宣传部、西藏人民广播电台藏语广播中心承办的大型活动“走进江孜—‘歌声传情’听友见面会”在江孜成功举办；2016年开展的“五下乡”活动中，向农牧民群众发放藏汉双语版小册子、光盘共16500余册（张），受教育群众达6500余人次，积极协调、邀请中国曲艺家协会、西藏曲艺家协会、拉萨市歌舞团曲艺队土登、米玛、洛桑扎西等知名演员来江孜县开展文艺演出活动；邀请中国作家协会会员索穷、西藏大学教授拉巴泽仁、西藏大学经济文化研究中心助理研究员徐宁等文化界、旅游界、摄影界的11名专家学者召开江孜首届红河谷文化旅游发展论坛；县文广局联合县民间艺术团等单位，创作民间舞蹈《谐庆》、2016年达玛节主题歌曲《欢乐达玛节》等作品，全面反映江孜县民族团结进步工作所取得的成绩，先后组织文艺下乡活动50余场，参与各类专题文艺晚会6场，观众人数达3万余人；江孜县各群众自办文艺团队在各乡镇、村和企业、中小学举办形式新颖多样、内容丰富多彩、群众喜闻乐见的校园文化、军营文化、企业文化、社区文化和乡村文化活动，全年开展群众文化活动600余场，观众约10万余人次；县电影管理站及下属的8支放映队配合“两学一做”学习教育、“建党95周年”等主题活动，深入各乡镇、寺庙和军营社区放映爱国主义影片和科教片1873场次，观众人数达12.8493万人次。

【规范办事流程度及报送制度】 年内，县文化综合执法大队与县城内各文化经营单位签订《安全目标责任书》，完善江孜县文化市场行政处罚流程图，对文化市场进行数据更新，并按时做好新闻出版物、网吧、打字复印店、音像制品等经营单位的文化数据采集工作，每周按时报送执法周报，每月按时报送执法月报数据；大力开展联合检查，成员单位对全县30多家文化经营单位进行检查，共出动执法人员100余人次，执法车辆6辆，删除8首违禁歌曲，删除5条有害信息，下架劣质盗版光盘60张、责令整改4家文化经营单位，排查安全隐患场所3家；加大宣传力度，积极参加综治宣传月、安全生产宣传日活动，制作《未成年人保护法》《互联网管理条例》《青少年上网应该注意的事项》等宣传单共800张，发放给广大群众和中小学生，受益人数达900余人。

（唐建新）

【领导名录】

部　长　普　琼（藏族）

副部长　普卓嘎（女，藏族）

网信办主任

唐建新

中共江孜县委统战部

【概况】 1959年，江孜县委成立后，设立统战干事，负责统战工作。1961年，江孜县委统战部成立，11月，江孜县参事室成立。2016年，江孜县委统战部有统战部办公室、宗教工作领导小组办公室和工商联3个机构；统战部干部核定编制17名，现实有10名，其中副县级1名、正科级3名、副科级2名。按照区、市、县党委、县政府的统一安排部署，2011年11月，为加强创新寺庙管理工作，统战部内设宗教工作领导小组办公室，并成立12个寺庙管理委员会和4个寺庙专职特派机构。

【健全机制抓推动】 2016年，成立江孜县统一战线工作领导小组，以县委书记为组长，有关部门主要领导为成员的领导小组，形成党委领导、统战牵头，有关部门各负其责的大统战格局。及时完善和调整宗教工作领导小组，领导小组下设办公室，负责宗教工作领导小组日常工作，确保全县宗教工作有力推进。

【联系制度】 加强和创新寺庙管理工作是有力加强党对宗教工作的领导和维护宗教领域和谐稳定的重要体现。按照县级领导干部联系寺庙工作要求，制定县委、人大、政府、政协领导班子成员和其他县级领导干部每人联系1座寺庙的工作制度。联系人定期不定期深入寺庙，掌握第一手资料，并解决广大僧尼切实看得见、摸得着的实际困难，得到广大寺庙僧尼和信教群众的高度赞扬和一致好评。

【保障经费促推动】 江孜县处于反分裂斗争的前沿阵地，维护社会稳定的任务相当繁重，统一战线工作在维护稳定工作中具有十分重要的意义。县政府按照上级要求，在全额保障统战民宗宗教和驻寺机构经费的基础上，开设“绿色通道”，确保统一战线工作有序开展。

【落实创建活动】 江孜县2016年召开2次创建评选活动，共评选出县级和谐模范寺庙20座、爱国守法先进僧尼553名、先进寺管机构20个、优秀驻寺干部20名；市级和谐模范寺庙7座、爱国守法先进僧尼308名、先进寺管机构7个、优秀驻寺干部

8名、2名优秀宗教工作者；自治区级和谐模范寺庙2座、爱国守法先进僧尼21名、先进寺管机构2个、优秀驻寺干部11名、优秀宗教工作者1名。

【落实“六建”政策】 按照创新寺庙管理“六建”工作要求，坚持党的领导和依法管理原则，在全县寺管机构中成立12个寺庙管理机构党组织，建立起党和政府领导下的坚强有力、依法高效的寺庙管理体系，对全县32座寺庙实行规范化、科学化管理。

【落实“六个一”政策】 按照寺庙“六个一”活动要求，江孜县把在编僧尼“六个一”活动经费纳入财政预算，通过“六个一”活动和“结对认亲、交朋友”工作为载体，县涉宗部门干部和驻寺干部与僧尼建交认亲，在办公经费紧张的情况下，拿出自身力所能及的资金，深入僧舍、僧尼家庭看望病号，此举得到广大僧尼及家人的高度赞扬。

【落实“双语”学习制度】 按照当地信教群众的需求，以满足信教群众的需求为出发点，结合僧尼自我完善的需求，结合寺庙实际，佛事活动和僧尼学习两不误、两促进，以集中学习和自学相结合，以寺庙书屋为平台，每月一日定为“僧尼学习日”，同时，进一步加大僧尼“双语学习”机制，使寺庙僧尼形成主动学习的良好氛围，善完自我，提高造诣，树立僧尼良好形象。

【非公组织建设】 县工商联成立至今，江孜县非公企业会员发展到94名，非公党支部发展到16个，党员人数达到110名，参与社会公益活动逐步增多。同时，按照“百企帮百村”精准扶贫要求，江孜县及时召开非公经济组织会议，非公经济组织根据会议要求形成自己的帮扶对象，共72家非公经济企业与220户贫困户结对帮扶，向全县精准扶贫资金已达到1262.8万元。为打赢全县“百企帮百村”精准扶贫攻坚战做出非公经济组织贡献。

【参观培训】 年内，在县委、县政府的高度重视和上级业务部门的具体指导下，年内，县委统战部先后共选派4名僧尼和4名涉宗干部到内地参观培训，6名驻寺干部和3名统战干部参加自治区级干部培训，7名尼姑和2名僧尼参加社会主义学院培训，4名驻寺干部参加市级培训，48名寺管机构僧尼成员到全县32座寺庙和桑珠孜区部分寺庙进行参观学习。通过培训学习，让广大干部和寺庙僧尼不仅进一步提高自身修养，也有效提高了创新寺庙管理“三大职能”工作水平。

【干部队伍建设】 年内，调动干部积极性、切实加强队伍建设，已然成为新形势下涉宗部门必须重视和解决的问题。在寺庙管理机构中，2016年提拔干部4名，有效地调动了驻寺干部的工作积极性，激发干部队伍的活力。同时，2016年有9名驻寺干部顺利通过非公务员身份驻寺人员考录公务员考试。

【乡（镇）党委统战委员队伍建设】 年内，为进一步落实“属地管理”原则，加强乡（镇）党委对统战民族宗教工作力度，在乡（镇）党委班子成员调整中，统战部积极协调组织部门注重统战委员配备力度，制定统战委员为乡（镇）寺庙联系人工作机制和统战民族宗教部门沟通协调机制。江孜县19个乡（镇）已配齐统战委员。

【改善驻寺干部居住】 根据边远寺庙管理机构海拔高、气候差的实际，涉宗部门想方设法对炯堆寺管理委员等4个寺庙管理机构解决暖房，大力改善干部居住环境，提高工作积极性。

【寺管机构僧尼成员培训】 县涉宗部门注重寺庙管理机构僧尼成员在创新寺庙管理工作中的优势，每年通过全县寺庙现场交流及赶赴兄弟县（区）取经观摩等多种形式对僧尼成员进行培训，进一步加大僧尼成员培训力度，提高僧尼成员综合能力，使寺管会僧尼成员在创新寺庙管理工作中发挥积极作用。

【寺庙环境整治工程】 寺庙作为藏传佛教文化重要场所，涉宗部门结合全县寺庙环境乱赃的实际，积极争取县委、县政府主要领导的大力支持，县政府每年投入200万元资金逐一实施全县寺庙“寺庙环境整治”工程，亮出具有有江孜特色的“寺庙环境整治”牌子。

（普　赤）

【领导名录】

部　长　次仁欧珠（藏族）

副部长（正科级）

　　张卫红（女，藏族）

工商联主席

　　班　久（藏族）

宗教办主任

　　强巴顿珠（藏族）

副部长、工商联副主席

　　格桑多吉（藏族）

宗教办副主任

　　旦增卓嘎（女，藏族）

中共江孜县委政法委员会

【概况】 1991年3月，江孜县成立政法委员会（虚设机构），未专门设立办公室。1995年10月，正式成立江孜县政法委员会，下设政法委办公室与社会治安综合治理委员会办公室，两块牌子一套班子，并相继下设维稳办、2015年6月设立法学会，2016年6月从原江孜县国家安全局处接手国家安全人民防线工作领导小组办公室（人防办），现有行政编制14名，科级领导职数5名。截至年底，获得的最高荣誉为中央社会治安综合治理委员会颁发的“长安杯”（1992年、1997—2000年、2001—2004年度连续三届被评为“全国社会治安综合治理先进集体”），此奖为全国社会治安综合治理工作的最高奖项，只有连续三届（4年为一届）被评为“全国社会治安综合治理先进集体”才有参评资格。2016年，江孜县委政法委下设办公室、综治办、维稳办、610办、人防办、法学会六块牌子一套班子。核定行政编制14人，实有在编人员8名，借调人员6人，公益性岗位1人；核定领导职数5名，实有领导班子3名，其中书记1名（不占编制、占领导职数），副书记、综治办主任1名，副书记、主任科员1名。

【社会治理】 江孜县社会治安综合治理工作坚持专项治理和系统治理、综合治理、依法治理、源头治理结合起来，创新管理模式，提高服务能力，大力推进社会治安防控体系建设。2016年，综治办结合江孜实际、创新工作思路，围绕在推进创新社会治安综合治理工作中，解决“创新什么”“怎样创新”和“谁来创新”三个问题，建立“在工作机制上建立健全四项工程，确保综治工作科学化；在管理体系上建立健全五大格局，实现社会治理规范化；在人员力量上建立健全六支队伍，确保社会综治常态化；在工作上建立健全7个创新，实现全县八个工作目标 ”的工作模式。简称江孜县“45678”社会治安综合治理工作（平安建设）管理模式。“45678”管理模式得到了市县两级领导的充分肯定和高度评价。

【“先进双联户”创评活动】 年内，江孜县始终把“先进双联户”创建活动作为推进全县跨越式发展和长治久安的政治任务，摆在全局工作的重要位置，在强化组织领导，深化创建载体，延伸工作触角等方面下功夫、谋方法、出实招、做文章。2016年，全县1583个联户单元严格按照“先进双联户”333创评工作机制，成功推选310个村级“先进双联户”，61个乡级“先进双联户”，21个县级“先进双联户”，6个市级“先进双联户”，3个自治区级“先进双联户”。15名公务员考生和3名高考考生享受到“先进双联户”加分政策。同时，根据“先进双联户”创建评选活动相关要求，逐步完善双联户长培训力度与宣传工作，2016年7月组织乡级以上65名“先进双联户”户长和19个乡（镇）综治专干进行为期5天的专题培训，全面提升双联户长和基层综治专干的履职能力。

【法制宣传】 江孜县综治成员单位按照江孜县2016年度综治宣传工作安排，在综治宣传周、月、平安宣传日、“3·28”西藏百万农奴解放纪念日、安全生产月、反邪教法制宣传周等期间，结合强基惠民、法律七进等各类宣传活动，将法制宣传向农牧区延伸。2016年，共开展各类法制宣传32场次，设立法治宣传点181个，悬挂横幅标语86条，提供法律咨询53000余人次，发放各类宣传资料63000余份，开展法制讲座15场次，受教育人数达90000余人次。

【平安创建全面推进】 江孜县政法委始终坚持一手抓突出问题的排查整治，一手抓机制体制建设，不断完善各领域的服务管理机制，规范平安创建标准，健全动态管理长效机制、平安建设“摘授牌”制度，不断扩大平安创建范围，不断健全立体化社会治安防控体系。2016年，江孜县基层平安创建率达到100%，同时，成功通过自治区平安创建考核验收，授予江孜县自治区级“平安县”，县第一中学授予自治区级“平安学校”，达孜乡、重孜乡、紫金乡、藏改乡、卡麦乡授予市级“平安乡镇”。

【党的领导全面落实】 江孜县委政法委不断加强政法机关队伍和领导班子建设，全力推进平安江孜、法治江孜和过硬队伍建设，确保全县社会大局持续稳定、长期稳定、全面稳定。政法委办公室起草形成《江孜县2016年政法工作要点》《江孜县县、乡两级人大换届选举工作安全保卫方案》《江孜县政法系统开展“领导干部大讲堂”活动方案》等各类文件12份，总体上明确各项政法工作方向。

【防范邪教意识】 江孜县防范处理邪教工作领导小组办公室（610办）严格按照上级要求，扎实做好各项防范和处理邪教工作。2016年3月，610办工作人员为乡（镇）、村（居）174名妇女主任能力建设培训班上进行了反邪教专题讲座。

【国家安全人民防线不断夯实】 县人防办成立县级国家安全人民防线工作领导小组，设置专门办公室，上墙相关制度，配齐配强工作人员，配备配全办公设备；并向各乡镇下发《江孜县人防办关于进一步加强乡（镇）国家安全人民防线建设的通知》，要求进一步完善充实各乡（镇）国家安全人民防线工作领导小组，形成“纵向到底、横向到边、上下贯通、覆盖全县”的国家安全人民防线组织网络。同时，制作人民防线工作机制下发给各乡（镇）人防办并上墙。

【组建法学会】 县法学会围绕中心，立足江孜，联系实际，主动作为，从最基本工作着手，充分发挥了基层法学会服务于基层、服务于群众的作用。2016年，法学会在全县干部范围内推选3名工作业绩好，专业能力强，有责任心、具有长期从事法律相关工作经验的干部为日喀则市法学会第一届代表大会常务理事、理事以及会员。

【党建工作】 江孜县政法委党支部以党建规范建设年为契机，努力打造“六有”支部；以“两学一做”教育活动为主要内容，落实机关党建“五个一”；以“讲学习、讲忠诚、正风气、转作风、提效能”主题活动为压轴，进一步巩固拓展党的群众路线教育实践活动和“三严三实”专题教育成果；以健全制度汇编为根据，进一步规范党支部、党员行为；以创新四大载体为思路，进一步提升业务水平。2016年，政法委办公室形成《江孜县政法委开展“两学一做”实施方案》等11份纲领性文件，明确党建党风廉政建设工作思路、组织领导，严格按照《政法委党支部党建、党风廉政、“两学一做”学习教育活动和讲党课学习安排表》开展支部会议22次，观看专题片3次，开展自学活动7次，参观爱国主义教育基地1次，形成学习笔记200余篇，心得体会30余篇，开展结对认亲活动2次，送去价值1万余元的生活用品；组织党员志愿者服务队开展志愿活动4次。

【开展政法系统“领导干部大讲堂”】 江孜县政法委为搭建全县政法系统领导干部学习交流平台，以讲促学，进一步提升全县政法系统领导干部履职能力，推动全县政法维稳工作再上新台阶，2016年6月，政法委研究起草制定《江孜县政法系统开展“领导干部大讲堂”活动方案》，6月30日，县委常委、政法委书记、公安局局长扎西平措以《提高干警综合素质，加强政法队伍建设》为题进行了第一期“领导干部大讲堂”，70余名副科级以上政法干警参加活动；10月20日，县法院党组书记、院长洛桑旦增结合江孜县实际作《浅谈司法体制改革》为题的专题讲课，60余名全县政法系统副科级以上领导干部参加“大讲堂”。通过政法各部门“一把手”亲自授课，实现政法系统领导干部了解形势、把握政策，拓宽视野，提升能力的初衷，为全面推动江孜县政法各项工作奠定了坚实的基础。

【开展政法系统文体活动】 江孜县政法委为深情回顾党的奋斗历程，丰富干警文化生活，进一步加强全县政法干警的合心力、凝聚力和战斗力。2016年7月，经政法各部门主要领导研究同意，以庆祝中国共产党建党95周年为契机，在全县政法系统范围内开展为期一个月的“庆建党九五华诞、展古城卫士风采”主题系列文体活动，政法委起草制定《江孜县政法系统“庆建党九五华诞 展古城卫士风采”系列文体活动总体实施方案》，方案明确了组织领导、细化任务分工、规范活动行为、确定奖项设置，6月30日，组织召开主题活动动员部署会议。同时，政法各部门按照总体方案要求，细化各自负责项目的实施方案。活动包括：足球、篮球、拔河（男女子组）、乒乓球（男女子组）、知识竞赛、演讲比赛等文体比赛以及大型文艺演出。全县280余名干警参加各项活动，参加率达到全县所有干警的85%以上。政法委专门从2015年度综治考评奖金中解决了52000余元经费，用于发放奖金、设置舞台、宣传活动、购买服装等支出。通过活动，实现以文体活动缓解干警压力、以文化建设带动队伍建设、以饱满精神树立政法队伍形象的目标任务，取得体育比赛和精神文明的双丰收。活动得到县委、县政府和市委政法委的充分肯定和大力支持，主要领导亲临文艺演出现场，并为获奖集体和个人进行颁奖。

【制作江孜县综治月刊】 2016年4月，综治办创新工作思路、拓展宣传渠道，出版江孜县综治月刊，月刊共有四个版面，第一二版面主要刊登该月综治办开展工作情况，第三版主要介绍各综治成员单位、各乡镇开展综治工作情况，第四版专门刊登政法委党支部该月开展基层党建、“两学一做”“主题活动”等活动情况。2016年，共出版6期综治月刊，得到各级领导干部的好评。

（索　欧）

【领导名录】

县委常委、政法委书记、公安局局长

扎西平措（藏族）

副书记、综治办主任

尼　玛（藏族）

副书记、主任科员

旺　旦（藏族）

综治办副主任

李发荣（7月免）

中共江孜县机关工作委员会

【概况】 2016年，江孜县机关工作委员会现有书记1人，由江孜县委常务副书记兼任，副书记2人，机关党工委委员11人。委员会办公室设在县委办，机关党工委副书记赵英俊兼任办公室主任，具体负责日常工作。

【强化理论修养】 年内，党工委深入学习中共十八大和十八届三中、四中、五中、六中全会及习近平总书记一系列重要讲话精神，用以武装头脑、指导实践、推动工作，进一步增强宗旨意识和党性观念。认真贯彻落实区党委、市委和县委一系列决策部署。深入开展反对民族分裂、维护祖国统一的思想政治教育，进一步筑牢维护稳定、促进发展的思想根基。

【注重学习效果】 年内，结合“两学一做”学习教育和“讲学习、讲忠诚、正风纪、转作风、提效能”主题活动，组织开展读书学习活动，依托县委党校、各单位党员活动室，在县直机关广泛开展支部书记讲党课、党员比学习、学用结合促发展活动。

【创新学习管理】 年内，加强统筹协调，充分发挥机关党支部在党员干部学习中的组织、引导和推动作用，督促党员领导干部先学一步、多学一些、学深一层，以实际行动引领学习活动的不断深入。督促各级党组织建立健全信息反馈、定期研讨、交流推广等工作机制，督促广大机关党员干部真正扑下身心，深入基层解难题、办实事，探索建立机关党员干部集体学习、教育培训等学习制度。

【机关党建规范化】 年内，以机关党建“五个一”为抓手，着力解决在机关党建中存在的突出问题，及时成立领导小组，积极深入推动党建规范建设年活动开展。为推进规范建设年活动深入落实，切实提高班子抓党建促发展能力，交流工作经验，创新工作思路，县委将党建工作季度推进会、督导会制度形成了长效机制。通过精心部署，加强督导，有效推动了规范化建设进程。

【机关党组织设置】 年内，依据党组织成员变动、党员数量增加、结构变化等情况，及时指导调整。2016年，老干党总支新增1个党支部。进一步选齐配强班子，优化设置，增强党组织的凝聚力和战斗力。同时，按照“十六字”方针，对发展对象确定，预备党员的接收，预备党员的转正等三个阶段进行沟通备案制。严格把关，保证了党员队伍的纯洁性和先进性。年内，批准转正党员40名，发展预备党员38名。

【机关党组织覆盖面】 由于安置在成都市的党员老干部职工面临着组织学习难、活动难、党费上缴难的“三难问题”，及时指导其分别成立党支部，逐步扩大了党组织在各级党组织中的覆盖面。

【抓调研促管理】 年内，机关党工委多次到县直单位，采取多种形式，从机关党组织建设、发展党员、党费使用与管理、党员活动室建设、“三会一课”制度落实等方面展开调研，针对调研中发现的问题和存在的不足，及时采取督促整改、面对面指导等措施，有效促进了机关党建工作。做好党费管理工作。按照有关规定，对党费缴纳标准及使用情况进行抽查，严把党费收缴、管理、使用关，确保党费专人管理、专账核算、专款专用。2016年，党费使用重点继续向党员教育培训和困难党员帮扶倾斜。做好党内统计工作。规范县直各单位党员信息库，实现了机关党组织建设、党员发展、党员学习、组织生活、党员和党费管理，促进了党建工作的标准化、规划化、科学化管理。做好信息上报工作。机关党工委紧紧围绕县委中心工作，结合自身职能，积极编写和上报各类简报，及时反映了江孜县机关党工委的主要工作。

【精心组织，加强领导】 年内，机关党工委始终把“两学一做”学习教育作为党建工作的头等大事，通过“学”打牢基础，突出“做”这个关键。及时成立领导小组，制订学习教育实施方案，以“手抄党章100天”“有奖知识竞赛100题”“领导干部带头讲党课”“党员志愿服务”等活动为抓手，督促各党支部认真完成学习、讨论、组织生活会、党员评议等规定工作，确保“两学一做”学习教育不走过场，落到实处。

【结合实际，分类指导】 从学习内容上区别提出具体要求，党员领导干部，突出增强“四种意识”，发挥表率示范作用；普通党员，突出坚定理想信念，立足岗位做贡献；从解决问题上区别提出着力的重点。机关党组织重点解决遵规守纪不严、“不能为、不想为、不作为”等问题；从学习方式上区别提出不同的方法载体、学习形式，确保学习出效果。

【党建工作】要求基层党组织认真贯彻学习中共十八届三中、四中、五中、六中全会精神，切实加强机关党员党性、党风、党纪教育，不断增强党员防腐倡廉能力，杜绝党员违法违纪行为，积极创建廉洁服务型党组织。

【党风廉政建设】进一步贯彻落实《中国共产党党内监督条例》加强了机关党员干部的廉洁自律工作；坚持不懈地深入贯彻中央“八项规定”和自治区“约法十章”“九项要求”以及市县有关要求，认真开展系列整改活动和党风廉政建设宣传教育活动，在全县形成了风清气正的为政环境。

（宋兵良）

【领导名录】

县委常务副书记、机关工委书记

赤列坚赞（藏族，6月免）

王 高 安（上海援藏，11月任）

中共江孜县委党校

【概况】1975年7月15日，中共江孜县委党训班成立。1983年3月，中共江孜县委党训班更名为中共江孜县委党校。2005年，党校从长宁路整体搬迁至上海西路。中共江孜县委党校实行校委会领导体制，校委会成员3人，县委常务副书记王高安担任党校校长，县委常委、组织部部长李孟云兼任常务副校长。正科级副校长赵宗昌。

县委党校位于江孜县上海西路，占地面积5400平方米，建筑面积2309.4平方米，具备可同时容纳420名学员的能力。其中，综合办公楼一栋355.5平方米，学员住宿楼242平方米，学员食堂276平方米，阶梯教室312平方米等，拥有容纳220多人的多功能综合阶梯教室一座，有标准教室6间，资料室1间、小型会议室1间、休息室6间，后勤办公室3间、图书室1间，藏书4500余册。绿化面积3037平方米、硬化面积2018平方米，校园紧邻上海公园，交通便利，绿化率高。

【管理成效明确】全面贯彻落实两个“条例”、全区党校工作会议精神，结合自身发展实际，制定多项规章制度，注重用制度管人管事，有效提高了教职工积极性；建立和完善档案管理制度，规范文件的收发、传阅、归档；建立国有资产购买、使用、登记管理制度，确保国有资产不流失；建立规范的考勤和考试制度，实行课前、课后“双考勤”，进一步推进江孜县干部教育培训工作规范化、科学化，提高干部教育培训的针对性和时效性，有效避免干部多重培训和多年不训现象，确保制度的贯彻执行，用不断完善的制度来保障县委党校的科学发展。

【党风廉政建设】巩固党的群众路线教育实践活动成果，开展“三严三实”和“忠诚干净担当”专题教育活动，党员干部、教职工服务群众的自觉性得以增强，取得了显著成效。认真贯彻落实党员领导干部述廉、谈话诫勉等有关廉政制度。积极推进党风廉政建设责任制落实，严格遵守中央“八项规定”，自治区“约法十章”“九项要求”等廉洁从政的各项规定。

【科学调配师资】现有在编人员4人，具有中级职称1人。在师资力量薄弱的情况下，县委党校将全县科级以上35名干部纳入师资库，完善了师资信息库信息，聘请政治素质硬、理论水平高、善于课堂讲授的党政军领导干部、部门负责人、先进典型人物、致富能手等为党校讲师和兼职教师12人，有效解决了师资力量短缺的问题，坚持把领导干部上讲堂纳入经常性工作，做出制度和计划安排。

【引进师资】年内，积极扩展教师来源渠道，坚持严格的政治标准和业务标准，将在职国民教育具有中级职称的教师一人转岗为党校教师。

【培训成果显著】 年内，县委党校树立大教育、大培训的观念，不断改善办学条件，注重培训内容的针对性、时效性和实用性，坚持把党的理论教育和党性教育作为主课和重要任务来抓，每年按计划开设科级干部、村“两委”班子、中青年后备干部、公务员等各级培训班，以“五种基本素质”“五种基本能力”和“五种过硬作风”为抓手，坚持把马克思主义中国化最新成果和党的治藏方略作为理论教育的中学内容，把深入学习习近平总书记系列重要讲话精神和“治国必治边、治边先稳藏”的重要战略思想作为重中之重，注重培训内容的针对性、时效性和实用性，从理论基础、形势教育、业务技能、科技知识、视野开阔和观念转变入手，突出党务干部、新党员的党史和党内知识培训，较好地发挥了党校教育培训党员干部主阵地、主渠道的作用，推进系列讲话精神进教材、进课堂、进学员头脑工作，引导学员不断坚定中国特色社会主义道路自信、理论自信、制度自信、文化自信，不断提高分析和解决实际问题的能力，更好地用系列重要讲话精神武装头脑、指导实践、推动工作。同时按照“请进来、走出去”的方针，不断规范教学，创新培训模式，深化教学改革。

近年来县委党校结合江孜实际和广大党员干部群众需求，采用讲授式、研讨式和现场教学的方式，共成功办班24期，参训人数（包括技术人员、僧尼、农牧民及党外人士等）达30094人次。同时专门针对技术人员、僧尼、农牧民、企业负责人、演职人员等开展的培训共有33场次，参训人数12512人次。

【师资建设】 年内，坚持以人为本，为教职工制定个人发展规划，让全体教职工树立正确的人生观、价值观，努力根据党校的整体工作目标不断调整自我，更新知识，实现自我超越。积极开发个人潜能，凝聚集体智慧，树立“敬业、专业、合作”意识，使团队学习理念深入人心，做好组织愿景与个人愿景的沟通和汇聚，努力让个人发展愿景和县委党校发展愿景一致，使县委党校的每位教职员工同组织一起成长进步。

【推进项目建设】 年内，根据《中共西藏自治区委员会关于转发〈中共中央关于进一步加强和改进新形势下党校工作的意见〉的实施方案》和陈全国书记提出的“重点支持办好自治区党校和七地市党校，补齐县级党校短板”的重要指示要求，已经按照《市委党校关于做好全区党校系统“十三五”时期县（区）党校项目规划编制工作的函》文件要求，结合江孜县县城总体规划和土地使用性质，会同县委组织部、发改委、国土局、住建局、财政局、人社局等部门完成江孜县“十三五”时期江孜县委党校项目规划编制。项目规划按照在校学员200人的培训目标进行，改扩建总面积6600平方米，总投资1700万元（国家投资1500万元，上海援藏投资200万元）。新建5400平方米的综合教学楼一栋，将现有学员宿舍楼、学员食堂、和办公楼等1200平方米改建为学员宿舍，对校园围墙、道路硬化、电力、照明、绿化、给排水、系统等进行重新改建。

【完善工作机制】 驻村点做好维稳工作。党校驻村工作队维稳坚决贯彻落实区党委、市委、县委关于维护稳定的一系列重大决策部署，始终保持高度警惕，克服一切困难，建立健全维稳工作制度，积极开展维稳宣传教育、细化维稳工作任务、强化维稳工作措施、做好矛盾纠纷排查化解等工作，同时成立巡逻小组24小时轮流值班。

（赵宗昌）

【领导名录】

县委常务副书记、校长

王 高 安（上海援藏）

县委常委、组织部部长、常务副校长

李 孟 云

副校长 赵 宗 昌

中共江孜县委老干部局

【概况】江孜县首次批复退休干部是在1982年，首批退休人数是21人。1985年，经江孜县委同意，成立江孜县委老干部工人管理局（局级机构），属于组织部下属单位。2004年，成立江孜县老干党总支；截至2007年，陆续成立了11个常驻江孜县退休党支部；2010年，成立江孜县驻日喀则市退休党支部；2016年5月，成立江孜县驻成都市离退休党支部。2009年，新建县老干部局，由上海市第六批援藏干部投资100万进行筹建。2010年，经江孜县委常委会研究决定，老干局为正科级建制。2011年，经江孜县委常委会研究决定，中共江孜县老干部工人管理局改为中共江孜县委老干部局。2013年，上海第七批援藏小组筹资60万，在县老干部局大院内的建成老干部活动中心。至2016年，局内设一个综合办公室，行政编制4人，工人1名，公益性岗位2名。

2016年，县委老干部局紧紧围绕“思想高度凝聚、确保待遇保障、精神更加富有、作用发挥出色”的工作目标，紧密结合工作实际，认真谋划部署，始终发扬老西藏精神，与时俱进、乐于奉献，他们注重下一代的学习教育，组建“五老讲师团”在学校、社区开展新旧西藏对比宣讲；热忱社会公益事业，广泛向县城内弱势群体开展走访慰问活动，组织老干部在县委、县政府重大会议决策中积极参与并建言献策，同时成立江孜县老年艺术队，积极参与各类公共文艺类活动，为江孜的经济社会事业发展增添了正能量。全县已有退休干部246名、职工221名（其中包括：固定工人99名、企业退休82名、机关、事业单位合同制工人41名），此外江孜县驻拉萨离退休干部70名、职工64名。

【老干部“两项建设”工作】2016年，江孜县委老干部局在退休干部“思想政治建设”方面，主要通过组织退休党支部坚持执行每月2次的学习制度，采取传达文件、听报告、召开座谈会等形式，特别是以开展“两学一做”专题教育为契机，严格按照学习计划表，积极开展政治理论学习30余次，学习有关政策法规7次，学习各类文件精神、系列讲话精神16次，督促老干部认真做好党支部学习笔记；在“退休党支部建设”方面，主要通过选好“领头雁”，夯实支部班子。按照民主、公开、择优的办法，把党性观念强，群众威信高，组织能力强，民主作风好，身体健康的老干部、老党员推荐到支部书记、副书记、委员岗位上来。对支部班子成员服务意识差、服务能力弱、群众意见大的进行调整，不断增强离退休干部党支部班子凝聚力、战斗力；组织退休党员干部填写党员信息采集表等方式，认真开展退休干部党员党内统计，优化了全县范围内的离退休党员分布情况，透过统计软件动态掌握党员人数增减情况。与此同时，常抓维稳任务不松，强化行动自觉。按照维稳工作要求，及时组织召开支委维稳工作专题会议，认真传达“萨嘎达瓦”等民俗宗教活动及重要节点期间，离退休老干部、职工做好维护稳定工作的指示精神，并成立老干部维稳工作领导小组，禁止和杜绝各支部成员参加此类宗教活动。

【落实“退休干部政治待遇”】年内，县委老干部局在市委老干部局组织开展的疗养活动基础上，2016年全县首次分两批次组织48名退休老干部到云南昆明干部疗养院进行为期15天的参观疗养，极大程度地提高了老干部们对发挥正能量的热情。为保证常驻内地老干部正常开展党员活动，方便他们通过多种渠道发挥正能量，成立江孜县驻成都市离退休党支部，并通过民主推荐、民主选举等方式设立5名党支部班子成员，通过成立党支部。

【落实“退休干部生活待遇”】2016年“三大节日”及各大节日期间，分别为居住在江孜、日喀则、拉萨的退休干部、工人送去价值16.43万元的节日慰问品、2.3万元的慰问金及座谈会开支7.2万元、兑现上级发放“走访慰问金”27万元；集中探望慰问空巢老人和生病住院老干部、职工45

人次，做好善后工作18人次，并送去慰问品、慰问金等共计开支6.7万余元；同时积极争取援藏资金10万元，采取民主集中制方式，深入老干部、职工中调研并组织各党支部书记召开会议，兑现驻拉萨、成都市离退休老干部活动场地租借费2.9万元、老干总支所属各党支部成员年通讯费2.1万元、向企业困难职工发放慰问金5万元。

【发挥老干部余热】 年内，县委老干部局根据“离退休老干部为党的事业增添正能量”活动动员部署会议精神，积极参与强基惠民、政策宣讲、扶贫帮困等方面积极发挥余热做贡献。现已有5名离退休老干部担任县维稳督导员、监督员和信息员，12名老干部担任江孜县“双联户户长”，5名离退休干部参与驻村工作，为全县社会经济发展和长治久安发挥了积极作用。此外，充分发挥离退休干部威望高、影响大、作用特殊的优势，组建“五老讲师团”，在西藏百万农奴解放纪念日活动中，深入江孜县周边学校、村居开展新旧西藏对比宣讲活动，发放《听故事 知历史 感党恩》系列书籍1003本，受教育师生达3500余人。

【老干部活动中心】 老干部活动中心是全县老干部政治学习的课堂、文化娱乐的场所、延年益寿的花园、党和政府联系老干部的纽带。老干部活动会议室、棋牌室、健身室、学习室等经常开放，老干部活动中心在“七一”“九九”重阳节等节日，经常开展丰富多彩的文化娱乐活动，还根据老干部的志趣、爱好、特长，积极搭建平台，组建老年文艺队，现已有成员20人次，积极参加2016年全县组织的“七一”“达玛节”等文艺会演活动。年内，共组织老干部开展各类文体活动10余场次。

【老干部信访工作】 年内，县委老干部局针对老干部反映的问题，按照有关政策规定，积极与有关部门协调沟通，稳妥处理好老干部来电、来信和来访，做到事事有回音、件件有落实。全年接待老干部来访15人次，处理来信8件次。

【机关队伍建设】 作为组工干部，县委老干部局工作人员坚持抓学习，同组织部干部参与各类学习日活动，不断提高机关工作队伍的理论素养，同时加强与各县区的交流沟通，树立典型，激励先进，营造创先争优氛围。

（边丹曲达）

【领导名录】

局　长　尼玛片多（女，藏族，10月免）

副局长　宗　　吉（女，藏族）

江孜县总工会

【概况】 1984年4月，江孜县工会成立。1986年，江孜县工会成立，组建基层工会筹备小组。1987年7月，江孜县实行机构改革，江孜县妇女联合会、共青团江孜县委员会、县工会合署办公，成立江孜县工青妇办公室。2016年，江孜县总工会把维护稳定作为工会工作的第一政治责任。按照区、市党委和县委的部署要求，深入学习贯彻习近平总书记系列重要讲话精神，贯彻落实《中共中央关于加强和改进党的群团工作的意见》，积极引导职工群众加深对党中央治国理政的新理念新思想新战略的认识，把学习成果转化为推动工作的动力，增强做好新时期工会工作的责任感、紧迫感和使命感。在思想上、政治上、行动上同党中央保持高度一致。组织动员广大职工走在时代前列，在改革发展稳定第一线建功立业。自觉把工会维权工作纳入党和政府主导的维护群众权益机制，深入开展和谐劳动关系创建活动，推动构建中国特色和谐劳动关系，以劳动关系和谐促进社会和谐稳定。工会深入基层、深入职工，走访调研、听取民意，通过话家常、交流谈心等方式及时掌握职工群众思想动态，做好凝聚人心、释疑解惑、疏导情绪、化解矛盾等工作，把工会干部锤炼成党政信任、职工信赖的“娘家人”。

【工会组织建设】 年内，为进一步夯实工会基层组织建设工作基础，巩固和扩大工会组织覆盖面，充分发挥工会组织作用，增强工会组织的凝聚力和影响力。江孜县工会本着工会组织建立一个，巩固一个，发挥作用一个的工作原则，发展工会组织，吸收职工群众。2016年，县总工会根据西藏自治区总工会关于印发《西藏自治区总工会基层组织建设工作规划（2015年—2018年）》的文件精神，紧紧围绕上级工会的工作部署、任务目标，以加强工会自身建设为基础，进一步解放思想，明确目标，注重发挥工会组织的优势，有效推进了工会组织建设力度。

【开展建会工作】 按照体质扩面的指导思想，贯彻“依法建会”“依靠职工建会”的工作理念，探索多种建会模式，尽最大可能把各行各业的劳动者聚集到党所领导的工会组织中来。加快新领域新阶层工会组织建设，进一步加强和做好农民工入会和服务农民工工作，提高工会组织和工会工作的有效覆盖面。有效推进农民工集中入会行动，建立乡镇级工会组织19个，村级工会组织35个。通过对农民工入会身份进行严格鉴定，为下一步保质保量地完成达标任务奠定了基础。

【建立健全各项工作机制】 年内，健全各级工会组织，完善工会各项工作制度，保障工作上下有衔接，活动顺利开展，使工会工作有章可循，有“法”可依。创新工会工作方式，增强工会活力。

【开展调查研究摸底】 年内，以乡镇工会委员会和村工会委员会为责任单位，层层落实责任，精心组织专门力量，进行逐门逐户调查摸底农民工情况。同时，按先近后远的原则，从县城周边乡镇着手采取边摸底、边宣传、边组建的方法，计划逐步推进工会组织的全覆盖。

【乡镇基层工会机制建设】 年内，江孜县工会依法推进基层工会组织建设和发展会员工作，截至年底，全县工会会员总数6735名，其中行政单位会员1469人，事业单位会员437人，县直国有企业会员149人，集体企业会员717人，农民工会员3963人，新发展会员1423人。坚持自上而下推动建会与自下而上指导入会相结合，增强职工加入工会的内在动力；努力探索建设村一级工会组织的有效途径，加强农民会员和个体会员的管理，不断提高职工入会率；继续抓好“党建带动工建，工建服务党建”的党工共建工作，使党组织和工会组织建设互为依托、互相促进、共同发展。有效推进农民工集中入会行动，依照“自2015—2018年每年至少4个乡镇农民工入会的计划”，确保2018年将19个乡镇全部完成入会工作的安排。在2016年上半年先后对重孜乡、日朗乡、江热乡、车仁乡开展乡镇工会“八有”（即有1—2名专兼职人员，有牌子、有印章、有工作计划和活动记录、有规章制度、有活动场所、有工会经费、有会员答案资料，以下简称“八有”）规范化建设达标工作，期间新增农民工入会人数达到1210人，对达标乡镇进行授牌及足额落实补助经费，为增强工会组织的吸引力，培养农牧民会员自我创业意识和掌握一技之长，总工会在2016年开展两期技能竞赛活动，第一期于9月5日组织江孜县各企业职工开展为期三天的藏靴、包包等旅游纪念品制作技能比赛，活动参赛队员共计20余人次。第二期在藏改乡杂吾村与市广电驻村联合开展以“争做技术标兵，正当脱贫先锋”为主题的农牧民工谢玛氆氇编织技能比赛，工会投入资金14420元。技能比赛的开展有效调动了职工群众提升自身就业技能的积极性，通过岗位练兵营造了“比、学、赶、帮、超”提高工作效能的良好氛围。计划到2018年底力争把江孜县符合条件的所有农牧民工吸纳到工会组织中，让他们享受党和国家级工会组织的温暖。

【党建工作】 年内，工会以“两学一做”专题教育活动为契机，切实加强工会干部思想政治教育，着力提高不断推动新形势下工会工作创新发展的能力；着力建立健全符合科学发展观、顺应工会工作新变化的工作体制和工作机制。实现工会工作“三个贴近”，即“贴近中心促发展，贴近职工办实事，贴近基层搞服务”。进一步改进和创新培训内容，培训形式，加大资金投入，加强基层工会干部培训力度，切实加强了工会干部的政治理论素养和党性修养，逐步壮大社会化专职工会工作者队伍。

【党风廉政建设】 年内，工会认真贯彻落实县委和县纪委关于党风廉政建设和反腐败工作的具体要求，力求建立一个“勤政、廉洁、务实、高效、创新、为民”的工会组织。开展党风廉政教育专题会5次，加强对中央“八项规定”和区党委“约法十章”“九项要求”的学习，重申并严肃执行党的纪律。坚持财务公开，自觉接受经费审查委员会的监督。严考核、动真格，例行自纠自查，杜绝公务宴请，杜绝工会干部违法乱纪。督促全体党员干部坚决落实厉行节约的要求，不得搞庆贺宴请活动、不得进入高档娱乐场所、不得有有损自己和单位形象的行为。

【维权工作】 工会的根基在职工，血脉在职工，力量也在职工。维护好广大职工的合法权益，是工会组织的生存之本、工作之基、力量之源。为加强企业的民主管理，让职工享有知情权、监督权、议事权，严格要求各企业制订可行的厂务公开细则，并制作厂务公开栏，让广大职工随时了解企业的经营情况，能够主动为企业发展出谋划策，为企业持续发展提供群众基础和有力的支持；工资集体协商工作始终是工会维权工作上的一个软肋，在具体工作当中也遇到不少困难。工会通过积极同人社、工商联等部门沟通协作，指导各企业推行和签订工资集体协商，经宣传江孜各企业均不同程度上实现工资集体协商提质增效初步认识；企业职工五险一金落实方面江孜有四家国有企业和一个非公企业都落实了养老保险和医疗保险，失业保险、工伤保险、生育保险，但由于企业自身的发展滞后及经济效益的制约住房公积金均尚未落实。针对实际县总工会积极深入各企业开展五险一金的宣传，进一步加强五险一金落实情况监督，确保扩大五险一金覆盖率；主动配合政府职能部门加强对重点行业、重点企业安全情况的专项检查，督促企业改善劳动安全卫生条件，消除重大事故隐患和严重职业病危害。与各企业签订《安全生产目标责任书》进一步加大工会参与重特大伤亡事故调查处理的力度，切实维护职工的正当权益，努力实现工会维权关口的前移。加强协调劳动关系力度，推动解决一些带有普遍性、全局性的涉及职工重大切身利益问题。

【掌握劳模基本情况】 年内，由于一些不确定的因素，劳模的工作、生活状况都在发生变化，为及时掌握全县劳模的全部情况，2016年，又开展一次全县劳模、先进工作者的现状摸底调查，建立健全全国、自治区、日喀则市劳模和五一劳动奖章获得者档案，掌握了全县劳模的基本情况。

【开展“送温暖”活动】 年内，县总工会始终把围绕中心、服务大局作为工会工作的政治方向和工作主线，坚持以“心系职工情，温暖进万家”为主题，积极开展“三大节日送温暖”、生活救助、医疗救助、助学救助、女职工“关爱行动”等系列帮扶活动，在元旦春节藏历新年期间先后慰问企业困难职工112人、发放慰问品（每户大米一袋、面粉两袋、清油一桶）折合人民币45360元，慰问金55440元，共计100800元；随着县部分企业困难职工迫于企业盈利欠佳制膝下子女求学难的问题，工会积极向上海市驻江孜县第七批援藏小组提出申请，并及时把申请到的16万元助学金及时落实到各企业特困户的手中；2016年度企业困难职工“金秋助学”统计、申报、审批等工作圆满完成。工会还采取定期救助与临时救助相结合的帮扶措施。对江孜镇宗堆居委会拉仓、县油厂顿珠次仁、灿达次仁、藏改乡卫生院顿珠等会员进行救助，拨付救助款共计13000元左右。为救治加日郊一名农民工会员重病卧床的儿子向区总申请2万元的大病医疗救助款。切实把各级党委，政府的关爱之情送到千万户职工家庭和广大困难群众之中，进一步筑牢以“顺民心、解民情、暖民心”的民心工程。在国庆佳节之际总工会组织开展慰问困难职送温暖活动，通过结对认亲、积极推进精准帮扶服务工作。进一步健全完善困难职工、困难劳模档案和动态管理机制，以日常帮扶与跟踪服务相结合的工作模式，摸清制困原因，因人施策，做到分类帮扶、精准脱贫。

【经费开支报批程序】 严格财经制度。严格按照新《工会会计制度》《工会预算管理办法》及上级对工会财务会计的相关规定，实行财务工作规范化管理。工会经费支出坚持主管主席“一支笔”审批，在经费使用上精打细算，做到少花钱多办事，节约开支，提高经费使用效能，按照法律赋予的权利，坚持依法聚财，科学理财，合理用财；强化资金监管。加强对专项经费使用的监督检查，送温暖资金、帮扶资金、宣传资金、文体活动资金以及专项补助资金的专款专用。努力把工会建设成为学习型、创新型、服务型、节约型和廉洁型的“五型”工会。

（卓　玛）

【领导名录】

主　席　拉　　欧（藏族）

副主席　边巴琼达（女，藏族，5月免）

　　　　卓　　玛（女，藏族，5月任）

共青团江孜县委员会

【概况】 1961年6月15日，共青团江孜县委员会成立。1962年，召开共青团江孜县第一次代表大会，团县委成立。“文化大革命”期间，共青团江孜县委撤销。1973年5月，共青团江孜县委恢复。1990年12月1日，江孜县成立颁发团员证领导小组，共有成员10名。2016年江孜县辖1个镇18个乡，155个行政村。设有284个团组织（基层团委20个、团总支2个、团支部251个；直属非公经济组织团支部11个）、12家青年文明号单位和6家青年创业就业见习基地。截至年底，19个乡（镇）（155个村居）团委（团支部）团干配备率均达到了100%；全县14–35周岁的青年共有21171名，其中农牧民青年19695人；团员5218人，农牧民团员2412人，团青比例24.6%，28岁以下党员1357人，保留团籍的党员1520人。全县团干部546人，专职团干部3人，兼职团干部543人，西部计划大学生志愿者12名。全县有3所中学，89个班级，中学在校任教老师450人，在校学生4101人，其中学生团员2217人，占在校学生54.1%。有19所小学，153个班级，学校少先队组织19个，少先队辅导员85人，小学在校任教老师416人，在校学生5695人，其中少先队员3615人，占在校学生63.5%。

【团组织建设】 团江孜县委年初制定《共青团江孜县委员会关于各乡镇团委工作考核试行办法》《共青团江孜县委员会关于各乡镇团委经费使用管理试行办法》以进一步强化基层团组织基础建设，提升基层团组织服务青年能力。

【青少年思想引领】 以雷锋纪念日、清明节、“五四”“六一”等节日为契机组织引领广和大青年师生通过召开主题班会、组织义务劳动、烈士陵园扫墓等活动来帮助广大青少年学生树立正确的世界观、人生观、价值观。其中“弘扬五四精神·竞展青年风采”为主题的文体竞赛活动，展现出江孜县青年的青春与活力，增强青年之间的友谊，促进广大青年的健康成长。全年各项活动参与人数达3000余人，影响范围广泛。团江孜县委联合江孜县总工会和江孜县妇联等单位积极组织了各类法制宣传活动，加大法制宣传力度，提升全县青少年知法守法素质；2016年，共发放《中华人民共和国未成年人保护法》《西藏自治区未成年人自我保护知识读本》《西藏自治区青少年法律知识读本》等20余种类的8000余份宣传资料，受惠青少年达万人以上。

【坚持组织引领】 年内，为组建一支合格的青年志愿者队伍，向各基层团组织印发了《共青团江孜县委员会关于成立青年志愿者服务队的通知》，各基层团组织积极响应号召，截至年底已完成120余人的青年志愿者队伍建设工作；江孜县卡堆乡青年志愿者服务队还获得了第十一届中国青年志愿者优秀组织奖。团江孜县委积极争取团西藏自治区委相关资金支持，于2月23日在江孜县重孜乡卓玛编织厂和江孜县江孜镇东郊村奇宁农畜产品合作社举行了投入10.4万元资金的青年就业技能培训班，全县40余名青年群众受益。青年文明号单位创评稳步推进。截至年底，江孜县共有12家“青年文明号”集体，其中自治区级“青年文明号”1家，市级“青年文明号”5家，县级“青年文明号”6家。

【扶贫助困】 按照“国酒茅台·国之栋梁—2016希望工程圆梦行动大型公益助学活动”资助名额和资助管理规则，团江孜县委坚持公平、公开、公正的原则，从江孜县2016年度参加高考并被二本以上院校录取的家庭经济困难、品学兼优的高中毕业生中择优选拔11名学生作为受助生申请了资助金，并于9月27日将5.5万元的资助金分别汇到11名受助学生的银行卡上。为认真履行服务青年的职能，团江孜县委积极争取援藏资金支持，于6月15日起对江孜县卡堆、加克西等10个乡的10名贫困大学生家庭送去了每人1000.00元的慰问资助金，缓和了贫困大学生家庭负担。6月1日和19日，团江孜县委联合江孜县妇联到江孜县第二小学和江孜县藏改乡完小开展了关爱留守儿童活动，活动中，为40名贫困留守儿童送去了价值8000余元的学习用品。团江孜县委积极与浙江余姚团委联系，年初筹措了3000余套冬衣，并通过乡镇团组织、驻村工作队和学校少先队将全部冬衣赠送到了贫困地区的青少年手中。

【总结经验】 5月10日，团江孜县委组织各基层团组织负责人和学生代表共70余人召开了2015年度工作总结暨表彰大会；江孜县委、县人大常委会和县委组织部有关领导应邀参加会议，会议总结了全县2015年共青团工作，对2016年度共青团工作进行了详细的部署，并对2015年度全县范围内涌现出的先进集体和个人进行表彰。

【开展“青春志·中国梦”主题活动】 6月，在团江孜县委的指导下，江孜县卡堆乡团委组织开展以“五个一”（一节团课、一部励志电影、一次红色之旅、一次座谈会和一首红歌）为内容的“青春志·中国梦”主题月活动，模范履行了团组织服务青年、引导青年、团结青年的职能，为推动江孜县基层团组织发挥职能起到了积极的带头表率作用。

【开展暑期自护教育活动】 在临近暑假期间，团江孜县委积极安排各学校团队干部在各中小学，围绕交通安全、用电安全、消防安全、饮食安全等进行主题安全讲座；各学校团队组织积极响应号召，及时组织召开讲座，并以主题班会等形式让学生之间进行自护教育心得交流活动，取得了良好的成绩。

【开展平安支教活动】 6月28日，在团江孜县委的积极努力下，中国平安财产保险股份有限公司西藏分公司副总经理王宏强一行16人在西藏青少年发展基金会工作人员的陪同下到江孜县龙马乡平安希望小学开展“放飞梦想·让爱启航”支教活动，此次活动中平安集团邀请了美术、音乐、英语等志愿老师授课，为学生的素质拓展奠定了良好的基础。

（普布桑珠）

【领导名录】

书　记　普布桑珠（藏族）

副书记　李 政 华（6月免）

江孜县妇女联合会

【概况】 1956年10月，江孜宗成立妇女联系会。1959年3月，江孜妇女联系会撤销。1962年，江孜县妇女联合会成立。"文化大革命"时期，机构撤销。1973年5月，江孜县妇女联合会成立。并根据中华全国妇女联合会章程中“县一级妇女代表大会每三年召开一次”的规定，于同年6月，召开江孜县首届妇女代表大会，选举产生县妇联领导班子。

1980年11月，县妇联与县团委合署办公。1983年11月，江孜县妇联与团委分开办公。1987年7月，又与县工会、团委合署办公。1994年7月20日，中共江孜县妇女儿童工作委员会成立，委员会由9名委员组成，下设办公室。

截至年底，全县19个乡（镇）建立妇女工作委员会，155个行政村建立妇女代表大会、“妇女之家”，建立妇女儿童维权岗12个，多数企事业单位和党政机关成立了妇代会、妇委会和妇女小组。江孜县妇联下设办公室、妇儿工委办公室2个科室（虚设机构）与妇联办合署办公。江孜县妇联现有核定编制2个，实有人数3人。现有乡科级干部1名，副科1人，正科非领导职务1名。

【实施巾帼致富工程】 深入推进妇女“巾帼建功”活动。进一步提高江孜县贫困妇女家庭的经济收入和增强妇女创业就业本领，在日喀则市妇联的大力支持下，江孜县妇联于2015年11月至2016年1月在藏改乡杂吾村举行为期60天的线麻氆氇培训班，参加培训37人，其中26名为贫困妇女，投入资金3万元。培训不仅让传统编织技艺得以传承，还为贫困妇女就业创收开辟了新途径。2月3日至4日在江孜县县委、县政府的高度重视下，江孜县妇联投入52526元的培训资金，举办为期2天的乡镇村（居）妇女主任能力建设培训班。此次培训，进一步提升了两性平等参与社会发展的认识，提升妇女干部自身素质。为切实解决贫困妇女就业岗，改善广大妇女的生产生活条件，增加家庭现金收入，学到一技之长，江孜县妇联在江孜县藏改乡杂吾村和江孜县农业示范园区建立妇女培训基地。

【实施巾帼宣传行动】 年内，以“三八维权周”为契机，大力开展宣传教育活动。联合公、检、司、法、政法等多个部门，利用三月综治宣传月、六月平安宣传周等宣传活动节点在江孜宗山广场集中开展了以“反对家庭暴力，创建平安家庭，共享美好生活”为活动主题的宣传活动，及男女平等基本国策与妇女法制宣传活动等形式多样、内容丰富、效果显著的法律宣传普及，共发放宣传资料1000余份进一步增强了妇女群众法律意识和维权意识。为落实习近平总书记“注重家庭、注重家教、注重家风”的指示精神，引导广大妇女、家庭培育和践行社会主义核心价值观，以家风带民风，以民风促社风。做好小额贷款宣传工作，切实解决妇女创业就业资金难问题，2016年上半年江孜县妇女联合会组织推荐由农行发放的农村妇女贷款为三户贷款解决80万元，为创业妇女提供了资金支持，帮助一批妇女扩大生产规模，培养发展了一批新的妇女致富能手，促进了江孜县经济和社会的发展。

【精神文明建设活动】 自治区于2月启动2016年度寻找“最美家庭”活动，江孜县妇联按照自治区及日喀则市妇联的相关要求，制定江孜县妇联关于开展2016年寻找“最美家庭”活动方案，把寻找“最美家庭”活动作为积极培育和践行社会主义核心价值观的具体举措，在各乡镇、各单位等广泛动员和引领，扎实开展寻找“最美家庭”活动，评选出了2016年自治区级“最美家庭”2户。

【实施幸福关爱工程】 江孜县委、县政府对组织“三八”活动高度重视。为开展好活动江孜县政府解决活动经费40000元，江孜县妇联按照既定的活动方案，带着“娘家人”的亲情与关爱，于3月15日至17日利用3天的时间，深入加克西乡等10个乡镇，走访慰问5户单亲贫困母亲，15名尼姑、4名患“两癌”的贫困妇女（其中2名为“贫困母亲两癌救助”中央专项彩票公益金救助的人员每人1万元）及养老院等妇女弱势群体开展了送温暖、献爱心等慰问活动。此次慰问活动共送去价值31500元的慰问品和慰问金，并送去节日的祝福；以“六一”国际儿童节为契机，开展献爱心送温暖活动，先后为江孜县第二小学和江孜县藏改乡完全小学的40名贫困留守儿童赠送价值6000元的学习用品和生活用品；在“两大节日”来临之际，江孜县妇女联合会积极为驻村点江孜县年堆乡热新定村开展节前慰问活动，为50户长期居住在该村的村民发放了价值1万余元的母亲邮包；按照江孜县委、县政府《关于持续开展“党员干部进村入户、结对认亲交朋友”活动的通知》要求，2月2日，组织江孜县妇联的3名党员干部到驻村点年堆乡萨比村，走访慰问了享受低保的结对帮扶户共6户，详细了解各自帮扶的基本信息、生产生活状况和急需解决的问题，同时，3名党员为各自的结对户献上洁白的哈达，将面粉、大米、水果、砖茶等价值3000元的慰问品和慰问金送到他们的手中，为他们送去了节日的祝福；同时，11月10日，县委、县政府、县脱贫攻坚指挥部结对帮扶入户整改落实的通知要求，组织县妇联2名党员干部到江孜县紫金乡紫金努村，走访慰问了享受低保的结对帮扶户共6户，2名党员为各自的结对户献上洁白的哈达，将面粉、大米、清油、砖茶等价值3000元的慰问品送到他们的手中，详细了解各自帮扶的基本信息、生产生活状况和急需解决的问题。按照自治区妇联《关于组织自治区妇女民族手工企业参加第三届中国西藏旅游文化国际博览会的通知》要求，2016年9月10日至16日，第三届中国西藏旅游文化国际博览会在拉萨举行。江孜县组织三家妇女民族手工专业合作社参展，为了展示江孜县妇女民族手工艺成果与风采，开阔视野、启迪思维、增强见识、激发干劲。此次臧博会为加强江孜县妇女手工艺与其他地（市）、县（区）之间的交流与合作，搭建了产品与市场对接平台，为经济发展做足了准备。为进一步提高广大妇女干部职工的健康水平，增强妇女的保健意识，同时体现妇女干部职工的关怀，为妇女同志身体健康提供保障，2016年组织全县19名乡镇妇女主任开展“关爱女性”健康体检活动。确保江孜县农牧区患病贫困妇女及时得到救助，解决她们的现实困难，江孜县妇联进一步了解情况及时上报信息，2016年为江孜县3名贫困妇女争取到3万元的“两癌”贫困妇女救助金。3月16日，看望慰问江孜镇宗堆居委会尼玛曲宗、边巴曲宗和藏改乡杂吾村洛桑片多，送去每人1万元的“两癌”救助金。切实解决了她们的燃眉之急。

【维护妇女儿童合法权益】 日喀则市实施“两个规划”工作现场推进会在江孜县成功召开。江孜县妇联精心协办，日喀则市实施“两个规划”工作现场推进会在江孜县成功举办。此次推进会得到江孜县委、县政府领导的高度重视和上级领导的大力支持，县妇儿工委办以图片展板和视频为载体，科学地宣传了江孜县近五年来的“两个规划”工作的开展情况，实现了一点带面的社会效应，得到自治区及市委的高度肯定，推进会取得圆满成功。进一步建立完善妇女儿童组织领导机构，确保新一轮的实施“两规”工作顺利高效开展，为贯彻落实《两纲》（《中国儿童发展纲要（2001–2010年）》《中国妇女发展纲要（2011–2020年）》）工作要求，科学合理安排发展规划，全面准确地统计江孜县妇女儿童在各个时期发展的指标数据，江孜县委、县政府十分重视妇女儿童事业的发展，2016年新增补6个妇女儿童发展规划领导小组成员单位，成员单位由原来的36个增加到42个。同时，鉴于人事变动等原因调整了部分领导小组成员，组长由江孜县委副书记、政府县长杨军担任，副组长由江孜县委常务副书记王高安和政府副县长杨秀梅担任。把妇女儿童工作同经济发展，社会稳定，人口素质、人才培养联系起来周密部署、真抓实管，形成县政府主要领导亲自抓，分管领导具体协调的工作格局，权益维护力度进一步增强。注重从源头参与，加大维护妇女儿童合法权益的力度。4月14日，江孜县妇联联合县公安局在江孜县5个便民警务站创建了江孜县首批“妇女儿童维权服务岗”。在县法院、县司法局、县妇联办、年堆乡、热索乡创建“妇女儿童维权服务岗”，建立健全妇女儿童维权机制，服务内容主要接待有关妇女儿童案件的来信来访，为妇女提供面谈咨询服务，应对和处理家庭暴力，提供法律援助等。发放工作台账，为每个便民警务站各解决了启动资金1000元，共计5000元。在江孜镇、紫金乡、年堆乡、热索乡、重孜乡、藏孜乡等建立“妇女之家”，发放妇女之家活动经费6000元，使其最大限度地发挥“妇女之家”的功能和作用，促进基层妇女工作更具活力、更有成效，切实增强妇联组织吸引力、凝聚力和影响力，确保“妇女之家”活动常态化管理等。江孜县举行“家长学校示范校”授牌暨“我爱我家同悦书香”亲子读书活动仪式。为两所学校赠送价值1830元的魔幻通话、学成语唱儿歌等儿童书籍供140本。将有效促进亲子间感情的沟通和交流，让阅读成为家庭生活中的基本生活方式，成为家庭教育中最得力、有效的培育方式，努力提高家庭教育水平。

（次 央）

【领导名录】

主　　席　次　　央（女，藏族）
副 主 席　米玛片多（女，藏族）
主任科员　平措卓嘎（女，藏族）

江孜县工商业联合会

【概况】 1951年，江孜宗建立工商联合会筹委会。1963年7月23日，江孜县工商业代表大会召开，大会选举产生江孜县工商联合会。“文化大革命”期间撤销。江孜县工商业联合会简称江孜县工商联。江孜县工商联成立于2013年，是统一战线的重要组织和人民政协的重要界别，具有统战性、经济性、民间性统一的基本特征，工作对象主要包括私营企业、私营企业出资人、个体工商户等。江孜县工商联挂靠在江孜县委统战部。正科级群团机构，机构编制与统战部共同使用，工商联主席1名，副主席1名，兼职副主席4名，2名工作人员，截至年底，全县会员企业发展到94家、组建党支部16个、党员人数110人、工商联组建工会联合会，会员人数达到175人。

【主要职责】 参与县委、县政府大政方针及政治、经济、社会生活中重要问题的政治协商，发挥民主监督作用，充分发挥在非公有制经济人士思想政治工作中的引导作用；在非公有制经济人士参与国家政治生活和社会事务中的重要作用；在政府管理和服务非公有制经济中的助手作用；在行业协会商会改革发展中的促进作用；在构建和谐劳动关系、加强和创新社会管理中的协同作用；承办县委、县政府交办的有关工作。

基本任务是加强和改进非公有制经济人士思想政治工作，引导非公有制经济人士做合格的中国特色社会主义事业建设者；参与政治协商，发挥民主监督作用，积极参政议政；协助政府管理和服务非公有制经济，促进非公有制经济健康发展；促进行业协会商会改革发展，培育和发展中国特色商会组织；参与协调劳动关系，协同社会管理，促进社会和谐稳定；反映非公有制企业和非公有制经济人士利益诉求，维护其合法权益。

【企业基本情况】 江孜县工商联2013年6月正式成立以来，截至2016年，形成94家会员企业，其中国有企业2户，民族手工企业3户，个人独资企业94户，其中职业学校1户，民族手工合作社4户，苗圃合作1户，民族特产加工厂2户，藏药厂2户，注册资金达139339万元。

【非公党组织建设】 截至年底，全县共组建非公经济组织党支部16个，共有党员110人，发放党建藏汉双语材料和书本1200余份，累计使用党建经费3万余元。2016年组建非公党支部5个。

【会员发展】 年内，认真做好工商联会员发展工作，按照不求数量、注重质量、成熟一个发展一个的原则，不断壮大工商联会员队伍。江孜县会员发展，即要体现代表性，更要注重广泛性，发挥县域经济领军企业的带头作用，依托县域特色产业发展量大面广的小型企业入会，扩大会员覆盖面。同时推荐社会贡献大，发展前景良好的会员企业加入工商联执、常委队伍。截至年底，江孜县共有非公有制企业94家，会员企业员工达1830人。

【党建工作】 年内，举办多种形式的专题学习会，定期召开党员会议、组织参观学习等，不断增强党员的党性修养。2016年，江孜县工商联结合实际并组织会员们先后到白朗县和谢通门县典型企业党建建设情况进行参观学习、借鉴，通过此次参观他们一直表示收获很大，开阔了眼界、认清了形式；明白“以党建带发展、以共建求发展”的重要性。狠抓非公党建工作目标任务落实起到很好的作用。开展党支部活动、丰富党员日常生活，开展党支部座谈会，增强党员互相学习和增强思想政治水平，2016年共召开8次党支部座谈会；“七一”建党节日来临之际，精心组织开展党支部活动，同时江孜县工商联非公党支部领导班子对结对帮扶的困难老党员进行慰问，重温老党员的氛围，显现光芒的节日氛围。2016年，先后组织召开“摸实情、找差距、勤沟通”主题座谈会2次，“抓政策、促引导”主题学习会1堂，参后感言发表会3次。

【非公企业受表彰情况】 2016年，通过宣传江孜县4家具有典型和实力强的非公经济企业，日喀则金塔集团董事长扎塔成功推选自治区劳动模范奖，并登报西藏统一战线的报刊上，通过典型引路，带动面上的工商联建设。

【参政议政】 年内，江孜县工商联以高度的政治责任感和使命担当做好非公经济人士政协委员、人大代表的推荐工作，严把素质关、优化结构，同时对非公经济候选人进行细致、严格的考察，推荐一批德才兼备的非公经济人士推荐到区市县人大、政协系统。截至年底，全县工商联系统中已有市人大代表1名，县人大代表2名，市政协委员2名，县政协委员24名。

【“百企帮百村”】 年内，认真组织开展精准扶贫“百企帮百村”工作活动，召开行动动员会议，及时总结推广好的经验做法，讲述致富经验，宣传党的政策，解决就业岗位，真正做到经济上扶持，生活上关心，致富上寻路，智慧上提升。截至年底，企业为脱贫攻坚帮扶资金达1262.8万元，帮扶项目主要涉及修复水塘，困难户民房改造，学费资助，添置家具等诸多领域，为86人解决了就业岗位，召开宣传会议3次，还为“达玛节”赞助资金达82万元，“三大节日”期间20家会员企业对部分乡（镇）及县城便民警务站进行新年慰问，慰问资金达13万元，共有72家非公经济企业与220户贫困户结对帮扶“百企帮百村”工作得到了县委、县政府的充分肯定，并于年底召开非公经济人士座谈会，交流好的经验和做法，总结了一年的成效，县“四大班子”主要领导亲临会议给予指导，提出殷切希望。

（杜虎笙）

【领导名录】

主 席 班 久（藏族）
副主席 格桑多吉（藏族）
扎 塔（藏族）
索朗达瓦（藏族）
平 措（藏族）
米玛平措（藏族）

江孜县人民代表大会常务委员会办公室

【概况】 江孜县人大常委会办公室成立于1965年。2016年，人大办公室核定人员编制3名，其中科级领导职数2名，现办公室实际配置副主任1名，科员2名。2016年，县人大办公室在常委会的领导下，紧紧围绕县委中心工作和常委会年初确定的工作要点，团结务实，扎实工作，努力发挥参谋服务、综合协调、行政管理等职能作用，各项工作都取得了一定的成效。

【会议服务工作】 围绕常委会工作部署，认真办文办会。年内，办公室协助组织召开县十二届人大八次会议和县十三届人大一次会议、县人大常委会议、县人大常委会主任会议、常委会学习会和民主生活会等各种会议20余次，会议会前的准备接待工作，会中的协调服务工作，会后的资料整理工作做到热情、周到、及时，充分保证各种会议的顺利召开。

【学习培训】 年内，参加自治区、市人大组织的各类学习培训活动。人大换届筹备阶段，按照常委会的安排组织19个乡（镇）人大主席及人大工作干事，对换届工作流程、严肃换届工作风气进行了集中培训。2016年9月，江孜县人大办还协助筹备举办了江孜县乡（镇）人大干部培训班，乡镇人大主席、干事及部分县级人大代表共39人参加培训，邀请市人大领导为代表作专题讲座，进一步提升了基层人大代表的代表意识，提升了基层人大干部的履职能力。

【换届服务工作】 年内，办公室按照县委和县人大常委会、县换届选举工作委员会的部署，积极组织开展江孜县县乡两级人大换届选举工作，及时安排指导小组，准确把握各个环节的工作重点，顺利选出732名乡镇人大代表和131名县级人大代表，圆满完成了换届选举任务。

【信访工作】 年内，做好群众来信来访接待工作，在接待群众信访中，做到热情细致，说服疏导与帮助解决问题紧密结合，使来访者心悦诚服，满意而归。在此基础上，及时向领导汇报接待情况，请示处理意见并做好跟踪督办工作。

【督办代表建议】 年内，常委会办公室加强与代表的联系，在常委会分管领导的带领下，深入代表建议重点承办单位，通过走访、座谈、实地查看、重点督办、邀请代表深入承办单位督办、电话催办等多种情势，加大对代表建议督办力度，着力增强代表建议的落实率。2016年11月，人大办协助组织召开人大代表建议办理汇报会，专门听取相关任务部门办理情况报告，要求各部门将已经办理的建议及时向代表回馈结果；没有办理或正在办理的建议，督促相关部门尽快落实；对因客观条件不能办理的及时与代表沟通，并说明理由。

【文秘工作】 年内，人大办公室高度重视文字服务工作，认真把好文字服务的起草、审核关，努力提高文字的思想性、理论性、政策性和可操纵性，通过文字服务，发挥人大办公室的参谋助手作用。认真起草好常委会年度工作计划；力求使常委会的工作紧扣全县发展大局和全县中心工作，并按月份排好“工期”，推动了常委会办公室有条不紊地实施，为常委会充分行使监督、决定、任免等各项职权提供服务。认真起草好常委会工作报告，全面客观正确反映常委会2016年所做的工作及提出2017年工作思路，为常委会总结工作经验和谋划2017年工作提供有益参考。认真做好常委会举行的各项重要会议、重大活动的文稿起草。在起草进程中，重视早谋划、早安排、早落实，加强学习，深入研究，努力提升文稿起草质量，使文稿更加紧密结合市委和县委重大决策部署，更加符合常委会工作实际，充分发挥了“以文辅政”的重要作用。

【党建工作】 年内，参加常委会组织的各项学习活动。把政治学习列入重要的议事日程，提高认识，摆正位置，确保学习落到实处。2016年，结合“两学一做”学习教育活动，人大办公室制定学习方案，细化学习内容，组织机关全体干部职工认真学习党章党规、系列讲话，撰写心得体会，并对每一专题组织讨论，对学习心得进行交流。同时，办公室紧紧围绕上级安排的“讲学习、讲忠诚、转作风、正风纪、提效能”主题教育活动，在机关大力开展学习创建活动，营造了勤学肯思、勇于钻研的学习氛围。在每次常委会例会调查和专项活动之前，办公室都针对调查议题，及时组织工作人员学习相关文件和法律法规，进一步熟悉工作程序，减少工作失误，取得了明显成效。

【党风廉政建设】 年内，按照县委统一部署，开展“两学一做”学习教育，人大办党支部坚持深入基层广泛听取代表和群众意见，认真召开支部组织生活会，坚持边查找问题、边寻找根源、边落实整改、边巩固成果，有效解决了支部成员自身存在的问题，营造更为浓厚的民主团结氛围。严格执行中央“八项规定”、区党委“约法十章”和市委“八项要求”及县委关于作风建设的各项规定，严格遵守《中国共产党党员领导干部廉洁从政若干准则》，全面加强机关作风建设，不断增强党员干部“为民、务实、清廉”意识，树立了人大机关为民务实廉洁的良好形象。

【“八簿一册”登记和管理】 年内，为不断巩固和拓展“人大代表之家”功能作用，积极为人大代表履职、学习培训、联系群众等搭建平台，办公室制定“代表履职情况登记表”不断健全了乡（镇）人大工作台账，加强“八簿一册”登记和管理，增强代表活动的针对性和实效性，有效促使了“人大代表之家”作用的发挥。

（姜　雷）

【领导名录】

副主任　吴晓静（女）

江孜县人民政府办公室

【概况】 江孜县人民政府办公室成立于1961年。2016年，政府办公室紧扣“参谋、服务、协调、督办”主题，开拓创新，锐意进取，圆满完成了全年各项工作任务，有力推进了政府各项决策的贯彻落实，为政府工作的高效协调运转提供了有力保障。江孜县人民政府办公室（人民防空办公室、政府法制办公室）县政府的综合办事机构，具体承担县政府的日常政务和事务性工作，行政编制6名，机关事业编制2名，其中科级领导职数5名。设主任1名，副主任1名，信访局局长1名。

【当好参谋助手】 围绕政府中心工作进行调研，形成《政府工作报告》，全面回顾了2016年的政府工作，提出新一年政府工作规划和措施，立足县域实际，紧贴民意，受到人大代表和社会各界的好评；围绕县委全委会、县政府全体会议等重要会议决策、部署展开专题调研，为领导起草汇报、讲话稿、会议材料580多件，受到县政府领导的充分肯定；认真做好基层经验的总结和推广，多次深入基层进行调研，及时总结、推广部门和乡（镇）工作中的成功经验和好的做法，促进了政府工作效能的进一步提高。

【综合协调，促进高效运转】 狠抓重大决策部署的落实协调。对《西藏自治区2016年重点工作任务》中涉及江孜县的工作，及时分解落实到有关部门。为扎实开展江孜县重点工作任务，贯彻落实市、县经济工作会议提出的一系列重要政策举措，根据各乡（镇）、各部门工作职责，制定《江孜县2016年重点工作任务分解方案》，涉及11大项33小项，并明确了牵头单位，促进全县重点任务的顺利推进；狠抓县政府重要会议、重大活动的组织协调。认真做好14次县长办公会议，4次县政府常务会议，11次县政府党组会议，以及190余次电视电话会议及政府部门会议。严把工作程序，强化会前协调，提高了会议决策效率和质量；狠抓重点项目的协调。紧紧围绕推进新型城镇化建设、精准扶贫、青稞精深加工、光伏产业等重点项目建设；狠抓外部协调。主动加强与县委、人大、政协办公室的联系沟通，及时交流信息，努力形成工作合力；注重加强同乡（镇）、县直部门的工作联系，确保了政令畅通；注意保持与上级机关的密切联系，确保上级决定和部署及时贯彻执行；狠抓信访协调。严格落实有关接访制度，积极配合信访部门做好上访接待工作，截至年底，共接待集体上访1件、3人次，已办结；接待个人上访3件、4人次，已办结。

【督查督办，推动决策落实】 办公室坚持“围绕中心、突出重点、抓住关键”的思路，认真开展督促检查，较好地完成了上半年督查作任务。狠抓重要决定事项督促落实。加强对县政府全体会、常务会、专题会、经济运行分析会等重要会议决定事项落实的督促检查，适时通报落实情况。狠抓重点建设项目督促检查。对2016年重点项目，与县专项办等相关部门不定期的现场督查和明察暗访，对发现问题的施工单位，责令限期整改，并及时反馈整改结果，促进全县项目建设保质保量按期推进。狠抓领导批示件的督查反馈。对区、市、县领导干部批示件、督办件，加强督促检查，逐件跟踪督促，共督促、办理、反馈各级领导批示落实情况55件。狠抓“两会”建议提案办理工作。对自治区人民政府交由江孜县承办的区人大代表建议1件、区政协委员提案1件，及时转交有关部门办理后，在规定时间全部办复。县“两会”交由县政府系统办理的县人大代表建议83件、县政协委员提案64件，逐件明确了承办部门和办理要求，促进办理工作顺利推进。

【信息报送】 年内，办公室紧紧围绕全县中心工作和领导关心的热点、难点问题，及时收集、上报、反馈政务信息，信息服务职能得到充分发挥。做好信息上报工作。围绕市政府办公室信息要点和江孜县政府中心工作，及时上报江孜县农业、教育、卫生、旅游、民生工程等方面的信息399条；精心做好政务信息引导工作。印发县政府办公室《关于进一步做好政务信息报送工作的通知》；按季度通报信息采用情况，调动报送单位的积极性。

【规范办文程序】 年内，严把公文报送传批、草拟、送审签发、复核和盖章等关口，确保了政府公文高效运转、准确规范。截至年底，共发出县政府文件343份、县政府办公室文件102份，没有出现一例退文现象。进一步健全完善公文运转登记、传阅制度，公文传办规范有序，公文管理去向清楚、传办及时。共登记签收、传阅中、区、市文件资料695余件。加快推进电子政务，共发出县政府及县政府办公室文件、通知等各类电子公文500余件。进一步强化对办公室系统全体人员保密知识宣传，全员保密意识不断增强，没有发生涉密文件丢失和管理不善等泄密问题。

【应急管理，确保规范运行】 妥善处置突发事件。积极应对处置康卓乡“7·9”山洪事件，以及道路交通、生态环境、食品安全、防汛抗灾等突发事件；规范应急值守工作。严格执行应急值守制度，规范节假日、汛期的值班值守，严格执行县防汛抗灾办公室及应急办公室24小时值班带班制度，并要求全县19个乡（镇）、县防汛抗灾领导小组成员单位每日16：00报告工作情况，坚决杜绝瞒报、漏报、谎报；完善应急预案体系。制定《江孜县应急预案管理暂行办法》，先后召开多次全县防汛抗灾专题会议，明确任务分工，加强全县防汛抗灾工作的顺利进行，确保全县安全度汛；加强应急队伍建设。按照市政府要求，江孜县及时成立县应急办，县政府主要领导负总责，分管副县长为主要负责人，办公室主任及副主任为应急办主任、副主任，以乡（镇）为单位组织了19支应急小分队。

【后勤管理】 年内，坚持在“实”字上做文章，做好、做实、做细机关后勤管理工作，促进管理、保障、服务工作有机统一。严格财务管理。认真执行中央“八项规定”、自治区“约法十章”“九项要求”和市一级关于反腐倡廉的有关规定，健全完善财务管理相关制度。严格依法理财，切实履行会计职责，合理调配资金。稳步推进固定资产清理工作；加强干部职工餐饮改善工作。对干部职工伙食收费标准进行降价，从原有的15元/餐下降到10元/餐；认真做好会议服务。加强对会议室的管理，明确会议室的使用范围、使用程序，规范会前准备、会中服务、会后整理等会议服务工作标准和要求，有效提升会议服务工作质量和水平。截至年底，提供全县各类会议服务230余次，未出现差错；强化后勤服务管理。进一步增强服务意识和管理力度，继续做好机关水、电等设施维护，绿化、美化、亮化工程，卫生保洁、机关食堂管理等日常工作；认真抓好公车管理工作。制定出台《江孜县公务车辆暂行管理办法》，规范公务车辆使用和维护，加强安全驾驶教育，保障行车安全；加强机关安全管控。在县委、县政府院安排保安24小时值班，严格人员出入和车辆通行管理，强化了重点部位的安全防范，并坚持昼夜巡逻检查制度，加强机关内部的安全保卫、消防检查和行车停车管理；加强后勤接待工作。严格落实反腐倡廉有关规定，按照相关要求，控制接待规模、陪同人生、保障标准。

【自身建设】 加强领导班子建设。坚持定期召开支部会议和办公室例会，班子成员带头加强学习，共讨工作难题，促进办公室各项工作顺利进行。及时调整班子成员分工，形成了服务政府和服务领导的整体合力。健全完善办公室成员AB岗工作制，强化职责分工，推进相互协作；加强干部作风建设。紧紧围绕县委深化作风建设活动的部署要求，在“巩固、提高、拓展、深化”上下功夫，结合“两学一做”学习教育活动，提高干部素质、密切干群关系。

【党建工作】 年内，精心组织安排创建活动，严格坚持“三会一课” 制度，有效地提升了党员干部的政治意识、宗旨意识和服务意识。“七一”前夕，组织全体党员参观县抗英纪念馆。

【“两学一做”学习教育】 年内，根据县“两学一做”办公室安排部署，结合办公室工作实际制定《关于开展“两学一做”学习教育活动实施方案》，责成专人负责此项工作，明确开展“两学一做”学习教育活动的目标要求、参加范围和重点任务，细化了学习教育活动的具体步骤，明晰了时间节点。

【党风廉政建设】 年内，严格执行党风廉政建设相关规定，签订《党风廉政建设工作责任书》，确保“一岗双责”落实到位。办公室党支部把传达学习中、区、市关于党风廉政的规定和要求作为支部会议、办公室会议的固定内容，长期坚持。严格落实民主集中制，明确重大事项决策的原则、程序，重大开支等重大事项都由班子成员集体决定。坚持经费预决算制度，确保财务开支严格财务制度执行。加大检查力度，对苗头性倾向性问题抓早抓小、防微杜渐。

（强巴旦增）

【领导名录】

主　任　扎　西（藏族，1月任）

副主任　达　珍（女，藏族，1月任）

信访局局长

索　央（女，藏族）

中国人民政治协商会议江孜县委员会办公室

【概况】 江孜县政协办公室成立于1984年。2016年，江孜县政协办公室高举爱国主义和社会主义旗帜，坚持团结民主两大主题，深入学习贯彻中共十八大，十八届三中、四中、五中、六中全会和中央第六次西藏工作座谈会以及自治区第九次党代会、市委一届五次全委会精神，贯彻落实习近平总书记系列重要讲话精神和治国理政新理念新思想新战略，贯彻落实习近平总书记治国必治边、治边先稳藏的重要战略思想和加强民族团结、建设美丽西藏的重要指示，坚持党的治藏方略，坚持依法治藏、富民兴藏、长期建藏、凝聚人心、夯实基础的重要原则，紧密团结和带领广大政协委员，全面贯彻落实县委的决策部署，担当履职、发挥作用，为全力助推江孜长足发展和长治久安做出了积极贡献。

【办好各种例会】 政协办公室在政协党组的正确领导下，围绕政协中心工作，精心组织，周密安排。年内，完成政协八届政协第八届江孜县委员会第六次、七次会议和政协第九届江孜县委员会第一次换届会议，历次常委会议、主席会议和支部学习会议的筹备工作，尽心尽力、尽职尽责完成好各项工作任务。

【综合协调】 年内，政协办公室注重加强与各单位的工作协调与协作，在机关全面推进首问责负制，确保各项工作件件有着落、件件有结果、确保了政协工作的圆满完成。

【委员学习】 年内，坚持政协委员每双月20日委员学习制度，以传达文件，讲授业务知识以及主席轮流讲座等形式，及时传达中共十八大以来重大会议精神和三级“两会”精神，学习习近平总书记系列重要讲话，特别是关于人民政协的新思想、新论断、新要求，认真学习《中共中央关于加强人民政协协商民主建设的实施意见》，学习区党委、市委、县委的重要会议精神。通过学习，使政协委员和干部职工坚定了政治信念、共同理想、原则立场、宗旨意识，增强了协商为民、履职为民的责任感、荣誉感和使命感。

【提案督办工作】 政协第八届江孜县委员会第七次会议以来，委员共提出提案64件，提案审查小组根据《政协西藏自治区委员会提案工作条例》进行立案审查，经立案审查，立案62件，未予立案的2件提案作为委员意见、建议交由相关部门解释答复或参阅工作。提案涉及江孜县社会、经济、文化、生态环境和民生民计等各个方面，提案主题鲜明、内容丰富、针对性和操作性强，通过提案办理，许多意见和建议被采纳，并落实或体现到相关部门工作中，促进了党政决策部署的科学化、民主化，产生了明显成效，为推进江孜县跨越式发展和长治久安发挥了积极作用，展现了政协委员的履职能力和水平。

【完成各项专题调研】 政协始终坚持用事实说话，用数据分析的工作原则。2016年，围绕精准扶贫提高江孜县人均期望寿命、日朗乡纳如村整体搬迁、环境监测和监管执法能力建设以及赴上海市浦东新区政协学习交流等4个课题，集中政协优势资源积极开展调研议政，形成调研报告4篇。

【完成文史资料整理工作】 年内，在政协文史资料领导小组的精心安排部署下，收集整理完成全县32座寺庙历史和图片，江孜民间娱乐游戏，江孜民族服饰，江孜非遗文化等资料。

【机关干部队伍建设】 在干部队伍建设上，本着政治坚定、作风过硬、业务精通、纪律严明的要求，进一步强化了服务意识、团结意识、岗位意识、组织纪律意识。

【党建工作】 年内，认真落实全面从严治党要求，坚决贯彻“准则”和“条例”，坚决落实中央“八项规定”精神。扎实开展“两学一做”学习教育，坚持问题导向、从严要求、以上率下、注重实效，突出“重点在学、关键在做”，使政协党的建设全面加强。

（果 果）

【领导名录】

主　　任　达娃桑布（藏族）
副 主 任　果　　果（女，藏族）
主任科员　潘　　多（女，藏族）
副主任科员
　　　　　尼　　片（女，藏族）

江孜县信访局

【概况】 2010年6月，江孜县成立县信访局，江孜县信访局为政府办公室下属副科级行政单位，现有核定编制2个，实有人数2名，其中1名为副科级干部，1名为科员。年内，江孜县信访局坚定不移地贯彻落实习近平总书记、李克强总理等中央领导关于信访工作的重要指示精神，不折不扣地贯彻执行自治区、日喀则市委、市政府关于信访工作一系列决策部署和江孜县信访联席会议指示精神，紧紧围绕信访案件“零搁置”目标，全力打造“责任信访、法治信访、阳光信访”，为维护江孜县改革发展稳定大局和人民群众合法权益提供有力保障。

【办信接访】 年内，坚持把“两学一做”学习教育与提升信访工作整体水平结合起来，认真办理群众来电来信，热情接待群众来访，运用法治思维、法治方式化解信访问题、设身处地解决群众实际问题。2016年，通过县劳动监察队调处解决16件劳动社保纠纷，通过司法调解解决家庭纠纷、农村土地纠纷等矛盾纠纷案3件，县信访局共调处化解16件信访件；年内，江孜县共接到群众来信来访23批49人次，其中来访21批次47人次，来信2件2人次（2件来信属多投的未受理），已办结21件（涉及金额共达737.77万元整）。合理诉求均及时得到妥善解决，没有一件信访积案。县信访局结合本县实际，制作藏汉双语版“阳光信访联系卡”“信访条例知识宣传单”，并下发到各施工单位，进一步扩大群众对《信访条例》、信访渠道的知晓率，自发放“阳光信访联系卡”以来，年内，县信访局接咨询电话10余次，接访5批，解决5批，有效预防、降低了越级上访的隐患，掌握了工作的主动权，得到源头治理和预防效果。

【组织领导】 针对江孜县乡领导班子换届人事变动情况，及时报请县委、县政府对县信访工作领导小组做出调整，江孜县信访工作由县委总揽全局、政府牵头负责、部门分工落实，县直各部门“一把手”既挂帅又出征，定期分析信访形势、准确把握信访苗头、及时研究应对措施，形成“主要领导亲自抓、分管领导具体抓、班子成员配合抓、职能部门落实抓”的工作机制。

【健全机制】 年内，继续巩固江孜县信访网格管理和领导干部接访下访工作成果，发挥信访机构，责任部门、信访专干、联席会调处小组、“双联户”户长形成上下贯通、内外衔接、环环相扣、无缝对接的协调联动工作格局。先后制定《江孜县信访工作约谈工作制度》《江孜县信访阳光联系卡》《江孜县联席会议制度》三项制度，为做好信访工作提供了遵循。

【责任落实】 始终把落实主体责任作为做好信访工作的重要抓手，进一步压实属地部门责任，推动问题及时、就地解决。县信访局在县委、县政府及县维稳指挥部统一协调下，组成“双拖欠”专项工作组，深入基层、深入项目施工地以摸排和宣传相结合的形式在权限范围内开展“双拖欠”摸排活动，通过走访进一步了解当前江孜县辖区内各工地民工工资发放情况、支付方式以及关于《进一步规范建设领域劳动用工和农民工工资支付工资指导意见》的通知经陈落实有关工作情况。牵头组织有关部门和各乡（镇），按照“行业管理和属地管理相结合”的要求，采取针对“双拖欠”在全县辖区内进行拉网式排查梳理，对排查发现的“双拖欠”矛盾纠纷建立工作台账、并逐项妥善化解，确保矛盾不激化、不上交。结合年底拖欠案高发期，下访到各个工地了解工资发放情况，同时普及法律知识《信访条例》发放“阳光信访联系卡”，进一步畅通信访渠道，为全力维护农牧民合法权益奠定良好基础，有效预防越级访产生，全力维护社会局势稳定。

【畅通信访渠道】 年内，延续拓展县领导和职能部门领导接待上访群众制度，县党政主要领导按季度、按重点疑难问题情况来确定接访、约访，定时、定责，其余县级领导结合江孜县工作实际及信访事件诉求有关内容，按照各自部门分管接访，以县信访局为平台，形成县领导接访调度、采取重点约访、专题接访、带案下访、领导包案等方式，把行政资源集中用于解决重大疑难复杂问题，对苗头性、倾向性矛盾纠纷不定期开展下访活动。

【排查调处】 建立矛盾纠纷和信访热点难点问题定期排查机制，完善四级矛盾纠纷排查调处中心网络体系，以县、乡（镇）、村、组四级矛盾纠纷排查调处中心，“双联户”排查调处和网格化管理两个机制为依托，将日常排查和节假日等重要节点的排查结合起来，形成大排查的工作格局。对排查出的问题，坚持能调则调、案结事了原则，综合运用人民调解、司法调解、行政调解等手段和“调诉对接”在诉讼与各类非诉讼纠纷解决方式之间的衔接组织机制，将人民调解、司法调解和行政调解贯穿于矛盾纠纷调处的全过程，促进人民调解与司法调解、人民调解与行政调解、行政调解与司法调解的对接联动，使各类矛盾纠纷得到有效化解。

【宣传力度】 紧密结合“七五”普法、综治宣传月工作要点，突出抓好《信访条例》《依法逐级走访办法》等法律法规的宣传教育工作，把办信接访的每一个工作环节作为宣传《信访条例》精神的最佳节点，教育引导群众依法有序上访，就地就近反映信访问题；在年初或工程开工前，联合建设单位、企业用工单位、民工代表，开展“信访见面日”活动，督促用工单位与民工签订劳动合同。同时，向用人单位和民工宣传相关法律法规，促使项目单位按时支付民工工资，切实保障民工合法权益。

【“两学一做”学习教育】 坚持把处理信访问题和维护群众合法权益贯穿学习教育始终，深入贯彻落实中央和自治区、日喀则市党委、市政府关于信访工作决策部署，着力打造“阳光信访、责任信访、法治信访”，推进“网上信访”建设，规范和简化办理程序，将学习成效转化为处理信访突出问题、维护群众合法权益的新思路、新举措、新成果，主动营造为民务实、清廉的良好氛围，深入开展信访工作群众满意度评价活动，使党的宗旨观念切实落实到维护信访群众的合法权益上来。

【精准扶贫】 年内，按照县委、县政府精准扶贫工作的安排部署，坚持把精准扶贫工作作为全年工作重中之重，统一思想认识，强化组织领导，按照精准扶贫、精准脱贫中存在的问题及上级部门要求排查的内容，认真排查各项问题。

（顿珠卓玛）

【领导名录】

局　长　索朗央宗（女，藏族，副科）

援藏工作

【概况】 上海市第七批援藏干部江孜小组（以下简称江孜小组）自2013年6月17日进藏，三年来通过前期调研走访，听取县“四大班子”、县有关部门关于新一轮援藏的建议，同时结合浦东新区主要领导对援藏工作的批示精神以及日喀则市委、市政府对江孜经济社会发展的总体要求。江孜小组确立浦东新区对口支援江孜县的总体思路，即通过抓总体规划、抓援藏项目等手段实现江孜跨越式发展和长治久安，以文化旅游统揽全县经济社会发展，以农业示范园区建设推动产业发展，以小城镇建设带动区域发展的工作基本思路。

2016年6月，上海市第八批援藏干部江孜小组入藏，在有着深厚历史积淀和优秀援建传统的江孜县开始三年的援藏历程。江孜小组共由6名成员组成，入驻江孜以来，积极贯彻中共第六次西藏工作座谈会精神，落实上海市委市政府、西藏自治区党委政府、日喀则市委市政府关于援藏工作的指示，在上海联络组和日喀则市委、市政府、江孜县委、县政府的领导下开展工作，秉承“传承援建江孜接力棒，做江孜人创江孜业谋江孜福”的宗旨，通过调研形成“1+2+2”的援建思路，各项工作开局良好，受到了到江孜调研的市委书记张延清，市委副书记、市政府常务副市长、总领队倪俊南等领导的充分肯定。

【项目援藏】 年内，请县委、县政府主要领导上课，把准援建工作的总体方向，把他们对江孜发展的思考、布局、主要着力点等对小组干部进行具体指导；请县直部门辅导，找准具体领域的着力点，坚持上门请教，到县扶贫办、发改委、财政局、旅游局、住建局、农牧局、教育局、卫生局、文化局等15个部门走访调研，进行充分和卓有成效的沟通交流；请19个乡镇领导59个村居和农牧民指点，聚焦扶贫攻坚的切入点。

通过调研，基本形成“1+2+2”的援建工作思路，即“一条主线、两个产业主攻方向、两大社会事业支柱”的援建思路。一条主线，就是以精准扶贫、精准脱贫为贯穿三年援建工作全过程的主线；两个产业主攻方向，就是以现代农业科技示范园为核心、辐射相关乡镇的现代农牧业和以宗山城堡、加日郊老街和白居寺一线为核心、辐射卡若拉冰川、帕拉庄园、紫金湿地的文化旅游业；两大社会事业支柱，就是以义务教育均衡化验收为重点的教育事业和以藏医院和疾控中心建设为重点的卫生事业发展。

围绕援建江孜具体思路，在深入调研思考的基础上，形成援建江孜小组三年工作规划和2017年项目计划。精准扶贫项目，安排农业园区建设、沙棘育苗、集中易地搬迁配套等3个项目，和农牧业扶持基金、贫困大学生精准帮扶基金等2个基金，确保扶贫资金比例占到四成。产业发展项目，安排农业园区、江孜宗山抗英遗址景区改造提升、《江孜印迹》室内剧打造等8个项目。社会事业项目，安排闵行中学改扩建、名师培训工程、藏医院新建、江孜人民医院信息系统建设等9个项目。

2016年，在江孜县共安排援建项目26个，计划资金6097万元。至年底，已全部进入实施阶段，完成率超过90%。在项目推进中一手抓前期，一手抓建设。长宁路改扩建工程的建设为江孜达玛节成功举行提供了保障；江孜宗城重点保护建筑（群）评估项目与上海交大合作，已形成初步成果，为江孜申报国家历史文化名镇和进一步做好江孜历史文化遗产保护等工作奠定了基础；江孜印迹实景剧品质提升等项目的实施，使实景剧具备了室内化改造和赴内地演出，进一步提质增效的条件。

【智力援藏】 年内，狠抓教育医疗人才援建，智力援藏取得明显成效。教育援建以义务教育均衡化验收为目标，在硬件打造的同时，邀请上海教育名师、名校长团13人到江孜，以上海乃至全国最前沿的学科动态和教育理念为主题传授经验。对江孜492名教育系统领导班子、教师，分5个班开展了60节培训课，培训内容涵盖教育教学和学校管理工作的方方面面。同时，依托日喀则市上海实验学校组团式教育援建资源，开展与江孜学校管理干部、教研组长结对，开展集体备课，上课、听评课等教研组建设、学校管理提升活动。卫生援建确立发挥组团式医疗援藏优势，以藏医院建设、智慧医疗、公共卫生和医院学科建设为总体思路。巩固二甲成果，制订三年发展规划。安排4位医务人员赴浦东新区人民医院进修。积极开展医院品管圈活动，填补西藏自治区空白。指导外科率先进行专业分组，分为骨科、胸外专业和普外、泌尿专业，争创学科品牌，系统培养一批学科带头人。新建日喀则地区首家规范化微生物实验室、高原病氧疗中心。开展三级以上手术30多例，各种全院性培训讲座10次以上。人才援藏方面，坚持标准严格选人、坚持标准严格培训、坚持标准树立标杆，组织江孜第一期中青班培训，25名副科实职同志到浦东参训，效果良好。组织1批30人的基层干部培训班到浦东培训。

【交流共建】 充分依托上海优势。与上海戏剧学院紧密合作，进一步打造《江孜印迹》品牌，提升定位为“大型原生态文化史诗剧”（实景版、舞台版），用两个月的时间，紧急创排舞台版，作为日喀则珠峰文化节上海活动周的开幕式演出，在上海世博红厅首演成功。并针对该剧实景版财政投入大运行难持续的现状，初步形成“实景剧与舞台剧并行，主要演员和群众演员分层，浦东新区巡演加聚焦精准扶贫”的常态化运行改革思路；贯彻落实银川东西部扶贫协作座谈会精神，策划设计“携手奔小康，浦东人民认领江孜人民心愿”活动取得实质性进展。利用上海活动周出差上海的机会，向区委区政府领导和合作交流办汇报，取得支持的前提下，深入相关部门，特别是镇，汇报情况、争取支持，在江孜精心准备的合计1700多万元的15个项目都如愿找到了认领单位。结合江孜宗山、加日郊景区建设的需要，联系浦开集团参与浦东新场古镇开发建设的经验，主动向区分管领导汇报争取支持，并积极与集团领导汇报，争取集团领导亲自到江孜踏看现场，并形成投资开发建设意向。向区委组织部和区委党校汇报并争取，江孜县第一期中青班顺利运作，并达成了江孜干部挂职浦东的共识。争取浦东新区卫计委和浦东新区人民医院领导支持，邀请他们赴江孜调研指导，签署组团式医疗援藏的三方协议书。加强与浦东新区祝桥镇、新区发改委、建交委的沟通联系，祝桥镇商会积极组团进藏交流并捐助江孜困难学生10万元；发改委、建交委积极为江孜农牧民募集衣物100多箱6500多件，折合人民币约50万元。

【团队建设】 联系江孜实际，落实联络组安排的“援藏为什么、在藏干什么、离藏留什么”主题讨论，通过深入讨论、反复修改，形成了“传承援建江孜接力棒，做江孜人创江孜业谋江孜福”的三年援藏期间不忘初心、建功立业的学习实践活动主题，并扎实践行，切实增强建功立业的使命感和责任感。开展学习活动10次，学习传达中央、区委、市委，和联络组相关会议精神，进行制度制定、修改研讨，组织个人调研交流等。开展调研走访活动，深入19个乡镇、59个村居21个合作社（基地、企业），慰问35个驻村工作队和33户贫困家庭，结对认亲14户，结对帮困学生8名，发放慰问品折合人民币3.5万元，为贫困户捐款2万元。开展结对认亲活动，深入走访结对帮扶建档立卡户，送上慰问金，商讨脱贫路径。

落实联络组会议精神，加强制度建设，完成《上海市第八批援藏干部江孜小组制度汇编》。及时组织小组讨论完善《内部管理制度》《工作经费管理制度》《接待工作制度》《接待、出差管理办法》，并及时进行汇编。坚决严格执行“三项禁令”，严守政治、经济和工作纪律，并践行江孜小组“三不承诺”，就是：在藏工作期间，“不挖虫草”，建功高原不谋物质贪欲的满足；“不捡牛粪”，践行宗旨不与民争利；“不留种子”，确保家庭幸福，离藏功德圆满。

在联络组指导和示范下，江孜小组策划并正常开展“微课堂、微调研、微体验、微讨论、微健身”等“五微”学习活动。各项活动都在定期不定期开展中。微课堂，《〈习近平总书记系列重要讲话读本〉学习体会浅谈》等获得共鸣，秉承“三人行必有我师、两人行你是我师”的理念，在工作生活中，团队成员真诚互补、互学相长；微调研，学校、医院的相关项目，都是饭后微健身散步中现场踏看，再与相关部门商讨基础上明确的；微体验，利用周末，结合工作需要，上宗山、进白居寺，既是工作调研，又是体验生活；微讨论，大到项目规划计划、中到制度的制定规范、小到食堂是否吃饭的记事板，都通过讨论民主集中地决定；微健身，早饭前、晚饭后，县城里常见散步的身影，活动室常现打桌球、乒乓的场景。

在确定团队成员之初、离沪赴藏之前，小组就进行家庭互访，召集全体家庭的茶话会，建立后援团微信群，并“约法三章”：后援团多联系多沟通多活动；后援团有喜分享，有难共帮，守望相助，抱团取暖；凡有小组成员因工作需要回沪的，必须组织6个家庭的联谊活动。后援团自身组织了咖啡汇、购物行等活动，小组成员出差回沪都组织后援团联谊；在援藏公寓给团队成员过生日时，更是通过后援团微信群进行两地联通，其乐融融；但凡援建工作取得成绩，小组成员也会在后援团微信群里通报，与后援团进行成果分享。

小组在如火如荼开展各项援建工作的同时，也十分重视宣传工作。各类学习、调研、访问、交流活动情况第一时间形成稿件，在“上海援藏”和江孜县微信公众号上推送。进藏以来，共发布40余篇新闻通讯，在上海援建各县中名列前茅。“祝桥镇捐建江孜疾控中心”“浦东开发集团调研江孜文化旅游业”“一席冬衣献爱心、万里送暖浦江情”等多篇报道在《援藏日喀则》杂志上获得选登。小组2016年制作完成的工作月报信息全面、制作精美，充分展现了浦东援藏工作的广度、力度和高度，得到了市和新区各界肯定。

（王　振）

【领导名录】

第七批援藏江孜小组

上海援藏江孜小组组长、县委书记

孙嘉丰（上海援藏，7月免）

市委副秘书长、县委常务副书记、政府常务副县长

赵　亮（上海援藏，7月免江孜县职务）

县委副书记、政府常务副县长

江臻宇（上海援藏，7月免）

援藏江孜小组成员、县委常委、政府副县长

李　荣（上海援藏，7月免）

援藏江孜小组成员、县委常委、县委办主任

张　裔（上海援藏，7月免）

援藏江孜小组成员、住建局副局长

孟　岩（上海援藏，7月免）

援藏江孜小组成员、发改委副主任

刘晓松（上海援藏，7月免）

援藏江孜小组成员、江孜镇副书记

于春峰（上海援藏，7月免）

援藏江孜小组成员、教育局副局长、闵行中学校长

刘生金（上海援藏，7月免）

援藏江孜小组成员、卫生局副局长、卫生服务中心主任、人民医院院长

朱华忠（上海援藏，7月免）

第八批援藏江孜小组

上海援藏江孜小组组长、县委常务副书记

王高安（上海援藏，7月任）

县委常委、副县长

陆剑涛（上海援藏，9月任）

江孜县发改委副主任

王 振（上海援藏，7月任）

江孜县住建局副局长

朱书敏（上海援藏，7月任）

江孜县教育局副局长、江孜闵行中学校长

郭树宝（上海援藏，7月任）

江孜县卫生局副局长、卫生服务中心主任、县人民医院院长

侯 坤（上海援藏，7月任）

武 装

江孜县人民武装部

【概况】 1965年12月8日，经西藏军区批准成立江孜县人民武装部，驻江孜镇。2016年，江孜县人民武装部坚持把思想政治建设和安全管理教育摆在首位，不断增强官兵的政治意识、大局意识和安全观念。紧盯国防动员建设和应急应战能力建设，进一步巩固正规化达标成果、坚持党委理论学习制度，深入学习中共十八大和十八届四、五中全会精神，深入学习贯彻习近平总书记系列重要讲话和全军政治工作会议精神，以党在新形势下的强军目标为统揽，按照“四个牢固立起来”“五个着力抓好”要求提高党委科学决策、民主决策、依法决策水平；狠抓“强军目标”主题教育，牢记改革强军目标，大兴岗位练兵活动。开展双拥共建、扶贫帮困及助民爱民活动，深入乡（镇）及敬老院进行走访慰问活动，密切军民关系。以“十三五”规划为契机，积极组织民兵参与其中，为地方经济建设做出了应有贡献。

【军事工作】 年内，根据年度军事工作指示精神，科学统筹安排本级军事工作，制定军事工作计划，及时下发各乡（镇）、县直机关民兵分队。认真落实民兵工作制度，组织民兵骨干进行基础训练和防暴处突演（训）练，提高了民兵军事素质，全年基干民兵和普通民兵参训率达86%以上。根据区市年度征兵工作会议精神，及时成立组织领导，召开专题会议进行安排部署，统一思想、明确任务，各相关单位紧密协作，严把征兵政策、标准和条件关，保质保量完成夏秋季征兵任务，江孜县人民武装部被军分区评为军事先进单位。

【安全工作】 年内，落实军区及分区2016年安全工作会议精神，牢固树立安全工作无小事的思想，坚持安全工作各项制度，定期召开安全形势分析会议，确保各种安全隐患、苗头消灭在萌芽状态。加强安全教育，全面整治和规范民兵武器仓库，大力开展“安全大讨论”“百日安全竞赛”“条令学习月”和“三互”活动，灌输科学发展、安全发展理念，打牢官兵安全思想基础。坚持一日生活制度，落实上下班、请销假等制度，正规了人武部“四个秩序”。2016年，单位无发生任何违规违纪事情。

【后勤与装备工作】 年内，落实后装工作制度，加强后勤、装备建设，规范库室物资器材摆放，不断提高民兵应急处突、维稳和抢险救灾中的保障能力。结合实际，搞好后勤农副业生产，加强温室田间管理，提高蔬菜自给能力，改善官兵的生活水平。坚持抓好装备建设，认真开展民兵武器仓库安防工作和装备保养擦拭日活动，确保民兵装备器材随时处于良好的性能状态。

（次 旺）

【领导名录】

部 长 包世贵

政 委 方美远

副部长 宁庆华

江孜县公安消防大队

【概况】江孜县公安消防大队组建于2003年，下辖1个中队。现有营区建设于2003年10月，是上海市人民政府援建工程，营区占地面积9亩余，现有营房共2栋，2016年，营区共有消防灭火车辆4台，2台红岩8T水罐车，一台3.5T东风车及一台水罐泡沫用车。江孜县消防大队位于江孜县国防路12号，大队在县城内主要担负着全县19个乡（镇）的消防安全保卫任务，并全权负责辖区内灭火、社会救援、社会面火灾防控等工作，另在重特大节日负责消防安保工作。2016年，江孜县消防大队认真贯彻落实《国务院关于进一步加强消防工作的意见》，以“立警为公、执法为民”为目标，着力加强“三月敏感期”“立杆节”和“五一”期间的消防执法检查工作，同时为做好“建党九五华诞”大庆期间消防安保工作，大队进一步加大消防执法工作力度，切实统一思想，提高认识，明确任务，责任到人，确保江孜县消防工作万无一失。大力消除各类场所火灾隐患，从根本上解决了一些场所建筑耐火等级低、疏散逃生条件差、消防设施缺乏、火灾荷载大、防火间距不足、员工消防安全素质低下等问题，坚决杜绝了群死群伤等恶性火灾事故的发生。

【政令警令畅通】年内，大队不断强化官兵服从命令、听从指挥意识，坚决维护县公安局管理指挥权威，严格执行县委、县政府及县政法委、县公安局的各种指令和工作指示要求，认真履职尽责，不负重托。

【经费投入】年内，大队预算经费为69.7385万余元，为顺利开展各项工作奠定了坚实的后勤保障；在2016年的营房建设中，县委、县政府在财政极为薄弱下给予大力支持，解决专项经费800万元；基层消防力量进一步得到了加强，2016年全县根据消防工作实际和火灾防控工作需要共落实45万元建设经费，购置了各类消防器材，进一步完善了全县203个微型消防站建设。

【消防安全隐患排查整治】年内，开展“火灾隐患排查整治专项活动”，着力整改场所存在的火灾隐患，有效控制重特大火灾事故的发生。为将“火灾隐患排查整治专项活动”落到实处，取得实效。2016年，大队按规定适时实行“错时工作制”，区分不同单位，利用日常监督、专项检查以及夜间监督抽查等形式，深入宾馆、饭店、学校、公共娱乐场所、网吧等人员密集场所和关系国计民生的要害场所指导消除火灾隐患。对国家级文物保护单位“白居寺”维修进行了消防安全专项检查，要求有关部门完善消防设施。深入辖区各彩钢板建筑区域，现已将明湖饭店、金轮藏餐、灿达公司等一批使用性彩钢板建筑拆除整治，有效排除了辖区存在的较大隐患。重点加强文物保护单位监督监察力度。为进一步消除文物古建筑火灾隐患，在上半年县大队联合县统战、民宗等部门深入全县32座寺庙、两座文物保护单位，共开展为期20余天的隐患整治、宣传、培训行动，并在整治期间更换了各单位失效灭火器具大小共100多具，切实提升了文物古建筑初期火灾控制及扑救能力。切实加强辖区专项检查力度，确保消除各类隐患。大队采取白天集中检查和夜查、抽查相结合的方法进行。白天检查各单位存在火灾隐患情况，晚上抽查各单位值班制度落实情况，消防安全通道、安全出口是否存在不畅、封堵等情况。通过上半年的消防执法检查，切实提高了各单位、各场所从业人员消防安全意识和消防安全管理水平，有效消除了一些场所内消防设施配备不足、私拉乱接线路、封堵安全出口、占用消防安全通道等现象，确保了各场所值班有记录，灭火有设施，逃生有出口，安全有保障。大队全年共开展专项检查10余次，其中夜查12次，检查单位829家，发现和消除火灾隐患483处，临时查封1家、责令“三停”1家，下发《责令改正通知书》407余份、下发《建筑工程消防设计审核意见书》37份、《建筑工程消防验收意见书》6份、办理《公众聚集场所投入使用、营业前消防安全检查合格证》13份。

【岗位练兵重实战】 年内，为进一步深化和提高部队防火灭火、应急救援和维稳处突能力，根据市消防支队“冬训工作实施方案”“执勤岗位练兵方案”“2016年度灭火救援业务训练”等活动要求，结合江孜大队实际制定方案，积极开展灭火及应急救援业务训练。全年大队共组织官兵对辖区重点单位开展六熟悉工作30余次，对辖区易燃易爆场所加油站、液化气站进行6次联合演练；人员密集场所江孜县小学、中学、江孜饭店进行1次联合演练。重大节假日和重要敏感时期（时段）执勤20次，出动消防车40辆次，消防官兵200余人次，无灭火救援行动。

【为民助民工作】 只要是群众需要就义不容辞。全年大队积极为单位群众送水、运水，共15辆车次，100余吨。深入年堆乡罗村解决水管堵塞问题两次。深入福利院、学校、社会单位开展义务劳动4余次，打扫卫生6余次，开展消防宣传10次，发放宣传资料300余份，走访慰问困难群众4余户，赠送大米、清油、罐头、砖茶、酥油等慰问品共计价值8000余元。

【举办消防工作联席会】 年内，根据日喀则市政府关于做好冬春火灾专项工作要求，在县政府、县公安局的大力支持下举办消防工作联席会，会议主要是部署冬春火灾防控及2017年度消防安全工作，进一步明确各乡镇、部门以及重点单位的主体责任和目标任务，并签订了目标管理责任书。

【“微型消防站”建设】 年内，为认真贯彻落实公安部、自治区、日喀则市的决策部署，全面做好微型消防站建设工作，江孜县人民政府高度重视、周密部署、结合各类型微型消防站建设标准、全县消防工作实际和火灾防控工作需要共落实45万元建设经费，购置各类消防器材，进一步完善全县203个微型消防站建设，其中包含县155个行政村、3个社区、1个设消防控制室的重点单位、5个便民警务站、5个县城所在地学校、34个寺庙文物保护单位微型消防站。

【消防宣传】 年内，共出动人员达40余人次、车辆30余台次，开展大小定点宣传10余次，入户宣传8次，共发放各类宣传资料2000余份，宣传海报600余份，发送公益短信十余条，设置两处公路告示栏进行消防宣传，有效地促进了宣传效果，辖区提升了民众消防安全意识；积极拓展新《中华人民共和国消防法》《西藏自治区消防条例》及其配套规章等消防安全知识教育培训工作力度。分别在各单位（乡、镇）、企业和一中、福利院集中举办了消防安全知识培训班和消防演练。通过培训演练，切实提增强广大群众的消防法制观念，提高了灭火自救基本技能。

【制定方案】 年内，制定《江孜县灭火与消防应急救援处置联动工作方案》，进一步完善以政府统一领导指挥，各救援力量密切配合的灭火与消防应急救援联动工作的机制，为高效快速处置突发事件奠定了基础。

【完成基础台账规范化建设】 年内，根据日喀则市消防支队基层党组织规范化建设、部队管理规范化建设、执法规范化建设“三化”建设现场会要求，大队按照统一标准完成了基础台账规范化建设，待新营房投入使用后，将全面推行落实“三化”建设，使部队逐步走向正规化，并在2017年度全面完成。

（罗布次仁）

【领导名录】

副大队长 龙 科

11级工程师 贾永录
副营职参谋 洛桑加央（藏族）
副连职参谋 罗布次仁（藏族）
正排职副中队长
王 强

武警江孜县中队

【概况】 1975年1月，奉西藏军区命令，成立了江孜县人民武装民警大队，负责江孜县机关、学校的保卫工作和监狱看守等任务。江孜县人民武装民警大队隶属日喀则地区公安处和江孜县公安局双重领导。1983年，江孜县人民武装民警大队更名为江孜县武装民警中队，1985年，江孜县武装民警中队更名为武警江孜县中队。隶属于武警西藏总队日喀则市支队第三大队。组建以来，全体官兵认真贯彻落实习近平主席改革强军战略思想，按照《军队基层建设纲要》和《基层正规化管理规定》，全面加强正规化建设，先后被总队、支队评为先进党支部2次，标兵中队4次，先进中队4次，荣记集体三等功3次。2004年7月被西藏自治区、西藏军区表彰为“拥政爱民模范单位”。2016年，武警江孜县中队坚持以党在新形势下的强军目标为引领，深入学习贯彻习近平总书记系列重要讲话精神，按照总部、总队党委全会部署要求，着力强化核心看齐追随，着力推动调整改革落地，着力提高综合维稳力量，着力稳固部队建设基础，着力深化整风整改成效，稳步推进部队建设向上向好向强发展。立足中队建设实际，树牢科学发展、安全发展理念，一手抓任务，一手抓建设，不断提高工作标准和质量，高标准实现“四个确保”。

【提高军事训练质量】 年内，坚持以中心工作为牵引。严格落实新《军事训练与考核大纲》，按纲施训，循序渐进，不断提高军事训练质量。坚持支部议训制度，认真制定各类训练计划和教员分课表，扎实开展军事训练。结合实际主要对队列、擒敌、器械、体能和执勤动作及情况处置等基础科目进行训练，加强对班组战斗行动，捕歼战斗、抢险救灾等训练，组建应急小分队，加强对教练员培训力度，结合任务的实际进行合成演练。训练中，坚持每月进行一次军事会操，不断激发官兵训练热情，训练明显进步。

【专勤专训】 年内，以三班四哨为基本内容，情处置为重点，规范三班四哨动作，重点对哨兵防袭击、哨兵应急连贯操、哨兵情况处置等基础性科目进行训练。突出对应急小分队体能和快速领取武器、更换弹匣等内容的训练，缩短反应时间，增强处突能力，提高应急质量。同时，积极开展“五小练兵”活动，对薄弱科目、人员和漏训人员进行补训，提高了训练，有效地解决了勤训矛盾问题。

【抓好适应性训练】 针对高原缺氧、日照强烈、空气干燥、昼夜温差大的特点，积极开展体能训练，本着循序渐进、安全有效的原则，科学组织。

【安全防事故措施】 年内，坚持严格正规施训、干部跟班作业制度，严格要求严格训练，强化安全意识，训练中严格保护措施、严密组训，严防训练事故发生，确保了训练安全。

【思想政治教育】 年内，中队支部高度重视对官兵的思想政治教育，牢固树立政治作首位意识，为加强中队全面建设和圆满完成镇守维稳任务奠定了坚实的思想基础。加强干部的学习和教育，官兵思想稳定。按照干部教育计划，认真抓好干部思想教育，通过教育，增强干部的使命感、责任感和自率意识，使干部自觉树立反腐倡廉思想，帮助干部认清当前形势，正确的面对走留，进一步提高干部队伍的能力和素质，使各级干部都能胜任本职工作，为圆满满完成任务奠定坚实的基础。根据支队下发的教育内容，结合中队实际认真编写和完善各类教案，确保教育质量落实。认真落实每月执勤教育和法纪教育，充分利用展板、墙报、演讲、知识竞赛等手段营造学习氛围，采取多媒体教学、讲授、辅导、讨论等多种形式调动官兵的学习兴趣，让内容切实进入官兵头脑。强化了官兵职能意识，鼓舞了士气，增强了官兵忠于职守爱岗敬业的责任感和使命感，为中队全面建设奠定了坚实的思想基础；同时中队立足现有条件，丰富官兵的课余文化生活，根据中队实际，中队官兵自编队报，丰富官兵文化生活，利用节假日，中队修建假山、音乐喷泉，营造文化氛围。

【党风廉政建设】 年内，成立思想工作骨干队伍、心理工作骨干队伍，划分“三互小组”，认真做好经常性思想工作。认真开展干部学习研究日制度和研究士兵活动，建立研究士兵活动档案。注重做好战士经常性思想工作，每月定期分析人员思想及现实表现情况，针对不同时期、不同人员，加强了随机教育力度；抽选心理素质好的骨干参加培训，解决官兵出现的心理问题。

【后勤工作】 年内，中队狠抓后勤制度落实，搞好后勤经费和物资、库室管理。在伙食管理方面，落实伙食管理五项制度，落实签字制度和公布账目及财务公开，有效地纠正管理不规范的现象；在营房管理方面，严格落实营产营具管理责任制，规范后勤库室。根据营房和营具损坏现状，积极做好维修工作。对破损的瓷砖和墙裙进行更换，对球场及各种标牌进行刷新。对营区进行清理整治，创造拴心留人的良好环境。“两业”生产中，根据县里的城市规划将中队的温室采地进行从新划分和建设，现在新建的温室采地已经基本建好，为中对下步“两业生产”打好基础。中队下大力提高后勤人员的炊事技能而创造条件，提供各类菜肴的制作方法，确保了中队战士能够吃饱、吃好。

【“六共”活动】 年内，成立中队长薛令军、政治指导员简勇为组长，副队长刘阿平、各班长、司务长为成员的活动领导小组。负责维护社会稳定群众工作“六共”活动的组织、开展、协调工作。中队支部在充分研究、积极协调县相关单位了解情况的基础上制定中队开展维稳群众工作“六共”活动实施计划。配合江孜县相关部门，利用“五四”“七一”“八一”“十一”等时机，深入街道、社区、学校、乡村、寺庙等场所进行宣讲、教育。让人民群众铭记党中央、区党委的倾情奉献和无私援助，激励他们辛勤劳作、奋发图强、建设家乡，切实把感恩行动渗透到日常工作、家庭生活等各个环节中去，让他们树立心中有祖国、有集体，真正感受到“惠从何来、惠在何处”，进而感党恩、跟党走。利用中队现有文化设施，指导群众使用篮球场、乒乓球台、健身器材等设施，提高群众求健康热情。开放中队图书室，提高群众求知识热情。联系县医院，大力宣传卫生常识，倡导健康文明乡村生活方式，在思想上引导群众树立农村新风尚；按照硬化、绿化、净化、美化的乡村文明建设标准，定期协调村（寺）委会组织治理村（寺）脏乱差，组织官兵在县城开展“大扫除”活动、清除卫生死角，美化军警民生活环境，营造良好的共建氛围。配合县公安局严厉打击各类违法犯罪，协助地方党委、政府搞好安全隐患排查、矛盾纠纷化解、突发事件应对、流动人口管控等工作，有效净化社会环境，把各种影响社会稳定的因素消灭在萌芽状态。指导帮助村级组织活动场所及配套设施建设，实现有党旗团旗、有领袖像、有牌子、有人员、有场所、有制度、有活动；坚持每季共同开展一次党日活动和思想互助，帮助基层党组织加强自身建设、解决自身问题，充分带动基层党组织和党员队伍发挥堡垒和旗帜作用，增强党组织的凝聚力战斗力。

（简　勇）

【领导名录】

队　长　江　伟（5月免）
　　　　薛令军（5月任）
指导员　简　勇
副队长　刘阿平

法 治

江孜县公安局

【概况】 1956年9月，江孜宗办事处成立后，设公安局，具体负责处理城镇治安管理工作。1957年江孜宗办事处撤销时，公安局一并撤销。1959年9月，江孜县人民政府成立后，设公安局。1962年，江孜县公安局在城关镇设派出所，编制3人。“文化大革命”初期，江孜县公安机关受到冲击，1967年3月撤销。1973年6月，江孜县人民保卫组改为江孜县公安局。2005年，江孜县公安局增设和改建了重孜乡派出所和冲萨林派出所。2011年，江孜县公安局规划新增设特警大队，5个便民警务站，15个乡派出所，一个寺庙派出所。2012年，新增设的5个便民警务站，特警大队、东郊一级公安检查站已建设完成，并正式投入使用。江孜县公安局为正科级机构，核定编制数99人。内设办公室（指挥中心、警务保障室）、法制大队、国内安全保卫大队、情报中心、刑事侦查大队、治安管理大队（便民警务大队）、交通管理大队（公交安全保卫大队）、政工纪检室（警务督察大队）、出入境管理大队、特警大队、网络安全保卫大队，（科技信息化大队）等11个内设机构。现有5个便民警务站、1个看守所，17个乡镇派出所、1个寺庙派出所，1个管理机构（东郊一级公安检查站）。江孜县公安局共有民警255人（其中县处级副职2人、乡科级正职10人，乡科级副职40人），辅警57人，公益性5人，临时工8人，最大年龄为53岁，最小年龄为21岁，平均年龄30岁。党员154名（其中男性党员135人，女性党员19人），研究生学历1人，本科学历54人，专科学历199人，高中学历57人，中专学历14人。

【打击刑事违法犯罪活动】 刑侦大队以百日严打、突出问题排查打击整治等专项行动为契机，以重点地区排查整治工作为中心，以“打击分裂破坏活动、打四黑除四恶、治爆缉枪、反恐防暴、打盗抢、保民安”等为重点，依法严厉打击涉枪涉爆等严重暴力犯罪活动，严肃查处伤害、侵财、侵权等多发性违法犯罪活动，有效保护了广大人民群众的合法权益不受侵害。2016年，刑事案件受立案14起，破获10起，2起隐案，追缴各类赃物折合人民币4万余元，协助区外省市及兄弟县区公安局协作办理案件11起。

【公共安全监管】 治安大队牵头，组织各派出所、便民警务站进一步加强安全生产监督，对各施工现场、民爆物品使用单位、重要部位等区域进行监督检查，加大对超市、广场、客运站等人员密集场所的巡查力度，防止了重大治安灾害事故和群死群伤事件的发生，全年共排查隐患82处，整改82处，整改率100%。按照分段包干原则，认真落实“两限一警”工作机制，交警大队在县城主要路口及和204、307省道开展交通管理整治工作，严厉查处交通违法违章行为，防止了重特大交通事故的发生。截至年底，开展专项行动12次，发生一般以上道路交通事故16起（死亡0人、受伤37人），直接经济损失13250元，发生轻微交通事故112起，受伤42人、造成直接经济损失32100元，查处各类交通违法行为1456起，破获交通肇事逃逸案4起，网上录入违法行为120起，网上处理违法行为100起，罚款111000元，排查安全隐患38处，选派“一车一警”民警990人次。

【矛盾纠纷排查】 法制大队严格按照“五个一”的工作要求，进一步加大矛盾纠纷调处力度，重点针对劳资纠纷、资源纠纷等问题进行调解和协调处理，落实矛盾纠纷稳控措施，做到能解决的当场解决，不能解决的协调有关部门限时解决。截至年底，成功调处、化解矛盾纠纷8起。

【监所管理】 根据监管支队改扩建、新建监所关押人员一律转日喀则市看守所、拘留所异地羁押要求，看守所积极协助办案部门开展异地羁押，确保人员转送过程绝对安全，全年共异地羁押13人。

【社会综合服务管理】 以特警大队为主体，以派出所、便民警务站为基础，以“一村一警”“一矿一警”为依托，有效整合驻村队、护路队、护园队等基层维稳安保力量。全警按照网格化管理要求，坚持“白天见警察、晚上见警灯”的原则，最大限度地把警力部署在基层一线，采取车巡与步巡相结合的方式在辖区内开展服务管理工作。全年受理治安案件35起，查处35起，查处率100%，与同期相比发案率下降10%。收缴并销毁炸药346.75公斤，雷管345枚，导火索177.6米，子弹385发，土枪2支，汽油15升；开展法律集中宣传25次，送教进校园、进牧区、进寺庙12次，发放资料3500余份，受教育群众40000余人次；受理群众咨询4500余人次，办理二代身份证1140张、居住证1260人次，受理户口迁入登记425人，受理户口迁出登记543人，新生儿入户登记1367人，死亡销户307人，补录61人，重户注销52人。

【队伍管理】 以纪律作风整治年活动、“两学一做”学习教育为平台，组织开展“进百姓家、说百姓话、办百姓事”、忠诚教育月、“讲学习、正风纪、转作风、提效能”等活动，始终把从严治警、从优待警，坚持问题导向、制度管理，遵守政治纪律、加强党性修养作为队伍建设的根本，把建章立制作为队伍正规化建设的关键来抓。同时，督察大队采取网上督察、现场督导、突击检查等方式对民警日常工作开展、遵章守纪、措施落实、警容风纪等方面进行全程跟踪督导检查。全年共开展网上督察35次，现场督察177次，专项督察129次，出动督察人员285人余次，发现纠正各类问题28个，整改28个，整改率100%，实现民（辅）警零违纪目标。全年共解决7名正科级、9名副科级待遇，统一组织129名民警报考驾校并取得驾驶证，2016年4月，民警食堂、66套职工周转房顺利投入使用。

【党建、党风廉政建设】 局党委围绕党的基本路线结合公安工作任务和特点，不断加强党的思想、组织和作风建设，强化党内监督，坚持政治建警，充分发挥党的思想政治优势、组织优势和密切联系群众的优势，自觉将各项维稳安保工作和日常公安工作置于党的绝对领导下，年初制定《江孜县公安局2016年度党委理论中心组学习实施方案》和学习计划，积极推动“一岗双责”责任制落实，建立健全领导班子成员及副科级民警个人廉政档案，签订党风廉政建设责任书。全年组织理论中心组学习会议12次，召开党员大会4次，领导干部上党课8次，发展党员10人，召开党风廉政建设专题会议2次，撰写心得体会和剖析材料308篇。

【四项建设】 年内，以警务实战化推动年活动为契机，以素质提升年活动为媒介，通过完善实战化训练工作机制，改进训练内容，创新训练方式，强化训练保障，推动建立更加科学规范、适应实战需求的实战化训练体系，建立完善教育培训机制，按照警种、岗位的不同，分层次制定培训计划。全年举办各类教育培训9期，教育培训300余人次。11月，江孜公安微信公众号投入使用，为广大干部群众更好地了解公安工作提供一个交流平台，完成平安江孜一期、二期视频监控工程建设，局机关执法办案中心于4月正式投入使用，3个派出所执法办案中心建设正在实施中。

（王 刚）

【领导名录】

政法委书记、党委书记、局长、督察长

扎西平措（藏族）

东郊一级公安检查站站长、党委副书记、政委

琼 达（藏族，6月免）

张 浩（6月任）

党委委员、副局长

普 顿（藏族）

顿 珠（藏族）

马永辉

江孜县人民检察院

【概况】 1978年10月，成立江孜县人民检察院，有干警4人，设检察长职务。1991年3月，县人民检察院设立经济、法纪案件举报中心。1995年，成立社会治安综合治理委员会领导小组。院党支部、工青妇组织和检察委员会于1997年1月经县委批准单独成立。新办公楼建于2002年，建筑面积1125平方米；干警周转房建于2005年，面积为600平方米，于2007年进行了改扩建；2011年按照机构改革的要求设置9个内设机构，配备9名内设机构负责人，均为副科级建制，分别为办公室、公诉科、侦查监督科（法警大队）、控告申诉科、监所检察科、反贪污贿赂局、检察技术科、民事行政检察科。2013年新增了反渎职侵权局。2016年年初新设案件管理办公室；2016年监所检察科更名为刑事执行检察局。有在编在岗人员28名，其中党员21名，班子成员6名，检察员16名，助理检察员4名，公益性岗位人员4名，自聘人员3名。内设机构10个，分别为办公室、公诉科、侦查监督科、反贪污贿赂局、民事行政检察科、刑事执行局、检察技术科、反渎职侵权检察局、控告申诉检察科、案件管理中心。先后被高检院授予“文明接待室”“全国百佳公诉团队”等荣誉称号，荣获区、市两级文明单位。

我国宪法和人民检察院组织法规定人民检察院是国家的法律监督机关，依法监督执行和遵守法律的情况，维护法律的正确统一实施。2016年，江孜县人民检察院高擎立检为公，执法为民的检察宗旨，坚持“强化法律监督，维护公平正义”的检察工作主题，忠实履行宪法法律赋予的职责，围绕江孜经济发展中心工作，突出抓好维护社会和谐稳定，强化法律监督，坚持从严治检，狠抓任务落实，各项工作均取得新的进展。为江孜县常年保持稳定发展和长治久安的社会局面做出积极贡献。

【依法打击各类刑事犯罪】 2016年，共受理公安机关提请批准逮捕案件7件8人，审查后批准逮捕7件8人，无漏捕追捕案件；受理移送审查起诉11件12人，提起公诉4件4人，法院判决4件4人，退回补充侦查1件1人，截至年底，未重新移送审查起诉，无漏诉追诉案件。同时，落实宽严相济刑事政策和教育、感化、挽救的方针，为最大限度减少社会对立面，变消极因素为积极因素，促进社会和谐，结合案件性质、社会危害程度等因素，对主观恶性较小、犯罪情节轻微的未成年犯、从犯和过失犯，做出不起诉决定6件7人。

【查办和预防职务犯罪】 认真做好案件受理排查工作。围绕群众关注的村务不公开、财务不透明、低保资格界定不公、扶贫领域资金管理发放不到位、群众身边腐败等重点热点问题，全年共受理涉及专项资金领域贪污贿赂举报案件线索2件3人，现处于前期调查阶段。受理渎职侵权案件线索2件2人，其中1件经查不存在渎职失职行为，1件未达到反渎职侵权案件立案标准移交县纪检委。转变办案理念，不断加强办案力度。为减轻办案阻力，打破长年零案件的工作僵局，加

大人员配置力度，将异地人员调配到反贪部门开展职务犯罪侦查工作。加快侦查信息化和装备现代化建设，促进转变侦查模式，提升查办职务犯罪的法治化水平，在法律文书制作方面摆脱“一张纸、一支笔、一张嘴”的工作模式，实现电子化并实施同步录音录像。把工作重点转移到项目建设领域权利比较集中、资金比较密集的部门单位，就全县近5年来劳动就业培训情况进行前期摸底调研，现已全面掌握该项目审批、验收、分配等重点环节的运作规律。不断扩大办案范围，加强警示教育，办案对象触及县直各单位县级、正科级干部职工，有效树立了检察院反贪反渎部门在干部群众中的形象和公信力，反贪反渎工作进入正轨，各项工作局面逐步打开。不断深化预防职务犯罪工作机制。加强协作配合。为强化预防合力、提高办案效率，与县纪检、财政、税务、安监等部门签订工作联席制度，加强与相关部门的联系配合，切实提高各机关单位党员干部的守法意识，积极营造廉洁高效的政务环境。不断完善充实《预防职务犯罪联席制度》内容，先后与各县（中、区）直单位签订《预防职务犯罪联席制度》5份，并认真总结、分析、梳理有关单位提出的意见建议，进一步明确了预防职务犯罪工作的目标、责任。延伸工作触角。年内，为拓宽职务犯罪案源渠道，开展“预防涉农职务犯罪、促进和谐农村建设”专题活动，深入辖区19个乡（镇）签订《预防职务犯罪联席制度》。为及时发现关于反渎案件线索，反渎局从预防的角度出发，对县城及周边乡镇的10家诊所完成建档立卡工作，从中发现资质不全、超出营业许可范围、非法行医、出售使用过期药品等问题，就此情况反渎局向县卫生局发出检察建议1份，与此同时，县食药监局对其仅做出没收过期产品并销毁的措施，在法定期限内未采取任何的相关行政处罚措施，对此情况反渎局要求县食药监局提出书面材料进行说明。

【法律监督职责】 在刑事立案监督工作中，提前介入重大、疑难、复杂案件4件4人，发出口头检察建议1件1人。召开检委会7次，研究讨论案件6件7人。在行政执法监督工作中，针对群众反映的江孜县某些餐饮服务场所使用的消毒餐具不符合国家标准、消毒餐具配送中心工作场所环境存在脏、乱、差等情况，组织干警对位于江孜县宗堆乡玉拓路的腾辉消毒餐具配送中心进行暗访调查。就检查出的证件不齐全、包装不合格、检验不到位等相关问题，向有关行政执法部门发出督促履职书面检察建议2件，进一步规范江孜县市场行为，改善江孜县的食品安全及餐饮服务行业的卫生，更好地维护保障广大群众的合法权益，确保人民群众“舌尖上”的安全，为和谐江孜、法制江孜奠定良好的基础；与县食药监局签订加强行政执法与检察监督协作配合制度。在民事诉讼监督工作中，全年共受理审查江孜县人民法院民事调解书、裁定书、判决书52份，其中民事调解37件104人、裁定7件16人、判决8件18人；发出口头检察建议2次；拟向江孜法院发出更改案件性质检察建议1件。审判监督4次，执行监督12次，其中执行专项监督2次，执行专项行动涉及的案件任重而道远，江孜检察院充分履行监督职责，以监督协助专项行动顺利进行，全力推进法治维稳工作，切实维护人民群众合法权益，切实保障司法权威，为执行行动依法依规进行，为专项行动顺利开展提供法治保障，得到执行当事人的一致认可。在监所检察工作中，坚持定期、不定期深入看守所进行安全防范检查，共检查6次，消除安全隐患2次，提出口头检察建议2次。为进一步规范程序、明确职责、强化监督、提高效率，解决看守所监管活动中存在的突出问题，检察院在看守所内特制作“检察院监所检察专栏”“检察建议回执”登记，为规范执法行为，强化法律监督，维护在押人员的合法权益，确保刑事诉讼的顺利进行做出积极努力。同时，对社区矫正“五类”人员进行了全面统计，监外执行人员共有12人，进行逐一的登记，加强监外执行罪犯的监督检查工作。在控申检察工作中，全年共受理各类来信来访8件8人，依法妥善处理4件4人，未出现涉检上访、闹访等事件的发生。坚持每月开启2次举报箱，对案件线索按有关的规定及时分流，及时催办，按照首办责任制要求处理和答复，做到事事有交代，件件有着落，使举报线索的管理进一步制度化、规范化。

【党风廉政建设】 坚持从严治检，严格执行各项办案安全防范制度和纪律作风制度。全面落实党风廉政建设“两个责任”制，加大对班子成员履行“一岗双责”的监督力度，真正做到全面从严治党治检人人有责、人人抓落实。在全院推行中层干部述职述廉制度以及岗位目标责任制度，切实加强干警党风廉政教育，有效增强干警特别是领导干部的廉洁自律意识和拒腐防变能力。加强自身廉政风险防控管理工作，结合自身岗位职责，建立风险评估卡，努力杜绝人情案、关系案及违法办案等情况的发生。深入推行检务督察制度，通过明察暗访等形式，对检察干警履行职责、遵章守纪等情况进行监督检查，确保良好的检察队伍形象。年内，检察院队伍建设取得明显成效，各项工作得到组织的充分肯定，集体受奖3次，个人受奖1人次，科员提拔副科1人。

【党建工作】 在充分做好检察日常工作的前提下，加大学习力度，围绕“团结、民主、和谐、务实”的目标，强化班子能力建设，形成党组垂范，全院上下齐心协力、齐抓共管的工作格局。坚持党组理论中心学习制度。落实“每周一学”模式，在学习上级文件精神的同时，结合“两学一做”专题教育等，以党组学习带动全院学习方针，定期开展学习讨论会，坚持一切从实际出发的原则，更加注意学以致用，努力解决当前部分干警作风散漫、办事拖沓、学习滞后的现状。全年共召开党组会议6次，理论学习中心组会议12次，民主生活会2次。向党委、人大专题汇报2015年检察工作情况、“两学一做”、党建、党风廉政建设实施情况；严格落实民主集中制原则。评选先进、推荐提拔任用干部、重大资金落实决策等都经由院党组成员充分讨论决定。大宗经费开支、重大事项，提交党组会、检察长办公会研究决定，提高了决策的民主性、科学性，增强了班子的团结。

【以专项活动促思想进步】 在创先争优“强基惠民”活动中，检察院驻村工作队严格按照区、市、县三级创先争优强基惠民活动办的总体要求，深入扎实地开展驻村各项工作，真正增强基层党建、保障基层维稳、促进基层发展，为改善基层民生做出积极贡献。5名驻村工作队员根据强基础惠民生的各项要求，积极开展新旧对比教育和“感党恩、跟党走”爱国教育等活动26次；帮助制定村务公开、民主管理、乡规民约等制度14件；帮助培养入党积极分子6名，发展党员9名；排查调处矛盾纠纷2件；开展技能培训班2个；解决卓怕村自来水安装到户，卓普村饮水灌溉、水塘新建、线路改造工程累计4个，共计落实资金377万余元；为卓怕卓普村民争取榆树树苗2000株，春耕所需的玉米、豌豆种子1050公斤，1500公斤化肥，价值共计63100元；先后开展8次慰问活动、6次物资发放仪式、3次联欢活动和4次捐款活动，发放物资累计价值74390元；积极组织驻村队员参加抗洪抢险；组建由驻村队员、全村党员干部等组成的帮扶队，大力开展助农收割活动，着力解决孤寡老人等劳动力欠缺户的秋收问题，获得当地群众的肯定和赞许。

（张 腾）

【领导名录】

党组书记、检察长
尼玛平措（藏族）

党组副书记、副检察长
次 仁（藏族）

党组成员、副检察长
加 参（藏族）
王 瑾（女）
强巴石确（藏族）

党组成员 米玛旺堆（藏族）

江孜县人民法院

【概况】 1962年7月，江孜县人民法院建立，1967年3月，县人民法院停止办公，后撤销，1969年10

月，县革命委员会成立，全县审判工作由人民保卫组负责。1973年6月，江孜县人民法院恢复成立。1975年2月开始开展各种审判业务。1998年，设立刑事审判庭和民事审判庭，2000年设立了执行庭、立案庭、排查庭和办公室等机构，2008年增设了法警大队和审判监督庭。2013年增设政工人事科和审委会办公室。江孜县人民法院是在县委领导下独立开展审判执行工作的审判机关，级别为副县级，下设9个内设机构，2个派出机构，全院核定编制38人，实有编制33人。内设机构分别为：院政工人事科（纪检组）、院办公室（行装科）、立案庭、刑事审判庭、民事审判庭、执行局、审监庭、审委会办公室、法警大队。派出机构为：重孜乡人民法庭、年堆乡人民法庭。2016年，江孜县人民法院处级领导1人，科级干警（含院领导、部门负责人和科级非领导）13人。

2016年，江孜县人民法院始终贯穿“两学一做”这一条主线，突出司法改革和信息化两个抓手，认真履行维护社会稳定、促进社会公平正义、保障人民安居乐业三大职责使命，实施抓审判提质效、抓规范促公正、抓队伍强素质、抓基础固根基四项工程，努力提高司法公信力和水平，为全县发展与稳定做出了应有贡献。

【党建工作】 年内，在县委领导、人大监督、上级法院指导和政府、政协、社会各界支持下，贯彻中共十八大、十八届三中、四中、五中、六中全会，和习近平总书记系列重要讲话精神，落实县委八届七次全委（扩大）会议精神，紧扣自治区高级人民法院“1234”工作思路，大力推进平安江孜、法治江孜和过硬队伍建设，努力让人民群众在每一个司法案件中感受到公平正义。全年共受理案件216件，审执结197件，综合结案率91.20%。

【党风廉政建设】 年内，坚持学习贯彻习近平总书记系列重要讲话精神，特别是“四个全面”战略布局、治边稳藏的重要战略思想作为一条主线贯穿法院工作始终，举行党的十八届六中全会精神研讨，抓好思想建党，增强政治意识，落实党的治藏方略，自觉把法院工作置于全县工作大局中来谋划和推进，始终与以习近平总书记为核心的党中央，和自治区、市、县四级党委保持高度一致，做到绝对忠诚，更好地肩负起推进平安江孜、法治江孜建设的责任，用习近平总书记系列重要讲话精神武装头脑、指导实践、推动工作取得新成效。

【推进司法改革】 年内，全面实施立案登记制改革，变立案审查制为立案登记制，坚决杜绝有案不立、有诉不理、拖延立案、不立不裁，切实保障诉权。县法院登记立案率达83.95%，一次性告知补证率达到100%；推进涉诉信访改革，坚持诉访分离、有错必纠、依法终结。2016年，江孜法院没有发生一起非正常访、越级访；深化人民陪审员制度改革，增选人民陪审员4人，农牧民群众占比超过2/3，全院11名人民陪审员参与审理案件16件；拓展多元化纠纷解决机制改革，积极推动构建诉讼、调解有机衔接、相互协调的多元化纠纷解决体系，引导人民群众更多地选择非诉讼方式解决矛盾纠纷，诉前调处化解矛盾纠纷25件。

【信息化建设】 年内，全区法院“天平工程”一期项目中江孜法院建设任务全面完成，8大硬件系统16大软件系统上线运行，已建成三级法院全互联、主要业务全覆盖、数据资源全共享的信息化2.0版。同时，接入县乡党政信息网，提升公文信息流转效率。经过一年多的努力，江孜县法院信息化建设达到全县领先水平，得到各级领导的充分肯定；加强信息技术应用，加大信息化运用的推广，利用科技法庭开庭7场次，运用案例数据库提出司法建议4条、各级各部门采用4条，实现末端治理与前端治理相结合；坚持以公开为原则、不公开为例外，上网公开裁判文书197份、审判流程信息196条、执行信息103条。

【履行“三大职责”】 维护社会大局稳定，深入开展反分裂斗争，以确保重要节点和大局平安稳定为重点，积极参与巡逻联防、矛盾联调等各类维稳中心工作，有效防控社会稳定风险。扎实推进驻村工作，深入开展“结对认亲交朋友”和“先进双联户”创建活动，协调落实民生项目6个，为民办实事51件，投入和协调资金126万余元，筑牢反对分裂、维护稳定的铜墙铁壁；严厉打击刑事犯罪，深入开展打黑除恶、严打整治斗争，审结各类刑事案件5件，判处罪犯5人，其中判处五年以上有期徒刑2人，人民群众安全感和满意度进一步提；加强人权司法保障，认真落实“罪刑法定”原则和“宽严相济”刑事政策，判处拘役、管制、缓刑等较轻刑罚的罪犯3人。严格执行法律、司法解释，坚决防止刑罚执行中的司法腐败。

【促进社会公平正义】 主动适应经济发展新常态，妥善审理抓发展、促改革、惠民生、护生态等领域发生的各类民商事案件88件，标的额380.97万余元。审结涉及合同履行等商事案件25件，促进市场在资源配置中起决定性作用。审结侵权、权属纠纷类案件11件，依法保护当事人的合法人身权、物权。坚持调判结合，促进案结事了，民商事案件调撤结案率达81.60%。大力营造法治氛围，按照“谁执法谁普法”的要求，采取法官讲法、以案释法、判后答疑、送法下乡、知识竞赛等方式，充分利用车载科技法庭信息化、集成化、机动化的优势开展法治宣传教育20场（次），选派干警170人（次）参加宣传活动，发放宣传资料3200余份，接受法律咨询80次，受教育群众约5000人。

【民生司法保障】 年内，妥善审理人身伤害、劳动就业、婚姻家庭等涉民生案件52件，保障人民群众的人身权、财产权不受侵犯，夯实社会主义核心价值观的建设基础。加大对社会弱势群体的司法救助力度，共为当事人缓、减、免诉讼费8526.5元。坚决破解“执行难”这一突出问题，以“转变执行作风，规范执行行为”“执行攻坚战”等活动为载体，集中开展“一打三反”（打击拒执罪，反规避执行，反干预执行，反消极执行）专项行动，充分发挥执行威慑机制作用，公开失信被执行人2人，促使被执行人主动履行义务，依法保护当事人胜诉权益。全年执结案件104件，执结标的额100.52万元。深入探索便民诉讼新举措，大力推进“三位一体”诉讼服务中心建设，开通“12368”诉讼服务热线，诉讼服务中心接待当事人咨询200余人次，接待来信来访20余人（件），判后答疑11件。对车载流动法庭进行科技化改造，让法官多跑路、群众少受累，努力打造流动的诉讼服务中心。车载流动法庭行程11600多公里，巡回审理案件49件，占全院受理案件总数的22.69%。

【实施“四项工程”】 抓审判提质效。健全和落实主审法官、合议庭办案责任制，确保实现“让审理者裁判，由裁判者负责”，完善院、庭长担任审判长、参加合议庭审理案件的工作机制，确保优质审判资源回归一线，院、庭长办案同比增长29.13%。实行案件繁简分流，提高办案效率，民事、刑事案件一审简易程序适用率分别达56.33%、50%。有序落实办案质量终身负责制和错案责任倒查问责制，确保办理的每一起案件都经得起法律和历史的检验。各类案件一审后当事人服判息诉率为98.13%。抓规范促公正，开展“规范司法行为年”活动，着力解决群众反映强烈的执法司法不严格、不公正、不文明、不作为等问题，确保司法权依法规范行使。严格贯彻“两个规定”及实施办法，全面、如实、及时记录相关情况，留存相关材料，做到全程留痕、有据可查。改进审判权运行模式，严格控制案件请示汇报范围，大幅度减少审判委员会讨论案件数量。全面推行量刑规范化工作。制定案件质量评查办法和评查标准，评查各类案件197件。加强审判执行工作监督，对落实随案发放廉政监督卡制度的效果进行抽查回访，确保司法廉洁公正。

【开展“两学一做”学习教育活动】 年内，开展“两学一做”学习教育活动，牢固树立干警的大局意识、政治意识、核心意识、看齐意识，坚决做到忠诚、干净、担当。加强人才队伍建设，参加上级法院组织的各类培训，共计23人（次）。高度重视藏汉双语人才培养，派出1名干警参与藏汉双语法官培训教材编译工作，选派2人参加藏汉双语法官培训班。坚持一手抓反分裂斗争、一手抓党风廉政建设和反腐败斗争，开展院党组班子、党组书记和党组成员述责述廉活动，确保法官清廉、法院清明、司法清正。

【抓基础、固根基】 把抓基础作为长远之计和固本之举，把人力、物力、财力、精力更多地投到基建项目和为干警解决后顾之忧中。在县委关怀下，全年共有8名干警得到提拔任用，充分激发了干警干事创业激情。加快“十三五”时期项目选定和手续审批，“十二五”时期整体搬迁工作圆满完成。年内，全院干警深深地体会到，坚持党的领导是做好法院工作的根本保证。县委、县人大多次听取法院工作汇报，主要领导多次就法院工作作出重要指示，为做好法院工作指明了方向。江孜法院坚持重大事项、重大案件、重要改革、重要部署及时向党委请示汇报，做到政治上讲忠诚、组织上讲服从、行动上讲纪律，自觉接受监督做好法院工作。江孜县法院强化自觉接受监督意识，主动邀请人大代表、政协委员、廉政监督员观摩庭审、现场监督审判执行工作17人次。上级人民法院关怀指导和县政府大力支持是做好法院工作的坚强后盾：自治区高院、日喀则中院等领导亲临调研，县政府主要领导多次协调法院工作，在业务指导、人才培养、资金项目等方面支持，为县法院做好工作提供有力支持；在看到成绩的同时，全院干警也清醒地认识到，与党和人民的要求相比，江孜县法院工作还存在许多不足和困难：缺编缺员交织，与推进司法体制改革的要求还不完全相适应；法院干警运用法治思维和法治方式驾驭复杂局面、处理复杂问题的能力不强，少数法官驾驭庭审、证据判断、事实认定、适用法律、化解矛盾、服务群众的水平不高，与人民群众日益增长的多元司法需求还有差距；基层基础和信息化建设还需要进一步加强，人才难留、队伍难稳现象还没有得到根本解决。对此，江孜县法院将以最坚决的意志，努力加以解决。

（顿珠白姆）

【领导名录】

党组书记、院 长 洛桑旦增（藏族）

党组副书记、副院长

巴桑旺堆（藏族）

党组成员、副院长

德　　吉（女，藏族）

普 扎 西（藏族）

德吉边宗（女，藏族）

江孜县司法局

【概况】 江孜县司法局于2003年6月成立，核定政法专项编制5名；2007年8月成立江孜县法律援助中心，与县司法局实行“一套人马、两块牌子”，中心主任由县司法局局长兼任；2013年12月按照一个乡镇一个司法所的原则要求，在全县19个乡镇设立县司法局派出机构—司法所，县实有挂牌4个司法所，副科级建制，核定副科级领导1名；2014年11月江孜县司法局增设机构—社区矫正管理办公室，其中一名局副职专门负责社区矫正工作。2016年，江孜县司法局（局编制和司法所编制）现有编制11人。实有人员10人，其中党员7人、入党积极分子2人、党外干部1人；本科4人、大专6人；男7人，女3人。司法局内设5个业务办公室、一个中心。局办公室：制订司法局发展规划并督促落实，负责文电、会务、机要和档案等机关日常运转工作，负责信息、考勤、保密工作，负责机关车辆、国有资产、后勤管理等工作。普法宣传教育和依法治理办公室。制定全县法治宣传教育、普及法律常识和依法治理规划并组织实施，指导组织开展全县各乡镇、各部门和各行业的普法依法治理工作。人民调解工作办公室：负责指导江孜县各级人民调解委员会的人民调解工作。在全县各级人民调解委员会主持下，以国家法律、法规、规章和社会公德规范为依据，对全县民间纠纷双方当事人进行调解、劝说，促使当事人互相谅解、平等协商，自愿达成协议，消除纷争。安置帮教工作办公室：在县、乡两级人民政府领导下，依靠各有关部门和社会力量对刑满释放、解除矫正人员进行非强制性的引导、扶助、教育和管理，以促进其顺利回归社会。通过安置帮教，使其预防和防止刑满释放、解除矫正人员重新违法犯罪，维护社会和谐稳定。社区矫正工作管理办公室：社区矫正是法律赋予司法行政机关的一项全新职能。社区矫正是指将被人民法院判处管制、宣告缓刑、裁定假释、决定暂予监外执行和剥夺政治权利的罪犯置于社区内，由司法行政机关矫正其犯罪心理和行为恶习，促进其顺利回归社会的非监禁刑罚执行活动。通过社区矫正，使其防止社区服刑人员重新违法犯罪，维护社会和谐稳定。法律援助中心：是一项扶助贫弱、保障全县社会弱势群体合法权益的社会公益事业，也是中国实践依法治国方略的重要组成部分，主要是为全县经济困难或特殊案件的人给予无偿提供法律援助的一项法律保障制度。

【主要职能】 贯彻落实国家司法行政工作方针政策；制定县司法行政工作长期规划并组织实施；负责社区矫正工作；拟定县普及法律常识规划并组织实施；指导县各行业法治宣传、依法治理工作；负责全县的法律援助工作；负责县基层司法所建设、人民调解和刑释解矫人员帮教安置工作；指导人民调解员协做工作；承办县委、县政府交办的其他事项。

【“两学一做”学习教育】 年内，开展“两学一做”专题教育，不断提升局干部素质。首先，“学”是基础关键；其次，“做”是行动关键；第三是讲求实际效果。把专题教育与日常业务工作紧密结合起来，与干警日常政治理论及业务学习结合起来，形成教育常态化，努力转变观念模式，激发作风建设进取精神，为开展好司法行政工作提供强大动力；江孜县司法局党员志愿服务队，积极组织活动，年内，共组织法治宣传15次，出动车辆15台次，宣传人员，42人次。受教育人员涉及有：领导干部、学生、农牧民、重点管控人员。

【开展普法教育依法治理】 2016年是“七五”普法的开局之年。司法局认真起草江孜县“七五”普法规划，完善了法律“七进”、普法讲师团、法治宣传联络员、法治副校长等工作制度及组成人员名单；开展“三八”妇女维权周、综治宣传月、“3·14”重要节日、“3·15”消费者权益保护日、“3·28”西藏百万农奴解放纪念日、“4·26”世界知识产权日、“6·26”禁毒日、安全生产月、“9·16”平安西藏、“12·4”全国宪法宣传日等宣传活动。加强对《中华人民共和国宪法》《中华人民共和国刑法》《中华人民共和国治安管理处罚法》《中华人民共和国未成年人保护法》《中华人民共和国婚姻法》《中华人民共和国禁毒法》等相关法律法规的宣传。以“重点项目建设领域突出问题专项整治活动”为契机，针对江孜县重点项目建设领域突出问题，分别在年堆乡、车仁乡、重孜乡、卡麦乡、卡堆乡、纳如乡开展专项法治宣讲活动。

2016年，江孜县司法局组织村（居）妇联主任、“双联户”户长等专业培训3次，参加人员达180余人次；为青少年举办法治讲座和上法制课累积15余课时，联合县人民法院开展“法苑杯”知识竞赛活动1次；组织协调参与各类大型宣传活动26场、出动宣传车26次，下发各类宣传资料近1.5万余份、宣传挂历180张、宣传歌碟950张，累计受教育人数近62300人次。

【窗口服务意识】 年内，推行便民服务窗口，最大限度便利困难群众来电、来访咨询；采取法律服务大厅全程代理的方式有效解决群众来回奔波的麻烦，对当事人的申请实行一站式服务和一次告知申请相关事宜；为残疾人设置无障碍通道，对行动不便的老、弱、病、残受援人，实行上门办理法律援助等服务。

【农民工法律援助】 年内，结合江孜县实际，由县法律援助中心和县人社局牵头成立“江孜县农民工法律援助工作领导小组”，统筹协调和组织开展全县的农民工的维权工作，并在司法局便民法律服务大厅、县人社局等单位设立“农民工法律援助工作站”，扩大了法律援助范围。

【开拓非诉讼法律援助事项】 年内，积极开拓非诉讼法律援助事项，法律援助中心积极鼓励采用非诉讼手段来先行寻求解决矛盾纠纷的可能性，尽量为受援人提供解决问题的多种办法和措施，为当事人节约成本，节约时间。

【“1+1”法律援助志愿者律师】 年内，充分利用“1+1”法律援助志愿者律师，与县国土局、灿达公司等部门单位签订法律顾问聘请合同，并为其依法行政、依法管理企业等方面提供法律意见建议。截至年底，共提供法律意见4件。

【建立结对互帮措施】 年内，充分发挥志愿者律师，与司法局法律援助工作人员建立结对互帮措施，进一步发挥了业务“传、帮、带”作用。2016年，江孜县法援中心共受理申请法律援助案件2宗，已结案2宗；热情接待群众来访388人次；代写文书246份。从根本上为弱势群体营造了公正、公平的法律氛围。

【安置帮教监管体系建设】 年内，认真做好刑满释放人员帮教安置日常工作。为更好落实安置帮教工作，年内，召开1次全县刑满释放人员安置帮教工作成员单位联席会议，安排部署江孜县各项安置帮教工作，督促各成员单位“各司其职，各负其责”，形成齐抓共管的良好局面；周密开展对刑满释放人员排查摸底专项活动，特别是重点敏感节点来临之际，开展深入细致的专项排查活动，年内，共摸底排查3次，并与安置帮小组成员签订帮教管控协议116份，做到不脱管漏管和重新违法犯罪；加强安置帮教信息管理平台的运用，随时掌握其临近释放的服刑人员的信息动态，临近释放的服刑人员及时与所属村（居）、家属核对信息，为其释放后的安置帮教工作奠定基础。

年内，江孜县司法局共新衔接16人（其中：刑释人员11名，解除矫正人员5名），安置16名，安置率和帮教率均为100%。解除5人，截至年底，在教63人。全部按规定建立档案和帮教小组，年内，新调整刑满释放人员低保“绿色通道”对象6人，累积为20位“绿色通道”对象。另外在相关部门的大力协助下，为2名解决了临时工就业岗位。

【社区矫正工作】 根据两院两部《社区矫正实施办法》和《西藏自治区社区矫正实施办法》，认真落实月考察、季评定、年度鉴定、分类管理、排查走访、帮扶教育、重点时段重点监管及“七对一”模式等十余项监管措施，及时掌握他们的动态，有效防止脱管、漏管和再犯罪现象发生；组织社区服刑人员，充分利用县林场社区服刑人员公益劳动基地和县敬老院、县城各主干街道及中、小学校周边等区域进行公益劳动，年内，共进行12次，参加人数达130人次；根据江孜县社区矫正工作实际，年内，共开展集中教育学习12次；个别教育23人次；每季度全面排查一次社区服刑人员思想状况及生活动态，开展心理健康咨询，做到安全隐患早发现、早预防、早处置；根据上级业务部门的指示精神，积极与县公安局协调，将全县社区服刑人员列入公安机关重点人员范畴，进一步加大监管力度；积极给生活困难或者有就业需要的社区服刑人员解决生产生活问题。为社区服刑人员米某列入低保；次某在司法局安排临时工工作，并列入低保。2016年，江孜县司法局新入矫2名，解除矫正5名，截至年底，在册11名。

【发挥人民调解职能优势】 从建设平安江孜，构建和谐江孜的高度出发，充分发挥人民调解工作的“第一道防线”作用，为基层社会的稳定和经济发展保驾护航。根据区、市两级《关于开展人民调解委员会规范化建设的通知》要求，对全县各级人民调解委员会的组织建设、成员结构、工作流程、规章制度进行了整改，基本达到了规范化要求，加强重大节日及敏感时期的矛盾纠纷的排查调处，做到防患于未然。在重大节日和社会敏感期，组织开展专项矛盾纠纷的排查调处工作，对排查出的不稳定因素进行认真梳理，对一些纠纷苗头及时化解。充分发挥“双联户长”纠纷信息员的作用，及时做好矛盾纠纷的信息反馈工作，适时掌握纠纷的变化趋势，实现矛盾纠纷信息的动态化管理，并落实好有关稳控工作，有效防止纠纷激化。

年内，江孜县已建立完善19个乡镇、155个村（居）调解委员会，3个行业性专业性调解委员会，5个企事业单位调委会。年内，江孜县各级人民调解组织排查矛盾纠纷6次，调解各类矛盾纠纷81件，调解成功80件，调解成功率99%，充分发挥了维护社会稳定的“第一道防线”作用，在维护基层社会稳定方面做出积极的贡献。

【签订就业安置协议书】 年内，江孜县司法局与金塔建设集团有限公司签订刑满释放人员就业安置协议书。截至年底，该公司共解决江孜籍刑满释放人员就业人数达5名，为刑满释放提供了安置就业平台。

安置协议内容：按照具体情况，西藏金塔建设集团有限公司每年需提供一定岗位，安排江孜籍刑满释放人员就业，并逐步使刑满释放人员达到职工总数的15%以上；西藏金塔建设集团有限公司保证对刑满释放人员不歧视，同工同薪；西藏金塔建设集团有限公司配合司法局开展相关帮教工作，加强对刑满释放人员的教育管理；司法局与西藏金塔建设集团有限公司定期召开联席会议相互通报情况共同解决工作中遇到的问题。司法局根据县政府、县编办的相关要求，对照相关法律法规规章、“三定”方案等规范性文件，对行政权责事项进行梳理并列出清单，经多轮局内会议讨论研究及咨询上级单位意见，形成涵盖11项行政事项的权责清单。

（郭　芳）

【领导名录】

局　长　普布顿珠（藏族）

副局长　仁青旺堆（藏族）

经济管理

江孜县发展和改革委员会

【概况】 2005年成立江孜县发展和改革委员会。江孜县发展和改革委员会（简称县发展改革委）属政府系统正科级国家机关，下设工信局、粮食局、物价局、统计局，主要负责经济综合管理工作。粮食局负责粮食流通统计工作及粮油市场监督检查工作。物价局主要负责市场价格监督管理工作及主要商品价格监测工作。工信局主要负责企业备案工作及相关数据收集、材料汇报工作。统计局负责国民经济统计工作，承担着为县委、县政府及有关部门制定促进经济发展和社会进步的决策提供准确、翔实数据的重大任务等。2016年，实有人数12人，行政编制10人，事业编制1人，机关工人1人。

【发挥参谋作用】 发展改革委作为经济综合管理、政府参谋部门，出战略、出思路是其职责所在，也是发挥经济综合管理作用的重要渠道。县级发展改革委参谋作用发挥得如何，直接关系到县委、县政府重大经济决策的水平和经济运行状况的好坏，也关系到发展改革委在县域经济发展中的作用和地位。要善于"抓大事、议大事、谋大事"，成为县委、县政府政策智囊。当前，县域经济发展中存在许多迫切需要解决的问题，县级发改委要发挥政府智囊作用。要把握全县宏观经济运行动态，做好监测工作，及时对经济运行进行调控；要围绕县委、县政府中心工作，敏锐抓住县域经济发展中出现的热点、难点问题，深入企业、乡村调研，掌握第一手资料，认真分析，寻找规律，及时拿出有价值、有分量、能解决实际问题的对策措施和建议。

【发挥协调作用】 发展改革部门是推进经济体制改革，促进经济社会协调发展的部门，具有协调各部门之间关系的职责，尤其是在部门职责分工、任务分解、各项工作分别推进的条件下，发改委做好各部门间综合协调工作更是责无旁贷。县级发展改革委要适应职能转变的要求，创新协调方式，积极探索并建立统筹协调的工作机制，重视发改委协调作用的发挥。县级发展改革委应在全县宏观经济运行和经济体制改革的重点、难点问题的协调工作中，不断总结，不断创新，探索行之有效的协调方式，并积极争取当地党委、政府以及相关部门的支持，将发展改革委协调职责和协调范围以政府文件的形式明确下来，形成制度，建立长效协调机制。

【全县项目总体建设情况】 2016年，江孜县全社会开（复）工固定资产投资项目144个，其中续建项目复工29个，计划内新开工项目62个，计划外新开工项目53个；按形象进度本年度累计完成全社会固定资产投资115676.17万元，对比年度计划任务完成率达到101.32%；按财务支出本年度累计完成53596.29万元。

【对在建项目建设管理情况】江孜县发展和改革委员会严格按照基本建设程序和条例，从工程质量、资金控制、安全监督、资料汇总、预防“拖欠”和后期交接等方面加强了管理力度。不断完善和补充项目建设资金审批表制度，规范拨款程序，严格按照施工进度拨款；拨款时附民工工资兑现表和使用单位意见证明，杜绝了拖欠民工工资现象的出现；在各部门实施项目过程中，江孜县发展和改革委员会始终积极与各部门协调沟通，保证江孜整体项目进展顺利；为保证县委、县政府主要领导及时掌握项目进展情况，提供有效的决策依据，江孜县发展和改革委员会每月开展一次项目进展情况统计。2016年，江孜县发展和改革委员会负责管理的项目共有18个，其中5个项目2015年续建项目，剩余13个项目为2016年新建项目，18个项目总投资达28566.35万元，本年度完成投资14748.35万元。

【项目前期工作开展情况】2016年，江孜县发展和改革委员会充分利用县政府年初安排的项目前期经费，重点开展市政基础设施项目的前期工作。年内重点完成了江孜县县城道路、县城排水、县城供水等重点项目及江孜县江孜镇特色小城镇建设项目、江孜县重孜乡特色小城镇建设项目等3个灾后重建项目的前期工作，并已全部开工建设。

【项目储备情况】江孜县发展和改革委员会全面负责全县项目的前期沟通、协调、推进和申报工作，督促开展项目前期工作，增加项目储备，搞好项目库建设，优化项目结构，广开渠道筹措项目资金。2016年，江孜县发展和改革委员会全面梳理了江孜县已完成前期工作，计划在2017年实施的项目以及正在开展前期工作的储备项目，并向上级行业部门申报了前期工作完成的储备项目99个，投资共计6.05亿元，99个项目待资金落实后在2017年直接实施；申报正在开展前期工作的储备项目73个，投资共计53.48亿元。

【灾后重建】江孜县灾后恢复重建工作主要围绕实施城镇建设、产业发展、整村推进等项目开展。批准实施的灾后恢复重建项目共14个，总投入资金11730万元。其中，江孜县发展和改革委员会负责开展江孜县江孜镇特色小城镇等3个项目的实施，总投资7700万元。2016年，3个项目均已开工建设，完成投资3582万元。

【易地扶贫搬迁】江孜县2016年易地扶贫搬迁方面已完成49户、173人的分散安置搬迁房屋建设任务，并在紫金乡帮玉塘及江热乡亚吾塘提前实施2017年245户、1153人的集中安置搬迁房屋建设任务，2016年已完成80%以上的工程量。

【物价局工作】年内，为切实维护消费者的利益，针对食品是否过期，是否卫生，餐饮行业的餐具是否卫生，是否办理卫生许可证等情况，在节假日等敏感日期，江孜县发展和改革委员会物价工作者会同工商、商务、卫生等部门对江孜县的个体工商户进行了检查，在检查中发现个别商户和餐馆存在食品过期、餐具卫生不过关等情况。针对存在的问题，要求各商户及时进行整改。

为维护人民群众的根本利益，促进社会稳定，江孜县发展和改革委员会物价工作人员对公检法受理的6起案件进行估价，牵涉资金10.8万余元。

【粮食局工作】年内，进一步加强江孜县粮食流通监督检查工作，规范粮食流通秩序，维护生产者、经营者、消费者的权益，落实国家粮食收购政策及市场调控政策，稳步推进粮食流通监督检查行政执法工作。

加强粮食安全检查。江孜县发展和改革委员会物价工作人员会同粮食局检查组对江孜国家粮食储备库、江孜粮油加工厂和糌粑加工厂，仓储设施设备安全性能进行了全面细致地安全生产检查，同时将各项报表按时上报市粮食局；对江孜县江热乡、年堆乡、江孜镇、藏改乡、热索乡的农户口粮情况进行调查，并上报市粮食局，同时市粮食局工作人员深入各乡（镇）进行实地调查。

【工信局工作】 2016年，工信局按时上报江孜县大小企业的各种专业报表，年内，完成17个企业的投资备案工作，及时处理市工信局下达的数据收集、材料汇报等工作，督促了江孜县农村信息服务站的有效运行。

【经济综合管理】 江孜县统计局在县委、县政府主要领导的安排部署下，完成主要经济指标的计划和分解工作，进一步做好了国家投资项目和援藏项目的衔接工作，及时反馈经济发展方面的信息数据，反馈全县固定资产投资信息。

【国民经济统计工作】 统计工作是一项严肃而认真的工作，承担着为县委、县政府及有关部门制定促进经济发展和社会进步的决策提供准确、翔实数据的重大任务。

完成2016年江孜县国民经济统计工作的各项指标；按照县组织部的要求，完成江孜县统计局权责清单项目事项，其中二者已经完成；按照市统计局的要求，完成2016年江孜县社会经济基本情况和各乡镇社会经济基本情况的各项统计工作；实施考察，完成江孜县29家建筑施工队及合作社的非公有企业（单位）人才资源状况调查表填写。通过实地考察，对统计调查对象讲清《中华人民共和国统计法》有关规定，按照规定要求，调查对象必须及时准确地提供所需材料，要求不得迟报、拒报；按照市统计局要求，完成江孜县服务业3个季度单位经营情况调查；按照市统计局要求，完成江孜县22家工业企业联网2个季度的直报工作和各项月报统计工作。

【党风廉政建设】 年内，根据县委、县政府的统一安排和部署，开展“两学一做”专题教育活动，在新形势、新任务下，联系发改委工作职能安排学习内容、学习时间，全面提升干部的思想理论素质和工作水平。根据工作要求和自身实际，找准自身在思想作风、学风等方面存在的问题，认真剖析和整改。进一步完善机关管理各项制度，改善机关服务质量，提高服务效能。根据县委、县政府统一安排部署及时组织全委干部深入到卡堆乡增麻村开展看望慰问结对帮扶对象，应群众要求，与上级部门沟通协调为该村争取到防洪堤建设项目资金160500元（现已完工并投入使用），让河水按照人规定的方向流动，以减少或避免河流对人类的侵害。

【启动全国第三次农业普查】 2016年底启动全国第三次农业普查。2016年底统计局权责清单工作全面完成。2016年底全国第三次农业普查前期工作内容：农业普查是江孜县在全面建成小康社会进入决胜阶段进行的一项重大调查，为确保江孜县第三次全国农业普查各项工作任务落到实处，1月7日，召集19个乡（镇）的专职普查人员开展动员部署大会。

江孜县统计局及时关注第三次农业普查相关动态，及时成立以县委常务副县长洛桑次仁为组长的江孜县农业普查领导小组，并利用一天的时间讲解此次普查的内容（农业普查表、农业经营单位普查表、规模户普查表、行政村普查表和乡镇普查表）同时认真学习上级文件精神，切实把握文件精神实质，做到心中有数，切实做好辖区内的农业普查组织实施工作，确保江孜县农业普查工作顺利开展。

为了人人参与、家喻户晓此次农业普查工作，于1月11日至12日利用两天时间由县统计局牵头，驻村工作队协调在卡堆乡增麻村进行普查宣传并开展普查登记工作，让广大群众了解此次普查的目的及意义。

江孜县统计局采取宣传标语、横幅、宣传栏、一封信等形式，向广大群众宣传农业普查的目的、意义、方法、内容、义务和责任等，促使农业普查家喻户晓，深入人心，切实为开展农业普查工作营造良好的社会氛围。

（卓玛次仁）

【领导名录】

主　任　边　　旺（藏族）

副主任　王　　振（上海援藏，7月任）

　　　　尼玛扎西（藏族）

统计局局长
吉　加（女，藏族）
副主任 达　次（藏族）
廖志琼（女）
旦增布桑（藏族）

江孜县财政局

【概况】1956年9月14日，江孜宗办事处成立，下设财政科，负责处理江孜宗财经工作。1957年，江孜宗财政科撤销。1959年7月，中共江孜县委成立，下设财政部。1959年9月，江孜县人民政府，下设财粮科，财粮科在负责全县粮油管理工作的同时，具体负责全县财经工作。1962年，中共江孜县委财经部撤销，业务移交县人民政府财粮科，并分设财经办公室，专门负责全县财经管理工作。1967年，财粮科撤销。1969年9月10日，江孜县革命委员会成立，下设生产指挥组，县财经工作归生产指挥组管理。1977年，成立江孜县财政金融科。1980年11月，县财政金融科撤销，成立江孜县财经科。1981年12月，县财经科改名为江孜县财政局。江孜县财政局位于江孜县卫国路2号，县政府大院内。是主管全县财政收支、预算编制、资金分配、使用绩效等具有征收、管理、监督等职能的政府经济工作部门。财政局内设国库股、住房公积金股、企业股及援藏项目股，负责日常工作。财政局在岗职工共12名，其中国家公务员10名，公益性岗位2名，其中司机1名。

【党建工作】江孜县财政局党支部2016年，根据上级党委指示精神，结合本单位的实际，围绕全面贯彻党的路线方针政策，根据2016年党建检查量化考核表的各项考核，党支部进行逐项自评，做到党风廉政建设工作与精神文明建设和行政业务工作同时抓，自觉把党风监督、法律监督、群众监督结合起来，在党员领导干部中开展“党员廉政教育学习教育活动”，保证党的路线方针政策和国家的法律法规在本系统内得到落实。同时加强党员干部建设，充分吸收有能力且品德优秀的工作人员加入到党组织中，争取做到成熟一个发展一个。认真践行“两学一做”学习教育活动，将“学”与“做”充分结合，贯穿于县党委、县政府的决策和工作中，集体抄党章、党规，集中学习习近平总书记系列讲话精神。将学习分为集中学习和自主学习两种，每月开展1次集中讲党课活动，“做”分为党员干部志愿服务、与贫困户结对帮扶等方式，使理论践于行动，并通过总结经验、整改不足的方式，使党员对理论知识的认识更为形象具体。

【党风廉政建设】全面落实党风廉政建设责任制主体责任，及时研定江孜县财政局落实党风廉政建设主体责任和监督责任的实施意见，根据局党组成员分工调整和业务科室工作职能，结合工作实际，明确2016年党风廉政建设责任分解，对本系统的纪检监察和反腐倡廉工作进行专门部署和安排，对重点科室、重点事项进行重点安排，明确完成时限和责任人。进一步强化行政过错责任追究制度、首问责任制、限时办结制等制度的贯彻和落实。坚持局党组统一领导、业务部门各负其责、纪检监察组织协调、群众积极参与的领导体制和工作机制，把党风廉政建设责任制的落实与民政业务工作紧密结合起来，一起部署、一起落实、一起检查、一起考核，形成“一岗双责”的工作格局；落实纪检监督责任。江孜县财政局严格按照县纪委关于实施基层纪检组责任管理的意见要求，进一步落实监督责任，履行纪检监督、执纪、问责职能，实行“监督的再监督、检查的再检查”；认真开展党务政务公开工作。认真落实党务政务公开制度，严格按照，公布财政局党务政务公开目录，依托本系统办公OA软件，江孜县发布，宣传栏等多种形式，及时发布民政相关信息，公开民政相关政策，民生工程实施“三公”经费等内容以及相关工作流程。严格执行“三公”经费预算控制及公车配备使用管理规定。按照县委、县政府要求执行公务接待管理要求和公务用车管理制度，认真落实中央“八项规定”，严控“三公”经费支出。实行“一把手五不直接分管”制度，在重要经费支出时，班子集中研究、集体决定，防止多头审批、权利失控；严格按照县委、县政府有关规定控制各项费用，杜绝奢侈浪费现象发生。

【编制预算】 2016年，是“十三五”规划开局之年，也是全面深化预算管理体制改革的关键一年，县财政局将以“依法理财，打造阳光财政”作为财政工作总基调，紧紧围绕县委、县政府中心工作，高举中国特色社会主义伟大旗帜，以邓小平理论、“三个代表”重要思想、科学发展观为指导，认真贯彻落实中共十八大和十八届三中、四中、五中和六中精神，贯彻落实中央第六次西藏工作座谈会精神，根据《中华人民共和国预算法》，结合江孜县实际，编制完成2016年江孜县财政收支预算草案。严格按照《中华人民共和国预算法》和区、市两级经济工作要求，以本县的实际财力为准，坚持统筹兼顾、量入为出的原则，在“保工资、保运转、保民生、保稳定”的前提下，注重改善民生和社会和谐稳定，确保精准扶贫、维护稳定等重点工作资金需求。进一步加强预算对政府支出的约束力，遵循中央“八项规定”和“约法十章”要求，严格控制“三公”经费，降低行政运行成本。

【收支完成情况】 2016年，江孜县财政收入完成市委、市政府下达目标任务数3690万元，增收615万元，同比增长20%。江孜县各项支出完成128520万元，增支13047万元，同比增长11.3%。

【完成产权登记工作】 根据自治区财政厅藏财资字28号，《关于加快推进事业单位及事业单位所办企业国有资产产权登记和发证工作的通知》和日喀则市财政局资产科的工作要求，江孜县及时组织相关单位开展本单位资产清查。经统计，江孜县执行事业单位财务、会计制度的事业单位总共有43个，分别是江孜县第一中学、江孜县县人民医院、江孜县电视台、江孜县农牧综合服务中心和江孜县水利队、江孜县19个乡（镇）完小和乡（镇）卫生院。核查情况为：具有组织机构代码证书的有江孜县中学、江孜县人民医院、江孜县电视台，江孜县水利队、江孜县农牧综合服务中心（农业站和畜牧站合并）江孜县第一中学；具有法人证书的有江孜县第一中学、江孜县电视台、江孜县农牧综合服务中心、江孜县人民医院、江孜县水利队未办理；各单位有批准文件号，但文件未能找到上报的所有单位房产证正在办理当中；上报的单位拥有土地使用证的有江孜县第一中学、江孜县人民医院、江孜县电视台，江孜县农牧综合服务中心。

【完成固定资产清查】 年内，为进一步规范和加强固定资产管理，维护固定资产使用和管理的安全，县财政局根据《日喀则市财政局关于开展2016年全市行政事业单位国有资产清查工作的通知》要求，成立固定资产清查转向领导小组，指派专人开展2016年全县的固定资产清查情况。截至2015年12月31日的资产清查结果情况：行政单位资产合计389140383.56元，事业单位资产合计251553693.5元；截至2015年12月31日的负债清查结果情况：行政单位负债合计77111227.04元，事业单位负债合计为65514140.47元；截至2015年12月31日的净资产清查结果情况：行政单位净资产合计312029156.52元，事业单位净资产合计为186039553.03元。

【完成房屋出租、出借清查工作】 年内，根据市纪检委要求完成奖孜县行政事业单位房屋出租、出借情况统计。本次清查范围为江孜县65个行政事业单位（不含教育系统），其中：有房屋出租的25家，没有房屋出租的40家。单位出租房数量共计237个，房租收入账上余额210.85万元。为加强江孜县行政事业单位房屋出租管理，规范行政事业单位房屋出租行为，防止国有资产流失，根据财政部《行政单位国有资产管理暂行办法》《事业单位国有资产管理办法》及其他相关规定，结合江孜县实际，制定出台《江孜县行政事业单位房屋出租管理暂行办法》。

【完成住房补贴资金发放】 根据日人社办发文件《关于预发放退休人员基本养老金部分调整金额的通知》的要求，江孜县财政局按时足额发放退休人员基本养老金预发部分90.41万元；根据藏财预字文件《关于机关事业单位干部职工住房补贴调标增资的通知》的要求，县财政局按时足额发放资金共562.74万元，补贴发放人数2303人。

【养老金和职业年金核算】 按照县委统一部署，在人员少、工作任务重的情况派选财务专干人员，协同县委组织部、人社局等部门，完成对全县各县直部门和19个乡（镇）在职人员的工资调整、职业年金、养老金的核算工作。涉及时段为2014年9月至2016年12月，涉及人员达6000人次，涉及资金1.98亿元。

（索朗次仁）

【领导名录】

局　长　边巴次仁（藏族）

副局长　尼　　仓（女，藏族）

副主任科员

达　　瓦（藏族）

潘　　多（女，藏族）

次旺卓玛（女，藏族）

江孜县国土资源局

【概况】 1959年，开展民主改革和土地改革运动，没收了参加叛乱的宗政府、寺院、贵族的土地，赎买了未参加叛乱寺院、贵族的土地，没收和赎买的土地全部分给农牧民经营。土地管理归县农牧局。1966年江孜县农牧区成立人民公社。人民公社成立以后实行县农牧局宏观管理，社、队两级所有，以生产队为基础的土地管理制度。

1982年，实行“四保证”“五统一”的包产到户生产责任制。

1984年，落实“土地归户使用，自主经营，长期不变”的家庭承包责任制。

1992年3月19日，江孜县人民政府农牧局下设土地管理局，进一步加强土地管理。2016年，江孜县国土资源局现有工作人员6人，其中正科级1人；副科级1人；科员2人，公益性岗位2人。国土局主要负责江孜县土地管理，矿产资源管理和地质灾害防治等工作。

【耕地保护情况】 2016年，江孜县耕地保有量为287026.208亩，永久基本农田划定的初步成果为255594亩，基本农田保护率为89.05%，均完成市政府下达的目标任务，达到“耕地总量不减少，质量有提高”的目标要求。主要做法是：加大宣传耕地保护力度，努力提高全民耕地保护意识，利用“4·22”世界地球日、“5·12”防灾减灾日、“6·25”全国土地日，通过多种形式宣传耕地保护的重要性和必要性；落实责任，严格检查执法，江孜县人民政府每年都与各乡镇人民政府、各乡镇人民政府与个村民委员会各村委会与农户层层鉴定《耕地保护责任书》，做到面积、制度、责任、标志“四落实”，江孜县国土资源局负责对全县耕地保护工作进行执法检查。

【划定永久基本农田】 年内，为贯彻落实国土资源部、农业部《关于进一步做好永久基本农田划定工作的通知》及自治区相关文件精神，切实加强和完善基本农田保护工作基础，确保实现基本农田总量不减少、用途不改变、质量有提高的目标，江孜县将于2016年底完成永久性基本农田划定工作，2016年已经完成19个乡镇外业核查工作。

江孜县永久基本农田划定的核实举证论证会也已于12月21日在县老常务会议室召开，与会人员结合江孜县实际和各自工作，提出建设性意见建议。

【编制完成土地利用总体规划】 《江孜县土地利用总体规划（2006–2020）》已由中国建筑科学研究院，中国建筑技术集团有限公司编制完成。规划主要阐明规划期内全县土地利用目标，优化土地利用结构和布局，划定土地用途区和建设用地空间管制分区，调控（乡）镇土地利用，落实重点建设项目用地，协调土地利用与生态环境保护，提出规划实施的保障措施，为落实土地宏观调控和土地用途管制制度、各项土地利用活动提供法律依据。

【用地报批工作】 2016年，江孜县国土局共上报农转用报批手续3个，单独选址项目1个。批次用地分别为：江孜县2016年度第一批次城市建设项目用地（395.31亩），江孜县2016年度第一批次村镇建设项目用地（70.93亩），江孜县2016年度第二批次村镇建设项目用地（9.16亩）；单独选址项目用地为：华润电力光伏电站单独选址项目（476.18亩）。

【土地矿产卫片执法】 2015年，土地矿产卫片执法检查中变更图斑共有112个，经过国土局工作人员与专业变更队伍实地核查，对变更图斑一一进行核对，其中，合法图斑3个，面积38.1亩；设施农用地图斑13个，面积19.7亩；违法图斑67个，面积30.1亩；临时用地图斑6个，面积14.4亩；伪变化图斑23个，面积39.2亩。违法情况主要为用地手续审批时限长，由于上级工程项目要求，形成边报边用违法情况，截至年底，违法卫片已整改到位。

【编制矿产资源总体规划】 依据《国土资源部关于开展第三轮矿产资源规划编制工作的通知》《西藏自治区国土资源厅关于开展矿产资源规划编制工作的通知》及《西藏自治区国土资源厅关于做好矿产资源规划编制工作的通知》相关文件精神，要求切实组织做好各地（市）和县级矿产资源规划编制的各项工作，有矿业活动的地（市）和县都要编制矿产资源规划，位于国家级整装勘查区内的地（市）、县要加快规划编制工作。县级矿产资源总体规划于2017年6月底之前报国土厅审核。据悉，江孜县域内有金属矿探矿权1个，拟设金属探矿权6个，已有金属采矿权1个，上报拟设非金属采矿权30个。

【地质灾害防治】 年内，江孜县出台《江孜县2016年地质灾害防治方案》，并签订县与乡（镇）、乡（镇）与村（居）、村（居）与群测群防员之间的目标责任，签订率百分之百。发放两卡，加强演练汛期前，县国土局对271处直接威胁到群众的地质灾害隐患点涉及19个乡镇155个行政村的群众发放地质灾害避险卡和明白卡，并于5月29日在紫金乡紫夏村隐患点，会同水利、交通、公安、消防和卫生等部门联合开展地质灾害应急演练，提高江孜县地质灾害防治的快速反应能力。

【地质灾害治理工程项目】 年内，江孜县共开展地质灾害治理工程6处（应急治理工程4处，应急排危除险工程2处），分别为紫金乡紫金山崩塌治理项目、卡堆乡恰增沟、增玛沟泥石流治理项目，热龙乡琼堆村年楚河岸崩塌治理项目；热龙乡象马沟、奴马沟泥石流排危除险项目。地质灾害工程治理于2016年5月展开，完工后将极大地保障人民群众生命财产安全。

【农村土地制度改革】 坚守土地公有性质不改变、耕地红线不突破、农民利益不受损“三条底线”，防止犯颠覆性错误，深化农村土地制度改革的基本方向是：落实集体所有权，稳定农户承包权，放活土地经营权；深化农村土地承包经营制度改革，抓紧修改有关法律，落实中央关于稳定农村土地承包关系并保持长久不变的重大决策，适时就二轮承包期满后耕地延包办法、新的承包期限等内容提出具体方案。

【矛盾纠纷排查化解】 年内，认真排查违规建设用地、证件不齐全的采砂采石和临时用地租让合同等矛盾方面，坚持“保持稳定、依法规范、确地为主、民主协商、因地制宜”，对有据可依的矛盾问题依法依规调节处理，对没有明确依据的问题参照相关法律法规和政策精神，秉持“尊重历史、面对现实、平等协商”的原则妥善解决，确保国土工作平稳有序发展。

【党风廉政建设】 年内，为进一步提高干部职工的政策理论水平和业务能力，江孜县国土局深入贯彻中共十八大和十八届三中、四中、五中、六中全会及中央第六次西藏工作座谈会精神，西藏自治区第九次党代会精神，贯彻落实习近平总书记系列重要讲话精神特别是“治国必治边、治边先稳藏”的重要战略思想和“加强民族团结、建设美丽西藏”的重要指示，坚持“五位一体”总体布局和“四个全面”战略布局，坚持党的治藏方略，坚持依法治藏、富民兴藏、长期建藏、凝聚人心、夯实基础的重要原则，扎实开展党的群众路线教育实践活动、“三严三实”“两学一做”学习教育和“讲学习、讲忠诚、正风纪、转作风、提效能”主题活动，全面增强国土局党员干部的党性意识和责任意识，以学促做、学用结合，更好推进新启动的不动产登记和江孜县国土实事等工作。

（德　央）

【领导名录】

局　长　多吉次仁（藏族，10月免）

副局长　扎巴仁青（藏族）

　　　　赵 子 朴（6月免）

江孜县商务局

【概况】 1956年9月14日，成立江孜宗办事处财政科负责管理江孜商业贸易。1959年7月，成立中共江孜县委财经贸部。1962年，成立江孜县人民政府财粮科。1969年，成立江孜县革命委员会生产指挥组。1979年，成立江孜县人民政府的商业科。1984年成立江孜县商业局。2016年，江孜县商务局贯彻落实县委、县政府决策部署，积极应对复杂多变的国内外大环境，抢抓机遇，真抓实干，攻坚克难，以招商引资工作为重点，加强市场体系建设和监管，加大商务执法力度，完善商贸服务管理，千方百计促增长，扩内需，惠民生，通过加强理论和业务学习，全局上下团结一心，共同努力，圆满完成了各项任务。全年累积派遣培训学习5次，共计7人，形成学习报告7份，报送工作信息简报等27期，制定各项工作计划、方案及总结等22份，研究制定新增项目8个，项目方案、计划书等材料10份，参加各类宣传活动7次，组织举办、参加大型物资交流活动4次，全县商务领域工作整体呈现良好的发展态势。

【以招商引资为抓手】 2016年，为确保招商工作的有力有序开展，商务局通过对资源优势和市场结构的调研分析，根据实际情况和发展需求，进一步充实了招商引资项目库。经县委、县政府同意成立招商引资办公室，设立3名招商引资专职工作人员，进一步加强了招商引资工作力度。参加区内外大型博览会、交流会全面展示江孜县优越的投资环境，以及丰富的资源优势和深厚的历史文化底蕴，为江孜县的招商引资工作提供了强大助力。在软件环境上，不断优化招商引资服务环境，采取“保姆式”服务模式，为招商引资项目顺利落地保驾护航。2016年，共接收光伏电站、家具城等招商引资项目10个，签约投资总额36.7亿元。其中：江孜县光伏产业园区项目已引进华润、协信、协合、中能建、中能金阳、北京恒基、和鑫等7家企业，签约投资额约合人民币35亿元，规划建设总装机容量为330兆瓦。最先开建的华润20兆瓦光伏电站，总投资2.4亿元，占地面积31.7453333公顷，截至11月20日已全部完成投资。光伏产业园区全部建成后年产电可达5.94亿千瓦时，将极大地带动江孜县财政收入，单土地使用权出让金就可收入约4.1亿元，建安税约1980万元，免税期后每年税收可达到4950万元。在下一步工作中，江孜县将大力发展光伏扶贫项目，已经协商好的华润30兆瓦和协信40兆瓦光伏扶贫项目，每年提供帮扶资金420万元，将带动1200名贫困农牧民每人每年增收3000元。江孜县金塔东城综合市场、娘曲藏布庄园酒店、顶峰家具城等社会民间资本投资项目，已全部开工建设，总投资14075万元，到位资金12103.1万元，预计2017年8月前全部完工并投入使用。引进“荆州味道”品牌公司与县粮油加工厂开展战略合作，由县粮油加工厂负责生产，“荆州味道”品牌公司负责销售。与“西藏味道品牌管理有限公司”签订合作协议，打造江孜县电商网络平台，同时积极申报电子商务进农村示范县，相关材料已递交上级业务部门审批。

【油气市场监管】 2016年，商务局始终重视加油加气站的监督检查工作，为加强成品油市场监管力度，截至年底，全县加油卡普及率达到95%，加油站建档工作已全面完成全年汽、柴油销售总量约3500吨，燃气销售量约300吨。同时，严格按照“成品油市场安全管理目标”的要求，认真做好县域成品油市场的安全管理工作，全年共组织开展成品油市场专项整治活动10次，出动执法人员45人次，排查整改安全隐患7项，除日常监督检查外，在各大节假日和敏感期商务局工作人员紧张的情况下，都安排2名值班人员在加油站蹲点执行24小时值班制度，负责监管加油、加气站的安全生产以及零散成品油审批等工作，同时值班人员要严格执行“日报告”制度，报告当日情况，有事报事、无事报平安。严格执行成品油市场监测月报及液化气月报制度，并指定专人负责该项工作，及时了解江孜县成品油（液化气）市场运行情况、确保全县油气市场的安全平稳运行。

【以商贸流通为支撑】 为有效地促进江孜县各加工企业商品流通，活跃城乡经济，发挥良好的招商引资作用，达到刺激特色产业快速发展，增加农牧民收入的目的，商务局承办了2016年冬季物交会和达马节物资交流会。物交会期间邀请江孜县特色产品加工销售企业参加，19个乡镇积极派出代表，展出各类手工产品、农副产品，促进了农产品的销售。冬季物交会共为期4天，共投入使用160顶标准帐篷，参会商户447家，展销产品总计5大类2172种，物交会平均人流量达到每天2.5万人以上，商品总交易额418万元，相比2015年同期增长16.1%，其中：商户总交易额357.6万元，相比2015年同期增长16.1%；乡镇特色产品交易总额60.4万元，相比2015年同期增长16.8%。达马节物交会为期5天，参会商户数600家。据不完全统计，物交会共展销土特产品、百货、礼品、农畜产品、电子产品等商品2718种，其中特色展销产品115种。物交会总交易额为1327.4299万元，相比2015年同期增长55.5%；本县特色产品总交易额为204.32万元，相比2015年同期增长7.14%。

【食盐市场监管】 6月15日，利用县城宗山广场，开展以发放宣传资料，张贴标语、宣传画报等形式，正面引导广大消费者鉴别真假食盐的方法，普及碘盐、消除碘缺乏危害为主要内容的健康宣传教育活动，不断增强群众防病意识和自觉使用碘盐的积极性，活动期间发放各种宣传资料4000余份。并成立碘盐专项检查组，在为期十天的联合检查行动中，江孜县联合执法人员根据专项行动总体部署，协同行动，对宾馆饭店、旅游景点、饮食摊点、机关学校、建筑工地等单位的食堂使用假冒伪劣食盐的情况，对县城中小型超市、集贸市场、农村各商店、食盐销售网点等重点环节开展拉网式的联合执法检查，共出动联合执法人员40人次，车辆20台次，检查学校、饭店、超市、批零售商店126家，查处1家违法销售农牧区推广碘盐商店，没收碘盐200余袋，暂无发现制贩假盐的情况。

【质监工作】 年内，商务局多次组织特种设备、危化品、散装油等专项检查活动，对全县危化品存储、销售企业和电梯、锅炉、压力容器等特种设备进行安全检查，排除各类安全隐患，先后对存在问题的3家特种设备使用企业下达限期整改通知书，确保江孜县特种设备作业人员100%持证上岗；特种设备投入使用前检验合格率100%；特种设备使用登记手续覆盖率100%；危化品存储、销售手续覆盖100%，散装成品油销售审批手续覆盖100%，并帮助各企业建立完善各项安全管理制度和安全检查、运行记录，有效防止了重大特种设备事故和群死群伤事件的发生。

【食品安全监管、监测】“民以食为天”，食品安全事关人命。商务局指定专人积极联合安委会其他职能部门加强开展市场监管工作，准确掌握市场动态。严格控制物价上涨，保持市场平稳运行；重视并加强盐、粮、油、蛋、禽、肉等重要商品市场供求情况的监测，及时掌握重要商品的储备信息，做到货源充足、价格稳定，保障广大干部及农牧民群众的生产、生活需求。特别是重大节间前为确保市场的平稳安全，年内，安委会成员共联合开展15次较大规模的执法检查，主要到县城里的餐饮、超市、商店、农贸市场、学校等70多家各类饮食品经营户及经营市场检查。经检查所有涉及质量问题的食品均被依法没收，没收的饮料等食品有18种估算折价3185元。检查组要求各经营户严格执行《中华人民共和国食品安全法》和《食品准入制度》诚信经营，共同营造和谐、安全的消费市场。

【惠农工作】万村千乡市场工程建设情况，自2007年开展“万村千乡市场工程”以来，截至2016年10月，全县共有“万村千乡市场工程”农家店141家，乡镇商贸服务中心2个，其中2016年新增农家店10家。截至年底，除15家农家店因经营不善退出外，其余农家店运行良好，农家店行政村覆盖率达到82.9%，为促进商品城乡流通，服务“三农”做出了积极贡献；农牧区碘盐配送情况，2016年农牧区配送碘盐360.3吨，配送率达到100%，总价值72.06万元，实际配送金额18.015万元，农牧民碘盐推广差额补贴54.045万元，惠及全县12226户农牧民家庭，总计65509人；家电家具补贴资金兑现情况争取2015年家电家具补贴资金229.16万元，2016年内补贴对象覆盖全县农牧民和城镇低保家庭，产品销售总额约1263万元。

【打造商贸流通载体】年内，进一步完善县、乡（镇）、村三级商贸网点建设规划，推进城乡商贸一体化发展。围绕商贸龙头企业，大力实施县域和乡镇商贸载体建设工程，发展中心商业区、大型农畜产品综合批零市场、物流配送中心、各类专业市场等，打造快捷、高效的商贸流通载体。围绕江孜县光伏产业、农产品深加工、特色手工业三大主导产业，吸引有实力的集体、个体经营者资本投资，主招产业链缺失环节、短板环节、核心技术、配套产品，促进完善完整产业链条。加大已签约项目协调服务工作，确保项目尽快履约实施。加大投资软环境建设，强化环境治理工作，确保为全县招商引资搭建更优越的平台。整合资源，调整产业结构。进一步合理调整产业结构，克服小生产意识，发展外向型经济。在确保传统民族手工技艺传承的前提下，大力发展手工艺品机械化生产，从源头上降低成本，提高产量，形成规模化生产。积极发展城镇民族手工业，将产品有市场前景、有发展前途的企业，作为民族手工业行业的重点企业，对地毯、卡垫、氆氇、民族服装、家具和旅游纪念品等生产及生产企业进行重点扶持和发展。依托优势，大力发展农畜产品深加工。依托优势、特色农业产业带，大力发展农产品产地初加工。提升龙头企业的技术研发能力和装备水平，大力发展农产品精深加工。鼓励龙头企业加强农产品加工示范基地建设，引导龙头企业与专业合作社、农民有效对接，建立紧密型利益联结机制，增强辐射带动农户的能力。加快推动电子商务发展。发展积极推进电子商务发展，有效发挥电商销售优势，建设完善电子商务公共服务体系，引领电子商务更大范围推广和应用，破解销售瓶颈，推动完善“上行”网络销售渠道，完善现代市场体系。

（刘　洋）

【领导名录】

局　长　格桑罗布（藏族）

副局长　丹增卓玛（藏族，5月免）

　　　　顿珠次仁（藏族，5月任）

江孜县安全生产监督管理局

【概况】安全生产监督管理局于2008年10月12

日正式挂牌成立，江孜县安全生产委员会成立于2013年1月，属县政府直属行政部门，负责对全县安全生产工作的监督管理，是安委会的办事机构，履行县安委会办公室职责，综合协调各乡（镇）、各部门依法开展安全生产工作。2016年编制4人，正式在编人员4人。局机关下设一个办公室（综合监管）。承担县政府安全生产委员会办公室日常工作。研究提出安全生产重大决策和重要措施的建议；监督检查、指导协调县政府有关部门和各乡（镇）人民政府的安全生产工作；组织全县安全生产大检查和专项治理整治工作；参与研究有关部门在经济社会发展规划、产业政策、资金投入、科技发展等工作中涉及安全生产的相关工作；组织协调生产安全事故的应急救援工作；负责组织县政府生产安全事故调查处理和办理结案工作；承办县政府安委会召开的会议和重要活动，督促、检查安委会会议决定事项的贯彻落实情况。

【构建安全监管体系】 年内，认真落实安全生产“党政同责、一岗双责、齐抓共管”要求，2016年初，由江孜县安全生产委员会主任与所有乡（镇）人民政府负责人、行业主管部门负责人、矿山企业法人分别签订本年度安全生产责任书。根据“管行业必须管安全、管业务必须管安全、管生产经营必须管安全”的原则，安全生产责任书的签订，以责任状的形式将安全生产责任层层落实，进一步完善主要领导亲自抓、分管部门具体抓、责任企业细化抓的安全生产监管体系。

【矿山企业安全监管】 年内，将日常监管工作与维稳要求紧密结合，全面加强对矿山的安全检查监管。要求企业认真落实企业负责人带班等各项安全生产规章制度，强化隐患排查治理，完善各类应急预案，提高应对各类突发事件能力，加强矿区的安全巡查、管理，进一步做好从业人员的登记建档及管理工作，做到底数清、情况明。为严格落实安全生产事故调查和处理工作，江孜县安全生产管理局联合组织县国土局、县公安局等，对非煤矿山进行检查整治工作，进一步加大对全县非煤矿山安全生产各项制度的建立，安全规范作业流程等工作的监管力度。共对非煤矿山企业检查18次，现场检查记录18份，责令限期整改指令4书份，整改复查意见书4份，出动检查人员48人次，车辆24台次，发现安全隐患8个，整改8个，整改率100%。

【危险化学品安全监管】 年内，江孜县安全生产监督管理局高度重视危险化学品安全检查工作，把安全当作事关企业生存发展、地方安全稳定的头等大事来抓，特制定江孜县安委会办公室关于印发《全县危险化学品易燃易爆企业安全隐患“三查三改”工作实施方案》的通知，成立由县公安局、县消防大队、县交通局、县商务局、县气象局、县住建局等组成的检查组，按照各自职责，各司其职，各负其责，严格落实各项安全管理制度，对全县城内3家加油站和2家加气站的危化品运输、储存、经营等情况进行深入检查，对检查中发现的隐患，能立即整改的，当场督促责任单位进行整改，不能立即整改的，下发限期整改通知书，责令限期整改完毕，并对整改情况进行复查。全年对5家危险化学品企业共检查32次，现场检查记录108份，责令限期整改指令书12份，整改复查意见书12份，出动检查人员65人次，车辆58台次，发现安全隐患22个，整改21个，整改率99%。

【烟花爆竹安全监管】 年内，严格按照《烟花爆竹安全管理条例》的有关规定和区、市安监局关于加强烟花爆竹零售企业安全监管工作的通知要求，江孜县安全生产监督管理局在安全前提下，为进一步活跃节日气氛、拓宽群众增收渠道，结合江孜县实际，将烟花爆竹零售商的数量控制在6家，对各零售商符合“两关闭”“三严禁”要求的商户于节前办理了烟花爆竹经营（零售）许可证，并与之签订安全责任书。同时，对6家共12名烟花爆竹零售负责人、销售人员进行一次岗前安全培训教育工作（培训12人）。在烟花爆竹零售期间，共对烟花爆竹销售点检查6次，现场检查记录6份，出动检查人员24人次，车辆6台次，发现安全隐患3个，整改3个，整改率100%。

【“打非治违”专项整治行动】 从3月中旬开始，在全县范围内集中深入开展打击非法违法违规生产经营建设行为专项行动，专项行动开展以来，县住建局、县公安（交警）、县消防大队、县国土局、县商务局、县环保局、县住建局、县食药局、县卫生局等安委会相关成员单位按照“四个一律”要求，结合监管行业实际，制订了工作方案，在矿山、道路交通、人员密集场所、建筑施工地等领域开展检查共66次，查处违规违章行共67处，检查人员共173次、出动检查车辆共693台，形成对非法违法、违规违章行为严打整治的高压态势。

【安全生产教育宣传】 年内，为着力提高全民安全意识，树立安全发展的理念，江孜县安全生产监督管理局先后投入3余万元，以安全生产知识为题材的安全生产活动展板、新《中华人民共和国安全生产法》宣传册、宣传单共计15000余份，在六月“安全生产月”期间，江孜县安全生产监督管理局紧紧围绕活动主题，组织江孜县安委会成员单位积极开展主题宣传咨询、安全知识竞赛及安全知识“八进”（进机关、进家庭、进社区、进企业、进乡镇、进学校、进农村、进家庭）等形式多样的宣传教育活动。通过多层次、多形式、多方位、多角度的广泛宣传教育，有效提升了全民安全意识，在全县形成“关爱生命、关注安全”的浓厚氛围。

【开展“两学一做”教育学习】 年内，按照县委的统一部署和要求，结合江孜县安全生产监督管理局工作实际，及时成立两学一做专题教育学习活动领导机构，研究制定各阶段实施方案，确保各阶段工作认真有序地开展。在加强安全监管业务理论学习的同时，集中开展对区、市党委、政府及县委、县政府相关会议内容、文件精神的传达学习、贯彻落实，确保及时了解和掌握工作中心任务和相关要求，确保了上情下达。同时，严肃政治和工作纪律，加强对干部职工考勤、工作作风的监督管理，杜绝出现违规违纪现象，切实做到“看好自己的门，管好自己的人，办好自己的事”。

【精准扶贫】 年内，以深入贯彻“两学一做”学习教育活动要求为目标，大力开展扶贫攻坚。2016年，江孜县安全生产监督管理局党员干部坚持以学促行，把对贫困户建档立卡作为实施精准扶贫的重要基础工作来抓，制定帮扶村脱贫计划和方案，建立党员温暖行动工作台账，从严从实把真正贫困的对象识别出来并建档立卡，为精准扶贫夯实了基础。为解决贫困户致富脱贫的瓶颈问题，加快扶贫攻坚进程，江孜县安全生产监督管理局多次带领党员干部深入扶贫户开展贫困村调研。从家庭状况、资金需求、住房条件、子女就业等方面入手分析致贫原因，为贫困户送家庭所需的生活必需品以及慰问金，帮助其解决生活问题。

（多吉次仁）

【领导名录】

局　长　普　琼（藏族）

副局长　索　片（女，藏族）

江孜县国家税务局

【概况】 1959年9月，江孜县人民政府财粮科成立后，全县税收工作由财粮科负责。1960年，江孜专署成立后，设立了专署税务局，负责江孜地区税务工作。1964年5月，专署税务局撤销。1979年，江孜县税务局成立。1979～1984年，县税务局与财政局合署办公。1985年，县税务局单独办公。1995年4月，江孜县国家税务局成立。

2016年，江孜县国税局现有在职干部8名，6男2女，平均年龄36岁，退休干部3名。2016年，江孜县国税局管辖的纳税登记户达到1473户，其中企业686户，个体工商户787户；达到起征点以上征税户共计252户。截至2016年12月20日，各项税收收入任务完成3303万余元，较2015年同期增收284万元，同比增长9.42%。

【党风廉政建设】 2016年是全面建成小康社会

决胜阶段的开局之年，是推进结构性改革的攻坚之年，也是税务系统全面推行税制改革的关键一年。江孜县国税局按照江孜县委、县政府以及西藏自治区国税局、市国税局工作会议的总体部署，落实科学发展观，牢牢把握税收工作宗旨，围绕实现税收现代化的目标，以绩效管理为抓手，以文化建设为依托，克服困难、团结进取、奋力拼搏、开拓创新、持续推进税收收入、纳税服务、税收征管、税收执法、队伍建设、党风廉政建设等重点工作，切实认真贯彻落实市局刘春祥书记在全市税务工作会上安排部署的2016年突出抓好的各项工作要求，务实创新地开展了一系列工作，取得了一定成效。

【绩效管理】 年内，贯彻总局、区局、市局全面落实和推进绩效管理办法工作部署，全面认真总结和梳理绩效考核指标，通过进一步细化考核内容，把各项绩效考核任务仔细认真地分解到每一位干部岗位，创新考核方法，完善考核机制，实现思想认识到位、组织领导到位、职责岗位到位的综合绩效考核三到位，确保考核指标的无缝对接，层层落地，形成无盲点、全覆盖的绩效管理体系。

【党建工作】 7月21日，正式成立江孜县国家税务局党组，进一步巩固县局机关党组织建设。在做好四月份全面奋战“营改增”工作的同时，按照相关工作要求，在局机关大厅和党员活动室内制作“两学一做”的宣传栏、“两学一做”学习教育系列图解、“永远跟党走”等宣传信息栏。利用党员活动室、党组会议室、职工阅览室等场所采取干部集中培训、集中学习、党组书记讲党课等形式，组织干部认真学习党章党规、学习习近平总书记系列重要讲话精神、重温党员誓词。组织观看《长征》等系列电影，学习革命先辈和长征精神，发挥正面典型激励作用，促使全区广大党员干部在思想上有触动、工作上有改进、业绩上有突破。进一步增强党员政治意识、大局意识、党性意识，增强争做“合格党员”的自觉性。

【税制改革】 年内，成立由县长为“营改增”领导小组组长，县直机关相关部门和税务局全体人员为成员的《江孜县国家税务局“营改增”领导小组》。负责全县“营改增”试点工作的有序推进，制定具体实施方案和工作措施，确保试点工作稳步实施。举办“江孜县国税局营改增政策解读培训”班，发放市局“营改增”税收宣传材料、邀请相关纳税人参加培训；通过发送移动短信、建立纳税人微信群等方式，对纳税人关注的“营改增”改革内容进行了详细的讲解、解答纳税人的疑难问题。

【严管征收】 进一步正确处理依法治税与组织收入的关系。始终坚持“依法征税，应收尽收，坚决不收过头税，坚决防止和制止越权减免税”的组织收入原则，着重在强化收入质量上下功夫，切实做到公平、公正、文明、规范执法，保证税款及时足额入库。2016年各项税收收入达到3303万余元，超额完成了全年各项工作目标任务。坚持服从、服务于地方经济社会发展大局，被江孜县委、县政府授予“支持地方经济建设突出贡献奖”。

【优化纳税服务】 推行一次性告知服务。制作《江孜县国家税务局一次性告知事项单》，特别告知纳税人办理业务需要携带的所有资料和证明样本，并在发放《一次性告知单》时逐项解释；制作光盘和小卡片，宣传税控机的操作，并将其刻录成光碟免费发放给纳税人使用，制作税控收款机最常用操作流程的“江孜县国家税务局便民服务卡”，能让文化程度相对较高的纳税人随身携带，方便使用。简化办税审批程序，优化办税服务流程，提高工作质量和服务水平。

【队伍建设】 年内，加强领导班子建设，强化干部队伍管理，进一步夯实税收事业发展的基础。牢固树立大局意识，确保政令畅通，建立干部职工一线工作机制，加强干部队伍的纪律约束。

（多吉次仁）

【领导名录】

党组书记、局长　多吉次仁（藏族）

党组副书记、副局长

琼　吉（女，藏族）

党组成员、纪检组长

彭康红（藏族）

江孜县工商行政管理局

【概况】1987年，江孜县工商局成立，江孜县市场管理由江孜县工商局负责管理。主要职责：企业登记注册、统计、市场监管、流通领域食品市场监管、反垄断与反不正当竞争执法、消费者权益保护、商标发展与服务。下设1个工商所。2016年，江孜县工商局在职干部9名，党员干部5名，大专学历2名，本科学历7名，干部平均年龄33岁，包村驻村点派遣工作队员3人。截至年底，各类市场主体3437户、注册资金102408.3万元，比2015年增长分别为13.3%、27.8%。其中：内资企业共有43户、从业人员498人（企业法人11户、从业人员353、注册资金5790万），私营企业共442户、投资人512人、雇工人数13241人、注册资金77191.8万元，比2015年增长分别为18.5%、15.9%、12.5%、27.5%，个体工商户共有2769户、从业人员5870人、注册资金8234.9万元，比2015年增长分别为12.2%、12.2%、48.5%，农民专业合作社共有183户，成员4656人，注册资金11191.6万元，比2015年增长19.6%、8.5%、19%。

【登记制度改革】年内，按照“放、管、服”结合的工作要求，深入推进改革各项工作，进一步营造宽松准入、公平竞争、放心消费的市场环境，全力推动大众创业、万众创新。10月1日、12月1日，相续与全国同步落实“五证合一”“两证整合”改革工作，继续为企业开办和成长提供便利服务，降低创业准入制度性成本，优化营商环境，激发企业活力。截至12月30日，核发“三证合一、一照一码”营业执照656张，发照率达97.2%；核发“五证合一、一照一码”营业执照25张；核发“两证整合”营业执照120张。认真梳理和掌握前置改后置审批目录，坚决执行“双告知、已承诺”制度。截至年底，发放“企业先照后证告知单”853份，经营者书面承诺书853份。深入开展信用监管，提升执法效果，截至年底，抽查信息公示12户，正常11户，隐瞒真实信息、弄虚作假1户，未及时报送2015年报公示的列入经营异常名录1户，实现“一处违法、处处受限”的局面。江孜县工商局《开展2016年企业公示信息抽查工作》被自治区法制报刊登。多措并举，加压求效，积极推进企业年报公示工作。制定《江孜县市场主体年报公示工作及“三证合一”换照工作实施方案》，明确工作目标和任务，及时沟通协调县政府，争取支持和重视，县政府办的名义建立工作协作机制，推行农牧区市场主体年报公示情况通报举措，有力促使各乡镇主要领导的重视，有效提高年报公示率。2015年度年报公示率达99.97%（自助年报率达73.07%，工商年报率26.9%），其中企业年报率为100%、农专社年报率为99.3%、个体工商户100%。江孜县工商局《采取多项举措开展年报公示工作》被中国西藏新闻网采纳刊登。

【规范市场秩序】年内，围绕市场“宽进严管”改革要求，加大开展节日、红盾护农、旅游、电器、建材、汽配、快递行业、公用企业等各类市场专项整治，努力维护良好市场秩序。截至12月30日，开展各类专项整治行动113次、出动执法人员682次、出动执法车340台次、检查户数3652次，检查中没收不合格商品品种16个、价值4.8万元。查处公平交易案15件、案值10.6万元、罚没款2.8万元。通过各类市场专项整治行动进一步营造公平竞争和放心安全的消费市场环境，切实维护消费者合法权益和市场经营秩序。

【商标广告监管】年内，深入学习贯彻新《中华人民共和国广告法》《中华人民共和国商标法》，发放宣传资料4520余份。规范治理广告市场，严厉查处发布虚假违法广告行为，纠正违法广告4件，查处虚假广告案件2件，案值600元、罚没款550

元。开展“打击商标侵权、保护知识产权”专项执法行动，没收侵权商品蓄电池等五大类，共计价值达1.38万元，查办商标侵权及违法案5件，案值1.19万元、罚款1.3万元，湖北骆驼集团专门送锦旗，向江孜县工商局表示感谢。

【履职消费维权职责】 年内，进一步建立完善12315消费维权体系，重新确认充实各维权站点联络员，确保消费纠纷得到及时解决。积极贯彻实施《12315“诉专案”工作机制》和《消费维权约谈制度》，查结“诉专案”4件，案值3.85万元，罚没款1.485万元，行政约谈11起；受理消费者受理咨询800件，受理消费者申诉举报31件 、价值4.3万元、挽回经济损失3.5万元，调解成功率96.8%，其中“12315”联络站点受理投诉13件、挽回经济损失0.04万元，便民警务站点受理投诉4件，挽回经济损失0.02万元。以“3·15”国际消费纪念日为契机，围绕消费维权年主题，设立宣传点发放宣传资料、解答消费者咨询、讲解识假辨假方法、展示打击成果。发放宣传资料3860余份、悬挂横幅21条、现场受理消费者咨询348余次、移动公司群发公益短信1.2万条，销毁假冒伪劣、过期、变质商品共计21大类，共计5.32吨，价值达6.75万元。江孜县工商局“3·15”活动全过程拍摄形成专题报道，在市、县电视台播放。

【综合治理】 年内，协同公安局与各乡镇签订《2015年打击（禁止）传销目标管理责任书》共19份，协同综治委进一步充实确认打击传销领导小组成员和各乡镇打传工作联络员，制定工作实施方案和工作要点，完善联席会议制度，强化涉传人员管控和外出务工人员的摸排，强化打击传销宣传教育的深度和广度。年内，无一人参与传销，也无一人介绍他人参与传销，发放禁止传销的宣传单1200余份，创建无传销乡镇（学校）2个，共6个。起草无照经营工作方案，以县综治委名义下发各成员单位，进一步充实完善联席会议在制度，扎实有序开展无照经营治理工作。涉嫌无照经营者下发行政指导告诫书12份，及时得到整改11户，查办无照经营案3件，案值6.5万元、罚没款0.95万元。协同公安、宣传部、教育等部门，深入开展“扫黄打非·秋风2016”专项行动，删除违禁歌曲42条、没收违禁音像制品30碟、没收卫星广播电视卫星地面接收设备2台，下达行政指导告诫书2件。

【商标战略实施】 年内，依托优势资源和特色产业，充分发挥工商职能作用，狠抓“六项”举措，加大品牌宣传力度，选派商标服务专职人员、专职窗口，深入摸底调查，积极引导企业商标注册、使用、管理和保护，大力推动“商标富农”商标战略，有力提升企业的知名度和市场竞争力，打造地方特色品牌，促进江孜县经济又好又快发展发挥了重要作用。年内，注册商标12件，总量达44件，同比增长35%，成功申报自治区著名商标1件，总量达4件。

【“两学一做”学习教育活动】 年内，制定《江孜县工商局关于“两学一做”教育活动实施方案》，及时开展活动动员部署大会，再安排部署，领导带头上党课、抄党章、谈体会、开讨论，做到以上表下、带头垂范作用，扎实有序开展各专题活动，在活动中江孜县工商局学习结合实际工作、生活，加以反复自查、对照，以上表下、以身作则遵守党章、执行党章，做合格党员。局长带头讲党课6次，干部手抄党章8份，提交学习心得16份，集中学习23次。江孜县工商局《四项载体，开展“两学一做”学习教育活动》被市局转发全市系统内交流学习。

【党风廉政建设】 学习领会《日喀则市工商局关于党风廉政建设和反腐倡廉工作指导意见》《自律准则》《纪律处分条例》《两个主体责任》《问责条例》相关内容，开展廉政知识竞赛活动，与全体干部签订《党风廉政建设责任书》和岗位廉政风险防范承诺书，把党风廉政建设责任化到每个干部的思想和具体行动上，认真查找各自岗位廉政风险点，统一汇总并注册大厅内制作廉政风险公示栏，配齐纪检专职人员，确保两个主体责任更好的落实到位，切实提高干部廉洁自律意识，营造风清气正的干事创业环境。集体学习4次，开展知识竞赛活动2次。

【法制工商建设】 年内，组织学习注册登记、消费维权法律法规，积极参加“一月一法一考”活动，注重干部队伍教育培训，切实提高了干部的法律知识水平和依法行政水平，达到干部懂法，学会用法的目标，切实把学到的知识运用到实际工作中。年内，集中组织学习法律法规3次，参与“一月一法一考”55人（次），参加区外培训3人（次）、区内培训12人（次）、网络培训9人（次）。

【落实“足迹话”工作法】 年内，建立足迹话台账，制作简报登记本、文件登记本、记录工作日志和市场检查信息，落实足迹话工作，形成责任到人、任务到岗，进一步提升工作落实和完成进度。

【规范化制度建设】 年内，积极与市局申请规范化制度建设经费，单独制作注册大厅公示栏、机关形象公示栏、支部党建制度公示栏、廉政风险公示栏、“两学一做”专栏、廉政文化走廊及党风廉政建设实施意见，进一步更新、完善、规范制度建设。

【强化基层党建】 年内，根据上级对党员干部“结对帮扶”工作要求，江孜县工商局立足实际，因地制宜进行分两组开展帮扶活动，党员领导干部每人结对2户帮扶对象，共6户，在藏历新年期间，各自掏包购买价值2500元生活用品，送去节日的祝福和慰问品，积极开展党支部各类活动，开展党员先锋岗创建活动，进一步规范建立健全规章制度。

【强化非公党建】 全年发展党员4人、查找党员8人，积极组织非公党员开展各类支部活动，自愿捐款7600元，对困难老党员、贫困户解决生产生活上的困难，自觉加入扶贫攻坚战斗，共同奔小康而做贡献。

【开展强基础惠民生活动】 落实办实事资金50万元。江孜县工商局驻村工作队除10万元办实事经费外，争取资金50万元，改善农田水渠问题；发挥工商职能优势，积极与非公经济户之间做好牵线搭桥，7月连续强降雨造成的水渠冲破问题得到日喀则市老凤祥银楼资助2.4万元；助力“秋收运输”工作，本驻村点位于省道204沿线，秋收运输必经之路，交通安全隐患重大，在秋收运输期间，出动全员制作红绿旗，在交叉路后为期3天做好了交通疏导指挥工作，得到群众的好评。

（多杰晋美）

【领导名录】

局 长 达 旺（藏族）
副局长 多杰晋美（藏族）
所 长 普 琼（藏族，7月免）
巴桑次仁（藏族，7月任）

江孜县旅游局

【概况】 江孜县旅游局，前身为宗山办，2002年正式改名成立旅游局，现有行政编制4名。江孜县旅游局为全县行政管理部门，具体职能为负责江孜县辖区的旅游规划、管理和监督工作旅游局为江孜县人民政府工作部门，正科级建制，现设有3个内设机构：办公室、财务室、项目公关办。设1个国有企业单位：乃钦康桑文化旅游投资有限责任公司。2016年，共接待游客13.9万人次，其中外宾接待人数为2.78万人次；内宾接待人数为11.12万人次；旅游总收入达到4860万元，AAA级景区2处（卡若拉冰川、帕拉庄园）；AA级景区1处（热龙寺景区）。星级酒店6家，商务酒店3家，其中2个三星级酒店；4个二星级酒店；农牧民家庭旅馆及小型招待所19家，其中2家金星级农牧民家庭旅馆。

【党风廉政建设】 年内，旅游局坚持以“习近平总书记重要讲话精神”为指导，认真贯彻落实中央第六次西藏工作会议精神，利用集体学习和个人自学相结合的方式，开展“三个代表”重要思想、政务公开、廉政建设、党的群众路线教育实践活动，“两学一做”和“党章党规”主题知识的学习活动，工作主要采取了以下做法：围绕县委、县政府提出的“群众利益无小事”的观念，进行集中教育整顿学习，重点开展学习“四风专题教育”，解决“四个问题”，树立“四种形象”；根据县委对政治学习的总体部署，结合实际确定学习内容和方法，制订学习计划，规定周一、周五为学习日，领导班子成员坚持每月学习一次廉政建设理论和党的方针，每月组织一次全局人员进行思想政治教育，严格遵守学习制度；班子成员都建立读书笔记，定期组织交流和检查，从根本上提高学习的自觉性和积极性。通过狠抓学习，对党的路线、方针、政策有了更深刻的理解，在政治思想上有了更进一步的认识；坚持每月每季度做好旅游的信息和数据统计工作。

【坚持规划先行】 2016年，县委、县政府、上海第七批援藏高度重视旅游规划，坚持旅游发展、规划先行的原则，邀请北京巅峰智业旅游文化创意股份有限公司完成《江孜县旅游发展总体规划（2015—2030）》及《江孜宗城旅游景区项目设计规划》《紫金湿地公园及藏王宫遗址景区项目设计规划》《紫金乡紫夏村乡村扶贫规划》等，确定打造精品、建设完美、品质突破的中远期目标。

【旅游宣传】 11月16日，县旅游局和乃钦康桑文化旅游投资有限责任公司在拉萨西藏宾馆举行主题为“英雄古城，魅力江孜”—红河谷之旅的旅游推介会。江孜县人民政府给予大力支持。共有147家旅行社参会，其中110家与乃钦康桑文化旅游公司签订合作协议。会上区、市、县领导进行发言，江孜糌粑、大蒜、酥油及奶渣作为特色旅游产品进行了展示。

【旅游基础服务设施建设】 年内，紧围绕实现“优良秩序、优美环境、优质服务和游客满意”的总体目标，大力强化旅游基础设施建设，“十二五”以来共投资近3000万元用于提升和完善旅游基础设施，2016年完成卡若拉冰川景区、斯米拉山旅游景区、达玛场民俗风情园基础服务设施建设工程及江孜印迹实景剧演出看台、加日郊老街保护建设工程等项目。在上海第七批援藏江孜小组的大力支持下，2016年投资近1亿元完成《江孜印迹》大型原生态实景剧演出项目及配套设施建设；紫金湿地公园及藏王宫遗址景区建设项目及配套设施建设；帕拉庄园人居环境整治项目；江孜红河谷生态餐厅建设项目等。2016年通过与上海戏剧学院合作实施了《江孜印迹》大型原生态实景剧提升版项目，总投资达500万元。基础设施建设正在强力进行，为给游客提供方便的衣食住行条件在上级旅游部门的大力支持下，江孜县建设了旅游环保厕所8座，停车场4座，停车位1200个。家庭旅馆、宾馆、餐饮事业发展趋势良好，各项服务条件正在逐步完善。

【坚持服务群众】 年内，江孜县坚持把旅游富民作为旅游发展的目标，鼓励农牧民积极参与旅游业发展。截至年底，全县共有星级农牧民家庭旅馆2家，鼓励农牧民参与特色旅游商品开发，具有江孜本地特色的旅游产品种类达到5种，包括江孜卡垫、江孜大蒜、卡麦陶瓷、片石雕刻、玉妥藏香等，随着旅游景区（点）开发建设及基础服务设施的进一步完善，2016年实现就业人数达到500余人，农牧民群众参与旅游行政村达到10个；户数达到407户；人数达到1404人；近三年收入达到5000余万元，使旅游业逐渐成为全县经济发展的支柱性行业。

【旅游宣传推动产业发展】 《江孜印迹》实景剧首次区外演出：为加大江孜县旅游产业宣传力

度，2016年第十四届珠峰文化旅游节为契机（上海）首次实现区外演出《江孜印迹》实景剧演出。召开旅游推介：2016年在拉萨召开了江孜旅游产业（产品）推介会，同时和参加推介会全区120家旅行社签订合作协议。制作宣传资料：为加大宣传江孜县的文化旅游产业，2016年底投入项目资金50万元制定全新江孜旅游手册和宣传折页，全面地陈述了江孜文化旅游资源和特色产品产业、特色节庆、农耕文化等。同时投资5万元制作了《江孜印迹》实景剧光盘影碟和宣传影碟。旅游精品线路打造：打造了“江孜两日游”旅游精品线路，第一天：拉萨—羊湖—卡若拉冰川—斯米拉山满拉湖—生态现代农业园区—午休—宗山古堡（历史文化陈列馆）—地毯厂—加日郊老街—白居寺—晚餐—跳锅庄舞—观看《江孜印迹》实景剧。第二天参观帕拉庄园（后藏民俗风情小苑）—紫金湿地藏王宫遗址—日喀则。加大多媒体旅游宣传：对接拉萨、上海、北京、广州某公司接洽旅游网络宣传工作，通过在内地实现全天候通过微博、微信实现江孜县的文化旅游、人文旅游、民风民俗等全方位实现大力推动宣传。

（丹　增）

【领导名录】

局　长　格桑平措（藏族，1月免）
副局长　顿　　珠（藏族）
　　　　格桑达娃（藏族）

江孜县红河谷现代农业科技示范区

【概况】 江孜县红河谷现代农业示范区是上海市第七批援藏重点产业项目之一，是浦东新区对口援建地区江孜县实现农业强县目标的重要抓手，是江孜实现经济社会跨越式发展的重点工作。示范区位于江孜县城所在地江孜镇，海拔4040米，占地4000公顷，涉及农户2476户，农民11213人，占全县人口的1/6，是全球海拔最高的现代农业示范区。

示范区立足江孜、服务西藏、辐射上海，以“一二三八”为发展思路，全力打造高原粮油生产基地、高原特色农产品深加工基地、高原种源生产基地，重点发展绿色优质果蔬和高原特色农产品产业，争创国家现代农业示范区。整体开发分两期建设，从2013年9月到2019年6月结束。

由上海浦东农业发展集团有限公司、上海浦东川沙新镇农业投资发展有限公司与江孜县年雄农业发展有限公司共同出资2000万元，组建江孜县江浦农业发展有限责任公司，负责示范区的建设、生产、经营，实现“政府引导、企业主导、市场运营”；“一”：一家公司，由上海浦东农业发展集团有限公司、上海浦东川沙新镇农业投资发展有限公司与江孜县年雄农业发展有限责任公司共同出资2000万元，组建江孜县江浦农业发展有限责任公司，负责示范区的建设、生产、经营，实现“政府引导、企业主导、市场运营”，现江浦公司被评为日喀则市级农牧业产业化经营龙头企业；“两个市场”：开拓区内、区外两个销售市场；“三个平台”：沪藏农业合作平台、农牧科技服务平台和高原特色农产品展示展销平台；“八大产业”：区内以水果、蔬菜、花卉、畜禽业为主，区外以藏药、食用菌、高原特色产品、粮油加工为主。示范区按照边建设边生产的思路，“开发一块、投产一块、收益一块”的模式。

【制定产业发展方向】 示范区充分依托援藏优势，立足江孜、服务西藏、辐射上海，邀请上海浦东专家团队量身定做发展规划，以“一二三八”为发展思路，全力打造高原粮油生产基地、高原特色农产品深加工基地高原种源生产基地，重点发展绿色优质果蔬和高原特色农产品产业，争创国家现代农业示范区。

【农机化建设】 紧紧围绕粮食增产、农牧业增效、农牧民增收这一中心任务，按照“提升一产”的要求，以提高重点作物、重要农时、关键生产环节农业机械化作业水平为着力点，建设集农机经销，农机展示，农机新技术及新机具引进、试验、示范、推广、咨询、培训和服务于一体的多功能服务中心，使农牧民对农机具的类型、品种、使用方法、保养知识有更加直观的认识和了解，提升江孜县农机推广工作水平，加快江孜县农业机械化发展进程，推进江孜县传统农业向现代农业转变。

【培养技术人才】 2016年初，示范区4名管理人员和5名技术员到上海浦东新区挂职锻炼、技术培训，累计天数20天。培训学员在上海浦东孙桥现代农业园区、浦东党校、浦东新区农业技术推广站接受了各部门领导和专家的培训指导，培训学员都是示范区的骨干人才。2016年，安排示范区周边及全县范围内种植大户、致富能手及基层农技人员共180余名，到示范区的农技人员之家进行专业培训，并选派10名县农技人员和技术骨干农民代表赴上海进行为期30天的技能培训。

【经济社会效益显著】 示范区作为沪藏农业合作的平台，浦东新区给予了大力的援助，先后委派管理员、设计师、技术指导员等23名专家现场办公及技术指导。在建设方面，育苗温室、日光温室、服务中心、冻干车间等全部建设完工并投入使用；在生产方面，江孜县红河谷现代农业示范区作为国家食用菌西藏基地，重点种植培育食用菌类，试种期4个日光温室里种植香菇、猴头菇、秀珍菇等10个食用菌品种，年产量达15125公斤，销售额达181500元；新引进的高原灵芝品种成功突破海拔4000米以上无法种植的规律，2016年试种1个日光温室，2000个菌棒，通过自治区农科院专家和技术员们艰苦努力，长势喜人，孢子粉10公斤，干灵芝100公斤，产值达136000元。

【食用菌产品深加工】 充分利用青藏高原的独特地理和气候条件，积极发展绿色环保，原生态的高原特色农业发展，建立优势农产品的产业化发展思路。以经济发展和社会稳定相结合的指导思路，在特色农产品产业化发展的同时，结合农牧户的情况，培训人员技术能力，增加就业技能，实现就业和增收的实际目标。大力发展食用菌产品深加工、农产品的深加工，实现香菇、灵芝的深加工；为高原有机香菇的产业化发展奠定基础；持续发展江孜县本县的农产品特色产业，增加江孜当地的财政收入；实现贫困农牧人口的再就业，提升就业技能，增加农户收入；宣传江孜的特色农业发展情况。

【项目建设运行管理】 整个项目的建设运行管理采取“政府引导、企业主导、市场运营”的模式。项目建设阶段，根据项目建设任务和项目实施的需要，本项目计划成立项目领导小组和技术专家组。项目领导小组主要负责项目实施过程中的领导、协调、统筹工作；研究和解决项目实施过程中的重大决策问题；落实和筹措项目建设资金和监督及检查项目的实施。

项目区的规划、建设及建成后的运行管理、资金的筹措和使用、招商引资等由县农业发展有限公司负责，并及时向项目领导小组汇报工程进展。技术专家组有西藏农科院和上海孙桥现代农业科技发展有限公司及本单位的专家组成。专家组有负责项目技术方案设计和论证工作，以及解决项目实施进程中的技术问题，同时根据项目的需要，不断地研制和提供新技术。园区服务中心项目、加工厂房建成后，将由县农业发展有限公司通过招投标方式，引进投资管理公司和企业负责日常经营管理。

日光温室建成后，将主要以农户承包经营为主，同时在承担示范区相关新品种新技术示范项目时，由示范区及政府提供相应技术指导及补贴。

【人力资源配置及培训】 根据合理的分工和协作、使每一个员工有足够工作量的原则，及因事择人、定岗设人原则配备人员；培训主要以日光温室及其服务体系技术人员为对象，通过分期分批的集中轮训，增加检测技术人员和管理人员的专业知识，有效开展工作，为设施农业稳定发展提供可靠的技术保障。

【引入合作伙伴】 红河谷现代农业科技示范区自

规划开始，就引入上海孙桥现代农业联合发展有限公司作为园区技术支持方，并共同出资2000万元成立江孜县江浦农业发展有限公司作为园区的管理公司，全面负责园区的日常运行管理。

【队伍建设】 示范区4名管理人员和5名技术员到上海浦东新区挂职锻炼、技术培训次数3次，累计天数120天。培训学员在上海浦东孙桥现代农业园区、浦东党校、浦东新区农业技术推广站接受了各部门领导和专家的培训指导，培训学员都是示范区的骨干人才；示范区作为沪藏农业合作的平台，浦东新区给予了大力的援助，先后委派了管理员、设计师、技术指导员等23名专家到藏现场办公及技术指导。

【争取资金投入】 建园以来，通过示范区的不懈努力，除了援藏资金1600万元的投入外，还积极向上海孙桥现代农业联合发展有限公司、浦东川沙新镇现代农业公司元、江孜县达杰农业发展有限公司、市农牧局、市财政、市组织部、县政府等部门和企业争取到项目资金投入达2000多万元。2016年，示范区将名下的四宗土地及地面上的房屋进行资产评估，净资产高达9600多万元，为下一步示范区造血和融资打下基础。

【发挥示范区技术创新】 中央第六次西藏工作座谈会指出，“今后一个时期，要在西藏和四省藏区继续实施特殊的财政、税收、投资、金融等政策”“要进一步加大中央对西藏发展的支持力度，充实和完善特殊优惠扶持政策，继续执行‘收入全留、补助递增、专项扶持’的财税优惠政策。增加中央投资，强化金融支持，加强对口支援”。江孜县红河谷现代农业科技示范园区的成立，符合中央第六次西藏工作座谈会精神、特别是习近平总书记系列重要讲话精神的部署要求，加快建设步伐，尽早全面发挥示范区的技术创新、成果转化及示范推广与辐射能力。

（倪广超）

【领导名录】

县农牧局副局长、总经理

罗　旦（藏族）

县科技局副局长、副总经理

达瓦措白（藏族，6月任）

县农牧局副主任科员、总经理助理

倪广超

办公室主任　李妮华（女）

社会事业

江孜县民政局

【概况】 1956年9月14日，成立江孜宗民政科。1957年机构收缩中撤销。1959年9月，成立江孜县民教科，主要负责开展全县的文教、卫生、民政等工作。1964年撤销民教科，成立民政人事科。1977年，成立江孜县民政科。1979年8月，各区先后成立基层民政组织，各人民公社成立基层民政委员会，大部分生产队都设民政委员。1983年3月，江孜县民政科改为江孜县民政局。江孜县民政局属于正科级单位，核定行政编制5人，领导职数2人。2016年，有干部职工14人，其中正科级干部2人，副科级1人，科员2人，事业人员3人，工人2人，公益性岗位1人，五保集中供养中心公益性岗位3人。县民政局负责全县城乡低保、城乡医疗救助、五保户、老龄和孤儿管理工作，双拥优抚安置、残疾人事业、救灾救济、婚姻登记管理、基层政权建设、勘界、区域地名管理等工作。

2016年，江孜县民政局团结带领全体干部职工深入学习中共十八大、十八届六中全会、自治区九次党代会以及习近平总书记重要讲话精神，全面贯彻落实，2016年全国、全区和全市民政工作会议精神，以党的“两学一做”教育实践活动为契机，以全体党员干部践行“讲学习、讲忠诚、正风纪、转作风、提效能”主题活动为抓手，突出问题导向，坚持正确方向，明确工作重点，主动适应困难群众的需求，加大民政各项工作的宣传力度，全面完成年度各项工作任务，为建设平安、和谐、小康江孜做出了应有的贡献。

【政策宣传】 年内，随着民政工作范围的不断扩大，为进一步加强民政政策的宣传引导，提高群众对民政惠民政策的知晓率，使广大农牧民群众真正知道惠在何处、惠从何来，江孜县民政局通过多种形式，将社会救助、社会福利、防灾减灾、优抚政策等进行全方位、深层次的宣传，每年召集乡（镇）长、民政助理员开展2—3次民政业务培训，及时传达和学习最新出台各类惠民政策，便于基层民政业务员全面掌握动态政策，进一步扩大民政工作的社会影响力，并积极参与和配合宣传部组织的“五下乡”和12月4日国家宪法日，在宗山广场专门宣传普及民政社会救助等相关政策，并发放2523本宣传手册、宣传单，从而实现民政各类政策家喻户晓，人人皆知。

【城乡低保】 2016年，践行“两学一做”规范最低生活保障政策落实核查工作严格执行“六步工作流程”，强力打造“阳光低保”和“责任低保”，充分发挥“最后一道安全网”的兜底作用。通过此次城乡低保核查，江孜县城乡低保的保障对象情况更加准确，操作程序更加规范，真正做到政策透明，群众满意，为打造江孜“阳光低保”工作迈出坚实的一步。切实做到动态管理下的“应保尽保，应退则退”。截至年底，据统计农村低保动态管理情况：原享受低保对象户2316户、6358人，其中A类1078人、B类718人、C类4562人，通过此次核查清退对象户1969户，5797人，其中A类957人、B类603人、C类4237人，通过此次核查新增对象户127户、199人，其中A类33人、B类62人、C类104人，核查后低保对象户475户、760人，其中A类154人、B类177人、C类429人，据统计城市低保动态管理情况：原享受城市低保户665户、895人，通过此次核查清退对象户500户、640人；通过此次核查新增对象户2户、2人，核查后低保对象户157户、257人，全年农村低保上半年2316户、6358人，下半年475户、760人，发放低保金461.87万元。城市低保上半年665户、895人和下半年157户，257人发放低保金358.43万元。为全面落实精准扶贫对象低保政策兜底，按照民政“社会保障兜底一批”的要求，按时完成社会保障兜底对象信息数据复核工作，明确社会保障兜底对象人数，将全县无劳动能力356户1074人精准扶贫户社保兜底，实现农村低保和扶贫政策的有效衔接。

【医疗救助】 年内，县民政局严格根据《西藏自治区关于进一步完善城乡医疗救助制度全面开展重特大疾病医疗救助工作实施意见》的通知，明确医疗救助对象，全额救助重点救助对象，低保户、五保户、孤儿、优抚对象等困难群体参保、参合、购买商业大病综合保险，按比例救助一般救助对象，低收入家庭、多途径减轻困难群体看病负担。简化相关程序，实现医疗救助“一站式”服务，江孜县民政局联合县人民医院开通了“零起付线”政策通道。凡江孜县符合重点救助对象的群众进住县人民医院实现住院出院零缴费的政策，而医疗救助部分县人民医院和县民政定期进行核销，患者无需繁杂程序享受医疗救助，真正实现医疗救助“一站式”服务。从而为弱势群体提供了便捷的服务，切实解决无钱看病的难点。全年资助876名困难群众参合，实施医疗救助785人次，支出救助资金276.98万元。

【临时救助】 年内，重视社会救助工作，将社会救助纳入重要议事日程，坚持“保底线、救急难、可持续”的方针，统筹兼顾，突出重点，不断完善政府领导、民政牵头、部门配合、社会参与的社会救助工作机制。发挥救急难作用不断完善江孜县社会救助协调机制建设。实施临时救助196人次，支出救助资金34.95万元。

【教育救助】 年内，完成高校特困生一次性教育救助申报工作。江孜县民政局认真贯彻执行《2016年高校特困生一次性资助申报工作的通知》，2016年共申报88名高校特困生一次性教育救助，其中72名区内考生，11名区外内考生；及时兑现2015年高校特困生一次性教育救助资金。2016年8月，江孜县民政局联合县教育局、县财政局等相关单位，召集2015年享受高校特困生一次性教育救助的考生，召开资金发放仪式，并将救助资金当场发放给贫困生，共对70名学生，发放20.1万元救助金。

【社会福利】 年内，根据《全区五保集中供养和孤儿集中收养工作会议精神传达提纲》、西藏自治区人民政府《关于全面推进五保集中供养和孤儿集中收养工作意见》，与19个乡镇签订“双集中”目标责任书。“双集中”工作有序开展，江孜县民政局一如既往地开展“双集中”工作，对各乡镇符合集中供养条件的五保户通过实地试住、做思想教育等多重形式，积极吸收到江孜县社会福利院中集中供养，不断提高农村五保集中供养率。截至年底，江孜县共有116名农村五保户，其中52名实现集中供养，有意愿集中供养率达100%。及时足额兑现五保户116人供养金54.98万元。2016年年初，把全县91名孤儿集中送到日喀则市儿童福利院，集中收养率达到100%。不断提高社会福利院硬件设施。努力给集中供养的五保户提供舒适、愉悦、平静的生活，不断提高五保户的生活质量和生活环境，为了提高五保户在社会福利院的住宿条件，增加江孜县社会福利院床位，江孜县民政局积极争取投资560万元社会福利院二期工程项目，截至年底，该项目已全部验收通过并已投入使用。完善社会福利院机构建设；全面开展农村留守儿童、困境儿童、困境妇女、困境老人的摸底排查工作：全县留守儿童359人、困境儿童40人、困境妇女148人、困境老人41人。为2017年开展关爱保护活动奠定基础，让他们走出困境是阻断贫困代际传递、全面建成小康社会的重要内容，也是社会兜底机制一个重要方面。江孜县民政局将倡导全社会形成关爱农村留守儿童和困境儿童、妇女、老人的良好氛围，使更多农村弱势群体得到应有关爱。

【临时救助】 2016年3月14日之前的流浪乞讨人员清理工作，由江孜县民政局牵头，县公安局协调，及时对县城的流浪乞讨人员进行集中清理整治行动。采取对流浪乞讨的思想上教育并劝返，同时做好流浪乞讨人员的登记和遣送工作。为净化县城环境，消除安全隐患，全年已遣送80人次，有效地遏制了县城强行乞讨现象，提升了江孜县市容。乞讨人员对江孜县稳定工作、市容市貌带来了诸多影响，而且外来旅游的人员对此情况反映比较大，江孜县民政局为了遏制江孜县县籍的流浪乞讨人员到本县外地乞讨，将热索乡、藏改乡、紫金乡、重孜乡的流浪乞讨人员纳入到农村低保中，并跟以上4个乡镇签订管制流浪乞讨人员目标责任书。并实施临时救助74人次，救助金3.07万元。

【婚姻登记】 年内，严格按照《中华人民共和国婚姻登记条例》《西藏自治区施行〈婚姻登记办法〉的变通规定》以及《民政部办公厅关于暂未领取居民身份证军人办理婚姻登记问题的处理意见》的通知要求办理。婚姻登记室严格遵守婚姻登记规程，实行一次性告知制度，避免当事人跑冤枉路，赢得群众好评。全年共完成婚姻登记861对，其中结婚登记742对，离婚登记62对，补办证书57对，合格率100%。从2003年到2016年婚姻档案全部录入婚姻系统，以便政府相关单位信息共享。

【残疾人福利事业】 年内，根据《关于全区残疾人基本服务状况和需求信息数据动态更新工作》文件精神，自治区残疾人信息核查工作培训会议内容，2016年江孜县民政局残联工作重点放在残疾办证业务和残疾人两项补贴申报工作，全县共残疾人数2607人，2016年办理残疾证的人数为433人，审批残疾人两项补贴的人数1828名，其中重度残疾人868名，困难残疾人1054名，共兑现两项补贴184.14万元。年底全面启动全国残疾预防综合试验区重点干预项目前期工作。2016年，在江孜县民政局全体工作人员的不懈努力下，“江孜县人民政府残疾人工作委员会”获得了国家级先进单位荣誉称号。

【防灾减灾】 年内，制定村、乡、县三级自然灾害应急预案：江孜县民政局每年年初根据江孜县实际，联合农牧、卫生、交通等相关单位，制定符合本村、本乡、本县的自然灾害应急预案，村级应急预案用藏语书写。每个乡镇制定民政助理员为自然灾害信息员，不断完善自然在信息上报机制，保障24小时之内上报自然灾害信息。反应迅速，合理部署：2016年汛期多次发生洪涝、泥石流等自然灾害，县民政局及时调整充实了防灾减灾工作领导小组，召开江孜县防灾减灾工作专题会议，分析研判灾情形势，研究部署防灾减灾救灾工作，进一步健全了沟通协调机制，全面落实防治责任。成立重大自然灾害应急领导小组，负责建立和完善应急机制，进行自然灾害应急重大问题的研究、决策、指挥和协调。全县共13910.5亩农田受损，其中绝产1071.08亩、重灾4681.91亩、轻灾8157.51亩，经济损失889.78万元。2头犏牛，475只小畜被冲死、淹死，经济损失达28.94万元。强降雨已造成10条农村公路的不同程度损坏，直接造成经济损失达79.91万元。冲毁小型群众自建防洪堤等破坏水利基础设施直接经济损失达830万元。房屋倒塌5间，严重受损26间，一般受损35间，造成经济损失达54万元。突出重点，有效救灾：县政府根据各乡（镇）受灾情况，及时安排相关部门及时开展了抗灾救灾工作。由交通部门针对损毁受灾严重的公路干线，及时安排挖掘机、装载机等机械进行抢修保通工作，对影响交通安全路段实行交通管制，确保道路安全畅通。由农牧部门派人员力量到实地核实灾情情况，及时向灾区群众解决了充足化肥，并不断加强人工影响天气工作，力争将灾害造成的损失降低到最低程度。由水利部门安排专人专车每天不定期地对年木河干流两岸堤防、日朗普曲堤防进行防洪隐患巡查，并组织队伍立即对损坏的防洪堤坝进行修复。慰问受灾困难群众14人，下发慰问金和慰问品0.55万元，下拨灾民冬春荒过渡性生活救助资金30.03万元，救助灾民1650人次，做好“5·12”防灾减灾宣传日各项工作，2016年防灾减灾日主题为“减少灾害风险建设安全城市”。江孜县民政局在县城、各乡（镇、场）集中开展宣传活动。通过悬挂主题横幅，展出知识挂图，散发宣传单、宣传册5000余份，营造全社会共同参与防灾减灾的浓厚氛围，增长广大群众防灾减灾知识和技能。同时，县本级财政每年配套自然灾害应急启动350万，2016年本级政府配套50万元物资储备资金，为全力开展好防抗灾工作奠定了坚实的基础。

【优抚工作】 年内，优抚工作在各级党委政府的正确领导下，得到较快的发展。在优抚资金的管理和使用上，县民政局坚持专户储存，专款专用，专人负责，确保资金的高效安全运行。及时足额兑现2016年优抚抚恤金，对伤残军人、伤残人民警察、伤残国家机关工作人员等21名优抚对象兑现抚恤金33.73万元，9月30日公祭烈士陵园活动慰问参战老军人、烈属、伤残军人等5人次，发放慰问金0.25万元；走访慰问江孜县10个驻军部队，在2016年“三大节日”“八一”建军节来临之际，在县委、县政府的领导下，江孜县民政局协同县委、县政府领导走访慰问江孜县10个驻军部队，并送去慰问金9.5万元。在重大节庆日，组织开展走访慰问贫困优抚对象130人次，送去慰问金6.92万元。全额救助优抚对象医疗费用6人次1.8万元。经济安置工作积极推进，2016年发放服役军人5人次，家属优待金12万元。发放2015年退役军人5人次，安置费25万元，增强了军政鱼水深情。

【老龄工作】 大力开展自治区第17个“敬老宣传月”活动，江孜县民政局工作人员走上街头集中宣传老年人法律法规。全面落实老年优待政策。全县80岁以上寿星老人409人，发放健康补贴12.83万元。在上年的基础上，办理适龄老年人寿星证和老年优待证45本，切实保障了优惠政策和合法权益。申报低保家庭老年人两项补贴工作，全县享受低保户老年人两项补贴人数545人，其中高龄老人188人，失能老人357人，共计补贴32.7万元，失能老人免费体检也已全面展开。江孜县民政局于2016年“重阳节”在社会福利院同五保老人一同欢度“重阳节”。

【党建工作】 努力实现社会组织党建工作全覆盖，进一步加强和改进社会组织党建工作，巩固党的阶级基础，扩大党的群众基础，是新形势下推进党的建设的一项重要任务，是新时期党的建设工作的重要组成部分。组织对社会组织及中介组织情况进行细致摸底，详细掌握社会组织党组织建设情况。严格按照上级部门、县委组织部党建工作的要求不断完善江孜县社会组织党建工作。扎实开展社会组织“党支部换届”工作，对社会组织党建工作下注入了新鲜的活力。认真开展社会组织年检。截至年底，全县社会组织8家，其中持有AAA级社会组织评估等级证书和牌子的有4家（东郊养牛协会、宗堆劳务输出协会、紫金乡努堆村农机协会、热索乡乃萨村养猪协会）已年检6家，合格率100%。

【地名普查】 作为西藏自治区第二次全国地名普查试点县，2015年全面完成普查任务。根据自治区文件精神，认真对照在自治区验收内容问题进行了逐项逐条整改，结合江孜县实际，查清全县地名基本情况，对有地无名的地理实体进行命名，对不规范地名进行标准化处理，设置标准规范的地名标志，建立、完善三级国家地名和区划数据库（国家地名数据库），加强地名信息化服务建设，发挥地名在促进经济社会协调发展、方便人民群众生产生活、维护民族团结、加强国防建设和维护国家主权和领土完整等方面的基础作用，进一步提高了地名数据库的质量。同时，利用地名普查成果，收集标绘《江孜县县地名图志》所需前期资料，助推江孜县经济社会发展。扎实推进地名标志牌设置和制作。在去年摸底数据基础上，安排各乡（镇、场）再次对行政村、社区、城乡街道等地名细致核对，全县更换216个地名标牌，制作费30万元左右。

【撤县设市】 根据国务院设立县级市的相关要求，在撤县设市工作领导小组有力领导和各成员单位通力合作下，江孜县民政局在全县范围内征集江孜县撤县设市意见建议，形成一系列工作材料，为有效推进江孜县撤县设市工作开展提供了保障。2016年10月，受县委、县政府委托，与分管副县长一同跟随民政厅领导一行到民政部就江孜县撤县设市工作进行再次汇报与咨询，经民政部意见区划地名司相关领导反复商榷，最终认定江孜县撤县设市工作的开展切实可行，符合国家以及西藏的发展要求。根据国务院最新批转民政部《撤县设市标准》要求，现正抓紧与撤县设市各单位成员协调，力争在12月底前完成15个厅局级的材料补充完善工作。

【村务监督组织建设】 年内，江孜县民政局协同县纪委安排各乡（镇）对全县155个村（局）民主监督委员会全体成员（主任155名、成员310名）任职三年以来工作进行了民主测评和绩效考核，并根据考核结果县财政发放了村（居）民主监督委员会2014年误工补贴130.03万元，2015年误工补贴191.74万元，两年误工补贴共计293.37万元。2016年误工补贴争取明年年初马上兑现。

日喀则市民政局、中共日喀则市委组织部关于印发《关于深入开展村务公开民主管理示范单位创建活动的实施方案》的通知文件精神，江孜县民政局联合县委组织部深入开展村务公开民主管理示范单位创建活动，为保证全县152村的20%以上的建制村、19乡（镇）的16%以上的乡（镇）作为创建试点，已经成立3个试点乡和30个试点村。

【项目建设】 狠抓项目建设管理，民政基础条件进一步改善，江孜县民政局坚持把民政项目建设作为惠民利民的重点工程来抓，加强组织领导，严格报批程序，截至年底，江孜县民政局已完成县级避难场所、江孜镇社区服务中心、残疾人综合服务中心、老年护理院、护理院供暖项目等六个项目通过验收投入使用。2016年，积极向发改委和市民政局申报了投资3500万元民政项目，且均完成项目前置手续。

【党风廉政建设】 年内，深入学习贯彻习近平总书记系列重要讲话精神和区、市两级重要会议、文件精神，深入开展“两学一做”学习教育活动，通过集中学习和开展党员进村居、与帮扶村队结对认亲等活动，进一步增强了党员党性修养，发挥了党员先锋模范作用。坚持“一岗双责”，全面落实党员领导干部承诺制度、重大事项报告制度、支部书记讲廉政党课等制度，始终把党风廉政建设与民政业务紧密结合，坚持对全县民政资金进行定期不定期督查，扎实开展党员干部违反政治纪律行为、党员干部不作为乱作为、基层干部损害群众利益、党员干部及其亲属收“红包”购物卡等专项治理工作，全面推行党务公开和政务公开，落实首问责任制、限时办结制等行政效能制度，切实改进机关作风，不断打造坚强“战斗堡垒”。

（孙晓捷）

【领导名录】

局　长　白玛德吉（女，藏族）

副局长　国　　杰（藏族）

副主任科员

片　　多（女，藏族）

江孜县人力资源和社会保障局（公务员局）

【概况】 1959年9月，江孜县民政科成立，在管理全县文教、卫生、民政工作的同时，还负责全县人事工作。1964年，江孜县民政科撤销，成立民政人事科，负责全县民政人事工作。1977年，江孜县撤销民政人事科，成立人事科。1983年3月，江孜县人事科改为江孜县人事局，并与县委组织部合署办公，挂一块牌子。2010年4月，江孜县劳动和社会保障局更名为江孜县人力资源和社会保障局（公务员局），其中行政编制5名；科级领导职数5名。根据江委办文件成立社会保障中心，其中事业编制5名；副科级领导职数2名。

2016年，江孜县人力资源和社会保障局以开展强基惠民活动为契机，以民生为重，人才为先，积极进取，扎实工作，就业形势保持总体稳定，人才工作创新发展，人事制度改革不断深化，工资收入分配和社会保障体系建设深入推进，维权维稳工作扎实有效。

【社会保险】 全年养老（包括基本养老、新型农村养老、城镇居民社会养老）、医疗（包括城镇职工基本医疗、城镇居民医疗）、工伤、生育和失业保险参保人数分别为34096人、7576人、2811人、2411人和1505人，征缴保险费金额分别为1234.67万元、3681.65万元、88.34万元、185.51万元和277.24万元。

【脱贫攻坚】 年内，按照市、县精准扶贫的工作要求，及时制定全县转移就业脱贫工作实施方案，截至年底，已完成两期共计130人的培训任务，其中建档立卡贫困户115人，培训内容涵盖装载、挖掘、缝纫、木工、钢筋工、混凝土工等。同时组织58人到市局参加各类培训。在人社局协调帮助下，第一期培训班建档立卡的50名学员中有29人走上工作岗位，平均月收入达4000—5000元，第二期建档立卡的65名学员中有60人走上工作岗位，平均月收入达3000—5000元。第三期培训班已于10月25日开班，学员共计100名，其中建档立卡贫困人员76名。同时考虑到季节原因和用工期等条件限制，在开展的第三期培训班47名学员中，已采取每8人一轮换的方式，及时兑现其平均日工资100—200元，实现了边培训边兑现实习工资。同时按照就业政策，年内，共开展就业咨询250人次，就业指导80人次，发布就业信息10次。

【人事人才】 年内，做好全县机关事业单位工作人员的聘用、晋职、调动等工资变动、退休审批和福利待遇审批日常工作，2016年共办理晋升职务、调动人员重新确定工资127人，审批退休工资17人；办理工资转移24人；为进一步保障专技人员的切身利益，开展职称考试报名审核工作，2016年共对233名专技人员英语、政治考试进行了审核；做好人才分配工作，年内，共组织分配各类人才110名，其中，事业干部94名，引进人才3名，部队生退役士兵考录4名，志愿者留藏5名，部队定向生2名，特警定向生2名；完成2016年度全县事业单位统计工作，完善了人员数据库。同时严格按照规定，完成机关事业单位人员辞职、辞退工作，2016年辞职辞退公务员2名；扎实做好公益性岗位人员工资兑现工作，2016年共为284名公益性岗位人员兑现补贴286.27万元；认真做好事业专技人员、机关事业和企业工人退休工作。年内，共完成43名退休人员的申报审批工作。

【劳动监察】 加大劳动法律法规的宣传力度。通过发送宣传单等宣传手段，大力宣传《中华人民共和国劳动合同法》《中华人民共和国劳动争议仲裁调解法》《中华人民共和国劳动力市场管理规定》《中华人民共和国劳动保障监察条例》等法律法规。开展法律宣传6次，现场宣讲12次。积极推进劳动人事争议调解仲裁工作。于5月派出2名劳动保障监察员参加全区劳动保障监察员培训，与区外各县市劳动保障监察员交流经验，学习业务知识，进一步充实江孜县劳动保障业务骨干力量。同时，全年共提供劳动法律相关知识咨询服务18次，调解到访投诉劳务纠纷案件8起，涉及金额263万元，涉及农民工人数130余人。扎实做好农民工工资保证金缴纳工作。2016年，35家企业缴纳农民工工资保证金共计488万元。

【基层就业平台建设】 根据日喀则市基层劳动就业社会保障公共服务平台建设要求，截至年底，已完成全部基层劳动就业社会保障公共服务平台建设任务，并为19个乡（镇）制作并发放了22个标识性牌匾。

（何吉昊）

【领导名录】

局　长　黄思珍（5月免）
副局长　普琼次仁（藏族）
　　　　李　静（女）
　　　　顿　珠（藏族）

江孜县民族宗教事务局

【概况】 1951年，中共江孜分工委成立，下设统战部管理江孜地区的宗教事务。1959年7月，中共江孜县委员会成立，设统战干事主管民族宗教工作。1961年，江孜县统战部主管民族宗教工作。“文化大革命”期间，撤销民族宗教事务管理机构。1978年，恢复成立江孜县统战部、民族宗教事务局，保留寺院民主管理委员会。1990年，江孜县人民政府下设民族宗教管理局管理江孜县民族宗教工作。2011年年底，全区驻寺机构成立，撤销原寺庙民主管理委员会，将大部分原民管会僧尼成员列入到寺庙管理机构成员中。

【抓方式、促和谐】 积极把各项政策措施政策落到实处，通过召开创建评选活动，评选和谐模范寺庙、爱国守法先进僧尼、先进寺管机构、优秀驻寺干部，提高广大僧尼和干部的积极性；认真落实“六建”政策。按照创新寺庙管理“六建”工作要求，坚持党的领导和依法管理原则，在全县寺管机构中成立12个寺庙管理机构党组织，建立起党和政府领导下的坚强有力、依法高效的寺庙管理体系，对全县32座寺庙实行规范化、科学化管理。三是认真落实“六个一”政策。按照寺庙“六个一”活动要求，江孜县把在编僧尼“六个一”活动经费纳入财政预算，通过“六个一”活动和“结对认亲、交朋友”工作为载体，县涉宗部门干部和驻寺干部与僧尼建交认亲，在办公经费紧张的情况下，拿出自身力所能及的资金，深入僧舍、僧尼家庭看望病号。

【抓管理、促创新】 加强和创新寺庙管理工作是有力加强党对宗教工作的领导和维护宗教领域和谐稳定的重要体现。县涉宗部门注重寺庙管理机构僧尼成员在创新寺庙管理工作中的优势，加大寺管机构僧尼成员培训力度。每年通过全县寺庙现场交流及赶赴兄弟县（区）取经观摩等多种形式举办84名僧尼成员培训，进一步加大僧尼成员培训力度，提高僧尼成员综合能力，使寺管会僧尼成员在创新寺庙管理工作中发挥积极作用。

【抓教育、提意识】 深入开展以“两守两尽”为主题的爱国爱教服务下乡活动和寺庙法制宣传主题教育活动，把爱国主义思想教育融入到寺庙教育管理和宗教教职人员学经、生活的全过程，普及法律常识和科学文化知识，不定期时间组织寺庙僧尼参观爱国主义教育基地，深入各寺庙与僧人谈心，并召开座谈会，了解僧人所思所想，帮助僧人解决实际困难，及时给僧人讲解党的宗教理论和党的方针、政策，并联合驻寺干部积极在寺庙开展“双语”学习等活动，进一步提升了广大僧人的民族意识、公民意识、法制意识，有力促进了社会大局的和谐稳定。

【抓落实、促保障】 僧尼“两保一低”覆盖32座寺庙，参加城镇养老保险参保率达99%，60岁以上的有16名，参加城镇医疗保险参保率达100%，362名享受社会低保覆盖率为89%，确保广大僧尼老有所医、病有所养。同时每年为在编僧尼开展免费体检工作，为让僧尼方便就医，协调县人民医院组织医生设备到寺庙去体检，并认真建立僧尼健康体检档案。

【抓项目、促稳定】 2016年民宗局将宗教活动场所灾后重建工作纳入重要议事日程，积极协调上级有关部门和县发改委，召开专题会议，严格按照上级要求，全力推进灾后重建工作。通过专业队员精心测量、各级部门全程参与，监督指导，确保工程质量，顺利完成4座宗教场所灾后重建项目工作。同时，实施寺庙环境整治工程。寺庙作为藏传佛教文化重要场所，涉宗部门结合全县寺庙环境脏乱的实际，积极争取县委、县政府主要领导的大力支持，逐一实施全县寺庙“寺庙环境整治”工程，亮出具有有江孜特色的“寺庙环境整治”牌子。

【抓宣传、促创建】 民宗局始终坚持把宣传教育贯穿于民族团结进步创建工作的全过程，通过制作宣传单及手册、开展专题宣传活动，每年确定宣传主题，制定方案，专题部署，“大张旗鼓”的营造民族团结进步宣传氛围。积极把涉及民族团结的法律法规及相关政策文件、领导讲话、经验总结、情况介绍等内容汇编印刷，筹备学习和宣传的资料，进一步提高全县各族人民群众对民族团结的认知，进一步推动党和国家民族方针政策的贯彻落实。

【争模范、树典型】 紧紧围绕民族团结根本任务，创新工作方法、丰富工作手段，严格按照评选办法，采取自上而下、逐级推荐、好中选优、综合平衡的办法评选模范集体和个人。2016年县委、县政府表彰的模范集体10个和模范个人15名，共发放表彰奖金11万元。通过精神和物质奖励，激发了更多的集体和个人参与到全县民族团结进步创建工作中。

【抓民生、促发展】 在区、市两级相关部门的大力支持下，江孜县三家企业（地毯厂、服装厂、铁木农具厂）享受了民族特色产业扶持项目资金76万元。积极培育特色民族手工业和民族传统优秀文化接班人，有效推动了民族手工业、民族特色文化保护的传承和开发，实现了少数民族地区经济稳定、持续、协调发展的良好效果。

【抓管理、促团结】 在流动人口的服务和管理工作中，做好少数民族流动人口的服务和管理。充分利用民族间的优良传统，相互进取，排忧解难，江孜县各民族之间互相尊重各族信仰以及风俗习惯。

【抓调研、促对策】 认真开展调查研究工作，解决少数民族和民族地区的热点、难点问题深入乡村，开展少数民族基本情况、发展现状等调研，积极向党委、政府提出政策建议和意见。

【抓党建、促规范】 为深入贯彻落实中共十八大精神，加强党的执政能力建设和党的先进性纯洁性建设，巩固和拓展党的群众路线教育实践活动，民宗局通过成立支部党建及党风廉政建设领导小组、召开年度组织生活会、工作总结会等专题会议、建立完善各项制度等方式，始终把党建工作和党风廉政建设工作作为第一政绩，作为民宗局中心工作的重中之重，摆在重要位置，纳入重要日程议事，同部署、同检查、同考核，明确第一责任的责任，班子成员分工抓好职责范围内的工作，做到一级抓一级，层层落实责任，认真贯彻落实党政领导干部廉洁自律各项规定，强化廉洁自律意识，形成党建和党风廉政建设工作“齐抓并管”的工作格局。

【抓学习、提素质】 通过深入开展“两学一做”学习教育活动和“讲学习、讲忠诚、正风纪、转作风、提效能”主题活动为契机，组织党员干部学习党章党规、中央、自治区、市、县四级一系列重要文件和领导讲话精神以及党的民族政策和宗教政策等，用理论来武装党员干部头脑，用制度来规范党员干部行为，不断提高党员干部的综合素质。

【抓帮扶、取人心】 继续深入开展“创先争优强基惠民”活动及脱贫攻坚工作，切实解决群众和僧尼实际困难问题，同时，为打赢脱贫攻坚战，对涉及民宗局的2乡11个结对贫困户送去5800元现金，开展走访慰问活动。另外，县涉宗部门组织人员深入江孜县9座宗教活动场所，进行送温暖慰问活动，发放慰问金22000余元，让广大僧尼群众感受到党的温暖，激发了宗教界人士的爱国热情。

（白玛曲珍）

【领导名录】

县政协副主席、民宗局局长
旺　　金（藏族）
副局长　白玛曲珍（女，藏族）

江孜县卫生局

【概况】 1959年，江孜县人民政府下设民教科，具体负责管理全县文化教育和医疗卫生事业工作。1964年，江孜县民教科分设民政人事科和文教卫生科，医疗事务归文教卫生科管理。“文化大革命”期间，文教卫生科撤销。1977年4月，江孜县卫生科正式成立，负责全县医疗事务。1980年11月，江孜县文教科与卫生科合并为文教卫生科。1983年3月，江孜县文教卫生科撤销，成立江孜县卫生局，编制4人，下设办公室。1983年，江孜县卫生局下设计划生育办公室。2016年，江孜县共有医疗卫生机构175个，其中县级医疗卫生机构1个（卫生计生、县医院、县疾控），乡镇卫生院19个，村卫生室152个，诊所3个。全县卫生系统共有315人，其中卫生计生6人、县医院134人、疾控11人，乡村医生418人（正式职工68人，聘用乡医、村医299人，公益性岗位51人），县、乡、村三级医疗卫生服务网络和公共卫生服务体系已基本完善，医疗服务职能得到有效发挥。

【医疗制度】 2016年，江孜县农牧区医疗管理筹资人数为62056人，人均筹资20元，筹资率达99.9%。门诊核销人数12738万人次，核销金额99.83万元；总住院人数1885人，总报销金额1017.34万元；特殊门诊医疗保险报销98人，报销金额5.92万元，补偿金额4.17万元；珠峰奖励992人，总金额585.32万元，补偿金额585，24万元。

【公共卫生服务】 年内，组织县乡专业技术人员对全县寺庙僧尼、农牧民群众开展免费健康体检，截至年底，已完成所有全民免费体检工作，江孜县累计体检56806人，体检率达100%；在编僧尼体检644人，体检率100%。其中，白内障累计筛查45758人，累计疑似161人；妇女“两癌”筛查12034人，累计疑似3人；先心累计筛查11418人，累计疑似20人，确诊6人，已完成手术5人；儿童唇裂累计筛查38657人，确诊4人；儿童先天性髋关节脱位累计筛查38657人。各级医疗机构严格落实上级部门有关分级诊疗工作的相关文件精神，不断加强医院服务能力建设，逐步建立和完善分级诊疗工作制度，强化领导小组，制定分级诊疗工作实施细则，明确各级各类医疗机构的诊治病种，更好的实现“小病在基层，大病到医院，康复到乡镇”的目标。

【人口计生】 卫生局严格落实政策，准确掌握县内需扶助户信息，据统计江孜县“一孩双女”扶助对象共有811人，其中半边户3人，新增99人，退出29人，独生子女伤残死亡家庭383人；落实扶助金共计77.8560万元，积极开展免费孕前优生健康检查工作，2016年孕前优生检查目标农牧民533对，城镇36对，截至年底，已完成全部任务目标，使用流动人口交换平台向流出地查询流入已婚育龄妇女信息，为312位育龄妇女建档，其中持有婚育证明24人，并为持有三证的5位办理了孕检证明，对未持有婚育证明的流动人口及时办理临时婚育证明，并督促及时与户籍所在地联系办理全国统一的婚育证明。切实做到了同管理、同服务、同宣传。

【医疗卫生基础设施建设】 国家投资440万元的

项目，其中县疾控中心改造投资240万元、纳如乡卫生院投资90万元、日星乡卫生院投资110万元；红十字会投资42万元项目投资村卫生室，其中重孜乡康庆村卫生室投资21万元，达孜乡加那村卫生室投资21万元。

【医疗服务落实】 通过上海援藏平台，派遣江孜县12名县医务人员到上海进修学习6个月；对江孜县境内发现的白内障患者按照“发现一例，诊疗一例”的原则，由乡卫生院负责送往区藏医院治疗，诊疗费用由县政府承担，截至年底，共救治121例。

（央 宗）

【领导名录】

局 长 央 宗（女，藏族）

副局长 米 玛（藏族）

达娃普芝（女，藏族）

侯 坤（上海援藏，6月任）

江孜县食品药品监督管理局

【概况】 2010年10月，江孜县食品药品监督管理局正式成立，为县卫生局管理的副科级单位，机构编制为机关行政编制1名。2015年正式设立正科级单位，为县政府工作部门，核定行政编制2名，机关事业编制1名，其中：科级领导职数2名，全局在职干部3人，藏族干部职工3人，干部平均年龄32岁。

2016年是“十三五”规划开局之年，江孜县食品药品监督管理局认真贯彻落实十八届五中、六中全会精神，以“四个最严”总要求为统揽，以问题导向、风险防控为抓手，以加强事中事后监管为驱动，以全面推进信息化、网格化监管为支撑，不断提高“四品一械”（“四品”：食品、药品、保健食品、化妆品；“一械”：医疗器械）监管水平，为江孜县人民群众提供可靠的食品药品安全保障。

【食品安全综合协调】 年内，食品药品监督管理局认真履行食品安全综合协调职责，当好政府的食品安全的“抓手”，按照日喀则市食品安全委员会办公室的工作部署和相关文件精神，县食品安全委员会办公室及时转达上级主管部门的文件精神，进一步加强与食品安全委员会各成员的沟通联系，重点针对“三大节日”、冬季物交会、三考考试期间、“江孜达玛节”、中秋、国庆、党代会期间的食品安全，组织各成员单位开展各类专项整治，特别开展与群众息息相关的米、面、食用油、肉制品及食用农产品等重点品种的监管工作。

【餐饮服务食品安全监管】 年内，针对“违禁超限”和“假冒伪劣”两大突出问题，深入开展隐患大排查、大治理集中执法行动。重点排查整治带有行业共性的隐患和“潜规则”，清理整顿不符合食品安全条件的餐饮服务单位，切实净化餐饮消费环境；开展春秋学校食堂食品安全专项检查工作，落实学校食堂食品安全管理员主体责任。指导和督促学校食堂食品安全管理员落实晨检制度、进货查验台账制度、食品采购索证索票制度、餐饮具的消毒制度、食品留样制度、食品储存制度、餐厨垃圾处理制度以及从业人员的健康管理培训制度等进一步保障师生在校期间饮食安全，确保校园食品安全水平，不断加强信息沟通与上级及其他部门的工作联系协作；加强日常监管，落实监管责任，日常监管工作实行“四化”即“网格化、格式化、痕迹化、信息化”，做到监管工作责任到人，监管标准统一，监管工作有记录；逐步推进餐饮服务单位食品安全量化分级管理工作，将监督量化分级管理作为日常监督检查的重要手段，大力推广阳光厨房、明厨亮灶工程；合理安排执法人员，切实做好三考考试期间、达玛节、中秋、国庆、三大节日、冬季物交会、党代会等重大节庆活动餐饮服务食品安全保障工作。确保重要活动期间无重大食品安全事故、无食物中毒事件的发生。

【生产流通环节食品安全监管】 年内，加强农村食品市场监管，开展农村食品安全治理和“扫雷”行动。以城乡接合部、乡（村）镇、批发市场、集贸市场、超市、校园周边食品小卖部等为重点区域，以消费者申诉举报集中的五毛辣条食品和食品添加剂为重点品种，杜绝不合格食品、过期食品、“三无”食品和假冒、仿冒食品进入农村市场，取缔无照经营，切实维护农村食品市场秩序；开展超过保质期食品整治工作。要求每个食品经营户必须建立食品下架退市记录台账，做好不合格食品、临界期食品的退市下架登记，加大对销售过期食品的查处力度。并对销售过期食品的行为实行“零容忍”，要求发现一起查处一起；整顿校园周边、凉菜卤肉专营店、打击销售病死猪肉、畜禽水产品质量安全等专项整治工作。

全年共出动执法人员652多人次，出动执法车辆287车次，协同市食品药品监督管理局对3家次生产企业进行督导检查，摸底登记辖区内小作坊共90户；检查食品经营户、市场摊点、超市等387多户，责令约谈3户，发出责令整改和监督意见书16份，下达催办食品经营许可证通知149张，查扣过期食品1300余公斤，折合人民币销毁过期食品4.5万余元；抽检1家农贸市场的冻猪肉和鲜肉肉制品、3家食品经营户经营的食用油和食用盐、1家餐饮店奸诈后的食用油；年内，共立案查处食品案件1起，结案1起，案件执行100%，没有一起行政复议和行政诉讼案件；收缴罚没款2000元。

【药品经营企业监管】 年内，加强宣传培训，新修订《药品经营质量管理规范》贯彻实施工作。对新版GSP认证相关内容和药品零售企业113项现场检查项目逐项作了培训讲解；采取监督抽查、跟踪检查和发送协查函等方式，对药品经营企业GSP执行情况进行跟踪检查，协助市局完成1家药品零售企业GSP认证。督促药品经营企业规范使用药品电子监管平台，及时添加购进、销售药品等信息，确保监管无遗漏。在药品使用环节，进一步规范以“可待因复方口服液体制剂”“精、麻、毒”类特殊药品、体外诊断试剂、生物制品为重点，进一步规范各类药品、医疗器械在采购、验收、储存、使用等各个环节的管理。上半年县食品药品监督管理局会同县公安局、县卫生服务中心特殊药品安全专干对县卫生服务中心的过期特殊药品10个品种在指定点采用斩碎填埋的方法进行监督销毁，确保特殊药品监管到一针一片，严防特殊药品流入市场和非法渠道。加大市场巡查力度，清查问题药品。根据上级业务主管部门的通知和国家食品药品监督管理总局网站药品公告通告内容，第一时间排查问题产品，确保不合格产品及时暂控。

【疫苗监督】 严格按照《中华人民共和国药品管理法》《疫苗流通和预防接种管理条例》和疫苗储存和运输等规定，对疫苗在储存、运输、供应、销售、分发和使用等环节中的质量加强监督检查，全年检查疾病预防控制中心3次，检查疫苗使用单位20家次，未发现从非正规渠道购进疫苗等违法行为。

【专项检查】 核查药品经营使用单位药品供货商资质证照的专项整治；开展药品流通领域挂靠经营走票等违法违规行为专项整治；开展个体诊所药械安全专项整治；集中整治医疗器械流通领域违法经营行为；化妆品经营单位专项检查等各项专项整治工作，进一步规范药械化购进、储存、销售和使用行为，切实提高本部门第一责任人的责任，确保药械化供应和公众用药安全。

【基层藏药制剂监管】 根据《西藏自治区基层藏药制剂监督管理办法（试行）》及《基层藏药制剂配制现场检查方案》要求，年内，在市食品药品监督管理局药品与化妆品监管科和县食品药品监督管理局工作人员对县人民医院藏药制剂室从藏药制剂申请备案到收集文献材料、厂房布局、设施设备、文件管理等方面持续进行多次业务指导和监督协助下，2016年9月顺利通过自治区藏药制剂的审评工作，江孜县藏药制剂步入规范化的生产。

年内，对31家医疗机构、3家药品零售店、2家化妆品专卖店共出动执法人员214多人次，发出责令整改通知书6份；协同区、市局抽检1家县卫生服务中心6个品种6个批次的药品，经结果显示一个品种的药品含量不符合规定，县食品药品监督管理局按照《中华人民共和国药品管理法》相关规定，已对该卫生服务中心进行罚没款共计592元（人民币）的行政处罚。

【依法行政审批、简化审批】 年内，进一步规范和简化餐饮服务和食品流通许可的申请受理、现场核查、资料收集、审批签字、证件发放、意见反馈等工作，及时组织执法人员对新开办食品经营企业进行现场检查验收工作，严格许可标准，严守验收纪律，对不符合标准的坚决不予发证。年内，共审批许可新版食品经营许可414张、注销3张；同时做好食品经营环节投诉举报查处工作，做到有报必查，全部按时限进行检查并向投诉人员及时反馈。

【开展宣传活动】 随着政府职能的转变和食品药品机构改革的不断深入，县食品药品监督管理局主动转变工作方式方法，变被动监管为主动服务，切实提升服务能力。除了在法定的宣传日开展设点宣传外，还充分利用开展“全国安全用药月”、综治宣传活动等有利契机，组织和带动涉药单位尤其是药品经营单位一起广泛开展宣传活动，把食品药品法律法规、安全知识深入人心，切实增强人民群众维护自身饮食用药安全的法治水平和维权意识，使广大群众自觉抵制假劣食品、药品、医疗器械，形成人人关注食品药品安全，人人参与食品药品安全氛围。借助“3·15”活动平台，县食品药品监督管理局集中销毁过期失效及假劣食品药品折合人民币2.5万余元（其中不合格食品累计192个品种，主要包括使用清油、食品添加剂、调味品、5毛钱麻辣食品等共计750公斤左右，价值近2万多元；不合格药品累计52个品种，主要包括各类过期药、不合格药品包装、医疗器械等，价值约5000余元）。

【开展帮扶活动】 年内，开展“党员干部结对认亲交朋友”活动，县卫生、食品药品监督管理局班子领导的带领下，11名党员干部深入江孜县年堆乡卓萨村驻村点，对20户贫困党员、贫困户开展送温暖献爱心活动，共提供资金4200元；在县委组织部指示要求，县食品药品监督管理局3名党员干部积极参与“助农收割”党员志愿服务活动，切实帮助农户解决劳动力不足的困难，获得广大群众的一致好评。也推动了“两学一做”学习教育的深入开展；按照《江孜县开展精准扶贫结对帮扶“321”工作方案》要求，积极开展送关怀、送政策结对帮扶活动。

（次仁顿珠）

【领导名录】

局　长　格　　桑（藏族）

副局长　次仁顿珠（藏族）

江孜县人民医院

【概况】 1952年8月，中国人民解放军18军52师卫生所转业军人组建的江孜门诊所开业。1953年7月，门诊所扩建为江孜卫生院。1955年该卫生院搬迁到江孜县人民政府机关大院。1958年，卫生院改为江孜县人民医院。1960年，江孜县人民医院改编为江孜专区人民医院，并进行扩建。1964年5月，江孜专区与日喀则地区合并，江孜专区人民医院改为江孜县人民医院。自党中央召开第三次西藏工作座谈会以来，中央关心西藏、全国支援西藏的大好政策下，第二批援藏领导鉴于江孜县医院大部分业务用房是危房的实际情况，于1999年由上海援建江孜浦东卫生服务中心，占地面积18000平方米，建筑面积近5000平方米，业务用房占4800平方米，设100张床位，并于2000年11月底搬迁同时命名为江孜卫生服务中心。2001年8月，根据上级有关部门要求，县卫生局和县人民医院正式分开，防疫站、妇保、计生由县卫生局管理。在2003年启用医星软件建立以医院经济管理为核心的医院信息系统。2008年，新建藏医门诊楼，建筑面积为356平方米。2009年，全区基层医疗基础设施建设项目投资1285万元，新建急诊楼一栋，建筑面积814.26

平方米，综合住院楼一栋，建筑面积为3793.51，污水处理站、配电房、太平间等附属项目。2012年5月，正式启动电子病历建设，总投资90万元，其中硬件及网络投资45万元，主要包含网络建设、服务器系统（实时数据备份）、工作站及外设；软件45万元，主要包含住院及门诊医生工作站系统、住院护士工作站系统、手术麻醉系统、医技报告系统、院内一卡通、物资设备管理系统及原有系统升级。经过60天的实训于2012年8月16日，正式启用新系统，2012年8月26日藏医门诊楼正式搬迁投入使用，这大大提高江孜县人民医院藏医科能力建设，继承和发扬民族医药搭建更好舞台，同时大大优化广大患者的藏医就医环境。2012年11月22日，新开设病理科。2013年5月17日顺利搬迁至新的病房楼，使广大患者的住院条件有了焕然一新的巨变。2016年医院的占地面积20760平方米，建筑面积9904.62平方米。医院设有146张床位，137名职工，其中，正式工68名、合同工8名、公益性5名、借调5名、退休返聘4名、临时工46名，卫生技术人员93名，其中，正式68名，合同工4名、公益性1名、退休返聘4名、临时工23名，光护理岗位17名，药房3名、检验、藏医、妇科各1名。卫生技术人员职称结构：副高（副主任医师）4名、中级职称20名、初级师级27名、初级士级14名、未取得资格的37名。设有院办、党支部办、医务科、护理部、图书室、资料室、病案室、后勤科、财务室、内科、外科、妇科、儿科、五官科、住院部（含第一、第二病区、第三病区）、藏医科、心电图室、检验室、放射科（包括CT室）、病理科、体检中心、培训中心、西药房、收费室、急诊室、B超室、胃镜室、手术室、供应室、洗衣房、保安科共计32个部门，21个独立科室。

【业务开展】 截至年底，江孜县人民医院承担全县范围内所有人员、驻江孜部队、流动人员等人群的常见病、多发病诊治任务同时各种突发性公共卫生事件和大批传染病的防治和急救工作以及农牧民健康体检、高考体检、征兵体检及食品从业人员健康体检等工作，普通外科、心血管内科以及影像科是江孜县人民医院特色业务。2016年，江孜县人民医院接诊门（急）诊病人73554人次，住院病人3114次，完成各列手术达720人次，建立农牧民健康档案31005人，健康体检21436人，高考体检761人，食品体检568人，业务收入达1000余万元。截至年底，能开展腔镜、脑外、肠梗阻术、肠切除吻合术、胃大部切除术、胆囊切除术、肝包虫内囊摘除术、肝脾破裂修补术、泌尿系统结石去除及修补术，各种骨折内外固定术、剖宫产术、白内障囊内摘除术等。

【医疗设备】 拥有彩色超声仪、DR机、16排螺旋CT机、500毫安X光机、全自动血生化分析仪、全自动血液分析仪、全自动尿液分析仪、全自动电解质分析仪、全自动血凝分析仪、牙科治疗仪全套、医星网络管理系统、B超、心电图、除颤/心多参数监护仪、胃镜、激光治疗仪、眼科手术显微镜、角膜裂隙灯等等一大批高科技精密医疗设备，有完备的医院管理体系和人才培养计划，拥有一批年轻有为、团结协作、上下齐心的高素质职工队伍。江孜县医院承担全县所有干部群众、驻军部队流动人员和附近5个县（亚东、岗巴、康马、白朗、仁布、浪卡子）等县的患者慕名前来就诊。

【开展药品不良反应监测】 认真贯彻落实《医院感染管理办法》，根据《二甲医院评审细则》，组织医院感染管理委员会督查指导胃镜室、供应室、手术室以及内科传染病病区等医院重点部门及科室发放相关防护物品以及进行消毒隔离工作，认真排查隐患，有效降低医院感染率的发生；对临床抗菌药物使用情况进行督导；积极开展药品不良反应的监测工作，全年共上报药品不良反应3例、医疗器械不良反应0例；积极开展处方点评工作，全年共抽取处方5000余张，处方合格率达90%以上；认真落实基本药物制度工作，截至年底，基本药物使用率达86%。

【优质护理】 2016年，护理质量指标完成情况：基础护理全年合格率达100%，特、一级护理全年合格率达90%，急救物品完好率达100%，护理文件书写合格率达97%，护理人员“三基”考核合格率达100%，一人一针一管一灭菌一带合格率达100%，常规器械消毒灭菌合格率达100%，一次性医疗废物回收率达100%，患者对护理工作满意度达90%，年褥疮发生次数为0，手术切口感染率0。

【援藏工作】 2016年，在上海“组团医疗援藏”专家的扶持下，新建日喀则市首家符合二级生物安全的微生物实验室；新建高原疾病氧疗中心；积极参与西藏首家“全国医院品管圈活动”并得到“中国医院品管圈联盟”的积极肯定及认可从而为打造智慧型医院奠定基础。

【党风廉政建设】 自2014年1月首次召开职工代表大会以来、医院重大问题决策、重要干部任免、重大项目投资决策、大额资金使用都由职代会通过决定。职代会的成立，加强医院党风廉政的建设，实现医院又好又快发展，有效规避医院运行发展中的各类风险。

【创建平安医院活动】 年内，深化“医院管理年”活动，改善医疗服务；加强医德医风建设，树立良好的行业作风；妥善处理医患纠纷，高度重视病人投诉工作；医院积极参加医疗责任保险；加强医院安全工作，切实保护职工和患者安全；医院按照消防部门要求，制定医院防火预案并组织演练，加强对院内的安全检查，消除隐患；加强医院普法教育工作，切实提高干部职工法制观念。2016年，江孜县医院获得县级“平安医院”荣誉称号，日喀则市综治现场会在江孜县人民医院召开。

【抓医疗安全提升医疗质量】 医疗质量是医院现代化管理的核心，医疗安全管理是医院管理的重要组成部分，也是医院生存和发展的基础。为此，县医院加强领导，防微杜渐，通过切实整改、狠抓落实，体现医疗质量的持续改进，确保医疗安全管理工作的各项措施落到实处。县医院坚持实行领导负责制，县医院领导亲自参与医疗质量督查，直接参与事故原因分析，同时制定和完善措施，所有工作要体现“一切以病人为中心”，充分体现“服务好、质量好、医德好，让病人满意”，坚持实行医疗安全督查和考核制度，积极防范医疗纠纷事件发生。

【推行“先诊疗、后结算”服务模式】 年内，江孜县医院先后与亚东、康马、白朗等县签订即时结算协议、以便民、惠民、利民为目的，优化就医流程，提供人性化服务，提升服务水平和病人满意度，最大程度上方便群众就医，确保病人得到及时、安全、规范、有效的治疗确立江孜县人民医院在“日喀则东部医疗中心”的地位。

【人才培养】 立足医院发展，以巩固“二甲”医院为工作主线，提高医务人员技术素质，强调临床与实践相结合，年内委派年轻医师到上级医院进修学习，送出进修学习外科、B超、儿科、妇产科、藏医、五官科、内科、检验、医院管理专业等23余人次。接受乡、村级医护人员培训100余人次。

【基本药物零差价】 为进一步深化医药卫生体制改革，积极稳妥推进基本药物制度的实施和基本药品零差率销售工作，保障农牧民基本用药，减轻群众医药费用的负担。县医院2015年11月正式执行自治区《基本用药目录》，落实药品零差价，各科室印发《基本用药目录》，并单独定做工卡镇零差价药物处方单，启动基本药品零差率销售工作，此工作开展以来得到广大农牧民患者的一致好评。

【特殊药品管理和使用】 年内，严格执行药品价格政策和医疗服务收费标准，严格执行药品收支两条线，积极参加药品集中招标采购工作。进一步规范药品采购工作，通过医生的药品使用需求，实行药品采购品种统一制定计划并逐一申报审批制度。向社会公开收费项目和标准，完善并严格执行价格公示制度，住院病人费用清单制度，提高收费透明度。严格规范药品使用，定期或不定期召开院委会，广泛征求群众意见，集中解决存在的问题。积极完善医疗服务项目和费用核查制度，季度清库制度，药品入出库登记制度，报废药品登记核查制度，毒、麻限制药品管理制度，特殊药品双锁双管、每月报表以及安瓿瓶回收等管理制度。

【藏医藏药】 自2012年开始县医院藏医楼开始投入使用以来不断发展壮大，设有藏医门诊、藏医住院部、藏医文化中心、康复中心、藏药浴室、外治室、制剂室等科室。年住院人数200人次，药浴400人次，其他放血疗法、牛角吸管、针灸等其他理疗项目共2000人次。医院自筹资金于2016年建成藏医制剂室并5种制剂顺利通过西藏自治区药监局审查。

【精准扶贫】 年内，江孜县人民医院党员先后利用扶贫日等开展走访贫困家庭活动5次，送去生产、生活、学习用品以及现金合计2万余元；为全县寺庙僧尼进行免费送医送药活动，深受广大百姓的好评。

【巩固全区龙头县级医院】 年内，江孜县人民医院在上级党委、政府、卫生行政部门、全国兄弟省市的大力扶持以及历代医院领导和全院职工的不懈奋斗下顺利实现从无到有、从弱到强的历史变迁。特别是医院新班子上台以来，通过与上海各区中心医院、西藏自治区人民医院、日喀则市人民医院确立“对口援建医疗机构并走出去、请进来”的全新帮扶模式下，江孜县人民医院的医疗服务质量取得可喜的佳绩和长足的进步，各软硬件设施有了质的飞越。江孜县人民医院既定目标“打造日喀则东部中心医院”已经实现，截至年底，已有全区七地市59个县、市级医院纷纷到江孜县人民医院进行取经、学习，2016年，江孜县人民医院院长格桑被评为“全国优秀医院院长”，县医疗服务中心主任侯坤及副院长尼玛旺堆得到全国医院品管圈联盟的正式邀请，江孜医院正式成为中国医院协会会员，被日喀则市卫计委评为年度先进单位，被江孜县委、县政府评为年度先进单位，被江孜县委、县政府评为综合治理先进单位，被江孜县委、县政府评为先进基层支部，医院的各项管理以及经营模式步入现代化、科学化、规范化的全新轨道。

（尼玛旺堆）

【领导名录】

支部书记、常务副院长
格　桑（藏族）

医疗服务中心主任、人民医院院长
侯　坤

支部副书记、副院长
尼玛旺堆（藏族）

副院长　扎西次仁（藏族）

江孜县文化广播电影电视局

【概况】 江孜县文化广播电影电视局（新闻出版局、文物局）成立于2010年11月，并于11月初由原来的县委宣传部文化广播电影电视科组建运行，是江孜县人民政府主管文化、广播影视、新闻出版、文物等工作的正科级职能部门，归口管理县文化艺术馆和县广播影视服务站2个直属事业单位。

江孜县文化广播电影电视局（文物局）核定编制4人，县广播影视服务站核定编制18人，县文化艺术馆核定编制10人。2016年，江孜县文化广播电影电视局共有干部职工共94人，其中行政编制6人；专业技术人员7人；工勤人员25人；“四个一点”10人（文化企业人员）；调频工作人员5人；人才引进1人；公益性38人；临时工2人。在2016年按照上级部门指示精神，全县18个乡1个镇完成8240户直播卫星录入工作，截至年底，实现广播电视“户户通”“舍舍通”、乡镇机关单位基本全覆盖”；完成1873场电影放映任务，观众人数达12.8493万人。

【基层文化设施建设】 2016年，江孜县已建成1个县城综合文化活动中心、19个乡（镇）综合文化站、155个农家书屋、32个寺庙书屋以及139个基层文化信息资源共享点。县城综合文化活动中心建有文艺排练室、多媒体教室、台球室、乒乓球室、电子阅览室、声乐室、健身室、书刊阅览室、棋牌室等文化功能房，专人管护，每周开放40余小时，让县城干部群众享受到图书、报刊、网络、文化娱乐、文化信息资源共享等全方位、多层次的文化服务。农家书屋及寺庙书屋配有兼职的书屋管理员，同时负责基层文化信息资源共享点的日常管理。2016年，江孜县为农家书屋及寺庙书屋配发3万余册图书，有效丰富书屋图书的种类和数量，满足农牧民群众的多样化需求。

【开展非遗保护工作】 在公布第一批县级非物质文化遗产代表性项目名录及代表性传承人的基础上，2016年江孜县继续提升非遗保护工作水平，增强非遗保护工作成效。按照自治区级非物质文化遗产代表性项目申报要求，从31个县级非遗项目中筛选出9个项目，进行申报，涉及舞蹈、藏医药、戏剧、唐卡、宗教活动、手工技艺等多种类型。同时，利用上级下拨的60万元非遗保护经费，实施江孜县地毯厂“非物质文化遗产展厅”装饰装修项目，打造一个展示江孜卡垫制作技艺的平台。另外，筹措资金24万元，利用传统技艺和材料，复制3套“达果米果”舞服装、道具。此外，参与西藏自治区工艺美术大师的申报工作，选定4名江孜县工艺大师上报。

【文化市场管理】 年内，以“扫黄打非”工作净化文化环境为目的，坚决封堵查缴政治性非法出版物，扫除淫秽色情等文化垃圾，着力建设和巩固社会主义核心价值体系，维护国家安全、社会稳定、民族团结，积极营造良好的社会文化环境和市场秩序。调整充实江孜县“扫黄打非”工作领导小组成员名单及职责分工，积极参与综治宣传月活动，集中宣传《娱乐场所管理条例》《音像制品管理条例》等法律法规；围绕全县“扫黄打非”工作、喜迎春节、藏历新年、建党95周年等主题活动组织开展专项整治行动，保持对违法违规经营活动的高压态势，全年组织执法检查17次，出动检查人员70人次，检查经营单位41家次；共收缴盗版歌曲光碟40余张、盗版出版物为50余本，责令整改4家次，为江孜县“十三五”规划的建设和精准扶贫工作的推进营造良好的社会氛围；提升行政服务水平，精简审批流程，从细节入手，针对不同服务对象提供便捷、高效、个性化服务，服务质量和办事效率不断提高。2016年，共受理申请14件，办结14件，办结率达100%。

【发挥广电宣传阵地作用】 年内，江孜县电视台紧紧围绕江孜县委、县政府中心工作和重大决策部署，创新报道形式，做优重点报道，先后对江孜县“两会”、创先争优、江孜县乡党委换届、“两学一做”、扶贫攻坚、争先进位等工作进行系列报道，同时注重从编辑、审片、宣传纪律等关键环节入手，正确把握舆论导向，使新闻宣传更加贴近实际、贴近生活、贴近群众。2016年江孜县共播发县内新闻163条，上传市电视台90条，其中采纳67条。西藏电视台采纳江孜县新闻2条，配合西藏电视台制作新旧西藏对比节目7期。制作《江孜县妇儿“两归”实施情况》《为了孩子的明天》《江孜县社会综治演示》《西郊警务站汇报片》等5个电视专题片；江孜县电视台工作人员始终坚持下到各乡（村）开展广播设备巡查检修工作，使“户户通”这一民生工程落到实处，做到天天通、长期通、优质通，让党和国家的声音传入千家万户。2016年上半年，在维护原有“村村通”设备的基础上，实施“户户通”清流设备置换项目7740套，同时新增“户户通”用户800户，覆盖率达到100%。继续推进“江孜县无线数字电视建设项目”，2016年新增无线数字电视用户370户，县城及周边乡镇无线数字电视覆盖率达到96%。严格落实广播电视各项安全播出制度，研究部署应急预案，认真做好重大节日、重点时段及日常的广播电视值班监控及网络巡查，防止不法分子对电视广播信号、线路的干扰和破坏，保障广播电视信号的正常播出。2016年，未发生一起广播电视安全播出事故继续推进“农村电影放映工程”，江孜县电影管理站及下属的8支放映队配合“两学一做”“建党95周年”等主题活动，深入各乡镇、寺庙和军营社区放映爱国主义影片和科教片1873场次，观众人数达12.8493万人次。

【民间艺术团】 年内，江孜县民间艺术团紧紧围绕创先争优、“两学一做”学习教育、扶贫攻坚等主题活动，开展文艺创作和编排工作，新创作品有民间舞蹈《谐庆》、歌曲《圣洁的祝福》、2016年达玛节主题歌曲《欢乐达玛节》，以及扶贫专题文艺作品扶贫主题歌曲《爱在乡村》、扶贫小品《扶贫攻坚战》，全面反映江孜县干部群众同心协力打赢扶贫攻坚战的决心和意志。江孜县民间艺术团积极开展“五下乡”活动，先后组织文艺下乡活动50余场，参与各类专题文艺晚会6场，观众人数达3万余人。组织江孜县各群众自办文艺团队在各乡镇、村和企业、中小学举办形式新颖多样、内容丰富多彩、群众喜闻乐见的校园文化、军营文化、企业文化、社区文化和乡村文化活动。2016年，开展群众文化活动600余场，观众约10万人次。组织36名江孜县民间艺术团演职人员积极参加日喀则市第十四届珠峰文化节，圆满完成演出任务，并在文艺调研中荣获“三等奖”。

【实施重大文化项目】 年内，在各级党委、政府和文化部门的有力指导下，江孜县按照第二批国家公共文化服务体系示范项目创建要求，圆满完成“江孜县基层群众自办文艺团队”示范项目的创建工作，并于5月18日通过文化部评审专家组的验收评审，为江孜县基层公共服务体系的建设和完善起好了头、开好了步。在江孜县委、县政府、第八批上海援藏江孜小组的亲切关怀和大力支持下，按照文化繁荣、扶贫推进、经济发展相结合的原则，于2016年5月开始《江孜印迹》室内剧的演员招募、训练、管理工作，此次共招募演员88名，幕后工作人员12名。经过四十余天的紧张排演，《江孜印迹》室内剧作为第十四届珠峰文化旅游节·上海活动周的献礼剧目，于9月11日在上海世博中心首演，演出历时90分钟，取得空前的演出效果。剧中展现的江孜传统民俗、后藏歌舞、藏戏等民俗元素，让上海市民在家门口就体验到原汁原味的西藏风情。演出的高质量完成，极大地提升江孜县的知名度和美誉度，进一步推动“文化旅游强县”的建设工作。

【文物挖掘与保护工作】 年内，继续做好帕拉庄园、宗山抗英遗址和江孜抗英陈列馆3处文物景点文物安全和经营性活动，繁荣江孜县各族群众的精神文化生活，为爱国主义教育和文物保护宣传活动的开展提供良好平台。开展江孜县第一次全国可移动文物普查工作，成立江孜县第一次全国可移动文物普查工作领导小组及办公室，研究部署可移动文物普查工作，多次深入江孜县各个大小寺庙，进行实地考察、收集资料、勘探险情。此次普查对21家收藏单位的1754件佛像、唐卡、器具藏品的名称、类别、级别、年代、质地、外形尺寸、保存状态、包含数量、来源方式、入藏时间、藏品编号、收藏单位等14项基本指标项目进行认定工作。基本了解江孜县域范围内文物的分布、保存状况、管理权属、开发利用等基本情况。截至年底，已登记认定的藏品中有一级文物29件，二级文物86件，三级文物835件，一般文物768件，待定级文物36件。全面加快推进文物维修工程进度，2016年争取到上级文物部门269万元的维修资金，对帕拉庄园和宗山抗英遗址进行修复，截至年底，整个项目已全面竣工。2013年，国家投资约1.156亿元的白居寺“十二五”时期全区重点文物维修保护工程可行性研究报告通过国家发改委审批。2016年，江孜县白居寺整体保护维修与消防项目已完成95%。开展县域石刻文物调研普查工作，掌握到岩画31副、摩崖造像2个、摩崖文字1个、刻字石碑2个、造像碑53个、石刻造像1723个、玛尼石357个、石刻（雕）建筑构建1座、玛尼石群4座。通过整年的摸底调查及时掌握江孜县石刻文物的基本现状，对各乡（镇）、寺庙石刻文物所面临的危机进行积极宣传，并加强抢救和保护工作力度，明确石刻文物实行属地管理、就地保护的原则。做好加日郊老街调研评估及江孜镇历史文化名镇申报工作，按照江孜县委、县政府制定的《加日郊老街保护开发规划》，江孜县文物局积极配合调研单位加快完成加日郊老街保护和开发调研工作。根据《关于组织申报第七批中国历史文化名镇名村的通知》精神，江孜县文物局扎实开展江孜镇历史文化名镇的申报工作。继续落实各类安全防范措施，加大文物安全检查力度。文物安全是文物工作的重中之重，也是文物工作的生命线。为确保江孜县文物安全，江孜县文物局会定期或不定期检查各文物点的安全防范工作，与江孜县各乡镇、各文保单位各岗位明确责任，签订文物安全责任书，将文物安全保护落到实处，切实保障文物安全。

（格桑卓嘎）

【领导名录】

局　长　阿旺洛桑（藏族）

文物局局长

白玛玉珍（女，藏族）

文广局副局长

达　珍（女，藏族）

广播影视服务站站长

边巴顿珠（藏族）

文化艺术馆副馆长

朗　杰（藏族）

广播影视服务站副站长

李纪阳

江孜县农牧局

【概况】 1959年9月，江孜县人民政府下设农牧科，具体负责管理农、牧、林业生产。1981年，县农牧科改名为农牧局。江孜县农牧局属政府系统正科级国家机关，主要负责全县农牧业工作，下设农牧综合服务中心，农牧综合服务中心主要负责种植业、畜牧业、动物检疫与防疫、草原奖励机制、农村土地确权颁证工作等。

2016年，江孜县农牧局现有13名干部职工（男8人、女5人），其中正科级干部2名、副科级干部2名、技术人员6名、驾驶员2名、环卫工作者1名。2016年，按照“种业基地化、种羊规模化、生产技术标准化、产品转化工业化、产业布局区域化、科技服务系统化”和“强基础、扩总量、抓转化、提效益”的思路，多措并举，狠抓落实，农牧业各项工作进展顺利，成效显著。青稞良种繁育基地建设工作被自治区种植业综合考核组评为全市第一位。

【完成良种推广任务】 2016年，江孜县共完成实播面积16.19万亩，其中，粮食作物播种面积9.5万亩，经济作物播种面积3.87万亩，饲草料面积2.83万亩。完成“喜玛拉22号”6万亩，“藏青2000”2.5万亩推广任务。其中，一级种子田1000亩，二级种子田1.5万亩，“喜玛拉22号”“千亩千斤”示范田1块，“百亩千斤”示范田5块。调运化肥4263吨。跨县供销种子78万公斤，内部调剂种子108万公斤，县内种子精选率和包衣率均达到100%。2016年，江孜县粮食产量达到6506.565万公斤，比2015年增产6.565万公斤，其中青稞产量达到5660.475万公斤。蔬菜种植面积达到1.97万亩，蔬菜产量达到2735.26万公斤，比2015年增产75.71万公斤。青稞良种繁育基地建设工作被自治区种植业综合考核组评为全市第一位，全国第八批标准化农业生产顺利通过国家级验收。

【农机推广】 2016年，县农牧局订购和分发农机2460台（件），落实购置补贴资金731.59万元。以西农集团江孜农机作业公司为平台，进一步加大农业机械作业力度，全县机耕面积12.5万亩，机播面积13.1万亩，机收面积将达到8.7万亩，秋收机械利用率达到80%。成功举办了农机现场会。

【“三秋”工作】 为做好2016年“三秋”工作，江孜县及时下发《关于做好“三秋”工作的通知》，进行安排部署“三秋”各项工作，圆满完成“三秋”工作任务。

【开展技术指导服务】 年内，共开展乡村科技特派员培训4次，参训人数达到783人次。按照“测、配、产、供、施”的技术路径，引导农民开展“大配方、小调整”的做法，不断扩大配方使用面积，强化配方施肥使用，全面开展测土配方施肥技术示范推广工作。建立了田间肥效试验点1个和测土配方施肥推广示范区12万亩。针对2016年新的农药和化肥，组织技术人员编印了藏文板《江孜县种植业实用手册》15000本。同时，2016年江孜县农牧局和农牧综合服务中心联合组建三个农牧业技术指导服务工作分片包乡小组，定期不定期深入田间地头、街头巷尾开展农牧业技术指导和服务工作，助推全县农牧业增产增效、农牧民增收致富。

【防抗灾工作】 6月中旬以来，因受强降雨、冰雹天气影响，江孜县部分乡（镇）和村（居）发生洪水和冰雹灾害，部分农田受不同程度的损失。2016年，全县共有13890.5亩农田受损，其中绝产1051.08亩、重灾4681.91亩、轻灾8157.51亩，造成经济损失889.78万元；大畜7头、小畜505只被冲死、淹死，造成经济损失34.01万元。对此，采取有效措施组织开展防抗灾工作。第一时间联系乡（镇），派人员到实地核实灾情情况，及时向保险公司报案，并组织受灾群众开展排洪清淤工作，对受灾农田追肥共计123吨。加强了人工影响天气工作，截至年底，已使用2140枚炮弹，最大限度地减少和避免了农牧业遭受气象自然灾害的影响。

【启动确权登记颁证试点工作】 根据上级要求，及时成立江孜县农村土地承包经营确权登记颁证试点工作领导小组，起草《江孜县农村土地承包经营确权登记颁证试点工作实施方案》，11月7日，在年堆乡懂布村召开农村土地承包经营确权登记颁证试点工作安排部署会。

【牲畜存栏】 年内，江孜县牲畜存栏数为30.82万（头只匹），其中：大畜6.93万头只匹，小畜23.67万头只匹。出栏牲畜11.83万头只，肉类总产量达到2185.8吨；奶类产量18393.75吨；禽蛋产量98.55吨。

【动物疫病防控】 年内，针对江孜县牲畜数量多，放牧点分散，工作量大的实际，提早召开春季重大动物疫病防疫工作动员会议，制定《江孜县2016年春季重大动物疫病免疫工作计划》，及时发放疫苗，精心组织疫苗注射工作，全县重大疫病防控工作做到村不漏户、户不漏畜、畜不漏针、针不漏剂。针对农户《重大疫病防控登记卡》老、旧、不完善的实际，重新编印了更符合实际的免疫登记卡，并已全部发放到农户手中。秋季集中免疫牲畜30.12万头只。截至年底，产地检疫2388头。控制了流通环节，加强畜禽经纪人的管理，并签订目标责任，畜禽屠宰场严格执行凭证进场制度。外销动物申报产地检疫时，检疫人员需查看动物的免疫耳标和免疫证，同时进行临床检查，动物健康无病方可出具产地检疫合格证明，做好运输工具装前消毒，严防病原传入。屠宰检疫工作严格按照国家有关《中华人民共和国动物检疫法》《生猪屠宰管理条例》等法律法规规定的操作规程对畜禽进行认真严格的检疫，确保出场的肉品合格率达100%。

【畜种改良】 年内，进一步加大“黄绵改”力度，黄改主要品种为黑白花奶牛与西门塔尔奶牛为主，设有黄牛冻配点22个，2016年完成奶牛冻配8500头，全县良种奶牛数达到2.6万头；绵改主要品种为半细毛羊为主，以日喀则市半细毛羊繁育基地江孜种羊场为依托完成绵羊改良3.6万只，全县良种绵羊数达到8.56万只。

【草划和草奖成效明显】 江孜县草场总面积为480.69万亩，其中可利用草场面积455.84万亩。新增人工饲草基地1.2万亩，散户种植人工饲草面积达到3.6万亩。2015年年底，共兑现草奖资金3973.02万元，其中草畜平衡奖3118.77万元，牧民生产资料补贴143.75万元，牲畜良种补贴400万元，草原监督员补贴310.5万元。2016年，牲畜清点已完成，草奖资金核算完成，待自治区下发方案后，再进行兑现。草原划定工作已全部完成，并通过市级验收，完成划定面积达到全县可利用草场面积的80%。

【防抗灾、接羔育幼工作】 年内，做好去冬今春防抗灾工作和防灾减畜保母畜的引导工作。县政府出资40万元购买防抗灾应急饲草，从支农资金中出资30万元购买防抗灾应急药品，并要求牧户按照上级有关标准，备足备齐防抗灾物资。2016年，完成接羔育幼12.31万头（只），接羔育幼期间全县村级防疫员及技术人员出诊1876人次，新生仔畜成活率达到91%，成畜死亡率为1.58%。

【农牧业发展根基】 年内，加大农牧业基本建设项目工作力度，与上级行业部门沟通，主动协调县直机关部门，把项目前期工作做前一步，狠抓项目实施进度，确保项目质量。截至年底，共实施农牧业基本建设项目9个，其中续建项目2个、新建项目7个。项目总投资7706.99万元，其中国家投资6900.99万元，群众自筹806万元。截至年底，已完成投资5520.79万元，已完成拨付资金4106.88万元。已完工项目4个，在建项目3个，近期开工项目2个。

【农牧业经营主体健康发展】 年内，农牧局切实加强农牧业经营体的培育和扶持，各类经营主体得到了长足的发展。截至年底，江孜县共注册农牧民专业合作社85家，其中养殖业25家，种植业5家，农畜产品加工23家、农机服务3家、民族手工业28家、新型产业1家。共有市级农牧业产业化经营龙头企业4家，分别是西藏江孜啊香蒜业公司、西藏江孜格藏青稞食品科技开发有限公司、西藏江孜达杰农业发展有限责任公司、西藏江孜江浦农业发展公司。江孜青稞、啊香大蒜和江孜岗巴羊正在申请有机认证。江孜青稞正在申请地理标志注册商标。

【“两学一做”学习教育】 “两学一做”是一项重大政治任务，为保证“两学一做”学习教育尽好责、抓到位、见实效，农牧局党支部精心筹备、细化安排、抓早落实，有序开展了2016年学习教育各项工作。

按照县委“两学一做”有关文件要求，农牧局党支部于4月22日召开农牧局党支部“两学一做”动员部署会议，成立以局长为组长的“两学一做”学习教育领导小组，并制定出台“两学一做”学习教育实施方案以及学习计划安排表。2016年，农牧局党支部召开专题会议4次、党课2次、民主生活会1次、组织生活会2次、学习会议8次、党员慰问活动3次。

【党建、廉政建设】 年内，根据县委、县政府统一要求，结合农牧局实际，形成局长统一抓、副局长具体抓，全体党员干部协抓的良好工作格局。2016年为党建规范建设年，农牧局按照上级组织的安排部署以及相关工作要求，完善和规范了2016年机关党建“五个一”各项工作制度。党风廉政方面，农牧局加强公务用车的管理，做到用车有派车单，行车路线有记录，停车有规定，交车有说明，杜绝了公车私用。

【“讲学习、讲忠诚、正风纪、转作风、提效能”】 年内，根据县委、县政府以及上级相关部门的统一安排，11月4日，召开“讲学习、讲忠诚、正风纪、转作风、提效能”动员部署会，成立学习领导小组，起草了“讲学习、讲忠诚、正风纪、转作风、提效能”实施方案。

（次仁卓玛）

【领导名录】

局　长　达　　贵（藏族）
副局长　罗　　旦（藏族）
　　　　索　　片（女，藏族）

江孜县扶贫（农发）办

【概况】 江孜县扶贫开发办公室和农业综合开发办公室于2012年度整合为一个单位，并命名为扶贫（农发）办公室。2016年1月成立脱贫攻坚指挥部，办公室设在扶贫办。2016年，江孜县扶贫（农发）办实有干部8人（在编5人），2016年1月成立脱贫攻坚指挥部办公室设在扶贫办，脱贫攻坚指挥部实有干部9人（抽调8人、志愿者1人）。年内，及时调整县脱贫攻坚指挥部领导小组，配齐指挥部各专班组，各乡（镇）配备扶贫专干；修订县脱贫攻坚规划、扶贫产业项目总体规划及实施方案等；层层压实县、乡、村“一把手”责任，形成了党委领导、政府主导、上下联动、齐抓共管的良好格局。

【党风廉政建设】 调整充实了党风廉政建设领导小组，使党风廉政建设工作领导体制及时进行转换，明确了职能。严格落实党风廉政建设责任制，把党风廉政建设作为硬措施、硬任务，始终放在心上，紧紧抓在手上，形成反腐倡廉的整体合力。

【宣传引导】 年内，充分利用电视、宣传栏、广告牌、横幅、江孜发布等载体，采取会议、入户、印发《宣传手册》等形式，大力宣传扶贫政策和先进事迹，全年制作各类宣传图、册、横幅上万件，使党的惠民政策家喻户晓，营造出全社会支持和参与脱贫攻坚工作的浓厚社会氛围。

【精准识别】 年内，开展扶贫开发建档立卡及“回头看”工作，逐户、逐人进行再识别、再分析，全面核清贫困户基本情况及致贫原因，确保基础数据真实准确，及时更新动态管理系统，确保数据上下一致。最终确定全县贫困人口2794户、11352人。

【农发、扶贫项目】 年内，农业综合开发项目计划资金1727.4万元。截至年底，已完成投资1667.7万元，占比96.2%。2015年度整乡推进扶贫开发项目资金362.2万元已全部兑现，涉及受益贫困群众406户、1615人。

【实现精准脱贫】 2016年，江孜县实现440户、2001人达标脱贫，超额完成33户、155人任务，实现首战告捷。产业扶贫方面：共规划项目74个，已开工7个，投资3.2亿元，创造就业岗位652个，整合43个合作社和协会资源，带动226户、393人就近就业。生态补偿扶贫方面：争取到生态补偿岗位9036个，已按“一人一岗”原则全部落实，惠及建档立卡贫困户6666人，人均年增收3000元。易地搬迁扶贫方面：2016年初49户、173人任务已全部完成。7月追加的245户、1155人的集中搬迁任务，2017年将完成续建。共到位资金4253.25万元，支出2969.9万元。转移就业方面：已完成装载机、挖掘机、缝纫工、木工、钢筋工等培训187人，其中89人已顺利走上工作岗位，平均月收入达5000—6000元。教育扶贫方面：筹措教育帮扶资金66.83万元，惠及贫困学生400余名，免费送6名贫困“两后生”到中职学校就读。医疗扶贫方面：对所有建档立卡医疗救助贫困户进行了免费检查治疗，并因人施策救助，全年兑现医疗救助资金1027万元；社会保障方面：全年共发放各类保障金8215人次，780.76万元，其中低保461.97万元、五保54.98万元、临时救助34.95万元、医疗救助228.86万元；结对帮扶方面：全县2241名干部职工与建档贫困户结成帮扶对子，覆盖所有建档立卡贫困户，开展“百企帮百村”活动，72家企业与220户贫困户结对帮扶。金融扶贫方面：累计完成扶贫贷款1080笔（户）、3189万元。产业资金到位9300万元，成立江孜县宗城投资开发有限公司，与县农行签订了“政府风险补偿基金+银行信贷”合作协议，县本级配套500万元，注入风险补偿基金1300万元。

【开展结对帮扶活动】 年内，按照《江孜县开展精准扶贫结对帮扶321工作方案》要求，扶贫办6名干部共结对认亲11名贫困户，不定期地去探亲，深入了解贫困户家庭的基本情况、致贫原因、帮助他们分析原因，寻找致富门路，并送上慰问品。

（次　珍）

【领导名录】

主　任　罗　　布（藏族）

副主任　巴桑次仁（藏族，10月免）

江孜县林业局

【概况】 1982年3月3日，成立江孜县绿化委员会，领导管理全县绿化造林工作。1995年，经县人民政府1月8日会议研究决定，成立江孜县林业管理站，属农牧局下设股级单位，编制2人。2010年4月成立江孜县林业局，江孜县林业局是江孜县人民政府的正科级林业主管部门，行政编制4名。事业编制7人（其中专业技术人员4人，技术工人3人），其他人员21人，共32人。2016年，进一步深化林业党建工作。转变机关工作作风，结合林业特点，局支部不断丰富和创新活动载体，创建林业党员林，集中专业及人员对全县造林项目进行专业指导，定期为县城绿化带进行义务修枝，为美化全县城绿化贡献力量。对江孜县达孜乡造林点、县城绿化带树木进行了修枝和技术指导。

1979年，根据自治区林业工作会议精神，经日喀则地区行署研究决定，成立江孜县中心苗圃。1980年，建立中心苗圃。苗圃立于年楚河支流的日朗河中下游，苗圃归县农牧科领导，总面积33.33公顷，当年培育苗木3.6公顷。1991年，苗圃有解放车1辆、铁牛55型拖拉机1台、东方红—75型拖拉机1台，1980—1991年苗圃共向县内外提供优质苗木416万株。依靠多种经营收入架设5000米高压输电线路、4000米电话线，修建120平方米机房，职工宿舍7间和50平方米的会议室一间，改善了苗圃的生产条件和职工的生活条件。2010年、2014年先后国家投资364万元、自筹资金50万元共计资金414万元用于苗圃整治改造。新建日光温室12座，每座360平方米；改建繁殖区97.5亩；改建移植区232.5亩；新建硬化支渠（0.6米×0.4米）1000米；维修干渠871米（1.2米×0.5米）；新修泡苗池2座；购置苗木繁育生产耕地拖拉机2台，挖掘机2台，小型装载机1台等苗圃基础设施得到了很大的改善，从传统的人工作业方式逐步的向机械化、科技化转变，在环境保护得到越来越重视的今天，造林工作成为环境保护的重要环节，由于造林面积的不断增加种苗的需求量也不断的提高，特别是乡土树种，县苗圃把乡土树种的培育提到议事日程，自2009年起不断的进行科学试种江孜沙棘，终于2012年成功培育出了江孜沙棘种苗，填补了江孜县江孜沙棘播种技术空白,创造了江孜沙棘苗产13.32万株的历史新高。

【党风廉政建设】 年内，以“党的群众路线教育实践活动”为契机，开展“两学一做”“手抄党章100天”等学习活动，强化党员干部廉洁从政意识，提高党员素质。

【开展“强基惠民”工作】 在林业局驻村村委会班子及群众的强烈要求下，经分管县长及局领导到实地调研，并多次召开专门会议研究决定，以林业局出资当地群众出劳力的方式，新修一条5000米的简易过道，用于运输羊粪，不仅能够把多年累积在山上的农家肥得到运输途径而且为改善旁孜村农田肥力起到至关重要的作用；开挖两处截潜流共100米，解决该村多年来400多亩农田灌溉难的问题；平整、客土河滩地100亩，种植7万多株当地柳树专门用于制作金幡树，预计成林后每年可出金幡树2.2万株，实现村集体年经济收30万元左右。

【开展结对帮扶活动】 年内，按照县委要求，先后2次开展结对认亲帮扶活动，林业局4名党员，共结对认亲9户，在节日期间购买生活用品慰问帮扶对象，时不时地去探亲，深入细致的了解贫困户致贫原因、家庭的基本情况等。帮扶不仅在物质上、更注重思想上的扶持，通过开展结对帮扶活动，增加党群之间的感情，进一步拉近了群众与林业局党员干部的联系。

【造林绿化】 江孜县2016年造林任务指标为36534.1亩，截至年底，完成植树造林36534.1亩，完成率100%。其中重点区域造林完成2534.1亩，完成率100%；拉萨及周边造林4000亩，完成率100%；封育8000亩，完成率100%；高原生态安全屏障保护与建设防沙治沙工程22000亩，完成率100%；县城两条主街道绿化297株；农村房前屋后义务植树21万株。补植补造1.32万株，当地驻军部队及学校无偿提供苗木1.25万株。

【苗圃育苗】 随着乡土树种重视度得到加强，江孜县不断加大苗圃和乡土树种繁育基地的建设力度，加大资金投入力度，实施土地平整、改良和完善功能区等基础设施建设，开展种苗培育取得了较好效果。完成育苗149亩，其中北京杨插穗苗7亩、竹柳插穗苗10亩、细叶红柳插穗苗4亩、藏川杨3亩、河北杨假植苗30亩、榆树假植苗30亩、中国普通沙棘假植苗25亩、江孜沙棘裸根苗38亩、常绿树种2亩5500株。江孜沙棘温室育苗7.3万株。截至年底，出圃69.87万株，其中江孜沙棘45.3万株。林业部门通过几年的技术改进，创造了江孜沙棘亩产13.32万株的历史新高，2016年日喀则造林项目提供30万株的江孜沙棘苗木，为县苗圃创造150万元的收入。

【林业后续管理】 年内，结合往年的管护经验，在划分片区后仍将新造林承包给集体或个人管护，林业局负责组织浇水工作，确保造林浇水次数不低于3次的目标，从而有利的保证了造林的成活率和保存率。

【项目验收】 年内，完成2016年造林项目自查验收工作；完成2017年各林业生态项目规划设计前期工作。

【开展机关义务植树活动】 年内，江孜县林业局组织开展以“创建生态、和谐、绿色江孜”为主题的2016年机关义务植树活动。县委、县政府领导亲自带队，县（中）直各部门踊跃参加，共计52家单位395名干部职工、50名群众参与此次义务植树活动，共栽植大规格藏川杨、新疆杨400株，义务植树成活率达到90%。

【资源林政管理】 年内，严格执行林木采伐限额制度，根据实地情况2016年共批准采伐江孜沙棘5.9亩，杨柳树4018株；开展占用征收林地管理工作。重点对工程项目建设占用征收林地进行跟踪检查监督。2016年，按照程序正在办理江孜县市政道路建设项目、江孜县城市供水建设项目占用征收林地2宗；通过县专项整治工作成功清除了年河林地周边18家采沙场，并实施了环境恢复工作，为2017年春季造林提供了良好的条件，彻底解决了江孜县林政工作上的一大难点；通过发放宣传手册2000余份，开展林政法治宣传3次。兑现2015年森林生态效益补偿基310.57万元。

【森林防火】 加大森林防火宣传力度。通过发放宣传单、悬挂森林防火标语等渠道进行大力宣传。共发放宣传单500份；强化森林防火责任。按照自治区今冬明春森林防火工作会议精神，向各乡镇发放了防火通知明确了防火责任。

【野生动植物保护】 加强宣传力度。充分利用综治宣传月、“世界湿地日”以及安全生产月等有利时机做了《中华人民共和国野生动物保护法》《西藏自治区湿地保护法》《西藏自治区陆生野生动物肇事补偿办法》等相关法律法规宣传3次，共计发放各类宣传单共计1000余份；野生动物肇事补偿工作。完成2014年野生动物肇事补偿28.6995万元的兑现工作；完成对2名疫源疫病检测人员备案，和监测情况监督检查工作并成功救治了一头赤麻鸭。

【有害生物防治】 现场检疫。截至年底，调入江孜县造林绿化苗木13批次48.56万株；病虫害监测防治工作。2016年，全地区病虫害（杨树腐烂病、煤污病、春尺蠖、蚜虫、杨二尾蛾）累计发生面积80余亩，15条机耕道两边绿化带，防治面积80余亩，出动人工50余人次，使用各种防治农药近20箱；组织苗圃职工利用18天的时间投入人力207次，用去376桶防虫保温涂白剂在苗圃周边防护林带进行防治措施，有效地遏制了苗圃周围防护林带有害生物发生势头。

【林业棚户区改造工程项目】 年内，投资22.4万元的林业棚户区改造工程项目已全部完成并投入使用；江孜县苗木培育基地改扩建项目已完成可研编制工作。

（卓 嘎）

【领导名录】

局 长 边巴次仁（藏族）

副局长 扎西央宗（女，藏族）

江孜县水利局

【概况】 江孜县水利局于2001年成立，属于正科级单位，石确任局长，有5名工作人员。2003年至2012年，拉平任局长，有5名工作人员，2012年至2015年，边巴次仁任局长，有5名工作人员。2015—2016年，边巴顿珠任局长，现有3名正科级干部，1名副科级干部，2名科员。内设科室：规划建设科、人饮办、综合办公室，防汛指挥办公室。2016年，江孜县水利局在职人员共有13干部职工，其中正科1人、主任科员2人、副科1人、科员2人、工程师1人、助理工程师3人、中级工人1人、驾驶员1人、企业工人1人。2016年，江孜县水利局水利工程项目共开工建设28个，其中2016年江孜县小农重点县项目27个、“4·25”灾害重建江孜县纳如乡日括村防洪堤工程1个、购买防汛物资、强降雨洪水灾害雇佣机械及抢险江孜大桥年楚河右岸护坡倒塌等，总投资为3072.25万元。截至年底，共完成28个项。通过项目的建成有效解决1.792万亩耕地灌溉用水问题及4376人31670（只、匹）牲畜0.88万亩耕地的防洪问题，同时有效改善了险工险段处的安全隐患问题。

【2016年小农重点县项目工程】 该工程总投资2502.52万元，其中国家财政投资2500万元、县级配套资金为2.52万元。工程建设内容为：新建引水工程15条，总长39.783公里；新建或改造蓄水塘坝工程12座，总库容为9.8立方米，总灌溉面积为1.792万亩。工程于2016年10月15日开工建设，截至年底，已完成100%的工程量。

【“4·25”灾害重建纳如乡日括村防洪堤工程】 该工程总投资为570万元。该工程修建防洪堤总长8699米，新建埋管10处，总长122米；公路桥座；牲畜桥1座；排洪渡槽2座；消力坎2座。正在按照合同规定进度建设施工，截至年底，完成100%的建设任务。

【重大项目前期工作】 江孜县康卓水库建设工程，康卓水库拟建在年楚河左侧支流鲁曲的支流康卓浦上，坝址位于康卓乡境内，水库控制面积可达135平方公里，河道总长度19.26公里，最大坝高34.48米，库容1146.93万立方米，总投资6.478亿元。截至年底，正在开展前期工作。

【防汛抗旱】 年内，为全面做好江孜县防汛抗旱工作，确保农牧民群众生命及财产安全。江孜县以行政首长制为防汛抗旱领导小组的组长，调整充实了防汛抗旱领导小组，并制定《江孜县2016年防汛抗旱预案》《江孜县2016年水库防汛应急预案》。防汛：及时筹备应急防汛抗旱资金，购置防汛抗旱物资，筹备防汛物资铁丝网60吨、铅丝卷17吨、编织袋14万条，并发放铁丝网、铅丝卷共38吨，编织袋14万条；抗旱：县水利局与满拉管理局协调冬季用水，保证年河两岸9个乡（镇）的农田春灌，而且还针对灌溉与人饮争水的实际情况，积极出面调解，制定白天引水灌溉，晚间人饮蓄水的分水方法，在一定程度上缓解了农牧民群众的吃水困难等问题。

【开展山洪灾害防御培训班】 12月27日，江孜县水利局组织开展江孜县2016年山洪灾害防御培训班，参加培训单位由县发改委、县水利局、县国土局、县民政局、县气象局、县财政局、县交通局、县公安局、县卫生局、县消防大队；参加培训人员由19个乡镇水利专干、59名山沟村防洪负责人以及挪村75名村民。培训为期2天，第一天主要以讲解山洪灾害防御理论知识以及播放山洪灾害影像，加强防汛指挥人员和人民群众的山洪灾害防御理论知识；第二天在年堆乡挪村实地演练，通过组织开展江孜县2016年山洪灾害防御培训班，提高了县防汛指挥人员和人民群众的山洪灾害等突发事件的应对能力。

【水资源管理】 切实加强江孜县最严格水资源管理工作。江孜县作为全区农业综合水价改革制度试点县、成立江孜县农业综合水价改革制度领导小组，设立办公室，完善了江孜县农业综合水价改革的体制机制，为江孜县进一步加强最严格水资源工作奠定基础；江孜县河流较多，采砂现象普遍，为防止出现乱挖、滥采造成生态环境的破坏，对县域内的采砂行为进行严格管理，根据县里供需情况，江孜县境内采沙场数量控制在8家，县水利局选点限制采砂范围，对经营性采沙场按政策要求缴纳采砂管理费，并签订生态保护协议，做好采砂后恢复环保工作。

【党风廉政建设】 年内，根据县委、县政府的统一安排部署，县水利局认真开展学习“两学一做”、党风廉政建设和“讲学习、讲忠诚、正风纪、转作风、提效能”主题活动并结合实际工作，坚持求真务实，与时俱进，使水利局每一名干部政治素质过强、业务能力过硬的水利工作者；加强机关作风建设，积极参加县委、县政府开展的机关干部作风效能建设年活动，不断完善各项工作制度，增强干部职工的责任感和紧迫感，坚持打考勤制，请销假制和报告工作制，每个月定期不定期召开全体干部职工会议；严格按照中央整治“四风”和“八项规定”的要求规范全局人员的一言一行，管住自己的手，拒收不义之物。在组织全局人认真开展党风廉政建设的同时，严格按照中央各有关重要文件精神，不请客送礼，不接受任何有关工作之便的请吃行为，不铺张浪费；严格控制单位三公经费支出和公车使用规定，从领导身做起，廉洁自律，洁身自好，积极配合巡视组和督查组的工作检查，结对帮扶工作做到位，深入结对户家中了解基本情况并送去了慰问金。

（旦增次旺）

【领导名录】

局　　长　边巴顿珠（藏族）
副 局 长　旦增罗布（藏族）
主任科员　尼　　玛（藏族）
　　　　　边　　旦（藏族）

西藏自治区满拉水利枢纽管理局

【概况】 1997年1月20日成立的西藏自治区满拉水利枢纽管理局为西藏自治区水利厅直属单位，规格为正县级，全额事业单位编制，人员编制20名。内设机构（正科级）4个，分别为：办公室、业务科、满拉水库管理所、冲巴湖水库管理所。主要负责满拉、冲巴湖等水库的工程安全运行管理工作，对满拉水电厂经营管理活动的监督工作和区水利厅交办的其他工作。

西藏满拉水电厂为西藏自治区满拉带水利枢纽管理局直属国有企业，内设机构5个，分别为：办公室、生产安全技术部、人力资源管理部、运行管理部、市场检修部和财务部，定员70人，实行厂长负责制，保证水电厂安全生产运行，实现国有资产的保值增值。

满拉水利枢纽工程是“八五”期间国家62个援藏项目中投资规模最大、经济效益最为显著的项目，是年楚河流域农业开发的骨干工程，该工程位于江孜县龙马乡甲不拉村，处于雅鲁藏布江支流年楚河的上游，坝址距日喀则市118公里，距江孜县城28公里。

冲巴湖水库位于西藏自治区日喀则地区康马县境内，距康马县城43公里，距日喀则市176公里，冲巴湖水库是冲吧涌曲的源头，也是年楚河左岸支流源头，库区内雪山遍布，沟谷纵横，地面平均高程在4570米以上，其南缘分水岭即为中国与不丹国边境。

【灌溉效益】 满拉水库1999年开始向下游供水，

冲巴湖水库2003年开始向下游供水，截至年底，两库已累计向下游供水86.30亿立方米，确保受益区内“三县一区”（江孜县，康马县、白朗县，桑珠孜区）23个乡（镇），171个行政村，近10万人的生活用水，并新增灌溉面积25.42万亩（其中农田18.52万亩、林地6.9万亩），使保灌总面积达到60多万亩。粮食亩产量达380公斤，亩均增产粮食65公斤。在遭遇特殊干旱时期，通过科学调度两个水库，从而极大低缓解了旱情，确保农业增收。

【防洪效益】 两个水库的顺利建成，不仅能力将冰湖溃决洪峰流量消减，利用调洪消峰功能，成功抵御了多场由降雨形成的洪水，大大避免和减轻了灾害损失，同时把年楚河下游河段的防洪标准提高到20至30年一遇，对发挥江孜、白朗、日喀则市的粮仓作用提供了基础保障，产生了巨大的经济效益和社会效益。

【发电效益】 满拉水电厂是满拉水利枢纽工程的重要组成部分，电厂总装机容量4×5兆瓦，设计年发电量0.61亿千瓦时。满拉电厂的建成投产，从根本上缓解了当时日喀则地区的电力供应的紧张局面，不仅为日喀则电网注入了两倍的电量，在保证出力上也有大幅提高。同时，满拉水电厂的新建，也推动了以洋湖和满拉电站为骨干的调峰电源的藏中电网的发展。

自1999年12月首台机发电以来，截至年底，已累计发电9.84亿千瓦时，其中供电9.08亿千瓦时，年平均发电量为0.57亿千瓦时，安全运行6255天。多年来，满拉水电厂通过发电，为西藏电网能源短缺提供了电力保障，为西藏水利电力事业做出了应有的贡献，为日喀则乃至整个西藏的经济腾飞打下了坚实的基础。

【党风廉政建设】 满拉管理局党委把党的建设工作作为重要内容，纳入重要议事日程，与年度工作大纲内容同部署、同落实、同检查、同考核；领导班子其他成员根据工作分工，履行“一岗双责”，对职责范围内的党风廉政建设负主要领导责任。强化责任担当，按照“一把手”总负责、“谁主管谁负责”的原则，层层签订《党风廉政责任书》7份、《党员承诺书》38份。局党委着重对党员组织关系专项排查，两个党支部进行换届工作和党费的清理专项工作，制订学习计划，学习“党章”“准则”和习近平总书记的系列重要讲话，并提供各种学习资料100本，专题展板宣传7期，建立党建微信群、QQ群各1个，加入“共产党员”微信公众号等方式学习。局党委成员轮流与全体干部职工交流学习“四个全面”战略布局、“五大发展理念”、《中国共产党章程》等专题党课。中国共产党成立95周年之际，局党委组织全体干部职工开展“两学一做”学习教育知识竞赛；组织党员观看《雨中的树》《作风建设在西藏》等教育影片；到爱国教育基地江孜宗山抗英遗址及宗山陈列馆进行参观学习，4月份开展以“凝人心、提士气、共建绿色满拉”为主题的全体党员义务植树，组织党员参加国务院在线专题学习及2016年政府工作报告知识竞赛活动。通过各种活动启发全体党员，撰写心得体会98份，制订2016年党风廉政建设工作计划，落实领导班子成员的责任分工，签订廉政责任书，明确责任，积极响应“领导干部进村入户、结对认亲交朋友”的号召活动，深入了解岗嘎村4个特困户的基本情况并送去3400元慰问品。

【重视安全生产】 2016年，西藏自治区满拉水利枢纽管理局，成立安全生产领导小组、并与江孜消防队积极协调组建满拉水电厂微型消防站，制定《2016年度处置突发事件应急预案》《满拉、冲巴湖水库安全度汛应急预案》，年初与各科室（所）和满拉水电厂签订《安全生产目标管理责任书》，做到层层落实、责任到人，切实将安全生产落到实处。在全局范围内先后开展安全生产大检查9次，反事故演习2次，组织全局干部职工观看安全生产警示教育片，悬挂安全标语3个、安全宣传栏开办8期，通过多种形式的安全生产活动，进一步提高了职工安全意识，确保“两库一厂”安全生产和安全度汛工作。在维稳工作中，按照水利厅及江孜、康马县维稳一线指挥部的要求，加大维稳工作力度，严格节假日、敏感月领导带班、专人值班和零报告制度，始终做到“三不出”。

【科学调度水资源】 按照全国水库安全度汛电视电话会议及全区防汛抗旱工作会议精神，西藏自治区满拉水利枢纽管理局高度重视水库安全运行管理工作，根据上游来水和水库水位情况，结合气象部门测报数据，科学制定《2016年灌溉用水计划》《满管局2016年防汛度汛应急预案》，为进一步加强水库下游水资源分配与管理，5月份与“三县一区”水利负责人召开了年楚河流域春灌供用水分配洽商会议，春灌期间及时与“三县一区”沟通协调，有效地保证水库下游“三县一区”60多万亩农林牧业的用水需求，确保年河三县一区的粮食丰收。汛前及时成立防汛度汛领导小组，并开展汛前安全大检查和防汛演习，制定汛期实行每日上报两库汛期要情制度。汛期加强水情分析，水库安全监测，同时及时上报水库水情，根据上游来水和水库水位情况，及时调整下泄流量等举措，顺利完成2016年防汛度汛任务，保证水库下游十几万人生命财产安全。

【沟通协调，完成发电指标】 为确保电厂机电设备良好运行，保障电网安全，满拉水电厂先后对110千伏母线差动保护装置进行技术改造、机组计算机监控系统和6.3千伏封闭母线等进行维护。同时加强机电设备巡检力度，定期开展安全生产大检查和反事故演习，业务人员技术比武和业务培训等措施，保证了电厂全年无安全事故。

在确保灌溉供水和防汛度汛的前提下，统筹兼顾发电效益，通过与国家电网西藏电力有限公司调度部门多次沟通与协商，截至年底，累计完成上网供电量6406.82万千瓦时，提前完成年度发电指标任务。

【综合管理、人才培养】 西藏自治区满拉水利枢纽管理局采取集中学习、讲座等形式，组织全局职工开展安全生产知识讲座，采取外面聘请专家和内部专业人员讲课形式，在全局范围内开展学习计算机知识及办公自动化应用，生产一线技术知识、内部规章制度及各类规程等培训，参加人数达40余名，同时区内外先后参加全区水利系统新闻宣传和信息报送培训和自治区水利厅2016年度党支部书记（支部成员）培训等共参加15人次。通过多种形式学习，使全局干部职工进一步提高了综合素质及业务水平。

（加　白）

【领导名录】

党委书记、副局长　赖兆万
党委成员、局长　罗小和（藏族）
党委成员、副局长　杨　军

江孜县科学技术局

【概况】 江孜县科技局成立于1996年9月（科学技术协会成立于2006年5月），办公所在县政府大院内，属政府下属正科级行政管理单位，现有两个牌子，一套人马。2015年7月召开江孜县第二届科协代表大会，共选举产生主席1名，副主席4名，常务委员11名，委员37名。2016年有干部职工人数6名，其中行政编制4名，事业编制1名，驾驶员1名。

2016年，江孜县科学技术局认真贯彻落实全国、全区科技工作会议精神及中共十八届三中、四中、五中、六中全会精神，深入践行“两学一做”学习教育活动，按照“现代农业立县、科技教育兴县、文化旅游富县”的发展思路，深入贯彻落实《全民科学素质行动纲要》，按照“三服务一加强”的工作定位，深入基层调研，积极履行部门职责，在社会管理、科技管理、科技服务、科技创新等方面均取得了较好的成绩，全县科技工作呈现出良好的发展态势。

【2016年项目开展情况】 自治区第一批重点科技计划项目两项，科技示范县项目《江孜县香菇

猴头菌高效种植技术示范》总投资101万元，项目主要通过借用江孜县“国家食用菌西藏高原示范区”平台，示范种植香菇、猴头菇等菌种，引进食用菌全自动化生产设备，对300平方米食用菌生产车间进行配套，总结高原食用菌示范种植技术规程，年生产鲜菇24吨，培训农牧民500名，带动农户200户，为建档立卡贫困户10户解决就业，年生产收入32万元；自治区第一批重点科技计划项目一项，《主要蔬菜工厂化育苗技术研究与示范》项目总投资108万元，项目结合江孜县红河谷现代农业科技示范区智能温室，引进花卉、果蔬新品种8种，年育苗30万株，培养专业技术人员20名，培训农牧民3000人次，辐射带动农牧民250户，建设园区工厂化育苗基地1个。

【市级重点项目】 江孜县引进半细毛羊养殖生产谢玛氆氇加工技术；项目总投资10万元，项目以“合作社+农户+科技特派员”为模式，在杂吾村传统民族手工业农民合作社引进羊毛加工生产线设备；从设备购置方邀请技术人员对杂吾村农民合作社技术人员开展梳毛机使用、加工操作和机器维修培训。通过项目的实施，培养乡土技术人员2名，谢玛氆氇生产销售利润达10万元，年梳毛纯利润达到5万元。《江孜县红河谷高海拔藏药人工种植示范》项目，总投资10万元。项目主要对江孜县红河谷现代农业科技示范区藏红花藏药人工试种2亩；带动3户科技明白人，进行藏药材种植；建设海拔4200米以上藏草药示范种植基地，为示范区核心内藏药产业发展打下坚实基础。

【国家和自治区级基层科普行动计划项目】 项目投入资金51万元，项目的实施带动了热索乡努康村种养协会、藏改乡杂吾村科普带头人和加日交社区，拓宽了种植、养殖、民族手工业产业发展的渠道，完善了产业技术服务体系。科普活动站建设项目一项，项目主要根据乡镇科普活动站与乡镇综合文化站相结合的原则，投资25.5万元（按每个乡镇1.5万元）在江孜镇等17个乡镇建设科普活动站项目，用于购置江孜镇等17个乡镇科普活动站所需设备及资料。通过项目的实施把科普活动站建设成为提高农牧民群众科学素质的培训点，这不仅是在基层一线建立的科技特派员之家，又是专业技术人才施展才华为民服务的联络点，更是典型示范辐射带动明显的样板点。

【完善科技服务体系】 截至年底，全县共有科技特派员347名，其中自治区级农牧民科技特派员310名，已遍及全县19个乡镇155个村（居）委会，覆盖率达100%。2016年上半年完成310名农牧民科技特派员工作考核，2016年6月6日开始着手实施2015年农牧民科技特派员277名的生活补助资金兑现工作，累计兑现资金达138.5万元，同时按照2016年农牧民科技特派员实用技术培训方案内容江孜县科技局专门邀请2014年2015年“三区服务人才”（农牧业综合服务中心的洛桑、格桑措姆和林业局的达片）深入全县19个乡（镇）就农、林、牧专业知识向农牧民科技特派员进行面对面授课，培训投入资金达4.5万元，参训人员达750人次。

【江孜县农村中学科技馆使用情况】 按照西藏科协科普部关于推荐《农村中学科技馆公益项目学校的通知》要求，江孜县科技局根据推荐对象的条件、向上级积极申报江孜县第一中学且已获得批准，并于2016年9月签订农村中学科技馆公益项目运行合作协议，该项目主要对江孜县第一中学添加科普展品、科普图书、科普创意作品等设备，同时对学校有关人员进行辅导与维护的培训。项目的实施对树立中学生讲科学、爱科学、学科学、用科学的意识，培养创新和动手能力，鼓励当地学生设计制作创意作品，努力达到“一提升，两促进”，即提升农村青少年科学素质，促进科普资源均衡发展，促进科技馆展品产业发展具有重要的意义，项目投入资金达30万元。

【流动科技馆使用情况】 为充分发挥流动科技馆的辐射和带动作用，使江孜县青少年学生享受到科技馆生动活泼的科普教育，启发青少年科技创新意识，开拓他们的视野，培养青少年科技创新能力，江孜县科技局专门从自治区科协、市科协申请流动科技馆巡展项目。

流动科技馆于9月26日起正式开始为期3个月的科普巡展活动。活动涉及江孜县第一中学、闵行中学以及高级中学的89个班级，4200名学生。科普活动的开展进一步提升江孜县青少年学生的学科学、爱科学、用科学的热情。有效弥补江孜县科普资源空间缺口，改善科普阵地相对薄弱的现状，为青少年参与科普、了解科普、支持科普提供了一次良好机遇。

【落实科技精准扶贫】 科学技术局把精准扶贫工作作为2016年工作的重中之重，统一思想认识，强化组织领导，为推进“党员干部结对帮扶”工作，进一步密切党群、干群关系。江孜县科技局于2016年11月16日，党支部书记曲宗带领5名党员干部到驻村点江热乡热旦岗村的8户建档立卡贫困户开展了走访慰问活动。同时，每名党员干部向自己帮扶对象送去每户300元的慰问金，共计2400元。

【科普宣传】 充分利用“科技活动周”“全国科普日”“综治宣传月”“‘5·12’防灾减灾日”“五下乡”等活动契机，利用科普大篷车组织全局工作人员、农牧民科技特派员以及“三区”科技服务人员在宗山广场和农牧区开展科技普法、惠民政策、科技专业知识等方面的宣传，进一步营造“科技兴县”的发展氛围。累计宣传次数达15次，咨询人数达3500余人次，发放各类宣传资料达4000余册，科普宣传挂图50余套。农牧民科技特派员宣传次数每月至少达1次，参训人数达上万人次。

【“两学一做”教育活动】 “两学一做”学习教育活动启动以来，江孜县科学技术局积极以“尊崇党章、遵守党规”为基本要求，以习近平总书记系列重要讲话精神为行动指南，教育引导广大党员自觉按照党员标准规范言行，切实肩负起“干在实处永无止境、走在前列要谋新篇”的新使命，以实际行动推进“两学一做”活动，为全面提升科技工作科学化水平提供坚强的思想保证和精神动力。突出主题，开展学习讨论，科技局党支部全体党员干部观看了学党章电教片《做合格党员》。观看活动结束后，所有党员干部在党支部交流会上分享交流学习心得，紧密联系个人思想、工作和生活实际，开展了广泛的学习讨论，营造了积极向上的学习氛围。

【党建工作】 通过学习，进一步加强党员干部道德修养和纪律观念，更深一层学到“讲学习、讲忠诚、正风纪、转作风、提效能”的精神，并提升了科技局工作人员素质和学习自觉性。

（德吉卓嘎）

【领导名录】

局　长　曲　　宗（女，藏族）

副局长（主任科员）

米玛顿珠（藏族）

副局长（主任科员）

达瓦措白（藏族，5月任）

江孜县教育（体育）局

【概况】 1956年9月14日，江孜宗办事处成立，下设文教科。1959年7月，江孜县人民政府成立时下设民教科，1964年，改名为江孜县文教卫生科。1969年9月10日，江孜县革命委员会成立，下设政工组负责全县文化教育事业。1975年6月成立江孜县文教科。1980年11月，文教科与卫生科合并为文教卫生科。1983年3月，文教卫生科改为文教局。1987年，文教局改为教育局。2016年，江孜县教育局内设局长办公室、副局长办公室、局办公室、项目办公室、教研办公室、财务办公室、督导办公室、师资办公室，全局共32人，其中包括行政人员4名、援藏人员1名、事业编制人员23名，公益性岗位2名，临时工2名。江孜县各级各类学校共47所，其中高级中学1所，初级中学2所，完全小学18所，不完全小学2所，县级幼儿园1所，附属幼儿园11所，村级幼儿园12所。全县共有专任教师907人，其中研究生学历9人，本科学历625人，专科学历239人，中专学历30人，高中及以下4人。高中在校人数1802人；县域内初中在校生2379人，初中校内外学龄人口数2357人，初中毛入学率为100.93%；全县小学在校生总数5897人，校内外学龄人口数为5909人，小学入学率为99.8%；义务教育阶段小学巩固率为99.38%，初中巩固率为97.32%。全县共有601名应届高中毕业生参加高考，572名学生被高校录取，升学率达到95.2%，在全市七所高中名列第4名、新建四所高中名列第1名、全区32所高中名列第8名；有792名应届初中生参加中考，其中133名学生达到内地高中录取分数线，在全市23所初中综合排名闵行中学第二，江孜一中第六；有807名小学应届毕业生参加了日喀则市学业水平测试（其中385名考生参加了内地西藏班（校）招生选拔考试）有37名小学毕业生考入内地西藏班（校），位列全市第二。

【义务教育均衡发展】 2016年，是江孜县推进义务教育均衡发展的关键之年，为使工作井然有序，取得硕果，先后制定印发《江孜县推进义务教育均衡发展工作实施方案》《江孜县推进义务教育均衡发展工作责任、监督、问责制度》等一系列制度措施，召开义务教育均衡发展动员部署会2次、推进会数次、专题会多次，多次下校、下乡进行宣传，通过电视台、微信公众号、橱窗、宣传标语、简报等多种传播方式进行大力宣传，使义务教育均衡发展深入民心，为全县教育事业发展特别是义务教育均衡发展提供有力的政策支持、组织保障以及群众基础。协调县发改委、财政局、住建局、国土局等部门优先保证学校建设用地，优先落实配套资金，为新建和改扩建学校协调解决征地事宜。县教育、政法委、公安局、卫生局、文广局、林业局、消防大队、司法局、团委等多部门协调联动，组织开展法制安全教育、应急演练、文艺会演、体育比赛等活动，为各中小学设立医务室，进行绿化，安排法治副校长和兼职医务人员，加强安保巡逻和医疗措施。会同县妇联、民政局协同学校全面开展爱心帮扶活动。各部门协调联动、齐抓共管构建了良好的教育发展格局。优化教育队伍，加强教师培训，提高素质促均衡：健全校长和干部队伍的选拔、配备、培养、交流等制度，优化干部队伍梯次结构。会同组织部、人社局、纪检委，通过摸底、测评、考察等程序，配齐配强了江孜县各级各类学校领导班子。加大教师交流力度。为保证适龄儿童就近入学的同时能够享受到同等的教育水平，组织开展了广泛的教师交流活动，出台《江孜县城乡教师交流工作实施方案》，让优秀的教师流动起来，促进了城乡、优劣、平行学校之间的交流，带动一批老师，提升一所学校。把“立德树人、为人师表”作为教师的基本要求，严格遵守《中华人民共和国教师法》《中小学教师职业道德规范》等法律法规，引导广大教师精心从教、严谨执教、乐于善教，全力做学生行为的示范者、知识的引导者和品德的熏陶者。继续实施教学能手评比，组织教师积极参加各类教学技能大赛，加大“送教下乡”范围、力度，提高教师专业化水平，最大限度地优化、均衡师资结构，着力打造一批自治区级、市级、县级名师。采取“走出去、请进来”的方式，通过校本培训、区域培训、“国培”（全国中小学教师教育技术能力培训）、远程培训等多种形式，提升教育教学理念、教学方法，努力打造一支师德高尚、业务精湛、结构合理、充满活力的高素质专业化的教师队伍。聚焦教学管理，规范办学行为，提升质量促均衡:为努力提升教学质量。按照“抓常规、求规范、促提升”的总体思路，狠抓常规管理:以全面提升教育教学质量为核心，以薄弱学科质量提升为抓手，建立教学质量三级管理机制，建立健全教学质量两级监控制，注重常规教学管理，认真督查落实教学常规“六认真”的基本要求，提高教学管理的精细化水平，努力构建自主高效的课堂教学模式，变薄弱学科短板为长板，推动教学质量的整体提高；狠抓教育教学评价:坚持以考试分析为抓手，以奖惩落实为推动，以责任目标为关键，逐步提升教育教学质量；狠抓毕业班工作:各校成立毕业班工作领导小组，实行领导包班负责制，有明确的奋斗目标和可行的奖惩方案，及时分析毕业班的现状，增添毕业工作措施；狠抓校本教研建设:通过听评课本、备课本检查、表彰，提升集体备课质量，丰富教研内涵，提高教研质量，努力建设一支肯研究、有活力、有创造力的校本教研队伍，校本教研活动开展常态化、规范化。通过教学规范、教学评价、教研建设、表优奖先等一系列工作措施，提升教师的教育教学水平，教育教学质量逐步提高。

紧抓控辍保学，确保学生到位，保证公平促均衡：为将控辍保学工作抓严、抓细、抓实。出台《江孜县人民政府关于进一步加强“控辍保学”工作的实施意见》，把村户的劝诫送学、学校的教育教学、党委政府督促入学有机结合起来，完善“学校—教育行政部门—乡镇—学校”控辍网络，广泛动员各方力量，形成齐抓共管的良好工作格局。为确保进城务工人员子女及时就学，出台《关于进城务工人员随迁子女接受义务教育的实施意见（试行）》，按照《江孜县进城务工人员随迁子女就读义务教育阶段学校接收管理暂行办法》，在县一小设立子弟班，接受非藏族儿童，县城及周边学校主动接收有就学需求的学生。残疾儿童则通过随班就读、特殊学校入学和送教上门的渠道，保障残疾儿童少年受教育权利。全县残疾儿童少年58名，入学率77.58%。

【基建项目】 2016年，《西藏自治区财政厅西藏自治区教育厅关于下达2016年农村义务教育薄弱学校改造工程及校舍维修专项资金预算指标的通知》。江孜县第一小学总投资1004万元，建设内容：改扩建教学及辅助用房1800平方米，需改扩建附属用房（厕所130平方米、门卫室30平方米），硬化8250平方米，改造围墙900米，平整运动场地6800平方米；江孜县卡麦乡小学总投资642万元，建设内容：改造2000平方米学生宿舍及120平方米澡堂，配套建设饮水设施；江孜县第二小学总投资330万元，建设内容：改扩建食堂500平方米，浴室80平方米，室外厕所100平方米，硬化2520平方米，围墙400米，总体给排水管网850米，运动场地平整6050平方米；江孜县日星小学总投资425万元，建设内容：改扩建学生宿舍600平方米，浴室60平方米，改造门卫值班室30平方米，硬化2000平方米，围墙520米，堡坎860立方米，运动场地平整5860平方米；江孜县藏改乡小学总投资317万元，建设内容：改扩建学生宿舍860平方米，校园硬化1950平方米，围墙280米。西藏自治区发展和改革委员会《关于下达全区学前双语教育普及工程2016年投资计划的通知》4所乡级附设幼儿园和6所村级幼儿园建设项目。4所乡分别为江孜县加克西乡小学、龙马乡小学、热龙乡及日朗乡附设幼儿园。总投资为1120万元，建设内容及规模均为：新建园舍700平方米，以及围墙、大门、室外活动场地等附属设施；六所村分别为江孜县江孜镇东郊村、江孜县江孜镇恰则东村、江孜县龙马乡加热村、江孜县纳如乡恰怕村、江孜县重孜乡玉堆村及江孜县紫金乡帮玉村建设项目，总投资为1080万元，建设内容及规模均为：新建园舍400平方米，以及围墙、大门、室外活动场地等附属设施。《西藏自治区财政厅西藏自治区教育厅关于批复2016年提前告知项目的通知》江孜县日星乡小学附设幼儿园建设项目。总投资：210万元，建设内容：新建园舍700平方米及附属。西藏自治区发展和改革委员会《关于下达农村学前教育推进工程2015年投资计划的通知》江孜县金嘎乡小学附设幼儿园建设项目。总投资195万元，建设内容：综合活动室、教室、寝室、办公室、教工宿舍、学生食堂、附属用房700平方米。2016年，完成了对江孜县重孜乡完小、康卓乡完小、热索乡完小、紫金乡完小、年堆乡完小、达孜乡完小、日朗乡小学、热龙乡完小、龙马乡完小及车仁乡完小薄改项目的竣工验收。

【党建工作】 年内，坚持“抓党建、促发展”的工作思路，切实明确学校党建工作重要性。江孜县教育系统现有党支部24个，其中机关党支部

1个，高中、初中、小学、幼儿园以及青少年活动中心党支部共23个，全县教育系统现有党员556人，正式党员544人，预备党员12人，少数民族党员481人，汉族党员75人，女性党员228人。为提高党员干部的思想觉悟与认知能力，县教育局认真组织开展“两学一做”学习教育活动，制定《江孜县教育系统开展“学党章党规、学系列讲话，做合格党员”学习教育实施方案》《江孜县教育系统关于在“两学一做”学习教育中开展“讲学习、讲忠诚、正风纪、转作风、提效能”主题活动的实施方案》等一系列党员学习措施及教育计划。组织召开了中共江孜县教育局机关党委第一次全体党员大会，选举产生党委委员7人，党委书记1人，党委副书记2人。发展入党积极分子35人，发展预备党员12人，组织党支部书记培训2次，组织预备党员、入党积极分子培训4次。开展书记上党课活动10次，组织大型党员志愿服务4次，党员结对帮扶3次。严格贯彻落实“三会一课”制度，每名党员人手一本党建笔记，及时参加党员学习，并做好记录。

【党风廉政建设】 加强领导，落实责任是做好党风廉政建设工作的前提条件，教育局机关党委始终把党风廉政建设工作作为“一把手”工程，放在突出位置切实抓好抓实，把责任制的全面落实贯穿到党风廉政建设和反腐败各项工作之中。完善以教育局党委书记为组长的党风廉政建设工作领导小组，及时根据实际工作需要调整充实了党风廉政建设领导机构，坚决杜绝出现只挂名不作为的党委成员，组织召开党风廉政专题会议4次，分析研究党风廉政建设各项工作；制定《江孜县教育局机关党委2016年党风廉政建设和反腐败工作安排》并下发所辖各支部实施执行；按照“谁主管，谁负责”“管行业必须管行风”的原则，制定《江孜县教育系统2016年党风廉政建设目标责任书》并层层签订落实。

建立健全工作机制，形成了局党委统一领导、主要领导亲自抓，各分管领导配合抓，确保教育局机关党委党风廉政建设及反腐败各项工作的正常开展；加强思想道德教育，提高干部职工的廉洁自律意识，是做好党风廉政建设工作的基础。教育局机关党委始终把加强思想道德教育，提高干部职工的廉洁自律意识作为做好党风廉政建设和反腐败斗争工作的基础。加强学习，提高干部职工的廉洁意识和理论水平。采取集中学习和个人自学相结合的方式，充分利用党支部会议学习，定期和不定期学习，以会代学等机会，组织班子成员，干部职工开展对各级纪委下发的各类党风廉政有关文件、十八大全会全文、中央“八项规定”、干部处罚条例以及自治区党委的“约法十章”“九项要求”等有关知识的学习，每月平均集中学习次数达到4次，提高干部职工的廉洁意识和增强其拒腐防变的能力，从而保证了权力在阳光下运行；结合思想作风整顿，切实开展党风廉政建设主题实践教育活动。在全系统内广泛开展以提高干部反腐倡廉意识和廉洁自律能力为核心，以建设学习型组织、廉洁型班子为目标的廉政教育活动，强化廉政学习理念，营造廉洁自律氛围。2016年8月，在江孜县教育局机关党委党员活动室组织开展了党风廉政建设知识抢答竞赛，其间党委各成员单位职工踊跃报名参加，活动开展得有声有色，进一步巩固了党风廉政建设主题实践教育活动的效果。

加强反面典型教育。在坚持正面教育的同时，通过组织干部职工学习一些各级纪委下发的违法违纪文件，观看警示教育录像片，通报反腐败典型案例等方式进行反面典型教育。并对各类通报案例进行剖析，分析发案原因。以案说法，以实遏隐，及时提醒，常敲警钟，引导干部职工树立正确的世界观、人生观、价值观和政绩观，筑牢干部职工拒腐防变的思想防线，坚决防止碰触高压线。

定期不定期组织召开民主生活会，认真查摆问题，特别是“四风”和廉洁自律方面的问题。其间，所有与会人员无尊卑并直言不讳，对自己和他人存在的问题及时提出制作台账并限期整改，整改期间严格按照县委组织部、县纪委的要求“改一条，消一条，不改则永不消”的原则。完善制度，扎实构建拒腐防变的保障机制，相关制度的建设关系到党风廉政及作风建设工作的成败。教育局机关党委始终把制度建设作为党风廉政建设工作的重中之重，不断建立和完善党风廉政建设和反腐败工作相关制度，坚持用制度管人、管物、管事的原则，确保党风廉政建设各项工作顺利开展。

【健全管理制度】 年内，出台财务管理制度、报账审批制度、公务接待制度、公车使用管理制度、大额资金申请及审批、上下班考勤制度、教师调动制度、请销假制度等一系列管理制度，进一步规范管理，使加强机关作风建设，落实干部职工廉洁自律，制止奢侈浪费行为等有关工作有章可循。继续推行党务、政务、财务公开制度。全县教育系统各单位所有工程项目、人员任免、重要决策、“三包”政策、“营养改善”、学生资助等条件和程序，及时向社会公开。在推行党务、政务、财务公开工作中，坚决做到“八项规定”和“六项禁令”。通过公开，杜绝弄虚作假以及吃、拿、卡、要现象，遏制官僚主义、形式主义和奢靡之风，转变了门难进、脸难看，事难办等作风，坚决按照制度办事、事实办事、笑脸办事。

【健全信访制度】 年内，切实加强对《信访条例》的学习，充分利用信访形式，进一步畅通举报投诉渠道，加强群众监督。从关注民生的高度，妥善处理群众来信来访案件，防患于未然，并做好各类应急预案，认真开展日常接访工作，接待和受理群众来信来访，及时解决群众关心的热点、难点问题，避免了越级上访现象的发生。对县委、县政府、县纪委转来的信访案件，积极组织调查核实，并作出明确答复。关于江孜县教育局机关党委的信访案件均提交给党委书记审阅，并及时组织召开党委委员会，进行讨论查处。

【工程项目】 江孜县教育局机关党委2017年即将接受义务均衡发展的国家验收，因此2016年投资开工的项目众多，为加强对各项强农、惠农政策措施落实到实处，坚决杜绝涉及学生的资金被贪污、私分、截留、挤占和挪用。县教体局党委严格执行《中国共产党廉洁自律准则》《西藏自治区建设工程施工招标文件》《西藏自治区建设工程资格预审文件》等规定，在对各项工程项目的规划、立项、审批、招投标过程中及时邀请县财政局、县政府办、县纪委等相关单位负责人参与监督，在对建设程序、施工进度、工程质量和项目资金的监管过程中严格按照上级相关文件执行，严格落实项目资金备案制度，坚决遏制违背科学发展观乱决策、乱规划、乱投资等行为。规范权力运行，认真开展廉政风险防控工作。教育局机关党委紧紧依靠在县委、县纪委左右围绕惩防体系建设，以规范职权运行为核心，以构建结构合理、配置科学、程序严密、制约有效的职权运行机制为目标，编制《江孜县教育局机关党委廉政风险防控工作台账》。

【“三包”营养改善】 “三包”和营养餐政策是国家针对自治区农牧民子女能够顺利接受学校教育的一项特殊优惠政策，也是一项民心工程、阳光工程。为此按照上级部门的要求，江孜县教育局及时部署，周密安排，制定“三包”及营养改善工作实施方案、工作计划等一系列保障措施，层层成立具体工作领导小组，上下签订年度工作目标责任书，分工明确、责任到位，杜绝出现丝毫问题。2016年春季学期“三包”政策惠及11231名学生（其中包括高中生，学前生，随班就读生），惠及资金共计16887100元。2016年秋季学期“三包”9574名学生（其中包括学前生，随班就读生，不包括高中生），惠及资金共计15082950元。2016年春季学期享受营养改善政策学生达7686人，资金共计3074400元。2016年秋季学期享受营养改善政策学生达7820人，资金共计3128000元。

【德育工作】 年内，将立德树人作为德育工作的根本出发点，加强反对分裂、维护统一和民族团结教育，努力使养成教育规范化，培养可靠合格的社会主义新西藏建设者和接班人。2016年，组织举办江孜县第一届校园文化评比表彰大会，并设立校本教材奖（特等奖8000元、一等奖5000元、二等奖2000元、三等奖1000元、鼓励奖500元）、学生社团活动奖（特等奖8000元、一等奖5000元、二等奖2000元、三等奖1000元、鼓励奖500元）、组织奖（奖金6000元）；邀请法制副校长和司法局相关人员进行未成年人保护法、新旧西藏对比等教育讲座活动8场次；开展“师德师风交流会”，有20名教师做了师德师风经验交流；为培养学生讲究卫生的好习惯，组织各学校开展了卫生习惯教育活动18场次，并制定《江孜县教育系统养成教育行为规范星级示范学校评估方案》；清明节组织师生为烈士扫墓，悼念先烈继承革命遗志，高举红旗接好革命班，县城5所学校每校1名教师及一个班级以上的学生参加活动，参与人数158人；各学校坚持开展国旗下讲话活动，“七一”“十一”期间组织歌唱祖国、西藏发展所感所想、知识竞赛等活动，选派6名党员教师参加县委组织部组织的党员知识竞赛，并有4名教师获得奖项；每学期各学校去往1次爱国主义教育基地（帕拉庄园、江孜宗山、江孜县历史博物馆）进行参观学习；活动各学校多次召开家长会，并进行家访，努力构建学校、家长和社会三位一体的德育教育网络。截至年底，江孜县教育系统有4373名，团员有560名。

【队伍建设】 积极配合市教育局、市人力资源与社会保障局完成753名事业人员统计工作；完成2015年，2016年，两年度6次教师职称业务考试申报工作（共计420人次）；完成各级别职称申报评审工作，共计126人（其中：副高40人、中级55人、初级31人）；根据藏政发文件要求，开展了教育系统内65名符合条件人员的统计与档案核查工作，并综合江孜县实际上报了20名退休人员；春季和秋季相继办理及换发教师资格证143人次；在全县教育系统内，大力宣传、学习藏人社厅发文件精神，根据文件要求，完成江孜县中小学、幼儿园的744名教师的职称过渡；完成江孜县获得乡村从教20年、25年荣誉奖的52名乡村教师信息的统计与政审工作；协调县人力资源与社会保障局，成立初级评审委员会，并开展了1次初级评审工作；完成987名教职工的全国教师管理系统信息采集及录入工作。加大培训力度：校本培训每校平均15次，参加人次2345。县级培训16次，参配人次1230。改善教师生活工作条件，按时足额发放工资，解决住房和医疗实际问题等办法，提高教师的积极性，实现城乡优质教育资源共享，优化区域结构，促进整体教学水平不断提高。在第32个教师节，县委县政府隆重召开庆祝大会，表彰集体奖项：综合评比优秀学校（一等奖1个、二等奖2个、三等奖3个）、教学先进单位（一等奖1个、二等奖2个、三等奖3个）、教学质量进步奖（一等奖1个、二等奖1个、三等奖2个）、党建工作先进单位（一等奖1个、二等奖1个、三等奖1个）、德育工作先进集体（一等奖1个、二等奖1个、三等奖1个）；个人奖项：优秀教育工作者（11人）、教学质量先进个人（17人）、优秀教师（29人）、师德标兵（11人）、优秀班主任（33人）、优秀德育工作者（5人）、优秀少队辅导员（10人）、优秀电教员（3人）、优秀财务统计员（6人）、优秀校长（5人）、教坛新秀（3人）、优秀党务工作者（3人）、优秀支教教师（3人）、优秀教务主任（6人）以及物资方面的资金共计329606元。

【教研教改】 江孜县教育局教研室核定编制数6人，截至年底，实有专兼职教研员18人，其中专职教研员8人，其年龄结构为：40—44岁的教研员5名，30—35岁的教研员3名；学历结构为：本科学历8人；职称结构为：副高职称3名，中级职称4名，一级职称1名；业务履历方面：自治区级教学能手1人，市级教学能手4人，8人均为县级学科骨干教师。全体教研员中有1名曾被西藏自治区教育厅评为自治区级优秀教育工作者，2名曾分别被评为日喀则市优秀教研员，1名曾被评为西藏自治区优秀统计工作员。

落实常规检查，促进学校发展：自2016年3月10日起，县教育局教研室学科教研员深入全县各小学检查常规工作，从学校管理、教学课堂、学生发展等方面对学校进行督查，并形成《江孜县2015—2016学年第二学期小学常规检查情况反馈报告》。加强师资队伍建设，提升师资水平：注重教师培训，为转变教师教育理念，更新教学思想，本学期加大对教师的培训力度，以便进一步改进江孜县教师教学行为，改善教学策略，引导学生改变学习方式，提升课堂效能与教学质量。3月25日江孜县20名中小学教师参加了使用交互式电子白板和教育资源应用培训；为认真贯彻落实《日喀则市农牧区学前双语教育专项评价细则》，江孜县教育局于4月1日如期举行“江孜县学前双语教育教师培训”。参加培训的有县、乡、村各级幼儿园的教师共43人。为切实加强江孜县教师队伍的思想政治素质和职业道德水平，江孜县教育局特邀请西藏大学藏语言文学系克钻教授，西藏大学思想政治理论教育部副主任尼玛次仁教授，于7月11日在县影剧院对全县700多名中小学教师进行以“师德师风建设”为主题的专题讲座；江孜县教育系统20教师获得走出去到区内外各级院校参加业务培训。8月17日开始，县教育局特从上海邀请专家，对全县218名中小学班主任、54名中小学校领导班子、193名近五年新分教师进行为期三天的暑期培训。10月10日、11日为期两天主要针对30岁以下小学藏语文教师开展县级培训，邀请在小学教育领域知识底蕴深厚、教学经验丰富、教学业绩突出的教研室藏语文教研员米玛次仁、县一小次顿、康卓乡完小阿琼、年堆乡完小欧伦珠4位资深教研员和老教师作为培训者；10月27日，为提升江孜县小学语文教师的专业水平，促进小学语文教师的专业成长，提高全县小学语文教学质量，从而推进江孜县基础教育的均衡发展，49名30岁以下小学年轻教师参加培训。为保障学校成绩稳步上升，县教育局组织开展了3次大型的下校检查指导工作，2次开学检查，并制定《江孜县教育局对20所中小学进行开学检查实施方案》，为期6天，成员12人，检查后形成《江孜县教育局对20所中小学进行开学检查的反馈意见》；1次年终评估，并制定《江孜县教育督导委员会对20所中小学进行督导评估方案》，为期10天，成员15人，督导后形成《江孜县教育局对全县18所县乡完小进行综合评估的反馈意见》；过程督导及教研员送教下乡、蹲点指导等工作，2016年共进行了170天，每天按五人次计算，全年达到850人次；陪同上级各类督导检查组下校65天，每次按5人计算，共325人次参加。

加强教研室自身建设：竞聘教研员，充实教研队伍。根据市教育局文件指示精神，本学期县教育局教研室成立学前教育办公室，并根据《江孜县教育局2016年公开竞聘学前教育教研员工作方案》竞聘一名学前教研员。8月，根据教研室实际工作需要，以及经向上级部门请示、批准后，制定《江孜县教育局2016年公开竞聘教研员和教研室工作人员工作方案》，并按方案公开竞聘一名数学教研员与一名综合课教研员。撰写教学辅助资料，服务教学质量提升。编写各科模拟试卷、学前双语教材、师德师风读本等15本具有一定学术价值、文学价值和参考价值的地方课程教材。6名教研员参加了藏语文、汉语文、数学、信息技术学科的国家级专职教研员培训和自治区级培训者培训。

教研工作新举措：利用一周时间对上学期期末全县统考中各年级排名末三位的班级任课教师的教学常规工作进行听课评课，检查教案及作业批改情况等活动。此次检查主要围绕学校常规教学工作，分三个内容：听取上学期一至六年级全县统考中各科成绩排名落在末三位的教师成绩滞后的原因分析；对成绩排名末尾的教师进行了听课、评课；针对毕业班的教学进度，备考教情、学情，复习备考计划的实施等进行了全面的摸底和深入的探讨。检查中，各科教研员首先以谈话、交流的形式与成绩排名末尾的教师查找、分析该教师教学成绩滞后的原因，然后深入课堂教学一线，对成绩排名末尾的教师进行随班听课、推门听课，课程涉及藏语文、汉语文、数学、英语、品社、科学等学科。课后，教研员对每堂课进行点评，并与学校教师进行现场交流，对个别教师的教学方法、策略上进行了特别指导。

【电化教育】 江孜县教育局于2016年10月13日开展电教员培训，参训人数达62人；2016年配备电子白板共198套，其中两所初中有56套，小学有142套，涉及资金总价5640000元；两所中学各有3间实验室（理化生），共6间实验室。总价480000元，小学有18间科学实验室，总价1440000元；两所中学有6间电教室其中一中有4间、二中有2间电教室，总价1800000元，小学有18间电教室，总价5160000元；543名中小学教师参加了2016年“一师一课”活动，其中23名教师获得市级荣誉。

【扶贫助学】 核对建档立卡贫困家庭在校生的统计数据工作，截至年底，江孜县建档立卡贫困家庭在校大学生学生共312人，其中大一新生128名。完成江孜县67人“两后生”申报中等职业教育专项招生考试报名工作，其中有8人被职校录取。完成2016年江孜籍贫困生资助工作（县委、县政府2016年秋季资助共计300名，资助金额为43.61万元）。核对统计全县2016年计划脱贫学生人数为289名（其中义务教育阶段249名，40名区外高校生）。完成2016年建档立卡脱贫大学生统计与资金的发放工作（每生资助1000元，共40名区外高校生）。完成2016年上海爱心人士一对一资助江孜籍特困生统计与资金的发放工作（上海援藏江孜小组联系上海各界人士对江孜县105名贫困户每人捐赠2000元，共210000元）。完成2016年秋季学期普通高中贫困学生的建档立卡统计工作。

【校园安全】 牢固树立安全稳定压倒一切的思想，制定实施了《江孜县教育系统三月份安全维稳工作实施方案》《江孜县教育系统各类安全应急预案》坚持把教育系统安全稳定工作作为以人为本、科学发展、维护广大师生切身利益出发点和落脚点，签订《江孜县教育局系统安全目标责任书》，层层落实目标责任，建立健全安全规章，坚持常态化值班值勤，经常性开展中小学安全检查，不断强化校园保安、食品卫生、大型集体活动、课外活动、交通等方面的安全防范措施，加强反恐防暴演练，协调民警进驻校园。会同卫生、食药、安监、消防等部门深入学校基层检查指导安全工作10次确保了校园平安无事故；开展综治宣传10次、法制讲座2次、消防等各类安全演习2次；举行安全知识、交通安全主题班会每校4次，增强学生的安全知识，提高学生的安全防范意识，提升他们的应急避险能力。江孜县各学校均被评为县级平安学校，完成江孜县第一中学自治区级平安学校的申报工作。

【体育卫生】 认真贯彻落实《中小学生健康体检办法》，建立学生健康档案，对全县中小学生、幼儿园儿童进行全面体检。加强对学校食品安全的监督管理，积极开展传染病防控知识和食品安全卫生知识的宣传教育活动；开展中小学校食品安全、传染病防控等专项检查，及时发现问题，提出整改要求，落实整改措施，排除食品安全隐患。开展中小学生夏季安全工作宣传教育活动，通过主题班会、学生集会和家长会以及“致家长一封信”等形式广泛宣传春季传染病预防工作和夏季防溺水工作，教育引导学生重视夏季安全，提高他们的安全防范能力。加强学生体育锻炼，开展阳光一小时体育运动，组织学生进行体育质量检测，并组织各校体质检测负责人进行了为期2天的培训工作，开展校园足球赛、田径运动会等活动；成功举办江孜县第一届教职工运动会。

【财务工作】 合理安排收支预算，严格预算管理：单位预算是事业单位完成各项工作任务，实现事业计划的重要保证，也是单位财务工作的基本依据。因此，认真做好江孜县各学校的收支预算具有十分重要的意义。为搞好这项工作，根据各学校的发展实际，既要总结分析上年度预算执行情况，找出影响本期预算的各种因素，又要客观分析本年度国家有关政策对预算的影响，还要广泛征求各学校的意见，并多次向领导汇报，本着“以收定支，量入为出，保证重点，兼顾一般”的原则，使预算更加切合实际，利于操作，发挥其在财务管理中的积极作用，2016年组织各学校财务人员进行三次集中培训。

（瞿兴凡）

【领导名录】

局　长　普布旦增（藏族，5月免）

副局长　巴桑卓拉（女，藏族）

旺堆次仁（藏族）

杨　洋（女，1月任，6月免）

刘生金（上海援藏，6月免）

郭树宝（上海援藏，7月任）

教研室主任

巴　平（藏族）

江孜县藏语文工作委员会办公室（编译局）

【概况】 2013年，县委翻译室更名为江孜县藏语文工作委员会办公室，挂县编译局牌子，由县委办公室管理的副科级事业单位调整为县政府直属事业单位，正科级建制；人员情况：江孜县编译局人员编制为5人，平均年龄为35岁，现有在职人员4人，一名人员调出江孜县；工作职责：主要负责县委、县人大、县政府、县政协交办的各种文字材料、领导讲话及转发涉农惠农、强农富农、涉僧惠寺等文件的翻译工作；指导本县辖区内的学习、使用和发展藏语文文字工作，规范使用藏语文社会用字。

2016年，江孜县藏语委办（编译局）认真贯彻执行新时期党和国家民族语言文字方针政策，围绕县委、县政府的中心工作，服务大局履职尽责，全体干部职工努力工作，开拓创新，确保了江孜县藏语言文字工作取得较好的成绩和发展，为构建和谐语言文字环境，推进江孜县跨越式发展和长治久安做出积极的贡献。

【坚持多措并举】 年内，及时制定学习计划，定期组织干部职工学习党中央、自治区、市委、市政府的一系列方针政策和文件精神，积极主动参与党的群众路线教育实践活动，要求干部职工撰写学习心得体会，交流讨论学习心得。在抓好政治理论学习的同时，结合工作实际，狠抓业务方面的理论学习，学习了自治区党委副书记、政府主席洛桑江村《关于全区藏语文工作》电视电话会议精神和《西藏自治区学习、使用和发展藏语文的规定》等，通过学习讨论，增强对学习、使用、发展藏语文工作的现实意义和长远的历史意义的认识。协助开办全县机关、乡（镇）干部“双语”培训班，有效提高了干部职工的藏语文水平，在一定程度上减少了因语言不通带来的工作阻力，增强了干部开展群众工作的能力。

【做好翻译工作】 年内，江孜县藏语委办（编译局）紧紧围绕县委、县政府的中心工作，积极发挥藏语言文字工作和编译部门的桥梁纽带作用，克服工作人员少、工作量大、资金短缺等困难，及时完成“两学一做”学习教育专题任务、江孜达玛节及村（居）“两委”换届宣传等相关材料的翻译工作；圆满完成江孜县第九次党代会材料的翻译任务，圆满完成县委、县政府下发的各类文件的翻译任务，较好地完成县委、县政府一系列决策部署和决策性文件及市委、市政府重要会议上主要领导的讲话、文件等相关材料的翻译任务；完成了县直各部门、各商户送来的文件、资料的翻译任务。2016年，翻译各类文件材料400余份，翻译人大、政协提案议案195件，为人大、政协工作有序开展起到积极作用。同时，翻译人员还经常与县里领导一块下基层，一块进会议室，进行现场口译，保证工作顺利地进行。在狠抓翻译工作的基础上，在江孜县行文基本做到使用藏汉两种文字，保证了政令上通下达，基层反映良好，为促进江孜县社会局势稳定等方面发挥了不可替代的重要作用。

【开展藏语言文字社会用字规范工作】 为贯彻落实全区藏语文工作电视电话会议精神，巩固藏语文社会用字检查整改工作成果，确保全县藏语文社会用字合理、规范。江孜县藏语文社会用字检查整改领导小组对全县街道、党政机关、窗口行业、路识标牌、广告牌、商户门牌的藏汉文翻译、文字书写、比例布局、名称统一等情况进行了检查，检查工作分“调查摸底、整改落实、检查验收”三个阶段，对县城主街道和公路沿线1000多户门牌和广告用字进行检查，突出整改翻译不准确、书写张贴不规范、藏汉文比例不准确、名称不统一的问题。通过整改不断提高江孜县藏语文社会用字规范化和标准化水平，营造规范的藏语文使用和管理环境。同时根据整改需要，下发《规范使用社会用字的通知》，要求各类社会用字必须由编译局审核、校对，减少社会用字错误率，为很好地宣传和规范社会用字起到了积极作用。另外，协助县委组织部开办全县机关、乡（镇）、村（居）干部“双语”培训班，有效提高了干部职工的藏语文水平，在一定程度上减少因语言不通带来的工作阻力，增强了干部开展群众工作的能力。

【党风廉政建设】 为确保编译局工作的连续性，促使编译局工作快速走入正轨，编译局加强办公室管理，制定向政府请示报告制度，办公室固定资产、设备购置使用管理制度，办公室内务管理制度，干部职工事（病）假管理制度等，切实做到利用制度管人管事，提高干部职工工作积极性，队伍建设得到了加强。

（南加多杰）

【领导名录】

局 长 伦 杰（藏族）

江孜县第一中学

【概况】 西藏江孜县第一中学，是一所历史悠久、声誉卓著的后藏学府，坐落于全国最美城镇之一、中国西藏历史名城——江孜县。江孜一中是西藏民主改革前成立的一所学校，不仅是日喀则教育的缩影更是西藏教育的缩影。1960年，江孜中学在原江孜小学的基础上，招收了首届初中生。1975年，江孜中学招收第一届高中新生，成为高原抗英名城的一所完全中学。1996年，江孜中学正式改名为江孜县第一中学。2011年，随着江孜县高级中学的成立，江孜县第一中学高中部逐年迁到江孜县高级中学。2013年第二学期开始，高中部已经完全迁出，学校改为以初中教育教学为中心工作的九年义务教育中学。2016年，学校占地面积约为100000平方米，校舍总建筑面积为30159平方米。在2015年清理学校仓库时，发现大量教育教学方面的文物，特别值得一提的是1953陈毅副总理代表中央来西藏时，受毛泽东主席的委托，赠送学校主席亲笔题词的锦旗；1953年江孜文革委员会颁发的锦旗；1953年杭州丝绸厂制作的领袖像一套以及第一代计算机教学用具；建校初到至今有收藏价值的书籍等文物。2015年学校对这些物品进行抢救，成立校史馆，得到了自治区教育厅、市教育局、县委、县政府、县教育局、援藏领导们的好评与支持，2016年校史馆初具规模。2016年度，学校共有23个教学班，1075名在校生，115名专任教师，118名教职员工。自2004年起，领导班子在校长巴桑的引领下，未雨绸缪，强调抓紧教学管理，成绩一年一个台阶，教学质量稳步提高。从地区排名12名，到第10名，再到2016年的第6名。2016年下学期更是狠抓教育教学质量建设，学校经校委会研究制定了2017年保6争5的目标，并为之加强了管理考核制度。为保证2017年中考备考工作有序进行，实现在2016年中考工作总结中制定的“保六争五”的目标，结合实际，成立以巴桑校长为首的中考备考工作领导小组。结合学生的实际，制订各阶段的复习任务和目标，确定合适的方法。定期召开初三会议，使学校、教师、学生、家长目标一致。学校的各部门全力支持初三的工作。学校正处在关键时期，必须抓住机遇，树立老牌历史学校的威望。

【提高课改实效】 2016年，江孜一中深入推进高效课堂改革，改变了传统的课堂教学模式，逐步形成“课堂展示六环节”的高效自主学习模式，2015年4月27日成立教研室，同时进行课堂模式改革——自主学习、合作探究。以初二教师作为领头羊，让全校教师积极参与，主动学习，精神风貌也发生了深刻的变化。随着课堂改革的不断深入，没有创新，课堂改革很难保持旺盛的生命力。因此，在全面深入推进课堂改革的基础上，针对课改中出现的日益突出的问题进行重点整治，主要开展了以下工作。根据实际情况要求江孜一中全体教师，虽然学校95%的学生都来自农牧区的，并且学习基础比较薄弱，但要求各科老师要从学生的学习兴趣抓起、从学习态度抓起、从明确学习目标上抓起，全力以赴提高课堂效率。要求全体老师上课时宽容和鼓励学生不合常规的课堂表现。鼓励学生大胆质疑，不唯师、不唯书、不迷信权威，培养学生思维的广阔性、灵活性与独特性，最终实现提升学生创新品质的目标。改革立足于其个体的自我学习、自我发展、自我实现。“我参与，我快乐；我自信，我成长”，在参与中快乐，在快乐中幸福，在幸福中成长。变苦学为乐学，变乐学为会学，变会学为愿学，这就是江孜一中在2016年5月16日课堂教学模式改革的措施；自主创新的课堂模式，即课堂自主学习、分组讨论式学习、学生课堂实践学习；自主学习三大模块：预习、展示、反馈；课堂展示的六环节：预习交流、明确目标、分组合作、展现提升、穿插巩固、达标测评。学校践行学生主体地位，改革创新教育教学的过程中总结、凝练出来的自主学习的高效课堂教学模式。该模式落实了学生主体地位，把课堂还给了学生，让学生动了起来，激发并调动了学生学习的主动性、自主性、能动性和主体性，提高了课堂教学质量与效率，取得了一定的实践效果。

【学生自主学习小组建设】 进一步加强班主任培训，严格要求各班主任在对本班同学们学习情况科学调研分析的基础上，按成绩和性格分开，设立2016年各班学习小组学情分析的档案建制，将名单配发给各任课教师。加大学习小组长的培训力度，科任教师按照学习小组的安排，对小组长进行培训，鼓励小组长在小组学习和探究中发挥带头作用，由A层次的同学带动BC层次的同学学习，引导他们掌握探究技巧和学习方法，带动全体成员共同学习，共同进步，以此来达到培优补差的事实目的。

【实施精细化管理】 年内，落实各学科教学管理规范，要求每位教师按规范要求做到备课、上课、评课、作业等环节上的质量和效率。采取灵活多样的方式，定期（教研活动）和不定期地查阅教师的备课、听课和作业批改、课外活动等教学情况，并认真对情况进行汇总分析，全面了解教师的教学能力及班级教育教学情况，对检查结果进行通报，及时总结、推广优秀教师的工作方法和业务特色。做到既能充分肯定成绩，又能适时指出问题，有效提升了江孜一中每一位教师高质量完成教育教学工作的能力。

【党建工作】 2016年，江孜一中党支部以邓小平理论和“三个代表”重要思想，以争做人民满意教师，办社会满意的教育为学校出发点。认真学习“两学一做”学习教育，坚持科研兴校，开拓创新，不断加强党支部的思想、组织、作风和制度建设，充分发挥党支部的战斗堡垒作用和党员先锋模范作用，使领导班子的凝聚力、战斗力逐步得到增强，党员干部职工素质不断得到提高，工作机制和各项制度更加健全和完善，党组织的核心作用、党员干部教职工的主人翁意识得到进一步增强，学校的精神面貌和各项工作显著提高。

【召开支委会和行政班子会议】 年内，坚持政治理论学习，高标准严要求，做到勤政廉政，勤俭节约。支部委员会每周一次会议，总结一周的工作，围绕国家的教育方针和政策、上级文件有关精神，研究讨论分析布置下一阶段工作。并做到工作有计划，过程有检查，落实有责任人，完成任务有总结。

【优化班子结构】 2016年，江孜一中领导班子进行调整，学校支部也通过新的改选，现班子结构合理、政治过硬，起到坚强的战斗堡垒作用。老中青结合，使学校党支部的班子结构得到优化，使学校的发展充满朝气和活力。班子成员坚持学习制度，定期召开民主生活会，每周一次行政会，商议学校工作，支部成员参与学校重大决策。班子成员团结协作、作风民主、为政清廉、开拓创新。在学校教育教学工作中，干部党员总是走在前列。2016年，副书记、校长巴桑荣获江孜县“优秀党务工作者”、支部组织委员苟辉荣获“江孜县优秀党员”光荣称号。支部宣传委员拉仓荣获江孜县首届“岗位之星”奖，塔杰老师荣获江孜县举办的“两学一做”知识竞赛奖。

【政治思想建设】 年内，党支部陆续组织党员、教师开展集中会议学习和讨论。认真学习党的各项方针政策，学校党支部组织全校党员扎实开展学雷锋主题宣传教育实践活动，组织教职工学习新《师德规范》，结合自身开展“如何做一个人民满意的教师”的讨论，要求全体党员充分利用时间勤学，不走过场实学，结合形势活学，用心研读深学。学习形式灵活多样，采用集中学和分散学结合、主题发言和集体讨论结合、自学与辅导结合等，并选择具有代表性的专题，请党员干部以专题讲座等形式组织大家学习。7月，支部组织党员教师开展建党95周年纪念活动，参观爱国主义教育基地、重温入党誓词。谈中国37年改革开放的辉煌成果。进一步坚定了党员教师对祖国美好未来的信心，提高了教师的责任感和使命感。11月，党支部个小组先后组织各组成员围绕主题活动讲话精神进行了自我剖析的自查述职会议，使每一位党员对党章、党规的学习得到了进一步的认识，提高了自身的素和思想觉悟。

【开展争创党员先锋岗示范岗活动】 年内，每位党员与学校结对在校一名困难学生结对帮教活动，不仅解决他们的生活帮扶形式多样化，从而提高了他们的学习成绩和思想素质，收到了较好的效果。支部还按照县委扶贫办的指示积极组织广大教师参加精准扶贫活动，圆满完成了结对扶贫的第一次任务。先后还开展了一系列“结对帮扶活动”，解决他们的后顾之忧。把干部职工群众作为主体，解决他们工作和生活中的热点、难点问题，及时解除他们的后顾之忧，为他们办实事，给予物质照顾和精神安慰，使他们以愉快的热情投入到工作中去。

【基础设施实现全面升级】 年内，在上级部门和相关领导的关心支持下，筹集资金，江孜一中新增一栋教职工宿舍楼。在教学楼配齐教育教学设施的基础上，2016年又建设全校办公、教学局域网络，解决了教师上机办公、网络学习等问题；实现课堂教学的现代化，更换了学生桌椅，建成塑胶操场，使学生的活动场所得到了极大地改善。不仅提升了校园环境，又保证了学生的活动安全。同时，在宿舍楼内改建了学生厕所及洗漱柜，干净卫生，给学生创造优质的条件，基础设施实现了全面升级。

【校园绿化、文化体系建设】 重视校园生态建设和室外的文化体系建设。校园内规划性的种植花草树木，学校主楼上镶嵌了富有厚重历的校徽、校训，走廊和楼梯墙壁上悬挂了名言警句、诗文佳作、安全常识、行为规范、道德礼仪等方面的展牌、展板。紧抓室内特色文化建设。每个教室、每个功能室都设计布置了独具特色的室内文化，立体化、全方位创设了健康活泼的文化氛围。积极响应日喀则市“均衡发展”倡议，对校园进行了全面绿化、美化。学校以“校在林中、林在校中”为绿化目标，从2015年开始，每年以30%的增长率进行校园绿化、美化。特别一提的是2016年由校委会牵头，具体由数学教研组各教师设计实施，将原有的学校生产基地改成学习园地。强化数字化校园文化建设。在强化文化建设的同时，每月开展形式多样的主题活动：3月“反分裂”活动月，4月纪念缅怀革命先烈；5月“五四”运动会并发展新团员；6月“生态文明建设”活动；7月各社团展示活动；8月“社会实践”活动；9月教工运动会；10月消防演练，向学生宣传防灾减灾安全知识；11月加强安全教育活动等。不断完善校园信息化建设。学校拥有校园网，所有年级均实现“班班通”多媒体教学。教师办公实现人手一机。网络化办公，极大地提高了学校办学效益，丰富了教师教学手段，提高了教学效率，提升了管理实效。

【师德建设】 江孜一中以《中华人民共和国教师法》《中小学教师职业道德规范》等教育法律法规作为全体教职工职业道德教育的主要内容，完善《关于加强师德建设的若干规定》，运用目标激励、榜样激励、情感激励等手段，促进教师的职业观逐步从生活型向职业型、事业型、奉献型转变。学校每年9月份举办“教师节”的同时为教职工师德师风评比优胜者颁奖，充分给全县展示新时期教师爱岗敬业、志存高远的精神风貌。

【安全教育】 校园安全问题是一个涉及全局的根本问题，江孜一中高度重视安全教育和安全防范工作，成立由校长统领全局，分管校长具体抓，以德教处和总务处为中心，各班主任分管和辅导员老师、后勤工作人员协作的全员安全工作网络和安全工作责任制；为深入贯彻落实《中共西藏自治区委员会办公厅、西藏自治区人民政府办公厅印发〈关于进一步加强自治区教师队伍建设的意见通知〉》精神，以及落实安全专项行动方案，召开全体教职工会议；建立完善的安全教育制度、安全工作责任制及岗位追究制；学校还定期开展消防安全检查，消防演练，重新配备了消防器材等设施设备，防止火灾事故发生；进一步加强学校食品安全监督管理工作，消除学校食品安全隐患，有效控制学校食品安全事发生；做好学校施工场地的建筑安全工作，学校加强施工安全教育，采取施工防范措施，定期排查安全隐患，确保师生人身安全，及时做到了“防患于未然”；经常对师生进行安全常识教育，结合国家法律法规讲安全，结合生活实际讲安全，结合安全隐患讲安全，大力宣传如何预防煤气中毒、预防食品中毒、防溺水、防电、防交通事故、防意外伤害等安全知识，树立师生安全意识，制定各种应急预案，做到安全工作警钟长鸣，确保学校财产安全、师生人身安全。

【开展“三防”演练】 年内，利用“综治宣传月”“防灾减灾宣传日”“防灾减灾宣传周”“安全宣传周”“平安江孜宣传周”等活动，学校共举办2次开学第一课，开展2次消防安全知识讲座和1次防火防震疏散演习；完善各类应急预案，加强“三防”（火灾、洪灾、震灾）演练，增强学生的安全知识，提高学生的安全防范意识，提升学生的应急避险能力。

【聘任法制副校长】 江孜一中始终把培养社会主义接班人作为教育工作的根本出发点，为适应新形势的要求，不断改善德育工作的方式方法。学校成立以校长为组长的德育工作领导小组，成员有德教处、班主任、学生会等人员组成，并聘任县派出所民警兼任学校的法制校长。学校充分利用德育室，对学校各年级学生进行分段德育教育，初一年级为基础步，对学生进行爱班级、爱学校、爱集体的入学教育，抓好中小学教育的衔接；初二年级为成长步，重点进行理想、人生观、价值观教育；初三毕业班为发展步，重点进行正确的升学观、就业观及理想教育，使他们成为合格的中学生。

【建立“三位一体”教育网络】 团支部通过发展共青团员，开展团队活动，发挥共青团组织的模范作用。并充分利用校园宣传栏、室内板报、广播站，对学生进行思想道德教育。学校通过召开学生家长会和班主任座谈会，建立起学校、社会、家长三位一体的教育网络。

【宿舍管理】 学校宿管科是一个新成立的职能部门，工作性质相对单一，但管理难度不小。宿管人员明确分工，使他们各司其职，各尽其能，尽最大努力调动他们工作的积极性、主动性、创造性。对于宿管部办公室内部，也自我明确了工作职责，进行科学的分工协作，制定《宿管部工作职责》《宿管部成员分工》。为进一步规范校宿舍安全、纪律、卫生等方面的管理，让宿管部制定了详细的规章制度，从方方面面对学生在宿舍的一切活动进行有效的全程管理。宿舍管理既是宿管部的工作职责，也是班级管理的常规工作之一，因此，班主任和辅导员绝不能置身其外不管不顾，加强对班主任和辅导员宿管工作的考核成为宿管工作中的重中之重。让宿管员每天各时段都对宿舍的用膳、卫生、就寝、安全情况进行检查并登记，宿管部则及时公布，并以此为主要依据对辅导员进行考核，每个月进行一次考核排名。从某个角度说，学生才是公寓的主人，管理是为了服务学生。但是，学生的生活与休息也要班主任和辅导员及宿管员共同引导，并及时评价。年内，在校委会的正确领导下，在各处室的精诚协作下，在各年级各班主任和辅导员的共同努力下，宿管工作取得了很好的成绩。

（洛桑班久　其美次旺）

【领导名录】

党支部书记　多吉次仁（藏族）
校　　长　巴　桑（藏族）
副 校 长　仓木拉（女，藏族）
　　　　　赵广坤

江孜高级中学

【概况】 江孜高级中学于2011年成立，位于江孜县上海东路32号，学校占地面积107200平方米，建筑面积30098平方米，其中教学及辅助用房6319平方米，行政办公用房1494平方米，生活用房21498平方米，其他用房787平方米，学校运动场面积为8.09平方米，学校现共存图书有145080册。校舍为6栋房，合计240间。

2011年8月正式开学以来，以巴桑次仁为核心的三位筹备工作领导小组成员本着一心一意为学校的发展共奋斗的原则，积极投入一场新建校园的各项工作中。“万事开头难”，更何况工程还没完全竣工的情况下开展正常的教育教学工作更是难上加难。但以校长巴桑次仁为核心的三位筹备领导小组成员，攻坚克难，奋发图强，与四十几名教师一起同甘共苦，开创了新的辉煌征程。在这过程中，遇到师生吃水难、供电无法保障、学生图书资料欠缺、学校食堂无法正常运行等诸多问题，但在校长巴桑次仁的积极奋斗和两位副校长的积极配合下，学校一步步走出了困境。

2011年8月，招收首届高一新生634人，教职工51人。五年来，在上级领导的大力支持和全校教师的共同努力下，增设了多媒体教室、多功能报告厅、音乐室、美术室、唐卡绘画室等专用教室，2015年完成全体教学楼白板教室覆盖，现在设施设备基本完善，均用于实际教学中。学校现设有36个班级，1836名学生，在职教师178人，其中，中学高级教师21人，中学一级教师54人，中学二级、员级教师共103人，工人1人，研究生学历8人，本科学历170人。

建校几年来，县高中已送走三届高三毕业生，经过学校领导和全体毕业班教师的不懈努力，高考成绩骄人，师生获奖喜人，备受社会各界好评，起着示范带动作用，在教育界有着一定的影响力，每年高考取得了令人满意的优异成绩，在市四所新建普通高中中名列第一，特别是在2016年的高考中获得全区第七名的好成绩，学校总上线率达到95.2%，其中重点本科100人，一般本科线300余人。

【党风廉政建设】 年内，高举邓小平理论的伟大旗帜，践行“三个代表”重要思想，认真贯彻十七大、十八大精神，用科学发展观统领全局工作，坚持“以人为本、质量立校”的办学理念，“脚踏实地，追求卓越”为校训，全面实施素质教育，以求真务实的态度，团结带领全体教职工锐意进取、开拓创新，为提升教育质量，构建和谐江孜高中做出了不懈努力和积极探索，教育教学工作取得显著成绩。校务的管理工作，学校工作主要由校长负责，党政工密切配合。校务办安排学校行政活动、各类宣传及档案资料收集、归档，各项信息汇报处理。政教处负责制定学校德育工作计划，安全综治计划措施，开展学生素质教育和各项主题宣传教育活动及学校住读生寝室管理、加强对学生进行日常行为规范、安全、法制、心理健康等教育。教务处负责学校的教学管理和教育科研等工作，对教学工作的组织、服务、协调等保证教学工作各项制度贯彻执行，不断提高教学质量和办学水平，组织、开展学校日常教学工作，使教学工作正常运转。总务处负责学校后勤、校产的管理、维修等。团委负责食堂的卫生和开展学生文演文艺活动等，工会负责教工之家的管理和组织教职工各项活动，关心教职工的生活；重视领导班子的作风建设，聚集体智慧，共谋发展。学校领导开明勤政，坚持以教师为本，始终相信和依赖广大教职工的创造性劳动；学校领导团结一心，坚持以社会效益为本，诚恳欢迎和接受家长及社会各界的建议和监督。学校领导班子实施行政分组管理，层层分解目标，定期召开校长办公会和校行政会议，中层干部会议等小结和研究布置工作任务，鼓励教职工积极参与学校民主管理，全面实行校务公开。

【教务处工作】 年内，学校教务处充分发挥指导监督、整合推进的功能，增强服务意识，深化教学改革，加强教学常规检查、规范教师的教学行为，完成学期初制定的各项工作计划，取得了较为理想的效果。教学工作是学校的中心工作，教育教学质量是一所学校的生存之本、立足之本、发展壮大之本。2016年，江孜高中进一步规范教学手段，强化教学管理，实施新课标，努力提高课堂教学效果，全面实施素质教育，全面提高教学质量。学校领导长期关注课堂、关注老师、关注学生，教务处和各教研组采取了切实可行，得力有效的措施。抓常规：每月一次教学常规检查实实在在，有条不紊；抓重视：重视教学工作的过程，每月组织月考教学质量测评，及时总结反馈，共同探讨解决，把问题解决在起始；抓重点：突出高三毕业班的教学工作。认真组织考试，狠抓考风、考纪，从考务安排、监考、评卷、成绩统计各环节，尽可能减少人为因素的干扰，保证学生成绩客观真实公平公正，以考风促进学风。对每次的考试都认真做好质量分析，将有效人群牢牢抓在手中。抓实、抓细备考工作，塑造教学品牌，每年县高中依然以毕业班为突破口，狠抓教育教学质量，在每年8月学校成立高三年级组，实行中层领导承包制，七科老师捆绑制，树立同荣辱的合作意识，把高三备考工作当作本学年学校的中心工作，为切实提高毕业班的教学质量，提升县高中办学效益和声誉，教务处对备考工作抓早、抓实、抓细，并要求毕业班教师根据学科特点拟定好切实可行的教学计划，学科教研组组长认真履行工作职责，认真组织并用集体的智慧突破教学难点。多次召开高三教师和学生动员大会，研究、指导毕业班工作，配合上级教学教研部门对教学的督导，同时加强与兄弟学校的交流、学习，江孜高中组织学科组长等一部分人到拉萨外语学校交流取经学习。同时，各个学科结合各学科编写、设计一系列的标语，张贴在高三楼道里制作展板，学生每天在这些励志性的语言中受到熏陶。充分利用学科组板报，总结该学科的知识要求、学习方法，作为课堂教学的补充与延伸。

【开展“一师一优课，一课一名师”活动】 年内，校领导高度重视，制定活动方案，对此项活动进行安排部署，做到人人赛课，个个参与。为了进一步提高授课品质，本次活动采取先说课后赛课的方式。所有教师首先在组内进行说课、赛课评比，主要是说授课理念、教学设计、师生双边活动、时间预设等环节，然后其他教师进行补充，授课过程中听课教师结合评价标准进行亮化算分，授课结束后在校园醒目位置进行公示，及时开展评课议课，为给教师搭建更广阔的发展平台，展示江孜高中教师风采，然后组织优秀教师参加市教研室举行的高效课堂优质课赛讲活动。在几次优质课赛讲活动中，江孜高中教师榜上有名。同时，为使新分配的教师适应新的教育教学环境，也让新教师更好地交流教学经验和方法，实践课堂教学，提高教学基本功，江孜高中开展了新教师上汇报课，并让所有毕业五年内的老师进行师徒结对，让有经验的老师带动新教师，教研组的同仁对其优点及不足进行面对面的交流，使他们在较短的时间熟悉自己的工作。

【硬件建设和环境建设】 随着现代教育技术的发展，多媒体教学是现代化教学的主流。江孜高中大力提倡教师使用多媒体教学系统进行教学，鼓励教师参加计算应用能力、多媒体课件制作、网络资源使用等方面，并注重多媒体教学设备使用能力在教学中的实践应用，充分利用学校现用的多媒体设备积极开展电化教学，充分的调动了教师使用多媒体设备教学的热情。

【重视实践能力，提高综合素质】 开展优生和弱科辅导，切实做好培优补差，针对高三学生，加大各类学科尖子生、特长生的培养力度，为学科薄弱的学生专门选派有经验的教师进行培优补差，扎实有效地开展研究性学习活动，继续加强学校现有教学资源的管理和开发，组织兴趣小组，开阔学生眼界，开发学生智力，培养学生的实践与创造能力。而对非毕业班的学生，从每班、每学科选派小老师，让学生教学生，起到了一帮一效果，同时减轻了老师的任务。

【政教处工作】 抓好开端教育：开学初，要求各班利用主题班会时间组织学生学习《江孜高级中学学生手册》及县高中规章制度，根据学校安排和教育教学的需要，从8月30日至9月8日，对学生集中进行为期十天的入学教育、军事集训和思想纪律品德教育，使他们养成良好的学习、卫生、生活习惯。新生们完成了训练任务，达到了训练的要求和标准，初步形成了基本的军事素质，养成良好的守纪习惯，各项既定的目标任务工作顺利完成，军训取得圆满成功。加强日常行为规范的检查，政教处和学生会成员不定时对学生仪容仪表、两操、宿舍卫生和校园卫生等进行检查，及时做出公示，检查结果与班级量化考核挂钩。各班主任负责对检查中查出的问题进行督促整改，切实起到督促作用，使班主任积极地投入到班级各项管理之中。抓好安全工作，深化“平安”校园创建，深入开展安全教育活动和法制教育活动，通过讲座、主题班会、校园广播、宣传栏等形式，开展安全常规教育和法制教育，成功举办艾滋病知识讲座，开展安全疏散演练活动。政教处安排学生教职工在校门口进行值班，不定期对校园安全隐患进行排查，为学生校园学习生活提供安全空间。加强对门卫保卫工作检查，外来车辆和外来人员进入校园必须做好登记。加强安全知识的宣讲教育，抓好学生校内、校外的安全工作，规范制度，落实好各种措施。同时，为确保学校正常教学秩序，确保学生人身安全，健全学校、家庭教育一体化，政教处根据县高中实际情况，制定“江孜高中学生安全协议书”明确班主任和监护人的职责和义务。加强行为规范教育，为改掉学生的一些不良行为，切实培养学生的良好行为习惯，在教学楼大厅设置温馨提示展板，让学生在每天进入教室前都能看到温馨提示，对学生起到一个潜移默化的作用，促使学生养成良好的行为习惯。安全工作重于泰山，加大硬件建设力度，积极改善办学条件，在原有的监控设施上安装数字化监控设施，实现校园监控无缝对接。现在全校有摄像头36个，有专人进行监控记录。实现物防、人防、技防全覆盖。

【总务后勤管理】 后勤工作是学校工作的重要组成部分，学校不仅是管理育人，同时也在服务育人，后勤管理牢固树立“两个服务”意识，每个后勤工作人员责任明确具体，后勤的各项工作力求制度化、规范化。在食堂管理方面，不仅有原料采购制度，还有加工操作制度、食堂卫生制度，定期对食堂的常规情况进行检查，并及时反馈学生的意见。严格执行财务管理制度：认真学习、贯彻上级有关财务政策、文件精神。做好非税系统收费工作和账务公开工作。协助校长室编制预决算，严格把好经费开支关。经常进行账务自查工作，积极配合上级有关部门进行财务检查，针对检查中提出的不足问题及时进行整改。

严格学校财产管理工作，把好财产管理关，建好资产账，器材使用、报废、借用、归还账。做好购物验收入库登记，资产处置工作。公物使用签证、验收签证手续，执行公物丢失、损坏赔偿条例。严格履行财务制度，规范财务行为。在经费使用方面执行预算审批制度，在购物方面实行采购审批和政府采购制度，在物品使用方面实行领导审批制度，杜绝了各种不正之风，保证了资金的效益最大化。狠抓落实食品安全工作：学校与相关人员签订食品安全卫生责任书，坚持食品卫生层层负责，环环把关。不定期召开后勤人员工作会议，并组织各班生活委员对食堂工作人员的服务态度、服务质量进行评议，并通报评议结果，为确保食品卫生，学生食堂购买了消毒柜，确保人身安全、财产安全提供了保障；定期对教学楼铝合金窗户、学生桌、椅进行维修，食堂的灶台维修，组织人员对校园内水、电路进行普查，对学校财产进行清查登记，并建立资产台账，并层层签订协议，定期检查登记到人，责任到人，实行有损坏有赔偿机制。以服务于教职工和学生为中心，进一步强化后勤队伍建设，制度建设，做好后勤保障工作。定期对教职工宿舍的下水通道的维修和对教学楼和学生宿舍厕所的维修。除此之外，江孜高中利用剩余的三包经费给学生采购了冬季保暖毯、马甲、马扎、太阳帽、藏汉英词典等，真正做到一切服务于学生。

【工会工作】 年内，坚持校务公开，发挥工会的监督功能。教职工是学校的主人，是学校物质文明和精神文明的创造者和建设者。学校工会长期以来，一直关心职工生活，坚持教代会制度，充分发挥教代会的桥梁、纽带作用，增强教师的主人翁精神，参与学校的民主管理。要发挥教师的主观能动性，不仅要在工作上压担子，更要在生活上关心教师，切实帮助教师解决实际困难，把工会办成真正的教职工之家。在较大的采购方面、基建的招标等都有工会代表参加。在办公大楼和教学楼挂上了校长信箱，供广大师生向校方提出建议和意见，参与学校的重大的政策出台，召开教代会预备会，为最后通过各项条例做准备。积极关心教职工的生活，开展送温暖活动，组织慰问困难教职工和生病教工及直系亲属生病住院等，学校工会总是会同党政领导上门慰问，把学校的关心送到每位教师身上。开办“教工小灶”给教职工忙碌的生活提供了方便，在饭菜的质量和价位上工会各委员们以最大限度满足教职工的需求，始终保持饭菜的干净、卫生、安全。

【团委工作】 年内，切实做好团干部队伍建设，提高团干部队伍的整体素质，是做好团队工作的重要保证。2016年，江孜高中十分注重团干部的思想教育，每月召开一次班级团支书会议，听取班级团支书工作汇报，了解团员队伍状况，并组织学习团队理论和外地团队活动的做法、经验等，逐步提高团支书的思想意识，从而调动团支书工作的主动性和积极性。要求高一、高二年级每周开一次团会，高三年级每两周召开一次并定期组织团支书深入班级观摩团会，有力的促进团队活动在各班级的开展。加强团员的思想教育，提高团员队伍的整体素质，促进学校的德育工作。2016年，县高中要求班级团支书定期组织学习，提高团员对团组织的认识，还要求团支书对本班团员的言行进行监督，发现不规范的人和事要进行批评教育，情节较重的上报团委，由团委实行诫勉谈话。规范入团程序，严把入团关。在团员发展上，始终坚持实行团员发展，团内外学生的评议监督制度，入团必须公示接受考察，上团课，票决，任课教师签字同意等环节。做好对团员的评议活动，对评议不合格的团员，要求其写出书面保证，限期整改。配合学校活动，围绕学校中心工作，开展丰富多彩的活动。

（尼　仓）

【领导名录】

党委书记　田　勇

校　　长　巴桑次仁（藏）

副 校 长　尼玛次仁（藏）

　　　　　刘　泽

江孜县闵行中学

【概况】 江孜县闵行中学是由自治区教育厅和上海市闵行区各出资300万元兴建的一所希望中学。学校始建于1996年，占地面积6万平方米，随着江孜教育事业的发展，在各级主管部门的重视和正确领导下，在各方大力支持和援助下，规模不断扩大，发展迅速，学校现有教职工131人，专任教师128人，职工3人，学生1304人。

自建校以来，在上级主管部门的大力支持和援藏省市的无私援助下，教学环境不断改善，学校的硬件设施不断更新，学校有微机室2间，语音室1间，多功能教室1间，图书阅览室、实验室3间、科技馆1间、藏文书法室、德育室、法制宣传室、广播室等师生文化活动场地充足，江孜全民健身中心建在江孜闵行中学之内，办公设备齐全。该校按照教学大纲的要求开足开齐所有科目的同时，开办了藏文兴趣班、国学堂、音乐兴趣班、体育兴趣班丰富学生的课余文化生活。

该校以“为学生一生的成功奠定基础”为办学宗旨，以师生为根本，以质量求生存。从2012年至今，每年都在改写历史，每年都在创造奇迹，每年都在贡献惊喜，每年都在提供标杆。2012年中考该校学生平均分317.52分，2013年中考该校学生平均分327.31分，2014年中考该校学生平均分381.85分，2015年中考该校学生平均分413分，2016年中考该校学生平均成绩436.5分。该校连续3年取得全市农村中学第一名。2016年取得自治区第六名的好成绩。

2010年该校获得被评为“两基”工作先进单位，2013年该校获得全区教育系统“先进基层党组织”称号，2014年获得全区“六五”普法中期先进集体称号，连续六年获得江孜县日喀则市教学质量突出奖，连续多年获得基层党组织先进奖、基层民族团结进步模范集体。师生获奖共计千余次。现如今，江孜县闵行中学已经崛起为西藏最年轻影响力最大的学校，为江孜乃至全区培养了很多国之栋梁。本地、周边县城，甚至全区各地家长蜂拥而至，将孩子托付闵中人。

【内设机构】 江孜闵行中学设有校长室、团委、妇联、工会、校务党务办公室、教务处、政教处、总务处以及各学科教研组。

【教育教学质量】 江孜县闵行中学立足学校实际，着眼于未来意识及办学总体规划，开拓进取，大胆实践。在中共江孜县委、县政府的关心和支持下，在江孜县教育局的正确领导下，学校全面贯彻党的教育方针，积极投入新课程实施。在新课程的实施过程中不断更新教育理念，不断加强师德师风教育，狠抓教学管理，严格执行学籍管理制度，完善教学常规管理体系，做到奖勤罚懒、学校领导经常深入教学第一线，加大课堂教学研究力度，构建创新型教育模式，保证教学过程的优化。努力提高教学质量。学校按照自治区义务教育阶段相关规定，开齐、开全所有课程，并根据学校实际，编撰校本教材。定期召开家长会，上下一心，齐抓共管，全力实施“素质教育”相关工作，并成功通过各级领导的“素质教育”检查。通过一系列活动，学校风貌有较大变化，办学质量明显提高。各项工作取得了一定成效。近几年来，中考成绩逐年呈上升趋势。

【党建工作】 年内，深入贯彻习近平总书记系列重要讲话精神，落实从严治党，加强干部队伍建设，深化拓展党的群众路线教育，按照上级部署要求，江孜县闵行中学召开了深入开展“两学一做”“讲学习、讲忠诚、正风纪、转作风、提效能”主题教育活动。开展扶贫结对认亲活动。积极发展党员，吸收入党积极分子7人。

【综治工作】 校园安全问题是一个涉及全局的根本问题，江孜县闵行中学高度重视安全教育和安全防范工作，成立由校长统领全局，分管校长具体抓，以政教处和总务处为中心，各班主任分管和科任老师、后勤工作人员协作的全员安全工作网络和安全工作责任制。建立完善的安全教育制度、安全工作责任制及岗位追究制。学校还定期开展消防安全检查，消防演练，重新配备消防器材等设施设备，防止火灾事故发生。进一步加强学校食品安全监督管理工作，消除学校食品安全隐患，有效控制学校食品安全事故发生。定期排查安全隐患，确保师生人身安全，及时做到了“防患于未然”。经常对师生进行安全常识教育，结合国家法律法规讲安全，结合生活实际讲安全，结合安全隐患讲安全，大力宣传如何预防食品中毒、防溺水、防电、防交通事故、防意外伤害等安全知识，树立师生安全意识，制定各种应急预案，做到安全工作警钟长鸣，确保学校财产安全、师生人身安全。

【聘请法制副校长】 江孜县闵行中学还聘请了法制副校长，定期为学生进行法制宣讲和爱国主义教育。通过一系列活动，进一步建立健全学校、家长、社会“三位一体”的安全工作联系网络，充分发挥合力教育职能。学生外出有严格的审批手续，为全体师生营造了一个安全、和谐、良好的生活环境。

【增强学生安全知识】 江孜县闵行中学还充分利用“防灾减灾宣传日”“安全宣传周”等活动，2016年学校共举办2次开学第一课，开展1次消防安全知识讲座和1次防火防震疏散演习。18次周假前的安全教育会。完善各类应急预案，加强“三防”（火灾、洪灾、震灾）演练，增强学生的安全知识，提高学生的安全防范意识，提升他们的应急避险能力。

【成立“双联户”工作领导小组】 年内，根据县政法委安排部署，学校成立“双联户”工作领导小组，每栋楼设立联户长，本学期各联户长对教师宿舍的安全、卫生等情况检查5次。有效保障“双联户”工作扎实开展，切实推进“群防群治、共保平安”工作，30户获得优秀双联户奖励。

【“廉政文化”进校园】 为弘扬社会主义先进文化，构建主义核心价值体系，全面推进素质教育，全面提升师生思想道德修养，建设清正和谐的校园，学校制定并落实“廉政文化进校园”活动工作计划，并成立了工作领导小组。坚持统筹兼顾，相互配套，全员参与。由党支部牵头，党政齐抓共管，部门各负其责，全校师生共建，形成工作合力，将廉政文化建设纳入学校文化建设的整体之中，将廉政教育纳入学校德育建设的整体之中，积极推进廉政教育进教材、进课堂、进头脑。

【德育工作】 江孜县闵行中学始终把培养社会主义接班人作为教育工作的根本出发点，为适应新形势的要求，不断改善德育工作的方式方法。学校成立以校长为组长的德育工作领导小组，成员有政教处、各教研组长、班主任、学生会等。

【学生参观德育室】 年内，学校充分利用德育室，以班级为单位让同学们参观校德育室，对各年级学生进行分段德育教育，初一年级为基础步，对学生进行爱班级、爱学校、爱集体的入学教育，抓好中小学教育的衔接；初二年级为成长步，重点进行理想、人生观、价值观教育；初三毕业班为发展步，着重进行正确的升学观、就业观及理想教育，使他们能够成为合格的中学生。

（索朗次仁）

【领导名录】

副校长　罗　杰（藏族，主持工作）
　　　　卓　嘎（女，藏族）

江孜县第一小学

【概况】 江孜县第一小学位于宗山东面，城镇中心地段，是原江孜专区小学。是西藏和平解放后，中共江孜分工委成立不久，经过同上层人士反复协商，于1953年4月20日在江孜宗山所在地—

宗堆平措角杰正式成立江孜专区小学。这是自西藏和平解放以来党和政府在后藏地区创办的第一所现代小学，也是现江孜中学的前身。学校的成立充分体现党和国家对民族教育事业的高度重视，标志着江孜的教育史册从此揭开了新的一页。

初建这所学校的校舍是借用当地贵族的房子，只有5间简陋的教室。学校占地面积不足4亩地（2668平方米）。经过60年的发展，学校的办学条件有了很大的改善。现学校占地面积为40002平方米，总建筑面积为10822.2平方米；极大地改善了办学规模。为建设正规化、规范化学校打下良好的基础。现学校共有17个教学班，年级结构趋于合理，开齐、开全国家教育部规定的课程，在校生为663名，学前生为111名，比初建时增加了五倍多，其中少先队员550名，占学生总数的71%。汉族及其他少数民族学生18名，占2%左右。按照国家的“三包”政策能享受的学生为410名，享受助学金的学生为76名。学校现有专任教师52名，其中党员43名，占总数的81.1%。专任教师为52名，其中3名汉族教师，本科33名，大专学历10名，中专学历9名，教师学历合格率为100%，平均年龄为40岁左右。评聘高级技术职称的3名，一级专业技术职称的40名，二级专业技术职称的9名，无未评职称。学校设有党支部、校长室、办公室、总务处、教务处、工会、青、妇、少先队大队部、各科教研组等组织机构。现学校设有图书阅览室，图书资料较丰富，图书藏书量达9732册，生均约12.57册；计算机140台，学生用机90台，教师用机50台。

2016年，江孜县第一小学始终坚持党的教育方针政策，坚持社会主义办学方向，坚持“德育为首，五育并举”的教育方针，把培养德、智、体、美、劳诸方面全面发展的社会主义事业的建设者和接班人视为首要的任务抓好、抓严。教学成绩一直居全县前茅。通过全校师生的共同努力，使江孜县第一小学师生当中形成了爱党、爱国，发奋图强，追求真知的学习目的和团结、友爱、尊师、守纪的校风；勤奋、好学、主动、进取的学风；敬业爱岗、爱生如子、开拓创新、勇于奉献的教风。

【义务教育均衡发展】 2016年，是江孜县义务教育均衡发展工作攻坚年，2017年国家将验收义务教育均衡发展工作。江孜县的义务教育均衡发展工作从2015年4月16日起开始的。江孜县第一小学于2015年5月开始着手准备工作。首先，成立由校长、书记、副校长、教导主任、总务主任等组成的教育均衡发展工作领导小组，分工负责。责任、任务明确，确保各项工作落到实处。

2016年7月，建立了义务教育均衡发展工作初步的台账。8月20日，按照江孜县义务教育均衡发展工作推进会议精神，召开江孜县第一小学的推进工作会议，及时传达县教育局推进工作会议的主要精神，进一步细化工作方案，将江孜县第一小学老师分为五个小组，从财务、教务、党务（师德师风）、八项指标、音体美、文件制度、“三包”等明确了各组组长和成员的责任，按照档案资料内容分别部署了任务和时间期限，截至年底，期间学校初验了两次，聘请县教育局督导室专业人员两次，做了详细的指导，取得了资料档案建设工作的阶段性胜利。9月3日，组织全体教师学习《刘利民副部长在全国义务教育均衡发展推进会上的讲话》，进一步明确了江孜县第一小学师生有义务、有能力、有决心、有信心做好验收工作。9月12日，召开义务教育均衡发展工作推进会和重教现金表彰大会，江孜县第一小学以此次大会为契机，再次明确了任务，做到“三个加强”：加强组织领导、加强宣传力度、加强督导检查，在校园内专设宣传栏，加强宣传。在QQ群、微信群上大力宣传义务教育均衡发展的重要意义和主要内容，使广大家长对均衡工作有进一步的认识，取得了支持。11月4日，市教育局调研员普琼对江孜县第一小学的卫生工作提出了批评，并要求利用一周的时间进行整改。经整改江孜县第一小学的卫生等工作受到了上级的好评。11月20日，由自治区教育厅调研员罗布一行，对江孜县第一小学义务教育均衡工作进行了实地查看，对江孜县第一小学的学校管理工作提出了表扬。

【抓质量、提效能、促发展】 学校教学工作情况：高标准，严要求，狠抓教学常规的管理，确保教学质量稳中有升，严格贯彻执行三年行动计划并在工作中不断补充、改进和优化。月查工作落实到位，对备课、作业批改、听课笔记、教研活动等工作实行月检查，及时发现存在的问题，对相关人员的教学情况和存在的问题予以回馈，指导教师修正工作中存在的不足，力求使教师的教学技艺精益求精，保证了教学任务的如期完成。2016年，学校组织教研组长一起加强检查，就存在的问题研究解决，使教师在工作中不断调整方法、思路，保证了教育教学质量的稳步提高，力争让每一堂课都变成优质课、高效课，让每一个学生都乐学善习。

【提高教学质量】 教育教学质量是学校的生命线，是每个教师工作成效的主要体现，教育教学质量直接影响学校在社会的声誉和形象。因此，提高教育教学质量历来是全校教职员工的中心工作。学校从几个方面着手，全面提高教育教学质量：提高教师教学水平，狠抓课堂实效，让每一个教师的课堂都是过关课、达标课、是全校追求的目标。开学初，在江孜县第一小学迎来的市教育局开学大检查中，检查组对江孜县第一小学课堂教学的管理进行极高的评价，为江孜县第一小学教学常规管理注入一支强心剂。教导处按照以往教学常规管理实施办法继续加大管理力度，鼓励教师将学习、实践与反思结合起来。开学初，江孜县第一小学针对建设师德师风做了关于《美丽江孜，可爱家乡的》讲座。通过培训各位教师都能按照学校的要求，结合自己的教学实践，积极进行工作反思。开好各项研讨会议。对教育教学、班级管理工作、毕业生的考法以及心理与素质培养等进行了会议。

【毕业班教学工作】 学校是培养人才的地方，学校毕业班的教学质量、始终是社会、各级领导、家长对学校最关键的评价。质量是学校生存、发展的生命线，因此江孜县第一小学对教学质量的追求不敢有丝毫的松懈，然而质量的获得离不开教师。为了能将教学质量落到实处，江孜县第一小学从校长、教务主任、教研组长、班主任再到每位科任教师，层层强化科学的管理、科学的施教来保证教学质量的落实与提高。

每学年江孜县第一小学根据实际情况制定毕业班工作目标：六年级统考成绩不低于乡镇学校，内地西藏班考取目标按年初制定的目标把责任分解到每一个班每一个学科，并制定奖励机制，从而充分调动毕业班师生的工作积极性。制定毕业班教育教学工作有计划、复习计划、日程安排、模拟考试次数并分阶段、有目的、高质量地落实，并有序地进行。强化六年级教学工作的管理，由校级领导时常对毕业班教学进行全程跟踪了解，并实行推门听课并及时向校长反馈毕业班教学动态，以便全面了解、指导工作，确保工作高效进行。江孜县第一小学时常召开毕业班工作会，做到及时发现问题，及时解决问题，不留死角。在工作会上就对毕业班的目标任务、教学进度、辅导学生、每次考试情况等进行研讨、分析并就存在问题学校积极配合，全力解决，为毕业班教学工作扫清障碍。除期中、期末两次全校性的考试以外，县一小还组织两次月考，严格按照小考形式命题、编排考场座位、安排监考巡考、阅卷统分、情况分析。针对月考考试情况，分人分班分学科进行分析，对落后学科的教师要求进行整改，提高教学质量，力求找到教学效果差的症结，并让优异的教师传经送宝、互帮互学，以期今后的学习能更上一层楼。对落后生更是投入极大的关注力，狠做思想工作，不惜花费时间和精力为其狠补缺差，力争一个都不少的完成小学学业。正是这样抓两头促中间的培优转差工作，保证了近年来江孜县第一小学内地初中班达标率稳居全县第一。在距小考百日时，召开“学生的学法及考法会”，会上由教学经验丰富、多年从事毕业班教学的老教师及学科带头人讲复习重点及技巧，以明确复习方向，激发学生复习动力。为确保2016年教学质量在创辉煌做好铺垫。

【提高教师素质】 进行校本培训，是实施教师继续教育工程，全面提高教师素质的一项战略性措施，是基础教育课程改革顺利推进的根本保证。着眼于学校的现状教育教学实际情况，从教师自身的需求出发，激发教师的学习热情，提高教书育人水平，具有极其深远而又现实的意义。2016年，江孜县第一小学实行五天制工作，利用周六上午时间给全体教师进行“补充能量，提高效率”的校本培训活动，活动计划由学校统一制定，培训方式有集体式，也有分组式和结对帮扶式。每一周开展的校本培训内容多样，形式丰富。每学期定期召开班主任工作经验交流，使很多年轻的班主任受到了启发，更加坚定了当班主任的信念。开展集体备课，以教研为单位让所有教师参与到备课中，大胆发言。通过探讨共同分析授课内容，逐渐从传统的备课模式转变为新型的备课方法，大力促进江孜县第一小学教师的备课质量。教学经验的交流，更多的年轻教师领会到老教师在教学中运用的巧妙办法，也让老教师们改变传统教学的方法，相互取长补短，有利于教师个人的成长，更促进了学校整体的教学质量。培训中自我反思、交流经验、研讨等方法进行。县第一小学将把校本培训作为教研的重点工作，以不同渠道让每位教师得到训练交流，让广大教师跟着时代的步伐健康成长。为能适应数学教材的改革，江孜县第一小学多次组织数学组教师利用远程资源观看优质课，并用汉语撰写教案，为新学期一年级双语授课做好充分的准备。

【开辟第二课堂，丰富校园生活】 2016年，学校以“书香校园”活动为契机，积极投身于这次读书活动中。为进一步激发广大师生的读书热情，增长知识，真正营造浓郁的“书香校园”，每周安排一节读书课并安排教导处成员巡视读书情况。“营造书香学校，让好书陪伴学生”让书香飘逸在校园的每一处。并结合实际情况，切实有效地开展丰富的活动。全校营造阅读氛围。创设班级图书角，以学校发放为主，加上一些学生捐赠的图书，本学期每班图书量达到每生两本，涉及人文历史，天文地理以及童活动漫等。通过学校广播开展“我是校园小广播员”活动，每天利用课间操时间朗诵三字经、唐诗宋词、藏语字母歌、萨迦格言等民族传统文化使学生深入了解传统文化。特色学校创办与校本培训与书香校园建设与传统文化发扬三者相结合。为了适应新时期的人民教师学校鼓励教师多阅读教育类书籍，学校还花了大量的资金给教师订书从而提高教师的知识面。例如：学校专门订购了教育专家魏书生的专著——《班主任工作漫谈》《德育报》《教育报》等。

（普布旺堆　宋亦飞）

【领导名录】

党支部副书记、校长
　　普布旺堆（藏族）

党支部书记、副校长
　　米　玛（藏族）

副校长　次　顿（藏族）
　　米玛索朗（藏族）

江孜县第二小学

【概况】 江孜县第二小学位于日喀则地区东部、年楚河畔，坐落在宗山遗址脚下，始建于1977年12月，1992年由江孜镇公办小学正式挂牌为江孜县第二小学。现学校占地面积31203平方米，建筑面积4877.4平方米，有12个教学班，1个学前班，在校生人数356人，教职工47人其中本科学历20人，大专15人，中专12人，是一支团结友善、求真务实、爱岗敬业的师资队伍。1985年——2016年，有282名学生输送内地西藏班，截至年底，学校成功向高一级学府输送4310名合格的毕业生，教育教学成绩始终保持全县名列前茅。

【校园生活建设】 江孜县第二小学“以德立校，以爱育人”的办学思想，促使提高教育教学质量，培养优秀人才。以“校兴我荣，校衰我耻”

的校训，突出二小特色，积极推进素质教育，为江孜教育做出了一定的贡献。第二小学的成绩始终离不开领导班子的有效管理；离不开高素质的教师队伍；离不开精、细的教学管理。在2016年西藏教育改革的这一重要过渡期，二小的教师认真贯彻落实课改要求，全力提升自身教学能力水平。学校荣获2016年度日喀则市“教学成绩突出”奖项，校长荣获日喀则市“优秀校长”荣誉称号，获得市级以上荣誉称号的有八名教师。丰富的教学活动，促进教学效果。阳光体育及每年的校运动会，“我运动我健康，我参与我快乐”为口号，提高学生身体素质；“三进”麻热卓舞传承民族文化；参观爱国基地，激发学生爱国之情；藏汉朗读朗诵比赛、各教研组教研听课、评课等丰富了校园生活，寓教于乐提高学生学习兴趣。始终严格实施“三包”经费管理制度，成立“三包”领导小组和“三包”采购领导小组，坚持“四人制”管理，确保学生吃得饱，吃得好，吃得健康，学习得更安心，家长更放心，同时得到了社会各界的好评。

【党建工作】 年内，学校有28名党员干部，对学校工作起到很好先锋模范作用，在“三会一课”中积极学习习近平总书记系列讲话精神，支部组织开展“两学一做”学习知识、“手抄党章一百天”、党章知识竞赛及时动员部署“讲学习、讲忠诚、正风纪、转作风、提效能”等教育活动，让所有教师既要做笔记，又要写心得体会，同时以简报形式把所有的党支部活动报送至县委组织部。

县委组织部对校党建工作给予一定的肯定，授予学校“党建工作先进学校”称号。2016年4月，到卡麦加比村进行结对帮扶活动和送温暖活动。11月17日，开展“结对帮扶，解困民忧”活动，开支4588元，给14户贫困家庭发放生活所需物品。对每一次活动以简报等形式记录下来并保存留档。

【以德树人，德育为首】 学校坚持德育为首的办学理念，积极开展德育工作，2016年10月12日自治区少工团委、日喀则团委调研组调查第二小学少队工作，上级领导充分肯定了少队工作尤其是少队组织和制度建立健全、“红领巾”广播站活动等形式既体现了二小的少队工作特色又对学生教育起着至关重要的作用。10月13日，邀请法制副校长对学生进行法制教育，让学生知法懂法，让学生明白用法律来保护自身安全等。2016年10月29日，参观爱国主义教育基地帕拉庄园，以对比新旧西藏学生对新生活的幸福感慨万千，体会到了没有共产党就没有新西藏的道理，激发了学生的爱国热情。11月5日，校德育小组领导进行消防知识教育通过这次防火灾安全知识教育，学校全体师生对防火灾意识有了很大的提高，并且也掌握了很多的防火灾的知识。每周开展班会，主题明确，针对性强。

【义务教育均衡发展】 根据县人民政府的指示精神，成立义务教育均衡工作领导小组，分工明确，各职其任，积极准备材料归档，开展多次的推进会和推进义务教育均衡发展的培训，把工作做到充分、明确。各功能房设备完善，每周按计划对功能房根据作息时间进行开放利用。

【教育教学质量】 年内，开展校本培训，加强教师业务素质，提高教育教学质量务必加强教师队伍管理，促进教师理论学习和教学研究，提高教师队伍整体素质。2016年9月，举行送教下乡教学比赛，由拉萨师范高等专科学校旦增主任和拉萨师范高等专科学校藏文书法协会主任边巴扎西老师对二小普穷老师听课并评课。对全校学生进行不同形式的知识竞赛、书法比赛、汉语文说句子能力比赛等，为获奖学生颁发荣誉证书及奖励，从而全面提升师生自身素质，努力提高教育教学质量。

（小潘多）

【领导名录】

党支部书记 达　次（藏族，10月免）
校　　长 仓　决（藏族）
副 校 长 普次仁（藏族）
副校长、后勤主任
普　穷（藏族，9月任）

江孜县幼儿园

【概况】 江孜县幼儿园位于江孜县城上海西路，本园于2006年11月上海第四批援藏干部援建，总投资250万元，占地面积约2036平方米，幼儿园2007年4月16日正式开园，园所布局合理，环境优雅，各类设施齐备，现代化气息和民族特色浓厚。江孜县幼儿园现有小班一个班，中班两个班，大班三个班，在园幼儿345名，其中享受“三包”生有230名，享受助学金有30名。

【机构与师资】 幼儿园设园领导办公室（园长、副园长、教务主任、后勤主任、会计、出纳、统计），教师办公室。是一所全日制的幼儿园，园内共有35名教职员工，专任教师25名，其中本科学历16名，大专学历8名，职称副高1名，中级8名，初级15名。

【主要做法及制度建设】 幼儿园建园以来，在各级领导和上级主管部门的关心支持下，本园始终坚持保育和教育相结合的特点进行双语教学，发展德、智、体、美从娃娃抓起，同时挖掘幼儿的童真童趣，结合幼儿的特点，开展丰富多彩的学前文化知识、美术、舞蹈、手工作品、激发智力游戏等。让小朋友们在舒心的学习生活环境中保证一天有一个新的进步，为更多的上班族爸爸、妈妈解决后顾之忧。通过全园教职工的不懈努力，办园业绩比较突出，2008年幼儿园被评为县级德育先进集体，2015年被评为优秀管理单位称号，2016年被评为综合评比优秀学校三等奖。

今后要决心继续努力，把江孜县幼儿园教育抓好，抓实。适应新时代的幼教工作需求，以在校学生能够在校期间，培养生活基本自理能力，加强提高孩子的安全意识水平。抓住随机教育，融爱国主义教育于德育教育之中，萌发幼儿爱国主义的情操，为江孜县幼教事业奠定扎实基础。

【党风廉政建设】 2016年，组织党员干部、教职工先后学习“全面从严治党”“党风廉政”“师德师风”“作风建设”等政治理论和时政要闻。学习党内和教育政策法规。领导干部引领学。开园工作以第一次园委会的政治学习而拉开序幕；有计划有针对性地分层学。迅速制定教工学习计划，每月一次集中学习，辅以自学，学习效果良好；结合单位实际以“从严治党”开展一系列主题教育活动。幼儿园除了开展集中培训学习之外，主要围绕“从严治党”这一中心开展一系列主题教育活动，提高党员干部教职工政治思想素质。认真组织开展“两学一做”活动，通过手抄党章、党员交流、作品展示等一系列活动，作为一名党员深刻意识到自己神圣的职责和使命。根据党建工作要求和党建活动安排，将“优质园结对帮扶”，党员教师伸出爱心之手一对一帮助家庭条件相对困难的孩子，让孩子和家长深深感受到党和国家的温暖。

【活动多样课堂教学】 为促使幼儿园教师的思想积极进步，加强幼儿教师的思想政治职业道德学习，认真学习幼儿教育《3—6岁儿童学习与发展指南》，更新幼儿教育观念，不断提高本园教师的自身修养和政治素质，家长和幼儿心目中树立良好的师德形象，督促的同时也增强各位教师的事业心和责任感。结合幼儿园的各项规章制度，教师能认真遵守工作时间，工作中能够认真执行各项规章制度，对待本职工作尽职尽责，以最大的努力、最高的热情、最真诚的态度投身于幼教工作中。教育教学工作上：教师能认真执行教学计划和教学进度授课，掌握各学科的教法和技能，运用观摩课当中优秀课的组织和灵活多样的授课形式，根据幼儿园自身具备的现有条件，模仿恰当的方法组织和开展本园幼儿教育活动，使幼儿在愉快的活动中学到知识，达到寓教于乐的目的。

课堂教学上教师能以直观教学为主，教学过程中能以学生为主体，以教师为主导，使幼儿在玩中学、学中玩，对幼儿多鼓励，少批评，保护幼儿的自尊。因为有了自尊才能有自信，有了自信才能培养自强的精神。

在教学用具短缺的情况下，组织教师在网上收集资料，并且还联系家长，发动家长也参加收集废旧物品的活动，通过老师们在网上参考，还有教师自身和家长的智慧，在短时间内就为幼儿园创作很多的教学用具和游戏玩具。本学期开展了较多的活动，如十一中班组开展了“我和父母的十一”亲子游戏，党员教师“送温暖给贫困幼儿”等活动受到家长们的一致好评。

为提高教师的业务水平和提升教学能力，先后到康马县学习，到日喀则市优秀幼儿园进行教师轮流跟岗培训。幼儿园开展很多园本培训，如手工、演讲、粉笔字。平时帮助家长解决在教育孩子方面的困惑，积极与家长进行交流与沟通，及时了解孩子的成长，从多方面了解孩子的需要，并给以积极正确的引导，切实做好因材施教的教育工作。

【幼儿体操和阳光体育活动】 幼儿体操是幼儿一天生活的开始，既要达到锻炼身体、提高机体的活动能力、培养良好的体育锻炼习惯的目的，又要让幼儿乐于参加。根据幼儿年龄特点，自行编排幼儿体操和室外体育活动，配以活泼明快的音乐，丰富多彩的体育活动倍受孩子喜爱。

【幼儿园主题教育活动】 每年都要邀请家长参加“六一庆祝”“亲子游戏比赛”等活动，家长的积极参加，既丰富了活动内容，提高了活动质量，有效促进了孩子的身心健康发展，又给家长上了一课，学习一些如何培养孩子的方法。真是孩子高兴，家长满意；家长工作有专人负责，计划、有措施，有总结，成效显著。家长工作形式有：家长会、上门家访、各类亲子活动、家教问卷、家长探讨会、家长开放半日活动。

【办园特色】 组织和鼓励教师在实际的教学活动中认真学习贯彻《幼儿园教育指导纲要（试行）》，并利用业务学习时间将在日常教学活动中存在的问题提出来，在同伴互助的过程中共同讨论解决的办法。让教师学会自我反思，主动、自觉地改进自己的工作；对教师的备课本和观察记录、教学笔记的撰写进一步调整和规范；加强日常保教工作的督促与指导，坚持每进班有针对性的听课两次以上，对于幼儿园重点培养的3位老师进行教学活动的观摩和指导，并以结师带徒的形式，对徒弟们进行细致的指导和帮助，促进她们尽快地成长起来；全园教师共同探讨教材的合理使用及主题活动的开展，对班级的主题活动墙饰进行观摩和交流，通过观摩、交流，使老师们对主题活动的选择、开展有进一步的认识。主题墙饰的内容也更加新颖，更加丰富；充分利用活动室、走廊区角、走廊等幼儿园现有的场地，开辟区域游戏活动的空间，科学安排幼儿区域游戏活动的时间，注重主题教学活动向区域活动的延伸，让幼儿在尽情游戏的同时，增长知识和经验，获得各种能力的发展；组织教师参加市级、校级的继续教育培训，去兄弟幼儿园参观学习，了解各园的教育教学和科研发展状况。安排老师观摩学习，提高教师的科研水平和能力，更好地对自身的工作进行反思，促进教师们积极参加讨论，积极发言，提高教师的说课水平。

【教学特色】 确立适合幼儿发展的课程目标，注重《幼儿园教育指导纲要（试行）》中五大领域目标之间的融合，把幼儿的多种智能领域放在同等的重要地位上。各班针对本班幼儿的具体情况，从尊重幼儿的兴趣和需要出发，注重幼儿自己探索性学习；从培养幼儿必要的社会适应性、学习适应性，良好的习惯、态度，技能、能力和情感等方面入手，促使每一个孩子生动活泼、主动地发展；选择适合幼儿发展的课程内容，随着课程设置的改变，教师有了更多的自主权利，幼儿也应该拥有更多适合自己的区域活动方式。因此，各班根据具体情况，认真实施国家、地方课程，积极建设和开发园本课程，拓宽课程内容，构建既适合时代要求又具有本园特色的课程体系，提高课程实施质量。同时在实施教育活动时，充分发挥自身的智慧，调动主观能动性，因地制宜，根据现实条件和本班幼儿特点来考虑活动的实施。认真选好教育活动最适宜的切入点，把握好教育的时机，组织好生动、有趣的教育活动。同时，在实施主题活动中，能根据幼儿的学习动机，及时捕捉幼儿学习的兴趣点，生成相关的教育内容，收到良好的教育效果。为促进农村幼儿园教改，深入研究课堂教学，促使新课程理念转化为教学的实践，提升教师专业素质，提高保教质量。

【保教工作】 幼儿园坚持保教并重，开学初卫生保健工作就纳入新的轨道，切实地把卫生保健工作渗透到“一日保教”活动中去，使幼儿园的卫生保健工作得以正常开展，为幼儿创设了一个安全、舒适、卫生的生活、学习、游戏的环境，针对学期初的卫生保健计划，扎扎实实真正做到保教并重，“一日保教”活动环节中十分注重幼儿的体育锻炼，结合季节特点开展多种形式的体育活动，各班根据幼儿年龄特点每天坚持开展两小时的体育、游戏活动。每天坚持做到让幼儿干干净净，整整齐齐，高高兴兴回家。严格做好晨检工作，坚持严把晨检关。严格按“一摸、二看、三问、四查”来进行，并杜绝危险品的带入，及时向家长了解幼儿在家的健康情况，发现异常或传染病做到及时隔离与治疗，控制传染病病菌的传播，把好安全的第一关卡。对患病儿将随时进行观察，做好记录，让家长按时喂药，及时了解班级幼儿的健康状况、协助班级共同做好生病幼儿的全日观察记录、发现问题及时汇报及时处理，坚持晨检与全日观察相结合，并做到有记录、有分析、有措施。本学期，还积极配合卫生保健部门做好疾病的防治、防疫工作，确保幼儿健康、快乐地成长；加强卫生消毒工作，消毒应该是幼儿园日常工作中的一部分，制定消毒记录是非常必要的。因此坚持卫生消毒以及隔离制度，对于毛巾、玩具、图书、空气等进行严格消毒，坚持幼儿毛巾每日进行消毒，为减少常见病、多发病的发生，每天一早打开门窗，以保证空气清新洁净，并定期进行空气消毒，环境卫生做到一周一大扫，早晚各小扫或拖抹一次。各种物品定期消毒，责任到人，责任到班，从而大大提高卫生消毒工作质量，预防和控制传染病的发生，使幼儿园幼儿健康活泼地成长。

【安全育儿常抓不懈】 幼儿园把安全工作放在各项工作之首，要求教师定期或随时向幼儿进行安全教育。在教室中配备消毒设备，常常强调教师牢记师爱，把爱心赋予孩子们，不动手打骂或者体罚幼儿。游戏期间，教师实行跟班防守，时刻防止意外事故的发生，切实保护幼儿的人身安全。在注重孩子的人身安全方面，每天对幼儿进行晨检，发现问题及时打电话和家长联系，确保幼儿得到及时的救护。每天教师在园门口迎接孩子，放学后又送每个孩子到校门口，将孩子一一送到家长们手里，确保安全管理无缝隙。为让家长积极配合学校做好安全及卫生保健工作，通过幼儿成长记录册、微信公众平台、家委会议等形式开展一系列的家长活动，加强家园合作，让家长随时了解幼儿园一日活动开展情况，并且通过家委会提出宝贵建议，从而能积极配合幼儿园做好相关工作。加强指导、督促和检查食堂的食品卫生、规范操作。组织食堂工作人员学习《饮食卫生制度》《炊事员工作制度》《食品留样制度》相关知识，进一步明确各岗位的职责，日常规范操作，把师生的安全、健康放在首位。食堂各种制度上墙，卫生许可证齐全，所有从业人员持有有效健康证。煤气、管道用做到定期检查，防止泄漏措施完善，食堂内保持环境卫生、干净、整洁，每次供餐后进行清扫，保持空气新鲜，地面、桌椅清洁卫生。废弃物的存放设施符合卫生要求，食堂每顿饭菜48小时留样并有记录。每日抓好厨房食品来源的登记、验收等工作，严把关口，以防有变质变味的食品入园。坚决杜绝“三无产品”流入幼儿园。按照统一采购点采购，蔬菜、面包、牛肉等采购时跟供应商签订合同，保证食品的质量安全。进一步加强食堂进货验收工作。实行幼儿食品专人采购，做好食堂进货登记。所有订购单位索取有关卫生许可证和营业执照。经常提醒教师和后勤人员增强安全意识，加强安全防范措施，使安全工作深入人心，并化为实际行动。

（白玛罗布）

【领导名录】

园　长　白玛罗布（藏族）

副园长　巴桑贵吉（藏族）

　　　　白　曲（女，藏族）

江孜县气象局

【概况】江孜县气象局是中国气象局确定的国家基本气象站，于1956年11月创建（军队建制），1981年收回体制由日喀则地区气象台领导管理，为正区级单位。2014年，根据县级气象机构综合改革有关要求，各县局机构规格确定为正科级单位。单位编制人员为8人，现有人数为6人，其中1名高级工程师，4名工程师，1名助理工程师，担负江孜县、白朗县、康马县的基础业务工作同时，承担三县的气象为农服务工作、防雷、人影等气象业务与服务工作。江孜县气象局位于西藏日喀则市江孜县国防路16号。

【自然灾害】干旱、冰雹、洪涝、沙尘、雷电、病虫害等是制约江孜县农业发展的主要气象灾害。江孜县自1997年起开展人工防雹作业，在全县主要产粮乡布设“37”高炮作业点8个，保护农田面积达14万多亩，15年来利用雷达指挥防雹（增雨）作业2000多次，累计创直接经济效益上亿元，取得显著的经济、生态保护及社会效益，已成为全县农业防灾减灾体系中重要组成部分。

【开展人工防雹（增雨）作业】自开展人工防雹（增雨）作业以来，在显著的经济社会效益影响下，县委、县政府高度重视人工影响天气工作，1999年筹资引进一部数字化天气雷达，新建被新闻媒体誉为全区样板工程的“江孜县人工影响天气指挥中心”，使得江孜县成为全区率先也是唯一利用雷达科学指挥人影作业的县级单位，效益显著，2007年被自治区选定为全区人工防雹实验示。该雷达还在2000年年楚河流域特大洪涝灾害中发挥重要的预警、预报作用，突显天气雷达的短时灾害性天气预报中的重要作用，得到县政府的表彰。

【开展专项气象服务】明确气象服务工作职责，建立健全天气预报与服务工作流程，制定气象台工作规章制度，积极开展农牧业生产和农牧民增产增收专项气象服务，主动为各类重大活动、重要庆典提供科学决策依据，全程为各级政府和社会公众提供全面、及时、精准、出色的气象保障服务，成绩显著，得到各级政府和广大群众的一致好评。

【党风廉政建设】2016年是全体党员中深入开展“学党章党规、学系列讲话，做合格党员”学习教育，是党中央贯彻全面从严治党要求，深化党内教育，加强思想政治建设的重要部署，对于推动全面从严治党向基层延伸、保持发展党的先进性和纯洁性的建设之年。江孜县气象局在日喀则市气象局及江孜县县委、县政府的正确领导下，结合“两学一做”学习教育活动，深入强化基层党建工作，以建设气象科技创新体系和气象人才体系为支撑，积极推进气象现代化工作。从着重提升江孜气象局干部整体业务水平入手，进一步推动江孜气象局基础业务与气象为农服务稳步发展，全面推进全局各项工作稳步快速发展。

【“两学一做”】年内，按照中共中央办公厅印发的《关于在全体党员中开展“学党章党规，学系列讲话，做合格党员”学习教育方案》、中国气象局办公室发出《中国气象局办公室关于组织开展“2016政府工作报告解读”在线专题学习及答题活动的通知》要求，江孜县气象局积极组织动员会议，传达学习动员大会精神，下载安装微信公众平台，并根据江孜据实际。制定活动组织计划，落实负责人员，明确进度安排，研究制定结合本局实际的活动实施方案。在全局范围内采取集中学习、个人自学、交流讨论、收看专题视频讲座等方式学习党章党规、手抄党章、习近平总书记的系列重要讲话精神、中央“八项规定”、区党委“约法十章”“安全生产西藏行”等内容；组织全体职工针对局领导班子、班子成员及有关人员的作风情况进行民主评议；召开领导班子“四风”问题征求意见座谈会，将意见进行整理并上报；开展“查摆问题、开展批评”环节的领导干部谈心谈话活动，归纳整理所有谈话记录；根据“精准扶贫”的工作要求，与县气象局单位结对帮扶对象进行帮扶活动，对帮扶对象两户三人进行募捐的5100元为其购置日常生活用品、卡垫、被子等生活用具。

【以学促做、知行合一】 年内，根据“两学一做”学习教育活动要求，江孜县气象局根据单位实际情况，与支部党员一起学习讨论、一起查摆解决问题、一起接受教育、一起参加民主评议、一起参加组织生活会，带头开展批评和自我批评；组织党员在单位开展“一做”活动，组织党员干部单位割草、浇水美化局大院，组织干部职工在江孜县城西郊参与植树造林，“一做”活动开展得有声有色，努力做到坚持理论联系实际，以学促做、知行合一，以“学和做”检视自己，提振精气神、展示新作为、发挥党员的模范作用，在气象工作岗位上建功立业。

【业务稳步提升】 基础业务是气象工作的生命线，因此江孜县气象局加大业务学习时次，理论与实际相结合的学习方式，学习改为每月4次（每周星期一）的集体学习，由地面组经验丰富的业务骨干以PPT的形式授课，除理论的学习，县气象局还开展共同清洗观测仪器、仪器巡检、升级软件等日常工作，基本实现人人掌握排除业务故障能力，并把每月组织业务人员进行集体观测，继续掌握云的演变过程，有利于基础观测与人影工作的进一步开展，提供了保障。根据2015年年底考核工作发现的问题，进行逐一改造与完善工作，根据自治区业务工作大检查中提出的要求，2016年县气象局观测场进行种草工作，现已达到观测场内与观测场外的环境协调一致，真正符合规范要求；县气象局管辖的康马县无人自动站，由于农田冬灌期间，沿省道被水冲毁地段，进行填土工作与处理排水工作，达到上级部门与探测环境要求；在日常工作中找寻不足之处，进一步地完善业务工作制度，现有工作平台：Cmacast卫星数据接收处理分发系统和Micaps县级预报预警业务；2016年新安装的CTL713雷达操作正式列入日常工作之中，加以深化与学习；要求每一位业务人员进行操作与分析。

【“为农服务”】 江孜县气象局指定专人将每月的旬预报、月预报、重要天气报分送至县四道班子、水利局等相关单位，通过县级公共气象服务平台发至18个乡（镇）政府；在全局职工学习使用微信平台的基础上，利用手机短信将江孜县、江孜镇等5个乡镇信息服务中心电子显示屏上发布每日天气预报，预警信息分发至全县副科以上干部职工；对江孜县红河谷农业园区、白朗县温室蔬菜大棚进行不间断的巡视，有关数据的采集工作，截至年底运行正常；及时采集各乡镇灾情情况，并到灾情严重地区进行实地调研与取证，将及时地有关灾情情况报送至上级有关部门，为当地群众宣传有关防灾减灾知识，上报工作及充分发挥乡镇气象信息员的职能，以便更好地服务于百姓。

积极借助“3·23”世界气象日和“5·12”防灾减灾宣传日机会，通过发放藏汉双语宣传单、影视播放、个别讲解等形式，大力宣传气象系统的法律法规，发放各类气象科普、服务材料，广泛宣传气象科普知识，得到县委领导的高度肯定和广大人民群众的欢迎。顺利完成江孜县气象局管辖的康马县及本县的防雷常规检测和易燃易爆场所上半年的检测工作，并对江孜县范围的新建建筑物进行防雷跟踪检测。

【“强基惠民”】 年内，江孜县气象局根据江孜县委、县政府工作要求，积极开展“3·28”西藏百万农奴解放纪念日升国旗活动，协助村民完成春耕备播工作，完成2015年江孜县人影炮手“优秀”评选工作，“萨嘎达瓦”宗教佛事活动和“5·23”“六四”等重要节点，牢固树立稳定压倒一切的思想，高度戒备、严密防范，全力以赴做好各项维稳工作。根据“安全生产西藏行”活动要求，结合江孜局实际，进行安全生产大检查大排查大整治活动。

【监督制度】 年内，根据上级财务管理规定要求，实行四级预算国库集中支付工作，严格执行财经纪律及各项规定制度，保证预算执行进度，合理开支并及时对账，认真执行预算外资金管理制度，凡涉及“三重一大”必须开展三人决策，设有兼职会计、出纳。资金来往清楚，支出相平。认真执行财务与局务公开栏，及时将单位各项开支进行公开，做到领导安心、纪检员放心，群众舒心。严格控制公车使用情况，出车有登记，出差有明细，杜绝各种违法违规行为，做到心存敬畏、手握戒尺，廉洁从政，从严治家，筑牢拒腐防变的防线。9月，江孜局全面性开展一次2016年纪检工作自检自查，并将开展工作情况汇报至市局纪检组及人事科。

【“三农”服务顺利验收】 10月21日，由西藏自治区减灾处任永富副处长带队检查组在日喀则市局扎西局长的陪同下，对2013年、2014年、2015年江孜县“三农”气象服务专项工作进行验收及对2016年江孜县气象服务开展情况进行检查指导。

检查组一行通过对乡村级信息服务站现场进行检查，向乡镇领导了解气象服务开展情况及今后的服务需求。随后，在江孜县气象局验收了县、乡镇公共服务平台，查看“三农”专项气象服务产品等相关资料，并听取江孜县气象局“三农”工作汇报。由县农牧局局长索边代表江孜县各部门，有关气象为农服务、防灾减灾及人影工作开展情况做了重要的讲话，并对县气象局在气象服务工作中发挥的作用表示了肯定。检查组要求县局严格按照检查组提出的意见进一步完善基层气象为农服务体系机制，推进融入发展，发挥项目作用和效益，进一步推动江孜县气象为农工作。

【对新建行政办公楼改造】 2016年年初，对新建行政办公楼存在的问题进行改造，并对旧职工住房的存在的问题进行改造，10月重新制定居务公开栏，改造过程中坚持进行监督，并按照实际情况及时汇报上级领导，把各项工作按期，保质保量地顺利完成。

【首次炮点联合执行消雹任务】 8月20日，在一次强对流天气过程中，由于紫金乡所在的空域雹云发展迅速，使得紫金乡人影炮点无法消雹，故首次联合举办藏改乡炮点、康卓乡炮点、紫金乡炮点联合执行消雹任务，取得良好的经济效益。

【重大安全隐患】 江孜县范围内共有8个人影高炮作业点，其中4个高炮作业点按照标准化高炮作业点要求已建立，其中车仁乡、藏改乡、达孜乡、卡堆乡作业点，由于资金问题一直未能建设标准化作业点，因此存在弹药与高炮存放等方面存在重大安全隐患。

（罗　布）

【领导名录】

局　长　西　洛（藏族）

副局长　罗　布（藏族）

气象台台长

罗　布（藏族）

西藏自治区新闻出版广电局江孜中波转播台

【概况】 1979年成立江孜县有线广播站，在有线广播站的基础上于1997年正式成立江孜县中波站，转播的广播节目有四套：中央一套、中央二套、西藏藏语，西藏汉语，四套节目每天播出时间累计32个小时，2000年，江孜中波台上划自治区广电局直接管理，四套节目每天播出时间由原来的32小时提高到60小时，播出时间比建台初期提高近1倍。江孜中波台编制人数为20人，2016年江孜中波台在册人数为17人，其中本科学历的5人，专科学历9人，初中学历1人，小学学历2人。

2005年5月，由国家投资454.42万元对江孜中波台进行改扩建，扩建后的台区总占地面积8099.36平方米，台区位置坐落于江孜县年楚河南岸。2010年8月，国家投资66.72万元，新增设了中央人民广播电视台藏语广播节目。于2010年8月30日建成，并于当年10月1日正式开播。2014年10月，根据《中共中央办公厅、国务院办公厅关于印发〈西藏自治区人民政府职能转变和机构改革方案〉的通知》将单位名字改为西藏自治区新闻出版广电局江孜中波转播台。2016年，江孜中波台共转播5套广播节目，分别为中央人民广播电台中国之声、中央人民广播电台经济之声、中央人民广播电台藏语广播节目、西藏人民广播电台藏语广播节目、西藏人民广播电台汉语广播节目，每天累计播放时间为109小时25分。江孜县1个镇18个乡，除了加克西乡之外，几乎全覆盖，覆盖人口达6万多人。

【党风廉政建设】 年内，江孜中波台始终以马克思列宁主义、毛泽东思想、邓小平理论和“三个代表”重要思想为指导，认真贯彻执行党的路线、方针、政策，深入开展学习习近平总书记在党的新闻舆论工作座谈会上的重要讲话，牢固树立政治意识、大局意识、核心意识、看齐意识，切实增强新闻舆论工作的责任感、使命感，主动占领新闻舆论阵地、牢牢掌握新闻舆论主动权。

【完成安全播出工作】 2016年，通过全台职工兢兢业业、尽职尽责的共同努力下，江孜中波台全年没有出现过任何形式的停播事故，圆满完成全年的安全播出工作任务。全年累计播出时间39564.88小时。

【党建工作】 年内，贯彻落实西藏自治区新闻出版广电局党委和中波管理处的指示精神，组织干部职工开展“两学一做”学习教育活动，制定“两学一做”学习教育活动实施方案和年度学习计划，每周星期五组织党员干部学习党章党规和习近平总书记系列讲话，2016年12月31日前全部党员完成手抄党章。

【为人民服务】 江孜中波台始终坚持为人民服务的宗旨，围绕安全播出这个工作重心，坚持不间断、高质量、既经济又安全的工作方针，充分发挥党和政府的“喉舌”作用，以“零秒”停播的完成好“把敌对有害的声音压下去，把党和国家的声音传入千家万户”的工作目标，为江孜县的长治久安和长足发展营造良好的舆论氛围、提供强大支撑。

（巴　桑）

【领导名录】

台　　长　平措见参（藏族）

机房主任　巴桑次仁（藏族）

城市建设·环保

江孜县住房和城乡建设局

【概况】 1996年，江孜县成立城建局，2008年撤销城建局，成立江孜县住房和城乡建设局。2016年，江孜县住房和城乡建设局全面贯彻执行国家、自治区、市级有关城市、村镇建设管理方面的方针、政策、法律、法规和规章。负责全县城乡建设管理方面的地方规范性文件，并负责解释和贯彻执行。根据县政府制定的经济社会发展战略目标，研究制定建筑业、房地产业的发展规划并具体指导实施。加强对市场的管理，发挥竞争机制，指导和监督招投标活动，维持双方的合法权益，建立健全工程质量监督检测制度，对工程质量负责监督和检查。执行国家有关村镇建设的方针、政策、法律、法规。制定编制全县村镇建设近期计划和长期发展规划，指导村镇建设工作；承办县政府交办的其他建设方面的工作。

2016年，深入贯彻落实中共十八届三中、四中、五中、六中全会和中央第六次西藏工作座谈会精神，始终坚持用党建工作全面统筹住建局各项工作，深入开展“两学一做”学习教育，把改善江孜县住房和城乡事业环境作为促进全县经济社会发展的有效抓手，即江孜县新型城镇化建设、江孜镇特色小城镇示范点建设、两房工作、农村危房改造统计、市政基础设施（保障性住房、棚户区项目、基础设施）建设、城市综合管廊建设。

【党建工作】 支部着力抓好党员干部理论武装和思想政治工作，深入贯彻落实十八届三中、四中、五中、六中全会精神和中央第六次西藏工作座谈会精神及习近平总书记系列重要讲话精神，扎实开展“两学一做”主题教育，切实以科学发展观为指导，以党建工作创新创优为载体，进一步完善工作制度，优化系统软环境，紧紧围绕城市建设、城市管理工作。以“争当安全生产标兵、争当规范制度先锋、争当廉洁高效楷模，创建最规范优秀服务部门”主题活动，把安全生产牢记心间，工程进度监督落在行动，工程质量牢抓手心，形成一个更加文明、健康、和谐、诚信的住建系统，鼓励党员干部争做标兵、先锋、楷模，做优秀的共产党员，民族团结，服务于民。

【党风廉政建设】 为深入推进党风廉政建设工作，住建局采取措施加强党政廉政建设，营造清风气正的氛围。加大问责力度，强化党内监督，深化作风建设，加强警示教育和廉洁文化建设，加强制度建设，全力完善监管体系。2016年，领导亲自带头全面落实一岗双责要求，全体干部自觉参与岗位廉政风险防控体系建设中，严格完善制度建设。制定一系列工程管理制度，进一步规范建筑工程建设工作秩序。在确定重要风险点、风险岗位和风险等级的基础上，对照法规、政策，进一步补充完善，使各项廉政风险控防措施充分汇集民智、反映民情、体现民意，切实做到风险定到岗、制度建到岗、责任落到人。将资质许可、施工许可审批等与群众密切相关的管理事项按照“公开、公平、公正”的原则，严格准入资格审核，规范流程序阳光操作，公开接受社会监督，切实做到公开、公平、公正。进一步加大廉政风险点排查防控力度，对突出重点进行对照整改，建立健全监控防控长效机制。

【结对帮扶】 年内，为进一步健全领导干部结对帮扶长效机制，使其制度化、规范化和长效化，住建局做到扶志于扶贫相结合，实现对帮扶对象政治上关心，生活上照顾，感情上慰藉，发展上帮助。密切关注帮扶对象的情况，定期向上级反馈，及时解决他们在就业、就学、住房等方面的实际困难，确保被帮扶困难家庭稳定脱贫。截至年底，住建局7名干部按照结对帮扶原则，对所帮扶对象每年上门上户联系沟通感情、解决实际问题不少于6次，给帮扶家庭每户每次送慰问品金额不少于200元。

【“两学一做”学习教育】 年内，按照“两学一做”学习教育相关要求，制定《江孜县住建局“两学一做”学习教育实施方案》和《江孜县住建局“两学一做”学习教育计划表》，把“学”这个基础打牢。认真“学党章党规”“学系列讲话”，时刻自重、自省、自警、自励，发挥先锋模范作用，做讲政治、有信念，讲规矩、有纪律，讲道德、有品行，讲奉献、有作为的合格党员。2016年，支部组织召开民主生活会、开展批评与自我批评、采取集中传达会议精神、收看专题报道、浏览相关网页等方式，分批组织集中学习36次、谈话15次，撰写班子及个人对照检查材料，学习讨论，组织谈话，交心谈心，写读书笔记和心得体会，共计笔记87篇。

【保障性住房建设】 江孜县2016年棚户区改造及配套基础设施建设项目总投资5535万元，共改造棚户区1230户，年底已完成总投资的52%，建设内容包括江孜镇加日郊村、卡垫长、退休区、吉塘新村、菜市场后边、东郊村、热旦岗村等，总长23349.64米，主道48622.53平方米，支道62391.01平方米，排水沟7383.95米，填方2523.52立方米，挖方4056.79立方米，太阳能路灯342盏等。重孜乡外墙面改造：沿街建筑外墙面全部进行立面粉刷手抓纹墙面，改造面积19523.37平方米；女儿墙改造；围墙拆除重建，新建围墙长度为1372.18米；门窗改造等。

【公共租赁住房建设项目】 新建80套公租房，总建筑面积3200平方米及附属工程，总投资1200万元，形象进度达95%，已进入后期装修收尾阶段；新建江孜县保障性住房附属工程，总投资770.72万元，截至年底，已完工。新建2014年公租房附属建设项目，总投资536万元，截至年底，已完工。2015年乡镇周转房（江孜镇）附属工程，总投资152万元，截至年底，已完工。2015年乡镇周转房藏改乡等5个乡附属工程建设项目，总投资411万元，建设形象进度达到60%，完成投资246.6万元；2016年，续建440套乡镇干部职工周转房住房项目，已经通过验收并交付使用，基本解决了乡镇干部住宿问题。结合江孜县海拔高、冬季气温低、风沙大的特点，住建局积极征求乡镇意见，在建设过程中采用双层玻璃的形式，提高周转房保温、防风效果，有效提高了干部职工的居住条件，增强干部职工工作热情。续建150套公租房及附属工程建设项目，现已通过初步验收。

【租赁补贴】 江孜县2016年度计划享受租赁补贴人数354户424人下拨资金129.744万元。实际发放2016年度城镇低收入家庭租赁住房补贴354户424人，每人每年3060元，共计发放租赁补贴129.744万元；具体情况如下：江孜县“两房”领导小组（县住建局、纪检委、发改委、财政局、民政局、国土局、江孜镇）于2016年10月对全县新增的租赁住房补贴申请审批表进行受理，并于2016年10月20日、21日利用两天时间进行入户调查。江孜县2016年新增租赁补贴户为20户，24人，于2016年10月28日至11月6日将2016年度新增人员的名单以藏汉两种文字，在县大院、各居委会、镇大院、菜市场、县人民医院等人员密集区进行公示10天，并设举报箱和举报电话，期间未接到举报。两房领导小组于2016年11月14日、15日在县第三会议室公开向354户424人发放2016年度城镇低收入家庭租赁住房补贴，共发放资金每人每年3060元，共计129.744万元。

【公共租赁住房配租】 截至年底，江孜县已建公租房552套：分别是2013年公租房建设项目（宗楚路旁152套），2014年县乡公租房建设项目（老看守所院内68套，老医院48套，江热乡24套，重孜乡12套、热索乡18套），2015年公租房建设项目（国防路150套），2016年公租房建设项目（县政府旧大院36套、林业局院内24套、农业园区20套）。完成分配入住套数254套。老看守所内68套拟分配人员名单正在公示阶段、待公示结束立即分配，150套（2015年公租房建设项目已受理入住申请审批、待附属给排水工程接到在建市政道路（江长南路），进入后期装修阶段80套（2016年公租房建设项目）。

【江孜镇特色小城镇示范点建设】 西藏江孜县江孜镇特色小城镇示范点建设：2月15日，住建厅总工程师、副厅长李新昌赴江孜县调研江孜镇特色小城镇建设工作；3月18日，自治区人大常委会副主任、市委书记丹增朗杰一行到江孜县对江孜镇特色小城镇示范点建设工作进行调研指导；3月25日，自治区住建厅副厅长陈锦一行到江孜县特色小城镇建设进行实地调研，调研过程中，江孜县委、县政府高度重视，成立工作组积极筹备各项工作的开展，就如何建设好江孜镇特色小城镇示范点进行安排、部署，圆满完成调研任务；8月19日，自治区住建厅下达《自治区住房和城乡建设厅关于日喀则市桑珠孜区甲措雄乡等4个特色小城镇控制性详细规划、建设规划的批复》，根据特色小城镇示范点建设规划内容，主要建设项目有长宁路城市道路功能提升项目、白居路综合整治工程项目、加日郊老街环境综合整治工程、江孜宗城基础设施建设项目（拉则步行街综合整治项目）、古城道路新建项目、达玛场改扩建项目。

长宁路城市道路功能提升项目（总投资1107.47万元）已完工；白居路综合整治工程项目（总投资3083.88万元），已办理完成前置五项手续、招标阶段、预计2017年开工并完成建设；古城道路新建项目（新建田园路、寺前路工程项目总投资2071.36万元）由县发改委整合到9.5亿元城镇棚户区建设项目中，已办理前置五项手续，预计2017年开工并完成建设；江孜宗城基础设施建设项目（拉则步行街综合整治工程，总投资1916.12万元），已做好可行性研究报告；加日郊老街环境综合整治工程、达玛场改扩建项目为探讨、计划设计方案阶段。

【公有房屋管理】 根据自治区住建厅对全区公有房屋管理实行统计年报制度的工作要求，及时掌握全县公有房屋数据变动情况，实现全县公有房屋管理动态化、信息化，全面展开公有房屋统计工作，对2016年新增、改扩建和拆除的公有房屋变更情况进行认真仔细的统计，江孜县2016年度共新建单一功能房屋67栋、37047.92平方米、860套（间），多功能综合楼26栋，16640平方米，245套（间）；共改扩建单一功能房屋7栋、1343平方米、15套（间），多功能综合楼1栋，655平方米，10套（间）；共拆除单一功能房屋25栋、4247.52平方米、114套（间）。对公有房屋的存量、权属状况等进行全面了解，摸清了公有房屋的基本现状和使用情况，保证数据的精确度，确保数据的完整性和时效性。

【工程质量检查】 江孜县住建局严格落实签订工程质量终身责任承诺书、法定代表人授权书、联合相关部门开展安全生产检查专项整治工作。检查各类建筑施工企业证照是否齐全、有效；在房屋建筑、市政、水利、电力等工程施工中预防倒塌，高处坠落、物理打击、触电、起重机械事故及安全生产制度落实情况；安全帽、安全带和安全网等安全防护用品的采购、检查和使用管理情况；对新开工建设项目的安全措施是否及时到位及建设项目落实情况；通过整治，强化责任制，健全工程质量安全保证体系，落实工程质量安全生产责任制度，规范建筑施工质量安全行为，改善施工现场质量安全状况，提高从业人员质量安全意识和技能，消除质量安全隐患，遏制特大事故和影响恶劣事故的发生，最大限度减少重大事故、多发性事故的发生，建立工程质量和安全生产的长效管理机制。

【施工、监理单位质量保证体系】 施工、监理单位应建立健全质量保证体系，配备相应的技术管理人员。所配备的项目管理人员应切实到位，认真负责。重点整治人员到位情况，对检查不到位人员将给予通报批评，并将按有关规定记入不良记录。

【建筑材料和构配件】 重点整治水泥、钢筋、建筑用砂、防水材料、铝合金型材、建筑玻璃等。进场材料和构配件应有出厂合格证和试验报告，施工、监理单位应对进场材料严格把关，检查发现不合格的材料应坚决清退出场，杜绝不合格材料用于工程中。

【工程实体质量】 强化地基基础、主体结构工程以及影响结构安全的重点工序和关键环节的质量监管，严格控制施工过程质量。施工、监理单位应积极采用新技术、新措施消除质量通病，特别是结构裂缝、外墙面开裂、屋面渗漏等易引起用户投诉的质量问题。

【检查专项设计、施工资质】 重点检查专项设计、施工资质及相关内业资料、整治各节点预埋件、节点构造、焊缝质量、杆件、玻璃等原材料。建筑幕墙、网架应由有资质的单位进行专项设计，经原设计单位确认，并报原图纸审查机构审查合格后方可施工；施工单位应有专项资质。

2016年，江孜县住建局共开展17项专项安全生产检查17次，涉及全县工地144处，包括续建29处、新建115处，期间发现隐患并提出整改意见64条，责令相关主管部门和施工企业落实整改，为2017年建筑施工安全生产奠定基础。

【农村危房改造统计情况】 根据自治区住建厅《关于核实录入建档立卡贫困户农村危房改造对象信息的通知》文件的要求，江孜县住建局于2016年初与相关单位通力协作、精心组织、狠抓落实，确保把住房最危险、生活最困难的特困户纳入改造范围，统计了全县农村危房户数，江孜县2016年共有558户19万平方米的农村危房需要改造，全部558户信息已录入到“全国农村住房信息系统”并标注为“建档立卡贫困户农村危房改造对象”。这些危旧房屋，有的是年久失修，有的是受“4·25”地震影响，但是到2016年底，国家并未下达江孜县农村危房改造指标。

（旦增罗布）

【领导名录】

局　长　尼　　卓（女，藏族，5月免）
副局长　孟　　岩（上海援藏，6月免）
　　　　朱书敏（上海援藏，6月任）
　　　　加参多吉（藏族）
　　　　拉巴贵吉（藏族）
副主任科员
　　　　扎　　央（女，藏族）

江孜县环境保护局

【概况】 江孜县环境保护局成立于2010年，设有环境监察大队和环境监测站（为县环境保护局管理的副科级事业单位），环境监测站有编制4人，实有0人，环保局现有7人。江孜县环保局位于白居路东段入口100米南侧，设有局长办公室、副局长办公室、综合办公室、党员活动室、监察支队和环境监测站。环保局牵头开展生态文明建设和全县环境保护工作，日常开展环境监察和全县污染防治以及负责一年四季度的全县大气、地表水、地下水、集中式饮用水水源地的环境监测工作。

【环境监测】 2016年，江孜县监测工作严格按照《西藏自治区环保厅关于对日喀则市相关县环境质量监测方案的批复》要求组织实施，县域水体、空气监测工作由第三方具有监测的资质单位每季度监测一次，报告显示与上年度整体持平。县城内主要河流水质达到Ⅲ类以上标准、空气质量达到二级以上标准。根据四季度监测结果表明江孜县集中式饮用水水源地（地下水）水质各项监测指标均符合《地下水质量标准》（GB/T14848－1993）表Ⅱ类标准限值；江孜县地表水（河流：年楚河）和集中式饮用水水源地（地表水：备用水源地）水质的各项监测指标均符合《地表水环境质量标准》（GB3838－2002）Ⅲ类标准限值及集中式生活饮用水地表水源地补充项目标准限值；江孜县环境空气质量各项监测指标均符合《环境空气质量标准》（GB3095－2012）二级标准限值。

【环境影响评价】 建设项目环境管理工作逐步规范化运作。江孜县全年共开工建设项目78个。江环保局全年共办理环评登记手续48个，开具环评证明30个。各项手续严格按照《项目分类目录》进行，实现不越权办理，按规定办理。工地环境管理中，各施工工地从开工建设到竣工期间，均进行严格监管，施工中必须制作环境保护宣传口号或标语。

【生态环境保护】 年内，开展生态村创建工作，全年完成3个生态村申报工作及材料的准备。全年对集中式饮用水水源地、湿地、林地、年楚河流域沿线、旅游景区进行环境监察和不定期检查，保证保护区内无污染源，截至年底共巡查12次，同时按照“属地管理”的原则，要求各乡（镇）发挥监管和保护作用。年内，开展整治沙场工作，江孜县人民政府制定印发《江孜县采砂专项整治工作方案》，并召开专题会议。全年，完成砂场整治工作，主要包括取缔证件不全、减少砂场数量、规划生产区域、生态恢复采砂等综合措施。

【大气污染防治】 年内，开展大气污染防止工作主要突出工业防治和燃煤锅炉淘汰，制定了《关于江孜县开展燃煤锅炉淘汰工作计划》，全年共淘汰燃煤锅炉5台。通过和林业局协同配合开展植树造林、防沙治沙。年内，加强砂石运输车管理，维护路面扬尘，全年共纠正渣土运输车65辆，纠正后的车辆均已采取防尘防漏等措施；对建筑工地严格监管和要求，防止扬尘、降尘。年内，严格禁止焚烧秸秆、垃圾，充分利用环境监管网格化机制形成横向到边、众向到底的监管预防体系。

【水污染防治】 年内，严格按照《水污染防治行动计划》和日喀则市《水污染防治实施方案》，认真领会习近平总书记提出的“绿水青山就是金山银山，冰天雪地也是金山银山”的环保理念，牢固树立“保护生态环境就是保护生产力、改善生态环境就是发展生产力”的科学理念，正确对待江孜水质环境保护，不以江孜县目前水质环境良好而麻痹大意，坚持保护在先，坚持以人为本，坚持预防为主，坚持“节水优先、空间均衡、系统治理、两手发力”的治水方针，按照“属地管理”的原则，以水环境质量保护为核心，强化源头控制，水陆统筹，河湖兼顾，系统推进水污染防治，坚持政府市场协同，注重改革创新；坚持全面依法推进，实行最严格环保制度；坚持落实乡镇责任，严格年终环保考核问责；坚持全民参与，推动节水洁水人人有责。推动形成“政府统领、企业施治、市场驱动、公众参与”的水污染防治新机制。结合环保综合督查，进一步深化污染防控工作。全年，对龙地矿业、方辉矿业、江孜地毯厂、粮食加工厂、垃圾填埋厂、自来水厂、县城备用水源地、砂场、液化汽站、加油站等重要企业及重要保护区开展多次监察检查工作，确保排污企业不偷排、漏排，维护保护区的环境质量。

【土污染防治】 年内，大力推进生态文明建设，以保障人民群众身体健康为出发点，坚持经济发展与环境保护相协调、全面推进与重点突破相结合、属地管理与部门协作相一致、总量减排与质量改善相同步，转变发展方式，优化产业结构，着力防治土壤污染问题，坚决捍卫江孜县人民耐以生存的土壤环境，形成政府统领、企业施治、创新驱动、社会监督、公众参与的土壤防治新机制。以保护和改善土壤环境质量为核心，以保障农产品质量和人居环境安全为出发点，坚持预防为主、保护优先、风险管控，突出重点区域、行业和污染物，实施分类别、分用途、分阶段治理，严控新增污染、逐步减少存量，建立县政府主导、企业担责、公众参与、社会监督的土壤污染防治机制，促进土壤资源永续利用。年内，开展规范医疗废物的处置，全县医疗垃圾的收集处置等流程逐步规范化、科学化、环保化，医院与县垃圾填埋场建设了医疗废物转运联单制度，并提供了转移联单登记。县垃圾填埋场实现了生活垃圾、医疗垃圾分类妥善处置填埋。对全县19个乡（镇）卫生所医疗垃圾的处理严格按照规程进行，在填埋中，做到先定点焚烧、再运至县生活垃圾填埋厂进行定点填埋。

【环境安全隐患排查】 年内，开展了全县核技术利用单位辐射安全专项监督检查工作，形成了《江孜县关于开展核技术利用单位辐射安全监督检查工作情况》。年内，开展了环境安全隐患排查治理。全年共开展4次除患排查工作。4月，结合江孜县实际情况，制订了《江孜县环境隐患排查工作方案》，对全年安全隐患排查工作进行了安排部署，同时，不定期开展了隐患排查。

【环境保护宣传】 年内，制定了环保宣传单、宣传横幅标语、宣传牌、宣传海报、宣传书册、环保宣传围裙和编制带等，全年共开展定点式环保宣传12次。

【环境综合整治】 全县动员、不留死角，整治的同时加强宣传教育。5月，江孜县结合县域实际，为做好城乡综合整治工作，制定出台《江孜县开展县城市容市貌综合整治专项行动方案的通知》《江孜县开展县城及乡（镇）环境卫生综合整治活动实施方案的通知》，根据文件精神，开展相关检查指导工作，并依照属地管理原则，对全县各乡（镇）、县直各相关部门的职能和任务及责任进行了明确。根据工作开展情况，形成了《江孜县人民政府办公室关于2016年“两次”环境综合整治工作的情况通报》，整治工作情况与年内的县级环境保护考核挂钩。

（何军坪）

【领导名录】

党支部书记、局长

达瓦次仁（藏族）

党支部副书记、副局长

多吉丹增（藏族）

交通·通讯

江孜县交通运输局

【概况】 江孜县交通运输局隶属江孜县人民政府，机构规格是正科级、行政单位，其前身江孜县交通局，成立于2005年1月，2011年3月机构改革中，将江孜县交通局更名为江孜县交通运输局，主要职责：规划、建设、养护和管理全县乡村道路、专用公路以及路政管理和交通运输等日常工作。2016年，江孜县交通运输局核定行政编制4名，实际工作人员7名。把改善农村交通运输环境作为促进农牧区经济社会发展的有效抓手，不断加大农牧区交通基础设施建设力度，有效改善了江孜县农牧区交通运输条件，为加快推进江孜县跨越式发展和长治久安奠定坚实基础。江孜县辖19个乡（镇），155个行政村（居委会），32座寺庙。截至年底，路网规划调整后，全县境内共有国道2条（G349、G562）、省道2条（S303、S512）、县道4条、乡道4条、村道55条，寺庙公路27条。2016年，江孜县农村公路总里程为568.62公里，其中：硬化公路101.307公里，砂石路467.313公里，乡（镇）通畅达到94.74%；行政村通达率为100%，其中通畅率达到41.29%；寺庙通达率为100%，其中通畅率达到31.25%。

【农村公路建设】 2016年，江孜县交通运输局结合实际，按照紧迫程度，从“十三五”项目规划中挑选出最急需的几个项目并开展项目前期工作。截至年底，完成10个项目的环评报告、土地预审、城乡规划许可证、地勘等相关前置手续。2016年，江孜县道路交通建设项目总投资为13062万元，截至年底完成投资6943万元，占投资总数的53%。

2016年，江孜县交通项目续建6个，其中重点项目3个，分别是：纳如乡吐如雄村至恰巴村硬化公路工程，建设路面类型为水泥，总里程11公里，批复投资1680万元，2016年10月已完工，该公路工程解决了吐如岗村、恰巴村的通畅问题；江孜镇嘎吾村路面硬化工程，建设路面类型为水泥，总里程9.111公里，批复投资1195.6万元，2016年10月已完工，该公路工程解决了江孜镇东郊村的通畅问题；达孜乡至仁青岗村硬化公路工程，建设路面类型水泥总里程9公里，批复投资1715万元，2016年底累计完成投资1359.16万元。

一般建设项目3个：紫金乡S204岔口至香普村硬化公路工程，建设路面类型为水泥，总里程4公里，批复投资984万元，2016年11月已完工，该项目的实施解决了香普村的通畅问题；龙马乡最康村至卓庆村及卡布琼自然村通达公路工程，建设路面类型为砂石，总里程10公里，批复投资774万元，2016年11月已完工，该项目的实施解决了最康村、卓庆村、卡布琼自然村的通达问题；热龙乡S307岔口至夏雄村公路工程，建设路面类型为砂石，总里程11公里，批复投资605万元，2016年10月已完工，该项目的实施解决了夏雄村的通达问题。

新建项目4个：江孜县江热乡S204线岔口至仁庆林硬化公路工程，建设路面类型为水泥，总里程17.349公里，批复投资2812.0797万元，该项目于2016年9月初开工，截至年底累计完成投资126.9893万元，占批复投资的4.5%；江孜县浪江路岔口至纳如村断头路工程，建设路面类型为砂石，总里程4.576公里（含13公里道路整治内容）批复投资1446.7138万元，该项目于2016年9月初开工，截至年底，完成累计投资218万元，占批复投资的15%；江孜县藏改乡夏尔岗村至其吾村硬化公路工程，建设路面类型为水泥，总里程5.48公里，批复投资1651.3684万元，2016年11月29日完成了该项目的交桩工作；江孜县龙马乡西堆村益热牧场道路工程，建设路面类型为砂石，总里程0.515公里，批复总投资197.81万元，2016年12月该项目下发批复文件。

【农村公路养护】 截至年底，江孜县农村公路养护总里程为665.46公里，牵涉全县19个乡镇的乡道2条、村道58条、寺庙公路28条。2016年年初江孜县交通运输局与各乡（镇）政府签订了《江孜县农村公路养护管理目标责任书》，且专门召开了江孜县农村公路养护工作会议，会上决定了江孜县交通运输局农村公路养护管理体制从原先的承包给线路所在地村委会，变为以乡（镇）人民政府带头，每条专线专门成立农村公路养护小组进行养护。并从2016年开始进行考核验收，实行奖惩办法来激励养护小组的工作。小组成员安排上江孜县交通运输局要求各乡（镇）紧紧依靠上级“脱贫攻坚”工作任务，要求入列小组成员首先从脱贫攻坚扶贫人员中具有劳动力的贫困户建档立卡人员中选出。截至年底，江孜县共建立农村公路养护小组96个，养护成员424人，其中建档立卡人员183人，占整个养护人员的43%。

2016年7月—8月，由于受强降雨天气的影响，江孜县位于山沟地带的个别乡（村）农村公路受到不同程度的灾害，公路受灾造成经济损失近198万元。2016年10—11月江孜县交通运输局对因水毁造成较大安全隐患的路段和阻碍群众正常通行的路段及时进行了修复工作，保障路面通畅，共投入资金19.5万元。

2016年12月13日—20日，江孜县交通运输局组织开展为期7天的农村公路管理养护检查考核，考核工作主要以内业资料是否整理规范，外业路面是否养护做到位来进行综合打分，并将考核结果实行排名亮分。

【路政工作】 2016年，在各宣传日和特殊纪念日江孜县交通运输局积极向广大群众宣传道路交通法律法规知识，全年内共开展宣传10次，悬挂横幅10余幅，发放宣传单/册2150人次。2月、3月、9月、11月，江孜县交通运输局联合江孜县安监局、江孜县交警大队、江孜县公路段等部门对县内的所有公路进行道路交通安全隐患排查和路边违规建筑、违规占道、车辆超载、无证驾驶等情况进行巡查。

【脱贫攻坚】 从政策、资金等方面江孜县人民政府对农村公路特别是贫困乡村的公路建设给予大力支持，2016年江孜县人民政府从县财政支出200万元，用于牧场道路建设，改善江孜县边远贫困乡村的交通条件。另外，2016年9月江孜县交通运输局将县精准扶贫集中搬迁点的道路建设计划上报日喀则市交通运输局，道路全长4.7公里，项目总投资1087万元。11月底，江孜县交通运输局认真组织开展“321”结对帮扶活动，7名干部职工结对帮扶卡堆乡加措村、卡吾村12户，每名干部到各自联系户中，谈心谈话，了解他们各自的生产生活条件，并为他们送去简单的生活用品及慰问金。

【农村客运工作】 截至年底，江孜县共有客运班线车辆62台，开通客运班线16条，其中拉萨、日喀则市以及周边县共6条线路，江孜县城内7条乡镇线路。

【农村公路普查工作】 2016年，根据西藏自治区交通运输厅和日喀则市交通运输局关于开展农村公路普查工作的统一安排部署，按照农村公路普查实施方案，江孜县交通运输局专门成立农村公路普查小组，积极开展农村公路普查工作，此次普查的对象为江孜县所有的农村公路，包括县、乡、村道路、自然村道路、寺庙道路、牧场道路、产业园区道路、专用道及道路上的所有附属设施的采集。江孜县交通运输局从2016年7月初开始到12月中旬，经历5个月的时间，完成了此次普查内、外业工作。本次普查共线路300条，里程总计1272.975公里。其中，县道4条，里程165.95公里；乡道5条，里程112.208公里；村道104条，里程363.733公里；专用公路187条，里程634.084公里。农村公路普查共涉及19乡（镇）、155个行政村（居委会）和293个自然村、32座寺庙、桥梁155座、涵洞1791道、标识标牌142个。

【党建工作】 年内，开展“江孜县党建工作规范化建设年活动”和“两学一做”学习教育活动为契机，在2016年江孜县交通运输局进一步强化党员的党性观念和宗旨意识，规范组织建设工作。加强思想政治教育，江孜县交通运输局党支部始终把加强党员干部理论学习放在首要位置，在抓好业务工作的同时，坚持以理论学习为指导，通过学习教育，江孜县交通运输局党员干部的思想面貌焕然一新，工作积极性大增，工作效率大大提高，达到了学习教育的目的，教育活动取得实效；建立健全工作机制，江孜县交通运输局党支部严格落实机关党建“五个一”工作清单，结合实际，扎实有效开展规范化建设建立完善党建“十项”工作制度，形成制度汇编；全面开展好各项活动。2016年7月1日建党95周年，江孜县交通运输局党支部开展“重温入党誓词”，宣读“党员公开承诺书”等活动；做好党费收缴管理工作。严格党章规章规定，开展2008—2016年党费收缴专项检查，并经查江孜县交通运输局党支部党员都按时足额上缴党费，定期对党费收缴情况进行公示，无漏交、少交的情况。

（张林祥）

【领导名录】

局　长　朱海峰

副局长（主任科员）

索　朗（藏族）

副局长　扎西罗布（藏族）

日喀则市交通运输局江孜公路段

【概况】 江孜公路段于1954年在亚东县帕里镇成立，原名为“帕里养护段”于1960年搬迁至江孜县城而更名为“江孜公路段”，是市公路交通系统中职工人数最多、管养里程最长的公路段，两条线路平均日交通流量达2880余辆（台）。日喀则市交通运输局江孜公路段位于日喀则东部、雅鲁藏布江中段、年楚河上游河谷地带的江孜县城，距日喀则市92公里，平均海拔4100米，全县面积3800平方千米，自古有“西藏粮仓”之美，历史悠久，文化灿烂，是一座著名的“英雄古城”，公路交通的迅猛发展对当地经济的发展和社会稳定起着举足轻重的作用。

【组织机构】 江孜公路段党团群成立党支部、团支部、工会小组、妇联小组各一个。县公路段机关设立政工劳资室、行政办公室、财务室、技术统计室、机务管理室、路政所五室一所，下设八个公路养护工区，牧场、农场各一个。

【人员结构】 年内，全段共有干部职工287人，其中在职干部职工157人（包括一线补员98人、公益性岗位4人）、退休职工130人（包括合同制退休工22人）；党员73人，本科文化程度3名，大专文化程度10名，中专（高中）文化程度9名，初中及以下文化程度134名。

【机械设备情况】 年内，全段共有机械设备30台

（辆）。其中，运输机械9辆，小型客车3辆（其中依维柯小客1辆）、中型客车5辆、重型半挂牵引车1辆；养护机械设备21台：小型东风自卸汽车13辆、大中型装载机3台、小型装载机2台、压路机2台、灌缝机1台。

【管养情况】 江孜公路段管养的公路通往日喀则市五县一市，管养里程达341.5公里路，其中省道204线沥青路面204公里路（日喀则市城—亚东县多庆村）、省道307线沥青路面72.8公里路（卡若拉冰川—江孜县城）、国道219线42.7公里（康马县—涅如麦乡）、萨热线农村公路沙砾路面22公里；省道204线下设6个养护工区，省道307线下设2个养护工区；国道219线由日亚线五工区养管。多年来，江孜公路段先后多次被自治区交通厅、自治区公路局、市交通运输局、日喀则市及当地县委授予先进集体称号，逐步形成标准化养护、规范化管理的工作体系。江孜公路段本着“人在路上，路在心上，养护为业，道班为家，艰苦创业，无私奉献，甘为路石，奉献终身”的西藏养护精神，努力打造平安公路、智能公路、生态公路、人文公路，更好地为西藏交通运输跨越式发展服务。在今后的工作中，江孜公路段继续认真学习贯彻落实上级党委、部门的指示精神，诚恳地与兄弟单位进行学习和交流，共谋发展，共筑公路梦。

2016年，全段上下众志成城认真贯彻落实区市两级公路交通工作会议精神，深入开展“两学一做”主题教育活动，真抓实干、抢抓机遇，圆满完成年初既定目标任务，为全面提升公路“四个服务”水平做出应有的贡献。

【养护生产】 年内，按照区、市两级公路养管工作会议精神，坚持“畅通主导、安全至上、服务为本、创新引领”的方针，紧紧围绕构建“畅、安、舒、美、顺”工作目标，更新养护管理观念，以精细化养护管理为手段，不断提高公路使用技术状况和服务水平。清理边沟16403米，维修浆砌边沟125米，新挖截水沟25米，新修铅丝笼护脚墙1处176.4立方米，修建挡土墙、路肩墙等浆砌体12处429.42立方米，填补路基缺口2241立方米，清除零星塌方2265立方米，改善土路肩8071平方米，路肩上种草339.5平方米，龟裂、网裂等病害修复25954.8平方米，修补路面推移、坑槽、松散等病害16处624平方米，维修混凝土路面2处144.753平方米，全线桥（涵）头跳车22处548.38平方米，砂土路路面平整8.6万平方米，路面铺筑路面料973立方米，桥涵清淤17座（道）239立方米，维修及加固桥梁3座（其中浆砌片石导流堤2处35立方米、铅丝笼临时导流堤1处24立方米、浆砌片石锥坡1处26.3立方米、铅丝笼临时桥墩护脚防护墙2处52立方米），维修及加固涵洞5座（其中浆砌片石涵洞进出口墙体5处91.3立方米、干砌石涵洞进出口墙体1处30立方米、涵底铺砌2处121.8立方米），矫正波形护栏48米、更换波形护栏板面68米、增补示警桩53根、维修防护墩32处、增补防护墩22处、增补各类标志牌18块、更换标志牌板面褪色93块，更换里程牌6块，防撞墙、示警桩、防护墩等设施粉刷油漆6415平方米，公路用地范围内清扫垃圾余27.3万平方米，经县公路段自检公路技术状况评定优良路率为93.1%、公路技术状况评定值为（MQI）90.37，砂土路优良路率为67.3%。

【预防性养护】 年内，为更好的保持公路的良好技术状况，延长公路使用寿命，不断加强预防养护工作。在不增加结构承载能力的前提下，针对出现或可能出现的病害，采取合理的预防性养护措施，截至6月，共完成零星塌方路段内加高浆砌片石上挡墙5处310.36立方米。雨水季节和农田灌溉期造成路面积水沿裂缝渗透至沥青路面表面以下会逐渐腐蚀路面，致使路基软化，承载下降原因，造成路面破损等问题，在雨季之前对路面裂缝进行一次全面灌封，同时因农田灌溉引用水设置不合理造成路面积水路段内增设农用灌溉盲沟3道、农田灌溉水渠迁移1处50米，从而改善公路总体通畅能力，最大限度地延长公路的使用寿命。

【应急处治】 年内，始终积极贯彻“预防为主、防治结合”的工作原则，制定和完善《江孜公路段公路抢险保通应急处置预案》《江孜公路段公路水（雪）毁抢险保通工作方案》及《江孜突发公共事件信息报告制度》《江孜公路段路桥阻断信息发布制度》，全面落实抢险保通责任，强化保通措施，成立相应的应急抢险保通突击队，把抢险保通工作落到实处。上报灾情8期（其中雪毁3期、水毁5期），造成交通中断1次共5多小时，共造成经济损失达32.3余万元，工程量为路面积雪6784平方米，清理泥石流3240立方米，桥梁局部冲毁1座（进出口锥坡冲毁3处146平方米、两侧桥墩护脚防护墙全冲72立方米），桥梁局部冲毁外，其余已全部恢复。

【路政管理】 年内，按照日喀则市交通运输局《日喀则市交通运输局2016年全国“路政宣传月”活动实施方案》文件要求，县公路段路政所于5月在管辖路段范围内开展以“爱护桥梁、保障畅通”为主题的路政法制宣传活动这次宣传月活动，第一采取多种宣传形式，加大路政宣传工作力度，坚持“宣传与治理相结合”的原则，以宣传促进管理，为创建美丽公路奠定基础。在宣传月活动中，充分发挥新闻媒体的宣传作用，通过江孜电视台新闻、微信、网络等宣传《中华人民共和国公路法》和《西藏自治区公路条例》《公路安全保护条例》。组织宣传车2辆，制作2块宣传展板，在段大门、工区大门以及宣传车上悬挂路政宣传标语、条幅和宣传牌，发放各种宣传资料4340余份，发放各种宣传物品1700余件。安排在国省干线主要穿县穿乡路口，选择重点（县）乡镇，并联合当地政府、设立路政法律法规咨询台。共发案4起、破案4起、结案4起、结案率均达到100%，收取公路赔（补）偿费共计人民币12680元，办理行政许可1卷；拆除非公路标志牌18块、治理公路用地内乱堆乱放39处1153平方米、制止摆摊设点19处、拆除公路用地内围墙及铁丝围栏8处97米、制止违章建筑5处89.65平方米，清理倾倒废弃物21处37.57立方米；取缔平交道口6处；制止公路用地内挖沙、取土1处；有效遏止侵犯、占用公路路产等违法行为。

【安全生产】 年内，安全生产工作中始终贯彻“安全第一，预防为主”的方针，牢固树立安全责任重于泰山的意识，认真贯彻上级有关安全生产工作的会议及文件精神，遵循“横向到边、纵向到底、责任到人、不留死角”的安全生产工作原则，在全段范围内开展安全生产大检查及整改活动，积极开展“全国安全生产月”和“安全生产西藏行”等活动，进一步推动树立红线意识，加强安全法治，落实安全责任，普及安全知识，提高全体职工安全防范意识。开展安全生产宣传活动1次，出动宣传人员6名、宣传车2辆，悬挂横幅2条，散发各种宣传材料1340余份，发放各种宣传物品900余件，增设各类标志牌18块，更换标志牌板面褪色93块，增补示警桩53根，修补防护墩32处，更换波形护栏护板14处68米，矫正波形护栏13处48米，防撞墙、示警桩、防护墩等设施粉刷油漆6415平方米，更换里程碑6块，修剪行道树约17900米/1790处，2016年在全段范围内未发生过安全生产事故。

【机械设备管理】 年内，在机械设备管理工作中，江孜公路段在严格执行上级部门规定的同时，结合实际制定机械操作人员岗位目标责任，严禁无证驾驶、酒后驾驶、机械带病作业、疲劳驾驶等现象，坚决防止和杜绝交通安全事故的发生。通过多年努力机械管理工作得到较好的规范，使机械设备的使用、维修、报废走上良性循环的道路，不断提高机械完好率。机械完好率达93.3%，使用率达42.31%。

【党建工作】 年内，在巩固和扩展“党的群众路线教育实践活动”成果的同时，深入开展“两学一做”专题教育活动，并通过活动带动党建工作。2016年培养积极分子8名、吸收预备党员6名、转为中共正式党员3名，建立党员个人档案73份，江孜县公路段党支部2016年被江孜县委评为先进党支部。在开展创先争优强基惠民活动中，江孜公路段派出一个驻村工作队共4名同志入村开展工作，2016年共筹措资金23500元，解决民生项目2个，增强进驻村造血功能。在“两学一做”专题教育活动中，按照上级党委《关于在全体党员中开展“学党章党规、学系列讲话，做合格党员”学习教育方案》要求，县公路段支部结合工作实际，精心筹备、细化安排、抓早落实，做好学习教育各项工作。组织全体党员，开展集体和个人形式学习“学党章党规、学系列讲话”精神，党员个人学习笔记不少于1万，并撰写学习心得体会1次。通过学习《中国共产党廉洁自律准则》《中国共产党纪律处分条例》等党内法规，明确做合格党员的标准和条件，机关党员积极参与公路养护一线工作，并完成防撞墙、示警桩、防护墩等设施粉刷油漆640平方米、更换标志牌板面褪色136块、清理公路沿线垃圾18立方米，从而扩大职工中发挥党员先锋模范作用。继续开展党的群众路线实践教育活动和巩固在全区公路系统中开展“一教育、两加强、三促进”工作的成果。投入资金63000元，新建温室棚180平方米3座，解决3个养护工区吃菜难题；投入资金136101.84元，新修砖混结构职工文化活动室82.5平方米1座；投入资金38962元，深入养护一线开展慰问2次；投入资金8500元，看望住院、长期病号职工17人次。

【行业文明建设】 江孜公路段利用“三八”妇女节和“五一”劳动节等节日，开支一定活动经费，组织全体干部职工和退休老同志，开展体育竞技、歌咏比赛等健康向上的文体活动，丰富职工的精神生活，提高团结互助意识。跳锅庄健身、健美活动。利用早上上班之前半小时，组织全体干部职工开展“励志青春·放飞梦想”的跳锅庄健身健美活动，锻炼干部职工的身体，提高身体素质，也愉悦了干部职工的心情，使其能更快更好地投入到全天的工作当中。创建“学习型业务办公室”“学习型工区”活动：公路段历来高度重视创建“学习型业务办公室”“学习型工区”活动，积极营造讲学习、爱学习、善于学习的良好氛围。2016年，共举办3期公路养护统计、路政管理、安全生产培训等技能，以此提高工作效率、安全意识。大力开展创建“美丽公路活动”，改善路域环境，不断提升行业服务水平。公路段巩固以往实施创建“美丽公路”的成果，2016年实施日亚线K74+400至K94+400处路段20公里路开展创建美丽公路。截至年底，完成路面修补85.5平方米，修复桥梁伸缩缝16米，路肩及边坡回填1670立方米，整修边坡1.5万平方米，公路用地范围内美化21600平方米（培土达648立方米），迁移铁丝围栏438平方米、清理乱推杂物7处共142平方米，修剪公路沿线绿化6万平方米，清理公路沿线垃圾2700平方米，制作宣传栏1处粉刷标语共9处（其中“两路精神”标语2处、路政标语6处）、粘贴写真民族吉祥图11处7.7平方米，取缔平交道口3处，改建平交道路路面6处216平方米（其中沥青路面4处144平方米、混凝土路面处72平方米）更换褪色标志板面27块，新增各项标志牌6块，路面上划制平道道口标线20处，安保设施标志粉刷油漆780平方米，更换波形护栏板面14米，增补防护墩19处，维修防护墩14处，使该路段路域环境、工区规范化、公路整体服务能力有了明显的提高。2016年，江孜公路段党支部被评为江孜县委先进基层党支部，江孜公路段被评为江孜县环境保护先进单位。

（拉 顿）

【领导名录】

段　　长　普　　琼（藏族）

副 段 长　拉　　顿（藏族）

支部委员　达娃罗布（藏族）

支部委员、路政所所长

普　　穷（藏族，5月任）

中国邮政集团公司西藏自治区江孜县分公司

【概况】 2016年，分公司现有在职职工共计12人，其中经理1人，A类合同工3人，B类合同工

5人，C类合同工2人，乡邮驾驶员1人。根据业务类型分为邮务类业务、代理金融、代理保险、人民币存取款、理财、外汇、保险等金融业务。是经中国邮政集团公司批准运营的金融网点。2016年，江孜县邮政分公司认真贯彻落实区、市党委政府和县委、县政府以及集团公司和区（市）分公司的各项决策部署，积极应对复杂多变的市场环境，积极进取，克服各种困难和市场环境的不利因素，圆满完成了各项工作目标任务，取得了一定成效。

【完成各项计划指标】 2016年，江孜县邮政分公司积极响应市场外拓营销精神，积极宣传金融业务，取得一定成绩。江孜县邮储银行在2016年秉承“激情，实干，争先”的企业精神，深化企业改革，加速业务转型。抓住业务发展重点，努力提升服务质量服务地方经济，为江孜县2016年经济做出了一定的贡献。另外公司积极推进内部机制改革，增强内控制度，加强员工队伍建设。着力提高员工服务素质，各项工作得到了有利发展，并取得飞跃式的发展。截至年底，江孜县分公司各项存款达到232万元，较2015年增长51万元。邮政金融总收入达256万元，同比净增46%。同时，因为出色的营销方式和服务质量赢得中国邮政集团公司和中国邮政集团工会联合颁发的营销方式劳动竞赛标杆网点奖。

【寄递发展】 江孜县邮政分公司，不断提高寄递通信的覆盖率，确保寄递工作的正常运行。在巩固寄递成果的同时，江孜县邮政分公司全年共投递党报党刊40多万份。加大邮政通信安全工作管理力度，始终把搞好普遍服务工作作为己任的精神，赢得当地政府、企事业单位和广大农牧民的赞誉，同时对邮政服务工作也予以了肯定好评，不断塑造着全心全意为人民服务的邮政形象。江孜县邮政分公司在文化大发展的背景下，把“创先争优强基惠民生”作为农牧区乡邮工作的重点之一，为此召开专题会议，切实强化了投递服务质量，及时迅速满足客户用邮需求，树立良好的邮政企业形象。并做到监督检查必须到位、投递服务标准必须到位、宣传力度必须到位。通过大力宣传邮政服务内容和服务标准，了解和宣传集邮文化和用邮需求，得到客户的一致信赖。同时，积极配合乡政府网点建设，整合人力资源，做好乡邮人员工作分配，提高工作效率，优化人员结构，并且利用乡邮网点有利条件，把邮政业务辐射到广大农村地区，为江孜地区广大的农牧民提供更优质的服务。更好地做到了人民邮政为人民的服务宗旨。

【安全工作】 安全方面，加强了监控力度的，在局内外配备了一定的消防设施。定期组织员工进行安全知识的培训，并将安全问题纳入员工的绩效考核中。并每月实行定期组织安全生产检查，使安全生产工作制度化、规范化，确保了邮政通信生产安全，维护了社会稳定秩序。这使得江孜县邮政分公司在安全问题上又上了一个新的台阶。

【服务“三农”】 中国邮政集团公司西藏自治区江孜县分公司的发展，离不开当地党委政府和有关部门的关心支持，全局将不断提高服务质量，本着人民邮政为人民的宗旨，紧紧围绕上级经营指导思想开展各项工作，严格落实各项经营决策，以企业发展为中心，在各上级部门的坚强领导下，求真务实、真抓实干、开拓创新，真诚服务，勇于开拓，克服种种困难，加大基础管理工作力度，加大金融揽收和宣传力度，让更多的人，信赖邮政，依赖邮政，为江孜县的社会经济发展和安全稳定，不断、持续做出新的更大的贡献。

（普卓嘎）

【领导名录】

经　理　罗　　布（藏族，5月免）

米玛旦增（藏族，5月任）

中国电信集团公司江孜电信局

【概况】 中国电信集团公司江孜电信局成立于

2000年7月6日。现有员工6人。18个镇实现三乡一店的实体店，截至年底，全县18个镇电信通信已全部覆盖，全县无线网络覆盖达到97%以上，乡（镇）以上全面实现全光网网络上网能力。中国电信集团公司江孜电信局是江孜县区域内规模最大、服务范围最广的全业务通信运营商和综合智能信息服务运营商。作为国有特大型通信企业，中国电信江孜电信局牢固树立科学发展观，坚持党的群众路线，始终把发展作为第一要务，以发展新思路，改革新举措，服务新面貌，致力于推进战略转型服务经济社会信息化，着力提升企业核心竞争力和价值创造力。中国电信集团公司江孜电信局以固定电话网、移动通信网和互联网组成江孜最大的通信网，以光纤为主、以卫星为辅、以无线接入为补充的传输网络，覆盖江孜所有县城、乡（镇）、行政村。面对新的机遇和挑战，中国电信集团公司江孜电信局将一如既往地肩负起"让客户尽情享受信息新生活"的使命，秉承"用户至上、用心服务"的理念，以全业务经营为契机，创新发展模式，勇担社会责任，充分发挥综合信息服务主力军作用，为构建小康江孜、平安江孜、和谐江孜方面在信息化、智慧化、互联网+等领域担负起国有企业应有的责任和使命。

【基础管理】 2016年，江孜县电信局在西藏自治区电信公司、江孜县委、县政府、日喀则电信分公司等各级领导的关心支持，以及全体员工的奋力拼搏，以市场为导向，客户为目标，规模为主线，认真承接经营工作目标、维稳保通任务、基础管理、深化改革划小承包等各项工作。切实做好“内强素质、外树形象”基础管理工作。各项工作快速、有序、稳步推进。在客户服务、故障处理、维稳保通、安全生产、综合治理等工作方面扎实工作、落实有效、执行力为工作目标，认真开展各项工作。

【保证服务取得成效】 年内，在县城，局领导、天翼手机卖场、电信合作营业厅等挂钩人员协同配合，针对客户上门服务，对驻军部队和单位客户进行驻点业务体验式服务。在农村，鼓励乡（镇）承包统人员与挂靠支撑小CEO一同到各个村庄开展扫村扫乡客户服务，乡政府、学校、派驻所、信用社、卫生所等单位上门服务，村庄和乡（镇）协同开展服务。日喀则电信分公司领导全力帮助和支持下，解决了县城2个天翼手机卖场的升档装修运行，江孜县19个乡镇中以三乡一店的方式新开设6个乡（镇）承包点的电信营业厅，大大缓解了农村用户业务办理难、缴费难等问题；县城和乡（镇）建设9台室外自助缴费机，实现县城及乡村广大客户和乡村老百姓24小时自助缴费。

【通信网络运行维护】 2016年，中国电信集团公司江孜电信局在上级领导和网络发展部、网络运行维护部等相关部门的大力帮助下完成4座移动通信基站补点建设，解决了江孜县8个行政村村民手机信号弱的问题及两个陆军部队手机信号弱的问题。县城所在地多处光纤宽带资源补点建设，缓解县城所在地有线光纤宽带资源不足及覆盖不足问题，同时实施江孜电信局总出口带宽从千兆扩容到万兆，C网基站800M扩容优化等工作，同时，2016年日喀则电信分公司全力投资建设江孜县所有乡（镇）政府所在地光纤宽带网络建设，以及13个县乡所在地高中、初中、小学的信息化光纤专线网络建设。电信网络建设人员历经8个月的奋斗，全面顺利完成了江孜县19个乡（镇）政府所在地的有线光纤宽带网络建设，以及20个学校的信息化光纤专线网络建设，使江孜县通信网络及资源覆盖能力、网络速率和稳定性、网络品质等方面有了跨越式提升，为江孜全县经济、教育发展、维护稳定、精准扶贫等工做提供优质的信息化基础网络能力、树立西藏电信人的自信心。

（巴　穷）

【领导名录】

局　长　巴　穷（藏族）

中国移动通信集团西藏有限公司江孜县分公司

【概况】 2013年江孜县移动分公司正式成立，2016年现有正式员工8人，普通员工3人；自办营业厅4个。年内，江孜县移动分公司创新服务理念，创新工作机制，创新工作作风，情系客户，励精图治，铸就诚信，开拓进取，取得了比较明显的成绩。

【企业理念体系】 企业使命：创无限通信世界，做信息社会栋梁。企业价值观：持续为社会、为企业创造更大价值。企业经营宗旨：追求客户满意服务。企业精神：改革创新、只争朝夕、艰苦创业、团队合作。企业服务理念：沟通从心开始。企业使命是企业存在的目的和理由。明确企业的使命，就是要确定企业实现远景目标必须承担的责任或义务。要满足无限通信的要求，中国移动通信必须拥有提供包括话音、数据、图像在内的多媒体信息服务的能力，为各种形式的信息沟通提供基础性的保障，确保信息交流的实时性、真实性、安全性。同时，达到无极限的通信意味着中国移动通信需要提供个性化的、客户可以按需定制的通信服务。创无限通信世界，体现了中国移动通信站在技术、产业和市场发展的最前沿，成为具有缔造无限通信世界"开拓者"和"先导者"的信心和实力。中国移动通信将始终站在技术发展和市场需求变化的前沿，前瞻性地创造新的业务模式和解决方案，成为通信业引领发展趋势、“先知先觉”的领航员。

【业务和体制创新】 中国移动通信将不断进行业务和体制创新，以企业的业务发展和进步，牵引和带动社会向信息化方向发展，成为推进信息化的先锋和主导力量。通过开放的网络平台，吸引信息资源提供者创造更多更好的信息资源；通过多样化业务的引导和推广，促使消费者应用更高效的信息交流方式，更便利地获取所需的信息资源，从而提高信息转化为财富的效率。通过企业运营的不断完善和创新，将消费层面的需求发展传递给技术层面，将技术层面的进步传递到消费层面，从而形成一个良性的循环，通过自身的进步和发展，带动和推进整个社会的进步与发展，不断推动社会向信息社会的迈进。

【业务经营】 网络能力是服务全县经济建设的根本，年内，在网运行的基站有105个，光缆长度有300余公里。在江孜县有30个基站，实现了无缝隙深度覆盖。所有行政村都至少建设了一个基站来实现覆盖。

【开展实践活动】 江孜县移动公司积极拓展乡、镇及村一级的家宽资源覆盖建设。截至年底，共对200个站次的网络进行优化处理。专网业务：协调开通了小学、中学、人民医院、77582部队职工宿舍等专网。线路方面：逐步进行前进路、民主路、并配合县政府完成了沿江大道空中光缆下地的工程组织下乡送通信，业务宣传等地推活动，共计200余次（包含存费送送机、存费送电子券、业务办理参与抽奖，手机欢乐送等活动）。

（格桑央拉）

【领导名录】

经　　理　西　　洛（藏族）
客户经理　普　　珠（藏族）
　　　　　张 鹏 飞
　　　　　敖 世 平
渠道经理　巴　　片（女，藏族）
综 合 岗　尼　　玛（藏族）
　　　　　格桑央拉（女，藏族）
网 络 部　拉加多吉（藏族）

中国联合网络通信有限公司日喀则市分公司江孜县营业部

【概况】 中国联通日喀则分公司江孜县联通营业部自2010年3月20日正式挂牌成立始终秉承“以客

户为中心，用服务促发展”的服务理念。以为用户提供优质通信服务及促进社会和谐为已任，倾力做到“消费请客户放心，服务让社会满意”；以用户感知为中心，不断提升服务能力和水平，着力提供差异化服务。2016年，致力于江孜县经济社会的发展，助理推动江孜县通信业的发展，努力为广大用户提供更加便捷、高效、贴心信息和通信服务。

【推进投资模式转变】 年内，按照公司要求推动建立规划指导下的项目滚动块管理机制的要求，高度重视投资建设管理，梳理投资管理流程，完善投资管理制度，探索建立投资责任追究和投资评估体系。以3G、宽带基础传输网建设为重点，逐步完善县、乡和交通主干道网络覆盖，实现县、乡3G高速上网。

【开展教育实践活动】 年内，通过教育实践活动，正风肃纪见到成效，工作作风明显转变，真正服务于江孜县群众，高度重视实名制管理工作，积极组织下乡送通信，实名制，业务等宣传促销活动共计50余多次（包含指引群众真实身份入网以及存费送手机、存费送礼、中高端手机8折、抽奖活动等），开展移动业务。

【重点领域改革】 年内，江孜县联通分公司团结拼搏锐意进取，坚持已发展为中心，积极应对困难和挑战，采取有力措施，加快业务发展步伐；做好行业信息化和新业务推广；抓好精细化管理，做到管理位，责任分明，认真搞好服务管理与考核，根据实际情况完善，细化管理办法，制定合理的激励措施，改善服务短板，确保服务质量的稳步上升，提高客户满意度；完善县级基层组织机构设置，分类标准，引导基层经营单元规模效益发展。

（普片多）

【领导名录】

经　理　普片多（女，藏族）

金 融

中国农业银行股份有限公司江孜县支行

【概况】 中国农业银行股份有限公司江孜支行，成立于1995年7月1日，是江孜县内网点遍布城乡、资金实力雄厚、服务功能齐全，承担着支持地方经济建设和服务“三农”历史重任的一家国有大型股份制商业银行分支机构。全辖8个机构，分别为卡堆营业所、卡麦营业所、金嘎营业所、重孜营业所、江热营业所、城关营业所、年堆营业所、龙马营业所。江孜支行内设机构有江孜支行营业室、信贷股、工会、安全保卫股，截至年底，布放助农取款服务点142台、ATM机12台、自助终端4台，基本上覆盖全县乡（镇）及行政村。从人员结构来看，江孜支行共员工51人，其中乡（镇）网点25人，占全行人数的47%。党员21人，占全行人数的41%，女员工19人，站全行人数党的37%，单位平均年龄达38，大专以上学历38人，县支行业务产品涉及存贷款业务、结算业务、银行卡、自助银行、网上银行、电话银行、现金管理、第三方存管、消费信贷、开放式基金买卖、代发工资、代收油费（油料销售款），代理保险、国债、养老金、医疗保险等业务。有着全县最大的金融服务网络。各项业务经营呈逐年增长态势，经济建设方面具有一定的潜力。

【党风廉政建设】 2016年，江孜县支行始终坚持党风廉建设工作和经营任务齐抓共进，积极配合县委、县政府各项工作，在当前同业竞争压力加剧的经济金融环境中，有条不紊地开展各项工作，致力于用好、用活“三农”金融优惠政策和惠农利农的各项工作放在全行业务发展和完成营业部下达的各项工作目标为首要职责，把积极的工作态度放在服务“三农”和发展县域地方经济建设上，始终把“抓住业务上水平、加强安保零案件、内控严谨促发展”为口号，顺利完成全年各项工作任务。2016年，农行江孜县支行在维持社会稳定工作中，坚持以“创建平安社会、构建和谐企业”为主题，从组织领导、工作开展、建立各项值班制度等方面进行积极有效的落实，确保农行江孜县支行的稳定和各项工作有序进行。

【“两学一做”教育活动】 年内，贯彻落实两级农行2016年工作会议精神，坚定不移地按照自治区分行既定的“稳中求进”以总基调，结合自身实际情况，坚持以“市场为导向、客户为中心、效益为目标”的经营理念，在全行员工共同努力下，克服种种困难，深入践行“两学一做”教育活动，在经营环境异常艰难的条件下，圆满、优质地完成2016年各项工作任务。按照分行党委的工作部署，江孜县支行坚持“早谋划，早部署，早落实”的思路，在充分调研市场，综合评估各营业所前三年业务指标完成情况的前提下，分解下发2016年全年各项经营指标计划，明确战略目标和指导思想，做出全行工作重点及具体要求，为确保江孜县支行各项工作顺利开展，奠定良好的基础。

【业务开展】 2016年，各项存款余额达人民币157789万元，比2015年增加44103万元。其中个人存款余额达58582万元，比2015年增加7075万元。对公存款为99207万元，比2015年增加37028万元。人民币各项贷款余额达51407万元，比2015年增加13510万元。其中涉农贷款余额44144万元。比2015年增加13510万元。存贷款比例37.13%。积极拓展零售业务，截至年底，开办手机银行430户、电话银行2267户、个人消息服务4498户、个人网银170户、企业网银3户、转账电话112户、新增POS机商户13户、有效商户3户、企业消息服务58户。“三农”服务点142户。为广大客户了解更多金融知识，江孜支行以营业网点为阵地，采取门面悬挂横幅，通过户外宣传与大堂宣传结合方式，主动将银行卡、电话银行、转账电话、个人网银、企业网银等金融产品知识送到消费者身边。

【业务发展主要举措】 江孜县金融资源匮乏，加之业务开拓环境异常艰苦，如果不认清内、外部形势，不认清“行”情，就没有明确的市场导向和正确的市场定位就会导致一盘散沙，乱打仗。因此江孜县支行领导高度重视，调查研究，认清工作环境，打有准备仗。2016年第一项工作就是全行总动员，充分调动广大员工干事创业的积极性和创造性。2016年江孜县支行以存款、贷款和中间业务收入为核心指标，并突出重点业务发展指标及计价体系建设指标，为确保经营取得实效，江孜县支行按照市分行工作部署，加大对储蓄存款工作力度，采取行之有效的措施，制定具体的营销方案，在持续抓好网点规范化服务的基础上，统一时间、统一主题在全辖开展形式多样的储蓄吸存工作，在维护存量个人高端客户的前提下，努力拓展新的个人高端客户，实现储蓄存款增加目标。按照市分行要求江孜县支行组建精准营销团队，营销团队负责人由江孜支行一把手兼任。对公存款重点营销财政、县住建、交通、水利、卫生局等单位，在“三大节日”来临期间通过短信问候，上门拜访，联欢座谈等方式，做了增存工作，防范杜绝出现节日期间，客户资金流动频繁，存款下降的现象。在季末开展经营分析会，鼓励优秀，鞭策后进，并认真总结业务发展情况，分析当前存在的短板业务，制定解决方案，为开展2017年业务工作打开良好的局面。

【提升服务水平】 作为窗口服务行业，要想赢得客户除了产品自身优势外，主要是靠自优质文明的服务。契服务提升之年，江孜县支行把网点规范化管理列，为全年工作重要目标在走访客户活动中，积极征求客户意见，针对客户反映的江孜县支行前台员工服务质量差、工作效率低等问题，及时召开全员大会，反馈客户意见。树立客户至上的服务理念。合理安排人员岗位，配备大堂经理，采取大堂经理监督前台业务服务，业务人员监督大堂经理服务，主管全面监督并及时回复客户回避音的措施。利用晨会总结前一天整体服务情况，互提意见，共同进步，规范管理。2016年，江孜支行无投诉事件。以上举措不仅提升了江孜县支行服务质量，更维护了农行形象，为各项业务全面营销奠定良好基础。

【服务“三农”】 年内，在农户贷款证升级的基础上，根据农牧民金融服务需求，营业所在规范手续前提下积极投放农村个人生产经营贷款，支持边贸商户重新购置大型运输车辆，“135”规划及精准扶贫要求，江孜县支行快速发放农户小额贷款。同时有效监督营业所员工在服务“三农”工作情况，源头上杜绝“吃、拿、卡、要”恶习。积极支持江孜县社会主义新农村建设及城镇化建设，得到地方各级党政领导的高度肯定和广大农牧民的广泛赞誉。认真执行信贷扶贫政策，积极开展信贷扶贫工作。根据区分行《中国农业银农户小额管理办法》的通知文件精神及西藏精准扶贫一系列文件要求，精准扶贫建档立卡的农户贷款执行扶贫利率贷款政策。实施金穗“惠农通”工程，履行服务“三农”社会责任。2016年，实现辖内助农取款无金融网点的行政村全覆盖，截至年底，已布放三农服务点142户，完成年布放任务的120%，满足广大农村地区各项支农补贴资金、日常小额取现、刷卡消费、余额查询等金融服务，努力提升农牧区金融服务的覆盖面。积极开展“钻石卡”评定工作。2016年一季度以来，江孜支行全面开展“钻石卡”评定工作，将原的有金卡客户，根据其资信状况，评定不同等级。截至年底，发卡1532张，为后期投放农户贷款投放工作做准备。

【风险管控】 年内，江孜支行重点抓内部管理，提出“以管理促发展”的战略，力求从基础管理到制度建设，从技能培训到专业服务水平，以及“三防一保”工作都有明显提高，从而有力保障和推动全行业务的发展。基础管理规范化、制度化、标准化。无论是信贷、还是临柜业务，严格按总、分行的有关业务章程来规范和完善操作程序。进一步加大信贷管理力度，防范和化解信用风险。严格信贷“三查”制度，加强贷款到期管理，提高正常贷款到期收回率。扎实开展贷后管理工作，加强用信管理、贷后监管、风险预警处理等工作，切实提高贷后管理精细化水平；加强临柜业务事后监督工作，年度错误率零；做好维护稳定和安全保卫工作。县支行与营业所签订《安全保卫工作责任书》《农行日喀则分行金库安全管理责任状》和《农行日喀则分行社会治安综合治理目标管理责任书》。积极开展金库安防达标检查和枪支管理全面检查，加大防弹玻璃、电视监控、消防等安防基础设施建设力度。做好代保管库的押运及营业所的护送工作。继续加大对辖属营业网点安全保卫工作的检查督导，先后对8个基层营业网点进行监督工作的常规检查，检查面达到100%。继续加强“三严三实”教育活动成果的同时，狠抓“两学一做”教育活动。按照上级行的要求，定期组织党员集中学习，和个人自学结合起来，明确自学要求，引导党员搞好自学。按照“三会一课”制度，以党支部为单位定期组织党员。党支部每季度召开一次全体党员会议，每次围绕一个专题组织讨论。学习讨论要紧密结合现实，联系个人思想工作与生活实际，在新任务新考验面前，坚守信，正确处理公与私、义与利、个人与组织、个人与群众的关系，带头践行社会主义核心价值观，保持积极健康向上的生活方式，自觉做到党规党纪面前知敬畏、守规矩，真正提高认识，找到差距，明确努力方向。

【队伍素质建设】 员工队伍是银行工作的“本钱”，没有一支思想上进、作风过硬、素质优良、同心同德的员工队伍，银行工作很难开展。因此，县支行领导首先从员工思想教育入手，搞好行风行貌建设，同时做员工的贴心人，为员工排忧解难，切实解决员工的困难，极大地鼓舞员工士气和斗志。

【党建工作】 年内，贯彻落实党风廉政建设责任制，层层签订《党风廉政建设责任书》，将党风廉政建设责任落实到任；持续加强党的群众路线教育实践活动，狠抓“两学一做”教育活动，多次组织全行党员进行集中学习，在规定动作的基础上，结合支行实际开展集中学习“两学一做”专题党课并撰写心得体会，增强党员干部对党的认识，并先后开展党员公益活动，通过简报形式报县委组织部及上级行。

【“职工之家”建设】 年内，县支行领导始终以“员工第一、没有员工就没有客户”为工作理念，切实解决员工的困难。关怀住院员工，及时慰问，使他们感到组织的温暖，增强员工的归属感和凝聚力；制定合理的绩效管理考核办法，收入凭贡献，解决员工切身利益问题，充分调动员工创业积极性；开展“开拓视野、放松心情、强身健体”篮球比赛，缓解员工工作压力，倡导员工用健康的体魄，阳光心态投入工作，以丰富多彩的活动增强团结协作精神，促进员工间的交流，为县支行和谐发展；牢记“职工之家”建设的指导思想，以邓小平理论和“三个代表”重要思想为指导，深入贯彻落实科学发展观，紧紧围绕业务经营中心，把“建家”和“兴行”结合起来，发挥“职工之家”的能动作用。江孜县支行以如可做好服务“三农”为抓手，在经营机制、经营理念、经营方法上不断创新突破，探索出一条服务“三农”的新路径。大力发展普惠金融，已建立大众服务体系为出发点，制定普惠金融实施方案，实施惠农通工程，出台专项考核办法，推行客户经理联村制，着力解决农村金融服务不足问题。认真贯彻落实中央赋予优惠金融政策，推出以“金、银、铜、钻”四卡、“钻石卡”“一星钻石卡、二星钻石卡、三星钻石卡”为载体的农牧区小额信用贷款、安居工程贷款、惠农卡等业务，开展信用乡（镇）、村创建工作，先后同江孜县6万多户农牧民建立借贷关系，促进农牧民发展生产和脱贫致富，有力地助推江孜县社会主义新农村建设。得到地方各级党政领导的高度肯定和广大农牧民的广泛赞誉，农行江孜县支行作为全县服务“三农”唯一的金融机构，连续五年荣获江孜县“支持地方经济建设集体奖”。支持农村城镇化。重视银政、银村合作，积极支持农户迁移集聚、旧村改造、移民安置等重点民生工程项目，改善农牧民居住条件，助推新农村建设。支持农牧业产业化。创新推出“三农”金融产品，个体工商户、特色奶油资源等优良客户的信贷支持，提升力服务“三农”的内涵和能力。改善农村支付环境。丰富农民易于接受与使用的支付产品，构建多层次、广覆盖、可持续的农村支付渠道，推动城乡金融服务一体化发展。县支行在不断加强服务“三农”的同时，十分重视同当地人民政府的沟通协调与合作，解决县域经济发展中出现的新情况、新问题。不断深化内部改革，强化内控管理，完善服务功能，凭借自身网点、网络、资金、产品优势，致力于服务西藏经济社会的跨越式发展，积极支持江孜县基础设施建设和优势骨干小企业的发展壮大，努力满足城乡居民的金融消费需求。伴随着西部大开发战略的深入实施和西藏经济社会的跨越式发展步伐，农行江孜县支行将乘着十八大、中央第六次西藏工作座谈会和区党委工作会议、两级农行会议精神的号召，按照西藏分行及日喀则市分行党委的工作部署，牢固树立“大行德广伴您成长”的品牌意识，锐意改革，开拓创新，诚信立业，稳健行远，面向全县内外广大客户。通过以上的举措，得到各级党政部门及广大农牧农民群众的良好评价。

（索朗旦增）

【领导名录】

党支部书记、行长
　　尼玛顿珠（藏族）
副行长　索朗旦增（藏族）
　　尼　琼（女，藏族）

乡（镇）概况

江孜镇

【概况】 1959年7月，建立了城关区。1962年城关区更名为城关镇人民政府。1968年，城关镇人民政府撤销，成立城关区革命委员会。1980年，城关区更名为江孜镇。乡级政权成立人民公社管理委员会。1984年，江孜县人大常委会根据上级党委“取消人民公社，恢复乡政府，实行政社分开”的指示，取消了全县人民公社，并通过直接选举产生乡人民政府。1988年，根据国家、自治区等有关指示精神，全县进行撤区并乡。2016年，江孜镇现有2158户7002人，其中农业户口1328户，4974人；城镇户口830户，2028人，现有3个行政村，3个居委会，24个自然村，集体企业3个。全镇占地面积48.84平方公里，耕地面积9952亩，林地面积8188公顷，草场面积37720公顷。镇党委下设2个党总支，10个党支部，305名党员，其中女性党员88名，占29%，党员平均年龄40岁。

2016年，全镇产业总值6271.65万元，其中第一产业2526.05万元，第二产业1572.33万元，第三产业513.58万元，其他1659.69万元，人均收入达到10490.17元。

【经济发展】 江孜镇所辖范围主要是位于县城内的3个居委会和城乡接合部的3个行政村，江孜镇地理环境优越、地理位置特殊，在自然条件、交通条件、经济地位方面都具有重要作用。江孜镇已探明矿产资源主要有：金、硫黄、水晶、瓷土、碳岩、黏土、高龄土、矿泉水、沙金岩、锑矿等。野生动植物资源主要有牦牛、青羊、黄羊、雪鸡、獐子、红景天、贝母等。主要农作物有青稞、小麦、油菜等。主要饲养家禽有牛、马、羊及藏鸡等。水能、太阳能、风能等自然资源极为丰富。随着社会化和城镇化建设的推进和发展，江孜镇的城区规划日趋合理，现以“两轴五区”规划统领全镇建设规划全局，镇区划分为生活居住区、商业贸易区、行政办公区、旅游接待区、风景名胜区5个功能区。镇内社会服务设施现已基本齐备。辖区内有3所中学2所小学、1所幼儿园等教育机构。县人民医院、镇卫生院等公共医疗服务机构的快速发展给人们的身心健康带来保障。商业日趋繁荣，既方便了全县人们的日常生活，又推动了本地经济快速发展。随着旅游项目的不断开发利用，旅游服务业正逐渐成为支柱产业之一。江孜镇在全县旅游业发展、经济增长、医疗服务、教育服务、城市化建设都起到了十分重要的作用。

【关注民生】 年内，江孜镇在县委、县政府的正确领导和大力支持下，带领全镇广大党员干部群众，全面贯彻落实各项精神，切实关注民生，创新社会管理，真抓实干，实现全镇经济和社会事业持续健康发展。

【队伍建设】 年内，江孜镇党委围绕“规范化建设、精准扶贫、维护稳定、社区党建工作及党员教育培训”为总体目标，制订“江孜镇关于开展红色驿站、绿色服务、黄色约束、筑古城红色堡垒、树党员先锋形象”的党建工作品牌，明确工作任务，确保基层党组织建设工作有序开展。年内，江孜镇发展党员10名，党员教育培训4次，集中学习30次。

【健全规范化】 提升基层党建工作水平。依托江孜县开展基层党建规范化建设年活动，结合自身实际问题，大力加强管理制度、基础资料完善、提升党员队伍整体素质，积极开展“三亮三比”活动；完善领导班子成员分工情况和党员干部群众教育培训等相关材料。在党风廉政建设方面，完善落实“三转”工作，细化“三资”登记，完善惠民资金发放制度和领导干部“一岗双责”工作机制。

【服务经常化】 年内，切实发挥党员先锋模范作用。结合便民服务大厅日常工作，镇党委、政府设立2个“党员岗”，1个“青年文明岗”，2个“巾帼文明岗”，打造综合服务能力较强的便民服务大厅；深入开展党员志愿服务活动为契机，全镇各党支部成立志愿服务队，每月开展一次形式多样的服务活动，发挥党员队伍先锋模范作用。

【开展“两学一做”学习教育】 年内，为巩固拓展党的群众路线教育活动和“三严三实”主题教育活动，镇党委严格按照上级部门的要求，制订学习方案和计划，认真组织开展集中学习和自学活动，争做合格党员信念入脑入心。深入开展“万名村（居）干部素质提升工程”教学活动。紧紧围绕进一步巩固党在农牧区的执政基础，通过建立完善和落实村干部选配标准，不断提升村干部文化素质能力，不断增强村级组织的创造力、凝聚力和战斗力，制订《江孜镇万名村（居）干部素质提升工程教学方案》和夜校师资队伍花名册、学员花名册及课程表等，为2017年村（居）“两委班子”换届，造就一支政治过硬、文化合格、“双带”明显、作风优良的村干部队伍奠定了坚实的基础。

【“创先争优强基础惠民生”活动】 年内，为进一步建强村（居）党组织，推动社会和谐稳定；镇党委按照上级“创先争优强基惠民”活动领导办公室的安排部署，江孜镇进一步完善充实驻村工作队员，同时，为激发驻村工作队员的积极性，提高工作热情，镇党委主要领导定期或不定期地前往各驻村点一一进行监督指导，确保驻村工作的有力开展，推动基层组织建设。进一步完善充实村（居）“第一书记”。坚持选拔标准，确保选拔干部质量，从机关干部中选拔6名政治素质高、群众观念强、热爱村（居）工作，有一定理论素养和较强基层工作能力干部下派村（居）担任第一书记。

【开展“结对认亲交朋友”活动】 年内，严格按照上级部门的要求，镇机关党员结对53户贫困户，共帮扶资金26750元。

【推动经济建设】 2016年，全镇经济建设实现改革、发展、稳定整体推进，截至年底，全镇实现社会总产值6391.6万元，其中农业总产值1381.28万元，同比增长5.5%；乡镇企业总产值40.22万元；财政收入23万元，同比增长21%，使物质文明、政治文明、精神文明建设、生态文明协调发展。

【推进产业结构调整】 提高农牧业生产能力。农业方面：以“调整农业结构、发展优质农业”为目标，2016年全镇实播面积9952亩，粮食作物6298亩，经济作物1695亩，饲草饲料1459亩，粮油产量484.1万公斤，其中“喜拉22号”种植6600多亩，比往年种植增加6100多亩；“藏青2000号”种植面积1500多亩，比往年增加500多亩，收入增加190.6万元依托扶贫整村推进项目，拉则居委会种养殖业合作社投入400多万元，进行修改完善种植大棚和养猪场，为辖区贫困户提供良好的就业平台；牧业方面：全镇牲畜共10077头（只、匹），成畜死亡77头，死亡率0.7%，短期育肥2465头，出栏4124头，酥油产量12.661万公斤，收入达到415.99万元，同时注重牲畜的疾病预防工作，以牲畜的五号病预防为重点，按时完成各种疾病的防治工作，注射免疫率达到90%；2016年初，东郊村奶牛养殖业改扩建工程总投资50多万元，进一步强化了东郊村奶牛养殖合作社工作成效。

【生态建设保护】 随着经济的发展，资源的约束越来越突出，为保证经济又好又快的发展，江孜镇积极开展生态建设，年内，全镇种植38504棵树，并结合江孜县开展的采砂专项整治行动，进一步整治辖区采砂作业点，为江孜镇生态保护工作得到进一步改善。

【基础设施建设】 2016年，江孜镇东郊村8公里村道进行硬化总投资1600多万元；辖区棚户区改造总投4503.0763万元（宗堆居委会、江嘎村、拉则居委会），为村域经济发展和群众提供了良好的人居环境。

【脱贫攻坚】 江孜镇突出民生为导向，以产业结构调整为抓手，推动基础产业的发展。江孜镇专门成立精准扶贫领导小组为扶贫工作开展提供有力后盾；大力宣传为精准扶贫工作打下坚实基础。江孜镇在精准扶贫工作开展之初，大力宣传党的政策方针，让老百姓明白岗位从哪里来，钱是谁发的，怎样来脱贫等思想，激发困难户致富欲望，彻底转变贫困户“等、靠、要”的思想；基层干部走村入户深入调查为扶贫工作提供了明确方向。确定206户、641人贫困户；确定低保户111户、215人，其中农户34户、71人城镇户、77户144人；“重引导、轻帮扶，重牵线、轻慰问”立足长远，扎实推行扶贫工作。安排生态岗位694人（建档立卡贫困户324人、边缘户370人），易地搬迁67户、212人，2016年完成易地搬迁12户、39人，完成46户、158人脱贫，超过计划完成48.4%。

【实体经济建设】 江孜镇完善了村（居）经济合作组织，实现“一村一品”工作目标。东郊、拉则两村（居）原有实体经济得到了进一步的巩固。提高合作社工作效率，年内，东郊村奶牛养殖合作社，创收达55万元，拉则居委会种养殖合作社创收达50万元。江嘎、宗堆两村（居）实体经济建设成效明显。为进一步解决失地农民就业问题。镇党委、政府狠抓宗堆居委会、江嘎村实体经济建设。截至年底，宗堆居委会利用县城中心的地理优势，创办各种集体经济，居委会年创收达到36万元，解决失地农民就业8人。江嘎村水泥砖厂、蜂窝煤加工厂创收8万元，解决失地农民就业10人。加日郊、西郊两村（居）集体经济初步见成效。加日郊居委会实体经济建设，创收达到2.8万元。西郊村水磨糌粑加工厂，创收资金3000元，为下一步村集体经济建设奠定了良好的基础。

【农村社会事务工作】 2016年，江孜镇农牧民参加养老保险2626人，缴费金额26.74万元，占适龄参保人数的90%，农村医疗合作组织参保率达到100%，全年劳务输出1901人次，收入达到2281.2万元，其中女性为382人，占总人数的20%。

【优化办公基础设施】 2016年，江孜镇争取项目资金345万元，以农牧综合服务中心和社区综合服务中心建设项目整合新建综合性多功能办公楼，同时改扩建机关大院，大力改进镇机关的办公环境。

【社会综合治安】 严格落实“属地管理”和“谁主管、谁负责”原则，健全完善党委领导、政府负责、社会协同、公众参与的社会管理格局，不断深化“双联户”服务管理工作，江孜镇按照实际情况，全面建立综治工作长效机制，加大防控力度，积极推进“联户平安、联户增收”工作，2016年，江孜镇“先进双联户”评选工作中，评选出村级“先进双联户”79户、841人，镇级“先进双联户”14户、189人，兑现资金达到18.01万元，确保江孜镇“双联户”评选工作有序开展。

【设立综治宣传点】 年内，江孜镇以综治宣传月和安全生产月为契机，在宗山广场、镇政府门口设立综治宣传点，年内，悬挂横幅共6幅，发放宣传材料4500余份，受教育群众3028户11500人次，宣传覆盖率达到95%，进一步增强广大群众的法律意识和法制观念，为江孜镇经济社会跨越式发展营造良好的氛围。

【安全生产】 年内，江孜镇专门成立安全生产委员会，并结合安全生产月活动，落实专职工作人员，完善镇村（居）两级应急救援预案，制订安全生产实施方案和各项工作制度，做到经常排查安全隐患，定期督查。与各村（居）、学校签订安全生产责任书，同时结合“119”消防宣传日活动，全镇开展“消除火灾隐患、共建平安社区”活动，由县消防大队工作人员面对面形式对辖区群众进行授课，使群众的消防工作意识和知识得到进一步提升。

【“双联户”工作】 江孜镇把平安创建工作与“双联户”活动有机结合起来，充分调动“双联户户长”的主动性和积极性，负责自己联保片区的各类案件的审查和处理，有效地推动全镇的平安创建工作。在年初，开展辖区4089名联保家庭和11259人的档案的录入和审批工作，同时在拉则居委会索朗央吉联户单元成立江孜镇“联户增收、联户脱贫”示范基地，实行以点带面形式，为全镇下一步“联户增收”工作奠定良好的基础。

【隐患排查】 年内，通过日常走访、摸底调查等方式密切联系群众，时刻了解群众的生活情况，年内，排查出14件隐患，并及时调解，把影响稳定的苗头消灭在萌芽状态，做到小事不出组、中事不出村、大事不出镇，营造和谐的社会氛围，确保江孜镇社会持续稳定。

【完成换届选举】 江孜镇人大、镇政府换届选举工作在县委、县政府的高度重视和县人大常委会的指导下，坚持以“三个代表”重要思想为指导，以宪法、选举法和代表法为依据，认真贯彻中共十八大精神，坚持党的领导，充分发扬民主，严格依法办事，切实保障选民和代表的民主权利，经过精心组织，分别在2016年6月6日至6月9日召开选举大会，顺利选举出县级人大代表12名和镇人大代表45名，产生江孜镇新一届人大主席团成员和政府组成人员，全面完成换届选举工作任务。

【党委换届】 《关于认真做好2016年乡镇党委换届工作的通知》有关文件要求，江孜镇高度重视，精心筹备，严肃纪律，规范程序，于2016年5月22日召开换届选举大会，出席党代表111名，到会率达96%，大会选举产生中共江孜镇新一届委员会委员10名，纪律检查委员会委员5名和出席县第十三次党代会代表10名，圆满完成各项议程，县委提名候选人全部高票当选，组织意图得到充分体现。

（杨宇玲）

【领导名录】

县人大常委会副主任、党委书记
多布杰（藏族）

党委副书记、人大主席
达　贵（藏族）

党委副书记、镇长
张书林

党委副书记
于春峰（6月免）

政法委员、冲沙林派出所所长
巴桑顿珠（藏族）

党委副书记、纪委书记
边　片（女，藏族）

统战委员、副镇长
米玛顿珠（藏族）

人武部部长、副镇长
郜飞翔

组织委员　其美卓嘎（女，藏族）

宣传委员　普　尺（女，藏族，5月任）

副镇长　蔺莉华（女，藏族，5月任）

纳如乡

【概况】 1959年成立卡卡区，辖互助和幸福两乡，1988年撤区并乡时，互助乡5个村和幸福乡10个村合并成立纳如乡。纳如乡位于江孜县东北部的通曲河上游，距江孜县城50公里。地理位置：北纬28° 9′，东经89° 9′，东北与日朗乡和仁布县交界，南部与日朗乡和年堆乡接壤，西部与卡堆乡相邻，北部与日喀则市相接。平均海拔4200米，全乡土地面积295.83平方千米，占全县土地面积的7.84%，其中耕地8772亩，林地1156.71万亩，草场39.38万亩。纳如乡属于高原中低山地地貌，高原温带半干旱大陆季风气候，年日照时数为3189.9小时，日照百分率为73%，年平均气温4.7℃，年均降水量284.5毫米、年均蒸发量2527.9毫米。纳如乡以桑顶、萨玛、吐如岗、吐如雄、日括、楚隆为主要农业区，种植青稞、小麦、油菜、豌豆、土豆；恰曲、仲佐、恰巴、日贡布多以牧业为主。纳如乡地处卡卡沟，是纳如同曲的源头，水源流经纳如、卡堆、卡麦、达孜四乡，水源共用，协议用水，属旱区，同时易出现泥石流和冰雹等自然灾害。全乡现有10个行政村（分别为桑顶、萨玛、吐如岗、吐如雄、恰曲、日括、楚隆、仲佐、恰巴、日贡布多），共有791户、4527人。全乡有内设机构：党建办公室、党风廉政办公室、政务综合办公室、人大办公室、扶贫办公室、财政所、综治办公室、农牧综合服务中心、综合文化站、机关后勤服务中心。现有干部25名，其中行政编制12名，事业编制10名，公益性1名，临时工1名，聘用干部1名。辖区内有1所完小，建于1994年。现有教师27名，学生472名，其中学前班65名。1所派出所，2016年4月成立，现有民警4名，其中，1名副所长，3名民警，下设办公室有治安办、所长办公室、枪弹库、审讯室、留置室、装备室、会议室。1所卫生院，建于1990年，编制8名，现有职工4名，其中2名公益性（藏医）、2名正式工作人员（藏医1名、1名全科），下设办公室（门诊、治疗室、药房、仓库、办公室、档案室、产房2间、疫苗室1间、病房1间）。“双联户”单位74个。纳如乡有寺庙两座，分别为炯堆寺和塘布寺。炯堆寺位于纳如乡仲佐村，是一所尼姑寺庙，2012年成立炯堆寺管委会时定编9名，当时有正科1名、副科2名、民警1名。2016年有尼姑36名。县设寺管会，驻寺干部11名；塘布寺位于纳如乡恰曲村，2012年成立塘布寺特派机构，共有3名工作人员。2014年5月成立炯堆寺（整合塘布寺）管委会，定编9名，在职6名，其中1名管委会副主任、1名民警、4名工作人员。乡政府驻地吐如雄村，现有98户561人。

【基层组织建设】 基层组织建设稳步推进。以创“五好”基层党组织为核心，狠抓了乡村两级党组织规范化建设；建立并推广了以目标绩效考核办法为内容的村组干部日常坐班工作模式。全乡共有12个党支部，267名党员，其中农牧民党员218名，乡党委政府党员24名，15名学校党员。10名预备党员，24名入党积极分子，24名“三老”人员，48名流动党员，6名困难党员，6名退伍军人。根据县委要求，纳如乡党委紧紧围绕“两学一做”和“村干部素质能力提升工程”两项核心任务，稳步推进基层党建工作，在县督导组的指导下，党建工作逐步走向规范化、常态化。

【党建工作】 年内，乡党委始终坚持“围绕经济社会发展抓党建，抓好党建促经济社会发展”的工作思路，以2016年开展的党建规范建设年及村干部素质能力提升为工作目标，进一步加强党的建设，党的执政能力明显提高。开展党委中心学习组学习活动，领导班子整体素质得到提高；认真执行党委议事制度，坚持集体领导与分工负责相结合，做到按章办事；建立党政领导联系村、联系重点项目责任制度，完善了干部目标考核体系，干部队伍管理日趋规范。以乡干部职工及驻村工作队组成的师资队伍，向村干部每周至少开办3次夜校，充分提高村干部素质。开展“四风整治”和“庸懒散专项治理”，有效地整治党员干部中存在的“软、懒、散、满、奢、浮”等不良现象，党员宗旨观念明显增强，班子凝聚力和战斗力明显提高。

【干部队伍建设】 加强党员干部教育管理。根据县委要求，制订本乡“两学一做”学习教育活动实施方案，组织党员开展“两学一做”学习教育和“讲学习、讲忠诚、正风纪、转作风、提效能”主题活动，坚持正面教育，进一步拧紧思想“总开关”；坚持学用结合，牢牢抓住以“做”为关键，引导党员在创先争优中更好地保证合格；坚持问题导向，推动党员领导干部带头坚定理想信念，带头全面从严治党，推进党的作风不断好转；坚持领导带头，凡是要求党员做到的，党员领导干部首先要做到，凡是党要求党员不做的，党员领导干部带头不做。

【党风廉政建设】 强化措施，认真落实党风廉政建设责任制。层层落实责任制，按照集体领导与个人分工负责相结合，谁主管谁负责，一级抓一级，层层抓落实的原则，明确在抓党风廉政建设中的各项责任目标、责任范围；分别与各村党支部签订《党风廉政建设目标责任书》，将党风廉政建设目标责任细化到人；狠抓学习，组织党员干部认真学习理解《党员领导干部廉洁从政》手册及相关文件等；完善相关制度。强化落实村级党支部党风廉政责任制。大力推行党务、政务、村务公开，全乡把党务公开作为发扬党内民主、强化党内监督、密切党群干群关系、提高基层党组织执政能力、促进各项工作的重要举措和有效手段，多措并举，精心实施；转变工作作风，提高办事效率；加强干部管理，整合人力资源，明确机构设置，设岗定责。认真履行党规党纪，领导班子以身作则、廉洁奉公，坚决纠正损害群众利益的不正之风。坚决整治群众反映强烈、矛盾突出的热点、难点问题。配合有关部门加强监督检查，重点解决强农惠农资金，医疗卫生、学校收费等方面关乎群众切身利益的问题。协调有关部门加强对各项农民补贴款到位情况的专项检查，加强审计和财政监督。

【团建工作】 年内，纳如乡着重从团员队伍建设方面，团委认真做好团员发展工作，给团组织补充新鲜血液，共组织4次入团宣誓仪式，吸收近30名入团积极分子加入中国共青团，加强团组织的生命力和战斗力，增强了团组织和影响力和凝聚力。2016年度团费收缴正常，如期足额上交，而且建立了团内经费账册，收支合理。

【基础设施建设】 基础设施建设不断加强。2016年，完成开工项目31个，总投资达到1500多万元。重点项目包括乡政府干部周转房、乡政府资源服务站、学校改（扩）建、吐如雄至恰巴村公路、恰巴饮水管道项目、沙棘种植项目以及其他农田水利等。2016年纳如乡灾后重建项目和基础设施建设项目，总投资约1129万元，已开工建设。经政府引导，2016年外出务工人员1850人次，劳务输出收入2669.9万元。

【换届工作】 年内，纳如乡按照区、市、县委的安排，及时成立了以乡党委书记任组长的乡党委、人大换届选举工作领导小组，并制订换届选举工作实施方案，做到早安排、早制订，任务明确。于2016年5月25日召开乡党委九届一次会议，此次会议产生乡党委委员7名，其中书记1名，副书记3名，委员3名。于2016年6月9日，召开纳如乡人大十四届一次会议，会议产生乡级人大代表41名，县级人大代表8名，其中副县级2名。按照县换届选举办公室的统一安排，做好党员登记工作及各项准备工作，成功举办了全乡党委、政府和人大换届。

【脱贫攻坚】 年内，根据县扶贫办要求，纳如乡工作重心向精准扶贫工作倾斜。乡成立领导小组。配备专干3人，并制订脱贫计划。2016年完成28户147人的脱贫任务，预计2017年完成128户535人的脱贫任务，预计2018年完成23户72人的脱贫任务，实现扶贫摘帽目标。全乡围绕“九个一批”，抓脱贫政策的落实。产业扶持方面，依托建筑施工队、合作社、餐饮服务业等内容，三年内完成179户754人脱贫任务。转移就业方面，依靠县人社局开展技能培训和联系就业岗位，三年内完成11户33人脱贫任务，2016年完成培训2人。易地搬迁方面，三年内完成搬迁52户222人，其中本地安置4户15人、康卓乡安置15户57人、江孜镇安置33户150人。截至年底，本地安置4户15人已经全部完成，人均6万元标准补贴已经发放到位。生态补偿岗位方面，2016年确定岗位179户600人，人均标准3000元，180万元资金完成了发放。发展教育方面，确定享受政策贫困户80户132人，2016年已经接受教育扶持5人次，资金7200元。医疗救助方面，列入享受政策19户19人。社会兜底方面，列入享受政策23户30人。信贷扶持方面，2016年已经享受政策扶持20户，涉及资金达到85.6万元。结对帮扶方面，2016年确定结对帮扶475对，贫困户户均扶持人达到2名。截至年底，帮扶工作主要围绕认亲慰问开展：市民宗局慰问32户，户均500元物资；副县长洛桑次仁慰问3户，户均1000元。乡机关慰问28户，户均物资500元。市发改委慰问52户，户均物资600元。发挥乡党委政府协调作用，引导群众就业。一方面借助市发改委驻村优势，积极申报项目，增加贫困户就业渠道，另一方面联系本地施工队伍，签订用工协议，保障贫困户优先用工，提升贫困户现金收入。规范贫困户脱贫程序。针对2016年脱贫目标，由扶贫专干入户调研，完成脱贫户收入的人均核算。达到3311元标准的，初步确定为脱贫户，经本人申请，乡党委讨论后，进行集中申报。

【社会综合治理】 加强群防群治和流动人口管理。设立乡村两级综治管理岗，安排综治管理人员15人；各村成立护卫队；进行人口摸底，建立基础信息库；重点做好流动人口的登记管理，各村对流动人员、不明身份人员做到及时登记上报；根据县委、县政府要求，扎实推进双联户工作，划分双联户单元74个，选出“双联户长”74名。

【安全生产】 年内，做好一年4次的易燃、易爆排查工作及大、小型施工单位的安全防范工作；安全生产目标分解到双联户单元，层层落实；对本乡酒馆等场所做出时间限定，超过10点营业，对从业人员进行处罚，减少酒后闹事行为的发生。

【经济发展】 2016年全乡经济指标平稳发展：农村经济总收入7404.72万元。农民人均纯收入11944.35元（现金收入3912.元）。

【农业】 2016年粮油总产量3702350万公斤，增长在12%左右。全乡耕地面积8772.5亩。机耕面积849亩，机播面积1410亩，2016年良种推广面积4000亩。

【牧业】 截至年底，牲畜总头数27154头（匹、只）；马、牛、驴、羊总配种数为17386头（匹、只），产仔12496头（匹、只），仔成活率99.26%，成畜死亡率0.44%。牲畜出栏12706头，家禽出栏110只。畜牧业副产品产量有所增长，猪肉产量1000公斤，牛肉产量2200公斤，羊肉产量3500公斤，奶产量6000公斤，禽肉产量550公斤，鸡蛋产量3000公斤。

【林业】 加大林业管理和植树造林力度。在各村委设立林业管理岗，无职党员具体到个人负责林业的监督管理。2016年，完成植树8000株以上，成片造林230亩，成活率达到95%。

【教育工作】 2016年，纳如乡完小有教师27名，学生407名，班级12个。幼儿园1所，教师2名，入学幼儿75名。年内，小学入学率达100%，巩固率100%，初中入学率达100%，巩固率100%。

【卫生工作】 年内，乡卫生院1所，医护人员5名，村医21名。2016年，医疗卫生工作取得新成效，乡政府、乡卫生院积极开展健康教育宣传工作，广大群众健康知识水平明显提高。

【特色产业发展】 年内，纳如藏鸡蛋价格和销量达到新高，赢得较好口碑，形成一定的品牌效应；农牧产品加工和专业户方面，日贡布多村和日括村先后成立羊毛加工合作社，生产藏式羊毛被和卡垫。2016年，日贡布多村合作社实现纯收入达到20万元；在萨玛村和恰巴村成立了农产品加工厂，主要进行青稞加工和榨油；仲措村21户农牧民成立了养牛协会，养殖奶牛21头，犏牛1头。

（李周敏）

【领导名录】

党委书记 扎西平措（藏族，5月免）
旺　堆（藏族，5月任）

党委副书记、乡长
但玉华

党委副书记、人大主席
措　平（藏族）

政法委员、统战委员、副乡长
旦　增（藏族，5月免）
达瓦穷达（藏族，5月任）

人武部部长、副乡长
姚廷均（1月任）

党委副书记 、纪委书记
德吉卓嘎（女，藏族）

组织委员、宣传委员
桑丹曲尼（女，藏族）

卡麦乡

【概况】 1959年，成立卡卡区，1962年卡卡区红旗、五星、红光、达孜、藏改、楚古组成统称卡麦区，区人民政府驻唐麦村。1988年撤区并乡时，将卡麦区红旗、五星、红光合并为卡麦乡，乡人民政府驻麻加村。1995年从本乡零散户搬迁，建立了亚杰村；2006年杰麦村、曲村合并为曲杰村。

1981年前卡麦区完全小设立在（现卡麦乡塘麦村），1981年后搬迁至（现达孜乡完全小学所在地），1995年香港人方文雄投资25万元新建了卡麦乡方文雄小学，2016年4月卡麦乡完小整体搬迁项目于曲杰村落地实施。

卡麦乡位于江孜县城西北部，距县城35公里，东部与卡推乡交接，南部与达孜乡接壤，西部与白朗县相邻，北部与日喀则市南木林乡相接，地理坐标北纬29° 07′ 54〃，东经：89° 29′ 55〃为全乡国土面积17043.5公顷。卡麦乡下辖11行政村，分别为亚杰村、塘麦村、曲杰村、麻恰村、玉村、康比村、朗嘎村、加比村、普夏村、那吾村、嘎益村。截至年底，全乡总户数894户、人口5486人，妇女2620人，劳动力2827人，卡麦乡共有93个双联户单位，其中村级联户88个，机关5个，双联户户长93人。寺庙4座，分别为那吾村尼布寺、甘玛曲林寺、加比村查珠寺、曲杰村大修拉康。

全乡行政机构有党建办公室、党风廉政办公室、政务综合办公室、扶贫办公室、财务办公室、综合治理办公室；事业机构有农牧综合服务中心、文化站、卫生院、机关后勤服务中心。全乡现有干部33名，其中包括6名借调人员，行政编制17人，事业编制12人，工人1名，公益性3人，临时工1人。乡现有完小1所，教师26人，学生550名；派出所1所干警5名；卫生院1所医务人员8名。

全乡耕地面积为11484亩、牲畜头数16357头只匹、其中小畜12251只、粮食总产量604万公斤、其中油菜60万公斤、人均收入11823、其中现金7684.9元。全乡农村经济总收入4464.52万元、第一产业收入1759.01元、第二产业收入2695.04万元、第三产业904.85万元。全乡草场面积为194786.78亩，2012年草场承包及奖励机制实施后，共有804户参加承包奖励机制，牲畜存栏数为53210.4头（只、匹）。2016年，共兑现草场奖励资金512271.1万元。

【党建工作】 年内，重视党员发展质量，优化队伍建设，提升基层队伍战斗力，现全乡共有13个党支部，全乡共271名党员，其中农牧民党员225

名、学校19名、乡党委政府及卫生院27名。重视村级班子队伍建设。卡麦乡党委坚持教育与监督并重、激励与约束并举，严格把好教育培训关、监督管理关、考核评定关，着力加强村组干部队伍建设，夯实农村基层组织基础。

【扶贫工作】 年内，低保调整后卡麦乡乡共有38个低保户、102人，其中A类30人、B类26人、C类46人。五保户共5人、孤儿4人.共有建档立卡贫困户261户、1168人；全乡建档立卡外贫困户192户、667人；边缘贫困户16户、71人。为深入落实扶贫精准扶贫工作卡麦乡实行九项措施分化推动全乡扶贫工作开展。九项措施分化为：异地搬迁128户、649人；生态岗位258户、715人；社会兜保32户、80人；医疗救助75户、79人；产业扶持42户、169人；转移就业75户75人；信贷扶持167户、731人；发展教育140户、227人。2016年卡麦乡脱贫任务为18户、75人；截至年底，已完成年度计划任务。2017年可完成151户、740人脱贫任务。通过搬迁及相关搬迁政策，异地搬迁贫困户能够实现摘帽。

【开展“两学一做”专题教育】 3月4日，卡麦乡党委召开“两学一做”主题活动动员大会，通过“深化五项教育、增进五个意识”主题活动实施方案和工作领导小组，明确活动内容、明确活动内容、目标认为、开展形式、方式步骤、工作安排，为开展专题活动指明方向。各党支部也结合自身召开专题组织生活会，就如何开展“两学一做”主题活动任务节点做了进一步细化。

【发展壮大村集体经济】 卡麦乡实行农牧并举。农业以种植青稞、小麦、豌豆、油菜为主，畜牧养犏牦牛、羊。工业以农畜产品加工、陶瓷、奶渣为主，其中陶瓷加工业在自治区享有盛誉。

【团委工作】 年内，卡麦乡以加强团员青年的政治理论学习为首要任务，将邓小平理论和“三个代表”重要思想的学习，与贯彻党中央和团中央的路线、方针、政策相结合，将团委工作规范化。2016年，有团员164人，新增团员24人，达到年龄退团的有6人。

【党风廉政建设】 年内，在党风廉政建设和反腐败工作中，卡麦乡强化组织领导，成立领导小组，明确领导小组成员职责。分别与11个行政村签订《党风廉政目标责任书》，将各村的党风廉政目标任务细化到个人。继续开展和完善党务、政务公开工作。加大纪检监察部门、广大群众、干部职工对党务、政务的监督力度，杜绝暗箱操作，实行阳光作业，铲除滋生腐败的土壤，从源头上预防腐败现象的发生。

【作风建设】 年内，加强机关干部作风建设，由乡纪委牵头严格执行考勤制度，要求干部职工严格遵守上下班制度，并将全年考核情况作为干部职工年终考评的重要依据。

【为群众办实事解难题】 1月18日，为帮助贫困户家庭解决越冬口粮问题，卡麦乡党委班子组织开展贫困户慰问活动给11个行政村86户贫困户家庭送去86袋大米、86袋糌粑、86块茶砖、86桶清油。

【环境综合整治】 年内，环境整治工作作为卡麦乡的重点工作，党委、政府以党的群众路线实践活动为指导思想，切实抓好生态环境建设工作，加大环保知识宣传工作。扩大公众参与，加强环保知识宣传，特别是对新环保法的宣传工作，要利用各种渠道，加强宣传，扩大宣传面，上好宣传课，使广大群众对环保意识增强，做到环境保护工作从我做起，从身边做起。全力抓好饮用水源保护工作。饮用水的安全关系民生，是人民群众生活水平提高的重要保证，做好水源保护区的管理工作，是乡镇环保工的重中之重。卡麦乡全力打造安全饮水工程，保证人民饮水安全。扎实推进农村环境综合治理工作。卡麦乡全力打造生态建设，要求全乡要扎实推进农村环境综合治理工作，加强群众环保意识，要广大群众意识到环保的重要性，要加强环境治理，远离污染。

【人大工作】 5月，卡麦乡进行人大换届工作，选举并产生新一届人大班子成员，期间大力发挥乡人大作用，认真执行换届工作各项任务，履职人大代表职责和义务。10月3日，组织召开乡级人大代表培训及交流座谈会，听取受理代表意见建议10条，其中包括新建普夏村水坝、麻恰村水渠维修、普夏村及各村对异地搬迁工作的意见建议等，并将建议整理后及时报送县人大办待处理。制作各项登记本7册，其中包括法律法规宣传、实地调研登记、学习情况登记、会议签到表、来信来访登记、意见建议归档登记，并将各项登记本认真填写。实地调研3次，康比村、白企帮村水库选址实地调研、百企帮村开工仪式调研、乡完小教育发展及学生食宿情况调研。11月9日，组织开展巾帼志愿服务活动，对麻恰村孤寡老人达拉，进行送温暖活动。

【科技工作】 卡麦乡科技工作主要以种植业为主。平日对本村各户进行农田工作服务，指导及宣传。参加县市级培训工作。定点试验村还将引进新品2000的种植技术。取得令人满意的收成。年底统一对全乡22个科技特派员进行年度考评打分。并上报上级单位进行评优活动。

【社会保障】 年内，全乡总计参保人员有2300人。已到60岁领取养老金的人员有502人。2016年的农保工作主要为对2010——2015年农保信息进行调整和清查，对其缴费和发放的财务进行清查。收缴2016年养老保险金，2016年实际参保人数为2300人，缴费人数为2243人。新增46人。

（旭鹏川）

【领导名录】

党委书记　罗　布（藏族）

党委副书记、乡长

刘　飞

党委副书记、人大主席

丹增卓玛（女，藏族）

党委副书记、纪委书记

仁增多吉（藏族）

副乡长、武装部部长

陈雪枫

组织委员、宣传委员

卓玛次仁（女，藏族）

副乡长、统战委员、政法委员

米　片（女，藏族）

副主任科员

强　央（女，藏族）

卡堆乡

【概况】 1959年，在卡卡成立卡卡区，区人民政府驻噶雪村，辖互助乡、幸福乡、卡卡乡、卡吾乡、唐麦乡、红旗乡。1962年卡卡区红光、五星、红旗3乡和重孜区达孜、珠古、藏改3乡合并成立卡麦区，卡卡区更名为卡堆区。1988年撤区并乡，成立卡堆乡。卡堆乡位于江孜县西北部，距县政府驻地43公里，地处北纬29.1°、东经89.5°，东连纳如乡，西临卡麦乡，北靠仁布县，南接藏改乡，总面积151平方公里，全乡平均海拔4034米，乡政府驻地海拔4050米。全乡以农业生产为主，耕地面积16188亩，林地面积24500亩，草场面积179104亩，主产青稞、小麦、油菜等作物，主要饲养绵羊、山羊、奶牛等牲畜。自然灾害主要有干旱、洪涝、风、霜、冰雹等。

2016年，全乡共974户、5279人，扶贫户215户、1013人。有基层党支部13个，其中农村党支部11个，共有党员275人。在岗在职乡干部34人，其中乡班子成员8人，平均年龄为31岁，其他公务员6人，事业干部15人，大学生村干部1人，工人1人，公益性岗位2人。内设机构有：党务综合办公室、政务综合办公室、社会事务办公室、综合治理办公室、财务所、文化综合服务站、后勤服务中心。村“两委”干部60人。全乡辖11个行政村（嘎雪、增麻、卡央、加措、吾年、萨拉、占堆、玉卓、年谱、白定、卡吾），有寺庙3座。共有在编僧尼29人，流散僧尼2人。有1所完小、3所幼儿园，共有教职工41人，学生590人，其中学前155人。

【干部队伍建设】 年内，卡堆乡高度重视干部队伍建设，认真落实县委发展党员工作规划，制订《卡堆乡2016年度发展党员工作计划》，按照发展党员“十六字”方针严把党员入口关，把党员发展工作重点放在那些支持、拥护党的方针政策等先进份子身上。2016年，预备党员转正式党员12名、积极分子转预备党员12名，培养31名积极分子。截至年底，全乡正式党员275名。

【党建工作】 卡堆乡政府提出“创新工作方式方法，转变群众思想观念，确保群众增产增收，构建卡堆和谐文明”的工作思路，并经过乡村两级干部、人大代表反复论证而确定，各项工作细节也逐步形成，得到完善，已经有序实施；定期召开领导班子民主生活会。乡党委班子每半年最少召开一次民主生活会，按照上级有关规定切实提高民主生活会质量，强化民主监督机制，促进党风廉政建设；进一步建立健全党风廉政建设制度和工作制度。规范和完善《党务政务公开制度》《村务公开制度》，从源头上扼制违法违纪案件的发生。乡党委班子每半年召开一次民主生活会，按照上级有关规定切实提高民主生活会质量，强化民主监督机制，促进党风廉政建设。

【脱贫攻坚】 年内，卡堆乡通过“阳光办事操作平台”，深入调研、走村入户，公开公示，最终从走访的近500户中确定卡堆乡扶贫户计215户，共1013人。通过每周工作例会和每月推进会，组织乡干部、村“两委”班子、监督委、联户长集中学习上级下发有关精准扶贫工作文件汇编，讲解和宣传精准扶贫政策、措施、步骤、流程等，逐级分解任务，力求达到家喻户晓，鼓励群众充分参与和监督。6月，乡党委针对干部职工、人民群众在脱贫攻坚中的职责与任务，在乡主要干道上制作2座户外宣传栏、4条宏观的宣传标语。截至年底，共有4人次信访，由县政府或扶贫办反馈下来的3次，乡级1次，已妥善处理完，群众满意率100%。交通道路养护岗位25个，已经开展两次养护工作；为9个贫困户安排地质灾害群防群测岗位；第一批林业护林员已经分配14个岗位，第二批分配788个岗位。共兑现岗位资金237万元。已有3户8人同意集中搬迁，系统外3户7人有随迁人口有到日喀则落户意愿，后续工作仍难度较大。经过卡堆乡上下一心共同努力下，2016年已经有62户主动递交脱贫申请，超额18户完成任务（计划任务44户）。

【“两学一做”学习教育活动】 年内，卡堆乡以“两学一做”活动为契机，全面提升干部职工理论素养，同时助推和检查各项日常工作。截至年底，全乡党员均完成党章学习，撰写心得体会，尤其是机关支部每个党员的读书笔记均在5000字以上，心得体会4篇以上，交流讨论3次、组织生活会3次。

【团建工作】 年内，卡堆乡着重从团员队伍建设方面，重视发展团员工作，积极配合县团委开展团员教育培训，组织开展“五四”入团仪式、学雷锋志愿服务等活动，组织青年志愿者开展卫生大扫除、法制宣传等系列活动，将团建工作制度化、经常化、规范化，2016年通过培养和引导，吸收团员22名，现共有团员84名。

【党风廉政建设】 年内，召开卡堆乡党风廉政建设和反腐败工作会议，安排部署2016年党风廉政建设工作，制订《2016年党风廉政建设工作计划》，层层签订《2016党风廉政建设责任书》，在全乡范围内开展了廉政谈话活动，强化对中央“八项规定”“准则”“条例”和典型案例的学习。

【换届工作】 年内，为确保换届工作依法、有序地开展，成立工作领导机构、制订工作实施方案。同时建立健全乡领导干部联系指导选区工作制度。为畅通监督渠道，严肃换届纪律。乡党委、纪委组织全乡干部、各村“两委”成员集中学习换届纪律要求。

【安全生产】 年内，严格落实安全生产目标，强化安全生产责任，与各村签订2016年安全生产目标责任书，严格落实安全生产目标管理责任制和各项防范措施，在重大节假日、敏感日期间，组织乡干部职工开展安全生产的宣传教育活动，并发放交通法规宣传册，多次对卡堆乡完小、饭馆、个体户商店食品安全排查，给人民群众创造一个安全、放心、健康的生活环境；同时，全面排查卡堆乡各施工单位安全存在的隐患，与乡驻地所有施工队之间签订安全生产合同协议，卡堆乡干部职工定期不定期到每个村，对每条公路、每项工程项目、每座桥梁进行排查，尤其对容易引发事故的隐患点，因地制宜制订整改措施，向村民讲解宣传危险路段、桥梁的安全注意事项，较好地做到排查、整治隐患、杜绝新隐患的目的。

【经济发展】 截至年底，全乡粮油总产量达642.495万公斤，年末牲畜存栏15339头（只、匹），保持草畜平衡，全年劳务输出2781人次，劳务收入达2036万元，实现社会生产总值7393.73万元，农牧民人均纯收入14005.93元。

【推广新品种】 2016年，推广新品种藏青2000种植4000亩，喜拉22号种植3000亩。

【基础设施建设】 年内，以项目建设为突破口，重点加大现代农业、农田水利等方面项目的争取和实施。近年来，在县政府及各行业部门的支持下，卡堆乡首先加大防灾抗灾能力，经历2012年洪涝灾害、2015年严重旱灾的情况下，乡政府对全乡范围内的防洪、抗洪设施进行维修加固，11个村均完成防洪堤坝建设。同时，又有计划维修4座水库、新建抗旱机井6眼。在2016年防汛工作中，卡堆乡未出现人员伤亡，农田受损控制在59亩左右，现已积极上报保险进行理赔工作。其次，多方协调，争取资金，全面解决11个村的通水、通电等情况，达到正常的生产生活供给。

【林业工作】 年内，在白定村、卡央村、增麻村实施封山育林8000亩，新修防护栏10420米，并对全乡内100余棵古树进行了登记保护。

【民生保障】 年内，按时兑现低保户、五保户资金，2016年兑现五保户补助资金11000元，低保户补助资金247718元。为5名因负伤退伍军人发放补助2500元。为98名残疾人士申报办理残疾证，为38户贫困农牧民申报农牧民安居工程。

【教育工作】 年内，“六一”儿童节、教师节为乡完小送去教育支持资金，对考入内地班的学生发放奖金。并定期登记全乡范围内在校贫困大学生，多方申请教育资助金、结对帮扶、寻找社会爱心人士。加大控辍保学工作，宣传义务教育法，保证青少年按时进入学习接受教育，“双基”入学率达99%。

【新农合和新农保收缴工作】 年内，不断加大新型农村合作医疗的宣传和收缴力度，截至年底，卡堆乡新型农合已全面完成收缴任务，参合率达到95.3%，有效地解决农民就医难、看病贵的问题。2016年，全乡适龄参保人数为2840人，总缴费金额为284400元。

【环境整治】 年内，卡堆乡每季度开展一次“环境卫生大整治，创建美好新家园”专题活动。动员全乡党员干部在全乡范围内开展村级环境卫生整治，引导广大农牧民破除陈规陋习，树立“讲卫生、美环境、树新风、促发展”的良好意识，人人都参与到建设“和谐、文明”卡堆中。

【精神文明建设】 年内，卡堆乡创建文明示范点，制订文明评选条件，加强公民思想道德建设。开展丰富多彩的文化活动，加强群众思想教育引导，转变观念，营造文明和谐的节日氛围，在全乡广泛开展群众性节日民俗、文化娱乐、体育健身、爱国卫生和科普宣传活动。2016年，共开展群众性活动9次，参与群众达10000人次。尤其是文化娱乐、法制宣传、文明创建、参观学习、红歌比赛、红色之旅、新旧对比系列活动，反响强烈。

（温云龙）

【领导名录】

党委书记　闫 元 仓

党委副书记、乡长

　　拉　　欧（藏族）

党委副书记、人大主席

　　尼玛次仁（藏族）

党委副书记、纪委书记

　　格　　玛（藏族，5月免）

　　曲　　珍（女，藏族，5月任）

宣传委员　曾　　敏（女，5月免）

组织委员、宣传委员

　　次　　珍（女，藏族）

政法委员　曲　　珍（女，藏族，5月免）

政法委员、统战委员、副乡长

　　蔺 彦 龙

人武部部长、副乡长

　　德吉卓嘎（女，藏族，5月任）

派出所副所长、副乡长

　　罗 时 鑫（6月任）

副 乡 长　李 政 华（5月任）

藏改乡

【概况】 1988年撤区设乡时，成立藏改乡。藏改乡位于江孜县城北部，距县城14公里，全乡辖区共有7个行政村（亚益、藏改、达尔、杂吾、楚古、夏尔岗、其吾），30个自然村，农牧民470户2798人。劳动力1404人；乡平均海拔3990米，国土面积150平方千米，其中耕地面积6646亩，草场面积15.30万亩；现有乡完小1所，教职工16人，学生245人；乡派出所1所，干警4人；乡卫生院1所，医护人员4人。

【经济发展】 2016年，藏改乡完成生产总值达4311.04万元，其中一产业932.48万元，第二产业1716.2万元，第三产业1662.41万元；农牧民人均纯收入达到11946.43元，其中现金收入7765.18元。

【畜牧业】 截至年底，牲畜存栏总数达12790头（只、匹），其中大畜3069头（匹）、小畜9721只，成畜死亡80头（只、匹），死亡率为0.63%。短期育肥羊共200只，出售180只，实现收入14万元。畜牧业副产品总产量与2015年基本持平，其中奶渣产量为2.945万公斤，出售2.4万公斤，收入38万元；酥油产量4.6万公斤，出售2.55万公斤，收入112.62万元；鸡蛋产量0.435万公斤，出售0.45万斤，收入6.5万元。按照农牧局要求，狠抓牲畜疫情防治，及时为牲畜注射疫苗进行免疫，应免实免率达到100%。

【种植业】 2016年，实现播种面积6646亩，草场面积15.30万亩。粮油总产量265.04万公斤，粮食产量达216.305万公斤，饲草产量达140.2万公斤，蔬菜产量72.75万公斤。

【教育工作】 年内，藏改乡把教育工作放在优先发展的战略地位，按照县委、县政府教育均衡发展的要求，乡政府制订教育均衡发展规划，在改善教学硬件的基础上，引导乡完小进行教学环境建设，为学校配备全新的教学设施，联合乡村两级力量，加强学校周边环境建设，联合乡派出所力量，开展法制校园建设。

【医疗卫生】 年内，藏改乡党委、政府积极配合县人社局和卫生局，加大藏改乡农村社保体系建设和医疗体系建设。2016年藏改乡参加新农保人员达到1392人，缴费14.8万元。乡卫生院大力开展业务学习和卫生宣传，大力推进村卫生室建设，为每个村设立卫生宣传专栏，联合村卫生室共同做好儿童预防接种工作，2016年共接种疫苗403人次，组织群众开展卫生知识宣讲2358人次，4名医务人员年接诊3964人次，群众受益明显。

【基础设施建设】 年内，县农牧局投资250万元对藏改村2100亩土地进行青稞高产农田标准化建设，改善农田耕种条件，在配套灌溉水渠建成后，将极大地发挥生产效益；乡政府争取水利项目资金与驻藏改村工作队共同出资组织对藏改村灌溉水渠进行维修，保证2017年开春农田灌溉用水；区党办驻其吾村工作队投资7万元为村民建设灌溉水管1020米，解决其吾村群众315亩土地的灌溉用水。

【精准扶贫】 年内，根据县脱贫攻坚指挥部的统一要求，成立脱贫攻坚工作领导小组，联合驻村工作队对提出贫困户申请的群众开展入户调查，并召集村民民主评议，最终确定建档立卡贫困户126户561人；充分吃透精准扶贫相关政策，做好政策宣传，联合驻村工作队组织政策宣传，参与群众8100人次；入户与群众面对面分析致贫原因，制订脱贫措施，从“九个一批”中合理安排脱贫措施。2016年通过政策扶持、群众自身努力，共脱贫20户102人，顺利完成2016年脱贫计划。

【党建工作】 年内，乡党委坚持将基层党建工作常态化和规范化。乡党委与各村党支部签订党建工作目标责任书，形成一级抓一级，层层抓落实的有效局面；开展好党建规范建设年活动，围绕党建“十个一”的工作任务，大力督促做好党建规范化建设；引导党员开展好“两学一做”学习教育和“讲学习、讲忠诚、正风纪、转作风、提效能”主题活动，开展好“手抄党章100天”活动和“我为党旗添光彩”书画摄影主题展；抓好村干部素质能力提升工程，联合驻村工作队开展好村干部文化素质教育、工作能力教育、法律知识、财经知识教育；围绕党建七项重点任务，做好党员组织关系排查、违纪违法党员处理、党费收缴专项清理整治、党员干部结对帮扶等工作，进一步纯洁党员队伍；狠抓发展党员工作，2016年共发展党员8名、转正7名、吸收入党积极分子17名。

【党风廉政建设】 年内，乡党委始终将党风廉政建设作为乡党委的一项中心工作来抓。切实履行好党委主体责任，乡党委年初专门召开党风廉政建设安排部署会，与各村党支部签订目标责任书，党委书记每季度听取各村党支部书记履行职责和乡纪委督查党风廉政工作情况；乡纪委履行好监督责任，切实加强党员党风廉政建设教育，抓住领导干部这个重点，但是不放松党员教育这个面上工作，将教育融入日常的工作和生活中去；开展岗位廉政风险点自查，加强惩防体系建设；协助上级纪委开展好宣传教育和案件查办工作。

【强基惠民活动】 2016年是创先争优强基础惠民生活动开展的第五年，藏改乡7个行政村由区市两级派驻驻村工作队，乡党委成立强基惠民活动领导小组及办公室，协调处理与县强基办、各级驻村工作队的沟通。2016年，重点完成藏改村灌溉水渠维修、亚益村党员活动场所建设、杂吾村村民活动广场、其吾村粮油加工作坊和灌溉水渠建设、其吾村养蜂业扶持，等项目的实施，改善了群众的生产生活条件，切实增加群众收入。在做好项目的同时，各级驻村工作队深入开展入户调查，组织群众开展感党恩教育、新旧对比教育，大力宣传党的强农惠农政策，让群众感党恩、听党话、跟党走。

【思想文化工作】 年内，乡党委将思想文化建设列入全乡的重点工作统筹安排中，与党建、党风廉政建设、民族宗教工作等一起安排部署，确定全年的工作重点和工作要求。切实做好相关工作的宣传报道，突出做好社会主义核心价值观的集中宣传，做好中共十八届六中全会、自治区党委第九次党代会等重要会议精神的传达学习，推荐评选第一届“感动江孜”人物，引导群众向往新生活、建设新生活。

【科技文化】 年内，乡文化站配套设施全部配备到位，工作日对群众进行开放，并于“3·28”西藏百万农奴解放纪念日、“五四”青年节等节日期间组织群众进行文体活动，暑假期间为返乡学生开放图书室、农村文化信息中心、多媒体教室，丰富学生们的文化生活。成立乡级科技特派员之家，配齐相关设备，为组织科技特派员进行集中培训提供了更加便利的条件。

【村集体经济】 2016年，乡党委、政府继续大力推进村级集体经济发展，杂吾村纺织业农民专业合作社生产协玛氆氇1368米，加上缝制藏装、藏靴等收入共计68万元；达尔村藏靴加工和制作奶渣、糌粑等收入5万元；楚古村种羊基地销售收入4万元；其吾村家具加工厂和藏毯编织收入4.2万元，亚益村、藏改村和夏尔岗村的短期育肥等项目收入3万元左右。

【安全生产】 加强组织领导。进一步完善乡村两级安全生产委员会成员构成，全面负责全乡安全生产工作，并与各村签订目标责任书。强化宣传教育。大力宣传安全生产的政策法规，在安全生产宣传月活动中，向群众发放安全生产宣传单1000余份，提高农牧民群众的安全意识。强化隐患排查。对全乡道路全面开展隐患排查，重点路段安装太阳能警灯，不定期对辖区内的在建项目开展安全生产大检查，及时提醒督查，村级以“双联户”为单位开展油气排查和消防安全排查，建立隐患排查治理台账。加强“三秋”期间安全生产工作。安排部署各项重点工作，做好安全生产“回头看”的督导检查，确保不发生任何的安全生产事故。

【“双联户”工作】 年内，乡党委、政府认真做好“双联户”工作，细化工作任务，及时兑现户长补贴，全年共开展“双联户”长培训2次，台账记录的督促检查6次，年底开展先进“双联户”创建评选活动，共推举表彰县级先进“双联户”联保单元1个（10户）、乡级先进“双联户”联保单元2个（19户）和村级先进“双联户”联保单元11个（96户）。大力引导“双联户”开展联户增收，帮助一个联户单元创建农民合作社。2016年，藏改乡被评为县级“先进双联户”创建工作先进集体。

【平安创建工作】 年内，以创建“平安江孜”为基础，藏改乡开展“平安乡村”“平安家庭”创建活动，提倡村内矛盾村级化解、村间矛盾乡级化解模式，2016年调解矛盾纠纷6起，切实将矛盾化解在基层，控制各类危安和群体性事件，减少影响恶劣的刑事民事案件发生，努力建设群众满意的社会环境。

【换届工作】 5月26日，召开党员大会，总结过去五年工作、明确未来五年发展规划，选举产生5名出席县第九次党代会代表及新一届乡党委班子；6月8日，乡第十四届人民代表大会召开，选举产生新一届人大、政府班子。在乡党委、人大、政府换届中，乡党委严守换届工作纪律、严守换届工作程序，确保了换届选举工作的顺利完成。

（潘　涛）

【领导名录】

党委书记　艾喻华

党委副书记、人大主席

德　吉（女，藏族，6月任）

党委副书记、乡长

次德吉（女，藏族，1月任）

党委副书记、组织委员、宣传委员

邰巍巍

党委委员、纪委书记

尼玛卓嘎（女，藏族）

党委政法委员、统战委员、副乡长

徐江涛（6月任）

人武部部长、副乡长

格桑平措（藏族，6月免）

贡桥昂姆（女，藏族，6月任）
党委政法委员、人武部部长、副乡长
格桑平措（藏族，6月免）

日朗乡

【概况】 1959年，成立车仁区，辖前进、上游、怒马、东甫、建设5个乡，区人民政府驻车仁村。1962年，车仁区更名为年堆区，区人民政府驻卓莎村。1988年，撤销年堆区，成立车仁乡、年堆乡、日朗乡。位于县境中部偏东的山谷地带，北接卡堆乡，南与年堆乡相邻，西与江孜镇接壤，东与纳如乡、仁布县查巴乡毗邻，距县城25公里，全乡平均海拔4300米，区域面积130平方公里，全乡耕地面积共有3347亩，草场面积为296823.14亩，属典型的高原性气候，空气稀薄，日照充足，昼夜温差大。全乡经济收入以农业和牧业为主，主要种植青稞、油菜等，牧养牛、羊等。草场面积相对较大，牧草资源丰富，给江孜县提供了大面积的优质牧场，且纳如村为纯牧村，经济收入主要依靠畜牧，全乡养殖业较为发达，为全县提供了大量的优质牛、羊肉。

日朗乡内设机构5个，其中包括机关后勤服务中心、农牧综合服务中心、文化服务中心、卫生院，共有行政编制14人，其中领导职数11人，正职3人，副职8人，事业编制20人；实际在编行政编制11人，其中领导职数8人，正职3人，副职5人，事业编制14人。日朗乡下辖措麦村、措堆村、卡尔村、纳如村四个行政村（19个自然村）。全乡共有223户，1320人，其中劳动力619人；共有5个党支部，11个党小组，正式党员150名，其中农牧民党员占总数的86.7%；村“两委”班子共有20人，其中一肩挑2人，4个村“两委”班子成员均为党员，村级后备干部20人。

日朗乡辖区内有1所小学，建于2002年，教职工3名。1所卫生院，建于2004年，医护人员4名，其中院长1名，医生护士3名。1所派出所，建于2014年，干警4名，其中所长1名，民警3名。

【党风廉政建设】 2016年，日朗乡领导全乡各族领导干部全面贯彻落实区党委八届七次、八次全委会精神，紧紧围绕年初县委、县政府的统一安排部署，按照“现代农业立县、科技教育兴县、文化旅游富县”的发展思路，使各项工作取得新成绩，农牧民群众收入有了新增长，全乡社会局面有了新发展。积极开展“三严三实”“两学一做”等学习教育活动，以“两学一做”专题学习教育活动为抓手，通过学习中共十八大、“三严三实”、中央第六次西藏工作座谈会、学习党章和习近平总书记系列重要讲话精神等，形成心得体会、个人检查材料等100余篇，努力营造一个学党章争做合格党员的良好氛围。按照江孜县基层党建规范要求，对全乡党建台账进行全面整理，并顺利通过江孜县的年终党建考核。

【开展“三扶三助三树”活动】 年内，为深入推进精准扶贫、党建、农牧业和经济建设等各项工作，积极开展党建特色活动，日朗乡党委、政府结合全乡实际情况，提出以“三扶三助三树”活动作为日朗乡党建特色活动（“三扶”：扶信息、扶产业、扶技术；“三助”：助帮扶、助学习、助医疗；“三树”：树典型、树制度、树创新），主要从经济发展、精准扶贫、民生工程、乡村两级领导班子和全乡领导干部队伍建设等方面入手，以领导干部、党员骨干为龙头，为农牧民群众送去技术培训5次和就业信息，为广大党员干部送去总书记重要讲话和政策方针等宣讲、学习10次，为村“两委”班子成员送去业务培训2次，全面推动全乡各项事业蓬勃发展，夯实了基层党组织建设。

【党建工作】 根据《中国共产党章程》和各级换届选举规定，按照日喀则市、江孜县换届方案要求，日朗乡高度重视，严格按照换届程序，组织全体党员干部观看《镜鉴》，为全体党员领导干部敲响警钟，打好预防针；学习《严肃换届纪律文件选编》，进一步加强全体党员领导干部的换届纪律意识，营造风清气正的选举氛围；成立换届领导小组，按照县换届领导小组要求，成立以乡党委书记任组长，乡党委副书记、政府乡长为副组长的日朗乡换届领导小组，为各项换届工作的落实提供保障；加大宣传报道力度，为营造良好的换届氛围，日朗乡组织宣传组通过走村入户、张贴标语、悬挂横幅等方式开展换届宣传，使广大党员和群众正确认识换届选举工作；确保会议有效，在召开党员大会前，日朗乡严格按照换届程序，按时向县委、县政府请示报告；同时，全面核实全乡应到和摸底实到党员、群众代表等，确保会议有效；制订各类方案，按照县换届领导小组要求，结合日朗乡实际制订换届工作方案、处置突发事件方案、舆情方案等，从制度上得到保障；形成各类工作报告，结合全乡党委、政府和人大五年来所完成的各项工作，由乡换届材料组起草、乡党委会议研究修改、上报县换届领导小组批示等，形成日朗乡五年工作报告、纪检五年工作报告和人大五年工作报告；按照换届程序对相关文件、学习材料、请示报告、方案和选票等进行整理归档，形成统一规范的日朗乡换届选举材料。通过此次换届，对乡党委、政府、纪委和人大的人员配备进行调整，使一批年轻力强、工作经验丰富的同志得到重用，进一步建强了日朗乡基层党组织建设。

【经济建设】 年内，在经济建设上，根据全乡自然资源特点，从农业上：根据县农业统一规划，日朗乡按照上级安排对农业结构进行调整，加大优质青稞藏青2000的种植面积，并申请日朗乡土地平整项目，不断提高青稞的单产量；从牧业上：严格做好牲畜防病工作，全乡境内牲畜防病率达到100%，成活率达到95.2%。牲畜存栏为11156头（只、匹），使全乡牧业得到大力发展；从特色产业上：日朗乡通过转移劳动力、申请扶贫和农牧业基础项目、开办特色产业项目等，形成以藏式手工制陶、土豆连片种植、温室大棚、土地平整和藏鸡养殖等为代表的特色产业，进一步加快全乡经济建设，不断为全乡贫困群众增加经济收入来源。2016年，全乡农村经济总收入1155.53万元，与2015年同比增加32%。农牧民人均纯收入从2015年的5613元增加到2016年的7016元，与2015年同比增加24.9%。全年粮油总产量58.915万公斤，与2015年同比减少25%。

【以项目促发展】 为不断增加经济收入和来源上，乡党委通过筹集资金、向上级申请项目等，为全乡93户贫困群众实施“借母畜还仔畜”项目，兑现项目资金66万元；新建高寒棚圈15个；新建农田灌溉机井1座；为措麦村争取水塘项目投资资金120万元；为日朗乡朗萨天葬台争取维修建设资金250万元；大力发展以卡尔村藏式手工制陶业为全乡“一乡一业”的特色产业，项目建设投资49.9万元，能为卡尔村42户214名群众提供大量就业岗位，为每户群众每年增加收入2~3万元，切实为贫困户解决就业问题。

【劳务输出】 年内，进一步加大全乡空余劳动力转移力度，提高农牧民经济来源和现金收入。乡党委、政府通过农牧民自发组织和能人带动等形式，加大劳务输出力度，2016年，全乡在境内外出务工就业达到2200人次，实现经济收入达600万元，经济收入与2015年同比增加60%。

【精准扶贫】 作为“十三五”规划重点之一的精准扶贫攻坚工作，日朗乡党委、政府高度重视，党政主要领导亲自挂帅，通过加强领导，大力开展宣传。根据上级会议要求，召开全乡动员大会，传达学习“日朗乡精准扶贫攻坚工作实施方案”。成立由乡党政主要领导为组长的精准扶贫领导小组和宣传小组，对全乡228户村民进行扶贫政策宣讲，发放宣传资料等方式，宣传党的支农惠农政策，各级提出的精准脱贫相关政策等，努力营造日朗乡脱贫致富的良好氛围。严格开展摸底工作，核实扶贫数据。积极深入各村各户走访，利用4天时间完成全乡228户群众的摸底调查工作，详细了解致贫原因、资源优势、区域优势，为每一户建立家庭信息档案。通过公开打分，评选出各村精准扶贫户，落实建档立卡工作，做到村有册，乡有档，共评选出精准扶贫户92户，442人。引导教育群众，切实转变旧观念。积极引导教育群众、鼓励和组织农牧民群众参与劳务输出，转变群众观念，使“要我富”变“我要富”，充分利用当地优势资源，加大就业技能培训，鼓励扶贫创业，千方百计增加贫困户经济收入来源，帮助贫困户早日实现致富。建立党员干部职工联系贫困户制度。乡党委严格按照县有关扶贫帮扶要求，全乡共建立帮扶结对92户。结对后，帮扶干部深入贫困户家中，详细了解贫困户家庭状况、致贫原因和发展需求等，帮助制订针对性、操作性强的帮扶措施，争取尽快脱贫致富。同时，积极开展助帮扶活动，乡机关全体干部职工和乡派出所民警等自发捐款43000余元，为全乡92户442人精准扶贫户送去衣物、大米、面粉、砖茶和奶粉等生活必需品。

通过就业技能培训、鼓励扶贫创业、信贷入股分红、特色产业扶持、生态补偿等方式，为全乡贫困群众兑现扶贫专项资金200余万元，圆满完成2016年精准扶贫21户93人的脱贫计划。

【“强基础、惠民生”工作】 作为第五批驻村工作，严格按照“5+3”工作要求，认真总结先进经验和做法，以解决群众最关心的难点和热点问题为出发点，开展各项驻村工作。协助村“两委”班子，制订年工作计划、学习方案及各项制度，开展各类学习、培训等，不断提高村委办事能力。同时，通过大量调查、整合现有驻村办实事资金等，卡尔村驻村工作队利用办实事经费24万元购了530根PE管道和2100米网围栏及200根水泥柱，措麦村驻村工作队利用办实事经费规划该村土渠加固项目，措堆村驻村工作队利用办实事经费7万元筹划该村水塘项目，极大的改善全乡农村的基础设施，为群众生产生活创造有利条件。通过联合村“两委”班子和各村党员等，在重大节假日和敏感时期等成立村级义务巡逻队，重点加强对各村交通要道、村庄内部和周边的巡逻，落实外来人员车辆登记制度，加强对流散僧侣的管理力度，实行日见面、日汇报制度，杜绝漏控失管的现象发生，并严格遵守驻村值班制度，确保全员全时在岗，较好地完成了第五批驻村工作。

【教育工作】 年内，狠抓教育质量的提高，严格落实“三包”经费，巩固“普九”成果，通过在全乡范围内大力宣传，使适龄儿童入学率、巩固率达到100%，截至年底，日朗乡小学在校学生50名，教师3名。2016年日朗乡小学的教师周转房的建成，极大地改善了教学条件，为提升日朗乡小学办学条件，通过上级教育等部门扶持，预计2017年将日朗乡小学改建成乡完全小学。

【卫生工作】 日朗乡卫生院利用现有的医疗条件积极为广大农民群众服务，同时扩大新农保参合率，做好疫病预防控制工作，儿童疫苗接种率达到100%，组织农牧民群众学习基本医疗知识，卫生知识宣传5次，提高群众健康意识。把妇幼保健工作纳入重要工作来抓，加强妇幼卫生和优生优育工作，保证孕妇在分娩周期得到有效保障，做到优生优育。

【文化工作】 文化工作关系着人民群众精神文明建设，作为乡镇重点工作之一，乡党委、政府历来高度重视，成立领导小组、制订实施方案和工作计划等，从组织领导和制度上加强文化工作；利用各村健身场所、农家书屋和乡文化站等，建强健全群众文化活动设施和丰富内容。同时，乡党委、政府为丰富党员干部文化生活，争取4万余元资金，新建党员干部活动室，为全乡党员干部提供文化活动室；以交流座谈，促进全乡文化发展。2016年10月，白朗县文广局交流组一行到日朗乡，对乡文化站、办公楼等进行参观，与乡相关工作人员展开座谈，交流工作经验、方法，进一步促进全乡文化工作。

（胡 波）

【领导名录】

党委书记 伊比热很（回族）

党委副书记、乡长
仓 木 琼（女，藏族）
党委副书记、人大主席
德　　吉（女，藏族，6月免）
米玛次仁（藏族，6月任）
党委副书记、纪委书记
巴桑仓决（女，藏族）
统战委员、副乡长
琼　　达（藏族，5月任）
政法委员　李 保 成（5月免）
琼　　达（藏族，5月任）
组织委员、宣传委员
李 保 成（5月任）
人武部部长、副乡长
胡　　波
副乡长　秦 鲜 军（6月免）
柳 银 船（6月任）

达孜乡

【概况】 1988年撤区设乡时，成立达孜乡。达孜乡位于县境西北部，年楚河下游，距县城25公里。乡机关干部职工28名（其中：行政编制18名、事业编制7名、工人1名、公益性岗位1名，临时工1名）。其中：汉族干部10名、藏族16名、回族1名；男性12名、女性15名。派驻驻村工作队员16名。管辖加纳、苦乐、吉才、达麦、达堆、恰久、仁庆岗、幸福9个行政村；1所完小创建于1974年，2016年有教职工19名，学生270名；辖区内有1所派出所，2013年4月正式成立。现有民警4名，其中1名所长、3名民警。下设办公室（治安办、所长、枪弹库、审讯室、留置室、装备室、会议室）。有1所卫生院，1980年成立，现有4名，其中1名公益性（1名护士）3名正式工作人员（1名藏医、1名临床、1名全科）下设办公室（门诊、治疗室、药房、仓库、办公室、档案室、产房、疫苗室1间、病房1间）。有1所完小，1974年成立，编制15名，现有教师21名，学生270名。下设办公室（校长室、教研室）。2012年成立年措寺与恰琼寺管委会时定编7名，当时有正科1名、副科2名、民警1名、事业编制1名、行政编制2名。有1所卡麦营业所，达孜乡完小创建于1974年；1984年从卡麦乡迁至达孜乡。全乡共638户、3068名。耕地面积10387亩。达孜乡有10个党支部、党员191名。以农业生产为主，主要农作物有青稞、小麦，豌豆，油菜等。草场面积承包为面积：72217.11亩，核定载畜两为：18533.77个绵羊单位，2016年年末存栏数为：8924（头、只）。

2016年，坚持“统筹安排、分类指导、积极主动、慎重稳妥、因地制宜、实事求是、突出重点、先易后难、典型引路、分步实施”为原则。2016年，全乡GDP达5312.6万元，比2015年底增长20%；农牧民人均纯收入达到9789元，较2015年增长了10%。

达孜乡行政机关是由乡党委、乡人大和乡政府三部门构成。乡政府组成部门包括：党政综合办公室、党建办公室、人大办公室、政法综治办公室、社会事务与经济办公室、纪检办公室、农牧综合办公室、档案室、工青妇综合办公室、人社办公室、扶贫办公室、农牧综合服务中心、文化站。

【党建工作】 年内，重视党员发展质量，加强对入党积极分子的教育培养，坚持党员发展标准，认真履行入党手续，全乡共有8个党支部，160名党员，其中群众党员123人。重视村级班子队伍建设。年初乡党委就专门召开村“两委”班子专题会议，制订完善村干部考核实施细则，采取开会测评、约谈、走访群众等方法对村干部进行德、能、勤、绩、廉五个方面的考核。将奖惩与考核结果挂钩，有效调动了村干部的工作主动性和积极性。

【扶贫工作】 精准识别，做好建档立卡工作，按照县扶贫办下发的扶贫指标，乡政府以入户调查的方式选出“十三五”时期建档立卡平困户共124户443人，其中一般贫困户10户50人；深入调研，梯次扶贫。在2015年成功脱贫27户145人的基础上，2016年，乡扶贫工作领导小组在深入走访调研的基础上，选出22户85人作为2016年的扶贫对象，并成功助其脱贫；开展党员结对认亲活动，共结对124户443人，结对率达到100%；积极落实生态补偿资金30万元、草场奖励资金11万元、生态岗位补偿资金15万元、牲畜扶持资金60万元、教育帮扶和医疗救助等政策。进一步明确主要领导职位扶贫工作的第一责任人，并明确分管领导，落实具体具体人员，确定工作目标，完善工作机制。明确重点，理清思路，狠抓扶贫项目建设。群策群力，发挥特色，拓宽增收渠道。以人为本，协调推进，突出民生保障。达孜乡将继续加大对扶贫工作的支持力度，帮扶贫困村以整村推进扶贫工作为契机，以项目建设为重点，巩固扶贫成果，带领村民脱贫致富奔小康。

【“两学一做”专题活动】 3月7日，达孜乡党委召开“两学一做”主题活动动员大会，通过“深化五项教育、增进五个意识”主题活动实施方案和工作领导小组，明确活动内容、明确活动内容、目标认为、开展形式、方式步骤、工作安排，为开展专题活动指明方向。各党支部也结合自身召开专题组织生活会，就如何开展“两学一做”主题活动任务节点做了进一步细化。

【发展壮大村集体经济】 年内，以发展壮大村集体经济为突破口，促进发展壮大村集体经济为突破口，促进农牧民增收。达孜乡坚持以党建引领发展，把发展村级集体经济摆上重要的位置，提出要“形成一个改革发展的好路子”，特别要选准富民强村的渠道，坚持四措并举、联动发力，推动集体经济走上发展快车道。

【团委工作】 年内，达孜乡在团建方面十分重视团员的发展和教育工作，将团委工作制度化、经常化、规范化。2016年，有团员93人，新增团员6人，入党1人，无退团。

【党风廉政建设】 年内，为加强党风廉政建设，明确领导班子、领导干部在党风廉政建设的责任，推动科学发展，促进社会和谐，提高党的执政能力，保持和发展党的先进性，在党风廉政建设和反腐败工作中，达孜乡强化组织领导，成立领导小组，明确领导小组成员职责。分别与9个行政村签订《党风廉政目标责任书》，将各村的党风廉政目标任务细化到个人。

【机关干部作风建设】 要从思想观念入手，强化学习，要从领导干部入手，从我做起；要从考勤入手，完善制度；要从会风入手，对号入座；要从态度入手，礼貌待人；要从卫生入手，优化环境；要从督查入手，纠正违章；要从考核入手，抓好落实，并将全年考核情况作为干部职工年终考评的重要依据。

【经济发展】 根据2016年国民经济统计，全年国民经济总收入5312.6万元，与2015年同比增加25%。其中，农业总收入1021.13万元，与2015年同比增加12%。农牧民人均收入从2015年的10947元增长到2016年的13700.19元，与2015年同比增加25%。

【农业】 2016年，达孜乡大力发展特色农牧业，稳步推进农业结构调整，2016年播种良种青稞6012亩（喜马拉雅22号、藏青2000、320）；豌豆播种面积为903.1亩；经济作物播种面积2493亩，其中油菜播种面积为1147亩；蔬菜播种面积为1346亩；饲草料种植面积2082亩，化肥138吨。

【牧业】 2016年新生子畜6873（头、只、匹），成活率达96.9%；牲畜出栏6807（头、只、匹），出栏率达64%；牲机制资金7.95万元，2016年达孜乡林业生态补偿资金共发放12万元，科技特派员补贴90000元；口蹄疫O（欧）型、亚洲I（哎）型三价灭活疫苗牲畜数为10052（头、只），实免数量为10052（头、只）接种率达100%。

【水利】 以项目建设为抓手，加快基础设施建设，筑牢经济发展基础。2016年，全乡开工建设水塘、水渠等项目3个，总投资102万元。乡政府饮水设施改造工程有效解决了乡政府周边饮水问题。

【环境综合整治】 按照2016年城乡环境综合治理工作目标任务，认真做好全乡环境综合治理日常工作、深入推进垃圾分类处理、将全乡环境综合治理工作列入乡党委、政府2016年工作目标，与各村签订目标责任书，对全乡环境综合治理各项工作实行目标管理。深化重点部位环境治理。强力推进人流量、车流量相对较大的场镇主要街道、小学、幼儿园、卫生院、超市、农贸市场、怀华路沿线和河道沿线等重点部位环境治理，提升形象。严格落实清扫保洁制度，增加保洁时间、确保保洁质量。切实加强重点区域环境卫生管理；增加巡逻和管理力量，加强重点部位的交通秩序、经营秩序等管控；整合乡派出所、城管办、村（社区）执法执勤力量，加大检查密度和执法查处力度，依法整治非法营运、随意占道及无证经营等违法违规活动，确保重点部位环境整洁、秩序井然。

【劳务输出】 劳务输出主要是劳动力转移就业和农牧民技能培训相结合让农牧民群众增加收入，使农牧民群众过上幸福生活。根据2016年国民经济统计数据，2016年达孜乡劳务输出人次820人/次，劳务输出实现经济收入5080000元。2016年派送53民农牧民群众到市人社局下属的9家培训机构参加太阳能设备维修、创业、装载机、挖掘机、钢筋机、混泥土工、农机维修、藏餐厨师等技能培训。

【教育工作】 教育工作作为达孜乡一把手工程，乡党委书记为主抓的配备了专干工作人员，经常巡查教育教学计划，教师请销假制度、学生吃、住、学等情况，进一步完善和提高整体教育效率。全乡小学在校生263人、初中在校人数134人，入学率达到100%。

【卫生工作】 年内，按照县卫生局工作要求，大力开展基本公共卫生服务，把医改的重点任务落到实处。大力营造宣传氛围、加大医改宣传力度。进一步提高宣传力度。结合党的群众路线教育实践活动，卫生院、村卫生室干部职工进村入户，为推进基层医改建言献策。继续推进“三好一满意”活动，从而推动医德医风建设，提升服务效能，巩固基层医改实施成效。加强医疗卫生队伍建设，提高诊疗水平，不定时的组织村医务人员在乡卫生院进行培训。让广大人民群众就近就医、安心就医。巩固完善基本药物制度，排查过期药物，保证农牧民放心用药。充分利用民族医药特色优势，提升藏医药服务能力。加强妇幼卫生和优生优育工作，保证孕妇在分娩周期得到有效保障。大力开展健康教育宣传工作，提高群众健康意识。

【妇联工作】 年内，达孜乡妇联主要在“三八”妇女节期间乡党委、政府为各村拨付1000元的活动经费。在“3·28”西藏百万农奴解放纪念日期间夏如组织开展贫困妇女慰问活动，并送去2000元的慰问金和慰问品。

【新型农村社会养老保险】 新型农村社会养老保险是国家出台的一项惠民政策，是一项好政策，达到年龄后每月就可领取养老金至终身。2016年达孜乡16—59岁应参保人数1482人，实际参保人数1434人。

【民政工作】 达孜乡2016年8月完满完成低保户筛选工作，现全乡无低保户，困难残疾人44人，高龄老人2人，重度残疾人32人，寿星老人6人，失能老人13人，2016年发放重度残疾人补助资金42240元，发放高龄老人补助资金21120元，困难残疾人补助资金29040元，寿星老人兑现资金1800元，失能老人兑现资金7800元。

【国土工作】 达孜乡2016年经过实际勘察，为合理利用国土资源，在县国土资源局和乡党委、政府的正确领导下，以服务大局、保障发展为主线，以保护资源、合理利用为目标，以强化职能、依法行政为准则，各项工作取得了有目共睹的成绩。

（达娃卓玛）

【领导名录】

党委书记　欧珠平措（藏族，5月免）
　　扎西平措（藏族，5月任）

党委副书记、乡长
　　甘　剑

党委副书记、人大主席
　　旺　珍（女，藏族）

党委副书记、纪检委员
　　刘　娟（女，藏族）

统战委员、政府委员、副乡长
　　格桑平措（藏族，5月任）

组织委员、宣传委员
　　平措旺久（藏族）

人武部部长、副乡长
　　呼海瑞（5月任）

副乡长、派出所所长
　　秦　军

热索乡

【概况】 1959年，成立重孜区，辖昌普乡、重孜乡、司普乡、热索乡。1988年撤销重孜区，成立重孜乡、热索乡。热索乡位于江孜县西部，距县政府驻地25公里，东连重孜乡，西临白朗县洛江镇，北靠达孜乡，南与白朗县杜琼乡毗邻；辖管7个行政村（14个自然村），分别为：乃萨村、孜吾村、帮日村、德林村、春琼村、贡斯村、努康村。

热索乡全乡共有763户3696人，其中女性1768人，劳动力1882人，纯牧业1户8人，全乡共有10个党支部共332名党员，2016年建档立卡贫困户152户566人，低保户13户39人，“五保户”4人，“三老”人员27人。

截至年底，热索乡农牧业总产值达5542.58万元，粮食产量662.335万公斤；劳务输出1768人次，实现收入183.3万元，农牧民人均纯收入达到10978.69元，较2015年增长20%，其中现金收入7355.72元，占人均收入的65%。

热索乡行政机关由乡党委、乡人大和乡政府三部门构成。乡政府的组成部门包括党政办、经济发展办公室、政法综治办公室、社会事务办公室、农牧综合服务中心、文化站等。

【农业工作】 在农业生产过程中，热索乡始终坚持以农业为基础，以科技为支撑，积极联系上级政府职能部门，对农民群众在思想上进行开导，在技术上进行指导，在做法上进行引导，从而提高农牧民总体收入。切实做到狠抓春耕备耕工作，在稳定粮食生产的基础上，加大产业调整结构，确保农业播种“双脱”工作完成率达95%以上。2016年全乡播种总面积12144亩，其中粮食实播面积为6193.5亩，经济作物播种面积3035.9亩，饲料种植2914.6亩（紫花苜蓿草和箭舌豌豆），粮、经、饲三元结构调整到50：24：26。

【畜牧工作】 草场承包和奖励工作扎实推进。2016年，热索乡共有611户参与到草场承包及奖励工作中，年末牲畜存栏为11166只（折合绵羊单位），核定年末草畜平衡载畜量17552.8只（折合绵羊单位），草场承包面积共计70212.7亩，草畜平衡率81.51%。全年减畜2037.68只（折合绵羊单位），减畜40%。年末大畜9569头，小畜4782只，成畜死亡率0.5%。年初新生仔畜1862头（只、匹），死亡数42头（只、匹），死亡率控制在3.4%以内，成活率96.6%，牲畜疫苗注射达7020次。

【民政工作】 年内，组织乡剩余劳动力出门务工，热索乡全年实现富余劳动力外出务工达1235人次，其中政府组织培训务工达328人次，乡组织培训务工达200人次，自由组织外出务工达713人次，净创收入785万元。农村新型养老保险覆盖率进一步扩大，认真落实县委下拨的各项社会事务经费，规范发放低保、五保和各种救济救助，切实解决群众生产生活中的实际困难。组织民政专干全年完成残疾人员情况录入83人，按照标准发放救助金。进一步规范留守儿童、五保户、寿星老人等相关信息，做到不漏一人，信息完整。完善低保户的调整，由76户209人缩减到13户39人。

【精准扶贫】 2016年，热索乡计划脱贫17户80人。高度重视扶贫工作，建立健全领导机制，成立领导小组和扶贫攻坚办公室，党政领导同责主抓，并配备能力素质强的2名扶贫专干具体负责相关工作。精准帮扶。按照县扶贫办关于精准帮扶通知要求，按照江孜县“3.2.1”（县级干部结对帮扶3户贫困户，乡科级干部结对帮扶2户贫困户，一般干部结对帮扶1户贫困户）协调县级领导、驻村工作队派驻单位、部队官兵、派出所民警、卫生院医生对热索乡152户558人贫困对象进行结对帮扶，乡科级干部包2户、一般党员干部包1户，并将帮扶名单及开展情况及时上报县扶贫办和县组织部、宣传部，现帮扶主体责任人利用个人资源为帮扶对象解决了实际困难，工作效果明显，切实做到精准帮扶、精准脱贫（乡成立党员自愿服务队对没有劳动力的贫困户进行播种和收割等志愿服务、乡政府利用乡爱心救助基金对部分贫困户进行医疗费用垫付的形式解决费用困难等问题，在医疗报销方面帮扶主体帮助贫困户进行相关医疗及其他费用的报销，减少贫困户因报销带来的费用）。多次对帮扶开展情况进行监督检查，对没有及时进行帮扶的帮扶主体督导落实；产业扶持对接工作完成情况。积极协调上级相关部门，及时完成就业统计工作，2016年扶贫就业岗位，转移就业15人次、医疗救助6人次、教育扶持9人次（2016年5户5人高中1人大专以上4人）、信贷扶持49人次，现与协调相关单位（个体）做好对接工作。在建档立卡贫困户的15人已实施产业扶持政策并已就业（其中2016年乃萨养猪协会扶持5人就业、帮日养牛基地扶持6人就业、努康蔬菜大棚种植基地扶持4人就业），劳务输出就业方面，在县工商联协调指导下，对接非公企业和乡级个体企业解决劳务输出难、工资待遇不高的问题；完成2016年脱贫对象脱贫工作。为防止脱贫工作流于形式和走过场，搞假脱贫，召开扶贫工作会议，强调脱贫工作的严肃性和重要性，提出相应的纪律：要确保贫困户自愿脱贫，自愿填写脱贫申请书（如存在强行脱贫，乡党委、政府将查处相关工作人员）；村“两委”班子要切实召开民主评议实事求是的评议贫困户是否脱贫并做好公式；要确保脱贫工作中数据的真实性（在对贫困户家庭收支计算时要如实计算，绝不能弄虚作假和虚报数据）将计算情况和脱贫情况在乡进行公式，并及时上报县扶贫办；一步规范扶贫相关资料。对建档立卡户一户一档进行整理规范；进一步查找致贫原因细化脱贫措施；对2017年2018年贫困户进一步查找贫困原因和脱贫措施。

【科技工作】 以科技为支撑，充分发挥各村科技特派员的带头致富作用。2016年，热索乡党委、政府始终坚持依靠科技致富，以农业为基础不断壮大“三大产业”，着力发展“一村一品”完善“一村一策”。全年共组织科技培训12次，科普活动开展4次，农牧民实用技术培训人次达1790人次。

【医疗卫生】 不断加强乡卫生基础保障。增加医疗器械，进一步提高工作环境卫生标准，使布局更加合理，小型手术室采用现代化标准建设，全年乡卫生院就诊达10220人次。农牧民住院分娩和生活全部报销政策得到落实，计划免疫和传染病、地方病防控防治加强，全年基础疫苗注射达1560人次，加强型疫苗注射达584人次，食品药品监管与宣传工作不断强化。认真落实关于覆盖城乡的基本医疗卫生制度的要求，积极推行农村新型合作医疗，热索乡参合率达100%。

【文化教育】 文化教育持续巩固提高。2016年通过加大基础设施建设的投入，通过多渠道筹集资金，优化教学硬件，整合教育资改善办学条件。乡完小现在校学生316人，其中享受“三包”学生311人。2016年，小学入学率、巩固率、初中升学率均达到100%，在校生巩固率达到98.8%。在校大学生115人。人均受教育年限由7.3年提高到8.1年。乡财政在没有收入的情况下，都会从办公经费中支出费用，用于改善乡完小办学条件；同时开展六一儿童节、教师节和毕业离校学生座谈会。

【“三大产业”】 2016年热索乡酥油总产量4.75万公斤，收入151.68万元，其中上市2.36万公斤，比2015年增长4.4%；奶渣总产量2.85万公斤，上市2.85万公斤，收入达45.6万元，畜产品商品率达到65%以上，同时做大做强民族手工业，全年实现收入达43万元。

除此以外，热索乡大力发展“三大产业”，倾力打造以努康村蔬菜大棚基地为中心，辐射其余6个村的大棚蔬菜产业；以乃萨村养猪基地为中心的养猪产业；以帮日村养牛基地为中心的养牛产业。热索乡努康村拥有13座蔬菜温室大棚，及各村散户共200多座蔬菜温室大棚集中起来，成立一个蔬菜大棚协会，在江孜县菜市场设立一个集中销售点，全年创收56万元。乃萨村养猪产业已辐射到热索乡7个行政村，参加养猪协会的农户数204户，参加协会的人数为810人，参加协会年均收入为0.4万元，2016年协会带动群众致富户数达140户，总带动人数为850人，全年创收80余万元；帮日村现有奶牛125头，参加奶牛养殖协会的农户数达68户，200余人，全年创收41.4万元。

【党风廉政建设】 成立组织机构。热索乡党委高度重视党风廉政建设责任制工作，始终把党风廉政建设责任制摆上重要议事日程，成立以乡党委书记为组长的党风廉政领导小组；明确责任分工。进一步明确党委负责人是履行党风廉政建设第一责任人职责，对全乡党风廉政建设负总责，做到与经济建设和其他重要工作一起部署，一起落实；经常到重点村、落后村调研党风廉政建设情况；健全工作机制。严格执行“领导干部有关事项报告制度”“热索乡规章制度”和“热索乡改进工作作风十六项要求”，认真落实“民主集中制”，发挥党委会作用，对于重大事项，均由集体讨论决定；定期召开班子民主生活会，开展批评与自我批评，不断提高决策民主化、科学化水平；认真落实主要领导对本单位财务、干部管理，办公用品采购工作负总责，乡党委政府班子成员在干部大会上述职述廉；进一步完善“廉政谈话制度”，特别是乡党委书记对班子成员做到经常提醒和督促，要求他们牢固树立廉洁从政意识；在各村委会成立由5人组成的4个监督领导小组（村务监督、党务公开监督、民主监督、文明监督）。其成员由村民会议或者村民代表会议推选产生，各监督领导小组的任期与村民委员会的任期相同，发扬党内民主，加强四个监督为热索乡改革发展和和谐稳定提供有力保障。

【党委换届】 在县委组织部的正确领导下，换届选举工作指导组的精心指导下，热索乡于2016年5月28日前全部完成换届选举工作。以召开党员大会的形式进行选举，共产生热索乡党委委员7名，热索乡纪委书记及委员4名，热索乡出席江孜县第九次代表大会5名，参加选举的党员共275名，发出热索乡参加江孜县第九次党员代表大会的代表选票275张，收回选票275张，其中有效票275票，无效票0票；发出党委委员选票275张，收回275张，有效票275票，无效票0票；选举党委书记、副书记应到人员7名，实际参加6名，因事因病1名，发出党委书记、副书记选票6张，收回选票6张，顺利产生了新一届乡党委班子，选举产生出席中国共产党江孜县第九次代表大会代表7名。党委委员得票率达到100%，书记、副书记得票率达到100%，出席中国共产党江孜县第九次代表大会代表得票率达到100%。通过换届，乡党委班子结构进一步合理，班子队伍素质进一步提高。

（邱茂林）

【领导名录】

党委书记　欧　　珠（藏族）

党委副书记、乡长

梁　　瑞

党委副书记、人大主席

洛桑卓玛（女，藏族，5月任）

党委副书记、纪委书记

次德吉（女，藏族，4月免）

普　赤（女，藏族，5月任）

副乡长、人武部部长

张文军（1月免）

罗玉江（1月任）

副乡长、统战委员、政法委员

仓　木（女，藏族，5月任）

组织委员、宣传委员

白　央（女，藏族）

重孜乡

【概况】 1959年，成立重孜区，辖昌普乡、重孜乡、司普乡、热索乡。1988年，撤销重孜区，成立重孜乡。辖塔杰、吉冲麦、番琼、恰古、康庆、玉堆、鲁定、吉冲堆、央白、白沙、日定11个行政村（包括18个自然村），乡人民政府驻玉堆村。重孜乡位于江孜县西南部的年楚河北岸，日（日喀则）亚（亚东）公路贯通乡境。地理坐标北纬28° 8′，东经89° 6′。东南与紫金乡交界，南与日星乡相邻，西与热索乡接壤，北部隔年楚河与藏改乡、达孜乡相望。重孜乡设有党委、人大、政府三大领导机构。现有干部职工37名，其中3名公益性。重孜乡辖区内有1所派出所，2005年12月成立，干部职工8名，其中7名为正式，1名为辅警。全乡土地面积120.35平方千米，占全县土地面积的3.19%，其中耕地面积1133.13公顷，占全县耕地面积10.31%；草场面积9556.11公顷，占全县草场面积的2.98%。

【党建工作】 2016年，重孜乡总人口5030人，全乡共有党员349名，2016年转正党员13名，发展预备党员13名，积极分子82名。根据县委要求，重孜乡党委紧紧围绕“两学一做”和“村干部素质提升工程”两项核心任务，稳步推进党建工作。

【党委自身建设】 年内，乡党委始终坚持“围绕经济社会发展抓党建，抓好党建促经济社会发展”的工作思路，以2016年开展的党建规范建设年及村干部素质能力提升为工作目标，进一步加强党的建设，党的执政能力明显提高。认真开展党委中心学习组学习活动，提高领导班子整体素质；认真执行党委议事制度，坚持集体领导与分工负责相结合，做到按章办事；建立党政领导联系村、联系重点项目责任制度，完善干部目标考核体系，干部队伍管理日趋规范。以乡干部职工及驻村工作队组成的师资队伍，每周至少开办2次夜校面向村干部，充分提高村干部素质。开展“四风整治”和“庸懒散专项治理”，有效地整治了党员干部中存在的“软、懒、散、满、奢、浮”等不良现象，党员宗旨观念明显增强，班子凝聚力和战斗力明显提高。

【基层组织建设】 以创“五好”基层党组织为核心，狠抓乡村两级党组织规范化建设；建立并推广以目标绩效考核办法为内容的村组干部日常坐班工作模式。

【党员干部教育】 年内，根据县委要求制订本乡“两学一做”学习教育活动实施方案，组织党员开展“两学一做”学习教育和“讲学习、讲忠诚、正风纪、转作风、提效能”主题活动，坚持正面教育，进一步拧紧思想“总开关”；坚持学用结合，牢牢抓住以“做”为关键，引导党员在创先争优中更好地保证合格；坚持问题导向，推动党员领导干部带头坚定理想信念，带头树立“四个意识”，推进党的作风不断好转；坚持领导带头，凡是要求党员做到的，党员领导干部首先要做到，凡是党要求党员不做的，党员领导干部带头不做。

【党风廉政建设】 层层落实责任制。按照集体领导与个人分工相结合，谁主管谁负责，一级抓一级，层层抓落实的原则，明确在抓党风廉政建设中的各项责任目标、责任范围；分别与各村党支部签订《党风廉政建设目标责任书》，将党风廉政建设目标责任细化到人；狠抓学习，组织党员干部认真学习理解《党员领导干部廉洁从政》手册及相关文件等；把党务公开作为发扬党内民主、强化党内监督、密切党群干群关系、提高基层党组织执政能力、促进各项工作的重要举措和有效手段；认真履行党规党纪，领导班子以身作则、廉洁奉公，坚决纠正损害群众利益的不正之风。坚决惩治群众反映强烈、矛盾突出的热点、难点问题。

【换届工作顺利开展】 年内，重孜乡及时成立以乡党委书记任组长的乡党委、人大换届选举工作领导小组，并制订换届选举工作实施方案，做到早安排、早制订，任务明确。于5月28日召开重孜乡党委九届一次会议，此次会议产生乡党委委员7名，其中书记1名，副书记3名，委员3名。于6月10日召开重孜乡人大十四届一次会议，会议产生乡级人大代表43名，县级人大代表8名，其中副县级2名。按照县换届选举办公室的统一安排，做好党员登记及各项准备工作，成功举办乡党委、政府和人大换届。

【经济发展】 年内，重孜乡围绕实现“十三五”规划开局起步、灾后重建和脱贫攻坚精准推进“三大主题”，积极调整农业产业结构，加强基础设施建设，全乡经济和社会事业保持健康发展。

重孜乡紧紧围绕年初制订的目标责任书要求，不断创新工作方式，狠抓各项措施的落实，全乡经济指标平稳发展，农村经济总收入9501.99万元。农民人均纯收入14527.98元（现金收入4771.64元）。

【农业工作】 2016年，粮油总产量644.45万公斤，比2015年增长20%左右。全乡农作物总播面积17000亩，达到播种面积100%。机耕面积14700亩，机播面积16000亩，2016年推广喜马拉雅22号、藏青2000良种面积9300亩。

【牧业工作】 年内，牲畜总头数17480头（匹、只）；产仔7724头（匹、只），仔畜成活率95.8%，成畜死亡率1.2%。牲畜出栏5109头。畜牧业副产品产量有所增长，猪肉产量2850公斤，牛肉产量87117公斤，羊肉产量44700公斤，奶产量152.625万公斤。

【林业工作】 年内，在各村设立林业管理岗，无职党员具体到个人负责林业的监督管理。

【基础设施建设】 2016年完成开工项目3个，总投资达到3300余万元。项目包括乡政府干部周转房、学校改扩建、小城镇建设和灾后重建项目。以上项目的完成为群众的生产、出行等方面提供了便利。

【社会事业】 教育方面：有完全小学1所，于1975年9月成立，2016年教职工28名，学生434名。幼儿园1所，于2014年成立，2016年有教师2名。据统计学前和小学入学率100%，巩固率100%，初中入学率100%，巩固率100%。卫生方面：设乡卫生院一所，于1984年6月成立，2016年医护人员6名，村医22名，能较好处理日常病患。文化方面：舞蹈、传统节目在每年达玛节上均反响良好。同时，齐乌岗唐卡画派、达果米果非物质文化遗产对藏族传统文化具有深刻的诠释意义，传统舞蹈是重大节日的必演曲目。合作医疗方面：2016年全乡合作医疗参保人数2645人，应参保人数2046人，占99.5%，缴纳金额34220元。新型农村社会养老保险方面：2016年，全乡新型农村社会养老保险应参保人数2645人，实际参保人数2645人，达到100%，缴纳金额22元。

【严格程序，精准识别】 为精准识别扶贫户，重孜乡在召开政策宣讲大会后，由群众自愿申请，进所在村审核领导小组初审，再由乡精准扶贫领导小组下派工作组深入申请户再审核，对符合条件的进行公示，最后上报县扶贫工作指挥部审核批准。从而做到公开、公平、公正，为精准扶贫工作的有序开展奠定良好基础。通过县扶贫工作指挥部的审核后，重孜乡将精准扶贫202户732人的信息全部录入“全国扶贫对象建档立卡信息采集系统”。

【落实措施，全力脱贫】 根据精准扶贫工作的九项措施，重孜乡对202户的精准扶贫户进行了详细的分类，即产业扶贫25户/46人；转移就业35户/38人；易地搬迁58户/185人；生态补偿135户/530人；发展教育113户/167人；医疗救助39户/41人；社会兜底25户/46人；信贷扶贫185户/707人；微型基建0户。按照这些分类，重孜乡分别实施相应的扶贫对策，帮助他们脱贫。在县扶贫指挥部的帮助下，在全乡干部群众的努力下，2016年，重孜乡有33户、143人脱贫，顺利完成2016年的脱贫计划。

【人人参与，共同扶贫】 按照“全民动员，全党参与”的原则，以及“4321”的帮扶标准，重孜乡积极开展结对帮扶工作。在县扶贫指挥部的统筹部署下，除自治区工人疗养院、市科技局、县委组织部、教育局、工商局、民宗局、人大、政协、三家施工队外，协调重孜乡机关、卫生院、学校、派出所、营业所共帮扶77户，帮扶资金及物资共8万余元。

【群防群治和流动人口管理】 设立乡村两级综治管理岗，安排综治管理人员14人；各村成立护卫队；进行人口摸底，建立基础信息库；重点做好流动人口的登记管理，各村对流动人员、不明身份人员做到及时登记上报；根据县委、县政府要求，扎实推进“双联户”工作，划分“双联户”单元95个，选出“双联户长”95名。

【安全生产】 安全生产目标分解到“双联户”单元，层层落实；做好一年多次的易燃、易爆排查工作及大、小型施工单位的安全防范工作；对本乡酒馆、藏餐馆等场所做出晚间营业时间限定，减少酒后闹事行为的发生。

（王胜利）

【领导名录】

党委书记　赵 宗 昌（5月免）

　　王 胜 利（5月任）

党委副书记、乡长

　　扎西云旦（藏族）

党委副书记、人大主席

　　边巴穷达（女，藏族，5月任）

党委副书记、纪检书记

　　次旺央卓（女，藏族）

党委组织委员、宣传委员

　　格桑央珍（女，藏族）

政法委员、统战委员、副乡长

　　杨　　刚（白族，5月任政法委员、统战委员）

副乡长、人武部部长

　　白玛仁增（藏族，5月任）

龙马乡

【概况】 1960年成立龙马区，辖朗定乡、热龙乡、龙马乡、加热乡、唐旺子乡。1988年撤区并乡时，将朗定、热龙2乡合并成立热龙乡，龙马、加热、唐旺子乡合并成立龙马乡。1987年至2000年为恰旺、加热、达龙、塔旺孜、卡林、楚热、宗卓、萨拉、西堆、龙马、追康、卓庆12个村委会；2000年为恰旺、加热、达龙、楚热、宗卓、萨拉、西堆、龙马、最康、卓庆10个行政村。龙马乡位于江孜县东部曲江公路省道307沿线上，距县城45公里，东与热龙乡接壤、南与康马县聂如麦乡相接、西与车仁乡相连、北与仁布县德吉林镇毗邻。境内“307”省道横贯全乡东西，也是江孜县通往拉萨市的交通要道。全乡总面积479.56平方公里，平均海拔4346米，共有10个行政村（包括2个纯牧村）、17个自然村，辖区内有1个龙马营业所，建于1984年，是中国农业银行江孜支行设立在江孜县龙马乡西堆村的农行专属营业所，其服务范围是江孜县龙马乡、热龙乡人民政府以及两乡辖区内的所有农牧民，龙马营业所有3名工作人员。有2座寺庙（分别是加热寺、恩达寺）。龙马乡是以农业为主的半农半牧，全乡耕地面积2237.82亩，草场面积423407.7亩，2016年，牲畜存栏数21769头。

截至年底，龙马乡共有339户1940人，其中男性1010人、女性930人，劳力1115人，文盲350人。12个党支部，正式党员197人（其中农牧民党员170人、机关党员17人、学校党员10人、女性41人），预备党员10人（其中农牧民预备党员8人、机关预备党员1人、学校预备党员1人、女性5人），团员41人，低保户4户17人，五保户1户1人，建档立卡贫困户79户350人。全乡2016年国民经济总收入1864万元，年人均收入9878.11元。

2016年，龙马乡核定行政编制15人，事业编制30人。截至年底，实有行政编制13人，事业编制17人（包括卫生院5人）。

【“两学一做”】 年内，深入贯彻落实自治区党委书记吴英杰、日喀则市委书记张延清关于在全体党员中开展“讲学习、讲忠诚、正风纪、转作风、提效能”主题活动指示精神，严格按照《江孜县关于在“两学一做”学习教育中开展主题活动的实施方案》的具体要求，龙马乡已做出具体部署，从实际出发，制订详细的实施方案和学习制度，严格按照方案要求组织下去。自开展“两学一做”活动以来，按照学习计划，每月学习4次，每2个月集中学习交流1次、专题讨论1次，以组织生活为基本形式，以落实党员日常教育管理为基本依托组织好学习，现第一、二、三专题的学习环节已经结束，形成学习笔记42篇、专题讨论材料3篇。

【万民村干部素质能力提升工作】 干部素质能力“双提升”工程取得阶段性进展。干部“双提升”成效显著。从4月开始，每周二下午为集中学习时间，聘请完小老师利用乡文化站多媒体教室给10个行政村“两委”干部进行授课，截至9月中旬，共组织授课10次，参加人数479人次，受教育率达99%，组织2次检验考试，从考试成绩来看，初步达到了学习效果。

【换届工作】 党委换届：2016年5月，中共龙马乡委员会换届选举工作圆满完成。成立换届工作领导小组，切实加强本次换届工作的领导；结合龙马乡实际，制订《江孜县龙马乡党委换届工作实施方案》，组织参与人员观看《镜鉴》警示教育片和学习《严肃换届纪律文件编选》。悬挂换届标语横幅。编写龙马乡关于加强党委换届风气监督工作的实施方案。乡班子成员签订严守“九严禁”换届纪律承诺书。5月28日，中国共产党龙马乡委员会党员大会胜利召开，大会应出席党员共161名，因事、因病请假5名，实到156名，到会党员超过应到会党员人数达97%，符合规定。会上乡党委副书记、政府乡长格桑代表中共龙马乡党委向大会做了报告，预备会议过后，龙马乡组织12个党支部分别召开讨论会，讨论镇党委工作报告和党费收缴、使用和管理情况报告。乡党委副书记、人大主席旦增罗布宣读《中国共产党龙马乡党员大会选举办法（草案）》《中国共产党龙马乡党员大会总监票人、监票人建议名单》《中国共产党龙马乡党委委员候选人、龙马乡纪委委员候选人、龙马乡纪委书记候选人和龙马乡出席县第九次党代会代表候选人名单》及乡党委报告的决议（草案），并通过举手表决的方式，此次会议成功选举产生新的党委班子成员7名，纪委书记1名，纪委委员2名，出席江孜县第九届党员代表大会代表6名。

人大换届：龙马乡第十四届人大换届选举工作圆满完成。成立换届工作领导小组，切实加强本次换届工作的领导；结合龙马乡实际，制订《江孜县龙马乡换届工作实施方案》，组织参与人员学习选举法、地方组织法、代表法等一系列法律法规；悬挂换届标语横幅；依法划分选区，合理分配代表名额，共划分选区12个；按照“一查、二核、三访、四审、五公布”的步骤进行选民登记工作，极大地保障了选民的民主权利；加强指导，依法提名、推荐、酝酿，确定代表候选人。选举产生3名县级代表、24名乡级代表，此次换届选举工作，严格按照人民代表大会选举议程进行，参选率达到96.2%。

【党风廉政建设】 年内，按照《中共日喀则市党风廉政建设责任书》《江孜县2016年党风廉政建设责任书》，认真落实责任制，层层签订责任书，抓好责任分解、责任考核、责任追究三个方面的工作。

查找廉政风险点。根据工作职责，梳理明确各个工作岗位的职责和权力，通过上级为下级查、下级为上级查、班子成员和办公室之间相互查等方式对各自所担负工作职责的逐一排查，对权力运行每个环节的逐一分析，对照村《党务政务公开制度》《村务公开制度》《财务会审制度》等执行情况的逐一检查，查找并分析在经济发展环境、政策实施、体制转轨、权力运行、监督管理、人员素质等方面存在或潜在的廉政风险点，并组织单位内部对排查出的廉政风险点进行点评，查漏补缺。

制订防控措施。针对排查出的廉政风险点，通过采取前期预防、中期监控和后期处置等措施，对可能发生的腐败行为实施有效控制，截至年底，未出现举报信访等情况。

加大民主管理力度，切实抓好基层党风廉政建设。通过在党员干部中开展警示教育活动，播放反面典型教育材料，给党员干部时刻敲响党风廉政警钟。

加大作风建设力度，切实提升机关效能。以“服务提优、效率提速，素质提高”为切入点，畅通了亲民服务渠道，送去了亲民服务温暖。切实转变干部作风，做到亲民、便民、利民。

【人大工作】 进一步加大人大监督力度。10月，完成全乡走村入户工作，专门组织人大代表到学校检查调研，制订调研报告。继续在乡村财务的预算执行和村务公开工作上下大力气，倾听百姓呼声，监督党委、政府工作，发挥好人大代表作用，建立代表之家并制订代表之家负责人工作制度、代表小组活动日制度、代表学习制度、代表接待信访制度，加强代表学习、交流工作经验、开展代表活动等各方面取得了较好的成绩，在县人大的精心指导下，乡党委、乡人大换届工作得以顺利开展。

【农牧业】 春耕播种期间，龙马乡农田总投入化肥38吨；全乡总播种面积2237.82亩。青稞种植面积1301亩，占总播种面积的53.6%，其中“藏青2000”良种播种面积1000亩，占青稞播种面积的83%；豌豆、油菜种植面积365亩，占总播种面积的16.3%；青饲草种植面积438亩，占总播种面积的19.6%；其他农作物种植面积235亩，占总播种面积的10.5%。2016年，粮油总产量766864公斤，比去年增收4.5万余公斤。其中，青稞472344.5公斤、豌豆211425公斤、油菜83094.5公斤；蔬菜246755公斤、饲草40150公斤；全乡牲畜现存栏21772头（只、匹），2016年上半年新生仔畜成活6237头（只、匹），成活率达到91.96%，仔畜死亡率控制在10%以内；为做好2016年春季重大动物疫病防控工作，在牲畜A型口蹄疫病疫苗接种、5号病药品发放工作中，始终做到“乡不漏村、村不漏户、户不漏畜”的原则，确保防疫密度达到100%。

【民政工作】 上半年，县民政局为龙马乡原有的低保92户、349人发低保物资及资金共发放：18042、大米312袋、面粉312袋，五保1户1人发放资金2200元，资金兑现全部在乡纪检委共同参与下执行。下半年为进一步规范龙马乡农村最低生活保障，根据国家、自治区、市、县各项最低生活保障政策的规定和要求，龙马乡组织工作人员开展了农村低保入户调查核实工作，经调查核实，龙马乡现有低保4户17人，低保资金共发放12340元，五保1户1人发放金额2200元。年内，贫困户“三大节日”慰问物资共发放18袋大米、18袋面粉、18桶清油、18条砖茶、90袋奶粉、36袋白糖、90公斤酥油。对困难残疾、重度残疾进行入户需求调查，并发放残疾人两项补贴共63600元。

【精准脱贫】 年内，确保龙马乡贫困户定选真实无误，扎实开展建档立卡“回头看”，3月份龙马乡深入10个行政村开展建档立卡贫困对象信息造册，对需重新识别户一一进行入户调研。经调研2016年龙马乡建档立卡内贫困户数共计79户350人（上半年扶贫低保42户299人，下半年扶贫低保3户14人），其中，龙马乡10户48人已于年底实现全脱贫。2016年，已安排20人参加就业技能培训；全乡建立79个精准扶贫结对帮扶户，11月，各结对联系人已全部对其联系户进行了走访慰问；2016年脱贫的医疗救助措施已全面实施，完成了既定目标任务，10户48人已实现全部脱贫，人均年收入达到3300余元。2016年，县扶贫办为龙马乡设定生态岗位281个，按岗位下发资金共计843000元。

【新型农村社会养老保险】 新型农村养老保险的出台是从老百姓切身利益出发的，新农保靠自己，靠政府补贴，靠社会发放，考达到年龄后每月领取养老金至终身，是一项利民惠民的好政策。2016年加加镇适龄参保人数为1013人，实际参保人数1013人，达到了100%。2016年，共征缴金额101900元，新增参保人数为16人，死亡10人。2016年，龙马乡60岁以上人口共计136人，1—5月共发放养老保险金121650元。

【教育、医疗工作】 教育、医疗事业得到稳步发展，龙马乡完小建于1975年，学校占地面积8268平方米，总建筑面积2976平方米，2016年，有16名教职工，学生144名，控辍保学率达到100%，有效解决了困难家庭子女上学难的问题。龙马乡卫生所建于1993年，2016年有医务工作者13名，其中乡卫生院3名医务工作人员，10个行政村各1名。6月，县卫生局组织了一次村医集中培训授课，每月指派一名村医到乡卫生院轮岗培训，这一举措有效地提升了乡村医的行医能力。全面推行新型农村合作医疗项目，群众参合率达到100%，儿童疫苗接种率达到100%。

【交通、环保工作】 争取8万元用于新修喀布琼自然村到卓庆行政村之间的道路。修建水塘2座，每座水塘纳水量80余立方米，架设农田灌溉引水管320根，极大地解决和满足了群众日常生活农作所需；积极配合县环保局和有关部门开展生态建设，安排专人到矿区督导环保工作，提出具体的工作标准，以积极的姿态努力做好林木和草原生态的保护工作；对全乡范围内车辆信息建档立卡，将车辆照片、车主信息一一登记备案，做到了底数清、情况明；积极争取铁丝圈10圈，用于防洪坝建设。联合县交通局，争取资金5.8万余元，用于修复达龙村出行道路（方辉公司给予了施工机械上的支持）、修复出入最康村道路、改建最康村至卓庆村路段的道路，共计施工道路45公里，三个项目中除卓庆村项目还在进一步实施外，其他两个项目已逐步完成。

【特色项目建设】 “整乡推进”项目，2016年龙马乡已经完成最后一个项目的落实，争取资金97万元，其中10万元作为脱贫资金分配给10个脱贫户，每户1万元，其余资金按40%和60%进行分配，剩余贫困户得40%、贫困人口得60%，用于购买牦牛和绵羊，户均增收966元，人均增收270元，确保了扶贫资金的合理用途。乡政府投入资金3000元用于帮助最康村桑康户、龙马村吉苏户，两个困难户住房进行维修，以及乡政府投入资金3500元用于龙马村恩达寺的道路维修，排除路面隐患。

【结对帮扶】 年内，为“三老”人员、贫困党员帮扶解困。乡党委组织机关干部职工采取结对帮扶的措施，慰问“三老人员、贫困党员”，折合人民币共计1.2万元。乡党委时刻把农牧民群众的安危冷暖放在心上，采取物资帮扶、技术帮扶、寻找致富门路帮扶等有效渠道，让34户困难党员走出困境，使龙马乡基层政权得到了进一步的巩固。

【同心协力，群防群治】 年内，龙马乡以开展“双联户”服务管理工作和“群防群治，共保平安”工作为抓手，确保全乡社会综合治理和谐稳定。乡综治办派出工作人员对全乡65户“双联户”进行了十项任务完成情况第一、二、三季度的考评打分，从打分情况来看总体发挥作用良好。6月，按照自治区关于“双联户”规范化建设的具体要求，乡综治办利用为期半个月的时间，对全乡范围内“双联户”的“两册一簿”数据进行了规范更新，做到了全覆盖率和信息准确性，确保“双联户”管理工作不留盲区和死角，为联户长、联户家庭享受优惠政策提供了可靠的依据。10月，按照县先进“双联户”创评办的要求，创评办对全乡65个“双联户”全年来的发挥作用情况进行总结回顾，将切实为“联户增收、联户平安”做出贡献的联户单位、先进集体进行推荐表彰，全乡共推荐村级先进“双联户”13个；乡级先进“双联户”3个、乡级先进集体3个；县级先进“双联户”1个、县级先进集体1个，按照“依理依据、实事求是、公平公正”的原则，进行逐级审批，并把推荐名单向群众公示，接受群众监督，公示七天后上报至县创评办。10月下旬，龙马乡分别对13个村级先进“双联户”、3个乡级先进“双联户”、3个先进集体进行了表彰，共发放奖励18500元、荣誉证书89本、奖牌3个。11月初，龙马乡西堆村一个联户单元和一个村集体受到了县级表彰，共收到奖励资金8000元、荣誉证书5本、奖牌1个。通过对全年综治工作的总结和表彰，极大地鼓舞了工作热情，也为下一步工作打下了坚实的基础。

【制定措施，完善预案】 年初与各行政村签订目标责任书，对全乡10个行政村的安全隐患进行认真的摸底排查，制定处置措施和相关预案，建立完善的体制机制。与各驻村、驻寺工作队建立联系点，确保通信畅通，遇有情况及时上报。年初，与电站、矿区和建筑施工队分别签订了安全目标责任书5份，从而严防发生安全生产事故。增强学校的教育管理力度，教育引导学生远离邪教、毒品和危险，确保学校学习氛围良好、充满朝气，学生健康成长；各村指派出“安全监督员”，对各村路段、水利设施、地质灾害易发地等进行检查，保证道路安全畅通、基础设施完固、人身财产安全。

【法制建设】 年内，为有效化解矛盾纠纷，加强人民调解委员会的建设，5月，按照县司法局要求，全乡重新规范成立11个调委会和调解室建设（10个村级、1个乡级）紧紧围绕人民群众关心的热点、难点、重点问题，特别是矿区上的一些纠纷，深入开展矛盾纠纷排查工作。同时，在群众中广泛开展“法制宣传教育”活动，截至6月底，全乡共开展2场法制宣传教育活动，参加人数达370人次，制作发放宣传单、横幅、标语约500张；时常到村、矿区对干部群众讲解《矿产资源法》《中华人民共和国草原法》等相关知识，增强了广大农牧民群众的法律意识，确保了龙马乡局势稳定，人民安居乐业，截至年底，未出现影响社会稳定事件。

【治理安全隐患】 年内，加强道路交通安全管理，深入开展道路交通整治专项行动，加大对超载、酒后驾驶、拖拉机载人等违法违章交通行为的查处力度；进一步加强消防监督和消防宣传工作，对小饭馆、小藏餐馆、学校等人员聚集地消防隐患的清查，坚决杜绝各类安全隐患和火灾隐患，层层签订《消防安全责任书》；对各村及学校安全检查15次，食品卫生安全检查4次，危化品安全检查2次，农村危房、用电、用火安全检查5次。排查安全隐患5处，对排查到的问题制订了切实可行的整改措施，落实隐患整治15次，基本做到了安全检查深入各行业。各村和矿区坚持每天有人抓安全、有人管安全、有人检查安全，较好地防止了各类重特大安全生产事故的发生，全年无重特大安全生产事故发生。

（扎　央）

【领导名录】

党委书记　黄　维　伟（5月免）

县人大常委会副主任、党委书记

　　　　辜　建　锋（5月任）

党委副书记、乡长

　　　　格　　桑（藏族）

党委副书记、人大主席

　　　　旦增罗布（藏族，5月任）

党委副书记、纪委书记

　　　　旦增罗布（藏族，5月免）

白　　珍（女，藏族，5月任）
组织委员　白　　珍（女，藏族，5月免）
组织委员、宣传委员
拉　　宗（女，藏族，5月任）
政法委员、人武部部长
姚西林
副乡长、统战委员
次仁白珍（女，藏族）
副乡长　米玛旦增（藏族，5月任）
周　　易（5月任）

紫金乡

【概况】1959年，成立麦松区，辖解放一乡、解放二乡、解放三乡、解放四乡。民主改革后，中共江孜分工委书记阴法唐同其工作组曾较长时间在解放一乡扎点，出台了《南宁乡调查记》和《解放二乡调查记》。麦松区人民政府驻麦松村。1962年，麦松村更名为江热区，改解放一乡为东方红乡、解放二乡为江热乡、解放三乡为团结乡，解放四乡为康卓乡，区人民政府驻地从麦松村迁到班久伦布村。1988年，撤销江热区，成立江热乡、紫金乡、雪海乡。紫金乡位于江孜县西北部，东连江热乡，西连重孜乡，南靠康卓乡，北以年楚河与藏改乡相望。全乡土地总面积46.8平方公里，下辖7个行政村，702户3918人，其中妇女1978人，劳动力1852人。全乡有9个党支部，党员202人，其中农牧民党员135人，现有2个精神文明示范村。

紫金乡土地肥沃，水利条件较好，交通便利，人口集中，人居环境相对优越。经济结构以种植业、农区畜牧业、林业和特色产业为主导，现有耕地面积为12343亩，主产青稞、春麦、油菜籽等农作物；草场面积10.21万亩，林地面积1075.5亩，有以杨树为主的林木资源，林下湿地1400亩。

2016年，全乡生产总值5955.05万元，其中第一产业3046.12万元，第二产业1321.42万元，第三产业1587.51万元，农牧民人均纯收入达到10741.65元，其中现金收入6982.07元，粮油总产达到569.505万公斤，年末牲畜存栏10822头（只、匹），全乡拥有各类汽车31辆，大小拖拉机835台，农业机械化程度较高，农牧业技术推广体系初步形成，基本实现“八到农家”工程。

乡政府位于日江公路沿线，平均海拔4010米，距离县城7公里，乡机关现有在编干部职工28人，基础设施和办公条件相对完善。乡机构有一所6年制完全小学，在校学生333人，入学率和巩固率达到100%，一所卫生院，卫生技术人员8人，一座寺庙，在编僧人16人，2011年建立乡文化站，2013年新设派出所。农牧民安居工程覆盖率达到99%，农村人居环境覆盖达到100%，为全面建设小康社会奠定良好的基础。

【经济发展】在农业、农村发展新阶段，紫金乡突出以人为本，以加快发展为主题，以富民强乡、全面实现小康社会为目标，以增加农民收入、壮大财政实力根本出发点，以高效农业、农业产业化、农业产业结构调整为工作重心，进一步加快全面建设小康社会发展步伐。发展农牧业促进农民增收。紫金乡以科技入户为抓手，大力实施种子包衣、测土配方施肥和病虫害防治等技术的推广，狠抓田间管理和农业生产资料投入等各种措施，按照目标要求每年投入化肥160吨，农药5.1吨，完成农作物播种面积12343亩，其中青稞5967亩，小麦315亩，油菜1380亩，蔬菜1892亩。狠抓设施蔬菜基地建设，种植塑料大棚和日光温室共计54栋，2016年向全乡7个村推广种植种子西拉22号1万亩，有效提高产量，增加群众的现金收入。牧业生产也保持良好势头，牲畜免疫规划工作不断加强，按照上级指标要求每年完成牲畜疫苗工作，截至年底，全乡未出现任何牲畜疫情；完善基础设施建设。紫金乡狠抓农业生产基本建设，不断改善生产条件。水利设施建设取得显著成绩。全乡辖区内大小水渠158条，承担着全乡12343亩农田及大面积草场、林场的浇灌。乡政府积极组织群众，对其中的22条主渠进行系统、全面地维修和清淤，其间共维修水坝、水渠

9600米，清理淤泥1700立方米，确保农田浇灌和防汛工作顺利进行。总投资1400多万元的高标准农田建设农业综合开发项目已在全乡全面展开，50栋塑料大棚温室已建设完成，提高群众业余收入。认真贯彻“绿化环境、美化家园、保护生态”的原则，坚持植树造林，完成人均年种植5棵树的任务。通过人居环境整治建设，全乡7个村村庄道路、村庄硬化建设和村活动场所有明显的改善。农村公路交通条件得到改善，其中五个村通水泥路，两个村砂石路翻修重整。建立健全乡镇业务用房建设，总投资为90万元的业务用房已建成，有效解决乡镇司法所、邮政所、便民服务站等机构业务用房，为群众办实事、办好事提供良好的工作场所。

【社会事业】 全乡社会事业工作主要以教育事业迈入巩固提高阶段为主，巩固和提高“两基”成果，继续做好“控辍保学”，适龄儿童入学率达到100%。为丰富人民群众的文化生活，乡综合文化站总价值15万元的设施设备已陆续配齐，并积极组织各村文艺爱好者，进行排练和文艺会演。同时，加强医疗卫生建设，提高预防和控制疾病的能力，截至年底，参加农牧民合作医疗人数达3799人，参保率达到97%，由于全乡属于结核病患相对较多乡镇，乡政府积极加强对疾病预防控制政策的宣传及业务部门的工作督导，原来的32名结核病患者现已下降到16名，深刻体现党中央对群众健康事业的重视。

【农牧业生产】 2016年，紫金乡农牧业生产稳中有增，乡党委、政府始终把发展经济放在最突出的位置，紧紧围绕生产增效，农民增收，产业结构合理调整的总体目标，落实各项政策措施、行政措施和技术措施，使各项主要经济指标保持稳中有增。较好的完成县里下达的农作物播种面积任务:农作物总播种面积12343亩，其中青稞5967亩，小麦315亩，油菜1380亩，蔬菜1829亩，实现机播面积比例99%；加大农业生产资料的投入，年内，共投入化肥160吨，农药5.1吨；狠抓设施蔬菜基地建设，共种植塑料大棚和日光温室54栋；牧业生产保持良好势头，截至年底，牲畜存栏10822头（只、匹）。

【农业机械化提高】 农业机械化程度大幅度提高，机械化作业水平明显提升。全乡现拥有大小拖拉机共705台，大型联合收割机5台，脱粒机344台，简易收割机249台，播种机267台。2013年5月成立奴堆村农机协会，现拥有3台大型联合收割机、7台拖拉机及其他农机具200余台。该协会作为全乡培育的农村社会化服务组织，起到领头雁的作用，为推进全乡农业产业化和机械化水平，提供坚强的物质保障和技术支持。同时农机协会以新型的运作机制开展服务项目，为村民增收致富创造有利条件。

【改善农牧业生产条件】 农田水利建设取得显著成绩。全乡辖区内大小水渠158条，承担着全乡12343亩农田及大面积草场、林场的浇灌，组织群众，对其中的22条主渠进行系统的、全面的维修和清淤，年内，共维修水坝、水渠9600米，清理淤泥1700立方米，确保农田浇灌和防汛工作的顺利进行。

【扶贫攻坚】 年内，在县委、县政府、县扶贫领导小组办公室的指导下，全乡深入贯彻落实区、市、县三级扶贫会议精神，进一步推进全乡扶贫攻坚工作有序开展。加强组织领导，全乡成立以党委书记为组长的精准扶贫攻坚领导小组，明确工作职责，确保工作顺利开展；加大宣传力度，通过宣传教育，激发贫困群众参与的热情和积极性，发动贫困群众主动投身于扶贫工作；认真做好建档立卡工作，按照精准度的要求，根据全乡贫困人口数量，组织人员到村到户开展贫困状况调查，为贫困户“建档立卡”，做到底数清，情况明。2016年，全乡精准扶贫户165户653人，脱贫27户123人，完成易地搬迁10户，集中搬迁12户。

【防汛工作】 紫金乡采取多项措施，全力做好防汛工作。召开防汛专题工作会，及时传达县防汛工作会议精神，成立以乡党委书记为组长的领导小组；制订《紫金乡2016年防汛抗旱应急预案》提出工作目标，进一步落实排查、预警等应急措施；严格落实汛期24小时值班制度，及时掌握和报告防汛信息；乡党委多次与水利、交通协调沟通，申请防汛袋2000个、铁丝圈10捆，并及时进行发放；定期不定期的全面排查隐患，早发现早预防，全年对全乡主要河段、主要路段、水库、学校及相关区域排查10余次。

【湿地旅游开发】 紫金湿地项目建设是推动全乡乃至全县的旅游产业发展重点基础设施，是全面提升全乡第三产业发展的有利条件，也是提高农民群众收入的有力增长点。项目区涉及紫夏、紫奴两个村，170户群众。项目启动以来，乡政府及时处理好群众利益与发展大局的关系，处理好各种矛盾问题，督促群众保持项目区内村容整洁，有力地保障该项目的顺利推进。

【农村基础教育】 乡党委、政府高度重视全乡基础教育工作，巩固和提高“两基”成果，继续做好“控辍保学”，保障适龄儿童入学率达到100%。同时，定期不定期地深入学校，指导学校的党建和义务教育均衡发展方面的各项工作。

【医疗卫生】 乡党委、乡政府积极与上级和相关部门协调及时充实和完善乡卫生院医务人员及相应设备，截至年底乡卫生院有医务人员5名，基本上达到“小病不出乡”的目标。积极号召农牧民群众踊跃参保，截至年底，全乡参加农牧民合作医疗人数达3799人，参保率达97%。同时认真贯彻落实党的计划生育政策，狠抓计生工作不放松，保障全乡人口增长率控制在3‰以内。

【党建工作】 年内，以党建为抓手，在“两学一做”学习教育中开展“讲学习、讲忠诚、正风纪、转作风、提效能”主题活动为契机，带动促进各项工作，以党风带政风促民风，在上党课、抓培训、树形象、促服务、做表率等方面下功夫，深入开展“走基层、化矛盾、办实事”活动，加大为民办实事力度。同时着力加强基层组织建设，根据“干部素质提升年”活动要求，不断加强领导班子建设，党员干部队伍建设，全面提升农村党员干部的工作能力和综合素质，充分发挥党员干部在推动科学发展、扶贫攻坚、服务群众、凝聚人心、加快新农村建设中的战斗堡垒和先锋模范作用。

【党风廉政建设】 年内，县、乡人大代表换届选举工作开展以来，乡党委高度重视，认真安排部署，建立健全换届选举工作机构，成立相应的工作领导小组、选举委员会，落实选举大会工作机构和人员，明确工作职责，为换届选举工作提供组织保障和经费保障；坚持党的领导，把好宣传发动关、业务培训关、选民登记关、正式代表候选人产生关、投票选举关，严格按照选举规程办事，切实维护选民的合法权利；认真贯彻落实换届选举的有关法律规定，严肃换届选举工作纪律，杜绝不正之风，保证换届选举工作风清气正。

（郝宇航）

【领导名录】

党委书记 钟成辉（5月免）
黄维伟（5月任）

党委副书记、人大主席
普 珠（藏族）

党委副书记、乡长
加 措（藏族）

党委副书记、组织委员、宣传委员
米玛卓玛（女，藏族）

党委委员、政法委员、统战委员、副乡长
索朗曲珍（女，藏族）

党委委员、纪委书记
达娃奴布（藏族）

副乡长、人武部部长
尚 岩

副乡长 杨 洋（女，5月任）

江热乡

【概况】 1959年，成立麦松区，辖解放一乡、解放二乡、解放三乡、解放四乡。民主改革后，中共江孜分工委书记阴法唐同其工作组曾较长时间在解放一乡扎点，出台了《南宁乡调查记》和《解放二乡调查记》。麦松区人民政府驻麦松村。1962年，麦松村更名为江热区，改解放一乡为东方红乡、解放二乡为江热乡、解放三乡为团结乡，解放四乡为康卓乡，区人民政府驻地从麦松村迁到班久伦布村。1988年，撤销江热区，成立江热乡、紫金乡、雪海乡。江热乡位于江孜县城西南部，地形开阔，地势平坦，土层深厚，是江孜县重要的农作物生产基地，主要种植青稞、小麦、油菜等粮食作物。江热乡有保存完好的旧西藏封建庄园帕拉庄园，具有较高的西史研究和旅游开发价值，1994年12月被西藏自治区定为全区社会主义教育基地。江热乡有一座卡姆寺，有僧尼5人。1996年至2000年，由龙马乡卡姆村、塔旺孜村、宗卓村、达隆村、处热村、加热村六个村异地搬迁到江热乡，成立了帕贵新村。江热乡下辖班觉伦布、江热、扎西岗、亚吾、热旦岗、让康、扎西雄、仁庆林、加堆、拉鲁、帕贵、帕贵新12个行政村（17个自然村），共有855户，总人口4651人。全乡面积153.73平方千米，占全县面积的4.08%，其中耕地面积15277亩，草场面积32.92万亩，森林面积2853亩（林区321个）。2016年，江热乡农作物播种面积15277亩，其中粮食播种面积7791亩。

江热乡完全小学始建于1975年，学校前身在现紫金乡努堆村米索，1981年搬到现在的班久伦布村。从2000年开始上海援藏干部先后投资260万元人民币改扩建，现占地面积达23035平方米，建筑面积达6419平方米，现有42名教职工，其中专任教师33名，后勤工作人员9名，（其中临时工7名，公益性岗位2人）；学校设有12个教学班，共有480名在校生；2015年正式开设乡完小附属幼儿园，现园幼儿学生有114名。

江热乡设有1所卫生院和12所村卫生所，江热乡卫生院，自2006年扩建以来，现占地面积约800平方米，建筑面积667平方米。卫生专业人员有26人，其中乡医为4人，村医为22人，全乡免疫规划接种点有3个，其中有1个规范化接种门诊。

江热乡人民政府位于班觉伦布村，距县城5公里。乡机关共有干部职工45人，其中公务员25人（包括大学生村干部3人和村支书转公务员4人），事业人员11人，工人2人，聘用干部2人，公益性岗位1人。江热乡有14个党支部，共327名党员。

【“两学一做”学习教育】 乡党政班子带领干部职工、各村“两委班子”成员，以“两学一做”学习教育活动及日喀则市“讲学习、讲忠诚、正风纪、转作风、提效能”主题活动为契机，通过采取支部集中学、专题讲座、交流研讨等多种形式，不断改进学习方式，创新学习载体，将学习、调研、文体活动有机结合起来，开展一系列社会主义核心价值观、社会公德、职业道德、家庭美德、个人品德教育活动，注重培养全体党员的公道正派思想品德，健康向上的思想情操，积极进取的人生态度，活动的开展不但促进乡、村班子内部团结，而且提高了全体党员自身思想政治水平、理论水平和为民服务意识。

【支部建设】 围绕全县党建规范建设年活动，在党建工作中，乡党委书记和各村支部书记作为“第一责任人”，重点做好以下工作：重视发挥老干部、老党员作用，多方面争取老同志意见和建议，让他们为新农村建设献计献策；坚持正确的用人导向，乡党委和纪委通过不定期深入各村与村民交流沟通，切实将威望高、愿干事、能干事的人选作为后备干部重点培养，充分发挥年轻人有思想、有知识、有干劲的特点，带活村级组织。依照选优配强村级班子原则，为2017年村“两委”班子换届工作奠定基础。

【完善党员档案】 年内，以2016年党建规范建设年活动为契机，将江热乡327名党员档案进一步规范、完善，使得党员资料齐全、明确。同时，针对江热乡12个村党支部发展不均衡现状，江热乡党委根据基层党建“二十有”工作要求，制订切实可行的工作方案和工作制度，进一步明确基层党组织的职责和制度，使12个村党支部的党建资料齐全，规章制度完善，达到了江孜县委组织部的要求。

【党建工作】 年内，江热乡成立党建工作领导小组，对各村党支部基层党建工作开展情况进行督导检查。以江热乡党委与各村年初签订的《江热乡党的建设工作目标责任书》为依据，结合年终考核内容对各村党支部在2016年党建工作计划和年终工作总结、党员队伍建设、远程教育资料、学习情况、党员个人学习笔记等11项内容进行专项部署和检查。对各村党支部存在的没有明确工作计划和学习记录，乱用党建专柜，制度不全，材料归档不规范等问题进行检查，针对问题提出相应整改方案。党委班子成员带头不定期深入包村点指导督办党建工作，着力解决落实制度走样或不到位的问题，加大定期和不定期到各村巡回检查督办党建和党风廉政建设工作开展情况。做到年初有计划，年中有检查，年终有考评。

【监督检查】 年内，丰富党建工作形式，加强监督检查，促进党建工作不断创新发展。组织江热乡党员干部开展创先争优承诺、践诺大会，学习优秀共产党员先进事迹讨论等活动，并取得很好效果，在“七一”召开建党95周年表彰大会，先后对先进村党支部、优秀扶贫帮村党支部及先进个人进行表彰。

【党风廉政建设】 年内，江热乡纪检工作围绕乡工作中心，明确重点、强抓落实，为江热建设提供坚实的纪律保障。注重学习教育，增强党员干部廉洁自律能力；注重责任目标，切实落实党风廉政建设目标责任；注重制度建设，营造风清气正的发展环境；做好信访工作，加大违纪案件查处力度。2016年，江热乡完成对全乡村级党员干部廉政档案采集，完整地建立起村级干部廉政档案管理系统。

【落实“一产上水平”】 2016年，在江热乡干部群众的共同努力下，使江热乡经济社会的发展迈上新台阶。江热乡按照“全力抓好一产，以带动全乡经济全面发展”的思路，积极构建政府主导、驻村工作队主推、村主创“三位一体”村集体经济发展长效机制，乡党委结合各村实际制订“一村一品”两年规划书。

2016年，江热乡经济总收入6822.29万元，同比2015年增长19.03%；实现农牧民人均收入11233.75万元，比2015年增加25%。但受播种时节降雪和抽穗期旱灾的影响，2016年江热乡油量产量增产不明显，总产量616.47万公斤，其中粮食产量575.3万公斤，比2015年增加0.85%左右。2016年，江热乡共进行黄牛改良1500头，绵羊改良2500头；2016年年末，牲畜存栏24228头，新生仔8040头，成活6075只，成活率达到75.56%；出栏6413头，出栏率达到26.16%。

调整产业结构，全力落实“一产上水平”。加强日常管理，重点做好特色产业，使农业得到进一步发展。在农业管理上，江热乡从种子选择、化肥使用、土地改良到农田除草、除虫、“双脱”、浇灌再到收割，都有科技员监督管理，出现问题，及时解决处理，确保农作物取得丰收。2016年，江热乡重点抓好班觉伦布、亚吾、扎西岗和江热4个村的“万亩千斤”工程，产量可观。加强防疫，做好管理和改良，畜牧业发展趋势良好。2016年，江热乡在牲畜疾病防治方面，主要做好5号病防治、仔畜驱虫、仔畜饲养管理。在牲畜管理方面，做好牛羊改良和短期育肥。在草场承包工作方面，江热乡严格按载畜量要求放牧，确保牲畜总量不超标。

【精准扶贫】 年内，江热乡党委高度重视精准扶贫工作，结合县扶贫攻坚指挥部工作要求，年初江热乡党委领导班子成员及时成立精准扶贫工作领导小组，配备2名扶贫专干，从年初乡党委书记组织各村党支部书记深入各户，挨家挨户对贫困家庭生产生活情况进行调研，顺利完成精准扶贫建档立卡前期工作任务。截至年底，江热乡已建档立卡贫户共219户，895人，其中产业扶持户185户，392人；转移就业53户，55人；生态补偿219户，712人；异地搬迁34户，154人；社会兜底30户，115人；医疗救助34户，36人；低保贫困户4户，9人。同时，为帮助困难家庭的生产生活，全乡干部职工与县一中、驻村联系单位的干部职工，对江热乡贫困家庭展开结对帮扶。

【项目建设】 突出项目建设，全力做好农牧区基础设施建设，加强水利基础设施建设和维护。江热乡境内有大小水渠20余条，约100公里，江热乡在2016年年初，就进行水渠清淤、维修加固等工作，确保各水渠全年都正常运行。同时，江热乡投资150万元，分别对仁庆林村和加堆村大小不同的12个水渠进行新建和改建维修工程，有效地增加了灌溉效率。

【土地平整和开发】 2016年年初，县农牧局和国土局在江热乡8个村实施8000多亩的土地平整项目，不仅方便群众的耕种，而且为今后的机械化、规模化耕种打下基础。2016年，江热乡在帕贵新村进行1800多亩土地流转试点工作，将村集体土地承包给县阿香大蒜加工厂，第一年租金为15万元，今后每年租金增加5000元，此举得到了全村群众支持和认可。

【乡村公路维护】 2016年年初，江热乡与各村签订农村公路养护目标责任书，要求各村加强乡村公路的日常养护，特别是雨季，要加强巡逻，及时清理路边水沟，对可能出现险情的道路、桥梁提前维修和加固，确保道路畅通。秋收前，江热乡还组织各村进行乡村公路养护，确保秋收道路通畅。

【生态建设与保护】 按照“和谐江孜、生态江孜”的发展原则，江热乡进一步加强植树造林力度，重点抓好村中树和草场的生态保护、水源地保护等工作，使得江热乡生态建设得到加强。加大对乡辖区内的环境卫生的综合整治，认真做好垃圾填埋工作，认真做好生态岗位管理，定期组织全乡志愿服务队和各村生态岗位群众开展卫生大扫除和白色垃圾清理活动，环境卫生得到极大改善。

【生产生活条件改善】 2016年，江热乡公租房建设和周转房建设都基本完工，乡政府大院进行硬化，方便了乡干部职工的工作和生活。

【教育工作】 江热乡积极协助教育局和学校做好控辍保学工作，使江热乡适龄儿童入学率达到100%。江热乡参加学校组织的各项活动，针对困难家庭学生先后开展帮扶活动3次。截至年底，江热乡受资助的贫困大学生有32人。2016年，江热乡有12名学习成绩优秀的小学生获得全国司法系统的“桂圆”爱心资助，此资助将帮助他们读完大学；方辉矿业有限责任公司赞助江热乡帕贵新村9名大学生9万余元，这些举措使贫困家庭学生的学习和生活得到了保障。

【卫生工作】 2016年，江热乡加大疫病防治、计划生育、食品药品安全等工作的宣传力度，不断加大新型农村合作医疗保险工作的宣传和推广，使各种基本政策和防治措施深入人心。2016年年初，县卫生局进行1户1人免费检查治疗活动，并对有问题的家庭专家进行会诊，做出具体治疗方案。2016年，江热乡参加农村新型合作医疗达到4651人，参合率达100%。

【科技工作】 科技特派员是江热乡对全乡群众进行科学技术培训和宣传的主要力量。在农牧业管理的重要节点，科技特派员经常深入田间地头、走村串户进行对病虫害、各类疫病的防治进行宣讲，手把手教群众使用新技术科学种田、科学养殖。

【创新“双联户”服务管理】 创新“双联户”服

务管理工作模式，推进“群防群治、共保平安”工作。因地制宜，因村制宜，把全乡12个行政村划分成12个网格、80个联保单元，在日常维稳工作中，重点突出双联户户长的作用，在矛盾纠纷排查调处、农牧民外出手续办理、村重大事务决策、村日常事务安排等都要有双联户长的参与和签字。年初，江热乡制订和签订乡党委与村“两委”之间、村“两委”与双联户户长、双联户户长与联保户之间的目标责任书，年底按目标责任书进行考核。

【“产业富民留人”示范村建设】 年内，通过实施能人大户带动、项目资金支持、产业培育开发、科技服务支撑、营销策略等扶持措施，对村集体经济收入来源单一薄弱村，结合该村实际情况积极创建村集体经营项目，着力推进特色种植产业，大力发展第三产业，使村民收入呈多元化增长格局。截至年底，班觉伦布村水泥砖加工厂、江热村温室大棚、帕贵新村矿产、让康村种子精选包衣机、让康村水泥砖加工厂等集体经济均取得很好的生产效益。

（张敏娜）

【领导名录】

党委书记 欧　珠（藏族）

党委副书记、人大主席

普　琼（藏族）

党委副书记、乡长

王胜利（6月免）

曾　敏（女，6月任）

党委副书记、组织委员、宣传委员

达瓦扎西（藏族）

党委委员、纪委书记

安　淼（女）

党委委员、统战委员

杨　蓝（女，6月任）

副乡长、人武部部长

秦鲜军（6月任）

人武部部长

黄红梅（女，6月免）

副乡长 卓　玛（女，藏族，6月任）

年堆乡

【概况】 1988年，撤销年堆区，成立年堆乡、车仁乡、日朗乡，年堆乡属半农半牧乡，主要种植业有青稞、小麦、油菜等，牧业有牦牛、马、羊等。年堆乡位于江孜县城东南位置，乡政府驻地距离县城约7公里，年堆乡是沿江孜去拉萨的第一道门户地，位于307省道的边缘，交通便利，处年楚河两岸属冲剂宽谷平原，平均海拔4150米，2004年，由日朗乡和卡麦乡搬迁至年堆乡定居45户，成立了新的行政村热定新村，下辖由原来的8个行政村增加到9个，共550户长住人口，3111人，劳动力为1349人，耕地总面积达12280亩，年经济总收入1130万元，人均收入3176元，其中（青稞、油菜、小麦）等年总产量为9994800斤，牧畜存栏18873（头、只、匹）。2016年年堆乡在乡编制人员有44人，其中男性占45%，女性占55%，大学学历占95%，中专学历占3%。2016年年堆乡辖9个行政村，24个自然村，11个党支部，驻村点9个，全乡共有783户，3789人。全乡土地面积15.1082万亩，其中耕地面积2.3916万亩、草地面积125.5000万亩，林地面积1.3300万亩，农牧业发达、天然草场充足，手工编织也在全县甚至全市拥有一流口碑。2016年乡机关新办公楼落成，项目总投资780万元。2015年申请资金36万元，用于乡职工餐厅和浴室建设，极大改善了乡机关干部职工的生活条件。年内，投资100余万元的干部职工周转房已投入使用，而投资472余万元新建的16套干部职工周转房已进入验收阶段，投入使用后将大大改善广大干部职工的居住条件。年堆乡乡固定资产现可达1500余万元，同比2015年增长7.6%。年堆乡辖区内有卫生院1所，2006年成立，编制人员8人。乡完小1所，1975年正式成立，编制人员有35人。乡信用社1所，1995年成立，编制人员有3人。

【干部队伍建设】 年内，年堆乡高度重视干部队伍建设，认真落实县委发展党员工作规划，制订

《年堆乡2016年度发展党员工作计划》按照发展党员“十六字”方针严把党员入口关，把党员发展工作重点放在那些支持、拥护党的方针政策等先进份子身上。把年龄在35周岁以下、初中以上文化水平的致富能手、退伍青年、外出优秀务工青年等作为培养重点，实行“定向培养”，坚决以“年轻化、知识化、带头作用强”的人员优先发展为党员。年内，培养正式党员264名，预备党员12名、积极分子28名，农牧民党员241名、村干部74名，村“两委”班子47名、村监督委员27名、双联户户长72个。

【党建工作】 2016年，年堆乡人民政府积极开展基层党建工作，用于党员教育培训、组织党员活动、购买学习资料、党员表彰奖励、走访慰问、党建阵地建设以及其他与基层党建相关的活动，投入达到5万元，并且在县财政的要求下各村都对党建单独制造账本，并要求各村做好账目明细，确保支出公开、透明、有记录。

【经济发展】 年堆乡是一个农业大乡，农产品的质量及产量在全县内遥遥领先。

2016年，年堆乡农牧业生产稳中有进，着力打牢农业基础，加快新农村的建设，多途径提高农牧民的各项增收。年内，年堆乡粮油总产量556.75万公斤，比2015年增长3%；畜牧业总产值801.24万元，比2015年增长11%；农牧民人均收入达到9920元，比2015年增长3%。

农业基础在新形势下不断增强。持之以恒的严格执行耕地保护政策，2016年年堆乡基本农田面积只增不减。2016年10月，江孜县土地确权颁证试点在年堆乡的懂布村启动，此举必将进一步维护农民土地权益，推动农业产业规模化发展；通过政策引导和草场补贴，调控畜牧总量，保证畜牧质量，使全乡的畜牧数量和草场面积的比例基本处在合理区间。

农业现代化显著提高。通过科技下村，加大农业科技推广力度，建立健全基层科技特派员的管理机制，定期开展科技讲座和农业技术现场展示，并邀请相关的农业科技专家来年堆乡开展种养技术培训。2016年，年堆乡成功争取高标准农田建设项目，“藏青2000”和“喜马拉雅22号”优质青稞种植面积显著提升，继而扶持曲乃村和杂益村“萨福克”羊肉基地建设，做好牲畜的防疫工作，使年堆乡的畜牧产品的产量和质量有了很大的保障及进步。

【新型农村社会养老保险】 年内，年堆乡新型农村养老新增参保人员31人，参保率达99%，养老保险征缴率达100%；关爱资助弱势群体，年内，通过慰问看望贫困户捐资赠物共计1万余元，协助县民政部门完场医疗救助36人次、临时救助11人次；积极开展年堆乡孤寡老人，孤儿统计核实工作，2016年核实1名孤儿顺利进入孤儿院，年堆乡按照“优先保障、民生先行”的原则，发放了农村低保金53073元、五保户供养金8800元，发放春季缺粮2300公斤。

【合作医疗】 年内，年堆乡农牧民医疗制度参合率达100%，农村居民健康体检率达90%以上。

【妇联工作】 年堆乡组织开展“三八”妇女节活动，在全乡范围内成立乡巾帼志愿服务队，积极组织开展志愿服务活动，并积极组织全乡妇女干部开展慰问活动。

【人武工作】 年内，配合县武装部做好征兵工作，征收3名义务兵。

【教育工作】 年内，小学适龄儿童入学率达100%。学前教育逐渐起步，2016年，年堆乡幼儿园正式开园，招收入园幼儿100多。开展技能培训80次144人，就业指导174人次，完成劳务输出789人次，创收957.6万元。

【安全生产】 年内，严格落实安全生产目标，强化安全生产责任，与各村签订2016年安全生产目标责任书，严格落实安全生产目标管理责任制和各项防范措施，在重大节假日、重要节点期间，组织乡干部职工开展安全生产的宣传教育活动，按照“四不放过原则”年堆乡干部职工定期或不定期到每个村进行排查，尤其对容易引发事故的隐患点，因地制宜制订整改措施，向村民讲解宣传危险路段、桥梁的安全注意事项，较好地做到排查、整治隐患、杜绝新隐患的目的。

【环境综合整治】 年内，加大对全乡辖区内的环境卫生的综合整治，积极申请各行政村和草组垃圾填埋场项目，并且把每周的星期一和每月10日定为全乡干部职工和各村群众开展卫生大扫除和白色垃圾清理活动日，全乡环境卫生得到了极大改善。

【党风廉政建设】 年内，年堆乡人民政府严格执行上下班考勤制度，严查迟到、早退行为，并制订惩罚制度，乡主要领导以身作则，并且在全乡范围内杜绝一切赌博等活动，年堆乡各机关干部的作风建设有了明显的好转。

【“两学一做”学习教育活动】 2016年，年堆乡党建工作以“十送十促”为载体，开展“两学一做”梦想党课，成立以乡党委书记为组长的领导小组，并受到上级的肯定及支持，多次在江孜县平台上发布过过关于“两学一做”的一系列文章，并制订学习计划，把每周的星期五定为学习日，每名干部职工每周轮着讲课。年内，年堆乡人民政府总共开展30多次的学习会，并定期对个干部职工的笔记加以审查，组织召开2次民主生活会，确保了学习教育抓出实效。

【脱贫攻坚】 2016年，年堆乡积极开展精准扶贫工作，精准扶贫以“支部＋合作社（联户增收示范点）＋农牧民”为载体，让“产业帮一批、富人扶一批、能人带一批”积极带动年堆乡贫困户，结对全乡151户贫困560人，在节假日等期间发放慰问品等，2016年结对帮扶投入资金4万余元，在一定程度上解决了，贫困户的实际困难。

【发展壮大村集体经济】 在稳定农牧生产的前提下，继续以“一村多品、一村多业”和“高产、优质、高效、生态、安全”的要求调整、优化农产业结构。积极培育新兴产业，努力拓宽农民增收渠道，通过充分挖掘各民族手工品牌潜力，加大现有经济实体扶持力度，加大卓萨村水泥砖厂、曲乃“萨福克”羊肉繁殖基地、索盖村农民专业氆氇加工厂、达热村商砼站等4个龙头项目的同时，积极建设新增长点，2016年年堆乡新增较大规模合作社2个，年堆乡特色产业基本形成了“一村一品牌”“一村一特色产业”“一乡一业”的总体布局。

（旦增云旦）

【领导名录】

党委书记 旦增欧珠（藏族）
委副书记、乡长
曾　勇（6月免）
赵彬宝（6月任）
人大主席 卫　红（藏族）
党委副书记
拉巴卓玛（藏族）
人武部部长、副乡长
王　浩（5月任人武部部长）
组织委员 尼　琼（藏族）
副乡长 格桑曲珍（藏族，6月任）
邓永红（6月任）

康卓乡

【概况】 1988年撤区并乡时，成立康卓乡。康卓乡位于江孜县西南部。地理坐标：东经89° 4′，北纬28° 8′。东部与紫金乡、江热乡交接，南部与康马县相邻，西部与金嘎乡、日星乡接壤，北部与重孜乡、热索乡相接。2016年，康卓乡总人口2415人，耕地面积5559亩。共有7个行政村25个自然村，9个党支部，即乡党支部、学校党支部及7个行政村党支部，党员229名。康卓乡辖区内有完全小学1所，建于1994

年，教职工18名，学生219名。有卫生院1所，建于1972年，医护工作人员4名，事业编制3名，公益性1名。派出所1所，建于2016年，民警4名。基础建设逐步夯实，组织建设坚实有力，各村居委会“两委”班子齐备，社会稳定民风淳朴。近年来，康卓乡深入开展学习实践活动和创先争优活动，以“突出生产发展，夯实基层基础，改善人居环境，完善服务功能”为目标，借势新农村建设的东风，坚持率先发展，全乡经济和社会事业全面进步，大局稳定。

【组织机构建设】 2016年5月，在县委、县政府、县人大的正确指导和安排部署下，康卓乡进行党委、人大、政府的换届，选举产生新一届领导班子成员共8名，为全乡未来五年的发展提供了强有力的领导队伍。现有干部职工共33名（其中，聘用干部2名，事业干部15名，工人1名，行政干部15名）。

【“两学一做”专题活动】 4月1日，康卓乡党委召开“两学一做”主题活动动员大会，通过“深化五项教育、增进五个意识”主题活动实施方案和工作领导小组，明确活动内容、明确活动内容、目标认为、开展形式、方式步骤、工作安排，为开展专题活动指明方向。各党支部也结合自身召开了专题组织生活会，就如何开展“两学一做”主题活动任务节点做了进一步细化。

【党风廉政建设】 年内，在党风廉政建设和反腐败工作中，康卓乡强化组织领导，成立领导小组，明确领导小组成员职责。分别与7个行政村签订《党风廉政目标责任书》，将各村的党风廉政目标任务细化到个人。

【团建工作】 年内，着重从团员队伍建设方面，重视发展团员工作，积极配合县团委开展团员教育培训，组织开展“五四”入团仪式、学雷锋志愿服务、慰问留守儿童等活动，组织青年志愿者开展了卫生大扫除、法制宣传等系列活动，将团建工作制度化、经常化、规范化，2016年通过培养和引导，吸收团员32名，现有团员49名。

【精准扶贫】 年内，认真落实各项惠民政策，及时兑现惠农资金、惠民补贴，不拖欠群众一分钱。全年共监督兑现惠民资金852364.5元。精准识别贫困户。为切实掌握康卓乡贫困户贫困程度，致贫原因，在乡党委牵头下，乡党委、政府、人大组成考核领导小组，对全乡418户进行摸底调查，并进行考核，根据考核结果确定127户525人系统内贫困户，在此基础上，认真分析各户致贫原因，因户施策，确定生态岗位补贴119户505人，易地搬迁23户51人，医疗救助35户40人，教育救助72户120人，产业扶持118户230人，信贷扶持119户505人，转移就业24户24人，社保兜底8户20人，并认真填写明白卡，让各贫困户明白自己享受的扶贫救助措施。

【发展农牧业】 年内，寻求县农牧局的大力支持，新建两口抽水井解决农田灌溉难问题，申请到2500公斤箭舌豌豆种子、2.5吨化肥，并开展农田科技知识培训，为康卓乡农业发展奠定基础。

【牲畜疫苗注射】 年内，牲畜疫苗数18407，出栏数6268，预防各类牲畜病，确保康卓乡无任何牲畜因疾病死亡情况。

【抗洪救灾】 加强农田水利建设，提高应对自然灾害的能力。由于2016年雨水较多，乡党委、人大、政府积极向县水利局申请铁丝、防洪袋，组织村民清淤加固防洪坝抵御自然灾害，并在第一时间将灾情上报相关部门，并启用应急预案，积极采取措施抗洪救灾，组织全体干部职工捐款3800元，为受灾群众送上一份温暖。

【精准扶贫】 及时兑现生态岗位补贴资金1560000元。积极协调社会关系，从山东省荣成市新闻中心募捐衣物200余件，为贫困户解决实际困难，助力脱贫工作。

【民生工程】 开拓致富门路，引进产业，2017年预计脱贫62户291人。积极推动开展劳务输出工作，通过转移就业，增加农牧民经济收入，2016年全乡外出务工人员达988人，比2015年增加30%。协助民政做好地低保户复核工作，2016年康卓乡1户1人符合低保条件纳入低保。高度重视义务教育均衡发展，在乡经费有限情况下，拿出专项资金大力支持教育，扎实做好义务教育均衡发展工作。

【开展碘盐推广】 年内，为全乡农牧民群众发放碘盐13.2吨，保障村民食用碘盐量。

【科技、环保】 年内，做好科技、卫生、环境整治等工作，为农牧民带来科技服务，提高农业产量，增加经济收入；做好农村合作医疗工作，使得乡农牧民参保率达100%；开展环境治理工作，杜绝乱采乱挖现象，搞好环境卫生，为干部职工，农牧民群众提供良好的工作、生活环境。

【安全生产】 年内，康卓乡全年加强管理与教育，组织力量排查矛盾纠纷，保证矛盾解决在基层，解决在萌芽状态，确保长期稳定与持续稳定。做好安全生产检查（道路、食品卫生、消防等），确保乡农牧民群众的生命财产不受损。

【环境综合整治】 年内，环境整治工作作为康卓乡的重点工作，党委、政府就专门组织召开专题会议，并多次召开专题部署会议，成立以乡党委书记为组长的工作领导小组，制订《康卓乡环境整治督查工作方案》，并与各村签订目标责任书，划分片区，责任落实到位。将环境卫生整治作为长效机制来抓，由各村委和驻村工作队负责定期组织群众对村居及周边环境进行打扫。乡督导组不定期对各村开展督查，整改不到位的下发整改任务通知单，限期整改。定期组织干部职工和群众学习环境保护法律法规知识，开展环保知识宣传，增强群众爱护环境、爱护家园的意识。

【干部作风建设】 年内，加强机关干部作风建设，由乡纪委牵头严格执行考勤制度，要求干部职工严格遵守上下班制度，并将全年考核情况作为干部职工年终考评的重要依据。

【卫生工作】 2016年，医疗卫生工作取得新成效，乡政府、乡卫生院积极开展健康教育宣传工作，广大群众健康知识水平明显提高，有效杜绝了“因病致贫”现象的发生。

【教育工作】 教育工作作为康卓乡一把手工程，乡党委书记为主抓的配备了专干工作人员，经常巡查教育教学计划，教师请销假制度、学生吃、住、学等情况，进一步完善和提高整体教育效率。全乡小学在校生219人、初中在校生133人、高中在校生88人、大学在校人数77人，入学率达到98%。

（刘笈让）

【领导名录】

党委书记 米玛次仁（藏族，5月免）
欧珠平措（藏族，5月任）
党委副书记、乡长
张爱娟（女）
党委副书记、人大主席
普穷（藏族）
党委副书记、组织委员、宣传委员
彭发铖
纪检书记 德庆旺姆（女，藏族）
人武部部长、副乡长
张伟
统战委员、政法委员、副乡长
白玛康珠（女，藏族）
副乡长 张华侨
副科级干部
扎珍（女，藏族）

金嘎乡

【概况】1959年，成立金嘎区，辖金嘎乡、解放乡、日星乡、和平乡、加克西乡。1988年，撤区并乡，和平乡和金嘎乡合并成立金嘎乡。金嘎乡地处江孜县西部偏南区域，东与康卓乡交接，南与康马县为邻，西与白朗县接壤，北与日星乡相接，离县城47公里，平均海拔4300米。金嘎乡成立初由9个行政村17个自然村组成，2008年行政村岗坡、冲玉合并为岗坡村，全乡行政村由9个变为8个，自然村为17个，595户2776人，劳动力1629人。2016年金嘎乡实有编制人员31人（其中行政人员11名，事业人员14名，工人1名，公益性人员2名，司机1名，聘用干部2名）。现有党建、纪检、综治、人大等11个内设机构。金嘎乡辖区内有金嘎乡完全小学1所，成立于1975年，现有编制教职工14人，学生242名。卫生院1所，成立于1987年，现有工作人员5人，其中在编2人，公益性人员3名。乡派出所1所，成立于2016年4月，现有编制4名。有两座寺庙，为嘎西查珠寺、拉瓦彭布寺。共有干部职工31名。全乡耕地面积4209亩，草场面积51.69万亩，牲畜总数22549头（只、匹），其中大畜3007头，小畜19452只，是江孜县半农半牧的乡镇之一。

【干部队伍建设】年内，金嘎乡高度重视干部队伍建设，认真落实县委发展党员工作规划，制订《金嘎乡发展党员工作计划》和《金嘎乡党员教育培训计划》，按照发展党员“十六字”方针严把党员入口关，把党员发展工作重点放在那些支持、拥护党的方针政策等先进分子身上。把年龄在35周岁以下、初中以上文化水平的致富能手、退伍青年、外出优秀务工青年等作为培养重点。乡党委下属共10个党支部，8个村党支部，1个乡机关支部，1个乡完小支部，截至年底，全乡正式党员250名，其中牧民党员232名，机关党员18名。

【党建工作】年内，根据县委、县政府统一要求，结合金嘎乡实际，形成党委书记统抓、政府乡长具体抓，全体党员干部协抓的良好工作格局。在党员干部中深入开展“领导干部责任村”“党员干部联系户”“党员干部一帮一”“党员干部模范岗”和无职党员设岗定责等活动，做到“事事有人管，人人有事做”的良好局面。乡财政按照立足支部、专款专用的原则，投入资金，用于党员教育培训、组织党员活动、购买学习资料、党员表彰奖励、走访慰问、党建阵地建设以及其他与基层党建相关的活动。同时，严格落实村级组织工作经费和党员活动经费，对各村财务支出情况进行检查，并要求各村做好账目明细，确保支出公开、透明、有记录。

【脱贫攻坚】2016年是扶贫攻坚的开局之年，金嘎乡成立以乡党委书记为组长、政府乡长为副组长，4名乡工作人员为成员的领导小组，高度重视扶贫工作。认真、细致地完成好精准扶贫前期调查摸底工作，截至年底，已核定全乡建档立卡内精准扶贫对象134户、398人，占全乡户数的22.5%、人数的14.3%；建档立卡外贫困户共99户、99人；社保兜底共有27户、59人；农村低保13户、20人；五保户4人，2016年全乡脱贫17户、51人。在医疗救助、教育救助、临时救助等民生救助工作稳步开展，根据惠民政策的变动，完善和规范退伍军人、低保户、五保户、残疾人、留守儿童、寿星老人等各类人员的相关档案和台账。

【“两学一做”学习教育活动】4月15日，召开“两学一做”教育活动动员部署会，成立以乡党委书记为组长的领导小组，并制订学习计划，坚持每周二下午和周五下午学习。2016年，金嘎乡共开展35次学习会，集中观看教育影视片2次，党员干部每人撰写4篇心得体会和2篇观后感，领导班子讲党课活动7次，组织召开1次组织生活会和2次民主评议党员工作，确保学习教育抓出实效。组织全体党员召开2016年度组织生活会。每位党员都结合自己的工作实际，对照“准则”“条例”要求，检查个人在坚定理想信念、遵守政治纪律、作风方面、履行党员义务等方面的问题，认真梳理存在的差距和不足，深刻分析产生问题的根源，明确自己今后的努力目标和整改措施。

【嘎西村犏牛养殖合作社】 成立于2003年，投资200万元，合作社方式以农户散养，集中销售为主。2016年，销售额达到115.6万元。通过县农牧局，申报400万元的犏牛养殖基地扩大项目，将覆盖3个村委会，292户、1262人，将就业建档立卡贫困户13户、17人，实现村集体经济增收每个村5.6万元。

【拉康村养羊协会】 成立于2012年，投资3万元，成立初期，农牧民较为支持，效益也较为可观，但因为缺乏有力的致富带头人，停滞不前，乡党委协调相关单位，扩大投资渠道，继续大力发展；曲参温泉。金嘎乡曲参温泉分上、下两处，年累计接待人数在1.5万人次以上。吸引着白朗、日喀则、拉萨等地的游客前往进行浴疗和洗浴，白朗县至金嘎乡道路施工已经全面竣工，交通十分便利。

【团建工作】 年内，金嘎乡注重发展团员工作，积极配合县团委开展团员教育培训，组织开展“五四”入团仪式、学雷锋志愿服务、慰问留守儿童等活动，组织青年志愿者开展卫生大扫除、法制宣传等系列活动，将团建工作制度化、经常化、规范化。

【党风廉政建设】 2016年初，金嘎乡召开全乡党风廉政建设和反腐败工作会议，安排部署2016年党风廉政建设工作，制订《2016年党风廉政建设工作计划》，层层签订《2016党风廉政建设责任书》，在全乡范围内开展廉政谈话活动，强化对中央“八项规定”“准则”“条例”和典型案例的学习，建立健全财务管理制度、举报投诉接访制度，继续推行党务、政务公开制度，同时，加大对换届纪律、支农惠农资金的监督检查，强化对节日期间执行中央“八项规定”的监督检查，促使全乡的党风廉政建设工作进一步加强。截至年底，共收到举报线索5条，查办5条，结果都为情况失实，已做了解处理。

【机关干部作风建设】 年内，严格执行上下班考勤制度，严查迟到早退行为，严禁干部职工上班期间上网、闲聊等行为。乡主要领导以身作则，坚决杜绝乡干部职工在乡区域内参与或进行“麻将、金花、藏牌”等赌博活动，机关干部作风建设明显好转。

【安全生产】 年内，严格落实安全生产目标，强化安全生产责任，与各村签订2016年安全生产目标责任书，严格落实安全生产目标管理责任制和各项防范措施，在重大节假日、重要节点期间，组织乡干部职工开展安全生产的宣传教育活动。同时，全面排查各施工单位安全存在的隐患，与乡驻地所有施工队之间签订安全生产合同协议，乡干部职工定期不定期到每个村，对每条公路、每项工程项目、每座桥梁进行排查，尤其对容易引发事故的隐患点，因地制宜制订整改措施，向村民讲解宣传危险路段、桥梁的安全注意事项，较好地做到排查、整治隐患、杜绝新隐患的目的。

【经济发展】 2016年，金嘎乡围绕县委、县政府对经济发展的各项要求，金嘎乡农村经济总收入达3858万元，比2015年增长101.07万元，增长率3.03%；农牧民人均收入达11380元，比2015年增长394.26元，增长率3.23%。

【环境综合整治】 年内，加大对乡辖区内的环境卫生的综合整治，定期组织全乡干部职工和各村群众开展卫生大扫除和白色垃圾清理活动，环境卫生得到极大改善。

【教育工作】 年内，进一步巩固“九年义务教育”成果，加强控辍保学工作力度，继续落实教育工作责任制，在校生巩固率达到99%，适龄儿童入学率达到100%。另外，配合乡完小，投入人力和资金，继续巩固“国检”的各项工作，乡党委政府主动工作，每年乡财政收入的20%支付给完小。乡完小办学条件、教学水平大幅提高，教学质量明显改善，小学升学成绩不断提升，考入县中学人数逐年增加，素质教育进一步得到加强。2016年，金嘎乡完小有教职工14名，小学在校生242名，入学率达99%。

【卫生工作】 2016年，医疗卫生工作取得新成效，乡政府、乡卫生院积极开展健康教育宣传工作，广大群众健康知识水平明显提高，有效杜绝因病返贫现象的发生。

【合作医疗】 2016年，全乡合作医疗参保人数2776人，参保率100%。

【妇联工作】 组织开展“三八”妇女节活动，成立全乡巾帼志愿服务队，积极组织开展志愿服务活动，并积极组织全乡妇女干部开展慰问活动。

【新型农村社会养老保险】 2016年，全乡新型农村社会养老保险应参保人数1548人。

【民政工作】 年内，深入开展政策宣传工作，先后对全乡范围内的低收入牧户进行家庭经济状况从新核对，确保低保对象的基本数据准确无误，完善低保户的台账资料，切实为全乡低保生活救助管理工作奠定坚实的基础。

【国土工作】 年内，完成全乡11处地质灾害点的调查核实工作，并建立健全地址灾害应急预案、群防群治等相关工作机制，广泛宣传宅基地相关政策。排除地质灾害带来的安全隐患，切实保护广大群众财产安全。

（舒永谦）

【领导名录】

党委书记　旺　　堆（藏族，5月免）

达瓦顿珠（藏族，5月任）

党委副书记、乡长

张　　莹

党委副书记、人大主席

格　　玛（藏族，5月任）

宣传委员　仓卓玛（女，藏族，5月任）

组织委员　仓卓玛（女，藏族）

党委副书记、纪委书记

次　　朗（藏族）

政法委员、统战委员、副乡长

舒永谦

人武部部长、副乡长

旦增欧珠（藏族，5月任）

日星乡

【概况】 1959年，成立金嘎区，辖金嘎乡、解放乡、日星乡、和平乡、加克西乡。1988年，撤区并乡，和平乡和金嘎乡和并成立金嘎乡，原解放乡、日星乡合并成日星乡，原加克西乡单独组成一个乡。日星乡位于江孜县西南，距县城70公里，南与江孜县金嘎乡相邻，东与江孜县康卓乡相邻，北与白朗县杜琼乡接壤，西与白朗县旺丹乡相邻。乡政府驻地地理位置为北纬28° 97′ 、东经89° 60′ 。日星乡下辖旁孜村、塔巴村、擦布村、吹美村、杂达村、白林村、卡吾村、央卡村共8个行政村（25个自然村），共434户、2466人。党员202人，团员105人，成立“双联户”单元57个。耕地面积3943亩，可利用草场面积22.6万亩，林地面积0.8万亩。日星乡现有干部职工31名。辖区内有1所创建于1994年的完全小学，教职工21人，在校生228人，全部实行三包政策，卫生院1所，创建于1992年，医务人员4人，医疗设备齐全。1所创建于2014年派出所，干警5人。一座寺庙，现有僧人10人。

日星乡属山沟乡，因地理位置较为特殊，历来有“山沟小气候”之称。当地农牧民主要经济收入以农业、牧业为主。农牧业的增收增产，现代手工业、合作社快速发展为江孜县经济快速发展提供有力的推动作用。乡党委、乡政府认真贯彻执行党的方针、政策，齐心协力，共同努力，解放思想、真抓实干、开拓进取，调动一切积极因素，较好地完成目标任务。2016年，日星乡农村经济总收入达到1580万元，劳务输出达到10300人次，劳务输出总收入达到940万元，农业总收入达到409.19万元，牧业总收入达到396.13万元，林业总收入达到1300元，人均收入达到7357.3元。

【农业结构调整】 2016年，狠抓农业和农村经济，增加对农业的投入，加大农田水利基础设施建设，不断扩大良种播种面积，调整农业结构，进一步优化种植业结构，积极推广良种“藏青2000”和“喜马拉雅22号”，保证农作物产量稳步提高。全乡实播面积3943亩，粮、经、饲比例达到64：23：13，其中粮食播种面积2957亩，经济作物播种面积796亩，饲草料作物播种面积190亩，青稞标准化农田建设1000亩。春耕春播期间，日星乡共使用农家肥18.8万公斤，化肥使用94吨。

【畜牧业发展】 2016年，各类牲畜存栏数12810头（匹、只），产仔数6163头（匹），成活率98%。为提高农牧民群众的现金收入，增强农牧民群众的市场意识、竞争意识，加快农畜产品的流通与转化，针对县里将日星乡纳入岗巴羊经济圈的实际，积极发动群众，及时宣传引导，乡党委、乡政府积极鼓励群众将短期育肥和奶制品进行销售。

【农田水利设施建设】 年内，为进一步改善农田水利设施，促进日星乡农牧民经济建设，乡党委、乡政府加大农田水利设施建设投入，积极争取各类项目，2016年3月初，投资30万，新修擦布村2公里农田灌溉水渠；投资新建34万的白林村水塘。

【特色产品开发】 年内，随着江孜酥油、奶渣，以及藏鸡蛋在市场上的畅销，乡党委、乡政府鼓励群众，加大特色产品的销售。2016年，日星乡在市场上共销售酥油24757公斤，收入达398642元；销售奶渣9382公斤，收入达150112元；销售鸡蛋3820公斤，收入达59910元。

【生态环境保护】 年内，进一步加强环境保护工作，在县环境保护局与乡签订环境保护目标责任书的基础上，乡党委、政府与全乡8个村签订环境保护目标责任书和基本农田保护目标责任书。明确目标任务，层层落实责任，形成一级抓一级的格局。加强环保意识，加大村貌整洁力度，重视村容的整治，定期组织打扫卫生活动，村容有大幅度改善。为进一步贯彻落实 “绿化环境、美化家园、保护生态”原则，逐步加大植树造林，植树造林480亩。

【教育事业】 年内，根据科教兴乡的发展规划，日星乡大力推动科学教育事业的共同发展。截至年底，乡完小教职工21人，在校学生228名，适龄儿童入学率达到100%，巩固率达到100%。

【党建工作】 年内，乡党委、乡政府始终坚持以邓小平理论为指导，坚持“党要管党，从严治党”的方针，以创建党建工作先进乡为目标，以强化基层组织建设为重点，以培育高素质干部队伍为主线，全面加强党的建设工作方面取得显著成效。

坚持集体领导，不断完善党委议事制度，制订各项工作规则和工作制度，明确班子成员的职责范围，坚持集体领导和个人分工相结合，工作机制逐步健全。

建全建强乡领导班子成员。2016年5月27日，日星乡召开中国共产党日星乡党员大会，换届选举产生7名党委委员，3名纪委委员，党委书记1名，副书记3名，纪委书记1名，宣传委员1名。2016年6月10日召开日星乡第十四届人民代表大会一次会议，换届选举产生一名人大主席，1名政府乡长和3名副乡长。进一步配齐日星乡领导班子成员，优化班子结构。

抓好党员队伍建设，充分发挥党员先锋模范

作用。乡政府积极协助乡党委，在发展党员工作中，严格按照“提高质量、发挥作用、控制总量、优化结构”的方针。党员发展工作，要求各村党支部严把预备党员入党关，严格履行入党手续，不具备党员条件的人，绝不允许吸收到党内来。2016年，日星乡转正党员5名，吸收预备党员8名，培养入党积极分子21名。为基层组织注入新生力量，增强后备力量。认真抓好“六心”工程，进一步加强乡干部、村干部、驻村工作队队员结对认亲帮扶工作，每名干部结对认亲2个贫困户，帮助做好脱贫工作计划，解决生活实际困难。认真落实党员承诺践诺活动，切实帮助有困难家庭。

【党风廉政建设】 年内，乡党委党建领导小组对日星乡8个村党建、党风廉政工作开展落实情况进行检查：检查各村党建各类资料的完善情况，同时对2015年度各村入党积极分子进行政审；党风廉政建设工作方面，检查各村村干部值班坐班、考勤制度落实情况及驻村工作队、第一书记的在岗情况；查看各村党务、政务、财务的公开落实情况及各村公益林护林费、抗灾饲草费、2015年度综治人头经费的兑现情况。开启各村举报箱，查看、核实群众举报来访。

认真抓好党员培训教育，积极探索党员管理方法。开展党建规范建设年为契机，开展“手抄党章100天”，深入学习各类教育活动，党员撰写学习心得体会208篇，联系党员和入党积极分子30名，使党的建设得到加强。组织村党支部书记培训班2次，培训的主要内容为发展党员程序，党风廉政知识，党务、政务、财务公开等内容。每月村“两委”班子组织学习党建内容，上半年组织上党课2次，参加党员398人次。同时，实行流动党员登记制度，外出党员定期向所属党支部汇报思想和工作情况。日星乡的党员干部从思想上、组织上、作风上都取得明显进步。

【开展以党建带团建工作】 年内，乡党委把“党建”与“团建”有机结合起来，使团支部在村党支部的带领下茁壮成长。全乡8个村团支部书记由村党支部副书记或支部委员兼任，保证各村有团组织班子。在村党支部的统一指导下，进一步完善团支部的建设，注重实践能力和创新能力的培养，竭诚为团员的成长成才搭建施展平台。进一步加强团员的思想政治教育和团员意识，鼓励团员积极向党组织靠拢，充分发挥共青团的生力军和后备军作用。加强团支部自身建设，广泛听取团员意见，了解团员心声，关心团员工作、生活。围绕村级总体发展思路，带领团员认清现状，切实为本村经济社会发展提供保障。

【平安乡镇创建】 年内，以创建“平安江孜”为平台，深化乡平安创建活动，深入开展“平安乡村、平安家庭”工作。乡党委、乡政府专门召开会议，加大宣传力度，组织开展安全生产、反邪教、传销、“六五”普法等宣传活动，确保全乡详和平安。

【安全生产】 2016年，全乡的安全生产工作，始终贯彻“安全第一，预防为主”的方针，牢固树立安全责任重于泰山的意识，认真贯彻上级有关安全生产工作的会议及文件精神，遵循“横向到边、纵向到底、责任到人、不留死角”的安全生产工作原则，在全乡范围内开展安全生产大检查及整改活动，进一步完善安全生产四项体系，建立健全安全岗位责任制，探索制订安全生产的长效机制，加强领导，落实责任，强化监督检查。不断加强和完善安全生产监督管理，乡人民政府专门成立由乡长任组长的安全生产领导小组，安排专人负责安全生产工作，把安全生产工作作为重点工作任务，严防火灾、交通事故等各类事故发生。乡党委、乡政府专门签订乡与村，村与户之间的安全生产目标责任书，尤其是2016年修建农村公路的任务，乡政府按照公路管理相关规定签订安全目标责任书，确保全乡安全上不出任何问题。

【法制宣传教育】 年内，切实加强“六五”普法宣传，不断提高广大群众的法律观念和法律意识。进行法制宣传教育6期989人次。宣传《中华人民共和国土地法》《中华人民共和国动物检疫法》等法律知识，共发放法律宣传单183份，进一步提高群众的法制意识。

【扶贫攻坚】 年内，乡党委、乡政府组织乡干部职工、村“两委”班子成员、驻村工作队、村民主监督委员会成员及“双联户”户长到各户实地调查解各户家庭经济状况，以公平、公正、公开的方式确定贫困户，做到精准识别、精准帮扶，全乡贫困户共计101户544人。对贫困户、贫困人建档立卡，制订扶贫攻坚实施方案，并与各村签订脱贫目标责任书。2016年，实现脱贫8户49人，易地搬迁11户65人。

（米玛旺堆）

【领导名录】

党委书记　李 永 生

党委副书记、乡长

达娃措白（藏族，5月免）

次仁平措（藏族，5月任）

人大主席　李 永 生（5月免）

党委副书记、人大主席

次仁德吉（女，藏族，5月任）

党委副书记、纪检书记

巴　宗（女，藏族）

组织委员、宣传委员

巴　顿（藏族）

副乡长、武装部部长

谢 军 飞

副乡长、政法委员、统战委员

米玛旺堆（藏族，5月任）

副乡长、派出所所长

田 志 用（6月任）

热龙乡

【概况】 1960年成立龙马区，辖朗定乡、热龙乡、龙马乡、加热乡、唐旺子乡。1988年撤区并乡时，将朗定、热龙2乡合并成立热龙乡，龙马、加热、唐旺子乡合并成立龙马乡。热龙乡位于年楚河支流龙马段上游，乃钦康桑雪山脚下，距县城60公里，平均海拔4600米，全乡辖7个行政村（14个自然村），即比萨村、曲堆村、果琼村、比龙村、夏雄村、罗布岗村、马玉村，其中2个行政村属于半农半牧村，5个行政村属于纯牧村，全乡耕地面积2302亩，草场总面积661412亩，2016年牲畜存栏26409头（只、匹）。全乡共有464户2187人，党员189人（其中群众党员148人）团员75人，2016年建档立卡贫困户112户488人，一般贫困户94户420人，低保贫困户18户68人，民政低保户1户1人，五保户5人，热龙乡根据“双联户”工作要求，已成立88个联保组。辖区内有1所完全小学，始建于1996年，校园占地面积6078.5平方米，建筑面积2054.52平方米。现有教职工15人。在校学生225人。住校生158人（其中女生82），少先队员126人（其中女生66名）。享受“三包”生220名，随班就读书4人，享受“营改”生225人。有1所卫生院，2008年成立，卫生院总面积616.9984平方米，建筑面积485平方米。有1所派出所，2013年11月11日成立，有民警5人。2016年民警6人，辖热龙乡、龙马乡。1座寺庙热龙寺，有僧人12人，有4位驻寺干部。2016年，全乡农牧业总产值达956万元，较2015年底增长12%；农牧民人均纯收入达到6990元，较2015年增长了22%。

【行政机构】 热龙乡行政机关由乡党委、乡人大和乡政府三部门构成。乡政府组成部门包括：党政办、经济发展办公室、政法综治办公室、社会事务办公室、农牧综合服务中心、文化站。

【人员编制】 热龙乡人员编制为：行政15人，文化站4人，农牧综合中心7人，卫生院8人，学校10人，后勤3人。

【农业】 积极推广优良品种的种植。2016年，在乡政府的宣传和推广下，全乡共种植“藏青

2000”“320”等优良青稞品种1200亩，亩产较以往增收7%，在一定程度上增加了百姓的收入。

【牧业】 畜牧业发展保持草畜平衡。为维护本地脆弱的生态环境，保持经济的可持续发展，经过努力，截至年底，全乡牦牛存栏4650头、羊存栏20200只。其中，牦牛出栏856头、羊出栏7500只，有效呼应了全区草畜平衡的战略部署，既保护了生态环境，又保持了可持续发展。

【劳务输出】 年内，累计输出劳务1604人次，同时，配合县人社局不断完善劳务输出信息库，为部分劳务输出人员进行一定的技能培训，增加群众收入。

【民政、扶贫工作】 精准识别，做好建档立卡工作。按照县扶贫办下发的扶贫指标，乡政府以入户调查的方式选出了“十三五”时期建档立卡贫困户共112户488人，其中一般贫困户94户420人，低保贫困户18户68人。深入调研，梯次扶贫。在2015年成功扶贫26户133人的基础上，2016年乡扶贫工作领导小组在深入走访调研的基础上，选出10户42人作为2016年的扶贫对象，并成功助其脱贫。开展党员结对认亲活动，共结对112户、448人，结对率达到100%。积极落实生态补偿资金29万元、草场奖励资金228万元、生态岗位补偿资金16.8万元、牲畜扶持资金138万元、教育帮扶和医疗救助等政策。

【“两学一做”】 3月6日，热龙乡党委召开“两学一做”主题活动动员部署大会，通过“深化五项教育、增进五个意识”主题活动实施方案和相关工作领导小组，明确主要活动内容、活动时间、开展形式、方式步骤、工作安排等，为开展专题活动指明了方向。各党支部也结合自身召开了相关专题组织生活会，就如何开展“两学一做”主题活动任务节点做了进一步细化。

【“三防一减”】 切实抓好防汛抗旱工作，完善今冬明春防火防汛计划和抢险应急预案，建立严格的防汛防火值班制度。使群众损失减少到最小程度，要求全体干部，做到一日一记录，一日一汇报，并积极与保险公司联系，争取农牧业保险理赔。致力抓好动物防疫工作，乡党委、政府创新工作思路，在县召开动员会议前就专题召开乡、村干部和部门负责人、防疫员会议，集中对乡、村两级防疫员进行培训，与各村干部、驻村工作队、防疫员分别签订责任状，责任到人，并在财力有限的情况下投入专项工作经费，确保各项工作顺利进行。2016年，全乡动物防疫严格按照“六个不漏”的要求，在规定期限内全面完成免疫接种任务。另外，热龙乡坚持以防为主，做好森林、草场防火工作，加大惠农政策宣传和农民减负力度。

【计生工作】 随着全国计生工作日趋完善，乡政府按照上级党委和政府的要求，始终把计划生育工作当成一件大事来抓。2016年，面对新形势、新机遇和新挑战，乡党委、乡政府没有丝毫松懈，始终把计划生育工作作为头等大事来抓，全面落实人口与计划生育工作责任制，进一步完善基层基础工作，加强流动人口的管理及计划生育工作队伍建设，提高依法行政水平和服务水平。全年，全乡计生工作水平进一步提高，人口出生率、符合政策生育率、人口出生性别比不断优化，圆满完成人口计划年度目标。

【文明创建、宣传教育】 年内，贯彻落实县委、县政府提出的建立文化旅游富县的战略目标，努力在全乡营造全民兴游的浓厚氛围。扎实开展城乡卫生整洁行动，以集中整治，强化日常工作为重点，集中清运307省道两旁、乡出入口等交通沿线视野范围内的暴露垃圾，使307省道沿线“脏、乱、差”现象得到切实改变，逐步实现“乡风文明、村容整洁”的要求。继续在全乡开展创评“先进双联户”活动，把创评“先进双联户”活动作为新时期加强农村精神文明建设的重要载体，在全乡形成健康文明新风尚。

【民兵武装工作】年内，为充分提升全民国防意识，热龙乡以经费保障为前提，积极开展全民国防教育活动，在完成民兵整组、兵役登记、夏季征兵三大武装工作的基础上，还以临战姿态制订应急维稳、抗洪抢险、森林防火等3个战备方案。

【医疗卫生、新农合工作】年内，继续加大新型农村合作医疗的宣传和收缴力度，2016年，热龙乡新型农合已全面完成收缴任务，全乡年参合率达99%以上，使更多的群众得到实惠，减轻负担，有效地解决农牧民就医难、看病贵的问题。

【安全生产】年内，乡党委、乡政府始终将安全生产工作摆在重要议事日程，组织力量对消防、危化物品、管制器械、火药等重点领域进行安全大检查，并做好学校周边安全环境整治工作。

【教育工作】年内，义务教育阶段适龄儿童入学率达100%，巩固率小学达100%、初中达100%、学前幼儿入园率达60%。民生网络不断完善。

【旅游发展】规范卡若拉冰川旅游景点市场秩序，促进乡财政及群众增收，每年可达20余万元。2016年，乡政府通过抓好人员管理，制订旅游景点市场准入准则与景点管理制度，与景点负责人签订相关目标责任书等措施，促进卡若拉冰川旅游景点市场秩序的稳定与发展。

【党风廉政建设】年内，乡政府认真贯彻落实各级纪委精神，切实加强政府系统党风廉政建设和反腐败工作，严格落实中央“八项规定”和自治区“约法十章”“九项要求”，着力抓好领导干部廉洁自律工作。认真践行党的群众路线教育实践活动，把党风廉政建设责任制作为一项政治纪律认真贯彻落实。政府班子，始终把党和人民的利益放在第一位，时刻保持与人民群众的密切联系；坚持艰苦创业，不奢侈浪费；不以权谋私，用自己的行动影响感染身边的同志，公平公正地为群众办实事、办好事，解决群众关心的热点、难点问题。

（刘玉超）

【领导名录】

党委书记　战　多（藏族）
党委副书记、乡长
裴超刚
党委副书记、纪检书记
片　多（女，藏族，5月任）
组织委员、宣传委员
达娃扎西（藏族）
人武部部长、副乡长
牛兵兵
统战委员、副乡长
普布旦增（藏族，3月免）

车仁乡

【概况】1959年，成立车仁区，辖前进、上游、怒马、东甫、建设5个乡，区人民政府驻车仁村。1962年，车仁区更名为年堆区，区人民政府驻卓莎村。1988年，撤销年堆区，成立车仁乡、年堆乡、日朗乡。车仁乡位于江孜县东南部年楚河的北岸，东与龙马乡交界，南与康马县接壤，西与年堆乡毗邻，北与日朗乡相连。平均海拔4100米。全乡总面积138.8平方公里，耕地面积8068亩，草场面积19.05万亩。乡政府距县城11公里，全乡辖热定、吉瓦、扎西林、车仁、伦巴、加麦、加堆、玉西8个行政村，乡人民政府驻车仁村。辖32个自然村，共552户2936人，其中劳动力1450人。乡在岗党政干部共26人，国家公务员13人，事业干部12人，科技特派员1人。

车仁乡辖区内有1所完全小学，成立于1993年，截至年底，在校教员19人，学生219名。乡卫生院1所，成立于1972年，截至年底，医护人员3人。幼儿园2所，其中加麦幼儿园成立于2013年，截至年底，教员2名，学生30人；另外车仁乡附属幼儿园成立于2014年，截至年底，教员1名，学生

44名。乡派出所1所，成立于2013年11月11日，截至年底在编5人。

截至年底，车仁乡共有内设机构16个，分别为：人大办、党建办、人武部、便民服务中心、农牧综合服务中心、综合文化站、扶贫办、强基办、乡纪委、综治办、安监办、教育均衡办、劳动就业与社会保障所、工青妇、人民调解委员会。

【党建工作】 基层党建工作是各项工作的核心，是落实党的路线方针政策和各项工作任务的战斗堡垒。加强党员干部队伍建设，车仁乡严格按照党章规定，在确保被发展人员年满18周岁的同时，充分吸收有致富带动能力且品德优秀的群众加入党组织中，争取做到成熟一个发展一个；加强基层党员干部素质建设，车仁乡注重党员干部业务素质和文化素质的培养提升，要求各党支部定期党员组织生活会，用集中授课和讨论学习的方式掌握党的各项政策方针，并认真做好学习笔记；加强基层党组织制度建设，基层组织制度建设包括领导制度、组织制度、干部制度、日常工作制度、监督制度、考核制度等。车仁乡为推进基层党组织建设工作的规范化、科学化，全面推行村“两委”班子“四议两公开”，先后制订出台《车仁乡村级村干部业绩考核办法》和《车仁乡村干部岗位目标责任制考核办法》等规章制度，规范党支部和党员的岗位、职责和目标任务，认真做好村级活动场所的管、用工作，全面深入开展党建示范点建设工作，规范村级党组织和村民委员会议事规则。扎实推进“两学一做”学习教育活动，车仁乡认真践行“两学一做”学习教育活动，将“学”与“做”充分结合，贯穿于乡党委、乡政府的决策和工作中，集体抄“党章”“党规”，集中学习习总书记系列讲话精神。将学习分为集中学习和自主学习两种，每月开展1次集中讲党课活动，“做”分为党员干部志愿服务、与贫困户结对帮扶等方式，使理论践于行动，并通过总结经验、整改不足的方式，使党员对理论知识的认识更为形象具体。通过一系列党员活动的开展，党员的工作积极性有了很大的提高，带动全乡的整体工作向规范化发展。

【开展“创先争优强基础惠民生”活动】 车仁乡本着以加强调查研究为前提，以建强基层组织为核心，以做好维稳工作为基础，以寻找致富门路为抓手，以进行感恩教育为重点，以办实事解难事为关键，以锻炼干部队伍为根本的工作态度，认真完成各项驻村任务。利用农奴解放日通过新旧生活对比，增强群众爱国情怀；利用各种宣传月，宣传惠民政策，将党的惠民利民政策宣传到每个农牧民群众中，使农牧民群众感党恩；通过监督、督促村“两委”班子成员工作，促进班子成员工作规范化，认真落实“四议两公开”“三会一课”制度，严格坐班制度；通过夜校培训，提高村“两委”班子成员的文化水平和执政为民能力；通过入户走访，及时发现问题，并尽力帮助解决。驻村工作队积极争取水利、农牧、用电等大小项目7项，帮助群众解决工作和生活上的困难，小至打扫卫生、修水管、维修水渠、建设羊圈、解决化肥、农药、种子、植树造林等，争取人畜饮水项目2项，修建便民桥2座，以及农村电网改造等民生工程。

【党风廉政建设】 年内，车仁乡党委、乡政府认真贯彻落实中央“八项规定”及上级党委纪律检查部门关于党风廉政和反腐败工作的要求，选举产生纪律检查委员会委员，乡主要领导与县纪委、村“两委”班子签订目标责任书，明确责任，层层抓落实。全乡上下认真学习《中国共产党廉洁自律准则》《中国共产党纪律处分条例》等文件精神，用理论武装头脑。在实际工作中，乡党委、乡政府在纪委委员监督下，发扬民主精神，采取集体表决的方式做重大决定；每一笔财务支出都有纪委委员监督签字；严格落实公车使用制度；惠农资金发放全程有纪委委员监督，做到当天发放，绝不过夜。村“两委”班子成员在监督委员会监督下，通过“四议两公开”的方式决定重大事项。班子所做决定和各项资金使用、兑现情况皆一一公示，接受群众监督。

【精准扶贫】 年内，车仁乡把脱贫攻坚工作作为头等大事和第一民生工程，成立以乡党委书记为组长的领导小组，加大帮扶力度，全面开展精准脱贫工作。2016年，车仁乡建档立卡贫困户有108户462人。精准帮扶措施：长期以来，乡党委、乡政府一直坚持教育兴乡理念，把发展教育、改变群众落后思想放在带领群众脱贫致富的首要位置。车仁乡积极帮助21名贫困大学生争取相关救助，使其能顺利入学完成学业；以加强劳务输出为重点，提高农牧民现金收入，乡党委、乡政府积极配合县、市相关单位针对农牧民组织的各种培训，使贫困农牧民掌握一技之长，获得市场竞争力；通过加强医疗救助，逐步减少因病致贫返贫的群体数量，通过加大对医疗保险和养老保险的宣传力度，做到全乡参加医疗保险的人数达100%，共缴纳养老保险金136800元，缴纳人数1359人。另外车仁乡现有9户医疗救助贫困户定期去医院进行免费体检，如需到内地治疗，医疗费用全免，有效避免了返贫现象；车仁乡鼓励农牧民植树种草，严格按照上级标准对农牧民的农田、草场和林地进行生态补偿，另外车仁乡还积极从县里争取到生态岗位368个，从事护林和保护野生动物工作，带动其脱贫致富；产业扶持：乡政府积极推荐、介绍农民工到工地务工，尽管车仁乡还没有能够带动经济发展、农民增收的产业，但乡党委、乡政府正在调研走访、收集民意，上下奔走、争取项目，力争创立能够带动发展创收的产业项目。此外，车仁乡联合乡完小、派出所以及检查站的干部职工与108户贫困户结对认亲，开展慰问工作，每户慰问金至少200元，赠送大米、油和砖茶等慰问品，折合帮扶资金共计近3万元。精准扶贫工作取得成效：通过2016年全乡领导干部对脱贫工作的不懈努力，加之贫困群众的自我发展，车仁乡完成17户90人的脱贫任务，并计划2017年在所剩91户372人的贫困群众中实现全面脱贫摘帽。

【合作社创收致富】 年内，车仁乡村（居）合作社共5个，其中江孜县百孜民族服装加工农民专业合作社年纯收入达30万元，江孜县热定农民建筑施工队年纯收入达25万元，江孜县车仁乡热定村藏运养牛养殖农民专业合作社年纯收入达25万元，江孜县热定村罗马养鸡农民专业合作社年纯收入达12万元，江孜县车仁乡发达粮油加工农民专业合作社年纯收入达32万元，全乡村（居）合作社年纯收入共计达124万元。

【农业生产】 年内，车仁乡以强基惠民活动为契机，充分利用有效资金，极大地改善了农牧区田间基础设施建设，进一步加强农业基础设施建设，确保全乡8068亩耕地播种率达100%；车仁乡还大范围推广“喜马拉雅22”青稞种植，种植面积达2200亩，“藏青2000”种植面积500亩。2016年度，全乡总收入5470.81万元，农牧民人均收入13625.68元，其中现金收入为9129.2元。粮油总产量为520.02万公斤。

【畜牧业生产】 年内，车仁乡以规范化管理为基础，全面推进畜牧业发展。扎实做好牲畜防疫工作：截至年底，所辖8个村分别配备防疫员，在春季防疫工作中，做到村不漏户，户不漏畜。全乡每年防疫两次，防疫各类牲畜14622头（只、匹）。2016年，新生仔畜5627头（只、匹），成畜死亡57头（只、匹），无一例因各类疫病死亡，各类疫病防治率均达到100%。加强草场维护：为防止水土流失和生态恶化，车仁乡合理利用草场，草场网围栏覆盖面积有6万多亩，与543户签订草场维护责任书，根据《落实和完善草场承包经营责任制和草原生态保护补助奖励机制》的文件精神，2016年草场生态保护补助奖励金24.0902万元，现已完全落实到群众中。加大饲草种植力度，车仁乡种植饲草种类由单一的苜蓿增加到玉米、苜蓿2种，种植面积达1206亩。

【教育工作】 年内，车仁乡严格按照上级要求加大教育宣传力度，向教育部门争取资金，改善教学条件，改善学生学习环境。另外，采用多种方法对中途辍学的2名学生家长进行引导教育，确保全乡244名学生义务教育普及率100%。

【医疗卫生】 年内，车仁乡利用现有的乡卫生院和村卫生室，通过规范医务人员行为、向群众普及医疗知识和向上级争取医用器械等方式积极为广大农牧民群众服务。通过扩大新农合参合率，做好疫病预防控制工作，儿童疫苗接种率达到了100%。通过加大对医疗保险和养老保险的宣传力度，做到全乡参加医疗保险的人数达100%。

（郭　永）

【领导名录】

党委书记　群　　培（藏族）

党委副书记、乡长

黄 红 梅（女，5月任）

党委副书记、人大主席

尼玛次仁（藏族）

党委副书记、纪委书记

白　　玛（女，藏族）

政法委员　罗布次仁（藏族，5月免）

政法委员、统战委员、副乡长

索朗旦增（藏族，5月任）

副 乡 长　赵 子 朴（5月任）

罗布次仁（藏族，5月任）

人武部部长

罗布次仁（藏族）

组织委员、宣传委员

孙 凯 君（女，5月任宣传委员）

加克西乡

【概况】 1959年，成立金嘎区，辖金嘎乡、解放乡、日星乡、和平乡、加克西乡。1988年，撤区并乡，和平乡和金嘎乡合并成立金嘎乡，原解放乡、日星乡合并成日星乡，原加克西乡单独组成一个乡。加克西乡位于江孜县西南部，平均海拔4750米，地处偏僻，气候恶劣，四季风大，故名加克西，藏译为铁都能被风吹走的意思。距县城90公里，东连康马县雄章乡，南邻亚东县吉如乡，西濒白朗县东喜乡，北靠金嘎乡，是江孜县唯一的纯牧业乡，总面积145平方公里，占全县总面积的4.72%。其中，青稞饲草种植面积为660亩，草场面积25.49万亩。辖夏布、强、多根3个行政村，乡村公路长达38公里。共有127户，629人，其中女性315人，劳动力417人，低保2户、4人，扶贫建档立卡41户、166人，社保兜底6户、30人，扶贫对象35户、136人。

加克西乡机关共18名干部职工。其中，国家公务员7名，聘用干部1名，公益性岗位1名；直属机关文化站共4名事业单位工作人员，农牧综合服务中心共4名事业单位工作人员；大学生村干部1名；加克西乡卫生院建于1972年，2016年有4名医务人员，其中2名为公益性；加克西乡小学始建于1995年，2016年有3名教师，1名代课教师，截至年底，仅有一、二年级和1个学前班，适龄儿童入学率达100%。

【干部队伍建设】 加克西乡高度重视干部队伍建设，认真落实县委发展党员工作规划，制订《加克西乡2016年度发展党员工作计划》和《加克西乡2016年党员教育培训计划》，并按照发展党员“十六字”方针要求严把党员入党关，坚决不发展入党动机不良的党员、知识水平底下的党员、贫困户党员等，优先把年龄在35周岁以下、初中以上文化水平的致富能手、退伍青年、外出优秀务工青年等作为重点进行培养。2016年，预备党员转正式党员4名、积极转预备党员4名，培养19名积极分子，吸收10名入党申请人。截至年底，全乡正式党员69名，其中牧民党员59名，机关党员10名。

【党建工作】 加克西乡在基层党建工作中，始终以县委的安排和要求，深入贯彻落实党的十八届六中全会精神，认真开展“两学一做”学习教育和“讲学习、讲忠诚、正风纪、转作风、提效能”主题活动，引导全体党员干部始终对以习近平总书记为核心的党中央绝对忠诚，毫不动摇地坚持党的领导，牢固树立“四个意识”，始终做到党中央提倡的坚决响应、党中央决定的坚决执行、党中央禁止的坚决不做，并为不断加强党风廉政建设工作，始终坚持学习党章党规，多次开展《准则》《条例》和反腐倡廉会议、文件精神的学习活动，促进了党员严守党的政治纪律和政治规矩。

【精准扶贫】 年内，加克西乡高度重视精准扶贫工作，为高标准地完成此项重要任务，全乡干部群众紧密团结、凝聚力量、聚集智慧、充满信心，为全面打赢脱贫攻坚战打下牢固的思想基础。在工作的实践中由乡党委、乡政府牵头进行入户调查，从全乡127户629人中精准选出166人、41户建档立卡扶贫户，其中社保兜底6户、30人，扶贫对象35户、136人，并形成“一户一档”准确找出了制贫根源和脱贫方法，贯彻落实各项脱贫政策，给每户结对一名干部职工，让干部职工以自己最大的能力从物资上精神上帮助贫困群众脱贫摘帽。

【牧业推动经济发展】 加克西乡作为江孜县唯一的纯牧业乡，立足产业优势，谋划牧业发展是促进全乡经济全面发展的重要着手，乡党委、乡政府为实现全乡经济的跨越发展，想尽方法、竭尽全力向有关部门申请了暖卷项目项、人工种草项目、牧场道路建设项目、短期育肥项目、草场网围栏等项目，进一步壮大产业基础，稳定草畜平衡，提高牲畜的存活量。2016年，全年牲畜存栏12320头（只，匹），新生子畜6884头（只，匹），全年牲畜短期育肥215只，出售215只，总收入13.96万元。2016年年底，牧业经济总收入达到284.61万元，比2015年增长32.46%，牧民人均纯收入达到7751.86元，增长率达到6.13%。

【换届工作】 换届前，加克西乡由于领导班子未配齐，存在职务空缺，党政领导职务混淆较大等问题。自2016年换届后产生新一届加克西乡党委、人大、政府以及纪律检查委员会，从而进一步明确工作责任范围和各自职责。新一届党委、人大、政府班子分工明确，能够发挥好各自的“龙头”核心作用。

【文化建设】 2016年，加克西乡为实现文化引领风尚、教育群众、服务群众、推动发展，结合“十一国庆节”和“牧业总结大会”“藏历新年”“西藏百万农奴解放纪念日”等日期，积极组织广大群众，大力开展文艺演出、新旧对比、拔河比赛、赛牦牛、物交、升旗仪式等活动，暨丰富了群众的日常生活，又延续了文化的传承，还起到推动社会经济发展的作用。

【环保工作】 2016年，加克西乡为进一步加强生态保护力度，确保自然资源能够循环长久的使用，加大开展草场网围、人工种草、河床领域环保、村内环境卫生等工作，时刻坚持保护环境人人有责的思想，教育群众不乱丢垃圾、不乱采砂采石，始终感恩大自然、保护大自然，把大自然视为自己的第一个大家庭进行保护和卫生，确保食物链正常运转和牧业产业的稳步发展。

【人大工作】 2016年，乡人大在乡党委的领导和支持下，充分运用法律赋予的职权，认真履行监督职责，组织人大代表积极投身于经济建设、维护稳定等工作，切实抓好代表议案督办工作，进一步提高办理议案的质量。并于6月9日胜利召开加克西乡第十四届人民代表大会。

【安全生产】 2016年，严格落实安全生产目标，强化安全生产责任，与各村签订2016年安全生产目标责任书，严格落实安全生产目标管理责任制和各项防范措施，由乡卫生院牵头政府协助对加克西乡完小、各村小卖部进行不定期不定点的食品安全排查，给人民群众创造安全、放心、健康的生活环境；同时，全面排查加克西乡各施工单位安全隐患，与乡驻地施工队之间签订安全生产合同协议。

【卫生工作】 2016年，加克西乡卫生院全体医务人员24小时坚守岗位，能够以最好的态度、最好的技术为群众排解病难，积极开展鼠疫预防、结核预防、艾滋病预防等知识的宣传，让广大群众的健康知识水平有明显提高，为加克西乡的卫生事业创下了佳绩。

【民政工作】 年内，深入开展政策宣传工作，先后对全乡范围内的低收入牧户进行家庭经济状况的重新核对，确保低保对象的基本数据准确无误，完善低保户的台账资料，切实为加克西乡低保生活救助管理工作奠定坚实的基础。

（边巴顿珠）

【领导名录】

党委书记　桑　　珠（藏族）

党委副书记、乡长

赵 彬 宝（5月免）

张 文 军（5月任）

党委副书记、人大主席

普 片 多（女，藏族）

党委副书记、纪委书记

达 旺 加（藏族，5月免）

旦　　增（藏族，5月任）

政法委员、人武部部长、副乡长

普布扎西（藏族，5月任）

组织委员、宣传委员、副乡长

格桑卓嘎（女，藏族，5月任）

受区（县）级以上表彰的先进集体名录

表1

获奖单位	获奖名称	表彰时间	授予单位
江孜县紫金乡努堆村农机种养协会	2016年基层科普行动计划农村专业技术协会	2016年	中国科协、财政部
江孜县江孜镇东郊村奶牛协会	2016年基层科普行动计划农村专业技术协会	2016年	中国科协、财政部
江孜县江孜镇拉则居委会	2016年基层科普行动计划科普示范社区	2016年	中国科协、财政部
江孜县民政局	全国残疾人先进单位	2016年	国务院残疾人工作委员会
江孜县人民医院	中国医院协会会员单位	2016年	中国医院协会
江孜县工商联	全国“五好”县级工商联建设示范点	2016年	中华全国工商业联合会办公厅
卡堆乡	第十一届中国青年志愿者优秀组织奖	2017年	共青团中央委员会志愿者协会
江孜县人民政府	2016年全区粮食生产先进县（区）	2017年	中共西藏自治区委员会、西藏自治区人民政府
江孜县农牧局	全区粮食生产先进县（区）	2016年	中共西藏自治区委员会、西藏自治区人民政府
江孜县工商行政管理局	自治区创先争优强基础惠民生活动第五批驻村工作先进驻村工作队	2016年	中共西藏自治区委员会、西藏自治区人民政府
达孜乡仁庆岗驻村工作队	自治区创先争优强基础惠民生活动第五批驻村工作先进驻村工作队	2016年	中共西藏自治区委员会、西藏自治区人民政府
热索乡驻孜吾村工作队	自治区创先争优强基础惠民生活动第五批驻村工作先进驻村工作队	2016年	中共西藏自治区委员会、西藏自治区人民政府
热索乡驻春琼村工作队	自治区创先争优强基础惠民生活动第五批驻村工作先进驻村工作队	2016年	中共西藏自治区委员会、西藏自治区人民政府
卡麦乡驻曲杰村驻村工作队	自治区创先争优强基础惠民生活动第五批驻村工作先进驻村工作队	2016年	中共西藏自治区委员会、西藏自治区人民政府

续表1

获奖单位	获奖名称	表彰时间	授予单位
达孜乡党委、政府	自治区、市、县级“先进双联户集体奖”	2016年	西藏自治区人民政府
江孜县人民法院	全区法院刑事审判先进集体	2016年	西藏自治区高级人民法院
江孜县人民政府	2016年“时轮金刚灌顶法会”接待服务工作先进集体	2016年	自治区接待“128”进藏工作领导小组、中共日喀则市委员会、日喀则市人民政府
江孜县第一中学	自治区平安校园	2016年	西藏自治区教育厅
年堆乡榜果村	自治区级生态文明村	2016年	西藏自治区环保厅
江孜县民间艺术团	2016年扶贫攻坚全区民间艺术团文艺会演优秀节目	2016年	西藏自治区文化厅
江孜县人民医院	“二级甲等”医院	2016年	西藏自治区卫计委
江孜县妇儿工委办	2011—2015年全区实施妇女儿童发展规划先进集体	2016年	西藏自治区妇儿工委办
江孜县满拉水电厂党支部	2016年度基层先进党组织	2016年	西藏自治区满拉水利枢纽管理局
满管局党支部	2016年度优秀党支部集体	2016年	西藏自治区满拉水利枢纽管理局
江孜县电信局	荣获2016年度“强县”奖	2017年	中国电信集团公司西藏分公司、中国电信集团工会西藏自治区委员会
紫金乡	全区乡镇（街道）工会规范化建设“八有”达标单位	2016年	西藏自治区总工会
江孜县人武部	年度军事训练先进单位	2016年	中共日喀则军分区
江孜县人民法院	系统目标考评先进单位	2016年	中共日喀则市法院
江孜县民族宗教事务局	民族工作先进集体	2016年	中共日喀则市委员会、日喀则市人民政府
江孜县人民检察院	日喀则市2016年度创先争优强基础惠民生活动优秀驻村工作队	2016年	中共日喀则市委员会、日喀则市人民政府
江孜县人民检察院	日喀则市2016年度优秀组织单位	2016年	中共日喀则市委员会、日喀则市人民政府
江孜县委宣传部	日喀则市民族团结进步模范集体荣誉称号	2016年	中共日喀则市委员会、日喀则市人民政府
江孜县综治办	2015年度日喀则市社会治安综合治理工作考评三等奖	2016年	中共日喀则市委员会、日喀则市人民政府

续表1

获奖单位	获奖名称	表彰时间	授予单位
紫金乡	市级“平安乡镇（街道）”	2017年	中共日喀则市委员会、日喀则市人民政府
车仁乡驻车仁村第五批工作队	日喀则市2016年度创先争优强基础惠民生活动优秀驻村工作队	2016年	中共日喀则市委员会、日喀则市人民政府
江孜县卡麦乡人民政府	市级“平安乡镇（街道）”	2017年	中共日喀则市委员会、日喀则市人民政府
年堆乡党委	先进基层党组织	2016年	中共日喀则市委员会
江孜县委统战部	统战民族宗教工作综合二等奖	2017年	中共日喀则市委员会
江孜县人民政府	教育工作先进县	2016年	日喀则市人民政府
藏改乡人民政府	市级“平安乡镇”	2016年	日喀则市人民政府
重孜乡	日喀则市先进“双联户”创建工作先进集体	2016年	中共日喀则市委政法委
江孜县妇女联合会	2016年度妇联工作先进集体	2016年	日喀则市妇女联合会
江孜县国家税务局	市级文明单位	2016年	日喀则市精神文明建设指导委员会
江孜县闵行中学	教学质量突出奖	2016年	日喀则市教育局党委、日喀则市教育局
江孜县第一小学	教育质量突出奖	2016年	日喀则市教育局党委、日喀则市教育局
江孜县江热乡完小	教学质量突出奖	2016年	日喀则市教育局党委、日喀则市教育局
江孜县龙马乡完小	教学成绩突出奖	2016年	日喀则市教育局党委、日喀则市教育局
江孜县年堆乡完小	教学质量突出奖	2016年	日喀则市教育局党委、日喀则市教育局
江孜高级中学	教学质量突出奖	2016年	日喀则市教育局党委
江孜县第二小学	教育教学质量突出奖	2016年	日喀则市教育局党委
江孜高级中学	2015年度考试招生工作考场管理先进单位奖	2016年	日喀则市教育局
江孜高级中学	日喀则市教研工作先进单位称号	2016年	日喀则市教育局
江孜高级中学	校园文化展示月（特色课堂）优秀奖	2016年	日喀则市教育局

续表1

获奖单位	获奖名称	表彰时间	授予单位
江孜高级中学	日喀则市2015—2016学年高中教师教学大赛优秀组织奖	2016年	日喀则市教育局
江孜高级中学	校园文化展示月（学生社团）三等奖	2016年	日喀则市教育局
江孜高级中学	校园文化展示优秀组织奖	2016年	日喀则市教育局
江孜县教育局	教研教改工作先进单位	2016年	日喀则市教育局
江孜县教育局	教育综合管理先进单位	2016年	日喀则市教育局
江孜县教育局	“校园文化展示月”优秀组织奖	2016年	日喀则市教育局
江孜县教育局	日喀则市第五届体彩杯足球赛第一名	2016年	日喀则市教育局
江孜县教育局	“一课一优师、一课一名师”晒课活动优秀组织奖	2016年	日喀则市教育局
江孜县教育局教研室	先进单位	2016年	日喀则市教育局
江孜高级中学	校园文化展示月（校本教材）优秀奖	2016年	日喀则市教育局
江孜高级中学	校园文化展示月（走廊、橱窗、黑板报文化）三等奖	2016年	日喀则市教育局
江孜县第一中学	日喀则教育考试招生工作先进单位	2016年	日喀则市教育局
江孜县康卓乡完小	2016年学前双语教育工作先进单位	2016年	日喀则市教育局
江孜高级中学	校园文化展示优秀组织奖	2016年	日喀则市教育局
江孜县旅游局	旅游促销先进单位	2016年	日喀则旅游发展委员会
江孜县旅游局	旅游景区市场推广工作先进单位	2016年	日喀则旅游发展委员会
江孜县旅游局	旅游工作综合二等奖	2016年	日喀则旅游发展委员会
江孜县旅游局	旅游市场监督管理工作先进单位	2016年	日喀则旅游发展委员会
江孜县旅游局	2016年度旅游服务标准化建设工作先进集体	2017年	日喀则旅游发展委员会
江孜县旅游局	2016年度旅游统计工作先进集体	2017年	日喀则旅游发展委员会

续表1

获奖单位	获奖名称	表彰时间	授予单位
江孜县人民医院	年度先进管理单位	2016年	日喀则市卫计委
江孜县民间艺术团	日喀则市第十四届珠峰文化节文艺调演 三等奖	2016年	日喀则市珠峰文化节组委会
江孜县水利局	2016年全市实行最严格水资源管理制度工作先进单位	2017年	日喀则市水利局
江孜县文广局	2015年度全市文化工作“一等奖”	2016年	日喀则市文化（文物）局
江孜县文广局	2016年度日喀则市公共文化先进集体	2017年	日喀则市文化（文物）局
江孜县文广局	2016年度日喀则市文化产业先进集体	2017年	日喀则市文化（文物）局
江孜县文广局	2016年度日喀则市文物工作先进集体	2017年	日喀则市文化（文物）局
江孜县文广局	2016年度日喀则市文化市场先进集体	2017年	日喀则市文化（文物）局
江孜高级中学	日喀则市非物质文化遗产示范点荣誉称号	2016年	日喀则市文化（文物）局
江孜县工商行政管理局	年度工作目标考核第二名	2016年	日喀则市工商行政管理局
江孜县工商行政管理局	先进基层党支部	2016年	日喀则市工商行政管理局
江孜县公安局	日喀则市公安机关首届警务实战技能大比武三等奖	2016年	日喀则市公安局
江孜县人社局	人事人才先进集体奖	2017年	日喀则市人社局
江孜县商务局	2016年度日喀则市质监业务联系先进单位	2016年	日喀则市质监局
江孜县扶贫（农发）办	优秀组织奖	2016年	日喀则市脱贫攻坚指挥部、日喀则市扶贫开发领导小组
江孜县电信局	2016年度县局年度综合考评第二名	2017年	中国电信集团公司日喀则分公司
江孜划小承包单元	2016年度下半年“翼起来”创先争优劳动竞赛最佳乡镇承包推进	2017年	中国电信集团公司日喀则分公司
江孜县天翼手机卖场	2016年度“标杆”卖场	2017年	中国电信集团公司日喀则分公司
中国农业银行股份有限公司江孜县支行	合规文化建设先进集体	2017年	中国农业银行股份有限公司日喀则市分行

续表1

获奖单位	获奖名称	表彰时间	授予单位
中国农业银行股份有限公司江孜县支行	信贷工作先进集体	2017年	中国农业银行股份有限公司日喀则市分行
中国农业银行股份有限公司江孜县支行	安全保卫工作先进集体	2017年	中国农业银行股份有限公司日喀则市分行
藏改乡人民政府	社会治安综合治理工作二等奖	2016年	中共江孜县委员会、江孜县人民政府
藏改乡人民政府	民族团结先进模范集体	2016年	中共江孜县委员会、江孜县人民政府
藏改乡人民政府	先进“双联户”创建活动先进乡（镇）	2016年	中共江孜县委员会、江孜县人民政府
江孜县财政局	民族团结进步奖	2016年	中共江孜县委员会、江孜县人民政府
江孜县财政局	教育先进集体奖	2016年	中共江孜县委员会、江孜县人民政府
车仁乡人民政府	2015年度乡镇综合评比“第三名”	2016年	中共江孜县委员会、江孜县人民政府
江孜县第一小学	江孜县2016年度综合评比二等奖	2016年	中共江孜县委员会、江孜县人民政府
江孜县第一小学	江孜县2016年度教学先进学校二等奖	2016年	中共江孜县委员会、江孜县人民政府
江孜县公安局	2016年度民族团结模范集体	2016年	中共江孜县委员会、江孜县人民政府
江孜县国家税务局	支持地方经济奖	2016年	中共江孜县委员会、江孜县人民政府
江孜县国家税务局	2016年度全县社会治安综合治理工作先进集体	2017年	中共江孜县委员会、江孜县人民政府
加克西乡	江孜县“先进双联户”创建活动先进乡	2016年	中共江孜县委员会、江孜县人民政府
加克西乡	江孜县“乡镇综合评比”第三名	2016年	中共江孜县委员会、江孜县人民政府
加克西乡	2016年度全县社会综合治理工作三等奖	2017年	中共江孜县委员会、江孜县人民政府
江孜县闵行中学	江孜县2015年度社会治安综合治理工作先进集体	2016年	中共江孜县委员会、江孜县人民政府
江孜县闵行中学	党建工作先进学校一等奖	2016年	中共江孜县委员会、江孜县人民政府
江孜县闵行中学	教学先进学校一等奖	2016年	中共江孜县委员会、江孜县人民政府
江孜县金嘎完小	德育工作先进学校三等奖	2016年	中共江孜县委员会、江孜县人民政府

续表1

获奖单位	获奖名称	表彰时间	授予单位
江孜县金嘎完小	综合评比优秀学校	2016年	中共江孜县委员会、江孜县人民政府
江孜县纳如乡完小	教学质量进步学校二等奖	2016年	中共江孜县委员会、江孜县人民政府
江孜县幼儿园	综合评比优秀学校三等奖	2016年	中共江孜县委员会、江孜县人民政府
江孜县重孜乡完小	教学先进学校三等奖	2016年	中共江孜县委员会、江孜县人民政府
江孜县重孜乡完小	教学质量进步学校三等奖	2016年	中共江孜县委员会、江孜县人民政府
康卓乡	先进“双联户”创建活动先进乡	2016年	中共江孜县委员会、江孜县人民政府
江孜县科技局	2016年度全县社会治安综合治理工作先进集体	2017年	中共江孜县委员会、江孜县人民政府
江孜县科技局	江孜县创先争优强基础惠民生活动先进驻村（居）工作队	2016年	中共江孜县委员会、江孜县人民政府
热龙乡夏雄村驻村工作队	江孜县创先争优强基础惠民生活动先进驻村（居）工作队	2016年	中共江孜县委员会、江孜县人民政府
中共热龙乡党委	江孜县创先争优强基础惠民生活动优秀组织单位	2016年	中共江孜县委员会、江孜县人民政府
龙马乡	优秀组织单位	2016年	中共江孜县委员会、江孜县人民政府
龙马乡	2016年重教先进乡（镇）	2016年	中共江孜县委员会、江孜县人民政府
江孜县闵行中学	江孜县2015年度社会治安综合治理工作先进集体	2016年	中共江孜县委员会、江孜县人民政府
江孜县闵行中学	教学先进学校一等奖	2016年	中共江孜县委员会、江孜县人民政府
年堆乡人民政府	2016年达玛节综合奖第一名	2016年	中共江孜县委员会、江孜县人民政府
江孜县农牧局	2016年全县社会治安综合治理工作先进集体	2017年	中共江孜县委员会、江孜县人民政府
江孜县人民检察院	江孜县2016年度创先争优强基础惠民生活动优秀驻村工作队	2016年	中共江孜县委员会、江孜县人民政府
江孜县人民医院	平安医院	2016年	中共江孜县委员会、江孜县人民政府
江孜县人民政府办公室	政府系统先进集体	2016年	中共江孜县委员会、江孜县人民政府
江孜县司法局	2016年度全县社会治安综合治理工作先进集体	2017年	中共江孜县委员会、江孜县人民政府
日朗乡	江孜县2016年度“江孜达玛节综合奖第六名”	2016年	中共江孜县委员会、江孜县人民政府
日朗乡	江孜县2016年度全县社会治安综合治理工作三等奖	2017年	中共江孜县委员会、江孜县人民政府

续表1

获奖单位	获奖名称	表彰时间	授予单位
日星乡	江孜县先进“双联户”创建工作先进集体	2016年	中共江孜县委员会、江孜县人民政府
日星乡	江孜县创先争优强基础惠民生活活动优秀组织单位	2016年	中共江孜县委员会、江孜县人民政府
江孜县政法委	2015年度政法系统先进集体	2016年	中共江孜县委员会、江孜县人民政府
江孜县政法委党支部	2015年度江孜县基层党建工作一等奖	2016年	中共江孜县委员会、江孜县人民政府
县委组织部	江孜县2016年度民族团结模范集体	2016年	中共江孜县委员会、江孜县人民政府
江孜县第一中学	教学先进学校“三等奖”	2016年	中共江孜县委员会、江孜县人民政府
江孜县第一中学	教学质量进步学校“一等奖”	2016年	中共江孜县委员会、江孜县人民政府
江孜县第一中学	民族团结模范集体	2016年	中共江孜县委员会、江孜县人民政府
江孜县第一中学	综合治理先进集体	2016年	中共江孜县委员会、江孜县人民政府
江孜高级中学	教学先进学校二等奖	2016年	中共江孜县委员会、江孜县人民政府
藏改乡人民政府	先进基层党委	2016年	中共江孜县委员会、江孜县人民政府
达孜乡恰久村驻村工作队	江孜县创先争优强基础惠民生活动先进驻村（居）工作队	2016年	中共江孜县委员会、江孜县人民政府
江孜县高级中学	综合评比优秀学校一等奖	2016年	中共江孜县委员会、江孜县人民政府
江孜县高级中学	党建工作先进学校三等奖	2016年	中共江孜县委员会、江孜县人民政府
江孜县公安局党委第四党支部	优秀基层党支部	2016年	中共江孜县委员会、江孜县人民政府
加克西乡	江孜县先进基层党支部	2016年	中共江孜县委员会、江孜县人民政府
江孜县闵行中学	江孜县庆祝建党九十五卓念总结表彰“先进基层党支部”	2016年	中共江孜县委员会、江孜县人民政府
江孜县第二小学	党建工作先进学校	2016年	中共江孜县委员会、江孜县人民政府
江孜县农牧局	江孜县先进基层党支部	2016年	中共江孜县委员会、江孜县人民政府
江孜县司法局	江孜县先进基层党支部	2016年	中共江孜县委员会、江孜县人民政府
江孜县委宣传部	江孜县先进基层党支部	2016年	中共江孜县委员会、江孜县人民政府
江热乡人民政府	卫生工作先进集体	2016年	江孜县人民政府

续表1

获奖单位	获奖名称	表彰时间	授予单位
江热乡人民政府	重教先进乡镇	2016年	江孜县人民政府
江孜县闵行中学	2015年度环保工作“先进单位”	2016年	江孜县人民政府
江孜县江热乡完小	综合评比优秀学校	2016年	江孜县人民政府
江孜县江热乡完小	教学先进学校三等奖	2016年	江孜县人民政府
江孜县卡堆乡完小	德育工作先进集体	2016年	江孜县人民政府
江孜县康卓乡完小	教学质量进步学校“三等奖”	2016年	江孜县人民政府
江孜县热索乡完小	德育优秀工作奖	2016年	江孜县人民政府
江孜县年堆乡完小	环境保护工作先进单位	2016年	江孜县人民政府
江孜高级中学	2015年环境保护工作先进单位	2016年	江孜县人民政府
江孜县人民政府办公室	重教先进集体	2016年	江孜县人民政府
达孜乡党委、政府	“达玛节”综合二等奖	2016年	江孜县人民政府
江孜县第一小学	2015年度环境保护先进单位	2016年	江孜县人民政府

说明：由于各单位资料提供不全，可能有遗漏

受区（县）级以上表彰的先进个人名录

表 2

姓　　名	性别	民族	工作单位	获奖名称	表彰时间	授予单位
巴　　罗	男	藏	江孜县林业局，农牧综合服务中心林业租	全国劳动模范	2016年	全国绿化委员会，国家人社部、林业部
旦珍扎西	男	藏	江孜县闵行中学	优秀教练员	2016年	全国青少年校园足球夏令营云南泸西营区组委会
次仁伦珠	男	藏	江孜县闵行中学	优秀教练员	2016年	全国青少年校园足球夏令营云南泸西营区组委会
格　　桑	男	藏	江孜县人民医院	全国优秀医院院长	2016年	中国医院协会
旦珍扎西	男	藏	江孜县闵行中学	优秀教练员	2016年	全国青少年校园足球夏令营云南泸西营区组委会具体承办
次仁伦珠	男	藏	江孜县闵行中学	优秀教练员	2016年	全国青少年校园足球夏令营云南泸西营区组委会具体承办
边巴次仁	男	藏	车仁乡人民政府	自治区创先争优强基础惠民生活动第五批驻村（居）工作先进驻村（居）工作队员	2016年	中共西藏自治区委员会、西藏自治区人民政府
索朗旺久	男	藏	车仁乡人民政府	自治区创先争优强基础惠民生活动第五批驻村（居）工作先进驻村（居）工作队员	2016年	中共西藏自治区委员会、西藏自治区人民政府
次仁德吉	女	藏	车仁乡人民政府	自治区创先争优强基础惠民生活动第五批驻村（居）工作先进驻村（居）工作队员	2016年	中共西藏自治区委员会、西藏自治区人民政府
巴桑片多	女	藏	紫金乡	自治区创先争优强基础惠民生活动第五批驻村（居）工作先进驻村（居）工作队员	2016年	中共西藏自治区委员会、西藏自治区人民政府
单增曲宗	女	藏	紫金乡	自治区创先争优强基础惠民生活动第五批驻村（居）工作先进驻村（居）工作队员	2016年	中共西藏自治区委员会、西藏自治区人民政府
贵桑德吉	女	藏	紫金乡	自治区创先争优强基础惠民生活动第五批驻村（居）工作先进驻村（居）工作队员	2016年	中共西藏自治区委员会、西藏自治区人民政府
桑　　珠	男	藏	江孜县委统战部	2016年下半年自治区优秀宗教工作者	2016年	中共西藏自治区委员会、西藏自治区人民政府
杨　　刚	男	白	重孜乡	西藏自治区优秀第一党支部书记	2016年	中共西藏自治区委员会、西藏自治区人民政府
次仁南木加	男	藏	江孜镇人民政府	自治区创先争优强基础惠民生活动第五批驻村（居）工作先进驻村（居）工作队员	2016年	中共西藏自治区委员会、西藏自治区人民政府
白玛色珍	女	藏	江孜镇人民政府	自治区创先争优强基础惠民生活动第五批驻村（居）工作先进驻村（居）工作队员	2016年	中共西藏自治区委员会、西藏自治区人民政府

续表2

姓　　名	性别	民族	工作单位	获奖名称	表彰时间	授予单位
尼玛拉姆	女	藏	江孜县人民法院	自治区创先争优强基础惠民生活动第五批驻村（居）工作先进驻村（居）工作队员	2016年	中共西藏自治区委员会、西藏自治区人民政府
王　　瑾	女	汉	江孜县人民检察院	自治区创先争优强基础惠民生活动第五批驻村（居）工作先进驻村（居）工作队员	2016年	中共西藏自治区委员会、西藏自治区人民政府
琼　　吉	女	藏	江孜县司法局	自治区创先争优强基础惠民生活动第五批驻村（居）工作先进驻村（居）工作队员	2016年	中共西藏自治区委员会、西藏自治区人民政府
李志斌	男	汉	卡堆乡人民政府	自治区创先争优强基础惠民生活动第五批驻村（居）工作先进驻村（居）工作队员	2016年	中共西藏自治区委员会、西藏自治区人民政府
边巴顿珠	男	藏	加克西乡	自治区创先争优强基础惠民生活动第五批驻村（居）工作先进驻村（居）工作队员	2016年	中共西藏自治区委员会、西藏自治区人民政府
次旦多吉	男	藏	江孜镇人民政府	自治区创先争优强基础惠民生活动第五批驻村（居）工作先进驻村（居）工作队员	2016年	中共西藏自治区委员会、西藏自治区人民政府
米玛平措	男	藏	江孜县江热乡	自治区创先争优强基础惠民生活动第五批驻村（居）工作先进驻村（居）工作队员	2016年	中共西藏自治区委员会、西藏自治区人民政府
嘎玛拉珍	女	藏	江孜县江热乡	自治区创先争优强基础惠民生活动第五批驻村（居）工作先进驻村（居）工作队员	2016年	中共西藏自治区委员会、西藏自治区人民政府
大达瓦	男	藏	满拉水电厂	自治区创先争优强基础惠民生活动第五批驻村（居）工作先进驻村（居）工作队员	2016年	中共西藏自治区委员会、西藏自治区人民政府
次　　平	男	藏	日星乡	自治区创先争优强基础惠民生活动第五批驻村（居）工作先进驻村（居）工作队员	2016年	中共西藏自治区委员会、西藏自治区人民政府
巴　　宗	女	藏	日星乡	自治区创先争优强基础惠民生活动第五批驻村（居）工作先进驻村（居）工作队员	2016年	中共西藏自治区委员会、西藏自治区人民政府
普布卓玛	女	藏	日星乡	自治区创先争优强基础惠民生活动第五批驻村（居）工作先进驻村（居）工作队员	2016年	中共西藏自治区委员会、西藏自治区人民政府
达娃顿珠	男	藏	卡麦乡人民政府	自治区创先争优强基础惠民生活动第五批驻村（居）工作先进驻村（居）工作队员	2016年	中共西藏自治区委员会、西藏自治区人民政府
土　　旦	男	藏	热龙乡人民政府	自治区创先争优强基础惠民生活动第五批驻村（居）工作先进驻村（居）工作队员	2016年	中共西藏自治区委员会、西藏自治区人民政府
陈巧萍	女	汉	达孜乡人民政府	自治区创先争优强基础惠民生活动第五批驻村（居）工作先进驻村（居）工作队员	2016年	中共西藏自治区委员会、西藏自治区人民政府

续表2

姓　　名	性别	民族	工作单位	获奖名称	表彰时间	授予单位
次　　琼	女	藏	热索乡	自治区创先争优强基础惠民生活动第五批驻村（居）工作先进驻村（居）工作队员	2016年	中共西藏自治区委员会、西藏自治区人民政府
次仁潘多	女	藏	热索乡	自治区创先争优强基础惠民生活动第五批驻村（居）工作先进驻村（居）工作队员	2016年	中共西藏自治区委员会、西藏自治区人民政府
索朗宗吉	女	藏	热索乡	自治区创先争优强基础惠民生活动第五批驻村（居）工作先进驻村（居）工作队员	2016年	中共西藏自治区委员会、西藏自治区人民政府
阿旺云旦	男	藏	年堆乡人民政府	自治区创先争优强基础惠民生活动第五批驻村（居）工作先进驻村（居）工作队员	2016年	中共西藏自治区委员会、西藏自治区人民政府
刘 崇 尧	男	汉	年堆乡人民政府	自治区创先争优强基础惠民生活动第五批驻村（居）工作先进驻村（居）工作队员	2016年	中共西藏自治区委员会、西藏自治区人民政府
索　　朗	男	藏	江孜县交通运输局	自治区创先争优强基础惠民生活动第五批驻村（居）工作先进驻村（居）工作队员	2016年	中共西藏自治区委员会、西藏自治区人民政府
白玛次旺	女	藏	日朗乡人民政府	自治区创先争优强基础惠民生活动第五批驻村（居）工作先进驻村（居）工作队员	2016年	中共西藏自治区委员会、西藏自治区人民政府
唐　　海	男	汉	日朗乡人民政府	自治区创先争优强基础惠民生活动第五批驻村（居）工作先进驻村（居）工作队员	2016年	中共西藏自治区委员会、西藏自治区人民政府
米玛片多	女	藏	江孜县妇女联合会	2016年自治区创先争优强基础惠民生活动先进工作者	2017年	中共西藏自治区委员会、西藏自治区人民政府
米玛措姆	女	藏	卡麦乡人民政府	自治区创先争优强基础惠民生活动第五批村（居）工作先进驻村（居）工作队员	2016年	中共西藏自治区委员会、西藏自治区人民政府
扎　　顿	男	藏	龙马乡	自治区级先进驻村个人	2016年	中共西藏自治区委员会、西藏自治区人民政府
大 达 瓦	男	藏	满拉水电厂	全区优秀第一书记书记称号	2016年	中共西藏自治区委员会
仓 卓 玛	女	藏	金嘎乡	2016—2017年自治区优秀驻村工作队员	2016年	中共西藏自治区委员会
扎　　多	男	藏	日朗乡人民政府	2016年度全区民族团结先进个人	2017年	西藏自治区人民政府
央　　吉	女	藏	紫金乡完小	乡村教师从教20年荣誉	2016年	西藏自治区人民政府

续表2

姓 名	性别	民族	工作单位	获奖名称	表彰时间	授予单位
吉 巴	女	藏	紫金乡完小	乡村教师从教20年荣誉	2016年	西藏自治区人民政府
旺 金	男	藏	紫金乡完小	乡村教师从教20年荣誉	2016年	西藏自治区人民政府
确 巴	男	藏	紫金乡完小	乡村教师从教20年荣誉	2016年	西藏自治区人民政府
尼 旺	男	藏	紫金乡完小	乡村教师从教20年荣誉	2016年	西藏自治区人民政府
次 欧	男	藏	紫金乡完小	乡村教师从教20年荣誉	2016年	西藏自治区人民政府
罗 布	男	藏	紫金乡完小	乡村教师从教20年荣誉	2016年	西藏自治区人民政府
索 次	男	藏	紫金乡完小	乡村教师从教20年荣誉	2016年	西藏自治区人民政府
曲 培	男	藏	热龙乡完小	乡村教师从教20年荣誉奖	2016年	西藏自治区人民政府
达 确	男	藏	热龙乡完小	乡村教师从教20年荣誉奖	2016年	西藏自治区人民政府
大巴珍	女	藏	紫金乡完小	乡村教师从教20年荣誉	2016年	西藏自治区人民政府
吉 巴	女	藏	江孜县第二小学	乡村教师从教20年荣誉奖	2016年	西藏自治区人民政府
边 琼	男	藏	龙马完小	乡村教师从教25年荣誉奖	2016年	西藏自治区人民政府
达 平	男	藏	龙马完小	乡村教师从教20年荣誉奖	2016年	西藏自治区人民政府
旺 加	男	藏	热龙乡完小	乡村教师从教20年荣誉奖	2016年	西藏自治区人民政府
阿 琼	男	藏	康卓乡完小	乡村教师从教20年荣誉奖	2016年	西藏自治区人民政府
次 仁	男	藏	康卓乡完小	乡村教师从教20年荣誉奖	2016年	西藏自治区人民政府
普 琼	男	藏	康卓乡完小	乡村教师从教20年荣誉奖	2016年	西藏自治区人民政府
拉 琼	男	藏	卡堆乡完小	乡村从教20年教师荣誉奖	2016年	西藏自治区人民政府

续表2

姓 名	性别	民族	工作单位	获奖名称	表彰时间	授予单位
尼 片	女	藏	卡堆乡完小	乡村从教20年教师荣誉奖	2016年	西藏自治区人民政府
普 琼	男	藏	卡堆乡完小	乡村从教20年教师荣誉奖	2016年	西藏自治区人民政府
普 琼	男	藏	卡堆乡完小	乡村从教20年教师荣誉奖	2016年	西藏自治区人民政府
普次旺	男	藏	江孜县教育局	先进教育工作者	2016年	西藏自治区人民政府
桑 珠	男	藏	康卓乡完小	乡村教师从教20年荣誉奖	2016年	西藏自治区人民政府
王 刚	男	汉	江孜县公安局办公室	三等功	2016年	西藏自治区党委组织部、西藏自治区人力资源和社会保障厅
边巴扎西	男	藏	江孜县公安局办公室	三等功	2016年	西藏自治区党委组织部、西藏自治区人力资源和社会保障厅
坚 参	男	藏	紫金乡	自治区级优秀共产党员	2016年	西藏自治区党委组织部
德 吉	女	藏	江孜县人民法院	全区法院刑事审判工作个人三等功	2016年	西藏自治区高级人民法院
尼玛顿珠	男	藏	江孜高级中学	西藏自治区名教师	2016年	西藏自治区教育厅
刘 泽	男	汉	江孜高级中学	一师一优课、一课一名师	2016年	西藏自治区教育厅
拉巴顿珠	男	藏	江孜高级中学	全区中小学优秀教师	2016年	西藏自治区教育厅
普罗杰	男	藏	江孜高级中学	全区中小学德育先进工作者	2016年	西藏自治区教育厅
扎西多布拉	男	藏	江孜高级中学	一师一优课、一课一名师	2016年	西藏自治区教育厅
琼 达	男	藏	江孜县热索乡完小	优秀校长	2016年	西藏自治区教育厅
普 布	男	藏	江孜县教育局	全区教育系统优秀党员	2016年	西藏自治区教育厅
罗 追	男	藏	江孜县教育局	优秀电教员	2016年	西藏自治区教育局

续表2

姓　　名	性别	民族	工作单位	获奖名称	表彰时间	授予单位
索朗达瓦	男	藏	江孜县工商联	自治区民族团结进步奖	2016年	西藏自治区民宗委
强巴顿珠	男	藏	江孜县委统战部	“时轮金刚灌顶法会”接待服务工作先进个人	2016年	自治区接待“128”进藏工作领导小组、中共日喀则市委员会、日喀则市人民政府
格桑多吉	男	藏	江孜县委统战部	“时轮金刚灌顶法会”接待服务工作先进个人	2016年	自治区接待“129”进藏工作领导小组、中共日喀则市委员会、日喀则市人民政府
次仁卓玛	女	藏	江孜县委统战部	2016年度全区统战信息工作优秀信息员	2016年	中共西藏自治区统一战线工作部
王　　霞	女	汉	满拉水电厂	水利厅系统优秀党务工作者	2016年	西藏自治区水利厅
大 加 措	男	藏	满拉水电厂	水利厅系统优秀党员	2016年	西藏自治区水利厅
旦增卓玛	女	藏	卡麦乡人民政府	2016年全区优秀人民调解员	2017年	西藏自治区司法厅
小 加 措	男	藏	满拉水利枢纽管理局	优秀党务工作者	2016年	西藏自治区满拉水利枢纽管理局
德吉卓嘎	女	藏	满拉电厂	优秀党务工作者	2016年	西藏自治区满拉水利枢纽管理局
小 加 措	男	藏	西藏满拉水利枢纽管理局	先进工作者	2016年	西藏自治区满拉水利枢纽管理局
白玛卓嘎	女	藏	西藏满拉水利枢纽管理局	先进工作者	2016年	西藏自治区满拉水利枢纽管理局
杨　　勇	男	汉	满拉电厂	先进工作者	2016年	西藏自治区满拉水利枢纽管理局
索朗旦增	男	藏	满拉电厂	先进工作者	2016年	西藏自治区满拉水利枢纽管理局
边　　珍	女	藏	江孜县闵行中学	优秀学员	2016年	西藏自治区教科研究所
边　　珍	女	藏	江孜县闵行中学	全区理科教研员高级研修优秀学员	2016年	西藏自治区教科研究所
巴　　确	男	藏	江孜高级中学	绘画作品邀请展	2016年	上海市浦东新区
次　　琼	女	藏	热索乡人民政府	自治区“优秀驻村工作队员”	2016年	西藏自治区强基惠民办公室

续表2

姓　　名	性别	民族	工作单位	获奖名称	表彰时间	授予单位
次仁潘多	女	藏	热索乡人民政府	自治区“优秀驻村工作队员”	2016年	西藏自治区强基惠民办公室
索朗宗吉	女	藏	热索乡人民政府	自治区“优秀驻村工作队员”	2016年	西藏自治区强基惠民办公室
格桑德吉	女	藏	车仁乡人民政府	日喀则市创先争优强基础惠民生活动先进驻村（居）工作队员	2016年	中共日喀则市委员会、日喀则市人民政府
罗布次仁	男	藏	车仁乡人民政府	日喀则市创先争优强基础惠民生活动先进驻村（居）工作队员	2016年	中共日喀则市委员会、日喀则市人民政府
拉　　普	女	藏	江孜县江热乡	日喀则市创先争优强基础惠民生活动先进驻村（居）工作队员	2016年	中共日喀则市委员会、日喀则市人民政府
达　　桑	男	藏	江孜县江热乡	日喀则市创先争优强基础惠民生活动先进驻村（居）工作队员	2016年	中共日喀则市委员会、日喀则市人民政府
姚 西 林	男	汉	龙马乡	日喀则市创先争优强基础惠民生活动先进驻村（居）工作队员	2016年	中共日喀则市委员会、日喀则市人民政府
益　　西	女	藏	龙马乡	日喀则市创先争优强基础惠民生活动先进驻村（居）工作队员	2016年	中共日喀则市委员会、日喀则市人民政府
次仁拉姆	女	藏	江孜县民族宗教事务局	2016年下半年宗教工作优秀干部	2016年	中共日喀则市委员会、日喀则市人民政府
米玛顿珠	男	藏	江孜县科技局	日喀则市创先争优强基础惠民生活动先进驻村（居）工作队员	2016年	中共日喀则市委员会、日喀则市人民政府
洛桑扎西	男	藏	江孜县司法局	日喀则市创先争优强基础惠民生活动先进驻村（居）工作队员	2016年	中共日喀则市委员会、日喀则市人民政府
刘 文 娟	女	汉	江孜镇人民政府	日喀则市创先争优强基础惠民生活动先进驻村（居）工作队员	2016年	中共日喀则市委员会、日喀则市人民政府
索朗扎西	男	藏	江孜镇人民政府	日喀则市创先争优强基础惠民生活动先进驻村（居）工作队员	2016年	中共日喀则市委员会、日喀则市人民政府
陈 树 平	男	汉	卡堆乡人民政府	日喀则市创先争优强基础惠民生活动先进驻村（居）工作队员	2016年	中共日喀则市委员会、日喀则市人民政府
温 云 龙	男	壮	卡堆乡人民政府	日喀则市创先争优强基础惠民生活动先进驻村（居）工作队员	2016年	中共日喀则市委员会、日喀则市人民政府

续表2

姓　名	性别	民族	工作单位	获奖名称	表彰时间	授予单位
桑吉卓玛	女	藏	江孜县人民检察院	日喀则市创先争优强基础惠民生活动先进驻村（居）工作队员	2016年	中共日喀则市委员会、日喀则市人民政府
拉巴潘多	女	藏	江孜县委统战部	2016年上半年日喀则市优秀宗教工作者	2016年	中共日喀则市委员会、日喀则市人民政府
格桑多吉	男	藏	江孜县工商联	“时轮金刚灌顶法会”接待服务工作先进个人	2016年	中共日喀则市委员会、日喀则市人民政府
达　片	女	藏	江孜县委宣传部（文化执法大队）	日喀则市创先争优强基础惠民生活动先进驻村（居）工作队员	2016年	中共日喀则市委员会、日喀则市人民政府
拉巴次仁	男	藏	紫金乡	日喀则市创先争优强基础惠民生活动先进驻村（居）工作队员	2016年	中共日喀则市委员会、日喀则市人民政府
尚　岩	男	汉	紫金乡	日喀则市创先争优强基础惠民生活动先进驻村（居）工作队员	2016年	中共日喀则市委员会、日喀则市人民政府
曲尼白珍	女	藏	日星乡	日喀则市创先争优强基础惠民生活动先进驻村（居）工作队员	2016年	中共日喀则市委员会、日喀则市人民政府
嘎玛曲宗	女	藏	日星乡	日喀则市创先争优强基础惠民生活动先进驻村（居）工作队员	2016年	中共日喀则市委员会、日喀则市人民政府
加　措	男	藏	日星乡	日喀则市创先争优强基础惠民生活动先进驻村（居）工作队员	2016年	中共日喀则市委员会、日喀则市人民政府
次旺罗布	男	藏	日朗乡人民政府	日喀则市创先争优强基础惠民生活动先进驻村（居）工作队员	2016年	中共日喀则市委员会、日喀则市人民政府
阿　琼	男	藏	日朗乡人民政府	日喀则市创先争优强基础惠民生活动先进驻村（居）工作队员	2016年	中共日喀则市委员会、日喀则市人民政府
游志涛	男	汉	热龙乡人民政府	日喀则市创先争优强基础惠民生活动先进驻村（居）工作队员	2016年	中共日喀则市委员会、日喀则市人民政府
游志涛	男	汉	热龙乡人民政府	日喀则市创先争优强基础惠民生活动先进驻村（居）工作队员	2016年	中共日喀则市委员会、日喀则市人民政府
普　片	男	藏	年堆乡人民政府	日喀则市创先争优强基础惠民生活动先进驻村（居）工作队员	2016年	中共日喀则市委员会、日喀则市人民政府
白　玛	女	藏	金嘎乡	日喀则市创先争优强基础惠民生活动先进驻村（居）工作队员	2016年	中共日喀则市委员会、日喀则市人民政府

续表2

姓　　名	性别	民族	工作单位	获奖名称	表彰时间	授予单位
文丹丹	女	汉	热索乡	日喀则市创先争优强基础惠民生活动先进驻村（居）工作队员	2016年	中共日喀则市委员会、日喀则市人民政府
次仁穷达	女	藏	热索乡	日喀则市创先争优强基础惠民生活动先进驻村（居）工作队员	2016年	中共日喀则市委员会、日喀则市人民政府
任　佳	男	汉	达孜乡人民政府	日喀则市创先争优强基础惠民生活动先进驻村（居）工作队员	2016年	中共日喀则市委员会、日喀则市人民政府
米玛卓玛	女	藏	达孜乡人民政府	日喀则市创先争优强基础惠民生活动先进驻村（居）工作队员	2016年	中共日喀则市委员会、日喀则市人民政府
旺　珍	女	藏	县委组织部副主任科员	日喀则市创先争优强基础惠民生活动先进驻村（居）工作队员	2016年	中共日喀则市委员会、日喀则市人民政府
边巴扎西	男	藏	纳如乡	日喀则市创先争优强基础惠民生活动先进驻村（居）工作队员	2016年	中共日喀则市委员会、日喀则市人民政府
仁增多吉	男	藏	卡麦乡人民政府	日喀则市创先争优强基础惠民生活动先进驻村（居）工作队员	2016年	中共日喀则市委员会、日喀则市人民政府
曲玉贵	男	汉	卡麦乡人民政府	日喀则市创先争优强基础惠民生活动先进驻村（居）工作队员	2016年	中共日喀则市委员会、日喀则市人民政府
宋　强	男	汉	江孜县人民法院	日喀则市创先争优强基础惠民生活动先进驻村（居）工作队员	2016年	中共日喀则市委员会、日喀则市人民政府
闫元仓	男	汉	卡堆乡人民政府	日喀则市优秀党务工作者	2016年	中共日喀则市委员会
冯振亮	男	汉	江孜高级中学	2016年优秀党务工作者	2016年	中共日喀则市委员会
次　顿	男	藏	江孜县工商行政管理局	优秀党员	2016年	中共日喀则市委员会
朗　杰	男	藏	江孜县文化艺术馆	日喀则市政府人才特殊津贴	2016年	日喀则市人民政府
周媛媛	女	汉	江孜县人民检察院	2016年度全市检察机关先进个人	2017年	日喀则市人民检察院
次　欧	男	藏	江孜县闵行中学	优秀教师	2016年	中共日喀则市教育局委员会、日喀则市教育局
次　欧	男	藏	江孜县闵行中学	优秀片区教研员	2016年	中共日喀则市教育局委员会、日喀则市教育局
朗　杰	男	藏	江孜县闵行中学	优秀教育工作者	2016年	中共日喀则市教育局委员会、日喀则市教育局
次　欧	男	藏	江孜县闵行中学	教研先进工作者	2016年	中共日喀则市教育局委员会、日喀则市教育局

续表2

姓　　名	性别	民族	工作单位	获奖名称	表彰时间	授予单位
小索朗德吉	女	藏	江孜县幼儿园	优秀教师	2016年	中共日喀则市教育局委员会、日喀则市教育局
格　珍	女	藏	江孜县江热乡完小	日客则市级优秀教师	2016年	中共日喀则市教育局委员会、日喀则市教育局
次　欧	男	藏	江孜县闵行中学	教研先进工作者	2016年	中共日喀则市教育局委员会、日喀则市教育局
朗　杰	男	藏	江孜县闵行中学	优秀教育工作者	2016年	中共日喀则市教育局委员会、日喀则市教育局
次仁罗布	男	藏	卡堆乡完小	优秀校长	2016年	日喀则市教育（体育）局
大尼普	女	藏	卡堆乡完小	“一师一优课、一课一名师”二等奖	2016年	日喀则市教育（体育）局
格桑央宗	女	藏	卡堆乡完小	“一师一优课、一课一名师”二等奖	2016年	日喀则市教育（体育）局
达瓦平措	男	藏	卡堆乡完小	“一师一优课、一课一名师”二等奖	2016年	日喀则市教育（体育）局
边　琼	男	藏	卡堆乡完小	德育工作先进个人	2016年	日喀则市教育（体育）局
多杰占堆	男	藏	卡堆乡完小	少先队辅导员	2016年	日喀则市教育（体育）局
拉　琼	男	藏	卡堆乡完小	珠峰好教师	2016年	日喀则市教育（体育）局
贵　吉	男	藏	卡麦乡完小	优秀教师	2016年	日喀则市教育（体育）局
达瓦顿珠	男	藏	江孜县纳如乡完小	优秀教育工作者	2016年	日喀则市教育（体育）局
罗　布	男	藏	江孜高级中学	2015—2016年高中教师教学大赛	2016年	日喀则市教育（体育）局
旦增列珠	男	藏	江孜高级中学	“一师一优课、一课一名师”二等奖	2016年	日喀则市教育（体育）局
旦增列珠	男	藏	江孜高级中学	2016年日喀则市第一轮命题大赛一等奖	2016年	日喀则市教育（体育）局
扎西多布拉	男	藏	江孜高级中学	2015—2016年高中教师教学大赛二等奖	2016年	日喀则市教育（体育）局
扎西多布拉	男	藏	江孜高级中学	“一师一优课、一课一名师”一等奖	2016年	日喀则市教育（体育）局
次旺拉姆	女	藏	江孜高级中学	2015—2016年高中教师教学大赛	2016年	日喀则市教育（体育）局
次仁卓嘎	女	藏	江孜高级中学	2016年日喀则市第一轮命题大赛三等奖	2016年	日喀则市教育（体育）局
旦增拉珍	女	藏	江孜高级中学	一师一优课、一课一名师	2016年	日喀则市教育（体育）局
旦　旺	女	藏	江孜高级中学	2016年日喀则市第一轮命题大赛一等奖	2016年	日喀则市教育（体育）局

续表2

姓　名	性别	民族	工作单位	获奖名称	表彰时间	授予单位
索朗多布杰	男	藏	江孜高级中学	德育工作先进个人	2016年	日喀则市教育（体育）局
普扎西	男	藏	江孜高级中学	“一师一优课、一课一名师”二等奖	2016年	日喀则市教育（体育）局
普扎西	男	藏	江孜高级中学	2015—2016年日喀则市优秀教师	2016年	日喀则市教育（体育）局
边巴顿珠	男	藏	江孜高级中学	“一师一优课、一课一名师”一等奖	2016年	日喀则市教育（体育）局
次　平	男	藏	江孜高级中学	一师一优课、一课一名师	2016年	日喀则市教育（体育）局
次　央	女	藏	江孜高级中学	2016年日喀则市第一轮命题大赛二等奖	2016年	日喀则市教育（体育）局
罗　追	男	藏	江孜高级中学	2015—2016年高中教师教学大赛	2016年	日喀则市教育（体育）局
罗　追	男	藏	江孜高级中学	“一师一优课、一课一名师”先进个人	2016年	日喀则市教育（体育）局
西　洛	男	藏	江孜高级中学	一师一优课、一课一名师	2016年	日喀则市教育（体育）局
西　洛	男	藏	江孜高级中学	珠峰好教师	2016年	日喀则市教育（体育）局
仁　青	男	藏	江孜高级中学	2015—2016年日喀则市优秀教师	2016年	日喀则市教育（体育）局
李永刚	男	汉	江孜高级中学	日喀则市模范班主任	2016年	日喀则市教育（体育）局
郭　杰	男	藏	江孜高级中学	2016年日喀则市第一轮命题大赛二等奖	2016年	日喀则市教育（体育）局
贾增伟	男	汉	江孜高级中学	日喀则市教育科研先进工作者	2016年	日喀则市教育（体育）局
普巴卓玛	女	藏	江孜高级中学	2015—2016年日喀则市优秀教师	2016年	日喀则市教育（体育）局
扎西旺久	男	藏	江孜高级中学	日喀则市模范班主任	2016年	日喀则市教育（体育）局
尼玛扎西	男	藏	江孜高级中学	先进教育工作者	2016年	日喀则市教育（体育）局
尼　仓	女	藏	江孜高级中学	日喀则市优秀教师	2016年	日喀则市教育（体育）局
边　琼	女	藏	江孜县第二小学	日喀则市2015—2016年度“一师一优课”获市级优课三等奖	2016年	日喀则市教育（体育）局
次仁加布	男	藏	江孜县第一小学	市级优课	2016年	日喀则市教育（体育）局
次旦占堆	男	藏	江孜县教育局	先进教育工作者	2016年	日喀则市教育（体育）局

续表2

姓　　名	性别	民族	工作单位	获奖名称	表彰时间	授予单位
罗　　追	男	藏	江孜县教育局	优秀电教员	2016年	日喀则市教育（体育）局
罗　　追	男	藏	江孜县教育局	“一师一优课、一课一名师”优秀个人	2016年	日喀则市教育（体育）局
巴　　平	男	藏	江孜县教育局	优秀教研员	2016年	日喀则市教育（体育）局
次仁德吉	女	藏	江孜县教育局	优秀教师	2016年	日喀则市教育（体育）局
欧珠旺姆	女	藏	江孜县教育局	招生优秀工作人员	2016年	日喀则市教育（体育）局
普　　央	女	藏	江孜一中	模范班主任	2016年	日喀则市教育（体育）局
德　　珍	女	藏	江孜一中	优秀教师	2016年	日喀则市教育（体育）局
巴　　桑	男	藏	江孜一中	优秀教育工作者	2016年	日喀则市教育（体育）局
普仓拉	女	藏	江孜一中	“一师一优课、一课一名师”三等奖	2016年	日喀则市教育（体育）局
拉巴仓决	女	藏	江孜一中	“一师一优课、一课一名师”三等奖	2016年	日喀则市教育（体育）局
谭晓林	女	汉	江孜一中	“一师一优课、一课一名师”三等奖	2016年	日喀则市教育（体育）局
达　　瓦	男	藏	江孜一中	“一师一优课、一课一名师”三等奖	2016年	日喀则市教育（体育）局
次仁加布	男	藏	江孜一中	“一师一优课、一课一名师”三等奖	2016年	日喀则市教育（体育）局
陈连富	男	汉	江孜一中	“一师一优课、一课一名师”三等奖	2016年	日喀则市教育（体育）局
次仁卓玛	女	藏	江孜县闵行中学	模范班主任	2016年	日喀则市教育（体育）局
曲　　珍	女	藏	江孜县闵行中学	2016年日喀则市第一轮命题大赛初中化学组三等奖	2016年	日喀则市教育（体育）局
普潘多	女	藏	江孜县闵行中学	日喀则市2015—2016学年初中教师教学大赛物理组新秀奖	2016年	日喀则市教育（体育）局
次　　旦	男	藏	江孜县闵行中学	第一轮命题大赛中获三等奖	2016年	日喀则市教育（体育）局
普布扎西	男	藏	江孜县重孜乡完小	优秀教师	2016年	日喀则市教育（体育）局
贡确加措	男	藏	江孜县重孜乡完小	“一师一优课、一课一名师”三等奖	2016年	日喀则市教育（体育）局
贡确加措	男	藏	江孜县重孜乡完小	2016年内地西藏初中班招生阅卷工作表现突出奖	2016年	日喀则市教育（体育）局
索　　次	男	藏	紫金乡完小	德育先进个人工作	2016年	日喀则市教育（体育）局

续表2

姓　　名	性别	民族	工作单位	获奖名称	表彰时间	授予单位
次仁曲珍	女	藏	紫金乡完小	2016年内地西藏初中考试阅卷工作中表现突出奖	2016年	日喀则市教育（体育）局
仓 木 决	女	藏	江孜高级中学	2015—2016年高中教师教学大赛	2016年	日喀则市教育（体育）局
德庆旺姆	女	藏	江孜高级中学	一师一优课、一课一名师	2016年	日喀则市教育（体育）局
次仁卓玛	女	藏	江孜县闵行中学	模范班主任	2016年	日喀则市教育（体育）局
次　　欧	男	藏	江孜县闵行中学	优秀教师	2016年	日喀则市教育（体育）局
次　　欧	男	藏	江孜县闵行中学	优秀片区教研员	2016年	日喀则市教育（体育）局
次仁德吉	女	藏	江孜县第二小学	日喀则市首届“珠峰好教师”	2016年	日喀则市教育（体育）局
索朗片多	女	藏	江孜县第二小学	“一师一优课、一课一名师”三等奖	2016年	日喀则市教育（体育）局
边　　珍	女	藏	江孜县闵行中学	初中化学组三等奖	2016年	日喀则市教育（体育）局
次旦卓玛	女	藏	江孜县闵行中学	初中政治组三等奖	2016年	日喀则市教育（体育）局
曲　　珍	女	藏	江孜县闵行中学	初中化学组三等奖	2016年	日喀则市教育（体育）局
普 潘 多	女	藏	江孜县闵行中学	初中获物理组新秀奖	2016年	日喀则市教育（体育）局
普　　顿	男	藏	康卓乡完小	2016年内地西藏班招生考试阅卷工作中表现突出	2016年	日喀则市教育（体育）局
郭　　杰	男	藏	龙马完小	“一师一优课、一课一名师”三等奖	2016年	日喀则市教育（体育）局
边　　珍	女	藏	江孜县闵行中学	2016年日喀则市第一轮命题大赛初中化学组三等奖	2016年	日喀则市教育（体育）局
次旦卓玛	女	藏	江孜县闵行中学	日喀则市2015—2016学年初中教师教学大赛政治组三等奖	2016年	日喀则市教育（体育）局
朗　　杰	男	藏	江孜县文化艺术馆	民间艺术团先进个人	2017年	日喀则市文化（文物）局
童　　超	男	藏	江孜县闵行中学	日喀则市“加强民族团结建设美丽日喀则”双语演讲比赛藏语组预赛晋级奖	2016年	日喀则市“双语”学习培训领导小组办公室
索朗扎西	男	藏	江孜县热索乡完小	乡村教师从教20年荣誉奖	2016年	中共日喀则市教委会
卓　　嘎	女	藏	江孜县热索乡完小	优秀教师	2016年	中共日喀则市教委会
顿珠旺加	男	藏	江孜县第一中学	日喀则市初中教学大赛化学组一等奖	2016年	日喀则教育行政部

续表2

姓　名	性别	民族	工作单位	获奖名称	表彰时间	授予单位
陈昌洪	男	汉	江孜县公安局热龙乡派出所	三等功	2016年	日喀则市公安局
拉巴扎西	男	藏	江孜县公安局藏改乡派出所	嘉奖	2016年	日喀则市公安局
普桑珠	男	藏	江孜县公安局客运站便民警务站	优秀辅警	2016年	日喀则市公安局
嘎玛次仁	男	藏	江孜县公安局江嘎便民警务站	优秀辅警	2016年	日喀则市公安局
巴　桑	男	藏	江孜县公安局宗堆便民警务站	优秀辅警	2016年	日喀则市公安局
旦　增	男	藏	江孜县公安局广场便民警务站	优秀辅警	2016年	日喀则市公安局
拉　多	男	藏	江孜县公安局西郊便民警务站	优秀辅警	2016年	日喀则市公安局
欧　珠	男	藏	江孜县公安局交警大队	优秀辅警	2016年	日喀则市公安局
顿　珠	男	藏	江孜县公安局紫金乡派出所	优秀辅警	2016年	日喀则市公安局
强　巴	男	藏	江孜县公安局东郊一级公安检查站	优秀辅警	2016年	日喀则市公安局
多杰晋美	男	藏	江孜县工商行政管理局	优秀党员	2016年	日喀则市工商行政管理局
多杰晋美	男	藏	江孜县工商行政管理局	日喀则市创先争优强基础惠民生活动先进驻村（居）工作队员	2016年	日喀则市工商行政管理局
拉巴仓决	女	藏	江孜县工商行政管理局	优秀党务工作者	2016年	日喀则市工商行政管理局
洛　追	男	藏	江孜县工商行政管理局	优秀公务员	2016年	日喀则市工商行政管理局
王冬梅	女	藏	江孜县发展和改革委员会	2016年度市级发展改革和粮食流通工作先进个人	2017年	中共日喀则市发展和改革委员会（粮食局）党组
童　超	男	藏	江孜县闵行中学	日喀则市“加强民族团结建设美丽日喀则”双语演讲比赛晋级奖	2016年	日喀则市“双语”学习培训领导小组办公室
童　超	男	藏	江孜县闵行中学	优秀奖	2016年	日喀则市“双语”学习培训领导小组办公室
薛令军	男	汉	武警江孜县中队	优秀党员	2016年	武警日喀则支队政治部
简　勇	男	汉	武警江孜县中队	优秀干部	2016年	武警日喀则支队政治部
贾兆庆	男	汉	武警江孜县中队	三等功	2016年	武警日喀则支队政治部
李　猛	男	瑶	武警江孜县中队	优秀士官	2016年	武警日喀则支队政治部
肖春楠	男	壮	武警江孜县中队	优秀士官	2016年	武警日喀则支队政治部

续表2

姓　名	性别	民族	工作单位	获奖名称	表彰时间	授予单位
刘东明	男	汉	武警江孜县中队	优秀士官	2016年	武警日喀则支队政治部
王志刚	男	彝	武警江孜县中队	优秀士官	2016年	武警日喀则支队政治部
何　聪	男	汉	武警江孜县中队	优秀士官	2016年	武警日喀则支队政治部
孙高飞	男	汉	武警江孜县中队	优秀义务兵	2016年	武警日喀则支队政治部
曹国权	男	汉	武警江孜县中队	优秀义务兵	2016年	武警日喀则支队政治部
铁　冬	男	汉	武警江孜县中队	优秀义务兵	2016年	武警日喀则支队政治部
张　豪	男	汉	武警江孜县中队	嘉奖	2016年	武警日喀则支队政治部
汪博闻	男	汉	武警江孜县中队	嘉奖	2016年	武警日喀则支队政治部
罗　成	男	汉	武警江孜县中队	嘉奖	2016年	武警日喀则支队政治部
彭泽睿	男	汉	武警江孜县中队	嘉奖	2016年	武警日喀则支队政治部
樊　辉	男	汉	武警江孜县中队	嘉奖	2016年	武警日喀则支队政治部
孙鹏森	男	汉	武警江孜县中队	嘉奖	2016年	武警日喀则支队政治部
朱荣章	男	汉	武警江孜县中队	嘉奖	2016年	武警日喀则支队政治部
何中华	男	汉	武警江孜县中队	嘉奖	2016年	武警日喀则支队政治部
李　兵	男	汉	武警江孜县中队	嘉奖	2016年	武警日喀则支队政治部
巴　穷	男	藏	中国电信集团公司江孜电信局	2017年度优秀管理者	2016年	中国电信集团公司日喀则分公司
边巴次仁	男	藏	中国电信集团公司江孜电信局	2017年度优秀员工	2016年	中国电信集团公司日喀则分公司
尼　琼	女	藏	中国农业银行股份有限公司江孜县支行	2016年先进工作者	2016年	中国农业银行股份有限公司日喀则市分行
米玛顿珠	男	藏	中国农业银行股份有限公司江孜县支行重孜营业所	2016年先进工作者	2016年	中国农业银行股份有限公司日喀则市分行
扎　西	男	藏	中国农业银行股份有限公司江孜县支行	2016年先进工作者	2016年	中国农业银行股份有限公司日喀则市分行
次　旺	男	藏	江孜县人民武装部	三等功	2016年	西藏日喀则军分区
仓　决	男	藏	江孜县第二小学	优秀校长	2016年	日喀则市教育局

续表2

姓　名	性别	民族	工作单位	获奖名称	表彰时间	授予单位
普　穷	男	藏	江孜县第二小学	藏语文书法“优秀奖”	2016年	拉萨师范高等专科学校
巴　桑	男	藏	江孜县第一小学	模范班主任	2016年	日喀则市教委、日喀则市教育局
普布旺堆	男	藏	江孜县第一小学	优秀党务工作者	2016年	日喀则市教委、日喀则市教育局
文丹丹	女	汉	热索乡人民政府	日喀则市“优秀驻村工作队员”	2016年	日喀则市强基惠民办公室
次仁穷达	女	藏	热索乡人民政府	日喀则市“优秀驻村工作队员”	2016年	日喀则市强基惠民办公室
李金龙	男	汉	共青团江孜县委员会	年度先进工作者	2016年	中共江孜县委员会、江孜县人民政府
扎　西	男	藏	县委组织部编制办	优秀工作人员	2016年	中共江孜县委员会、江孜县人民政府
巴　珍	女	藏	县委组织部	优秀工作人员	2016年	中共江孜县委员会、江孜县人民政府
巴　顿	男	藏	县委组织部	优秀公务员	2016年	中共江孜县委员会、江孜县人民政府
邱俊才	男	汉	县委组织部	优秀公务员	2016年	中共江孜县委员会、江孜县人民政府
达　多	男	藏	江孜县扶贫（农发）办	优秀公务员	2016年	中共江孜县委员会、江孜县人民政府
索朗次仁	男	藏	江孜县安全生产监督管理局	优秀公务员	2016年	中共江孜县委员会、江孜县人民政府
赵子朴	男	汉	车仁乡人民政府	江孜县创先争优强基础惠民生活动先进驻村工作队员	2016年	中共江孜县委员会、江孜县人民政府
索朗旦增	男	藏	车仁乡人民政府	江孜县创先争优强基础惠民生活动先进驻村工作队员	2016年	中共江孜县委员会、江孜县人民政府
孙凯君	女	汉	车仁乡人民政府	江孜县创先争优强基础惠民生活动先进驻村工作队员	2016年	中共江孜县委员会、江孜县人民政府
张传伟	男	汉	车仁乡人民政府	江孜县创先争优强基础惠民生活动先进驻村工作队员	2016年	中共江孜县委员会、江孜县人民政府
达瓦央庆	女	藏	车仁乡人民政府	江孜县创先争优强基础惠民生活动先进驻村工作队员	2016年	中共江孜县委员会、江孜县人民政府
索朗白姆	女	藏	车仁乡人民政府	江孜县创先争优强基础惠民生活动先进驻村工作队员	2016年	中共江孜县委员会、江孜县人民政府
刘　莱	男	汉	车仁乡人民政府	江孜县创先争优强基础惠民生活动先进驻村工作队员	2016年	中共江孜县委员会、江孜县人民政府
边　琼	女	藏	江孜县第二小学	优秀教师	2016年	中共江孜县委员会、江孜县人民政府
拉　贵	男	藏	江孜县第一小学	优秀班主任	2016年	中共江孜县委员会、江孜县人民政府
普片多	女	藏	加克西乡	江孜县创先争优强基础惠民生活动先进驻村工作队员	2016年	中共江孜县委员会、江孜县人民政府

续表2

姓 名	性别	民族	工作单位	获奖名称	表彰时间	授予单位
索朗旦增	男	藏	江孜县教育局	先进教育工作者	2016年	中共江孜县委员会、江孜县人民政府
丹 罗	男	藏	江孜一中	优秀教育工作者	2016年	中共江孜县委员会、江孜县人民政府
巴 罗	男	藏	江孜一中	教学质量优胜奖	2016年	中共江孜县委员会、江孜县人民政府
达 仓	女	藏	江孜一中	教学质量优胜奖	2016年	中共江孜县委员会、江孜县人民政府
次旦欧珠	男	藏	江孜一中	优秀教师	2016年	中共江孜县委员会、江孜县人民政府
顿珠旺加	男	藏	江孜一中	优秀教师	2016年	中共江孜县委员会、江孜县人民政府
王 婷	女	汉	江孜一中	优秀教师	2016年	中共江孜县委员会、江孜县人民政府
巴桑吉律	男	藏	江孜一中	优秀班主任	2016年	中共江孜县委员会、江孜县人民政府
拉 顿	男	藏	江孜一中	优秀班主任	2016年	中共江孜县委员会、江孜县人民政府
罗 布	男	藏	江孜一中	优秀班主任	2016年	中共江孜县委员会、江孜县人民政府
琼 拉	男	藏	江孜一中	师德标兵	2016年	中共江孜县委员会、江孜县人民政府
巴 桑	男	藏	江孜一中	优秀校长	2016年	中共江孜县委员会、江孜县人民政府
小 旦 增	男	藏	江孜县闵行中学	优秀电教员	2016年	中共江孜县委员会、江孜县人民政府
普布扎西	男	藏	江孜县闵行中学	优秀班主任	2016年	中共江孜县委员会、江孜县人民政府
曲 珍	女	藏	江孜县闵行中学	教学质量先进个人	2016年	中共江孜县委员会、江孜县人民政府
卓 嘎	女	藏	江孜县闵行中学	教学质量先进个人	2016年	中共江孜县委员会、江孜县人民政府
次仁旺堆	男	藏	江孜县闵行中学	优秀班主任	2016年	中共江孜县委员会、江孜县人民政府
色 珍	女	藏	江孜县闵行中学	优秀教师	2016年	中共江孜县委员会、江孜县人民政府
次 片	女	藏	江孜县闵行中学	优秀教师	2016年	中共江孜县委员会、江孜县人民政府
央 宗	女	藏	江孜县闵行中学	优秀教师	2016年	中共江孜县委员会、江孜县人民政府
次 旦	女	藏	江孜县闵行中学	优秀教育工作者	2016年	中共江孜县委员会、江孜县人民政府
林 慧	女	藏	江孜县闵行中学	师德标兵	2016年	中共江孜县委员会、江孜县人民政府

续表2

姓　名	性别	民族	工作单位	获奖名称	表彰时间	授予单位
达　卓	女	藏	江孜县闵行中学	优秀班主任	2016年	中共江孜县委员会、江孜县人民政府
索朗次仁	男	藏	江孜县闵行中学	优秀党务工作者	2016年	中共江孜县委员会、江孜县人民政府
拉　贵	男	藏	江孜县第一小学	优秀班主任	2016年	中共江孜县委员会、江孜县人民政府
巴桑普尺	女	藏	江孜县第一小学	教学质量先进个人	2016年	中共江孜县委员会、江孜县人民政府
巴　旺	男	藏	江孜县第一小学	优秀少先队辅导员	2016年	中共江孜县委员会、江孜县人民政府
石达普赤	女	藏	江孜县第一小学	优秀班主任	2016年	中共江孜县委员会、江孜县人民政府
旦增卓玛	女	藏	江孜县第一小学	教学质量先进个人	2016年	中共江孜县委员会、江孜县人民政府
那木珠	女	藏	江孜县第一小学	优秀教师	2016年	中共江孜县委员会、江孜县人民政府
次　顿	男	藏	江孜县第一小学	优秀教务主任	2016年	中共江孜县委员会、江孜县人民政府
边巴片多	女	藏	江孜县第一小学	优秀支教老师	2016年	中共江孜县委员会、江孜县人民政府
顿　珠	男	藏	江孜县纳如乡完小	优秀教育财务统计员	2016年	中共江孜县委员会、江孜县人民政府
格桑顿珠	男	藏	江孜县纳如乡完小	优秀教师	2016年	中共江孜县委员会、江孜县人民政府
白　珍	女	藏	江孜县纳如乡完小	优秀少先队辅导员	2016年	中共江孜县委员会、江孜县人民政府
普　旦	男	藏	江孜县纳如乡完小	优秀支教教师	2016年	中共江孜县委员会、江孜县人民政府
尼玛曲珍	女	藏	江孜县纳如乡完小	优秀班主任	2016年	中共江孜县委员会、江孜县人民政府
旺　加	男	藏	热龙乡完小	优秀财务统计员	2016年	中共江孜县委员会、江孜县人民政府
次仁顿珠	男	藏	热龙乡完小	师德标兵	2016年	中共江孜县委员会、江孜县人民政府
琼　达	女	藏	热龙乡完小	优秀教务主任	2016年	中共江孜县委员会、江孜县人民政府
边巴拉姆	女	藏	热龙乡完小	优秀班主任	2016年	中共江孜县委员会、江孜县人民政府
拉　穷	男	藏	热龙乡完小	优秀教师	2016年	中共江孜县委员会、江孜县人民政府
巴　贵	男	藏	江孜县幼儿园	第32届教师节优秀教育工作者	2016年	中共江孜县委员会、江孜县人民政府
达　琼	女	藏	江孜县幼儿园	第32届教师节优秀教师	2016年	中共江孜县委员会、江孜县人民政府

续表2

姓　　名	性别	民族	工作单位	获奖名称	表彰时间	授予单位
次仁央珍	女	藏	江孜县幼儿园	第32届教师节优秀德育工作者	2016年	中共江孜县委员会、江孜县人民政府
大普尺	女	藏	江孜县第二小学	第32届教师节优秀班主任	2016年	中共江孜县委员会、江孜县人民政府
旦增平措	男	藏	江孜县科技局	江孜县创先争优强基础惠民生活动先进驻村工作队员	2016年	中共江孜县委员会、江孜县人民政府
旦增罗布	男	藏	龙马乡	江孜县创先争优强基础惠民生活动先进驻村工作队员	2016年	中共江孜县委员会、江孜县人民政府
郭建民	男	藏	龙马乡	江孜县创先争优强基础惠民生活动先进驻村工作队员	2016年	中共江孜县委员会、江孜县人民政府
阚长春	男	汉	龙马乡	江孜县创先争优强基础惠民生活动先进驻村工作队员	2016年	中共江孜县委员会、江孜县人民政府
穷　　吉	女	藏	龙马乡	江孜县创先争优强基础惠民生活动先进驻村工作队员	2016年	中共江孜县委员会、江孜县人民政府
扎　　央	女	藏	龙马乡	江孜县创先争优强基础惠民生活动先进驻村工作队员	2016年	中共江孜县委员会、江孜县人民政府
普　　赤	女	藏	龙马乡	江孜县创先争优强基础惠民生活动先进驻村工作队员	2016年	中共江孜县委员会、江孜县人民政府
卓玛吉	女	藏	龙马乡	江孜县创先争优强基础惠民生活动先进驻村工作队员	2016年	中共江孜县委员会、江孜县人民政府
旦　　增	男	藏	龙马乡	江孜县创先争优强基础惠民生活动先进驻村工作队员	2016年	中共江孜县委员会、江孜县人民政府
占　　堆	男	藏	龙马乡	江孜县创先争优强基础惠民生活动先进驻村工作队员	2016年	中共江孜县委员会、江孜县人民政府
确　　吉	女	藏	龙马乡	江孜县创先争优强基础惠民生活动先进驻村工作队员	2016年	中共江孜县委员会、江孜县人民政府
达娃卓玛	女	藏	江孜县旅游局	先进工作者	2016年	中共江孜县委员会，江孜县人民政府
小旦增	男	藏	江孜县闵行中学	优秀电教员	2016年	中共江孜县委员会、江孜县人民政府
普布扎西	男	藏	江孜县闵行中学	优秀班主任	2016年	中共江孜县委员会、江孜县人民政府
曲　　珍	女	藏	江孜县闵行中学	教学质量先进个人	2016年	中共江孜县委员会、江孜县人民政府
卓　　嘎	女	藏	江孜县闵行中学	教学质量先进个人	2016年	中共江孜县委员会、江孜县人民政府
次仁旺堆	男	藏	江孜县闵行中学	优秀班主任	2016年	中共江孜县委员会、江孜县人民政府
色　　珍	女	藏	江孜县闵行中学	优秀教师	2016年	中共江孜县委员会、江孜县人民政府
次　　片	女	藏	江孜县闵行中学	优秀教师	2016年	中共江孜县委员会、江孜县人民政府
央　　宗	女	藏	江孜县闵行中学	优秀教师	2016年	中共江孜县委员会、江孜县人民政府

续表2

姓名	性别	民族	工作单位	获奖名称	表彰时间	授予单位
次旦	女	藏	江孜县闵行中学	优秀教育工作者	2016年	中共江孜县委员会、江孜县人民政府
林慧	女	藏	江孜县闵行中学	师德标兵	2016年	中共江孜县委员会、江孜县人民政府
达卓	女	藏	江孜县闵行中学	优秀班主任	2016年	中共江孜县委员会、江孜县人民政府
索朗次仁	男	藏	江孜县闵行中学	优秀党务工作者	2016年	中共江孜县委员会、江孜县人民政府
边巴顿珠	男	藏	水利局	优秀公务员	2016年	中共江孜县委员会、江孜县人民政府
旦增罗布	男	藏	水利局	江孜县创先争优强基础惠民生活动先进驻村工作队员	2016年	中共江孜县委员会、江孜县人民政府
米玛次仁	男	藏	水利局	优秀公务员、县级首届歌唱大赛二等奖	2016年	中共江孜县委员会、江孜县人民政府
边巴穷达	男	藏	江孜县司法局	江孜县创先争优强基础惠民生活动先进驻村工作队员	2016年	中共江孜县委员会、江孜县人民政府
尼玛	女	藏	江孜县人民检察院	江孜县创先争优强基础惠民生活动先进驻村工作队员	2016年	中共江孜县委员会、江孜县人民政府
罗筱红	女	汉	江孜县人民检察院	江孜县创先争优强基础惠民生活动先进驻村工作队员	2016年	中共江孜县委员会、江孜县人民政府
李锦	女	汉	江孜镇人民政府	江孜县创先争优强基础惠民生活动先进驻村工作队员	2016年	中共江孜县委员会、江孜县人民政府
次仁拉姆	女	藏	江孜镇人民政府	江孜县创先争优强基础惠民生活动先进驻村工作队员	2016年	中共江孜县委员会、江孜县人民政府
乔刚	男	汉	江孜镇人民政府	江孜县创先争优强基础惠民生活动先进驻村工作队员	2016年	中共江孜县委员会、江孜县人民政府
卓嘎	女	藏	江孜镇人民政府	江孜县创先争优强基础惠民生活动先进驻村工作队员	2016年	中共江孜县委员会、江孜县人民政府
扎西卓玛（小）	女	藏	江孜镇人民政府	江孜县创先争优强基础惠民生活动先进驻村工作队员	2016年	中共江孜县委员会、江孜县人民政府
达珍	女	藏	江孜镇人民政府	江孜县创先争优强基础惠民生活动先进驻村工作队员	2016年	中共江孜县委员会、江孜县人民政府
扎西卓玛（大）	女	藏	江孜镇人民政府	县级优秀事业干部	2016年	中共江孜县委员会、江孜县人民政府
白央（小）	女	藏	江孜镇人民政府	县级优秀事业干部	2016年	中共江孜县委员会、江孜县人民政府
边片	女	藏	江孜镇人民政府	县级优秀党务工作者	2016年	中共江孜县委员会、江孜县人民政府
达旦增	男	藏	江孜镇人民政府	县级优秀党员	2016年	中共江孜县委员会、江孜县人民政府
米玛顿珠	男	藏	江孜镇人民政府	县级支教先进个人	2016年	中共江孜县委员会、江孜县人民政府
贵吉	女	藏	江孜镇人民政府	县级岗位之星	2016年	中共江孜县委员会、江孜县人民政府

续表2

姓　　名	性别	民族	工作单位	获奖名称	表彰时间	授予单位
贵　　吉	女	藏	江孜镇人民政府	县级先进工作者	2016年	中共江孜县委员会、江孜县人民政府
达瓦仓决	女	藏	卡堆乡人民政府	江孜县创先争优强基础惠民生活动先进驻村工作队员	2016年	中共江孜县委员会、江孜县人民政府
杜小龙	男	汉	卡堆乡人民政府	江孜县创先争优强基础惠民生活动先进驻村工作队员	2016年	中共江孜县委员会、江孜县人民政府
米玛普赤	女	藏	卡堆乡人民政府	江孜县创先争优强基础惠民生活动先进驻村工作队员	2016年	中共江孜县委员会、江孜县人民政府
央　　吉	女	藏	卡堆乡人民政府	江孜县创先争优强基础惠民生活动先进驻村工作队员	2016年	中共江孜县委员会、江孜县人民政府
拉巴普赤	女	藏	卡堆乡人民政府	江孜县创先争优强基础惠民生活动先进驻村工作队员	2016年	中共江孜县委员会、江孜县人民政府
扎西平措	男	藏	卡堆乡人民政府	江孜县创先争优强基础惠民生活动先进驻村工作队员	2016年	中共江孜县委员会、江孜县人民政府
普扎西	男	藏	卡堆乡人民政府	江孜县创先争优强基础惠民生活动先进驻村工作队员	2016年	中共江孜县委员会、江孜县人民政府
次仁央珍	女	藏	江孜县幼儿园	第32届教师节优秀德育工作者	2016年	中共江孜县委员会、江孜县人民政府
张桂英	女	汉	江孜县纪委（监察局）	江孜县2016年度民族团结模范个人	2016年	中共江孜县委员会 江孜县人民政府
张卫红	女	藏	江孜县委统战部	2016年民族团结进步模范个人	2016年	中共江孜县委员会、江孜县人民政府
普卓嘎	女	藏	江孜县委宣传部	优秀公务员	2016年	中共江孜县委员会、江孜县人民政府
唐建新	男	汉	江孜县委宣传部（网信办）	江孜县“岗位之星荣誉称号”，被评为优秀公务员	2016年	中共江孜县委员会、江孜县人民政府
陈琴琴	女	汉	江孜县委宣传部	江孜县创先争优强基础惠民生活动先进驻村工作队员	2016年	中共江孜县委员会、江孜县人民政府
次　　曲	男	藏	江孜县委宣传部（网信办）	江孜县优秀事业干部	2016年	中共江孜县委员会、江孜县人民政府
索　　欧	男	藏	江孜县委政法委	2016年度江孜县岗位之星	2016年	中共江孜县委员会、江孜县人民政府
米玛仓决	女	藏	江孜县委组织部	岗位之星	2016年	中共江孜县委员会、江孜县人民政府
米玛仓决	女	藏	江孜县委组织部	支教先进个人	2016年	中共江孜县委员会、江孜县人民政府
李　　钊	男	汉	达孜乡人民政府	优秀共产党员	2016年	中共江孜县委员会、江孜县人民政府
达瓦次仁	男	藏	江孜县藏改乡完小	优秀班主任	2016年	中共江孜县委、江孜县人民政府
索朗曲珍	女	藏	紫金乡	江孜县创先争优强基础惠民生活动先进驻村工作队员	2016年	中共江孜县委员会、江孜县人民政府
达娃奴布	男	藏	紫金乡	江孜县创先争优强基础惠民生活动先进驻村工作队员	2016年	中共江孜县委员会、江孜县人民政府

续表2

姓　　名	性别	民族	工作单位	获奖名称	表彰时间	授予单位
次仁巴姆	女	藏	紫金乡	江孜县创先争优强基础惠民生活动先进驻村工作队员	2016年	中共江孜县委员会、江孜县人民政府
次仁普赤	女	藏	紫金乡	江孜县创先争优强基础惠民生活动先进驻村工作队员	2016年	中共江孜县委员会、江孜县人民政府
尼　　欧	男	藏	江孜县藏改乡完小	优秀教务主任	2016年	中共江孜县委员会、江孜县人民政府
边　　琼	女	藏	江孜县第二小学	第32届教师节优秀教师	2016年	中共江孜县委员会、江孜县人民政府
次　　曲	女	藏	日星乡	江孜县创先争优强基础惠民生活动先进驻村工作队员	2016年	中共江孜县委员会、江孜县人民政府
洛　　桑	女	藏	日星乡	江孜县创先争优强基础惠民生活动先进驻村工作队员	2016年	中共江孜县委员会、江孜县人民政府
米　　玛	男	藏	日星乡	江孜县创先争优强基础惠民生活动先进驻村工作队员	2016年	中共江孜县委员会、江孜县人民政府
普　　琼	男	藏	日星乡	江孜县创先争优强基础惠民生活动先进驻村工作队员	2016年	中共江孜县委员会、江孜县人民政府
扎西卓嘎	女	藏	日星乡	江孜县创先争优强基础惠民生活动先进驻村工作队员	2016年	中共江孜县委员会、江孜县人民政府
巴桑罗布	男	藏	江孜县人社局	江孜县创先争优强基础惠民生活动先进驻村工作队员	2016年	中共江孜县委员会、江孜县人民政府
达瓦次仁	男	藏	热龙乡人民政府	江孜县创先争优强基础惠民生活动先进驻村工作队员	2016年	中共江孜县委员会、江孜县人民政府
尼玛土旦	男	藏	热龙乡人民政府	江孜县创先争优强基础惠民生活动先进驻村工作队员	2016年	中共江孜县委员会、江孜县人民政府
贡嘎曲扎	男	藏	日朗乡人民政府	江孜县创先争优强基础惠民生活动先进驻村工作队员	2016年	中共江孜县委员会、江孜县人民政府
登真程林	男	藏	热龙乡人民政府	江孜县创先争优强基础惠民生活动先进驻村工作队员	2016年	中共江孜县委员会、江孜县人民政府
洛　　追	男	藏	江孜县工商行政管理局	江孜县创先争优强基础惠民生活动先进驻村工作队员	2016年	中共江孜县委员会、江孜县人民政府
索朗卓玛	女	藏	达孜乡人民政府	江孜县创先争优强基础惠民生活动先进驻村工作队员	2016年	中共江孜县委员会、江孜县人民政府
呼 海 瑞	男	汉	达孜乡人民政府	江孜县创先争优强基础惠民生活动先进驻村工作队员	2016年	中共江孜县委员会、江孜县人民政府
拉巴仓决	女	藏	江孜县第一中学	岗位之星	2016年	中共江孜县委员会、江孜县人民政府
次旦卓嘎	女	藏	江热乡人民政府	江孜县创先争优强基础惠民生活动先进驻村工作队员	2016年	中共江孜县委员会、江孜县人民政府
达瓦央庆	女	藏	车仁乡人民政府	优秀公务员	2016年	中共江孜县委员会
张 书 林	男	汉	江孜镇人民政府	优秀公务员	2016年	中共江孜县委员会

续表2

姓　　名	性别	民族	工作单位	获奖名称	表彰时间	授予单位
边　　片	女	藏	江孜镇人民政府	优秀公务员	2016年	中共江孜县委员会
刘文娟	女	汉	江孜镇人民政府	优秀公务员	2016年	中共江孜县委员会
宋　　强	男	汉	江孜县人民法院	优秀公务员	2016年	中共江孜县委员会
边巴卓玛	女	藏	江孜县人民法院	优秀公务员	2016年	中共江孜县委员会
贵　　吉	女	藏	江孜镇人民政府	优秀公务员	2016年	中共江孜县委员会
次旦卓嘎	女	藏	江孜镇人民政府	优秀公务员	2016年	中共江孜县委员会
次旦多吉	男	藏	江孜镇人民政府	优秀公务员	2016年	中共江孜县委员会
达　　桑	男	藏	江热乡人民政府	优秀公务员	2016年	中共江孜县委员会
次旦卓嘎	女	藏	江热乡人民政府	优秀公务员	2016年	中共江孜县委员会
旺　　旦	男	藏	江孜县委政法委	优秀公务员	2016年	中共江孜县委员会
李发荣	男	汉	江孜县委政法委	优秀公务员	2016年	中共江孜县委员会
单增索朗	男	藏	江孜县委政法委	优秀公务员	2016年	中共江孜县委员会
尼玛扎西	男	藏	县委组织部	优秀公务员	2016年	中共江孜县委员会
党高明	男	汉	县委组织部	优秀公务员	2016年	中共江孜县委员会
张金飞	男	汉	县委组织部	优秀公务员	2016年	中共江孜县委员会
达　　仓	女	藏	江孜县委组织部	优秀公务员	2016年	中共江孜县委员会
黄崇伟	男	汉	江孜县委组织部	优秀公务员	2016年	中共江孜县委员会
黄维伟	男	汉	紫金乡	优秀公务员	2016年	中共江孜县委员会
米玛卓玛	女	藏	紫金乡	优秀公务员	2016年	中共江孜县委员会
杨　　洋	女	汉	紫金乡	优秀公务员	2016年	中共江孜县委员会
张静心	女	满	江孜县国土资源局	优秀公务员	2016年	中共江孜县委员会
多吉桑布	男	藏	江孜县国土资源局	优秀公务员	2016年	中共江孜县委员会
孔金秋	男	汉	江孜县商务局	优秀公务员	2016年	中共江孜县委员会
王洪亮	男	汉	纳如乡	优秀公务员	2016年	中共江孜县委员会

续表2

姓　名	性别	民族	工作单位	获奖名称	表彰时间	授予单位
李周敏	男	汉	纳如乡	优秀公务员	2016年	中共江孜县委员会
格桑央珍	女	藏	重孜乡	江孜县优秀党务工作者	2016年	中共江孜县委员会
孟　岩	男	汉	江孜县住建局	2016年优秀公务员	2016年	中共江孜县委员会
达　贵	男	藏	江孜县农牧局	优秀公务员	2016年	中共江孜县委员会
吴晓静	女	汉	江孜县人大常委会办公室	优秀公务员	2016年	中共江孜县委员会
辜建锋	男	汉	江孜县人大常委会	优秀公务员	2016年	中共江孜县委员会
格　桑	女	藏	江孜县人民法院	江孜县优秀共产党员	2016年	中共江孜县委员会
胡赛尼	男	回	江孜县人民法院	个人三等功	2016年	中共江孜县委员会
白玛德吉	女	藏	江孜县民政局	优秀公务员	2016年	中共江孜县委员会
达　珍	女	藏	江孜县民政局	优秀工作者	2016年	中共江孜县委员会
次仁顿珠	男	藏	江孜县民政局	优秀公务员	2016年	中共江孜县委员会
白玛曲珍	女	藏	江孜县民族宗教事务局	2015—2016年度优秀党务工作者	2016年	中共江孜县委员会
尼玛卓嘎	女	藏	江孜县民族宗教事务局	优秀公务员	2016年	中共江孜县委员会
次　珍	女	藏	卡堆乡人民政府	江孜县优秀共产党员	2016年	中共江孜县委员会
普布桑珠	男	藏	共青团江孜县委员会	优秀公务员	2016年	中共江孜县委员会
旦　确	男	藏	江孜县公安局白居派出所	优秀党务工作者	2016年	中共江孜县委员会
旦　增	男	藏	江孜县公安局日朗乡派出所	优秀党员	2016年	中共江孜县委员会
达　旺	男	藏	江孜县工商行政管理局	优秀党员	2016年	中共江孜县委员会
索朗旺久	男	藏	车仁乡人民政府	优秀公务员	2016年	中共江孜县委员会
张传伟	男	汉	车仁乡人民政府	优秀公务员	2016年	中共江孜县委员会
多吉次仁	男	藏	江孜县国家税务局	优秀共产党	2016年	中共江孜县委员会
次　顿	男	藏	江孜县江热乡	优秀党员	2016年	中共江孜县委员会
次　顿	男	藏	江孜县江热乡	岗位之星	2016年	中共江孜县委员会

续表2

姓　　名	性别	民族	工作单位	获奖名称	表彰时间	授予单位
王　　瑞	女	汉	江孜高级中学	第32届教师节教学质量先进个人	2016年	中共江孜县委员会
德庆旺姆	女	藏	江孜高级中学	第32届教师节优秀教师	2016年	中共江孜县委员会
次仁旺姆	女	藏	江孜高级中学	第32届教师节优秀教师	2016年	中共江孜县委员会
次　　平	男	藏	江孜高级中学	优秀班主任	2016年	中共江孜县委员会
阿旺赤列	男	藏	江孜高级中学	优秀班主任	2016年	中共江孜县委员会
美次仁卓嘎	女	藏	江孜高级中学	江孜县第32届教师节优秀德育工作者	2016年	中共江孜县委员会
胡伟强	男	汉	江孜高级中学	民族团结先进个人	2016年	中共江孜县委员会
赤列群宗	女	藏	江孜高级中学	第32届教师节教学质量先进个人	2016年	中共江孜县委员会
彭发钺	男	汉	康卓乡	江孜县优秀党务工作者	2016年	中共江孜县委员会
彭发钺	男	汉	康卓乡	优秀公务员	2016年	中共江孜县委员会
马洪静	女	回	达孜乡人民政府	优秀公务员	2016年	中共江孜县委员会
白　　珍	女	藏	龙马乡	优秀党员	2016年	中共江孜县委员会
扎　　央	女	藏	龙马乡	优秀党务工作者	2016年	中共江孜县委员会
邰巍巍	男	汉	藏改乡人民政府	优秀公务员	2016年	中共江孜县委员会
曾　　毅	男	汉	江孜县文广局	优秀公务员	2016年	中共江孜县委员会
刘　　飞	男	汉	卡麦乡人民政府	优秀公务员	2016年	中共江孜县委员会
米玛措姆	女	藏	卡麦乡人民政府	优秀公务员	2016年	中共江孜县委员会
曲　　宗	女	藏	江孜县科技局	优秀公务员	2016年	中共江孜县委员会
胡嘉栋	男	汉	江孜县公安局指挥中心	优秀公务员	2016年	中共江孜县委员会
边巴扎西	男	藏	江孜县公安局办公室	优秀公务员	2016年	中共江孜县委员会
王　　刚	男	汉	江孜县公安局办公室	优秀公务员	2016年	中共江孜县委员会
普布顿珠	男	藏	江孜县公安局督察大队	优秀公务员	2016年	中共江孜县委员会
程　　辉	男	汉	江孜县公安局网安大队	优秀公务员	2016年	中共江孜县委员会

续表2

姓　　名	性别	民族	工作单位	获奖名称	表彰时间	授予单位
养　　确	男	藏	江孜县公安局国保大队	优秀公务员	2016年	中共江孜县委员会
扎　　西	男	藏	江孜县公安局情报中心	优秀公务员	2016年	中共江孜县委员会
李会坡	男	汉	江孜县公安局出入境管理大队	优秀公务员	2016年	中共江孜县委员会
多吉次仁	男	藏	江孜县公安局治安大队	优秀公务员	2016年	中共江孜县委员会
张建平	男	汉	江孜县公安局刑侦大队	优秀公务员	2016年	中共江孜县委员会
李　　程	男	汉	江孜县公安局特警大队	优秀公务员	2016年	中共江孜县委员会
多吉次仁	男	藏	江孜县公安局特警大队	优秀公务员	2016年	中共江孜县委员会
何　　磊	男	汉	江孜县公安局特警大队	优秀公务员	2016年	中共江孜县委员会
白海宝	男	汉	江孜县公安局交警大队	优秀公务员	2016年	中共江孜县委员会
杨　　慧	女	汉	江孜县公安局交警大队	优秀公务员	2016年	中共江孜县委员会
旦真多吉	男	藏	江孜县公安局交警大队	优秀公务员	2016年	中共江孜县委员会
旦增次仁	男	藏	江孜县公安局城关派出所	优秀公务员	2016年	中共江孜县委员会
多吉顿珠	男	藏	江孜县公安局冲萨林派出所	优秀公务员	2016年	中共江孜县委员会
侯　　松	男	汉	江孜县公安局重孜乡派出所	优秀公务员	2016年	中共江孜县委员会
吴建勇	男	汉	江孜县公安局紫金乡派出所	优秀公务员	2016年	中共江孜县委员会
尼玛次仁	男	藏	江孜县公安局达孜乡派出所	优秀公务员	2016年	中共江孜县委员会
扎　　西	男	藏	江孜县公安局卡堆乡派出所	优秀公务员	2016年	中共江孜县委员会
旦增奴布	男	藏	江孜县公安局热索乡派出所	优秀公务员	2016年	中共江孜县委员会
旦　　巴	男	藏	江孜县公安局日星乡派出所	优秀公务员	2016年	中共江孜县委员会
旦增顿珠	男	藏	江孜县公安局江热乡派出所	优秀公务员	2016年	中共江孜县委员会
达娃罗布	男	藏	江孜县公安局车仁乡派出所	优秀公务员	2016年	中共江孜县委员会
彭　　州	男	汉	江孜县公安局热龙乡派出所	优秀公务员	2016年	中共江孜县委员会
张振明	男	汉	江孜县公安局日朗乡派出所	优秀公务员	2016年	中共江孜县委员会
曲　　久	男	藏	江孜县公安局藏改乡派出所	优秀公务员	2016年	中共江孜县委员会

续表2

姓　　名	性别	民族	工作单位	获奖名称	表彰时间	授予单位
杰久扎西	男	藏	江孜县公安局卡麦乡派出所	优秀公务员	2016年	中共江孜县委员会
白玛旦增	男	藏	江孜县公安局纳如乡派出所	优秀公务员	2016年	中共江孜县委员会
黄宇贵	男	壮	江孜县公安局看守所	优秀公务员	2016年	中共江孜县委员会
王应飞	男	汉	江孜县公安局客运站便民警务站	优秀公务员	2016年	中共江孜县委员会
洛桑扎西	男	藏	江孜县公安局客运站便民警务站	优秀公务员	2016年	中共江孜县委员会
嘎玛占堆	男	藏	江孜县公安局江嘎便民警务站	优秀公务员	2016年	中共江孜县委员会
周　　阳	男	汉	江孜县公安局江嘎便民警务站	优秀公务员	2016年	中共江孜县委员会
达瓦顿珠	男	藏	江孜县公安局宗堆便民警务站	优秀公务员	2016年	中共江孜县委员会
贡　　布	男	藏	江孜县公安局宗堆便民警务站	优秀公务员	2016年	中共江孜县委员会
何　　伟	男	汉	江孜县公安局广场便民警务站	优秀公务员	2016年	中共江孜县委员会
普　　琼	男	藏	江孜县公安局广场便民警务站	优秀公务员	2016年	中共江孜县委员会
旦　　增	男	藏	江孜县公安局西郊便民警务站	优秀公务员	2016年	中共江孜县委员会
杨修贤	男	汉	江孜县公安局西郊便民警务站	优秀公务员	2016年	中共江孜县委员会
洛桑仁青	男	藏	江孜县公安局东郊一级公安检查站	优秀公务员	2016年	中共江孜县委员会
许贵斌	男	汉	江孜县公安局东郊一级公安检查站	优秀公务员	2016年	中共江孜县委员会
拉巴次仁	男	藏	江孜县公安局东郊一级公安检查站	优秀公务员	2016年	中共江孜县委员会
琼达次仁	男	藏	江孜县公安局	优秀公务员	2016年	中共江孜县委员会
卓　　桑	男	藏	江孜县公安局	优秀公务员	2016年	中共江孜县委员会
朱海峰	男	汉	江孜县交通运输局	优秀公务员	2016年	中共江孜县委员会
旦增普尺	女	藏	江孜县交通运输局	优秀公务员	2016年	中共江孜县委员会
格桑扎西	男	藏	江孜县公安局白居派出所	优秀公务员	2016年	中共江孜县委员会

续表2

姓名	性别	民族	工作单位	获奖名称	表彰时间	授予单位
边琼	男	藏	日朗乡人民政府	江孜县2016年度先进党务工作者	2016年	江孜县人民政府
扎西	男	藏	中国农业银行股份有限公司江孜县支行	2016年民族团结先进工作者	2016年	江孜县人民政府
边巴顿珠	男	藏	江孜县广播影视服务站	2016年度优秀工作人员	2016年	江孜县人民政府
米玛次仁	男	藏	江孜县广播影视服务站	2016年度优秀工作人员	2016年	江孜县人民政府
朗杰	男	藏	江孜县文化艺术馆	2016年度优秀工作人员	2016年	江孜县人民政府
央金	女	藏	藏改乡人民政府	优秀事业干部	2016年	江孜县人民政府
朗赛	男	藏	江孜县江热乡完小	优秀班主任	2016年	江孜县人民政府
次顿	男	藏	江孜县江热乡完小	成绩优胜者	2016年	江孜县人民政府
拉姆	女	藏	江孜县江热乡完小	成绩优胜者	2016年	江孜县人民政府
普琼扎西	男	藏	金嘎完小	优秀统计会计员	2016年	江孜县人民政府
加央	男	藏	金嘎完小	师德标兵	2016年	江孜县人民政府
达仓	女	藏	金嘎完小	优秀教育工作者	2016年	江孜县人民政府
多吉次仁	男	藏	金嘎完小	优秀电教员	2016年	江孜县人民政府
索朗次仁	男	藏	金嘎完小	教学质量先进个人奖	2016年	江孜县人民政府
巴桑卓嘎	女	藏	金嘎完小	优秀班主任	2016年	江孜县人民政府
卓嘎	女	藏	卡堆乡完小	优秀班主任	2016年	江孜县人民政府
拉顿	男	藏	卡堆乡完小	优秀教师	2016年	江孜县人民政府
米珍	女	藏	卡堆乡完小	教学质量个人奖	2016年	江孜县人民政府
旦增卓玛	女	藏	卡堆乡完小	优秀少先队辅导员	2016年	江孜县人民政府
达瓦平措	男	藏	卡堆乡完小	优秀教育工作者	2016年	江孜县人民政府
边琼	男	藏	卡堆乡完小	师德标兵	2016年	江孜县人民政府
旦巴	男	藏	卡堆乡完小	优秀教务	2016年	江孜县人民政府
次仁片多	女	藏	卡堆乡完小	优秀班主任	2016年	江孜县人民政府

续表2

姓　　名	性别	民族	工作单位	获奖名称	表彰时间	授予单位
多吉晋美	男	藏	卡麦乡完小	优秀班主任	2016年	江孜县人民政府
次仁卓嘎	女	藏	卡麦乡完小	师德标兵	2016年	江孜县人民政府
达　　仓	女	藏	卡麦乡完小	优秀教师	2016年	江孜县人民政府
尼玛吉律	男	藏	卡麦乡完小	优秀少先队辅导员	2016年	江孜县人民政府
拉　　平	男	藏	卡麦乡完小	优秀教务主任	2016年	江孜县人民政府
桑　　珠	男	藏	康卓乡完小	优秀校长	2016年	江孜县人民政府
措赤巴姆	女	藏	康卓乡完小	优秀德育工作者	2016年	江孜县人民政府
桑珠次仁	男	藏	康卓乡完小	优秀少先队辅导员	2016年	江孜县人民政府
阿　　琼	男	藏	康卓乡完小	优秀班主任	2016年	江孜县人民政府
拉　　平	男	藏	康卓乡完小	优秀教师	2016年	江孜县人民政府
德吉央宗	女	藏	康卓乡完小	优秀教师	2016年	江孜县人民政府
边　　琼	男	藏	龙马完小	优秀少对辅导员	2016年	江孜县人民政府
郭　　杰	男	藏	龙马完小	优秀教师	2016年	江孜县人民政府
普　　旦	男	藏	龙马完小	优秀支教教师	2016年	江孜县人民政府
吉　　律	男	藏	车仁乡完小	优秀教师	2016年	江孜县人民政府
达　　瓦	男	藏	车仁乡加麦幼儿园	优秀学前教师	2016年	江孜县人民政府
顿　　珠	男	藏	车仁乡完小	优秀班主任	2016年	江孜县人民政府
巴　　平	男	藏	达孜乡完小	优秀教师	2016年	江孜县人民政府
加　　布	男	藏	江孜县重孜乡完小	优秀校长	2016年	江孜县人民政府
普布扎西	男	藏	江孜县重孜乡完小	教坛新秀	2016年	江孜县人民政府
边　　确	女	藏	江孜县重孜乡完小	优秀教学质量奖	2016年	江孜县人民政府
次吉拉姆	女	藏	江孜县重孜乡完小	优秀班主任	2016年	江孜县人民政府
白玛康卓	女	藏	江孜县重孜乡完小	优秀教师	2016年	江孜县人民政府
贡确加措	男	藏	江孜县重孜乡完小	先进工作者	2016年	江孜县人民政府

续表2

姓　名	性别	民族	工作单位	获奖名称	表彰时间	授予单位
落桑欧珠	男	藏	江孜县重孜乡完小	优秀班主任	2016年	江孜县人民政府
旺　金	男	藏	紫金乡完小	优秀班主任	2016年	江孜县人民政府
索　次	男	藏	紫金乡完小	优秀校长	2016年	江孜县人民政府
白玛旺加	男	藏	紫金乡完小	德育先进个人工作	2016年	江孜县人民政府
琼　达	女	藏	紫金乡完小	成绩优秀奖	2016年	江孜县人民政府
扎　琼	女	藏	紫金乡完小	优秀教师	2016年	江孜县人民政府
潘　多	女	藏	紫金乡完小	优秀少先队辅导员	2016年	江孜县人民政府
参木啦	女	藏	达孜乡完小	优秀班主任	2016年	江孜县人民政府
次　珍	女	藏	达孜乡完小	教师新秀	2016年	江孜县人民政府
穷　吉	女	藏	达孜乡完小	优秀教师	2016年	江孜县人民政府
次　央	女	藏	达孜乡完小	优秀支教	2016年	江孜县人民政府
塔　杰	男	藏	江孜县热索乡完小	优秀教育工作者	2016年	江孜县人民政府
次仁卓玛	女	藏	江孜县热索乡完小	优秀班主任	2016年	江孜县人民政府
德　吉	女	藏	江孜县热索乡完小	师德标兵	2016年	江孜县人民政府
央金卓嘎	女	藏	江孜县热索乡完小	优秀教师	2016年	江孜县人民政府
其美卓玛	女	藏	江孜县热索乡完小	教坛新秀	2016年	江孜县人民政府
普　扎	男	藏	日星完小	优秀班主任	2016年	江孜县人民政府
达娃多吉	男	藏	日星完小	师德标兵	2016年	江孜县人民政府
次仁顿珠	男	藏	日星完小	优秀教师	2016年	江孜县人民政府
边巴次仁	男	藏	江孜县公安局	优秀公务员	2016年	江孜县人民政府

说明：由于各单位资料提供不全，可能有遗漏

把握新常态　抢抓新机遇　创造新辉煌　全面开启江孜经济社会跨越式发展新征程

——在中国共产党江孜县第九次代表大会上的报告

2016年8月30日

白　玛

中国共产党江孜县第九次代表大会，是江孜县在全面实施“十三五”规划，深化体制机制改革，加快转变政府职能，加强精准扶贫攻坚，全面建成小康社会关键时期召开的一次承前启后、继往开来的重要会议。大会的主要任务是：回顾总结过去五年工作取得的主要成绩和经验，确定今后五年的奋斗目标，选举产生新一届县委和县纪委，动员全县党员干部和人民群众把握新常态、抢抓新机遇、创造新辉煌，全面开启江孜经济社会跨越式发展新征程，全面加强党的建设和执政能力建设，为推进江孜持续健康发展和长治久安、加快全面建成小康社会步伐而努力奋斗。

总结回顾过去五年的工作

中国共产党江孜县第八次代表大会以来的五年，是我们在探索科学发展道路不断前进的五年，是江孜经济社会发展水平明显提高、人民生活明显改善、对外形象明显提升的五年。五年来，全县各级党组织全面贯彻落实中共十八大、十八届三中、四中、五中全会精神和中央第五次、六次西藏工作座谈会精神，贯彻落实习近平总书记系列重要讲话精神，特别是治国必治边、治边先稳藏的重要战略思想和“加强民族团结、建设美丽西藏”的重要指示，贯彻落实“四个全面”战略布局，贯彻落实党的治藏方略，贯彻落实依法治藏、富民兴藏、长期建藏、凝聚人心、夯实基础的重要原则，按照区党委和市委的指示精神和工作要求，江孜县圆满完成了中国共产党江孜县第八次代表大会提出的目标任务。

五年来，我们成功举办了西藏和平解放60周年，西藏自治区成立50周年相关庆祝活动和江孜抗英110周年纪念活动，认真总结了援藏20年以来取得的辉煌成就，扎实开展了党的群众路线教育实践活动和“三严三实”专题教育活动，团结带领全县各族干部群众，扎实做好改革发展稳定各项工作，不断推动文化繁荣，切实促进宗教和睦，着力加强生态保护，全面加强党的建设，坚定不移地走中国特色、西藏特点、符合江孜实际的发展路子。江孜进入了历史上发展稳定最好的时期，在推进跨越式发展和长治久安的征程中迈出了坚定的步伐，为实现全面建成小康社会奠定了坚实基础。

过去的五年，是经济实力稳步提升、城乡面貌明显改善的五年。县委始终坚持以项目建设为龙头，把稳增长与调结构、促改革、惠民生、抓稳定紧密结合起来，努力实现速度与结构、质量相统一，推动县域经济逐步走上科学发展轨道。综合实力跃上新台阶，2015年全县生产总值达到17.08亿元，完成地方财政收入3075万元，农牧民人均纯收入达到9850.71元，分别为2010年的1.8倍、2.1倍、1.9倍，年均分别增长15.2%、22.2%、18.9%，三次产业结构由2010年的22：14：64调整为2015年19：14：67，第三产业增长步伐明显加快。五年来，完成社会固定资产投资29.92亿元，是“十一五”期间的1.8倍，社会消费品零售总额达到4.21亿元，累计粮油产量6.9亿斤，“红河谷”现代农业科技示范区建成，农业机械化率达到65%以上。五年来累计接待游客68.5万人次，实现旅游收入1.52亿元，原生态实景剧《江孜印迹》上映。民族手工业逐步形成了“公司+合作组织+农户”的特色手工业发展模式，有效地拓宽了农牧民群众增收渠道。城乡面貌焕然一新，农牧区生产、生活条件大幅度改善，人民群众安居乐业，农田水利重点项目顺利竣工；“八到农家”工程深入推进；新型城镇化建设扎实推进，城镇化率达32%。援藏成效显著，上海第六、七批援藏干部江孜小组共投入资金2.64亿元，实施援藏项目61个，其中第七批援藏干部江孜小组就实施援藏项目36个，合计投入援藏资金1.55亿元，为江孜经济社会发展注入了新活力。

过去的五年，是创新社会管理机制、保持社会和谐稳定的五年。县委始终坚持稳定压倒一切，把维护稳定作为硬任务和第一责任，高度警惕、警钟长鸣，多措并举、综合施策，不断创新社会管理机制、提高社会治理能力，贯彻落实十项维稳措施，保持了全县社会大局和谐稳定。先后选派优秀干部扎实开展强基惠民驻村工作2880人次，实现干部驻村全覆盖；干部驻寺工作深入推进，“六建”“九有”等一系列利寺惠僧政策得到全面落实，寺庙管理长效机制逐步完善；认真落实区、市两级关于维稳工作的决策部署，建立健全党政军警民协调联动维稳工作机制；不断加强和创新社会治理，巩固深化城镇网格化管理，建立联户单位1583个，创新推出了双联户“333”创建评选机制，实现创评工作全覆盖；“六五”普法稳步推进；信访工作不断加强，群众来访办结率达到97%以上。安全生产事故起数和死亡人数实现“双下降”，连续五年无一起重特大安全事故；狠抓维稳工作长效机制建设，平安江孜建设取得重大进展。

过去的五年，是人民生活明显提升、民计民生持续改善的五年。县委始终坚持把改善民生、凝聚人心作为经济社会发展的出发点和落脚点，着力办好民生十件实事，努力解决人民群众最直接、最现实的利益问题。“十二五”期间共落实民生资金20.75亿元，不断促进社会各项事业全面进步。教育基础设施项目建设取得重大进展，城乡办学条件得到了明显改善；入学率逐年提升，中小学教育质量跃居全市前列；新型农村合作医疗政策全面落实，城乡居民、在编僧尼免费体检政策大力实施，先心病儿童、髋关节脱位患儿得到免费救治；实现每个行政村配备2名自治区级科技特派员；完成了乡（镇）综合文化活动站建设，农家（寺庙）书屋、“户户通”广播电视全覆盖；五大保险城乡覆盖率达100%；转移农村富余劳动力逐年增多；城乡低保工作实现“应保尽保”“双集中”供养工作稳步推进，各项救助工作扎实有效；累计实现绿化造林和防沙治沙3.65万亩，成功申报3个自治区生态村，县城环卫作业实现第三方托管运营，环境监管执法力度进一步加大，2014年、2015年全县环保工作被自治区评为“良好”“优秀”等次。连续两年筹措资金4005万元，相继实施了“八件实事”和“十件实事”民生工程。

过去的五年，是贯彻民族宗教政策、民族团结不断巩固的五年。县委始终坚持把维护祖国统一，加强民族团结作为江孜县各项工作的着眼点和落脚点，努力创建民族团结模范县。全面贯彻落实党的民族宗教政策，尊重民族风俗，坚持和完善民族区域自治制度，围绕西藏百万农奴解放纪念日、西藏和平解放60周年，自治区成立50周年，江孜抗英110周年纪念活动，广泛开展民族团结教育和民族团结进步创建活动；大力表彰民族团结进步模范，先后召开9次创建评选活动，共评选县级和谐模范寺庙80座、爱国守法先进僧尼2068名；市级和谐模范寺庙31座、爱国守法先进僧尼1217名；自治区级和谐模范寺庙7座、爱国守法先进僧尼556名。2011年以来，共表彰了47个模范集体和68名模范个人；2014年县人民政府被评为全国民族团结进步先进集体；各民族共同团结奋斗、共同繁荣发展的主题深入人心，各民族和睦相处、和衷共济、和谐发展的局面不断巩固。

过去的五年，是扎实推进党的建设、密切党群干群关系的五年。县委始终坚持围绕经济抓党建，不断增强各级党组织的凝聚力、战斗力和号召力，在全县上下形成了风正、气顺、心齐、劲足的良好氛围。先后深入开展党的群众路线教育实践活动和“三严三实”专题教育活动，为群众办实事好事2985件，解决群众困难4250余件，实施惠民工程320多项，赢得了群众的满意和赞同。大力推进基层组织建设，深入开展了社区“十联十促两发挥”活动、“六心”工程、“双十星”及“红旗党组织”创建、一村一品、领头雁工程等工作成效显著。五年来，共推荐提拔县级领导29人，正科级干部142人，副科级干部215人。实现19个乡（镇）党政正职“一藏一汉”配备，选派149名村（居）党支部第一书记。党员总数达到4508名。五年共发展党员1106名，农牧民党员占总数65.4%。老干部工作不断加强，党对工会、共青团、妇联等人民团体和群众团体的领导进一步完善。党风廉政建设成效显著，反腐败斗争深入开展。中央“八项规定”和区党委“约法十章”得到坚决贯彻，2015年政府“三公经费”支出950万元，比2011年减少405.1万元，年均减少10.7%。

同志们，成绩来之不易，经验尤为宝贵。这是中央英明决策，区党委、市委坚强领导的结果，是全国人民特别是上海市真诚关心、无私援助的结果，是驻军部队、武警官兵积极参与、鼎力支持的结果，是全县各级党组织、广大党员干部和人民群众同心同德、艰苦奋斗的结果，也得益于历届县委班子打下的良好基础和社会各界人士的关心支持。在此，我代表中共江孜县委第八届委员会，向所有为江孜改革发展稳定做出重要贡献的各级党政组织、社会各界人士、各条战线的同志和全体援藏干部表示衷心的感谢！向广大驻军部队、武警官兵和政法干警致以崇高的敬意！

过去五年的历程，是一部砥砺奋斗、锐意进取的拼搏史，是一部攻坚克难、团结前进的创业史。五年的生动实践，给我们以深刻的启示：必须坚决在政治上思想上行动上与党中央、区党委保持高度一致，坚持加强和改进党的领导，执政为民，科学执政，充分发挥基层党组织的战斗堡垒作用和共产党员的先锋模范作用，团结依靠广大人民群众，形成和衷共济、共谋发展的强大合力。必须坚持发展第一要务，把新型旅游业作为引导县域经济发展的第一推动力，把新型城镇化作为发展县域经济的第一载体，把农业现代化作为发展县域经济的第一基础，把改善民生作为发展县域经济的第一目标，努力把江孜打造成为日喀则市东部经济发展中心。必须坚持以人为本，把造福农牧民群众作为最高的追求，正确处理“强县”与“惠民”的关系，做到决策坚持民生首选，支出坚持民生首位，工作坚持民生首要，努力解决好人民群众最关心最现实最直接的利益问题。必须全面贯彻落实党的统战民族宗教政策，推动各民族和睦相处、和衷共济、和谐发展。必须坚持改进作风，实干兴业，不折不扣地把中央、区党委、市委各项决策部署落到实处。这些经验是指导我们工作实践的宝贵财富，必须一以贯之地继承和发扬。

五年的巨大进步，极大鼓舞我们。但是，由于县域经济总量不大、结构不优、速度不快、后劲不足的现状还没有从根本上改变；发展方式比较粗放，瓶颈制约因素较多，在加快发展中实现经济转型压力很大；少数党员干部的理想信念、思想观念、工作作风和领导方式和新形势的要求还不相适应，一些影响社会稳定的潜在因素仍然存在。因此，要巩固来之不易的大好形势，在高起点上实现跨越发展，在新形势下实现长治久安，我们必须加倍努力、艰苦奋斗，并以这次会议精神统揽全局，创造性地做好各项工作。

今后五年的奋斗目标和主要任务

站在新的历史起点上，迫切需要我们认清形

势、科学统筹、以更加宽广的视野谋划未来，以更加科学的理念指导实践，以更加有力的举措推动跨越，以更加坚强的保障砥砺前行，向更加宏伟的目标阔步迈进。

今后五年，江孜县工作的指导思想是：始终高举中国特色社会主义伟大旗帜，以邓小平理论、“三个代表”重要思想、科学发展观为指导，深入贯彻落实中共十八大、十八届三中、四中、五中全会精神和中央第六次西藏工作座谈会精神，坚持“创新、协调、绿色、开放、共享”五大发展理念，以全面建成小康社会为目标，以促进科学发展、全面深化改革、加强精准扶贫、推进依法治县为重点，以改进工作作风、密切党群干群关系为可靠保证，立足新起点，发挥新优势，为确保全县经济发展、社会和谐、民生改善、民族团结、宗教和睦、文化繁荣、生态良好、党建加强而努力奋斗。

今后五年，我们的奋斗目标是：充分发挥农牧业基础扎实和历史文化资源丰富这两大优势，做大做强特色产业，大力发展城乡经济，全力推动文化旅游产业发展。到2020年，产业结构调整科学，建立起比较完善的县域经济体系，经济运作质量进一步提高，县域经济综合实力进一步增强，城乡面貌进一步改善，社会事业进一步发展，人民生活水平进一步提高，生态环境进一步改善，基础设施建设取得重大进展，各项改革全面深化，各民族团结和睦，社会持续稳定，党的建设全面加强。全县生产总值年均增长13%以上，社会固定资产投资年均增长18%以上，地方一般性公共预算收入年均增长15%以上，社会消费品零售总额增长17%以上，农牧民人均纯收入平均增长12%以上，确保到2020年同全国一道实现全面建成小康社会的宏伟目标。

为实现这一目标，全县各级党组织一定要集中全县各族人民的智慧和力量，努力做好以下工作：

（一）优化布局，加快产业发展，全力打造实力江孜，确保经济实力跃上新台阶

发展和壮大县域经济，必须以现代农业为基础，以科技创新为根本，以文化旅游产业为依托，以壮大企业经济规模为突破，以招商引资为抓手，大力发展优势产业和带动力强的龙头企业，不断增强县域经济整体实力。

——*发挥农牧基础优势，推动现代农牧业长足进步*。农牧业是江孜县的支柱产业、优势产业，要切实推动农牧业发展方式转变，提升综合竞争力，大力推进农牧业现代化、规模化，标准化，提高农业综合生产能力，加快传统农业向现代农业转变。要做强园区经济，坚持园区规划与产业规划同步实施，加强园区基础设施建设，构建公共服务平台，增强综合配套能力，努力提升园区产业承载能力和招商引资水平，不断促进“红河谷”现代农业示范区的发展壮大。要充分发挥示范区在农业科技引进、农业增产增效方面的示范带动作用。积极推进青稞、食用菌、绿色蔬菜系列产品精深加工和岗巴羊、奶牛等高原特色产品加工。力争引进一批农牧业产品加工企业，扶持一批农牧民专业合作社，培养一批懂经营、会管理的职业农牧民，打造一批高原特色农畜产品品牌。要按照发挥优势、提高效率的原则，加快推进农业产业结构调整，力争到2020年粮油产量突破1.5亿斤。继续开展高标准农田建设。切实提高农业机械化水平，力争到“十三五”末达到80%以上。要按照“培育龙头、壮大规模、建立基地、带动农牧户”的要求，走高原“有机产业、生态家园”发展之路，打造一批有市场竞争力和影响力的江孜特色农畜产品品牌。培育优势企业，抓好一批投资规模大、带动能力强的优势产业项目、商品流动项目和基础设施项目，逐步建立和完善以企业为主体的、适应社会主义市场经济的体制机制，突出与产业链接联系紧密的项目引进，重点发展特色项目。

——*挖掘文化旅游资源，推进文化旅游业持续发展*。要坚持走出去、请出来，邀请有实力的旅游开发公司来整体包装江孜县的文化旅游发展，特别是加日郊老街的开发、实景剧的营销等。结合江孜达玛节这个品牌，丰富节日内涵，增加节日内容，增加内地游客体验节目，全力开发油菜花旅游节，使之成为吸引内地游客的一个固定民俗节日；要紧紧围绕旅游“六大要素”加大配套设施建设力度，依托江孜深厚的文化底蕴，全力打造江孜宗城4A级旅游景区；鼓励支持农牧区群众办家庭旅馆、农家乐，开辟有特色的旅游观光项目，推动城乡一体化发展。到2020年，力争累计接待游客总量100万人次以上，旅游总收入突破2.5亿元；要充分利用互联网平台，加强与通信部门的合作，力争把江孜打造为景点（区）网络售票、电子解说相融合的智慧旅游城市。抓好《江孜印迹》品牌提升，重点在特色旅游产品上做文章，大力发展旅游服务业，把江孜建设成为后藏重要文化旅游“目的地”。

——*加大项目建设投入，不断提升江孜区域竞争力*。要抓住国家重点加大民族地区、边疆地区、贫困地区建设力度的战略机遇，主动对接，积极争取项目；围绕“十三五”规划，加强项目库建设，高质高效地做好项目前期工作；加强优化援藏投资、狠抓招商引资、激活民间投资，力争“十三五”期间社会固定资产投资突破60亿元。要建立健全项目推进机制和责任机制，规范项目程序，明确工作责任，对已审批的项目要力争早开工、早建设，对在建项目要力争早竣工、早见效；严把质量关，对项目建设实行全程监管；克服重建轻管现象，发挥好项目的经济效益和社会效益；加强土地管理，规范用地行为，保障重点项目建设用地。要重点推进日喀则至江孜快速通道建设进程，努力实现具备条件的自然村通公路、行政村全部通水泥路。解决无电村的供电问题，稳步推进新型城镇化建设，力争到2020年城镇化率达37%。不断强化招商引资工作，积极发展光电光热新能源产业、高原绿色饮食产业、民族手工业等优势产业。同时，用好对口支援优惠政策，做好经济、教育、卫生、干部人才等援藏受援工作。

（二）科学统筹，加强扶贫攻坚，全力打造富足江孜，确保民生状况得到新改善

发展是为了建设经济强县，建设经济强县的目的是为了富民。我们既要全力以赴在经济上实现大发展，更要千方百计在富民上实现新跨越，做到强县与富民相统一，不断增强农牧民群众的获得感。

——*加强精准扶贫攻坚，切实加快贫困脱贫摘帽进程*。今年是“十三五”开局之年，也是实现全面脱贫攻坚任务的第一年。习近平总书记多次强调，全面建成小康社会，最艰巨最繁重的任务在农村，小康不小康，关键看老乡，关键在贫困的老乡能不能脱贫。要严格落实“市级统筹、县抓落实、乡镇专干、工作到村、扶持到户”的扶贫工作体制，加强精准扶贫工作的组织领导，强化党政“一把手”扶贫攻坚责任，不断提升县、乡扶贫干部队伍建设水平，建立健全县级精准扶贫工作体制机制。全力做好宣传引导工作，创造良好社会舆论氛围，鼓励各类企业、社会各界积极参与到扶贫工作中来，努力形成“专项扶贫、行业扶贫、社会扶贫、金融扶贫、援藏扶贫”全新大扶贫格局。按照上级扶贫部门关于“发展生产、异地搬迁、生态补偿、发展教育、社会保障”的“五个一批”相关要求加快贫困人口脱贫摘帽进程。进一步完善领导干部联系乡（镇）机制，不断深化“党员干部进村入户、结对认亲交朋友”活动，凝聚全县之力，打赢脱贫攻坚战。力争到2018年基本完成2794户11352人脱贫任务，2019年至2020年进一步巩固扶贫攻坚成果，稳定实现贫困对象“三不愁”“三保障”，确保贫困户共奔小康不掉队。

——*高度关注民生事业，切实增强农牧群众的幸福感*。充分利用好上海援藏和组团式援藏结对帮扶资源，突出就业第一、教育优先，鼓励大众创业、万众创新，严格控制城镇登记失业率，继续保持教育事业资金投入，全面实现县域内义务教育均衡发展目标，大力发展学前教育，重视职业技术教育发展。不断壮大基层卫生队伍，加强医疗人才培养，切实解决基层“缺医不少药”的问题。加强农村优生优育和妇女保健工作，提高住院分娩率、降低两个死亡率。加快推进医疗基础设施建设特别是高压氧舱项目建设，提高医疗保障能力和服务水平。创新科技体制机制，壮大科技人才队伍，积极推进科技普及。加快基层公共文化广电设施建设，健全现代公共文化广电服务体系，探索文化产业与其他产业深度融合，加强文化遗产保护、传承和弘扬，促进文化产业大繁荣、大发展。创新推进社会保障“一卡通”服务，进一步完善城乡居民新型社会救助体系，加大防灾抗灾体系建设投入力度。大力实施生态造林和“两江四河”造林绿化工程，强化天然林、重点公益林保护。进一步完善城镇服务功能，提升城镇综合承载能力，不断创新城市管理模式，提升城市服务水平。

——*加强基础设施建设，切实改善人民生产生活水平*。坚持适度集聚、节约土地、有利生产、方便生活的原则，积极推广太阳能等清洁能源，扎实推进农村人居环境建设工程，大力实施“八件实事”民生工程。大力推进新型城镇化建设，努力把江孜镇打造成为集文化旅游、历史展览、红色教育、民俗体验、特色购物、休闲度假为一体的旅游服务型小城镇，辐射带动农牧区经济；大力推进新农村建设，基本完成安居工程建设，深入推进人居环境建设和环境综合整治，改善生产生活条件，建设各具特色的美丽乡村；着力推动城镇公共服务向农牧区延伸，实现公共资源均衡配置，提高社会主义新农村建设水平。要按照优化布局、提升功能、体现特色、适度超前的原则，进一步加快县城基础设施建设步伐，全力打造综合功能配套、基础设施完善、生态环境优美、适宜人居创业、充满特色魅力的古城江孜新形象，为广大居民创造更加良好的生活环境。

（三）多措并举，加紧深化开放，全力打造和谐江孜，确保各项事业开创新局面

构建和谐社会是强县富民的基础和保障。要以促进人的全面发展为目标，统筹兼顾经济、政治、文化、社会全面发展，妥善协调社会利益关系，充分调动一切积极因素，努力用和谐凝聚人心，促进发展，成就事业。

——*加强做好维稳工作，为跨越式发展营造良好氛围*。落实习近平总书记“努力实现西藏持续稳定、长期稳定、全面稳定”的重要指示，严格执行区党委十项维稳措施，切实维护社会稳定。坚持依法治理、主动治理、综合治理，进一步健全政策法规体系，完善党政军警民联防联控工作机制。坚持对十四世达赖集团斗争方针不动摇，严厉打击各类分裂破坏活动。全面贯彻党的民族宗教政策，广泛开展民族团结进步宣传教育和创建活动，推动“五个认同”和“三个离不开”进学校、进寺庙、进乡村、进企业、进军营。深入开展驻村、驻寺、网格化管理、“双联户”创建评选等工作，不断完善社会治理体系，提升社会治理能力。全面落实各项利寺惠僧政策，全力实施寺庙僧尼居住环境整治工程，不断强化寺庙公共服务。全面加强安全生产监管，实行党政同责、一岗双责、失职追责，杜绝重特大事故发生。加强和创新信访工作，健全社会矛盾纠纷排查调处机制，从源头上预防和化解各类社会矛盾。深入开展“双拥”共建活动，努力创建“双拥”模范县城，增强军政军民团结。加强国防教育，增强国防动员能力，推动人民武装、预备役规范化建设。

——*加强民主法制建设，为跨越式发展提供法制保障*。要切实重视和加强对人大、政协工作的领导。充分发挥人民代表大会及其常委会的职能作用，积极支持人大及其常委会依法履行职权，更好地发挥人大代表的作用，切实保障人民依法管理国家和社会事务的权利。人大及其常委会要加大对法律法规的实施和“一府两院”的监督力度，不断推进依法行政和公正司法进程。要充分发挥人民政协政治协商、民主监督、参政议政的作用。政协要紧紧围绕江孜县改革、发展、稳定的各项事业和重大问题，发扬民主，广开言路，充分反映社情民意，积极为江孜县经济社会快速健康发展、构建和谐平安江孜建言献策。充分发挥工青妇等群团组织的桥梁纽带作用。大力支持国防后备建设，增强全民国防意识，提高国防动员能力。继续深入开展法制宣传教育，全面推进“七五”普法各项工作，提高全民整体素质和政府依法行政能力。

——*加强精神文明建设，为跨越式发展注入精神动力*。坚持正确的政治方向，把握正确的舆论导向，高标准严要求推动理论武装、舆论引导、文化建设、精神文明创建和互联网监管各项工作，创新宣传思想工作的内容、形式、方法和机制，深入开展民族团结、“老西藏精神”和“江孜精神”教育活动。要以学习宣传贯彻习近平总书记系列重要讲话精神为主线，不断强化思想理论和群众教育工作；要以鼓劲聚力造势为导向，不断壮大积极健康向上的主流舆论；要以培育和践行社会主义核心价值观为目标，不断提高农牧民群众素质和社会文明程度；要以践行“文化旅游富县”战略为抓手，不断满足人民群众精神文化需求；要开展各种精神文明创建活动，引导人民群众过上健康、向上、文明的新生活。

（四）从严治党，加强组织建设，全力打造廉政江孜，确保党的建设再上新水平

推进江孜跨越式发展和长治久安，关键在全县各级党组织和党员干部。我们要坚决落实新形势下从严治党要求，以改革创新精神全面推进党的建设新的伟大工程。

——*切实加强思想政治建设*。思想政治建设是党的建设的灵魂。学习贯彻习近平总书记一系列重要讲话精神，坚定不移地用马克思主义、毛泽东思想、邓小平理论、“三个代表”重要思想和科学发展观及党章党规等一系列重要理论、重要思想、重要指示精神武装全党，是当前和今后一个时期党的思想政治建设的最根本任务。必须深入持久的把学习习近平总书记系列重要讲话精神同江孜县改革发展与社会稳定结合起来，围绕跨越式发展目标，找差距、谋发展、理思路、促提高。进一步健全各级党组织学习制度，增强学习的自觉性和紧迫感。同时，要认真学习和研究经济理论、政策法规、科学知识、切实提高驾驭全局的能力。

——*切实加强党的组织建设*。首先，要加强党内民主制度建设，进一步增强党的活力和团结统一。坚持民主集中制，进一步完善党委内部的议事规则和决策程序，更好的发挥党委集体领导的作用。健全党内政治生活，发扬批评与自我批评的优良作风，积极开展健康的思想斗争。严肃党的纪律，自觉维护党的纲领，执行党的决议，在思想上、政治上、行动上与党中央保持高度一致。党委要加强对人大、政府、政协的领导，做到总揽全局、协调各方，把握领导工作的主动权。其次，要加强各级领导班子和干部队伍建设。按照“为民、务实、清廉”的标准，加强各级领导班子建设，进一步完善县对乡镇、部门考核的内容和方式，建立健全考核体系，形成正确的工作导向，充分调动各单位的工作积极性。深化干部人事制度改革，坚持“信念坚定、为民服务、勤政务实、敢于担当、清正廉洁”好干部标准，树好选人用人导向；坚持五湖四海，搞好团结，不搞团团伙伙，不以人划线；更加重视基层干部培养，注重在反分裂斗争一线、驻村驻寺工作、乡（镇）基层、急难险重岗位培养锻炼和发展使用实绩突出的干部；加强干部管理，以严的标准要求干部，以严的措施管理干部，以严的纪律约束干部。认真落实老干部“两项待遇”，关心、尊重老干部。认真落实《关于进一步加强人才工作意见》，大力实施重大人才工程，逐步加大人才工作的资金投入。第三，要加强党的基层组织和党员队伍建设。进一步加强农村、社区、学校、机关、企业等基层一线领域的党建工作，因地制宜、灵活多样地设置党组织，实现党的组织和党的工作全覆盖。强化村（居）“两委”班子建设，加大选派机关干部、复员军人、大学生村干部到村（居）任职力度，严格素质标准，选好配强“第一书记”，进一步完善基层党建保障制度，健全村（居）干部选拔、培育、激励等制度，努力提高村干部待遇。强化党员管理，严格标准、严格程序，切实做好在基层农牧区和改革发展稳定一线发展党员工作，更加注重党员之考量，坚决清除不合格党员，打造纯洁队伍。

——*切实加强党的作风建设*。按照中央“八项规定”和区党委“约法十章”“九项要求”，坚持从解决“四风”等问题延伸开去，密切党群干群关系，努力改进工作作风，始终保持共产党人的蓬勃朝气、昂扬锐气和浩然正气。加强理想信念和廉洁从政教育，牢固树立正确的权力观、地位观、利益观，做到勤政为民。认真贯彻执行“西藏在党风廉政建设和反腐败问题上没有任何特殊性”的要求，抓牢抓紧“四种形态”突出问题，全面加强反腐倡廉建设，从严从重查处各类违法违纪行为。以领导干部为重点，深入开展理想信念、党风党纪和从政道德教育，加强廉政文化建设，筑牢拒腐防变的思想道德防线。严格执行领导干部廉洁从政各项规定，加强对权力运行的监督制约。全面落实中央《深化党的建设制度改革实施方案》，不断深化组织制度、干部人事制度、基层组织建设制度和人才发展体制机制改革。紧密结合党的群众路线教育实践活动、“三严三实”专题教育和“两学一做”学习教育建章立制工作，健全完善相关制度规定。强化制度的严肃性和权威性，推进党员干部的制度执行力建设，确保每一名党员干部都能自觉遵守制度、执行制度、维护制度，切实把权利关进制度的笼子里。创新机关效能建设举措，倡导雷厉风行、求真务实的机关作风，进一步规范办事行为，优化办事流程，强化工作督查，突出效能监察，切实提高行政效能。切实加强乡镇纪委规范化建设，强化对村（居）党员干部的教育、监督、管理。

同志们，美好的蓝图鼓舞人心，声声号角催人奋进。我们已经踏上了加快江孜经济社会跨越式发展的新征程。展望未来，任重道远。让我们更加紧密的团结在以习近平同志为总书记的党中央周围，在区党委、市委的坚强领导下，团结一心，奋力拼搏，以更加昂扬的斗志、更加饱满的热情、更加扎实的工作，持续推进全县经济社会发展和长治久安，为全面建成小康社会而努力奋斗。

政府工作报告

——在江孜县第十三届人民代表大会第一次会议上（节选）

2016年9月2日

杨 军

2012年以来，县政府认真落实党中央和区党委、政府决策部署，在市委、市政府和县委的坚强领导下，在上海市的无私援助下，在县人大、政协的监督支持下，深入学习贯彻习近平总书记系列重要讲话精神以及中共十八大，十八届三中、四中、五中全会精神和中央第五、六次西藏工作座谈会精神，按照“四个全面”战略布局，以“现代农业立县、科技教育兴县、文化旅游富县”为发展思路，主动适应社会经济发展新常态，全县各族干部群众团结一心，艰苦奋斗，真抓实干，完成了本届政府确定的各项工作目标任务和“十二五”规划确定的目标任务。

主要工作回顾

一、产业结构进一步优化，经济实现跨越式发展

——*主要经济指标保持高速增长*。2015年，全县生产总值达到17.08亿元，是2011年的1.6倍，年均增长13.7%；完成地方财政收入3075万元，是2011年的1.9倍，年均增长21.5%；完成全社会固定资产投资7.13亿元，是2011年的1.6倍，年均增长14%。全县整体经济运行质量和效益稳步提升。

——现代农业核心功能凸显。全县农业机械化率提升至65%以上，累计建成高标准农田5.8万亩，推广“藏青2000”“喜拉22号”等新品种15.3万亩，累计粮油产量5.6亿斤，创下历史新高。总投资3400万元的全国海拔最高的江孜县“红河谷”现代农业科技示范区一期建成，达杰农业公司、江浦公司、藏珍堂等一批企业入驻科技示范区。

——*文化旅游产业蓬勃发展*。成功申报A级景区5个，帕拉庄园、紫金湿地、藏王宫遗址等景点景区得到较好的开发和保护，以藏改谢玛氆氇加工、卡麦陶瓷、江孜地毯为主的民族手工业发展迅速，《江孜印迹》实现了常态化商业演出，成为旅游产业的新亮点。2012年以来，累计接待国内外游客54万人次，实现旅游收入1.4亿元。

——*“三农”工作有效推进*。新型农业经营体系逐步确立，登记注册农业合作社76个。农业基础设施不断完善，基本农田整理、农田排灌、农田道路、农业用电等重大设施建设加快推进，完成农业基础建设项目80余个，资金达1.5亿元。全面实施农村集体产权制度改革，农村宅基地和集体土地确权登记工作进展顺利，草场承包经营责任制全面落实。

——*新型城镇化建设步伐加快*。累计完成全社会固定资产投资22.8亿元，大力实施城镇改造、小城镇和新农村建设，城镇化率达32%。全县18个乡（镇）、155个行政村、32座寺庙实现道路通达，交通总里程突破850公里。完成150个农村人畜饮水工程项目点，解决了5.2万农村人口安全饮水问题。全县行政村电信、移动和联通通信手机信号覆盖率达到97%以上，乡（镇）通邮率达到100%。

二、积极推进民生工程，社会事业实现协调发展

——教育事业成果显著。累计投资2.42亿元实施了一大批教育基础设施建设项目，城乡办学条件得到了明显改善。中小学教育教学质量稳居全市前列，其中小学入学率100%，初中升学率80%以上，高中升学率达到86%。

——公共卫生服务水平不断提升。新型农村合作医疗政策全面落实，实施了乡（镇）卫生院医疗费用核销制度和县人民医院住院费用及时结算制度。县人民医院获得二级甲等医院创建评审，一批先进医疗设备投入使用，城乡居民、在编僧尼得到免费体检。

——科技文化事业繁荣进步。全县区级科技特派员达到347名，实现了每个行政村2名科技特派员的目标。完成了19个乡（镇）综合文化活动站建设，农家（寺庙）书屋、“户户通”广播电视覆盖率均达到100%，成功举办了江孜县抗英110周年系列纪念活动。

——社会民生不断改善。城乡低保工作实现“应保尽保”，“双集中”供养工作稳步推进，五大保险城乡覆盖率达100%，基层“两委”班子补助标准逐年提高。落实资金4005万元，相继实施了“八件实事”和“十件实事”民生工程。安居工程投入资金6642万元，解决了4228户1.7万名群众住房问题；投入资金1.45亿元，建成保障性住房1096套、棚户区改造428户，使一大批群众住上了安全舒适的房子。2015年，农牧民人均纯收入达到9850.71元，是2011年的1.5倍，年均增长13%。

——生态环境建设取得新进展。持续实施了日朗沟上游水土保持项目，完成绿化造林和防沙治沙3.43万亩。城市绿化建设养护标准和水平进一步提高，县城环卫作业实现第三方托管运营。深入推进“八到农家”工程，投资1.3亿元完成了125个行政村人居环境建设和环境综合整治，成功申报3个区级生态村，2015年自治区环保考核被评为“优秀”等次。

三、以重点项目为引领，加快产业融合发展

——招商引资取得阶段性成果。一批大招商引资项目逐渐落户，吸引各类企业10家，其中华润投资2.4亿元的江孜县太阳能光伏电站项目和投资2575万元的娘曲藏布庄园酒店项目已开工建设。

——对口支援项目发挥带动作用。2012年以来，上海对口援藏累计投入资金1.64亿元，实施了以生态环保、文化旅游、现代农业、医疗卫生等为主的建设项目37个，其中《江孜印迹》投入资金5000万元，进一步加快了旅游服务业的发展，为江孜经济社会增添了新动力。

四、管理机制不断创新，有效促进社会和谐稳定

——强化公共安全管理工作。有效落实“十项维稳措施”，建立健全党政军警民协调联动维稳工作机制，严厉打击十四世达赖集团各种分裂渗透破坏活动。干部驻寺工作深入推进，全面落实“六建”“九有”等一系列利寺惠僧政策，寺庙管理长效机制逐步完善。

——有效推进社会综合治理。不断加强和创新社会治理体系，巩固深化城镇网格化管理，投入资金近400万元建设了立体化城市监控体系，推出了双联户“333”创评机制。高度注重信访工作的有效性，做到知民意、解民情，群众来访办结率达到97%以上。选派优秀干部扎实开展强基惠民活动，驻村工作队员达到2880人次，进一步夯实了基层基础。

——安全生产持续稳定。大力加强专项整治和安全宣传教育，以防范遏制重特大事故为重点，切实落实企业主体责任、部门监管责任、政府领导责任，对安全生产做到源头管控、综合治理，安全生产事故起数和死亡人数实现“双下降”，连续五年无一起重特大安全事故。

五、加强法制政府建设，推动管理体制和运行机制创新

——加快职能转变。加快简政放权，以权责清单制度改革为抓手，有效推进政府治理体系和治理能力现代化，激发市场活力和社会创造力。依照法定权限和程序行使职权，坚持向人大报告、向政协通报，自觉接受民主监督，答复和办理人大代表议案521件、政协委员提案210件，答复率均达到100%。

——提高服务能力。进一步提升行政效能，运用市场化、社会化、信息化方式，打造服务型政府，19个乡（镇）建立了便民服务大厅，全面推行办事“一站式”服务，方便了办事群众，提高了办事效率和服务水平，树立了良好形象。

——强化执行力建设。严格执行中央“八项规定”和自治区“约法十章”“九项要求”等廉洁自律规定。2015年，政府“三公”经费支出比2011年减少405.1万元，年均减少10.7%。

各位代表，全面回顾2012年以来取得的成绩，是区、市两级党委政府亲切关怀、悉心指导的结果，是上海市大力支持、无私援助的结果，是县委统揽全局、正确领导的结果，是全县干部群众同心同德、奋力拼搏的结果。在此，我谨代表县人民政府向全县各族干部群众，向全体人大代表、政协委员，向各级人民团体、驻县部队、武警官兵、政法干警和离退休老同志致以崇高的敬意！向上海市浦东新区以及关心支持江孜县经济社会各项事业发展的单位和各界人士表示衷心的感谢！

我们在看到成绩的同时，也清醒地认识到，全县经济社会发展中还存在不少的困难和问题，主要表现在：一是农牧业基础仍然相对薄弱，农牧民群众增收渠道单一，经营方式转变缓慢；二是供给侧结构性改革不足，发展资金缺乏有效整合，产业发展比较薄弱；三是各乡（镇）之间发展不平衡，农民合作社等经济实体不多，经济效益也不明显；四是贫困人口多，致贫原因复杂，脱贫攻坚任务繁重；五是社会治安形势依然复杂，严防风险管理难度大，维稳工作还很艰巨；六是政府职能还不能完全适应改革发展的需要，等等。这些困难和问题都需要我们在今后的工作中认真加以对待，全力改进和解决。

今后五年工作任务

未来五年，是全面建成小康社会的重要期，也是精准扶贫、精准脱贫的攻坚期，更是江孜县实现赶超跨越的战略机遇期和黄金发展期。随着国家“一带一路”战略的深入实施、“十三五”一系列重大项目的开工建设和上海市浦东新区对口支援力度的不断加大，必将给江孜的经济社会发展带来前所未有的机遇。我们要树立强烈的责任意识、使命意识、发展意识，凝心聚力，乘势而上，努力开启江孜县跨越式发展和长治久安的新征程。

新一届政府工作的总体思路是：高举邓小平理论、“三个代表”重要思想和科学发展观，紧紧围绕“四个全面”战略布局，深入贯彻落实中共十八大、十八届四中、五中全会和中央第六次西藏工作座谈会精神以及习近平总书记系列重要讲话精神，秉承“创新、协调、绿色、开放、共享”的五大发展理念，坚持“依法治藏、富民兴藏、长期建藏、凝聚人心、夯实基础”，抓住“文化名城、区域重镇、农业大县”三大优势，立足“现代农业立县、科技教育兴县、文化旅游富县”的发展路子，更加注重经济发展方式转变，稳增长、促改革、惠民生、防风险，着力推进精准脱贫工作、现代农业提升、产业多元发展、文化旅游开发、城镇建设管理、民生事业改善，进一步强化投资拉动、科技支撑、生态红线、稳定保障，有效促进全县经济持续增强、民生持续改善、生态环境持续良好、群众生活水平持续提高、社会大局持续稳定，奋力谱写全面建成小康社会的新篇章。

未来五年经济社会发展预期目标：到2020年，全县生产总值年均增长13%以上，全社会固定资产投资年均增长18%以上，地方一般公共预算收入年均增长15%以上，社会消费品零售总额年均增长17%以上，农牧民人均纯收入平均增长12%以上，确保城乡居民人均纯收入较2010年翻一番，接近全国平均水平。基本公共服务指标接近或达到西部地区平均水平，基础设施条件全面改善，生态文明建设成效显著，自我发展能力稳步提高，全面建成安居乐业、家园秀美、民族团结、文明和谐的小康社会。

一、全力推进脱贫攻坚工作

——抓紧实施易地扶贫搬迁。按照既定规划、既定地点、既定时间，有效整合专项资金、对口资金、援藏资金和交通建设、农田水利、土地整治、林业生态等资金，加快搬迁点的住房建设、基础设施建设、生产资料建设，确保600户2435人的搬迁任务如期完成。同时，有效改善安置区的人居环境，实行人畜分离，加强生态修复，将土地分配、户籍迁移、公共服务、产业发展等统筹考虑，一起推进，让搬迁对象搬得出、稳得住，有事做、能致富，从根本上挪穷窝，拔穷根，摘穷帽。

——着力推进扶贫产业落实。坚持宜农则农、宜牧则牧、宜工则工、宜商则商、宜游则游，科学制定优势扶贫产业政策，积极争取69个扶贫产业项目落实，带动群众就业创业。充分利用融资平台，发挥金融撬动的作用，加强与珠峰扶贫开发公司、雅江扶贫开发有限公司的合作，加大与农行等金融部门的对接，实现金融支持全覆盖。落实“政府风险基金+银行信贷”支持扶贫产业发展机制，设立扶贫基金，制定出台《脱贫致富产业发展资金管理办法》，为扶贫产业发展提供保障。

——认真落实生态补偿政策。继续落实好森林生态效益、小河流域综合治理和草原生态保护补助奖励政策，加大生态保护修复和建设力度，鼓励和引导贫困人口参与重点区域植树造林、退牧还草、防沙治沙、承包土地、绿化、苗圃建设，在此基础上用好用活9036个生态补偿岗位指标，积极转移就业，增加贫困群众政策性收入。

——统筹实施扶贫工程。紧紧围绕“六个精准”，全面实施 “九个一批”，确保“三不愁、三有、三保障”。整合社会资源，加大资金投入，进一步实施好生产脱贫、教育脱贫、就业脱贫、兜底脱贫等各项脱贫计划，力争尽快完成2794户11352人的脱贫任务。着力健全社会救助体系，拓展社会救助保障范围，加大技能培训力度，增强贫困群众就地发展生产、进城务工就业的能力，并将无法依靠生产脱贫、产业扶持、就业脱贫等家庭纳入最低生活保障。落实好贫困群众的基本医疗保障、重特大疾病医疗报销和医疗救助政策，扩大免费体检群体，对患有慢性病和特殊病的贫困人口实施门诊医疗救助，降低因病致贫率。

二、全力提升现代农牧产业能级

——进一步调整农牧业结构。有效转变农牧业生产方式，加大经济结构调整，使粮、经、饲结构更加优化合理。重点围绕农牧业品牌、品种、品质“三品”建设，发展糌粑、酥油、藏鸡等特色农畜产品，打造有机、无污染的绿色农业、生态农业，形成一产二产三产融合、农宿和农家乐休闲互动的服务农业，开创互联网和电子商务销售、高科技高附加值农业的智慧农业。

——抓好高标准农业项目实施。大力推广“藏青2000”“喜拉22号”优质青稞品种，力争到2020年粮油产量突破1.5亿斤。切实提高农业的组织化、标准化、科技化、机械化水平，力争到2020年机械化覆盖率达80%以上。积极争取援藏资金，发挥杠杆撬动作用，使农牧业扶持基金达到300万元以上。推进青稞、食用菌系、“岗巴羊”、奶牛等系列农牧产品深加工，打造“互联网+”的销售平台，形成以“江孜”地理标志命名的农产品品牌集群。

——健全农业科技公共服务体系。以现代农业科技为引领，充分发挥“红河谷”现代农业科技示范区二期项目的辐射作用，力争在农业科技创新、农业增产增效方面取得新突破。深化园区食用菌种植、花卉种植，引进优质瓜果和藏药，全面辐射周边乡（镇）农业发展。新建农牧业服务基地，培养一批懂经营、会管理的职业农牧民致富带头人，引导带动贫困群众发家致富。

——加强新型农业主体培育。积极走高原“有机产业、生态家园”发展之路，重点加强龙头企业、家庭农场、种粮大户的培育，以“园区+合作社+农牧民”的方式建立农畜产品生产基地，形成适度规模化经营，提高农畜产品的市场竞争力，并逐年壮大生产规模，带动周边农户增收致富。

三、全力促进产业多元化发展

——加大招商引资力度。进一步放宽招商引资政策，立足本县优势资源，突出高原特色，围绕农畜加工、清洁能源、文化旅游、商贸物流等产业招商引资，完善城乡经济发展功能。积极争取国家投资、优化援藏投资、激活民间投资，形成以政府为引导、企业为主体的投资模式，有效吸引外来投资者到江孜县投资兴业，提高产业经济总量，扩大本级财政收入。

——狠抓主导产业。进一步加快青稞“初精深”加工项目建设进度，对接好双方合作经营模式，确保项目尽快开工建设并投产，初年投产青稞加工达到2万吨以上，5年之内达到10万吨级。进一步规划光伏用地，做好华润、中能建、协信等一批签约光伏电站项目跟踪服务，督促项目建设进度，确保华润一期、二期50兆瓦项目顺利建成达产，力争未来五年光伏电站完成200兆瓦，总投资20亿元。全力支持220千伏变电站建设，扩大光伏开发，实现“内联外输”。

——拓展特色产业。积极引进农业技术服务企业、藏药研发生产企业，重点推进高原青稞有机食品、青稞“β-葡聚糖”产品研发加工，提升特色产业发展层次。加大地毯、谢玛氆氇、陶瓷加工等民族手工业的扶持力度，鼓励创新经营模式，引导外来企业参与经营，实现农业合作社资源整合，推动民族手工业与文化旅游产业的融合。

四、全力打造精品文化旅游业

——构建“一路一带”的旅游产业布局。结合旅游资源及区域定位，重点打造以卡若拉冰川、油菜花观光区、帕拉庄园、紫金湿地为“一路”的旅游线路和宗山城堡“一带”的古城古堡古寺景区，不断加大“江孜两日游”精品旅游路线的推介力度。继续深入挖掘民族文化、历史文化、农耕文化、生态文化资源，积极引进知名旅游公司进行合作，形成集民俗旅游、文化旅游、宗教旅游、冰川旅游、生态旅游为一体的旅游大格局。

——加快旅游景区景点建设。依托江孜深厚的历史文化底蕴，继承和传颂历史文化，加快加日郊老街的开发，重点完成宗山城堡历史文化陈列室复原工程，全力打造江孜宗城AAAA级旅游景区。加大与区内各大旅行社的合作，加强帕拉庄园的开发保护，提升江孜“达玛节”和《江孜印迹》实景剧等文化品牌，特别是强化《江孜印迹》室内剧的改造。进一步在特色旅游产品上做文章，积极发展卡垫、唐卡、藏毯、氆氇、陶瓷等民族手工业，鼓励支持农牧民群众办家庭旅馆、农家乐，让更多农牧民群众吃上“旅游饭”，努力把江孜建设成为后藏重要文化旅游目的地。

——提升文化旅游服务质量。围绕旅游“六大要素”，进一步加强旅游景区景点基础配套设施建设，切实加快旅游接待服务中心、散客接待中心、旅游卫生厕所、停车场等建设，集中开展旅游宾馆、购物场所、餐饮场所、娱乐场所的专项整治行动。加大旅游宣传和服务人员培训，提高旅游讲解服务质量和水平，完善导游、售票、医疗救助、旅游投诉等多种服务功能，营造开放、文明、热情、舒适的旅游环境。密切与通信部门合作，建立健全景区景点网络售票、电子解说相融合的“智慧旅游”城市。力争到2020年，累计接待游客总量100万人次以上，旅游总收入突破2.5亿元。

五、全力抓好城镇建设管理

——优化城镇结构体系。坚持“规划引领、改造老城、辟建新区、发展小城镇、建设新农村”的发展思路，立足“县改市”新型城镇化建设，及时开展县城总规修编工作，在总规的基础上，完成18个乡镇规划、小城镇控详规划、管网规划、景观规划和风貌规划。按照不同的功能定位，对行政区、商业区、工业区、生活区进行合理布局，为城市建设管理提供规划保障。规划完成后，在城镇建设过程中做到严格遵循、坚决执行，绝不允许任意调整和改辕易辙。

——加强城市建设和治理。探索成立城市综合服务管理机构，明确责任主体、管理单位，形成权责统一、力量到位、经费保障的机制体制，加大城市建设的管理和“脏乱差”整治力度。对老城区，坚持“留下胎记、修旧如旧”的原则，立足宗山一带，加强老街改造、危房修补，特别是对老城区不协调建筑进行局部改造和整治，组织实施好特色小城镇示范点棚户区改造项目；对新城区，坚持“治、改、建、管”的要求，加强违章建筑、旧街老道、污水河渠、“脏乱差”死角的整治和改造，进一步推进市政道路、公共设施、城市绿化、给排系统的建设，完善城市管理模式和运行机制，力争五年城镇建设投资不低于10亿元。

——适度开发房地产市场。不断拓展商业、住宅用地，有效盘活土地资源，加大土地储备，建立“招、拍、挂”制度，加强房地产企业培育，合理适度推进房地产开发。通过棚户区动迁、新城区扩建，加速人口集聚、商业集群构建，积极引进外来人口，加快城市化发展进程，确保2020年全县城镇化率达到37%以上，县城居住人口突破3万人。

——推进“美丽乡村”建设。重点围绕年堆乡宗布村、江热乡班久伦布村生态村创建，推进以“藏韵风情，美丽家园”为特色的乡村改造。完善农村基础设施，构建公共服务体系，争取对全县153个行政村村委会进行建设改造，重点是对农牧民生活垃圾、生活污水集中处理，培育文明乡风，健全长效管理机制，努力打造有魅力的乡村环境。

——完善生态环境保护。大力实施生态造林和“两江四河”造林绿化工程，新增绿化面积11万亩，在强化天然林、重点公益林保护的同时，继续深化整治公益林周边违规采砂现象。积极争取上海援藏资金300万元，推进沙棘的规模化育苗工作，力争在全区范围内加以推广。以生态农业、沙棘林、防护林、橡胶坝等建设项目为载体，构建绿色空间、绿色生活，打造宜居城镇，建设美丽小城镇和新农村。

六、全力构建民生服务体系

——加大教育体育事业投入力度。继续保持教育体育事业投入资金占本级财政比例20%以上，积极争取援藏资金投入教育事业占援藏总投资的20%以上。进一步巩固“两基”教育成果，大力发展学前教育，力争到2020年学前教育毛入园率达到80%以上。高度重视职业技术教育发展，力争五年内建成1所规模化职业技术学校。全力抓好义务教育均衡发展，整合各方资金，确保教育均衡发展工程建设如期完成，顺利通过验收。同时，扎实推进名师工程、德育校本教材开发，不断健全贫困大学生助学基金制度。

——加大卫生事业投入力度。切实加强以藏医院和疾控中心项目建设为重点的卫生计生基础设施建设，积极争取援藏资金2500万元，用于改善江孜县医疗和医技条件。以信息化建设为载体，以组团式卫生服务为抓手，推动浦东、江孜两地医疗人才的交流互动，加强医疗人才培养，提高医疗服务水平和保障能力。进一步加大地方病、传染病和人畜共患疾病的防治力度，狠抓妇幼保健和计生工作，健全食品药品安全监管体系。

——完善现代公共文化服务体系。继续深化主题宣传教育，坚持和弘扬主旋律，积极开展法律、政策、科技等下乡活动，推动党的理论和重大决策部署全覆盖。加快基层公共文化广电设施建设，健全现代公共文化广电服务体系，满足人民群众日益增长的精神文化需求。深入探索文化产业与旅游等相关产业深度融合，全力打造文化强县。争取援藏资金1000万元，全面做好帕拉庄园、宗山博物馆文化遗产保护工作。

——完善社会保障体系。积极推进社会保障“一卡通”服务，进一步健全覆盖城乡的社会救助和保障体系，着力提升公共服务能力和城乡社会救助水平，切实解决群众的后顾之忧。不断扩大城乡居民养老、医疗、失业等保险的覆盖面，加大“双集中”供养力度，真正让广大群众享受到改革发展的成果。结合扶贫生态补偿岗位，帮助大龄失业、长期失业等困难群体稳定就业，力争未来五年城镇登记失业率控制在3.5%以内。

七、全力推进项目建设

——统筹规划找准项目。项目是税收、项目是财源、项目是就业。没有项目，发展就没有支撑；没有项目，跨越就没有依托。我们必须把扩大投资作为经济发展的头等大事，把项目建设作为经济发展的“牛鼻子”，结合县域实际情况找准建设项目，重点策划有竞争力的项目，精准对接、深度推进，着力引进一批牵动能力强、支撑能力大、发展前景好的大项目、好项目，力争五年内社会固定资产投资突破60亿元。

——积极争取落实项目。紧紧盯住国家、区、市“十三五”时期项目投资方向、资金投入方向，进一步加大与上级行业部门的对接、衔接力度，做深、做细、做快项目各项前期工作，争取主动、抢占先机，确保项目如期落地。对投入运行的重大项目要组织好专班跟进，抓好调度，排定进程，搞好服务，以确保水利、交通、市政等重点项目尽快开工建设，使江孜县项目建设在“十三五”期间取得更大突破。

——全力以赴建设项目。重点协助推进日喀则至江孜快速通道和日亚铁路建设进程。努力实现具备条件的行政村、自然村、寺庙道路通达，力争柏油路和水泥路覆盖率达70%。解决无电村庄的供电问题，实现电力人口覆盖率达100%。进一步改善邮政通讯设施，力争通信服务覆盖城乡。加大农牧区小型水利建设，实现农村饮水安全人口普及率达100%。加快康卓水库项目及其灌区渠系工程落实，力争尽快开工建设。

——加强管理用好项目。建立健全政府财力投资项目规划、项目申报、项目审批、项目建设、项目验收、项目资金管理等一系列制度。在项目实施上，严格招投标程序，严厉打击和预防工程招标中的各种违法违纪行为，并进一步加强对项目施工过程中的监督和管理，杜绝出现“烂尾子”和“豆腐渣”工程。项目建成后，妥善确定经营主体，管理主体和责任主体，强化项目后续服务，确保项目建一个成一个，发挥最大效益。

八、全力深化改革创新

——大力推进简政放权。结合正在开展的权责清单制度改革，在体制调整的基础上，做好机构和职责整合，推进“大部门制”。加快推进不动产登记、集体土地确权登记等相关工作。稳步推行“三证合一、一照一码”制度改革。切实抓好1000万元以下项目的审批工作。认真梳理当前政府监管工作中的难点，由注重事前审批转为注重事中事后监管。

——进一步优化经济结构。推进经济结构和产业结构调整，充分发挥市场在资源配置中的作用，优化一产、提升二产，通过控制一二三产比重来提高经济运行质量的稳定性和可靠性，强化供给能力，提高生产效率，增强地方经济实力。进一步提高农牧民群众的市场经济意识，引导群众将更多的农畜产品投放市场，提高现金收入。加大农牧区商品市场建设，满足农牧民群众更多的商品需求，改善农牧民群众的生活水平，确保农牧区经济快速增长。

——不断强化科技创新。建立科技扶持基金，健全人才培养机制，加大乡村科技特派员的培训力度，壮大科技人才队伍，积极推进科技下乡、科技兴农，提高基层科技普及率。力争到2020年科技对经济社会发展的贡献率达50%以上，科学普及率达100%，并打造科普基地2——3个。

——加强对外合作交流。用好对口支援优惠政策，重点做好经济、教育、卫生、干部人才等援藏受援工作，着力从“资金援藏”向“智力援藏”转变。不断深化与上海市、浦东新区等地区的互动，加强全方位、宽领域、多层次的合作交流，促进部门间的“结对帮扶”，重点是引进科技人才和专业技术人员队伍，学习先进的经验和理念，提升江孜的软实力。

九、全力维护社会安全稳定

——提升社会治理能力。围绕“平安城市”创建要求，加大资金、技术、人员的投入，高度重视公共安全问题的预防、预警、反应和处置，建立健全社会治安、网络安全以及防灾减灾等领域公共安全体系和突发公共事件应急体系，降低刑事案件的发生率，确保破案率达90%以上。全面推进“七五”普法各项工作。加强和创新信访工作，健全社会矛盾纠纷排查调处机制，从源头上预防和化解各类社会矛盾。

——强化安全生产管理。按照“党政同责、一岗双责、失职追责”的要求，全力推进“五个全覆盖”工作开展。加大技术和装备投入，加强应急预案管理，健全救援组织指挥和协调机制。针对道路交通、非煤矿山、建筑施工等领域，持续深入开展“打非治违”和隐患排查治理专项行动，强化宣传教育和日常监管，使江孜县安全生产事故起数、伤亡人数实现“双下降”，确保安全生产形势持续稳定。同时，大力支持工青妇等人民团体工作，发挥社团组织在政府管理中的参谋和助手作用。

十、全力强化政府自身建设

——切实改进工作作风。自觉践行“三严三实”的要求，以“两学一做”学习教育活动为契机，恪尽职守、敢于担当、主动作为，大力整治慢作为、不作为、乱作为现象。大兴学习之风，勤于学习、善于思考、勇于实践，努力提高驾驭市场经济和应对复杂局面的能力。大兴调研之风，重实干、接地气、通民情，完善直接联系群众和服务群众制度。大兴务实之风，重实干、求实效，讲真话、敢担当，进一步增强政府的公信力和执行力。

——切实坚持依法行政。要用法治思维和法治方式想问题、做判断、出举措，将依法行政化为自觉，并坚持把依法行政贯穿到政府工作的各个领域、各个层面、各个环节，用法治思维和方式履职尽责。增强底线思维，严格执行重大事项公示制度、社会听证制度和政府法律顾问制度，不断规范行政决策程序。

——切实转变政府职能。真正把心思用在干事业上，把精力用在抓工作上，主动承担急难险重任务，积极化解各种复杂矛盾，扎扎实实推进工作。进一步增强服务社会、服务基层、服务群众、服务企业的意识，努力构建服务型政府。重点加强政务督查工作，切实解决领导责任不到位、推动措施不到位、落实结果不到位等问题，对县委、县政府布置的各项工作已经落实的查成效、正在落实的查进度、没有落实的查原因，确保件件有落实、件件有回音。

——切实做到廉洁行政。全面贯彻中央“八项规定”、自治区“约法十章”“九项要求”，严格遵守《中国共产党廉洁自律准则》《中国共产党纪律处分条例》和《中国共产党问责条例》，扎实履行“一岗双责”，落实好党风廉政建设主体责任，严肃查处各类违法违纪行为。严格控制“三公”经费，进一步深化公车制度改革。加强审计监督，健全审计整改长效机制。自觉接受人大的法律监督、工作监督，政协的民主监督，新闻媒体的舆论监督，确保行政权力透明、公正、规范运行。

各位代表，新一届政府使命光荣，责任重大。今天的江孜，天时、地利、人和，万事俱备；心齐、事顺、劲足，蓄势待发。让我们紧密团结在以习近平同志为总书记的党中央周围，在区党委、政府，市委、市政府和县委的坚强领导下，凝心聚力、攻坚克难，坚定信心、主动作为，为圆满完成未来五年各项工作目标任务、确保到2020年全面建成小康社会而努力奋斗！

江孜县人民代表大会常务委员会工作报告

——在江孜县第十三届人民代表大会第一次会议上

2016年9月2日

江孜县人民代表大会常务委员会主任 张 峰

十二届人大工作回顾

江孜县第十二届人大常委会于2012年7月依法选举产生并行使职权。2012年以来，县人大常委会在自治区人大常委会、市人大常委会的指导和县委的直接领导下，坚持以邓小平理论和“三个代表”重要思想、科学发展观为指导，按照自治区、日喀则市和县委对人大工作的要求，围绕中心，服务大局，突出重点，务求实效，认真履行宪法和法律赋予的职责，各项工作在历届人大及其常委会奠定的基础上，取得了新进展。2012年以来，共召开常委会会议26次，听取和审议“一府两院”专项工作报告25个，开展执法检查49次，作出决议、决定28项，依法任免国家机关工作人员260人次，圆满完成了县十二届人大各次会议确定的目标和任务。

一、围绕经济建设中心，依法履行职能

常委会紧紧抓住经济建设中的重要问题，认真进行审议，加大监督力度，必要时作出决议、决定，依法行使重大事项决定权和监督权，促进全县经济发展和社会进步。

（一）促进经济发展

2012年以来，常委会认真实施监督法，认真听取审议“一府两院”专项工作报告，对产业结构调整、重点工程建设、招商引资计划、农业产业化经营、农业资源开发利用、科技创新、引进和利用高科技项目、旅游产业开发等报告进行了重点审议，提出了积极的意见建议。如城市和重点工程建设，一直是人大常委会监督和关注的重点，在过去的几年里，县人大常委会有效跟踪监督县政府完成了乡村道路工程，440套周转房建设、文化站工程，7个社区服务中心，残疾人综合服务中心、人畜饮水工程，安居工程等项目的建设，对发现的质量、管理等问题，及时向县人民政府提出了建议和意见，得到了县人民政府的积极采纳，确保了江孜县经济健康有序发展。坚持抓大事、议大事的原则，每年听取审议上年财政预算执行情况报告、上年全县财政预算执行及其他财政收支情况工作报告、县政府关于办理人代会期间代表提出建议的报告，审查批准上年财政预决算。常委会还根据全县经济社会发展的实际，在听取审议相关工作报告的基础上，审查批准了县政府财政收支预算调整方案，有力地推动了江孜县经济建设。

（二）促进社会发展

2012年以来，常委会听取了江孜县小城镇建设、历史文化名城保护、脱贫攻坚计划、城市交通和市容市貌管理等工作，常委会十分关注城市建设和文化名城的保护工作，在大力发展县旅游业的同时，审议并批准了《日喀则地区江孜县县城区控制性详细规划》，严格按照《规划》审议每次规划变更，为保护历史文化名城守好了最后一道防线。推动解决社会热点、难点问题，重点听取了县政府关于辍控保学、农村合作医疗、社会保障资金使用和管理等工作情况的汇报。在听取农村合作医疗汇报工作中，对汇报中提到的医疗报销金额较大的情况下，因县农行大额支现额度每天为五万元，给农牧民提取医疗报销费带来不便，群众反映较大，人大常委会在多次调研的基础上，与县农行协调，反映代表及群众意见，得到县农行采纳，对农牧民医疗报销大额提现不需预约，不限额度，推动了问题解决。针对目前存在的食品安全问题，要求县政府加快农产品质量安全卫生标准建设，抓好“三品”一标生产基地建设，建立健全检验检测监管体系，把好市场准入关，切实保障千家万户食品质量安全。

二、发挥主导作用，推进依法治县

常委会认真贯彻依法治国方略，抓住关键环节，不断总结探索，积极发挥在依法治县中的主导作用。

拓展依法治县内容。结合“六五”普法的契机，重点推动领导干部、执法人员和青少年学法，同时督促“三公开”和行政审批制度改革。采取参加庭审活动，督促“一府两院”进一步明确执法主体，划清执法范围，分清执法职责，规范执法程序，2012年以来参加法院庭审活动16人次，促进了司法公正。经过不懈努力，全县学法活动广泛开展，“三公开”普遍推行，审批制度改革初见成效，依法治县工作不断深化。

扎实开展执法检查，每年选择2—3部法律法规，对其贯彻实施情况进行检查。2012年以来，先后对环境保护法、安全生产条例、道路交通安全法、食品安全法等10部法律法规在江孜县的贯彻落实情况进行检查，有效推动了法律法规的实施。2012年以来，共组织代表20余人次参加了执法检查活动。针对道路交通安全法中发现的道路交通安全管理、农用车违法上路、老百姓违规驾驶三轮摩托车等方面的问题，要求交管部门，及时研究解决方案，打击非法行驶，努力开创交通管理工作新局面。

此外，还配合自治区人大常委会、市人大常委会对多部法律法规进行了执法检查，对执法检查中发现的问题提出了意见建议。

三、依法进行人事任免，不断完善评议工作

县常委会认真贯彻落实县委意图，充分发扬民主，严格依法办事，认真行使人事任免权。任期里，县十二届人大常委会依法任免县人民政府副县长13名，县人民政府所属正科级干部32名。县人民法院副院长、庭长、副庭长、审判委员会委员21名。县人民检察院副检察长、检察委员会委员、检察员8名。为强化人大监督力度，发挥代表作用，推动“一府两院”工作，人大常委会对被人大任命的同志进行任职期监督，不定时听取工作汇报，不断摸索工作评议方式方法，对如何进一步增强评议工作的针对性、权威性和实效性进行了探讨，为今后的评议工作打下了良好的基础。

四、加强与代表的联系，切实发挥代表作用

常委会不断提升代表能力，紧紧依靠代表依法行使职权，充分发挥代表在管理地方国家事务中的作用。

（一）是加强代表培训。提高代表履职能力，增强代表责任意识，对实现江孜县经济社会发展各项目标任务具有十分重要的意义。为进一步增强人大代表宗旨观念、大局观念、法制观念、纪律观念，提高人大代表的政治思想素质和依法履行代表职务的能力，增强人大代表依法履职意识，2012年以来，县人大常委会先后组织66名人大代表赴外地学习考察，9名代表参加各级人大组织的培训，县人大常委会还对十二届人大812名代表进行了巡回培训，2015年6月对24名县乡两级人大代表进行了集中培训。

（二）是认真督办代表建议。每年县人代会后，县人大常委会及时将代表提出的建议、批评和意见归纳整理，专门组织有关部门召开移交会议，一一落实。年中组织检查，并安排专人跟踪督办落实。2012年以来，代表共提出建议521件，其中当年解决255件，受条件限制和政策原因不能解决的20件。建议办理的答复率达100%，建议办理的解决率逐年提高，从2012年的42.5%上升到

2015年的48.94%，满意率也在不断提高。县十二届人大八次会议期间，代表共提出建议84件，目前正在督办中。

（三）是打造代表履职平台。为更好地发挥代表作用，在闭会期间充分调动代表履职热情，自2013年开始，用一年多的时间，投资84万元，建成县、乡两级“人大代表之家”20个，“人大代表小组”74个，建成投入使用以来，逐步建立健全了管理制度，人大代表开展活动登记制度等，为代表闭会期间开展活动，履行职责提供了场所。

（四）是积极开展代表活动。为了充分发挥人大代表的作用，县人大常委会在充分调研的基础上，建立和完善了基层人大代表活动制度，就近监督和参与乡（镇）政府和村（居）委会的工作，保障了党和国家的政策与法律、法规在基层的贯彻落实，同时还组织各级人大代表在本县范围内开展代表视察工作，积极参与经济建设和创业致富活动。2012年以来，常委会组织代表们在县域内、县域外调研、视察9次，增强代表的主人翁责任感和履职积极性，形成16篇调研报告，调研、视察范围涉及产业发展、旅游业发展、环境保护等方方面面，提出各类建设性意见、建议50余条。

五、精心组织指导换届选举，加强地方政权建设

2014年成功选举产生日喀则市第一届人大代表14名。2016年按照自治区党委的安排，全区县乡两级人大换届选举同党委换届同步开展。为做好江孜县今年的换届选举工作，常委会针对因贯彻落实有关精神带来的新情况、新问题，及时组织调查研究，利用各种媒体，有针对性地开展宣传，营造浓厚的换届选举氛围，紧紧依靠县委领导，精心部署安排，充分发扬民主，严格依法办事，整个换届选举工作进展顺利，选举产生江孜县第十三届人民代表大会代表131名，其中大专以上学历71人，54岁以下114人。乡级人大代表732名，其中，初中以上学历204人，54岁以下558人，在结构上较上届有明显改善，结构进一步优化。选举产生了新一届乡（镇）人大主席19名，政府乡（镇）长19名，副乡（镇）长45名，班子配备更合理、更完善。

六、加强自身建设，不断提高履职能力和水平

为了适应改革开放和民主法制建设的新形势，常委会不断加强和改进常委会及机关建设，努力提高工作水平和实效。

（一）抓好常委会机关建设。一是努力提高常委会组成人员素质，提升工作水平。常委会把邓小平理论、“三个代表”重要思想、科学发展观、习近平系列重要讲话作为理论学习的中心内容，认真学习贯彻中共十八大，十八届三中，四中，五中全会，区党委八届七次，八次全委会和中央第五、六次西藏工作座谈会精神，积极参加每月一次的理论中心组学习会。强化学习《中华人民共和国各级人民代表大会监督法》和《西藏自治区实施〈监督法〉的办法》，提高人大依法监督能力和工作实效。二是努力改善机关条件，提升工作实效。制定了机关工作细则，规范机关工作流程。制定机关作风建设方案，改进思想和工作作风。每月1次以支部学习的方式，组织机关干部认真学习理论、法律和业务知识，不断提高队伍素质。重视机关干部的培养、提拔和使用，激发和调动工作积极性。推行机关信息化建设，办公室软件建设得到改善，自2015年党政信息网建成以来向县委、网信办发送人大工作信息150余条，向各乡（镇）、各单位发送公文70余份。

（二）坚持联系乡（镇）人大工作。深入各乡（镇），调研、检查、指导各乡（镇）人大工作，进一步规范人大工作机制，健全工作制度。在县人大常委会的指导和支持下，各乡（镇）积极组织代表开展视察、调查等活动，紫金乡、江孜镇在“人大代表之家”创建过程中，组织乡级人大代表前往兄弟县学习视察，调动代表建言献策积极性，有效地促进了乡（镇）“人大代表之家”建设。

2012年以来，在全县代表的共同努力下，县十二届人大常委会的工作取得了一定的成绩，较好地完成了各项工作任务，但是对照宪法、法律的规定和人大代表、人民群众的期望，常委会工作还存在一些不足之处。主要是：人大制度的宣传还需进一步加大，监督方式还需进一步拓宽。

联系代表工作不够深入，代表活动质量还需提高，代表履职意识、履职能力有待进一步增强。对讨论决定重大事项制度的执行还不够严格。县乡两级人大上下联动水平有待进一步提升。县人大常委会及其工作人员的业务素质还需进一步提高。常委会机关自身建设还需加强，在推进依法治县和构建和谐社会中的作用有待进一步发挥等等。这些问题都需要我们在今后工作中高度重视，采取有效措施不断加以解决。

今后五年主要工作

各位代表，新一届县人大常委会在这次会议上就要选举产生。新一届人大任期的五年，是江孜县脱贫攻坚，全面建设小康社会，努力实现科学发展、跨越发展的五年，也是推进依法治县、促进人大工作整体提升的五年。做好新一届人大工作，使命光荣，任务艰巨。我们的指导思想是高举中国特色社会主义伟大旗帜，以“三个代表”重要思想、科学发展观为指导，深入贯彻落实中央第六次西藏工作座谈会精神，坚持党的领导、人民当家做主、依法治国的有机统一，牢固树立政治意识、民主意识、大局意识和责任意识，在市人大及县委的正确领导下，依法履行各项职责，充分发挥代表作用，进一步开创人大工作新局面。

一、拓宽工作思路，认真贯彻落实县委的决策部署

常委会要始终坚持在县委的领导下开展工作，找准人大工作的切入点和着力点，既要严格依法履职，又要注重创新各项工作，围绕县委的决策部署，在工作谋划上突出推动科学发展、在重点布局上突出促进改善民生、在基本方法上突出有效监督、在途径选择上突出探索创新，推动人大工作不断发展进步，努力在促进江孜县科学发展、跨越发展中发挥作用，有所作为。

二、加大监督力度，着力推动科学发展和民主法制建设

常委会要认真贯彻实施《监督法》，依法规范监督形式，严格执行监督程序，努力增强监督实效。一是加强对“一府两院”及其组成部门的工作监督，每年一次听取检法两院和政府职能部门专项工作报告，推动“一府两院”依法行政、公正司法，维护社会公平正义。二是始终围绕“十三五”期间经济发展大局，对全县脱贫攻坚工作、农牧业发展、文化旅游业发展、民生保障、固定资产投资落实情况、全口径预决算及群众反映的普遍问题展开重点监督，做到关心“热点”、关注“焦点”、督促“难点”，为政府决策和全县社会经济发展提供来自最基层的意见建议。三是每年年底有选择地对“一府两院”及其职能部门工作开展情况进行评议，依法对人大选举或任命的国家工作人员开展任后监督。四是加大对信访件的督办力度，有效化解社会矛盾，促进社会和谐稳定。

三、进一步加大执法检查力度，确保国家法律法规顺利实施

今后五年，我们要积极配合自治区人大、市人大，进一步加大对江孜县的执法检查力度，重点检查《西藏自治区实施〈中华人民共和国土地管理法〉办法》《西藏自治区实施〈中华人民共和国水利管理法〉办法》《义务教育法》《新环境法》《西藏自治区实施〈中华人民共和国食品卫生法〉办法》《西藏自治区实施〈中华人民共和国药品管理法〉办法》《中华人民共和国选举法》《西藏自治区实施〈中华人民共和国矿山安全法〉办法》等法律法规在江孜县的执行情况，确保法律法规的贯彻实施，促进司法公正，维护社会公平正义，推进依法治县进程。

同时，要按照宪法赋予人大常委会的权力，加强对人民法院、人民检察院的执法检查力度，重点检查“两院”执行《宪法》《组织法》《诉讼法》《法官法》《检察官法》等法律法规情况，检查“两院”对重大案件的公诉、审判情况，以及诉讼、监督情况，确保司法公正。

要按照全县社会经济发展情况，建议政府尽快制定城市用水、城市市容、水土保持、自然资源保护等管理办法，把江孜县经济建设和各项事业的发展不断纳入法制的轨道，进一步加快江孜县依法治县的步伐。

四、严格规范程序，继续行使好重大事项决定权和人事任免权

常委会要始终抓住带有全局性、根本性、长远性的重大问题，认真听取人大常委会组成人员和人大代表的意见，依法行使重大事项决定权，不断推进决策的科学化、民主化，保证国家计划和国家预算的执行。重点听取和审查、批准县国民经济和社会发展计划执行情况及县预算执行情况的报告，并作出相应的决议、决定。常委会要始终坚持党管干部和依法任免干部相统一的原则，以高度的政治责任感，依法做好人事任免工作，落实人大常委会任职干部任前考核制度、任职宣誓制度、任期年底评议制度。

五、不断探索创新，进一步发挥人大代表积极作用

常委会要始终坚持密切联系代表，了解代表心声、集中代表智慧、发挥代表作用、凝聚代表力量，依靠代表开展工作。新一届代表产生了，常委会将在本次会议结束后，陆续对县乡两级人大代表们进行依法履职的培训，组织代表学习《代表法》《监督法》等法律，使人大代表能够积极、正确的履行好宪法赋予的各项职责。

县人大及其常委会要经常深入基层，以常委会主任、副主任包乡为基础，每两月一次下基层帮助和指导乡镇人大依法开展监督工作。乡（镇）人大要依照宪法赋予的职责，围绕乡（镇）中心工作，每年组织代表开展2—3次监督、检查，为乡（镇）发展提出意见建议，推动乡（镇）政府依法行政，稳步发展。

要充分利用“人大代表之家”“人大代表小组”的平台作用，将闭会期间代表活动作为代表工作的重点来抓，不断完善代表工作机制，为代表依法履行职务提供服务保障，进一步发挥代表积极作用。

人大常委会要邀请人大代表列席常委会议和专题会议，每年组织人大代表参加执法检查和专题调研、视察活动3次以上，不断拓宽代表工作渠道，扩大人大代表对县人大工作的参与程度，真正行使人民当家做主的权力。人大代表也要不断提高自身素质，要牢固树立人民代表一切为人民的宗旨，进一步增强责任心和使命感，要敢为人民鼓与呼。

六、坚持学习实践，进一步加强人大机关自身建设

常委会要始终按照“政治坚定、业务精通、务实高效、作风过硬、团结协作”的目标要求。

（一）加强思想政治建设。不断提高县人大常委会及其组成人员和县、乡两级人大代表的政治素养、思想境界，始终坚持正确的政治方向。

（二）加强业务能力建设。坚持把宪法和相关法律列入县人大常委会党组及人大机关学习内容，通过学习、实践和不断创新，增强素质、提升能力、促进工作。

（三）加强制度建设。把贯彻民主集中制放在突出位置，充分发扬民主，努力提高常委会会议的审议质量和水平。

（四）加强队伍建设。在配强配齐乡（镇）人大主席的基础上，配齐人大干事。进一步加强对乡（镇）人大工作的指导，引导乡（镇）人大工作更加规范有效。出台人大干部管理机制，制定考评细则，调动人大干部工作积极性。建立县、乡两级人大代表履职信息档案，确保人大代表发挥好职能作用。

（五）加强作风建设。深入基层群众，联系基层代表，改进工作作风，提升工作效能。

（六）加强廉政建设。落实反腐倡廉各项规定，努力打造一支信念坚定、清正廉洁的人大队伍。

各位代表，历史赋予我们的使命光荣而艰巨，人民对我们的期望殷切而厚重。让我们在县委的正确领导下，振奋精神，凝心聚力，以蓬勃的朝气、昂扬的斗志、实干的作风，再接再厉，乘势前进，为全面开创江孜县人大工作新局面，实现江孜跨越式发展做出更大的贡献！

政协第八届江孜县委员会常务委员会工作报告

——在政协第九届江孜县委员会第一次会议上

2016年9月3日

江孜县政协党组书记、主席 次 罗

总结回顾过去的五年工作

五年以来，政协江孜县委员会在市政协的精心指导下，在江孜县委、县政府的正确领导和大力支持下，高举爱国主义和社会主义旗帜，深入学习贯彻中共十八大以来的重大会议精神和习近平总书记的系列重要讲话精神以及党中央关于对西藏工作的指导思想和治藏方针，紧密团结和带领广大政协委员和各族各界人士，牢牢把握团结和民主两大主题，围绕中心，服务大局，切实履行政治协商、民主监督、参政议政职能，为促进江孜县经济社会发展，维护局势稳定做出了积极贡献。

一、筑牢思想政治基础

坚持以建设学习型政协组织为抓手，把学习教育摆在首位，贯穿始终。每年根据各级党委的要求，认真制定理论学习和专项教育活动方案。采取委员双月座谈会、每周支部理论学习、委员培训、常委以上轮流讲座等形式，及时传达中共十八大以来重大会议精神和三级“两会”精神，学习习近平总书记系列重要讲话，特别是关于人民政协的新思想、新论断、新要求，学习俞正声主席有关讲话和指示精神，学习《中共中央关于加强人民政协协商民主建设的实施意见》，学习区党委、市委、县委的重要会议精神。五年来，先后举办了专题学习会，委员培训班，知识讲座等15期（次）。通过系统学习，广大委员和政协干部职工坚定了政治信念、共同理想、原则立场、宗旨意识，增强了协商为民、履职为民的责任感、荣誉感和使命感。

二、助推县域经济发展

坚决贯彻习近平总书记关于“懂政协、会协商、善议政”的重要指示和俞正声主席关于“政协不是靠说了算，而是靠说得对”的履职要求，以及对西藏政协工作提出的“把政协作为一个平台，大家共同商量，共同研讨，使民族团结搞得更好，藏传佛教发展得更好，老百姓的生活改善得更好”的要求。始终把助推发展作为政协履职的第一要务。以议政建言，献计出力，坚持用事实说话，用数据分析的工作原则，选择现代农业、新型特色城镇化建设、文化旅游业发展、生态环境保护与建设、民族手工业的发展等10多个课题，集中政协优势资源积极开展调研议政，每年形成调研报告2份以上，提出提案建议70多件，受到党委政府的高度重视，提案答复率达到100%，为江孜县科学谋划发展提供重要参考。

三、推进了社会局势持续稳定

坚决贯彻落实习近平总书记“治国必治边、治边先稳藏”的重要战略思想，坚持把维护社会稳定作为硬任务和第一政治责任，发挥政协作为大团结、大联合组织的优势作用，在履职实践中广泛汇集实现长治久安的正能量。坚决贯彻中央确定的反分裂斗争方针和区党委维稳“十项措施”，围绕创新社会治理体系，提高社会治理能力，办好利民惠民、利寺惠僧的各项实事，开展调研12次，形成报告12份。

政协班子成员每年完成县委关于敏感时段、重要节点的维稳督导外，深入各自联系乡镇、村（居）、学校、寺庙全程督导维稳工作，办公室工作人员每年轮流进驻到重孜乡番琼村完成驻村各项任务，帮助村“两委”认真落实各项维稳措施，积极引导群众投身到先进“双联户”创建评选活动和群防群治队伍的建设中，为基层一线筑牢反分裂斗争和维护社会稳定的第一道防线起到了积极的作用。

发挥宗教界委员的优势作用，在各自所在的寺庙中不仅起到爱国、爱民、弘扬佛法、遵规守法的典范，还能紧扣寺庙“六个一”“九有”，创新寺庙管理等深入调研，提出了很多宝贵的意见建议，坚持不懈地引导广大僧众与十四世达赖集团划清界限，有效地促进了宗教和睦、佛事和顺、寺庙和谐。

四、发挥了团结统战功能

坚决贯彻习近平总书记“加强民族团结，建设美丽西藏”的重要指示精神，在履职实践中加强民主协商和团结联谊，最大限度地凝聚和增进共识，巩固和扩大团结。开展了形式多样的谈心交心、协商讨论、茶话座谈、政策宣传、通报情况等活动，最大限度地把各族各界人士团结在党的周围。鼓励政协委员联谊交友，把协商的过程作为增进了解、加深理解、消除误解、取得谅解的过程，汇聚改革发展稳定的强大合力。每年三大节日来临之际举办政协委员、统战爱国人士、工商联会员代表人士喜迎春节藏历年茶话会，召开夏季林卡座谈会等，共商国是、共谋发展、共话友谊，不断扩大团结面，走访慰问各界统战爱国代表人士、老委员共170余人次，让他们深切感受到党的关怀和政协之家的温暖，组织委员参加民族团结宣传月和民族团结进步创建活动，在庆祝西藏自治区成立50周年期间，积极开展“两谈两促”宣讲活动和市县两级组织的书画比赛，受到了各级党委政府的高度评价。

五、推进了协商民主建设

坚持把调查研究作为推进政协协商民主的重要抓手，政协常委会组织委员率团赴拉萨市、阿里地区、青海、兰州、上海等五地（市），30多个县（区），围绕推进政协协商民主制度化建设调查研究，实地参观学习上述单位的成功工作经验和先进工作理念，特别是上海浦东新区的“专题协商层次高，对口协商专业性强，界别协商联系面广，提案办理协商推进扎实，基层民主协商务实高效”的协商工作经验，对我们今后更好地开展协商民主工作起到了推波助澜的作用。通过举办议政性常委会、界别协商会、提案办理协商会、项目验收、委员视察、专题调研等形式，积极探索协商民主的方法及程序，到目前已举办议政性常委会3次，以基本农田保护、文化产业发展、城镇居民生活现状等为主要议题的专题性协商9次，形成提案198份，召开座谈会10次，提出意见建议12条，进一步推进了江孜县政协协商民主建设，同时为党委政府决策提供参考依据。

六、狠抓了文史资料收集工作

在县委、县政府大力支持和政协文史资料领导小组精心安排部署下，自2015年4月开始，广大委员积极收集整理各自辖区的历史、人物、事件、名胜古迹、寺庙历史、非遗文化、人文习俗、民歌等方面资料，到目前为止已收集整理出全县32座寺庙的历史资料和部分民歌、非遗文化、名人事迹等方面相关资料，同时出版了《政协第八届江孜县委员会资料选辑》。

七、强化了政协机关自身建设

发挥政协党组核心作用，确保党的大政方针和决策部署在政协得到全面贯彻落实。我们始终坚持解放思想、实事求是、与时俱进，主动适应新形势新任务的要求，不断强化理论武装，强化队伍建设，强化制度建设创新。进一步理顺政协常委会、党组工作会、主席办公会、机关支部学习会的关系，明确班子及其工作人员的职责分工。

（一）规范政协机关制度

去年首次出台《江孜政协各类制度汇编》，充实了学习、调研、会议、议事等内容，加大了委员服务和管理力度，并建立委员履职档案，调动委员参政议政的积极性、主动性，切实推进政协工作制度化、规范化建设。深入开展党的群众路线教育实践活动和“三严三实”专题教育，“两学一做”学习教育，使政协机关的党员干部得到党性锻炼，升华了理想信念，增强了公仆意识，转变了工作作风。

（二）开展强基惠民和精准扶贫工作

积极响应精准扶贫结对帮扶和“百企帮扶百村”的要求，从2015年开始政协班子成员及工作人员共结对认亲19户贫困家庭，开展结对帮村等活动，摸清底数并帮助他们理清脱贫思路，年前为每户解决慰问金2000元以上。各界别委员都积极参与当地基础设施建设，精准扶贫项目建设和义务帮扶慰问等活动，特别是经济界委员发挥自身优势明显，深受广大群众的高度赞扬。

我们也清醒地认识到，面对新的形势、新的任务，政协工作依然存在着一些不足之处。主要表现在：委员履职能力有待进一步提升，委员老龄化、文化程度偏低较为明显；履职成果的转化仍需进一步加大；协商民主的办法需进一步拓宽；民主监督的广度和深度需进一步加大；调查研究工作需进一步加强等。以上问题都需要在今后工作中认真加以解决。

今后五年工作目标和主要任务

各位委员、同志们，政协八届江孜县委员会委员只有65名，其中常委13名，通过此次换届委员名额将要增加到115名，常务委员增加到24名，共分8个界别，委员结构更加合理，在现有的基础上重点推荐了乡村两级干部、青年创业能手代表、妇女代表、少数民族代表、文化艺术界代表、使人民政协的广泛性、代表性、包容性得到进一步体现。即将产生的政协第九届江孜县委员会，其任期的五年将是江孜县加快推进经济社会跨越式发展，全面建成小康社会的关键时期，做好五年工作，意义重大，影响深远。五年的工作任务将会更加繁重，肩上的责任将会更加重大。

今后五年工作总体思路是：全面贯彻落实中共十八大以来的各大会议精神及中央第六次西藏工作座谈会精神，深入贯彻落实习近平总书记系列重要讲话精神，特别是“治国必治边、治边先稳藏”的重要战略思想和“加强民族团结，建设美丽西藏”的重要指示，认真贯彻落实区党委、市委和县委决策部署，紧密围绕江孜县“十三五”规划，努力实现全面建成小康社会宏伟目标，突出团结和民主两大主题，团结和带领广大政协委员，深入基层，主动服务，积极作为，强化协商民主能力建设，促进社会长治久安，提高参政议政水平，加强委员队伍建设，切实发挥政协职能作用，为完成江孜县“十三五”目标任务献良策、建良言做出新贡献。

一、坚定政治方向，强化思想理论建设

（一）加强理论武装，努力建设学习型政协组织

深入学习贯彻中共十八大以来会议精神、习近平总书记的系列讲话精神和中央第六次西藏工作座谈会精神，学习《中共中央关于加强人民政协工作的意见》和中国特色社会主义新的理论和党的各项方针、政策、法规，《政协章程》和《提案工作条例》等，深化思想认识，把坚持和保证党的领导贯穿于政协工作始终，自觉与党中央保持高度一致，始终做到与县委在思想上同心、目标上同向、工作上同步，不断提高业务素养和水平。

（二）注重学习载体，强化培训效果

以贯穿落实中共中央《关于加强社会主义协商民主建设的意见》《中国共产党统一战线工作条例（试行）》《政协章程》《江孜县政协委员管理办法》等为重点，采取集中学习、委员培训、每双月学习座谈会等灵活多样的方式，不断增强政协机关与广大政协委员的协商民主意识和履职能力。通过学习，使广大委员对人民政协工作有更深层次的认识，进一步明确政协工作的性质、定位、职责、任务、地位和作用，从而推动履行好“政治协商、民主监督、参政议政”职能

的新进展，每年举办2次以上提案、协商民主、文史资料和时政要闻为内容的委员培训，进一步提升委员的综合素质。

（三）牢固树立履职信心

政协是党领导有序开展政治协商、民主监督和参政议政的重要平台和渠道，是团结有不同观点的人为共同目标而奋斗的统一战线组织。我们每一位政协委员只有积极发挥委员作用，才能不辜负人民的重托。积极组织学习“五大发展理念”和“四个全面”的重要内涵，便于委员们尽快了解和掌握经济建设领域的总体目标、基本形势、主要方向。坚持讲政治、站稳立场，必须始终牢记“发展是第一要务”“稳定是第一责任”的思想意识，坚持从政治上、全局上考虑问题，识大体、顾大局，在思想上、政治上、行动上与党中央保持高度一致，要在反分裂问题上坚定立场，做到旗帜鲜明、行动坚决，做到维护祖国统一和民族团结的典范。

二、围绕中心、服务大局

（一）围绕党委、政府中心工作协商议政

根据县委政府中心工作，全面推动现代农业、新型城镇化、文化旅游、传统民族手工业发展等重点内容，积极组织引导政协委员协商议政，围绕“现代农业立县、科技教育兴县、文化旅游富县”的总体目标出实招、献良策。加强视察调研与协商议政衔接，以调研促进协商质量提高、以协商促进调研成果转化，进一步规范协商程序，突出协商重点，提高协商议政成效。认真营造宽松和谐的议政环境，形成畅所欲言、各抒己见、合法依章的良好协商环境，在议题的选择上，要从党委政府关心，人民群众期盼，政协有能力做好的课题入手，坚持问题导向，精心选准协商课题，不求题目大，力求中要害。每年制定协商工作计划，完成3个以上协商议题。

（二）围绕民生建言献策

紧紧围绕“十三五”规划、推进“精准扶贫、精准脱贫”、推进农业现代化、发展文化旅游、民族手工业等重点领域，主动开展调研视察，积极参政议政。各界别委员要认真筛选视察调研课题，精心安排并深入开展视察调研，为江孜县经济社会发展、全面建成小康社会多谋长远之策，多建实际之计，多献务实之策。同时，广大政协委员要按照“以人为本、统筹兼顾、协调发展、政府引导、市场运作、生态环保”的原则。每年组织2次以上委员视察调研活动，为县委、县政府提供数据参考依据。

（三）拓宽民主监督渠道

通过协商民主座谈会，向委员解读政府工作报告和江孜县脱贫攻坚实施方案，通报社会经济发展形势。经常性地对各种专项资金的管理使用、项目建设领域、执法执纪领域、机关作风建设、老百姓普遍关心、关注的热点、难点问题等方面进行民主监督，认真组织委员视察活动，履行政协及其委员民主监督职能，坦诚提出意见、建议，及时了解和反映党委、政府不易发现的群众疾苦和社会问题，避免或减少工作中的失误。

在往常的政协工作中，民主监督的方式局限于参与项目验收和委员视察、提案、调研报告，其形式单一、监督领域不广、触角深度不够，组织化程度低，委员参与面不广等问题极大地影响监督的开放性、权威性、时效性。因此，我们将民主评议引入政协，创新民主监督形式，以政协常委会民主评议形式，就党政部门和公共管理部门的工作向党委、政府提出意见，并对国家机关及工作人员的工作进行民主监督，也可以对县委、县政府重大决策、重大事项的执行情况进行动态监督。通过民主评议把社会分散的意见、建议集中起来，归纳分析提炼后向决策机关反映，通过广泛倾听各界群众的呼声，对党政部门在工作中是否执行上级各项方针、政策，政令是否得到落实，是否有不作为乱作为，是否廉洁从政等问题进行有效监督，不断增强党政部门的决策力、执行力、公信力。同时，积极探索让委员进乡村（社区），充当村居两委监督委员会成员。

（四）增强提案办理实效

完善提案办理沟通协商互动机制，不断总结完善提案办理答复之前共识协商、办理协商、落实之后回访协商，切实增强提案办理协商实效。在提案办理过程中，加强与提案承办单位的沟通协调，及时指导督促、跟踪检查提案办理工作。组织委员开展提案知识培训，帮助委员提升提案撰写水平，切实提高提案质量，不断推进提案从数量型向质量型转变。提案组每年要召开2次重点提案督办会议，抓好重点提案的督办工作。同时，适时组织委员、承办单位开展1–2次重点提案办理协商会，确保提案办理取得实效，发挥提案作用。

（五）进一步加大文史资料收集工作

坚持秉承文史资料“存史、资政、团结、育人”功能，继续整理收集江孜县域民族解放事业、传统文化、民风民俗、自然资源、名胜古迹、寺庙历史、非遗文化等文史资料，争取早日形成书籍出版。

（六）加强与兄弟单位团结联谊工作

密切与各族各界人士的广泛联系和相互合作，主动邀请他们参加政协的视察调研活动，认真听取意见建议，努力营造民主协商、平等议事、和谐相处、生动活泼的议政氛围。精心接待区内外兄弟单位来访参观和学习考察交流，广泛联谊交友，积极宣传推介江孜。加强与区内外兄弟政协的横向联系，每年拟组织1–2次县外学习考察活动，借鉴兄弟政协先进工作经验，提升委员的履职能力和水平。

三、加强团结协作，努力维护社会稳定

（一）筑牢维稳工作思想基础

广大政协委员要充分认识反分裂斗争的长期性、艰巨性和复杂性，牢固树立稳定压倒一切，现在的幸福生活是来之不易的思想，并以此来教育和引导各族各界人士和群众，努力构建维护祖国统一、反对分裂、加强民族大团结的思想堡垒，切实维护社会稳定、维护祖国统一、维护民族团结。

（二）发挥宗教界人士的优势

宗教界委员要发挥联系信教群众广泛、影响力强的优势，积极带头深入开展“爱国爱教、持戒守法、助民为乐”主题宣传教育活动，要在促进藏传佛教健康发展等工作中以身作则、带头模范；要利用自己的言行影响带动广大僧尼和信教群众爱国、守法、爱教、爱民；要充分发挥宗教界委员与信教群众联系紧密、影响力大的独特作用，积极引导宗教与社会主义社会相适应，促进社会和谐稳定。政协机关干部要继续做好联系重点寺庙和宗教界委员代表人士的工作，发挥宗教界人士在维护社会稳定中的重要作用，与宗教界委员共同努力把寺庙建设成为爱国爱教、管理规范、信教群众满意的宗教活动场所。

在维稳工作中依靠委员在政治上的可靠性，界别上的广泛性以及在群众中威望高的优势，研究探索委员成为情报信息收集员、化解矛盾解铃人、疏导情绪教导员、社情民意信息员，让委员进乡村（社区）担任政治顾问、思想道德领域的开导员。

四、心系群众，为民解困

（一）要深入体察民情，积极传达民意

政协委员来自于民，是社会各族各界的代表人士，与群众联系广泛。我们一要主动到群众中去，与群众沟通，倾听他们的心声，了解真实的社情民意，做好群众工作；二要进一步拓宽反映民意的正常渠道，方便民意的诉求；三要深入实际、深入基层、深入群众，做到知民情、解民忧、暖民心，多办利民惠民的急事难事，多干群众满意的实事好事，尤其是经济界委员发挥自身优势，为江孜县产业发展，改善民生等方面多献计出力；四要围绕群众普遍关心的就业、教育、医疗、物价、社会保障等民生问题展开调研视察，抓住群众关心的重点、难点、热点问题，并及时反映民意，提出解决民生问题的对策和建议，发挥好党委政府与群众之间的桥梁作用，努力做到情为民所用、利为民所谋，为县委、县政府提供社情民意信息、社会动态和决策参考。

五、加强队伍建设，提高委员整体素质

（一）政协委员要充分发挥委员主体作用

一要做好委员履职培训，扎实开展提升委员履职能力工作。巩固“两谈两促”活动成果，进一步发挥委员主体作用，不断提高政协委员履职能力水平。二要加强委员管理。严格实施《政协江孜县委员管理办法》，全面考核委员履职情况，对委员参与政协会议和各项活动建立考勤制度，做好委员履职记录，建立健全委员履职档案，实行委员履职奖惩机制和进出机制，有效调动委员履职的积极性和主动性，不断提高委员履职能力和素质。

（二）充分发挥委员基础作用

突出界别特色，研究探索政协机关和各界别共同发挥作用的有效机制，不断扩大政协的团结面和包容性，建立委员联系机关企事业单位、乡村、寺庙制度，充分调动各界别委员参政议政的积极性。加强和改进视察调研、提案办理协商、文史资料、政协理论研究、对外交往和联谊交流、反映社情民意等经常性工作，使政协工作更加科学有序，进一步完善与上海浦东新区对接联谊机制。

六、进一步开创团结统战工作新局面

政协作为大团结大联合的组织和人民民主的重要形式，主要就是做民主协商和团结联谊的工作，以发扬民主的形式，达到巩固和扩大团结的目的。要坚决贯彻《中国共产党统一战线工作条例（试行）》，坚持求同存异、包容共济，正确处理一致性和多样性关系，正确处理各民族、宗教、界别的关系，扎实做好争取人心、汇聚力量的工作。坚决贯彻党的民族宗教政策，积极引导各族群众增进对伟大祖国的认同、对中国共产党的认同、对中国特色社会主义道路的认同，最大限度调动一切积极因素和增加和谐因素。通过召开界别委员座谈联谊会、定期走访委员等形式，沟通思想、交换看法，使矛盾在协商中化解、分歧在讨论中趋同，努力在联谊交往中搞好大团结大联合。

七、加强政协机关自身建设

加强自身建设是人民政协履行职能的重要基础和保障，着眼江孜县协商民主事业发展全局，要从战略和全局的高度，充分认识肩负的重要责任，开拓创新，不断提高政协工作科学化水平，提供委员知情明政、履职尽责平台，努力建立健全服务委员联系机构，建立委员履职考评制度、奖惩制度，进一步发挥委员主体作用。

加强政协机关思想、组织、队伍、能力、作风、制度建设以及相应的基础建设，努力构建“学习型、服务型、效能型、创新型、和谐型”机关，合理安排委员培训，争取在任期内对委员每年轮训一遍，努力提高委员整体素质和履职尽责的自觉性、主动性。

注重干部队伍建设，营造干部成长环境，努力培养和造就一支政治坚定、作风优良、学识丰富、业务娴熟的政协干部队伍。不断巩固和扩大党的群众路线教育实践活动成果，扎实开展“三严三实”专题教育、“两学一做”学习教育，学习贯彻《党章》和《中国共产党纪律处分条例》《中国共产党廉洁自律准则》等党内规章，贯彻落实中央“八项规定”、区党委“约法十章”“九项要求”，把纪律和规矩挺在前面，做到令行禁止、风清气正，严守纪律底线，形成长效机制，切实推动机关作风转变，加强廉政建设，不断强化全局意识、责任意识、服务意识，不断提高履职服务保障能力。

各位委员、同志们，在新的历史起点继续推进人民政协事业发展，是时代和人民赋予我们的神圣使命和光荣职责。让我们紧密团结在以习近平同志为总书记的党中央周围，在县委的坚强领导下，牢记使命，凝心聚力，拼搏奋进，为开创人民政协工作新局面，为建设富裕文明、和谐美丽的社会主义新江孜而不懈奋斗！

坚持标本兼治　深化从严治党 把党风廉政建设和反腐败工作引向深入

——在中共江孜县第九次代表大会上的工作报告

2016年8月30日

江孜县委常委、纪委书记　张桂英

一、回顾总结过去五年的工作

五年来，全县各级纪检监察组织坚持以邓小平理论和“三个代表”重要思想为指导，以科学发展观为统领，以构建惩防体系为主线，围绕中心，服务大局，全面履行党章赋予的职责，按照标本兼治、综合治理、惩防并举、注重预防的方针，突出“两个责任”，狠抓党风廉政建设和反腐败工作各项任务的落实，较好地完成了县第八次党的代表大会确定的党风廉政建设和反腐败工作任务，为全县经济社会全面发展和社会局势持续稳定提供了有力保障。

（一）不断健全廉政机制，强化落实廉政责任。一是强化组织领导，扎实落实“两个责任”。五年来，县纪委严格按照中央和区党委、市委的总体部署，强化落实各项工作责任，特别是中央“八项规定”出台以来，县委和县纪委切实负起主体责任和监督责任，不断加强和完善“一把手负总责，分管领导各负其责，班子成员齐抓共管”的领导机制，坚持把党风廉政建设和反腐败工作列入县委重要议事日程，与各项工作同部署、同检查、同落实。多次通过专题会议，研究部署党风廉政建设和反腐败工作，不断调整充实了以县委书记为组长的党风廉政建设责任制领导小组和以纪委书记为组长的反腐败工作协调领导小组。每年都借县工作会之机，主持召开江孜县党风廉政建设工作会议，总结和分析每年党风廉政建设和反腐败工作取得的成效和存在的问题，研究部署下一年工作重点和总体目标要求，形成了开展党风廉廉政建设各项工作中党委有部署，纪委有监督，共同抓落实的工作格局。二是明确工作任务，细化工作职责。每年与19个乡（镇）和县直各部门签订了《江孜县党风廉政建设工作目标责任书》，明确了各级各部门主要领导在开展党风廉政建设和反腐败工作中要坚持“一岗双责”的要求。县委制定印发了《县委领导班子党风廉政建设工作责任分解》，确保各项工作分工明确、责任到位，落实有力。对工作措施不力，落实不到位，作为不积极的乡（镇）和部门主要负责人由县委书记和纪委书记进行了约谈，五年来，共开展提醒谈话150余人（次）。三是不断夯实制度保障，确保将权力关进制度的笼子里。五年来，为进一步规范全县党务、政务及财务公开内容和程序，努力实现各项工作内容和流程公开透明。县纪委督促各乡（镇）、各部门开展了廉政风险防控机制自查工作，共梳理出岗位廉政风险点近500个；编制了职权目录近100项；绘制了100多项权力公开流程运行图，修订、完善了各项防控措施120多项。在县委的总体部署和纪委的监督、各级各部门的积极配合下，制定、充实、完善了《江孜县关于进一步加强党员领导干部党风廉政建设暂行规定》《严禁干部职工特别是领导干部私驾公车及进一步加强公车管理的规定》《江孜县干部职工管理暂行办法》以及“三公”经费管理等各类制度，确保各项工作开展落实的制度保障，解决了乡（镇）、部门制度缺乏、标准不一等问题。

（二）紧抓作风建设，树立良好的党政形象。一是开展整风肃纪活动。县纪委紧密结合党的群众路线教育实践、“三严三实”主题教育等活动，重点整治了干部“四风”方面存在的突出问题。严格按照中央“八项规定”、区党委“约法十章”和“九项要求”，积极厉行勤俭节约，杜绝铺张浪费、讲排场、比阔气，严禁婚丧嫁娶大操大办等行为。以每年重大节日为契机，由县纪委牵头，组织相关部门组成联合督察组，以明察暗访的形式，对各乡（镇）、各部门、各驻村工作队值班带班情况和公车私用等情况进行督查，同时也对全县朗玛厅等娱乐场所有无党员干部职工特别是党员领导干部大吃大喝、公款消费等情况进行督查。截至目前，全县329辆公车中除“9”字头和警车之外的266辆公车均张贴了公车标识，要求5个单位就公车使用和管理不规范问题进行了情况说明，并对主要负责人进行了提醒谈话，对1名干部因公车私用问题进行了党纪处理，有效促进了干部职工的作风转变。二是“三公”经费持续下降。针对各乡（镇）、各部门“三公”经费管理和使用过程中存在的问题提出整改意见，督促县人民政府对公务接待制定了标准，形成了接待标准和“三公”经费管理制度。五年来，在县委、县政府和县纪委的不懈努力下，“三公”经费逐年下降，其中2015年政府“三公”经费支出为950万元，与2011年相比减少了405.1万元，年均减少10.7%左右。三是进一步规范了领导干部从政行为，不断强化廉洁自律工作。县纪委不断强化组织协调作用，着力加强对廉洁自律规定落实情况的监督检查，及时纠正了各类违规违纪行为，对有法不依、有纪不执、有规不循的行为进行了公开曝光，抓住传统节日等关键时段对收受礼金、吃请喝玩等问题进行了集中整治。与此同时，全面落实“三谈两述”制度，五年来，各乡（镇）、各部门廉政谈话或者集体谈话200余人次，诫勉谈话6人次，县级领导和各乡（镇）、各单位主要领导干部每年都做述职述廉报告。通过深入持久的专项治理和不断健全各项制度，广大党员干部廉洁自律的自觉性普遍增强，领导干部廉洁从政的局面得到了进一步改善和巩固。

（三）加大宣传教育力度，营造良好的廉政文化氛围。一是抓廉政教育经常化。五年来，坚持把反腐倡廉宣传教育作为有效预防构筑党员干部思想道德防线的重要手段之一，在全县大会小会上，只要提到党风廉政工作，就少不了廉政教育，只要有干部提拔调整，少不了廉政教育，实现了廉政教育的“咬耳扯袖”常态化。二是注重教育方式。对重要岗位和重要工作的主要负责人，进行了一对一、面对面的谈话式廉政教育，对其余干部职工进行了会议式、宣传式、专题式和培训式的廉政教育。在党的群众路线教育实践活动开展以来，由县委主要领导和各部门主要领导以讲党课等形式，不断增强全县党员干部职工党性意识和廉洁自律意识，同时还通过下发廉政漫画图以及开展各部门各领域违法违纪案例警示教育，特别是以廉政文化建设为主线，从风气养成、职业精神、自我管理、家庭助廉等几个层面出发，以图文并茂的廉政宣传展板等形式，不断促进“各行各业都需廉洁，方会形成廉洁社会”等理念的形成，努力营造党员干部不敢腐、不能腐、不想腐的浓厚氛围。三是不断拓展宣传教育的深度广度。县纪委多次专门组织人员，深入各乡（镇）、各村（居），对乡镇干部和村（居）“两委”班子成员，农牧民党员，用通俗易懂的语言，进行了廉政宣传教育，特别是2014年以来，每年对19个乡（镇）155个村（居）的廉政宣传教育达到全覆盖，在全县范围内关于反腐倡廉、廉政宣传教育活动开展了80多场次，形成了廉政教育从机关深入基层，从主要领导普及大众的局面，有效地遏制了党员干部特别是党员领导干部铤而走险，小问题演变成大错误的现象。新修订的《中国共产党纪律处分条例》《中国共产党廉洁自律准则》颁布之后，县纪委认真制定《江孜县党员干部〈条例〉和〈准则〉学习方案》，积极组织督促全县党员干部认真学习领悟，并对全县党员干部进行了学习情况测试，有力地强化了专题学习教育的效果，也有效促进了党员领导干部党纪党规意识。

五年来，通过各种方式和途径的廉政思想宣传教育，各乡（镇）、各部门公职人员主动向县纪委上缴了自中央“八项规定”以来在项目招投标、验收等工作中收取的各种名目费40980元，由纪委全部上缴国库。

（四）把纪律挺在前面，加大问题线索的惩办力度。一是拓宽获得问题线索渠道。为了加强执纪监督力度，预防发生在群众身边的“四风”和腐败问题，通过设立信访举报箱、公布举报电话和电子邮箱，每月10日、20日定为纪委书记信访接待日以及经常深入基层下访等形式，对群众反映的问题和掌握的问题线索进行及时认真核实，充分发挥信访在防止各类案件及不正之风发生和蔓延的前沿作用。二是加强查处力度，保持高压态势。严格按照问题抓早抓小、“一案双查”的要求，做到了反腐面前“零容忍”态势；五年来，县纪委监察局共受理了信访举报问题线索133件，其中了结处理100件，乡镇纪委转办23件，立案10件；对14人给予了党纪政纪处分，其中给予8名当事人党内警告处分，2名当事人党内严重警告处分，1名当事人撤销党内职务，2名当事人行政记过处分，1名当事人行政警告处分。注重信访及办案成果运用，根据信访案件内容和下访到基层发现的问题，县纪委牵头，对各乡（镇）、各部门、各村（居）进行了“三资”清查，督促相关单位制定了《江孜县固定资产管理办法》，补充和完善了各项规章制度中的缺陷和漏洞，并针对发现的问题，对相关部门提出行政监察建议。五年来，通过执纪监督及查办案件，为国家挽回经济损失共计910232.03元，并已全部上缴国库。

（五）认真开展创先争优强基础惠民生活动，努力改善群众生产生活条件。按照自治区安排，从2011年10月至2015年上半年，县纪委牵头创先争优强基础惠民生活动，积极发挥牵头和监督作用，紧紧围绕“五项任务”，不断创新活动载体，细化活动措施，强化驻村职责，狠抓项目落实，努力改善农牧民群众的生产生活条件。通过短平快等项目，共落实了180多个项目，共投入资金近530万元；通过办实事资金为群众办实事、解难事2160余件，共投入资金达3840余万元，使农牧区的道路、水利和村级办公场所等基础设施得到有效改善。通过讲政策、讲法律、一对一地培养村（居）“两委”班子、加强基层党建等形式，整治了一批基层党组织软弱涣散等问题，进一步巩固了党的基层政权，为基层经济发展和社会大局和谐稳定打牢了坚实的基础。

（六）加强纪检干部队伍建设，聚焦监督执纪问责主业。一是注重干部队伍素质建设。结合党的群众路线教育实践和“三严三实”专题教育，重视抓好干部思想教育，有计划的组织纪委机关干部以集中学习、外地培训和以会带训等方式，加强提高干部理论水平和业务水平。特别是2013年以来，坚持执行县纪委每周四下午的学习会议和每月召开乡（镇）纪委工作月汇报会议、乡（镇）纪检干部轮岗培训等形式，提升纪检干部业务水平和实际工作操作能力。二是加强纪检队伍管理。为适应加强执纪监督问责形势需求，以“为民、务实、清廉”为标准，着力打造“忠诚、干净、担当”的纪检监察干部队伍，按照区纪委要求，目前县纪委干部人数充实到（包括借调和轮岗）20人，为19个乡（镇）配齐了1名专职纪委书记和2名纪检干事，均能按要求享受办案补贴，并明确乡（镇）专职纪委书记除分管党风廉政建设监督责任工作以外，不再分管其他任务。结合“两个责任”工作要求，继续修订完善了县、乡（镇）纪委干部考核管理办法，引导纪检工作人员不断强化自律意识，带头执行廉洁从政各项规章制度，为解决“灯下黑”问题提供了制度保障。三是严格落实“三转”工作要求。认真贯彻党的十八届三中全会、中纪委三次全会精神，加大力度，加快进度，进一步加强和改进纪检监察工作，特别是2015年以来，县纪委、监察局认真梳理参与的议事协调机构，从原来参与的71个议事协调机构中清理后仅保留了15个议事协调机构，将不该具体分管的工作退还移交给具体责任部门，确保主要精力放在党风廉政建设和反腐败工作上来。

在肯定成绩的同时，我们也清醒的看到，党风廉政建设和反腐败工作还存在一些问题。例如：落实党风廉政建设责任制工作制度建设和制度执行力度有待进一步加强；各乡镇、各部门对各种惠农资金兑现后的跟踪督查力度仍不够，纪检监察队伍建设有待进一步加强，尤其是部分乡镇纪委书记和纪检干事流动快、新手多，业务办理能力和工作经验较为欠缺等。

二、今后五年的奋斗目标和主要任务

今后五年，是全县全面实施“十三五”规划，为全面建成小康社会，打好扶贫攻坚战的关键五年，县纪委将以邓小平理论和“三个代表”重要思想、科学发展观为指导，紧紧围绕“四个全面”战略布局，认真贯彻落实中共十八大、十八届历次全会精神和中纪委历次全会精神，切实贯彻落实习近平总书记系列讲话精神和中央第六次西藏工作座谈会精神，突出执纪监督主业主责，结合江孜县实际，抓好以下五个方面的工作。

第一、把政治纪律和规矩摆在首位，树立纪在法前的思想意识。一是继续加大督促广大党员干部特别是党员领导干部树立政治意识、大局意识、核心意识和看齐意识的力度，始终把维护和执行政治纪律和政治规矩体现到对干部的日常教育监督管理中，督促广大党员干部在思想上政治上行动上始终与党中央保持高度一致。二是转变理念、关口前移，积极践行“四种形态”。县乡纪委要改变以法代纪的思维定势，把《中国共产党章程》《中国共产党纪律处分条例》和《中国共产党廉洁自律准则》和《中国共产党问责条例》作为从严管党治党、管人治人的重要依据，聚焦监督执纪问责，由“盯违法”转向“盯违纪”，要用纪律这把尺子衡量党员干部的行为，执纪必严、违纪必究，层层设防、级级阻挡，挺纪在前，严明党纪，始终坚持惩前毖后、治病救人的方针，从“小节”“小病”抓起，有效防止党员干部带病前行，最大限度地关心和爱护党员干部。

第二、继续加大巡察力度，努力推动党风建设取得新成效。一是从加强巡察的深度和广度入手，联合县委、政府、县委组织部、审计等有关部门，继续加大各乡镇、各部门落实中央“八项规定”、区党委“约法十章”“九项要求”等相关规章制度以及上级决党委、政府的策和部署执行情况综合巡察力度，从各个领域、各个方面全面掌握各项工作的开展落实情况，做到落实到位、督促跟进到位，扩大巡察的覆盖面，力争使一切违规违纪问题在巡察中及早发现，在萌芽状态处理。二是加大专项巡察力度。紧盯重点人、重点事、重点问题以及重大决策部署落地情况，特别是项目工程领域存在的突出问题和扶贫攻坚、灾后重建等工作领域中，加强专项跟踪巡察力度，精确巡察的打击力度，督促和纠正各级各部门主要负责人不作为、慢作为、乱作为的行为，严防扶贫攻坚和灾后重建资金虚报套取、截留挪用现象。三是进一步完善落实“县委的主体责任和纪委监督责任”的工作机制。根据党风廉政建设和反腐败工作的形势变化，进一步细化“两个责任”人的责任，明确每年每项任务的主体责任和监督责任的责任事项，并层层签订目标责任书，力争形成各项工作可参照目标责任书进行具体落实、对照验收的工作局面，并加强党风廉政建设工作责任人的责任落实情况督查力度。四是坚持久久为功，推进常态化巡察，注重巡察结果的利用。通过巡察发现问题，并结合社会发展形势不断变化和新的腐败手段不断出现，继续充实和完善各项工作的规章制度和管理办法，及时查缺补漏，增强防范效果。

第三、继续保持反腐高压态势，加大惩治基层腐败力度。一是以强烈的历史责任感、深沉的使命忧患感、顽强的意志品质推进党风廉政建设和反腐败斗争，逐步实现巡查和监督的全覆盖，坚持无禁区、零容忍，严肃惩治腐败分子，坚决遏制腐败现象蔓延势头的高压态势。二是进一步拓宽信访举报问题线索获得的渠道，加大对信访举报问题线索的处理力度，持续保持有案必查、有错必纠、有违必惩的高压态势。三是继续坚持“三转”要求，把纪委工作的主要精力放在监督执纪问责上来，深入分析作风问题的新表现和新形势、新问题，继续坚持“一案双查”的要求，加强对特殊领域的专项监督检查力度，特别是灾后重建、扶贫攻坚、县、乡、村（居）换届、干部提拔任用等工作领域中，各级各部门主要负责人不作为、慢作为、乱作为、屡教不改问题以及扶贫攻坚和灾后重建资金虚报套取、截留挪用，项目招标验收中利用职务和工作之便利，收受名目费等行为，坚持把党的领导和党纪党规贯穿到各个工作领域，力争组织领导到位、周密部署到位、监督督促到位、严厉惩治到位。坚持越往后执纪越严、处理越重的原则，着力构建党员领导干部“不敢腐”的惩戒机制。四是扎紧制度的“笼子”，铲除腐败土壤，着力构建党员领导干部“不能腐”的防范机制。党风廉政建设和反腐败斗争扬汤止沸不如釜底抽薪，在巡查监督和案件承办过程中不断总结经验，研究和分析问题的导向，积极面对基层，针对实际，强化权力运行制约和监督体系建设，促进各项工作的公开透明化运行，针对权力配置、权力运行、工作落实等环节中存在的突出问题，积极推进制度创新和完善，探索建立结构合理、配置科学、程序严密、制约有效、监督有力的权力运行体系，努力扎紧管权的制度“笼子”，把各项工作做到有法可依，有纪可执，有规可循，逐步从根本上消除腐败滋生土壤。

第四、更加注重开展反腐倡廉教育，加强事前预防工作力度。加强党风廉政建设和反腐败斗争要坚持教育在先、防范在前，筑牢思想防线，促升拒腐的意志力，努力构建党员领导干部“不想腐”的良好氛围。一是不断创新宣传教育方式方法，丰富宣传教育内容，加大宣传教育力度。要深入开展理想信念教育、政治纪律教育和党纪党规教育，不断把党员干部的思想和行为引入正轨，牢固树立正确的世界观、人生观、价值观和政绩观。加强纠正和消除上有政策、下有对策，作为不积极、落实不到位、行为不规范的不正之风。通过加强事后惩治和事前预防，营造不敢腐、不能腐、不想腐，风清气正的政治环境和工作环境，打造一支言行一致、务实清廉的共产党员队伍。二是认真践行“四种形态”工作要求，使“咬耳扯袖、红脸出汗”切实成为党内监督的常态化；并加强学习教育和引导力度，经常开展督促、检查、提醒谈话等活动，努力使各种违纪违规行为和各种问题趁早发现，及时纠正，引导各个领域的主要领导和工作人员按制度办事、按规矩做人的同时，以惩防并举的手段，对小错误视而不见、屡教不改的党员和党员领导干部进行依规依纪严肃处理，在广大党员干部中努力打造从思想上拒绝腐败，从行动上杜绝腐败的良好局面。

第五、全面加强自身建设，打造一支忠诚、干净、担当的纪检干部队伍。建设一支高素质的纪检监察干部队伍，是深入推进党风廉政建设和反腐败斗争的重要组织保证。纪检监察干部作为执行纪律的监督者和维护者，身处党风廉政建设和反腐败斗争第一线，担负着重大责任，面对着特殊斗争，经受着特殊考验，必须要以坚定信念作为政治自觉，对党忠诚作为政治品质，始终保持政治上的清醒和坚定，忠实履行党章赋予的职责，坚定不移做党的忠诚卫士。一是纪检监察干部要通过学习《党章》政治理论知识，不断提高理论水平和思想觉悟，着力完善党内政治生活、党内监督、党内问责和个人有关事项报告、行政监察等方面的制度体系，进一步扎紧制度的笼子，继续加强纪检监察干部的内部管理科学化，努力打造一支带头用制度来规范行为，用理论来约束心理，忠诚、干净、担当的纪检监察队伍。二是要坚持“请进来”和“走出去”相结合的培训方式，提高纪检干部的业务办理能力。依托对口援藏优势，邀请内地理论水平较高，业务办理经验丰富的纪检监察部门和专业人员，来江孜县开展纪检监察业务授课，同时，把江孜县纪检监察干部派送到对口援藏省市挂职培训等方式，学习先进理念和经验，努力打造一支始终作为党纪国法的监护者和执行者的专业纪检监察队伍。三是要加强乡镇纪委队伍建设，以乡镇纪委队伍整体素质的提升，带动村（居）民监督委员会监督力量的加强，努力发挥基层纪检机关反腐最前沿阵地力量和作用。

各位代表，同志们，在过去五年，县纪委各项工作在县委、县政府的关心和支持下，在各乡（镇）、各部门的全力配合下，党风廉政建设和反腐败工作取得了良好的成效。在今后五年，县纪委将把各级各部门的关心和支持转化为保护社会经济发展、维护社会局势持续稳定和广大人民群众根本利益的动力，与时俱进，开拓进取，将更加扎实地开展好党风廉政建设和反腐败工作，更加严格地履行党章和党纪党规赋予的责任，更加严格地执行党纪党规，为构建“平安江孜、和谐江孜、生态江孜”做出新的更大贡献，为全面建成小康江孜而努力奋斗。

江孜县人民法院工作报告

——在江孜县第十三届人民代表大会第一次会议上（节选）

2016年9月2日

总结回顾过去的五年工作

2012年以来，在县委的领导、人大及其常委会的监督和上级法院的指导下，在政府、政协和社会各界的支持下，紧紧围绕全县工作大局，江孜县法院深入贯彻落实科学发展观和中共十八大、十八届三中、四中、五中全会精神，中央第六次西藏工作座谈会和习近平总书记系列重要讲话精神，落实各级党委工作部署，按照区高院“1234”工作思路，大力推进平安江孜、法治江孜和过硬队伍建设，切实履行宪法和法律赋予的职责，努力让人民群众在每一个司法案件中感受到公平正义。

一、贯穿一条主线，全面增强政治意识、党性觉悟、责任担当

坚持把学习贯彻习近平总书记系列重要讲话精神，特别是“四个全面”战略布局、治边稳藏的重要战略思想作为一条主线贯穿法院工作始终，开展党的十八届四中全会、中央第六次西藏工作座谈会精神研讨活动，抓好思想建党，增强政治意识，落实党的治藏方略，自觉把法院工作置于全县工作大局中来谋划和推进，始终与以习近平同志为总书记的党中央和区、市、县四级党委保持高度一致，做到绝对忠诚，更好地肩负起推进平安江孜、法治江孜建设的责任，用习近平总书记系列重要讲话精神武装头脑、指导实践，推动工作取得新成效。

二、突出两个抓手，积极推进审判体系和审判能力现代化

（一）积极稳妥推进司法改革。1. 全面实施立案登记制改革。自2015年5月1日起从立案审查制改为登记立案制以来，7个月共登记立案各类案件105件。坚决杜绝有案不立、有诉不理、拖延立案、不立不裁，切实保障诉权。当场登记立案率达83.95%，一次性告知补证率达到100%。2. 推进涉诉信访改革。坚持诉访分离、有错必纠、依法终结。对1起案件依法实施终结，没有发生一起非正常访、越级访。3. 深化人民陪审员制度改革。自筛选人民陪审员政策实施以来，我院先后共从各行各业和人民群众中按照倍增计划共筛选11名人民陪审员，并颁发了任命书，统一配置了服装、徽章、审判服。全院11名人民陪审员参与审理案件50余件。4. 拓展多元化纠纷解决机制改革。积极推动构建诉讼、调解、仲裁等有机衔接、相互协调的多元化纠纷解决体系，引导人民群众更多地选择非诉讼方式解决矛盾纠纷。诉前调处化解矛盾纠纷120件。

（二）攻坚克难推进信息化建设。1. 加强软硬件建设。自2015年全区法院“天平工程”一期项目启动后，江孜法院建设任务全面完成，8大硬件系统16大软件系统上线运行，已建成三级法院全互联、主要业务全覆盖、数据资源全共享的信息化2.0版。同时，接入县乡党政信息网，提升公文信息流转效率。经过一年多的努力，江孜法院信息化建设达到全县领先水平，得到各级领导的充分肯定。2. 加强信息技术应用。完成2913件案件的信息录入，利用科技法庭开庭11场次，运用案例数据库提出司法建议3条、各级各部门采用3条，实现了末端治理与前端治理相结合。加强司法公开。坚持以公开为原则、不公开为例外，上网公开裁判文书160份、审判流程信息221条、执行信息152条，藏文裁判文书首次上网公开。

三、履行三大职责，为江孜县改革发展稳定营造良好法治环境

（一）促进社会公平正义。依法审理民商事案件。主动适应经济发展新常态，妥善审理抓发展、促改革、惠民生、护生态等领域发生的各类民商事案件514件，标的额3680.85万余元。审结涉及合同履行等商事案件172件，促进市场在资源配置中起决定性作用。审结侵权、权属纠纷类案件129件，依法保护当事人的合法人身权、物权。坚持调判结合，促进案结事了，民商事案件调撤结案率达79.52%。妥善化解行政争议。认真贯彻新修订的《行政诉讼法》，坚持合法性审查标准，加大对行政权的司法监督力度，依法审结行政案件1件，推动形成有权必有责、用权需负责的法治观念。大力营造法治氛围。按照“谁执法谁普法”的要求，采取法官讲法、以案释法、判后答疑，送法进校园、进乡村、进寺庙、“法苑杯”知识竞赛等方式，开展法治宣传教育182场次，发放宣传资料2.4万余份，受教育群众约4.1万余人。

（二）保障人民安居乐业。加大民生司法保障力度。妥善审理人身伤害、劳动就业、婚姻家庭等涉民生案件213件，保障人民群众的人身权、财产权不受侵犯，夯实社会主义核心价值观的建设基础。加大对社会弱势群体的司法救助力度，共为当事人缓、减、免诉讼费41514元，发放司法救助金11万元。坚决破解“执行难”这一突出问题。以“转变执行作风、规范执行行为”、执行攻坚战等活动为载体，集中开展“一打三反”打击拒执罪，反规避执行，反干预执行，反消极执行。专项行动，会同公安等部门依法对4名规避、抗拒执行的被执行人采取司法强制措施，坚决维护司法权威。充分发挥执行威慑机制作用，公开失信被执行人7人，促使被执行人主动履行义务。依法保护当事人胜诉权益，前赴陕西、四川、重庆等省市开展执行工作。2012年以来共执结案件586件，执结标的额671.77万元。深入探索便民诉讼新举措。大力推进“三位一体”诉讼服务中心建设，开通“12368”诉讼服务热线后，诉讼服务中心接待当事人咨询300余人次，接待来信来访40余人（件），判后答疑21件。对车载流动法庭进行科技化改造，让法官多跑路、群众少受累，努力打造流动的诉讼服务中心。车载流动法庭行程13600多公里，巡回审理案件154件，占我院受理案件总数的30.06%。

四、实施四项工程，为提升司法公信力奠定坚实基础

（一）抓审判提质效。健全和落实主审法官、合议庭办案责任制，确保实现“让审理者裁判，由裁判者负责”。完善院、庭长担任审判长、参加合议庭审理案件的工作机制。实行案件繁简分流，提高办案效率，民事、刑事案件一审简易程序适用率分别达56.26%、33.33%。有序落实办案质量终身负责制和错案责任倒查问责制，确保办理的每一起案件都经得起法律和历史的检验。各类案件一审后当事人服判息诉率为92.64%。

（二）抓规范促公正。开展“规范司法行为年”活动，着力解决群众反映强烈的执法司法不严格、不公正、不文明、不作为等问题，确保司法权依法规范行使。严格贯彻“两个规定”及实施办法，全面、如实、及时记录相关情况，留存相关材料，做到全程留痕、有据可查。改进审判权运行模式，严格控制案件请示汇报范围，大幅度减少审判委员会讨论案件数量。全面推行量刑规范化工作。制定案件质量评查办法和评查标准，评查各类案件1141件。加强审判执行工作监督，对落实随案发放廉政监督卡制度的效果进行抽查回访，确保司法廉洁公正。

（三）抓队伍强素质。深入开展“三严三实”专题教育和向邹碧华同志学习活动，坚决做到忠诚、干净、担当。落实与上海浦东法院交流计划，参加上级法院组织的各类培训，共计47人次。高度重视藏汉双语人才培养，先后派出2名干警参与西藏第一套统一规范的藏汉双语法官培训教材编译工作，选派1人参加藏汉双语法官培训班。坚持一手抓反分裂斗争、一手抓党风廉政建设和反腐败斗争，开展院党组班子、党组书记和党组成员述责述廉活动，确保法官清廉、法院清明、司法清正。

（四）抓基础固根基。把抓基础作为长远之计和固本之举，把人力、物力、财力、精力更多地投到基建项目和为干警解决后顾之忧中。在县委关怀下，2012年以来共有16名干警得到提拔任用，充分激发了干警干事创业激情。申报落实“十二五”期间1020万元的审判业务用房建设与竣工，协调县建设局落实到位32套干警周转房建设项目，又于2015年落实到位用于建设整体搬迁项目附属工程建设置换资金623万元，以及制作完成投资为810万元的重孜乡人民法庭和年堆乡人民法庭的方案设计工作。

2012年以来，法院各项工作取得了一定的成绩，这是县委领导、人大监督、政府支持、政协及社会各界关心帮助的结果，是人大代表、政协委员关心支持的结果，也是全院干警努力工作的结果。在此，我代表县人民法院向长期支持法院工作的各级领导、人大代表、政协委员和社会各界人士表示衷心的感谢并致以崇高的敬意！

在肯定成绩的同时，我们也清醒地看到，法院工作还存在不少问题和困难：1. 人民法院的审判执行工作离人民群众的期待还有差距。有的案件存在质量不佳、效率不高、审限过长等问题；“执行难”问题尚未根本破解，涉诉信访工作形势不容乐观。2. 人民法院的队伍建设工作离新形势新任务的要求还有差距。极少数干警的大局意识、服务意识、公正意识、廉洁意识有待增强，法院队伍的责任、作风、品德、能力建设迫在眉睫。3. 人民法院的司法保障工作离日趋增长的司法需求还有差距。人民群众激增的诉讼需求与人民法院司法资源不足之间的矛盾日显突出，工作压力日渐增大；执法办案条件亟待改善等。我们将直面上述问题和困难，紧紧依靠党委领导、人大监督、政府、政协以及社会各界的支持，采取更加有力的措施，切实加以改进和解决。

今后五年的奋斗目标和主要任务

今后一段时间是我院立足新起点，加速转型，适应司法体制改革，不断开创各项工作新局面的关键时期。为加快我院各项建设步伐，实现各项工作的进位赶超，在全面遵循江孜县法院发展规划指引和广泛征求全院干警意见建议的基础上，我院党组紧密结合自身实际认真制定本规划，明确今后几年我院工作的指导思想、目标任务、基本思路和主要措施，并作为在此期间全面推进我院各项建设的行动指南。

一、指导思想

以邓小平理论和“三个代表”重要思想为指导，深入贯彻落实科学发展观和党的路线、方针、政策，牢固树立社会主义法治理念，牢牢把握“为大局服务、为人民司法”主题，紧密围绕坚持“能动司法、公正司法、为民司法、规范司法、文明司法、廉洁司法”，充分发挥审判职能作用，深入推进三项重点工作，努力实现我院各项工作的全面、可持续发展，为建设“富裕文明生态和谐幸福江孜”提供强有力的司法保障服务。

二、目标任务

通过不懈努力，我院的各项建设要努力完成以下发展目标和任务：

（一）执法办案质效和司法公信力明显提高。各类案件的上诉率、改判率、发回重审率等负指标要明显低于前四年的平均水平，结案率、执结率、调解撤诉率、息诉服判率、自动履行率、执行标的额到位率、巡回审判率、人民陪审率等正指标要明显高于前四年的平均水平；司法为民机制更加完善，涉诉信访明显减少，执行难问题明显缓解，人民群众对法院工作的满意度明显提高。

（二）法院管理取得明显成效。进一步建立健全一整套职责明确、分工合理、运转高效、保障有力的涵盖司法审判、司法政务、司法人事的三大管理制度规范。不断增强制度规范的执行力，使制度规范的长效管理作用得到充分发挥。

（三）队伍素质得到明显提升。大力加强队伍思想政治、职业道德和业务、廉政、文化建设，着力培养干警“忠诚、为民、公正、廉洁”的核心价值观，确保队伍司法作风持续好转，司法能力明显增强，人才结构更加优化，违法违纪现象有效遏制，队伍中存在的“庸、懒、散、虚”现象得到根本改善。

（四）基础建设取得明显进步。法院基础设施建设、物质装备建设、信息化建设和经费保障建设基本满足审判工作的需要。院新审判综合大楼力争在2016年年底前竣工入驻，年堆乡派出法庭和重孜乡派出法庭等基层人民法庭新建任务全面开工。

三、基本思路和主要措施

今后我院工作的基本思路是：在县委的正确领导下，在县人大及其常委会的监督指导下，在县政府、县政协及社会各界的大力支持下，以十八大精神为指导，以科学发展观为统领，努力践行“公正与效率”主体，继续推行严、细、深、实、快“五字”工作作风，大力推进规范化制度建设，特别是规范对人、对事、对案件的管理，充分发挥法院构建和谐社会的职能作用，维护江孜县的政治、经济和社会治安秩序稳定，努力践行“为大局服务、为人民司法”主题，以“转变作风、加强管理、尊重人才、开拓创新”为治院理念，倾力做好“服务大局、司法为民、规范管理、提升素质、弘扬文化、夯实基础”六方面工作，努力把我院建设成为党委满意群众认可、管理素质规范优良、工作文化特色鲜明、基础保障扎实有力的法院，主要措施如下：

（一）以坚持能动司法为先导，全力服务社会发展大局

调整理念，切实增强服务大局的自觉性。坚持党的领导，打牢服务大局的思想基础，牢牢把握党和国家大局的主要内容和对法院工作的基本要求。善于围绕大局筹划部署工作，学会从大局出发，以大局着眼，自觉地把各项工作融入大局之中来思考、谋划和部署，找准工作的结合点和着力点，努力在服务大局中有更大作为。调查研究，切实增强服务大局的前瞻性。通过对个案、类案的剖析和对日常审判执行工作的研判，密切关注各类可能影响地方经济社会发展的法律问题，及时向党委、政府和相关企业提出司法建议，为党委、政府决策提供参考，帮助涉诉企业完善内部治理机制，防范经营风险；建立民意沟通机制，广泛吸纳人民群众和社会各界的意见和建议，为完善工作机制、改进工作作风提供第一手资料；组织广大法官深入企业、社区和农村开展大走访活动，进行调查研究，了解人民群众的司法需求，为加强和改进司法应对工作提供决策参考。

有效服务，切实增强服务大局的针对性。抓好刑事审判，依法加大对黑恶势力犯罪、严重暴力犯罪、多发性侵财犯罪的惩治力度，切实增强人民群众的安全感，维护社会治安稳定。坚持证据裁判原则，正确把握宽严相济的刑事政策，深化量刑规范化改革，加强刑事审判领域的人权保障；抓好民商事审判，平等保护当事人权利，维护市场经济秩序，促进社会诚信体系完善，依法保障和改善民生；抓好行政审判，支持行政机关依法行政的同时，履行好司法审查职责，纠正违法的具体行政行为，促进依法行政。着力构建“诉前沟通，诉中协调，诉外疏导”的诉讼模式，积极探索行政诉讼协调处理新机制。注重运用和解手段化解矛盾，妥善处理好工伤、行政不作为等行政争议，防止矛盾激化；抓好执行工作，进一步完善执行威慑机制、反规避执行机制建设，加大执行和解力度，强化执行强制措施运用，促进执行权的合理配置和科学运行，最大限度实现胜诉当事人合法权益。

（二）以树立人民至上为根本，全力落实司法为民措施

继续强化立案信访窗口建设，完善诉讼引导、判后答疑、司法救助等机制，提高窗口服务水平。大力推行马彩云审判方式，巩固司法协理、“社区日”活动等机制，大力加强人民法庭

巡回审判力度，扩大简易程序适用范围，探索小额标的案件速裁，更加方便人民群众行使诉权，参加诉讼。建立与基层组织和人民群众的联系对话机制，及时倾听民声、了解民需、疏通民意、解决民难。加大司法宣传工作，拓展司法公开的广度和深度，选择重大影响案件、多发案件、典型案件以组织到案发地开展公开审判、集中宣判、电视直播等形式，充分保障广大人民群众对司法的知情权、参与权和监督权。

加强与公安、检察、司法、工会、共青团、妇联等部门的协调配合，建立诉讼与非诉讼调解协调衔接的“大调解”格局。准确把握“调解优先、调判结合”的要求，加强民商事案件调解、刑事附带民事案件调解、行政案件协调和执行案件和解工作，把调解工作切实贯穿于诉讼全过程。不断完善人民陪审员工作机制，切实提高人民陪审员参审率，发挥好人民群众在化解矛盾纠纷中的助力作用。

切实抓好涉诉信访的源头控制、协同化解、多元治理，破解涉诉信访难题。落实好不稳定因素定期排查通报、院长接访和信访问题转办答复等制度，坚持依法纠错，引导当事人依法合理申诉和申请再审。

（三）以强化制度治院为手段，全力规范审判政务管理

制度的建设中，牢固树立“人人都是管理者”的观念，注重充分发扬民主，保障全院干警的参与度，广泛听取意见和建议。建立的制度不但要明确规定基本要求、主题内容、执行依据，还要规范职责权限、实际操作的方法和步骤，使每项工作的每个环节都有规可循、有章可依、切实可行。抓好规章制度的监督落实力度，着力解决好“重晋升考核轻日常表现、重制度构建轻落实执行、重就案办案轻思路理念、重法律效果轻社会效果”的虚化问题。通过细化责任、明确目标、严格考核、严肃问责等方式，进一步增强制度的操作力、引导力、执行力，确保干警有功必奖、有错必罚、有责必究。积极推行“四步工作法”，即“干什么、谁来干、什么时间干完、干好干坏有说法”，对制度落实进行分解，实行院领导负责制，细化各部门责任。积极争取党委、政府的重视支持，设立审判管理办公室，发挥好专门机构在抓制度落实等方面的职能作用。在加强信息安全保障机制的基础上，强力推进信息化技术在审判、政务、人事管理中的运用，解决好依靠单一手段管不了、管不到、管不好的问题。

（四）以提升队伍素质为基础，全力维护司法公正廉洁

加强领导班子建设，切实增强班子的凝聚力、号召力、战斗力。健全党组中心组学习机制，坚定不移地执行党的路线方针政策和县委、上级法院的决策部署，牢牢把握法院工作正确政治方向。落实民主生活会制度，开展沟通谈心活动，做到互相尊重、互相理解，大事讲原则、小事讲风格，从而使班子心往一处想、劲往一处使，进一步增进团结，创造和谐共事的浓厚氛围。注重完善民主集中制的议事规则、决策程序和工作制度，不断规范权力运作，提高决策水平。

坚持“以人为本”核心价值观，按照“引才、育才、用才、留才”的方针，切实抓好人才队伍建设，做到思想感人、事业留人、理想育人。加强优秀法律人才、专门人才的招录，及时补充更多更好的新鲜血液，解决队伍断层问题；加强教育培训工作，加快人才成长步伐，全力推进“薪火接力”工程，推行“法官教法官，以老带新”模式，形成渐进式人才梯队层次，解决好队伍素质参差不齐、专业能力和社会经验缺乏、群众工作能力不强等问题；打破论资排辈的陈旧观念，加大奖惩力度，坚持选人唯才、用人唯贤、任人唯德，让想干事的有机会、能干事的有舞台、干成事的有地位。重视青年人才的培养，充分尊重、理解、信任、关心、帮助、教育他们，倡导人人成才，通过采取竞争上岗、轮岗交流等措施，扬长避短，让青年人发挥聪明才智，尽早实现自我价值，使他们充分感受组织的关怀，萌发对工作的热爱；营造宽松环境，着力构建保障机制，政治上关心干警，人文上关爱干

警，注重在工作和生活上关心帮助干警，不断改善和提高干警福利待遇和工作条件，尽力帮助解决干警生活、家庭遇到的实际困难。

充分发挥正面典型示范教育和反面典型警示教育作用，坚持不懈地抓好队伍党风廉政建设教育和职业道德建设，进一步增强教育的针对性、实效性。贯彻落实中央“八项规定”和不断加强党风廉政建设，严格执行“五个严禁”和“四个一律”等规定。积极探索党风廉政建设的新举措，深入查找工作中的管理漏洞和薄弱环节，加大机制创新和对审判权、执行权、行政管理权行使的监督力度，确保监督不缺位、制约不失位、制度能到位，切实解决好队伍中存在的审判作风不实、精神萎靡不振、工作厌倦畏难、思想消极迷茫，工作干多干少一个样、干好干坏一个样等问题。

（五）以弘扬法院文化为己任，全力营造干事创业氛围

坚持抓党建带队建，着力加强队伍社会主义法治理念教育，深化革命传统教育、理想信念教育和司法为民宗旨教育，弘扬新时期政法干警“忠诚、为民、公正、廉洁”的核心价值观。注重法院精神文化对人心的凝聚，使干警具备强烈的职业尊荣感和使命感，充分激发干事创业的热情。大力弘扬先进典型，以身边的鲜活事例教育、引导、激励更多的干警，努力形成“比、学、赶、帮、超”的良好氛围。深入开展创先争优活动，在保持市级文明单位的基础上，积极争创自治区级文明单位和全区优秀法院。

（六）以改善物质装备为抓手，全力夯实基础建设水平

紧紧依靠党委、政府和社会各界的重视、关心、支持，逐步解决经费保障不足、建设资金短缺等实际问题，确保办公办案需要。抢抓机遇、扎实工作，结合江孜县实际合理安排人民法庭布局和职能，满足辖区群众日益增长的司法需求。加大对基层人民法庭的“人、财、物”的倾斜支持力度，不断完善法庭人员配置，改善经费保障水平和车辆、办公设施等物质装备条件，深化人民法庭工作机制改革，把人民法庭建设成为服务群众的便民基地和法院干警的成长基地。加强司法警察队伍建设，加大对安检设施和警用装备的投入，确保机关楼院、审判场所和干警人身安全。进一步推进信息化基础设施建设、信息化应用系统建设和信息化安全保障体系建设，为更好地服务审判执行工作打下坚实的基础。

各位代表，依法治国，任重道远；公平正义，万众期待。我们将在县委的坚强领导下，在县人大及其常委会的有力监督下，牢记使命，认真履职，敢于担当，甘于奉献，为实现江孜县经济社会转型跨越发展，全面建成惠及全县人民的小康社会而努力奋斗。

江孜县人民检察院工作报告

——在江孜县第十三届人民代表大会第一次会议上（节选）

2016年9月2日

总结回顾过去的五年工作

2012年以来，江孜县人民检察院在县委和上级检察机关的正确领导下，在县人大及其常委会的有力监督下，在县政府、政协和社会各界的大力支持下，在上海市第六批、第七批援藏干部江孜小组和浦东新区检察院的无私援助下，深入贯彻落实“三个代表”重要思想、科学发展观和习近平总书记系列讲话精神，紧紧围绕全县工作大局，坚持“强化法律监督，维护公平正义”检察工作主题，依法认真履行法律监督职责，为构建和谐江孜、加快江孜经济建设实现跨越式发展作出了积极努力。

一、着力维护稳定，化解矛盾纠纷，打击和保护职能作用有效发挥

江孜县检察院始终把维护社会和谐稳定作为首要任务来抓，坚持打防并举，认真贯彻宽严相济刑事司法政策，既严厉打击严重刑事犯罪，又切实保障犯罪嫌疑人的合法权利，确保无罪的人不受刑事追究，努力化解社会矛盾，积极妥善解决涉检信访问题，为打造平安、和谐江孜作出了积极贡献。

（一）依法严厉打击各类刑事犯罪。突出打击重点，服务社会治安的要求，坚持“严打”方针不动摇，坚决打击严重暴力犯罪以及故意伤害、强奸、盗窃等严重影响群众人身安全和财产安全的多发性犯罪，提高辖区群众社会安全感系数。严把审查批捕和起诉质量关，实体和程序并重，质量和效率并重，确保稳、准、狠地打击犯罪。2012年以来，共受理提请审查批准逮捕案件32件45人，批准逮捕27件39人，受理移送审查起诉案件57件71人，提起公诉38件48人，法院判决37件47人，正在审理1件1人。

（二）努力化解社会矛盾，认真落实宽严相济刑事司法政策。积极参与社会治理，认真推行首办责任制、检察长接待日、巡访下访和“诉访分离、上门答复”等制度；引导群众依法合理表达诉求，依法妥善处理群众来信来访54件84人（次），保持了涉检赴省信访“零上访”记录；大力开展文明接待室创建活动，通过完善规章制度、更新硬件设施、创新工作机制等一系列措施，不断提高接访质量和水平；积极实施刑事被害人救助工作，妥善做好申诉人息诉工作，共处理息诉案件3件3人。同时，依法认真落实宽严相济刑事司法政策和教育、感化、挽救的方针，对主观恶性较小、犯罪情节轻微的未成年犯、从犯和过失犯，作出不批准逮捕决定5件6人，做出不起诉决定19件23人，建议法院从轻处理21件22人，刑事和解15件18人。

（三）关注未成年人成长，成立未检办公室。院党组高度重视，积极筹备，在院刑检科成立了未检工作机构，专门负责针对涉案未成年人的审查逮捕、审查起诉、法律监督、司法救助和犯罪预防等业务。不断探索和实践一系列适合未成年人特点、保障未成年人权益、符合检察规律的未检工作制度、工作模式5项；积极落实附条件不起诉、犯罪纪录封存、社会调查、心理测评等机制；着力贯彻教育、感化、挽救失足未成年人的方针，对2件3人做出不起诉决定，最大程度保护未成年人的合法权益。

二、着力反腐倡廉，营造廉政环境，查办和预防职务犯罪深入开展

坚决贯彻上级党委和检察机关关于反腐败斗争的决策部署，围绕干部清廉、队伍清正、政治清明的要求，认真开展职务犯罪查办和预防工作，努力营造风清气正、廉洁高效的政务环境。

（一）突出查办职务犯罪典型案件。围绕群众关注、反映强烈的惠农资金落实不到位、村务不公开、财务不透明、低保资格界定不公、拖欠民工工资等重点热点领域，共受理了各类举报案件22件36人，初查14件22人，初查终结案件12件20人，立案2件2人，终止初查4件6人，存档备查4件8人，涉案总值5.82万元，挽回经济损失5.82万元，提出书面检察建议7次，口头检察建议2次，采纳9次，积极回应了党和人民群众对反腐败斗争的新期待、新要求。

（二）不断深化职务犯罪预防工作。在查办职务犯罪案件的同时，坚持“惩防结合，标本兼治”的原则，立足于检察职能，结合办案积极开展预防职务犯罪工作，努力从源头上预防和减少职务犯罪的发生。2012年以来，组织开展罪案预防调查15次，初查2次。同时，加强与纪检监察等部门的联系协调，并与安监局、扶贫办签订了《预防职务犯罪联席制度》，互通情况，互相配合，形成了反腐倡廉的合力；重点开展惠农资金落实专项治理预防工作，对各乡镇干部职工进行警示教育10次，深入各乡镇、企事业单位、机关、学校开展以预防职务犯罪为主题的法制宣传活动共计23次，在法制宣传活动中，共计发放宣传单1万多份，宣传册5000份，接受法律咨询115人次，受教育人数达7000人。

三、着力诉讼监督，维护司法公正，执法和司法活动监督不断加强

坚持维护公平正义的价值理念，把“敢于监督、善于监督、准确监督”贯穿始终，以监督保障公平，依法履行诉讼监督职责，确保法律正确实施。

（一）强化刑事诉讼活动监督力度。强化对刑事立案和侦查活动监督，重点监督纠正刑讯逼供、超期羁押、非法取证、存疑证据排除等问题，2012年以来共计发出口头检察建议7次，要求侦查机关补全证据7次，均得到了及时有效的反馈，并提前介入重大案件10件12人。加强刑事审判监督，通过公诉人出席法庭和判决裁定书审查等途径，促进审判活动依法规范进行，并在判决书宣告当日进行案件回访，做好被告人对案件审判程序和处理结果反馈工作，确保案件处理的法律效果和社会效果的统一.2012年以来，共计出席法庭74人次，审查判决裁定37件，进行案件回访37次。

（二）强化民事行政检察工作力度。全面贯彻落实新修改民诉及行政诉讼法，着重在突出监督重点、规范监督程序、注重监督实效、督促法院执行上狠下功夫。2012年以来，共计审查法院移送判决书22件49人，裁定书36件73人，调解书182件462人。开展审判监督30次，执行活动跟踪监督31次，发出书面检察建议3次，发出口头检察建议12次。2015年，向县工商、质监等部门发出关于整治学校周边三无食品的检察建议并全程监督了相关部门查处和销毁此类食品及对不良经销商的处罚过程，有效维护了广大消费者的合法权益，实现了本院行政监督零的突破。

（三）强化刑罚执行和监管检察工作力度。强化保障人权理念，针对不同时期监管场所执法活动中暴露的问题，先后开展清查事故隐患、促进安全监管专项检查和看守所监管执法专项检查等活动，强化对看守所在押人员的法制教育和思想工作；实行对县看守所定期检查和不定期检查相结合的检查制度，开展监所检查120次，消除安全隐患25次，向监管单位发出口头检察建议15次，书面检察建议3次，均得到及时有效的纠正；深入辖区19个乡（镇）4个司法所开展社区矫正30次，谈心谈话120人次，对辖区监外执行人员进行抽查和回访120人次，有效防止了监外执行人员脱管、漏管和重新违法犯罪。

四、着力素质强检，注重从严治检，检察队伍整体形象明显提升

2012年以来，我院依托群众路线教育实践活动、规范司法行为专项整治活动、“六五”普法活动、“三严三实”活动、党风廉政建设活动、强基础惠民生等活动的开展，着力在提升队伍素质、提高执法能力上下功夫，取得了较好成效。

*（一）坚持把思想政治建设放在首位。*2012年以来，先后组织开展系列专题教育实践活动7次，树立了正确的价值观、执法观、权力观、政绩观，各项工作走在了全区基层检察系统的前列，特别是在检察业务、检务保障工作方面取得的成绩得到了自治区检察院主要领导的充分肯定和高度评价。2012年以来，我院共荣获自治区、市、县各级表彰荣誉18项，先后有51人次获得先进个人奖励。

*（二）加强学习培训，推进队伍专业化建设。*结合历年开展的专题实践活动，有针对性的制定办案业务学习计划6个，进行业务考核3次，广泛开展岗位练兵、业务竞赛活动共计2次，逐步提高干警处理疑难案件和化解复杂矛盾的能力。鼓励和支持干警参加提高综合素质的学习培训，2012年以来，派遣干警到内地进行业务素能培训达10人（次），参加自治区各级各阶段培训32人（次）。通过培训，不断优化了检察队伍人员结构，提高了干警的专业素养和文化水平，奠定了检察队伍职业化的专业人才基础。

*（三）办实事解难事，坚持服务和保障民生。*2012年以来，20多名驻村工作队员根据强基础惠民生的各项要求，积极开展新旧对比教育和“感党恩、跟党走”爱国教育等活动120余次；帮助制定村务公开、民主管理、乡规民约等制度30余件；帮助培养入党积极分子37名，发展党员16名；排查调处矛盾纠纷15件；开展技能培训班2个；解决水电等关乎民生项目13个，共计落实资金298.4万余元；争取到各类物资折合人民币价值30余万元。帮助驻村点争取到50万元沙地绿化种植项目，种植面积达到50余亩，改善了人居环境。

五、着力基础建设，实施科技强检，新型化检察工作机制逐步完善

*（一）加快科技强检步伐。*充分发挥局域网、党政信息网、检察院“三级网”作用，推进了办公办案自动化、检务公开和检察宣传，塑造了检察新貌；积极探索和拓展统一业务系统软件应用，组织全院干警开展统一业务应用系统培训，有力推进了我院全面实现网上办案一体化进程，为推动本院形成网上办案新型检察办案机制，不断筑牢技术基础，做好专业人员储备打下了坚实基础。

*（二）积极推动用房建设。*院党组充分利用“十二五”规划的契机，向上级争取专项资金用于院内办公楼改造、技术楼建造以及干警宿舍设施改建等，为改善干警工作生活环境提供了极大的便利。目前，办公楼改造项目已完成并投入使用。

各位代表：2012年以来，江孜县检察院艰苦奋斗、求真务实、团结拼搏，各项检察工作取得长足发展。这是党委正确领导、人大有力监督、政府关心帮助、政协民主监督和社会各界大力支持的结果。在此，我代表江孜县检察院表示衷心的感谢和崇高的敬意！

同时，我们也清醒的认识到，检察工作仍存在诸多不适应科学发展的问题和困难，1. 法律监督职能的发挥与人民群众的要求和期盼还有差距，不善监督、监督不到位的问题仍然存在；2. 检察队伍的整体素质与新形势、新任务的要求还不完全适应，做好新形势下群众工作、化解社会矛盾的能力需要进一步提高；3. 基层检察院建设硬件滞后、经济保障不足的问题依然突出，在一定程度上制约着检察工作的发展。对此，我们将紧紧依靠党委领导、人大监督、政府和社会各界的支持，进一步采取有力措施，认真加以改进和解决。

今后五年的奋斗目标和主要任务

今后一段时间是全面推进脱贫攻坚战略，努

力实现全面小康，在更高起点上科学发展、跨越发展的关键时期，也是检察事业创新发展的关键时期，江孜县检察院和全体检察干警将以崭新的精神面貌，把握新机遇，迎接新挑战，更好的承担起时代赋予检察机关的神圣使命。我们的总体工作思路是：高举中国特色社会主义伟大旗帜，以马克思列宁主义、毛泽东思想、邓小平理论、“三个代表”重要思想、科学发展观为指导，深入贯彻落实习近平系列讲话精神，紧紧围绕“实现江孜经济社会跨越式发展和长治久安”的奋斗目标，以维护社会和谐稳定为首要政治任务，以强化法律监督、强化自身监督、强化队伍建设为总要求，充分发挥法律监督职能，推进检察事业全面进步，坚持对严重暴力犯罪和影响人民群众生产生活案件的严打方针不松懈，强化查办和预防职务犯罪工作力度，强化执法为民宗旨意识，切实抓好维护社会和谐稳定的重大工作，为建设和谐江孜、法制江孜、平安江孜、富裕江孜提供有力的司法保障。

一、坚持把维护社会和谐稳定作为检察工作的第一责任

毫不动摇的贯彻和落实区党委“十项维稳措施”，紧密配合县委、政府与县维稳指挥部的各项安保措施，旗帜鲜明、立场坚定的开展反分裂斗争，确保江孜社会持续稳定、长期稳定、全面稳定；强化法治思维，依法打击各类刑事犯罪，确保无任何严重犯罪行为逃脱法律制裁；转变法治方式，深入贯彻落实宽严相济的刑事政策，更加注重将矛盾化解在基层，确保罪刑相适应和无罪的人不受法律追究，确保涉检信访“零上访”；加强对辖区人员的管理，着重强化对社区矫正人员的监督力度，严防出现脱管、漏管事件。

二、坚持把执法办案作为检察工作的第一中心

要把强化法律监督作为检察机关的立身之本，严格按照中央和区党委以及上级院的要求，不断增强法律监督意识，加强和改进法律监督工作，真正做到既敢于监督、善于监督，又依法监督、规范监督、理性监督，促进社会实现公平正义。认真履行批捕、起诉职责，确保正确率在100%；进一步加强诉讼活动的法律监督，保证宪法和法律的正确实施，维护社会主义法制的统一、尊严和权威。要正确处理执法办案与服务大局、打击犯罪与保障人权、办案力度与办案效果等关系，促进执法办案的数量、质量、效率、效果、安全有机统一。

三、坚持把反腐倡廉作为检察工作的第一要务

深入开展查办和预防职务犯罪工作，坚定不移的将反腐败工作进行到底，继续加强与纪检监察等部门的联系协调，互通情况，互相配合，实现资源共享，形成反腐工作合力，坚持有腐必反、有贪必肃、有案必办的方针政策，重点开展惠农资金落实专项治理工作及查办和预防扶贫开发领域职务犯罪工作，争取每年侦破1-2起职务犯罪案件。

四、坚持把执法为民作为检察工作的第一宗旨

要加强以人为本、执法为民教育，不断改进执法作风，真正在思想上尊重群众、感情上贴近群众、工作上依靠群众。以当前持续开展的群众路线教育实践活动和“两学一做”活动为契机，组织全院干警继续深入开展亲民为民活动，深入基层倾听群众对检察机关在保障民生建设上的新要求和新期待，坚持每季度开展法律进乡村、进社区、进企业、进机关、进单位、进学校活动1-2次，实现与人民群众的良性互动；始终坚持做好“强基惠民”活动，深入开展驻村工作“七项任务”。

五、坚持把司法公正作为检察工作的第一保障

以当前大力开展的司法体制改革为契机，强化法律监督理念，将维护司法公正作为核心价值要求，加强对公安、法院和司法行政机关的监督力度，努力让人民群众在每一个案件中感受到公平正义。要全面加强刑事诉讼监督，强化保障人权理念，善于发现和监督超期羁押、非法取证、裁判不公等问题，促进严格执法，确保司法公正；要完善与检察建议和抗诉有关的提出、受理、办理及反馈机制，加强对实体有错误、程序有瑕疵的案件的监督纠正力度；加强刑罚变更执行检察活动力度，严格规范暂予监外执行和减刑等刑事变更措施，严密防范个别司法人员滥用职权、玩忽职守。

六、坚持把强基固本作为检察工作的第一要求

要把提高检察队伍整体素质作为基础性工作来抓，深入贯彻落实十八届四中、五中全会精神和习近平总书记依法治国系列讲话精神，以当前全国范围内开展的司法体制改革为抓手，在全院范围内开展动员部署和相关政策的普及和宣传，积极制定本院改革领导机构小组和实施方案；在全院内部不断加强党风廉政建设和“两学一做”教育，培育情操高尚、清正廉洁的检察干部；继续深入开展党的群众路线教育实践活动，加强干警思想道德建设，强化中央“八项规定”、自治区“约法十章”等要求，切实做到自重自省自励自警，坚守检察干警底线。

各位代表：今后一个时期是全面深化改革的关键时期，也是全面推进依法治国的关键时期。在全面落实脱贫攻坚战略，加快实现江孜小康社会建设的历史进程中，人民检察院肩负着重大责任。面对新形势和新任务，我们决心在县委和市检察院的坚强领导下，认真贯彻执行本次会议各项决议，更加自觉接受人大和社会各界的监督，解放思想，锐意进取，扎实工作，努力开创江孜县检察工作新局面，以更加有为的精神和更加求实的作风，为江孜县经济社会更好更快发展作出新的更大贡献！

江孜县2012—2015年国民经济和社会发展计划执行情况与2016—2020年国民经济和社会发展计划的报告（草案）

——在江孜县第十三届人民代表大会第一次会议上

2016年9月2日

江孜县发展和改革委员会

总结回顾过去的五年工作

一、国民经济和社会发展计划执行情况

自2012年以来，江孜县经济社会各项事业均取得了显著的发展成就。经济总量持续扩大，产业结构不断调整优化，“三农”工作成效显著，固定资产投资不断扩大，各项社会事业全面进步，生态环境建设成效显著，生态环境建设成效，受援工作积极开展，民族团结进一步增强，党的建设稳步推进，人民生活进一步改善。

——经济总量持续扩大，经济增长速度的相对较平稳，占日喀则市比重基本保持稳定。2015年，江孜县实现国民生产总值17.08亿元，是2011年时期的1.6倍，四年里国民经济基本保持稳定的持续增长模式，国民经济增长速度基本保持在13%以上。全县财政收入由2011年的1655万元，增加到2015年的3075万元，年均增速为21.5%，财政支出结构进一步优化。四年里国民生产总值占整个日喀则市的比重基本保持在10%的水平上下波动，波幅不大。人均GDP由2011年的16289元增加到2015年的23925元，年均增长11.72%。

——经济结构不断调整优化，“三一二”的产业结构格局初步形成。四年期间，江孜县的第一产业增加值由2011年的2.36亿元增加到2015年的3.19亿元，粮油总产量由2011年的13346万斤稳步提高到2015年的14723万斤，提高了1377万斤，粮食产量一直保持在1亿斤以上；第二产业增加值由2011年的1.76亿元提高到2015年的2.38万元，增加了0.62亿元；第三产业增加值扩张最为迅速，由2011年的6.92亿元增加到2015年的11.51亿元，增加了4.59亿元。在此基础上，经济结构调整力度不断加大，三次产业占整个国民生产总值的比重由2011年的21：16：63调整到2015年的19：14：67，“三一二”的产业结构格局初步形成。

——“三农”工作成效显著。农牧业发展的基础设施条件进一步改善，农牧业发展的基础更加稳固。对土地资源进行分类管理。特别是对有限的耕地资源，择出优质高产田，划定出基本的农田保护区。农村道路条件不断改善，四年期间，共实施了农村公路一般建设项目和通寺公路共23条，建设总里程302.3公里，总投资达19728.8万元，解决了江孜县4个乡、14个行政村、6座寺庙的通畅问题及25个行政村和22座寺庙的通达问题。农业综合开发投入力度明显加大，共完成投资11412万元。农业发展的服务体系更加健全。以安居乐业为突破口的社会主义新农村建设稳步推进，农牧民人均纯收入保持高位运行。四年期间，共实施了3955户农牧民危房改造，占全县农

牧民总户数的31.03%。农牧民人均纯收入由2011年的6479.32元增加到2015年的9850.71元，年均增速为13.01%。

——固定资产投资规模不断扩大，占整个日喀则市的比重呈基本稳定态势，成为经济发展的重要源动力。四年期间，共完成固定资产投资22.8亿元，固定资产投资额由2011年的4.57亿元提高到2015年的7.13亿元，年均增长14%。四年期间，江孜县固定资产投资规模占日喀则市的比重基本稳定，平均为6.56%。随着固定资产投资规模的不断扩大，一大批工程项目相继开工建设完成，为江孜县域经济实现持续快速健康发展提供了重要的源动力。

——各项社会事业全面进步，社会文明程度不断提升。四年期间共投入8954.71万元，用于48项的基建项目建设，上海市第七批援藏小组拿出80万元用于资助江孜户籍的大学新生，大大改善了江孜县学校、幼儿园的基础设施建设。完善了政府和社会资助学生制度，扶助家庭经济困难学生完成学业，切实保障了进城务工人员子女平等接受义务教育。最近几年江孜县财政收入投入教育资金的比例都能达到40%左右，进一步扩大了"三包"及"营养改善"政策覆盖面，目前全县享受"三包"政策人数已达到11132人，享受"营养改善"政策人数已达到7222人；不断提高"三包"及"营养改善"政策补助标准，目前全县"三包"补助标准已达到每学年每生均2900元，"营养改善"补助标准已达到每学年每生均400元。科技工作成效显著。四年里科技对农牧业增长的贡献率达到45%，科普率达到90%以上。医疗卫生条件明显改善，农牧区实行了新型医疗保障制度。以免费医疗为基础的农牧区医疗制度全面建立并已基本完善。社会保障体系进一步健全。建立了农牧区社会救助体系，困难群众的基本生活得到了有效保障；城镇居民医疗保险体系日益健全；初步建立了自然灾害应急救助制度。文化建设进一步加强。

——生态环境建设成效显著，可持续发展能力进一步增强。继续实施人工造林和天然林保护工程。加强森林防护体系建设。深入贯彻落实森林生态效益补偿基金政策，促进生态建设持续健康发展。加大野生动植物保护力度。继续搞好了水土保持、江河流域综合治理和地质灾害防治工作；加大污染防治力度。

——受援工作积极开展，对口支援力度不断加大。第六、七批援藏干部援助期间，江孜县受援项目共计37个、涉及资金16427万元，上海市有关部门的对口支援力度不断加大。

——民族团结进一步增强，社会局势持续稳定。开展"民族团结月"活动。抓好了《宗教事务管理条例》的宣传贯彻实施工作。牢牢把握新时期统战工作要求，认真贯彻"大团结、大联合"的统一战线工作主题，最大限度的团结一切可以团结的力量。深入开展"四增强、四热爱"教育活动，增强了中华民族的凝聚力，增强了抵御分裂主义渗透的能力。深入开展"平安江孜"创建活动，强化社会治安综合治理和整治专项活动，依法打击各类刑事犯罪分子，坚决打击各类分裂破坏活动，确保社会局势持续稳定。

——党的建设稳步推进，组织建设进一步加强。四年期间，江孜县以加强执政能力建设和先进性建设为重点，全面推进党的思想、组织、作风和制度建设，党的建设工作进一步加强。

二、"十三五"时期经济社会发展新机遇与新挑战

"十三五"时期是中国经济进入"新常态"的初始阶段，也是加快实现小康社会的关键时期。总的来说，在新常态下，江孜县经济社会发展面临的机遇大于挑战。在中国深化改革与有效投资的双驱动下，基础设施薄弱、改革开放潜力大的西藏将保持较大的投资力度，获得较多的改革红利。而且，随着西部大开发新十年规划的深入实施以及中央第五、六次西藏工作座谈会精神的贯彻落实，国家将继续加大对西藏发展的支持。同时，随着日喀则市发展稳定先行区的建设，以及日喀则撤地设市、拉日铁路开通、中印贸易关系有所改善、亚东口岸前景良好等重大机遇的到来，江孜县经济社会将迎来新的发展时期。但同时，也应当看到，在经济新常态下，江孜县也面临着由于经济增速放缓，产业结构调整、发展动力转换等带来的新挑战，发展基础的薄弱、发展能力的弱小，以及区域竞争加剧、生态环境制约、维稳压力大等因素，也将对江孜县加快发展带来一定的难度。

（一）新机遇

新常态下，我国区域发展战略的调整，将给西藏经济社会发展带来前所未有的机遇。西藏的地理位置决定了其在我国对外开放格局中处于重要地位，而江孜县是连接南亚的国际交通大动脉。拉亚公路、日亚公路、日江公路、仁江公路贯穿县境，并在江孜镇交汇，使得江孜成为重要的紧密连接拉萨、日喀则和亚东三个不同经济区域的交通枢纽和经济枢纽。同时，伴随着西藏中部经济区四小时经济圈的建立，江孜县将成为这一经济圈的一个重要节点，人流、物流、资金流、信息流将不断加大，在整个西藏中部经济区中的区位优势将进一步显现，特别是对于加快旅游业的发展将提供良好机遇。江孜县特殊的地理区位决定了其在日喀则市乃至全自治区的经济社会发展中将会发挥越来越重要的作用，江孜经济发展也将迎来新的机遇期。

（二）新挑战

——随着中国经济以结构升级、动力转换为特征的新常态的到来，整个日喀则市以及江孜县的发展基础薄弱、发展能力和创新能力较低的制约将会所有凸显，产业结构调整和实现创新发展的难度较大。

——由于整个日喀则市生态环境非常脆弱，灾害频发，江孜县生态安全压力也相当大。因此，在“十三五”时期，江孜县必须坚持科学发展的理念，破解制约经济发展中的瓶颈制约，把握新时期低碳经济和新能源发展趋势，大力发展绿色经济，充分利用低碳技术、其他相关先进技术及先进的管理模式，降低资源消耗，减少环境污染，从而突破高能耗、高消耗、高排放、低效益的传统发展模式，协调解决好经济发展与资源、环境、社会之间的关系，探索出一条在国家生态保护区域实现经济社会发展的新模式。

——促进社会稳定和谐的任务比较艰巨。敌我矛盾以及人民内部矛盾的长期存在，特别是西藏目前仍然面临着反分裂斗争的严峻形势，维护祖国统一、反对民族分裂、保持社会和谐稳定的任务将长期存在，因此，如何维护国家安全，加快经济发展，与全国一道实现小康社会，为江孜县“十三五”时期以及今后更长一个时期实现社会稳定造成了一定的压力。

三、未来五年时期经济发展计划目标

在五年内，江孜县必须围绕建设经济强县的目标，继续维持“十二五”期间经济增长速度平稳上升的趋势，实现经济总量的持续稳步提高。国民生产总值年均增速保持在13%以上，到2020年末达到31.47亿元，占整个日喀则市的比重为保持12%，人均国民生产总值达到4.23万元以上；到2020年末，农牧民人均纯收入达到1.75万元以上，增速保持在12%以上；地方财政一般预算收入达到6184万元以上，增速保持在15%以上。

五年内，固定资产投资总额累积超过60.19亿元，到2020年末，全社会固定资产投资达到16.31亿元，增速保持在18%以上。在此基础上，对口援助的上海市有关部门的援助力度也将明显加大，援助资金将达到3亿元以上。以上两项共计，五年时期，固定资产投资规模总额保守预计将达到63.19亿元。

五年时期，伴随着中央支持力度以及对口支援的上海市的援助力度的不断加大，外部投资的显著增加通过传导机制必将带动农牧区及城镇的消费。2020年末社会消费品零售总额达到77823万元。

第一产业产值占国民生产总值的比重继续保持在20%以上。粮食总产量继续稳步保持在1亿斤以上。二产发展中加大对现有民族手工业企业的扶持力度，争取再扶持1～2家有一定发展基础的民族手工业企业。大力发展旅游业，逐步培育贸易物流业，不断提高第三产业发展水平。坚持政府主导文化旅游业发展的原则，旅游收入保持每年20%以上的增长速度，五年时期旅游收入总规模超过2.5亿元。

争取五年时期解决剩余行政村的安全饮水问题，进一步完善已实施的安全饮水工程。解决农牧区电力设施落后的现状问题。加大乡村公路建设力度，实现具备条件的自然村通公路，行政村通沥青（水泥）路。实施通信“村村通”工程，努力实现乡乡通网络、行政村和具备条件的自然村通电话。完善以乡镇为重点的给排水、绿化、邮政基础设施，逐步实现有条件的乡村通邮。政府投资的项目要优先吸纳当地的劳动力就业。城镇要逐步建立健全劳动力资源市场信息服务体系，提高对就业者的服务能力。

到2020年末，江孜县的户籍总人口达到7.45万人，其中户籍城镇人口达到1.8万人，流动人口达到1.75万人，城镇化率接近37%。

五年时期，力争城镇新增就业和转移农牧区劳动力资源分别达到1000人和1万人，城镇登记失业率控制在4%以内。到2020年，城镇登记失业率控制在3.5%以内。

（一）社会发展目标

五年时期，重点加大对教育尤其是农牧区基础教育的投入，努力实现全面覆盖村级幼儿园，力争到2020年劳动力平均受教育年限超过2000年全国城市劳动力10.2年的平均受教育年限。力争2020年每千人拥有的执业医生数达到日喀则市的平均水平。

城镇低保实现“应保尽保”。按照将自愿集中供养的五保对象全都纳入集中供养、分散五保对象受到妥善照顾的总体工作目标，2020年末实现五保户供养率达到100%。按照上级的规定，不断提高农村低保标准和保障质量；制定与完善防灾减灾规划和灾害应急预案，提高防抗灾能力和水平。认真落实医疗救助政策，切实缓解困难群众因病致贫、因病返贫和看病难问题。认真落实《江孜县教育救助工作实施意见》，解决困难学生上学难问题。进一步加大流浪乞讨人员救助管理工作。加大法律援助，维护困难群众基本权益。

扶贫攻坚任务圆满完成。到2018年完成全县2794户、11352人的脱贫任务，到2020年，脱贫成果得到有效巩固，贫困户与全国一道步入小康社会。

2020年末科技对农牧业增长的贡献率达到50%以上，科普率达100%以上，实现每个建制村有2名科技特派员的目标，在现有的发展基础上，建设2～3家科普基地。

建设完善江孜县文化艺术中心（综合大楼），实施江孜县19个乡（镇）综合文化站附属配套工程。实现所有行政村覆盖村级文化活动室。进一步加大对江孜古镇的保护和开发力度。保护非物质文化遗产，扩大江孜“达玛节”的影响力，使其发展成为重要的招商引资、物流贸易平台。

（二）生态文明建设目标

重点控制和减少水土流失，保护农业生态资源。到2020年，江孜镇生活污水处理率不低于80%，生活垃圾无害化处理率达到100%。积极创建环境保护模范村和生态示范村。建设好江孜镇的环境空气质量自动监测系统和环境污染应急监测系统。

（三）社会稳定目标

五年时期，要围绕中央提出的“使西藏成为重要的国家安全屏障”最终目标，以中央提出的努力实现长治久安的相关要求为指导，确保实现江孜县的社会稳定，为全区实现长治久安做出应有贡献。

总体目标：建设日喀则东部经济区次中心，构建年楚河经济走廊，按照日喀则市三年打基础、五年实现跨越的要求，力争用五到十年的时间，着力把江孜打造成“现代农业立县、科技教育兴县、文化旅游富县”，建设成“文明、平安、和谐、富足”的日喀则东部新城。

江孜县2012—2015年财政预算执行情况暨2016—2020年财政预算安排的报告（草案）

——在江孜县第十三届人民代表大会第一次会议上

2016年9月2日

江孜县财政局

总结回顾过去的五年工作

一、2012年—2015年预算执行情况

2012年至2015年，全县财税部门在县委、县政府的坚强领导下，深入学习贯彻中共十八大、十八届三中、四中全会、五中全会、中央第六次西藏工作座谈会及习近平总书记系列讲话精神，不断优化财政支出结构，服务发展，改善民生，促进和谐，为全县经济社会发展提供了有力的财力支撑，全县预算执行总体良好。

（一）收入完成情况

2012—2015年，江孜县财政本级一般公共预算收入分别为1882万元、2256万元、2674万元、3075万元，累计完成9887万元。平均增幅保持在15%左右。收入总体实现稳步递增，2014年税收收入完成2078万元，税收收入首次突破2000万元大关。

1. 税收收入：累计完成8233万元，为过去四年总收入的83.27%。具体为：增值税597万元，营业税5769万元，个人所得税188万元，企业所得税878万元，资源税46万元，城市维护建设税545万元，印花税154万元，耕地占用税56万元。

2. 非税收入：累计完成1654万元，为过去四年收入总计的16.73%。具体为：专项收入41万元，行政事业性收费收入19万元，罚没收人45万元，国有资源（资产）有偿使用收入247万元，其他收入1302万元。

（二）支出完成情况

2012年至2015年，江孜县各级各类支出共完成290059万元。2015年支出完成数为112211万元，比2012年增支65297万元，增长2.39倍。支出增幅每年都保持在25%以上。

具体为：一般公共服务支出50500万元，公共安全支出17110万元，教育支出83596万元，科学技术支出868万元，文化体育与传媒支出5021万元，社会保障和就业支出23151万元，医疗卫生支出22593万元，节能环保支出1218万元，城乡社区事务支出7135万元，农林水事务支出50242万元，交通运输支出362万元，资源勘探信息等支出278万元，商业服务支出3678万元，金融支出109万元，国土海洋气象等支出984万元，住房保障支出20152万元，粮油物资储备支出152万元，其他支出2910万元。

从支出结构上看，自财政部门预算改革以来，支出的主要成分是公用支出、人员支出和法定（专项）支出。过去的四年里，人员支出占主要部分，其主要原因是：近四年干部职工的工资待遇及相关补助明显提高；低保标准、取暖费标准、住房公积金计提比例都有所提高；公用支出

略有增长。过去的四年里，根据经济社会发展的实际需求，结合本县每年的可供财力情况，对各部门的公用经费进行了调整，各部门的公用经费人头标准从2012年的每人每年3000元调整到2015年的每人每年8000元。法定（专项）支出有明显增加，主要是新的强农惠农政策不断出台，相应的资金量也逐年在增加。

二、2012年至2015年所做的主要工作

2012年至2015年的财政工作中，以“三个代表”重要思想为指导，紧紧围绕县委、县政府的决策部署，深入贯彻落实科学发展观，支持项目建设，着力培植财源，狠抓收入征管，深化财政改革，优化支出结构，高度关注民生，推进增收节支，财政事业实现了又好又快发展。

（一）转观念，法制意识继续强化

为增强依法行政、依法理财意识，利用简报、短信、微信、政府门户网等宣传载体，通过集中培训、有奖知识竞赛等方式，广泛宣传《预算法》，同时，以预算编制为抓手，试编全口径预算，公开预决算数据，充分发挥《预算法》在规范预算管理和促进经济社会发展中的作用。

（二）促改革，完善各类规章制度

1. 进一步完善财政资金拨付管理办法，加强资金使用监督。为了加强财政资金的监管，提高资金运行效率和使用效益，对纳入县财政预算安排的经费、上级专项资金、政府性基金、预算外资金等各类财政资金实行不同的拨款程序。通过完善拨付管理办法，把有限的资金用在了刀刃上，确保了各项建设事业的正常开展。

2. 稳步推进财政国库管理制度改革。在逐步建立以国库单一账户体系的基础上，按照上级要求，注销或归并了包括农发扶贫、人居安居账户在内的13个专户。

3. 继续推行政府采购管理工作。江孜县制定了相关政策和规定，规范政府采购行为。推行政府采购制度，在加强财政支出管理、提高财政支出使用效益以及促进廉政建设等方面均起到了积极的作用。

4. 进一步细化部门预算，按照公开、公平、公正原则编制预算，并按照国务院、财政部的相关要求，对各部门的年初预算，依照类、款、项的次序进行了细化，最终把全县的总财力及预算安排情况在全县范围内进行了公示。提交县人大常委会审议通过后，印发预算表发到了县直机关及各乡镇，进一步提高了年初预算的透明度。

5. 进一步规范财政报账程序，借鉴其他兄弟县市的成功经验，2013年进一步完善了江孜县财政报账制度，制定出台了《江孜县财政局经费报账审批表》，明确了报账审批程序，简化了工作流程。

6. 制定公务接待、会议、培训、休假差旅等管理办法，建立“三公”经费月报制度，规范公务支出预算管理。

7. 成立了江孜县住房资金清算领导小组，对1998年以来的住房公积金账户进行了核算清查，通过工作人员历时近一年的辛勤努力，完成了全县2250名干部职工个人住房公积金账户的清算、合并和归档工作，涉及资金共计1.6亿元。

8. 根据上级相关部门的要求，对2013年之前的各项沉淀资金进行了清查，把所有三年以上的沉淀资金共计1589万元，上缴本级国库。并按照沉淀资金使用的相关要求，做了资金使用计划，列入下一年的年初预算中，提请人大批准，明确了资金用途，进一步提升了资金使用的透明度和资金使用的效益。

（三）重监督，预算约束逐年硬化

树立“全口径预算监督”理念，认真开展“三公”经费、涉农资金、教育“三包”、会计信息质量等财政监督检查。

1. 加大优化支出结构工作力度，降低行政成本。根据中央“八项规定”、区党委“约法十章”“九项要求”牢固树立政府要“过紧日子”的理念，严格控制车辆、会议、接待等“三公”经费的支出，2012年至2015年的“三公”经费分别控制在1357万元、1193万元、1080万元、950万元。年均递减为10.7%。

2. 规范了政府采购制度。选派财务工作人员到上级业务部门学习采购程序和相关法律法规，结合江孜县实际制定了《江孜县政府采购规章制

度》，明确各项采购的程序。四年来，全县共实施政府采购金额达3863.83万元，采购预算价4154万元，节省采购资金290.17万元，节约率7.5%。

3. 积极配合各级审计、纪检机关及上级财政部门专项检查工作。完成了对2013年以来的涉农资金、财政预算执行情况等专项审计工作。

（四）抓队伍，全面提升财务人员整体素质

财政工作的顺利开展，更好地完成县党委、政府确定的财政工作目标、任务，必须有一支政治素质高、工作作风严谨、业务能力强的干部队伍。1. 强化思想政治教育，提高财政干部队伍的政治素质，以思想解放、观念更新、思路开拓、作风转变为突破口，增强发展意识、改革意识、机遇意识，不断破除阻碍经济社会发展的思想观念，为促进全县经济社会持续快速健康协调发展打下坚实的思想基础。2. 加大培训和知识更新力度，提高干部职工业务素质，重点学习财政改革中的新理论、新制度、新法规、新政策，提高了财政队伍的业务水平，为更好的完成上级部门部署的财政各项工作创造条件。3. 建立和完善各项规章制度，加强队伍的党风廉政建设，有效提高机关工作效率，提高干部职工廉政自律的自觉性，促进依法管理、依法行政，高效、务实的机关形象大大提高。

三、2016年至2020年财政工作安排

根据中央经济工作会和区、市两级政府工作会议、财政工作会议要求，结合江孜县财政实际，制定江孜县2016年至2020年财政收支计划：

（一）预算编制的指导思想

高举有中国特色社会主义理论伟大旗帜，以邓小平理论、“三个代表”重要思想和科学发展观为指导，继续落实稳健的财政政策，紧紧围绕发展现代农业和文化旅游业两个支柱产业的发展思路，继续实施积极的财政政策，不断提高经济增长的质量和效益；充分挖掘和拓宽财政增收渠道，切实提高财政收入；进一步优化支出结构，着力加大对偏远山区科教文卫等基础设施建设的投入力度，推进农村基本公共服务体系建设，增强公共服务能力；继续严格控制一般性支出，狠抓增收节支，统筹兼顾，有保有压，进一步提高财政资金使用效益。促进实现“十三五”规划目标，为全面建成小康社会提供财政保障。

（二）今后五年财政收支计划

1. 财政收入预算

为了保障江孜县经济又好又快发展，一般预算收入安排数的编制依据是：以年平均15%以上的增长速度为准。2016至2020年江孜县财政一般预算预计收入6184万元。

（1）税收收入预计将达到4515元，为未来五年一般预算收入的72.92%。具体为：增值税预计收入2808万元；营业税预计收入646万元，企业所得税预计收入584万元，个人所得税预计收入55万元，资源税预计收入7万元，城市维护建设税预算安排数预计收入350万元，印花税预计收入35万元，耕地占用税预计收入30万元。

（2）非税收入预计将达到1669万元，为未来五年一般预算安排收入的27.08%。具体为：专项收入预计达到372万元，行政事业性收费收入预计22万元，国有资源（资产）有偿使用收入预计315万元，其他收入预计达到960万元。

2. 财政支出预算

为了确保江孜县各项经济活动的持续稳定开展，保障一般性支出及重点支出，江孜县总财力预算编制是以年平均30%的增长速度为依据。从支出结构上看，未来五年里支出的主要成分仍然是以公用支出、人员支出和法定（专项）支出。2016年至2020年江孜县总财力预计将达到594502万元，预计2020年财政支出将达到187763万元，比2016年增支122022万元，增长2.86倍。

江孜县未来五年总支出预计将达到594502万元，其中：一般公共服务支出130546万元，公共安全支出59106万元，教育支出206978万元，科学技术支出2749万元，文化体育与传媒支出11801万元，社会保障和就业支出46481万元，医疗卫生支出51763万元，节能环保支出1836万元，城乡社区支出5218万元，农林水事务支出48851万元，交通运输支出3156万元，资源勘探信息等支出705万元、商业服务等支出2414万元，国土海洋气象支出1366万元，住房保障支出416万元，粮油物资储备支出172万元，其他支出20944万元。

（三）重点工作及主要措施

为实现上述目标主要做好以下几个方面的工作。

1. 贯彻落实新《预算法》，推进财税体制改革。建立定位清晰、分工明确的政府预算体系，规范全口径预算编制。建立政策性强、操作性强的预决算信息公开机制，将公开范围扩大到党政信息网等信息平台。建立跨年度预算平衡机制，编制好“十三五”财政发展规划。建立预算稳定调节基金，改进年度预算控制方式。健全预算绩效管理机制，推进政府预算绩效管理，提高政府公信力和执行力。健全依法行政、依法理财机制，推进法治财政建设，自觉接受人大、政协、审计、监察和社会公众的监督。

2. 适应经济发展新常态，促进财政收入增长。探索收入由约束性向预期性转变，完善非税收入征缴制度和监督体系，进一步加强对行政事业性收费、国有资产（资源）处置收益的管理，确保非税收入应收尽收。进一步加快财源建设工作步伐，确保已引进的太阳能光伏电站、娘曲藏布庄园酒店等项目早开工、早建设、早见效。加强国有土地和国有资产的管理，盘活国有土地和国有资产，对地上附着建筑物进行统一管理，确保国有土地和国有资产保值增值，助推本级财政的造血能力得到增强。

3. 集中财力保障重点，支持经济社会发展。创新财政投入方式，理清政府与市场的关系，集中有限财力发挥财政资金整合效益。加大城市建设投入力度，抓住新型城镇化建设契机，加快城市功能升级改造等建设。加大财政扶贫投入力度，为顺利完成精准扶贫工作提供保障。提高支农资金投入，进一步加快农业产业化推进步伐。

4. 优化财政支出结构，保障改善民生支出。在保证基本公共服务合理需要的前提下，优先安排改善民生支出。保证教育“三包”、城乡医疗、城乡低保、城乡养老、“五保”供养、“三老”人员补贴、村医补贴、村干部基本报酬等自治区既定的十一项民生政策标准合理增长的本级配套资金。

5. 严肃财经纪律，加强财政监督管理。严格遵守财税法律法规，强化财政监督管理，不得虚列虚增财政收支，不得挤占挪用、骗取套取财政资金，不得私设“小金库”，维护财经纪律严肃性，从源头上防治腐败。严格落实财经纪律，建立资金使用全过程的监督机制，加大责任追究力度，确保财政资金安全。加大财务人员培训力度，提升财政业务能力和水平。

各位代表，今后五年财政深化改革、促进发展各项工作任务艰巨，责任重大。我们将在市委、市政府和县委、县政府的坚强领导下，在县人大、政协的监督指导下，认真贯彻落实本次大会决议，求真务实、真抓实干，为全面建成小康社会提供财政保障！

索 引

说 明

一、本索引采用主题分析法编制。索引范围包括篇目、类目、部(门)目、条目等。
二、本索引按主题词首字汉语拼音音序(同音按音调)排列,若首字拼音相同则按第二字音序排列,以此类推。
三、索引款目后的数字表示内容所在的页码,数字后的拉丁字母(a、b)表示栏别(从左至右)。
四、篇目、类目、部(门)目用黑体字。

A

B

C

D

E

F

G

H

J

K

L

M

N

P

T

W

X

Y

Z

中共江孜县委员会

2016年1月26日，县委书记孙嘉丰（左二）到车仁乡拉日斯布看望慰问寺庙僧人

2016年9月16日，县委书记白玛到江孜镇宗堆居委会“妇女儿童之家”检查指导工作

2016年8月6日，县委副书记、县长曲达在“达玛节”上致辞

2016年10月3日，县委副书记、县长杨军到江孜县第二双语幼儿园施工点检查指导工作

2016年2月16日，县委副书记、人大常委会主任张峰到金嘎乡检查指导工作

2016年4月16日，县委常务副书记赤列坚赞在江孜县党政干部大会上

2016年7月6日，县委常务副书记王高安到江孜老街开展调研工作

2016年3月18日，县委副书记、常务副县长江臻宇到红河谷园区考察工作

江孜县人民政府

2016年7月12日，县委副书记、县长曲达到金嘎乡完全小学检查学生食堂饭菜质量

2016年10月7日，县委副书记、县长杨军到江孜县红河谷现代农业科技示范区检查青稞加工食品生产情况

2016年11月30日，县委常委、副县长洛桑次仁陪同日喀则市副市长次仁扎西（左二）检查指导矿山安全生产工作

2016年9月19日，县委常委、副县长陆剑涛到金嘎乡为贫困农牧民捐赠衣物

2016年10月20日，县委常委、副县长李小波检查指导光伏项目

2016年11月1日，副县长达次到各采砂场开展采砂专项整治最终验收工作

2016年12月8日，副县长杨秀梅到县人社局检查指导2016年农保管理、资金运营工作

2016年3月17日，副县长乔卫平在江孜县2016年中小学教师交流安排部署会上讲话

2016年12月27日，副县长格桑旦增到年堆乡曲乃村调研土地确权工作

2016年11月4日，副县长美珍到县环保局检查指导工作

2016年11月16日，副县长扎西旺拉到加克西乡检查精准扶贫生态岗位工作开展情况

江孜县人民代表大会常务委员会

2016年3月3日，县委副书记、人大常委会党组书记、主任张峰到日星乡检查指导工作

2016年9月2日，县委副书记、人大常委会主任张峰在十三届人大一次会议上作工作报告

2016年5月13日，召开十二届人大常委会第二十四次会议，审查批准2016年财政收支预算，图为县委副书记、人大常委会主任张峰与人大常委会副主任旦唐兴讨论财政收支明细表

2016年4月11日，组织江孜县人大代表到红河谷生态农业园区考察

2016年3月22日，召开江孜县第十二届人大八次会议

2016年9月1日，召开江孜县第十三届人民代表大会第一次会议

2016年11月25日，召开意见建议办理汇报会

中国人民政治协商会议江孜县委员会

2016年7月27日，政协党组书记、主席次罗带队调研江孜县精准扶贫工作开展情况

2016年7月28日，政协党组书记、主席次罗带队到日朗乡纳如村开展整村搬迁调研

2016年2月15日，政协副主席多吉次仁看望慰问政协退休老委员

2016年2月5日，政协副主席罗桑多吉·坚赞到车仁乡吉瓦村慰问贫困户

2016年10月10日，政协副主席扎塔慰问瑟康查仓僧人

2016年9月1日，召开政协第九届江孜县委员会第一次会议

召开2016年度政协班子民主生活会

中共江孜县纪律检查委员会（监察局）

2016年5月24日，日喀则市委常委、纪委书记马陵田（右一）到江孜县纪委检查指导工作

2016年10月9日，县委常委、纪委书记张桂英对部分乡（镇）纪委书记进行约谈

2016年4月13日，纪委工作人员到达孜乡开展廉政文化宣讲进村（居）活动

2016年8月31日，九届中共江孜县纪律检查委员会第一次全体会议召开

2016年3月21日，县委常委、纪委书记张桂英出席江孜县2016年度党风廉政建设和反腐败工作会议作讲话

2016年1月27日，组织全县各乡镇、县直各单位开展新《条例》《准则》知识竞赛

援藏工作

2016年11月19日，日喀则市委书记张延清（右一）与江孜县委常务副书记、江孜小组领队王高安交流江孜文化旅游业发展方略

2016年7月25日，日喀则市委副书记、市政府常务副市长、上海市第八批援藏干部总领队倪俊南（右二）到江孜红河谷现代农业示范园区调研

2016年9月21日，上海市浦东新区祝桥镇党委副书记陆汝顺（左一）与江孜县委副书记、县长杨军签署捐赠合作协议

2016年11月16日，江孜县第一期中青年干部培训班学员到上海市浦东新区北蔡镇考察学习城市网格化管理与基层社会治理工作

2016年7月4日，援藏干部江孜小组到县扶贫办调研

2016年8月25日，上海市浦东新区人民医院和江孜县人民医院签署对口帮扶协议

2016年9月13日，大型原生态文化史诗剧《江孜印迹》在上海首演圆满成功

中共江孜县委办公室

2016年1月10日，县委常委、县委办公室主任张裔，机要局局长达罗到热龙乡开展结对帮扶活动

2016年4月5日，县委常委、县委办公室主任张裔到卡麦乡为贫困学生救助捐赠

2016年4月12日，县委办公室副主任格桑卓玛带领办公室全体成员到江孜镇西郊村开展义务种树活动

2016年12月8日，县委办公室副主任格桑卓玛带领办公室全体党员干部开展环境卫生打扫活动

2016年11月8日，县委办公室党支部到热龙乡开展结对帮扶慰问活动

2016年11月24日，县委办公室党支部组织党员干部观看《榜样》

江孜县人民政府办公室

2016年1月26日，政府办公室主任扎西、副主任达珍到日朗乡开展节前慰问活动

2016年9月4日，政府办公室主任扎西到日朗乡结对帮扶亲戚家中了解情况

2016年12月23日，政府办公室副主任达珍传达上级文件精神

2016年3月28日，政府办党支部全体党员开展参观爱国主义教育基地（帕拉庄园）活动

2016年10月1日，政府办党支部全体党员开展参观爱国主义教育基地（抗英纪念馆）活动

2016年11月14日，政府办党支部召开“讲学习、讲忠诚、正风纪、转作风、提效能”主题活动动员大会

2016年7月22日，召开政府办全体干部每周例会

江孜县人民代表大会常务委员会办公室

2016年2月17日，县委副书记、人大常委会主任张峰组织干部职工学习相关文件精神

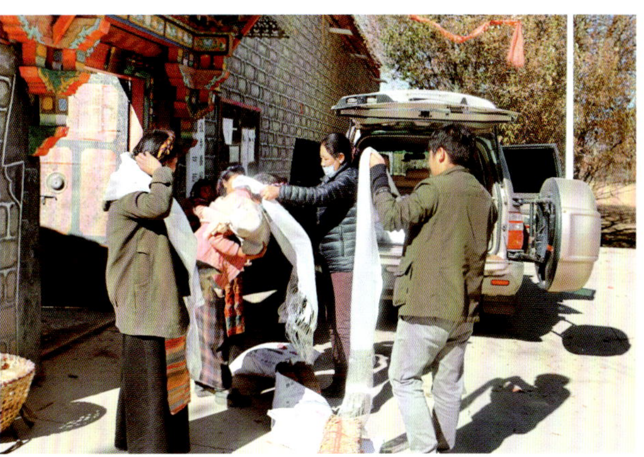
2016年11月18日，人大常委会副主任巴片到重孜乡慰问结对帮扶户

2016年9月3日，在江孜县十三届人民代表大会第一次会议上新当选人员向宪法宣誓

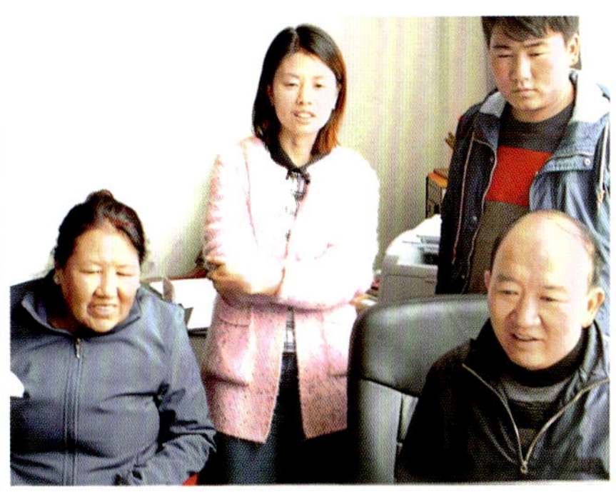
2016年5月17日，人大办公室组织机关干部观看《镜鉴》

2016年9月23日，江孜县开展乡（镇）人大干部培训班

2016年4月11日，江孜县人大代表考察县农业园区座谈会

2016年9月24日，举行江孜县乡（镇）人大干部培训班学习交流会

中国人民政治协商会议江孜县委员会办公室 》》》

2016年5月10日，县委副书记、县长曲达主持召开政协第八届江孜县委员会第七次会议委员提案交办会

2016年9月14日，政协办公室主任达娃桑布到江孜县养老院看望慰问孤寡老人

2016年5月17日，政协办公室干部职工观看《镜鉴——衡阳、南充违反换届纪律案件警示录》

2016年5月4日，江孜县政协委员到上海浦东新区政协学习交流

2016年4月21日，组织江孜县基层政协委员学习

2016年12月27日，政协文史资料征集领导小组在审查文史资料征集工作

2016年11月11日，组织政协委员参观宗山抗英遗址纪念馆

中共江孜县委组织部

2016年3月25日，县委常委、组织部部长李孟云参加江孜县2016年党的建设工作会议并向优秀党务工作者颁奖

2016年3月30日，县委常委、组织部部长李孟云到东郊村村委会参加2015年度村（居）“两委”班子考核激励资金发放现场会

2016年12月9日，县委常委、组织部部长李孟云参加江孜县“创先争优强基础惠民生”活动第六批驻村工作队培训会并作重要讲话

2016年7月1日，江孜县召开庆祝中国共产党成立95周年总结表彰大会

2016年10月27日，县委常委、组织部部长李孟云参加江孜县第一期中青年干部培训开班仪式

2016年9月24日，县委组织部（老干局）党支部组织党员志愿者服务队活动

中共江孜县委宣传部

2016年5月26日，江孜县委宣传部组织召开新闻舆论战线“学讲话、找差距、转作风、抓落实”活动学习讨论会

2016年8月17日，中国民间文艺家协会考察组一行到江孜县考察非物质文化遗产保护和民族传统文化工作

2016年4月30日，江孜县委宣传部安排“五一”工作部署会议

2016年9月8日，江孜县委宣传部召开工作部署会

2016年10月27日，中国曲艺家协会、西藏曲艺家协会、拉萨市歌舞团曲艺队到江孜县卡麦乡开展“曲艺名家新秀送欢笑”演出活动

2016年3月25日，颁发2015年度自治区文明村镇、社区奖

中共江孜县委 统战部

2016年2月4日，召开江孜县政协、统战爱国人士座谈会

2016年9月10日，江孜县涉宗部门召开“两学一做”专题学习讨论会

2016年7月1日，统战、民宗全体党员干部到县敬老院慰问老人

2016年5月18日，涉宗部门全体干部集体观看《镜鉴》

2016年12月13日，江孜县召开2016年下半年和谐模范寺庙暨爱国守法先进僧尼表彰大会

中共江孜县委政法委员会

2016年2月13日，县委常委、政法委书记、公安局局长扎西平措到康卓乡开展节前结对认亲慰问活动

2016年11月18日，县委常委、政法委书记、公安局局长扎西平措主持召开政法系统第三季度工作例会

2016年4月21日，召开江孜县政法综治工作会议

2016年6月13日，举办“双联户长”及综治专干业务培训

2016年6月30日，政法委组织开展政法系统“领导干部大讲堂”活动

2016年7月10—29日，开展政法系统“庆建党九五华诞 展古城卫士风采”文体活动

2016年9月13日，政法党总支党员干警参加助农秋收志愿活动

2016年5月21日，政法委党支部组织干警参观爱国主义教育基地——曲美雄谷抗英遗址

中共江孜县机关工作委员会

2016年10月30日，县委常务副书记、机关党工委书记王高安到县人社局开展机关党建调研工作

2016年12月5日，县委常务副书记、机关党工委书记王高安到县委宣传部开展党建宣传工作调研

2016年11月15日，县委常务副书记、机关党工委书记王高安到县扶贫（农发）办开展抓党建促脱贫攻坚工作调研

2016年11月28日，县委常务副书记、机关党工委书记王高安到县农牧局开展机关党建工作调研

2016年12月2日，县委常务副书记、机关党工委书记王高安参加县委组织部基层党建工作会议

中共江孜县委老干部局

2016年5月8日，县委副书记、县长曲达慰问江孜县驻成都市退休干部

2016年9月7日，县委书记白玛组织江孜县老干部召开座谈会

2016年9月28日，县委常委、组织部部长李孟云看望慰问老干特困老党员

2016年6月29日，老干部局局长尼玛片多慰问老干部

2016年6月28日，老干部局组织开展“七一”趣味活动

2016年6月16日，老干部局老年文艺队在老干部活动中心排练节目

2016年6月28日，老干部局组织召开“七一”座谈会

2016年12月14日，老干部局兑现2016年县财政10万元帮扶资金

江孜县人民法院

2016年8月19日，西藏自治区纪委派驻高院纪检组组长、高院党组成员吴兴宏（左二），日喀则市中级人民法院院长琪美加布（左一），党组成员、纪检组长吴明麿（左三）到江孜县法院开展司法巡查工作

2016年12月5日，党组书记、院长洛桑旦增组织全院干警开展“讲学习、讲忠诚、正风纪、转作风、提效能”主题活动

2016年12月16日，党组书记、院长洛桑旦增在县法院欢送新一批驻村工作队员

2016年3月10日，江孜县人民法院科技法庭车辆首次投入正式使用

2016年12月30日，党组书记、院长洛桑旦增担任审判长刑事案件在县法院进行公开审理，并当庭作出判决，被告人表示认罪悔罪

2016年7月2日，由江孜县人民法院承办的“法苑杯”农牧民法律知识竞赛在县法院落下帷幕

江孜县人民检察院

2016年6月2日，党组书记、检察长尼玛平措主持召开周例会

2016年12月26日，党组书记、检察长尼玛平措主持召开2016年度民主生活会

2016年5月25日，党组副书记、副检察长次仁主持“三会一课”学习

2016年11月2日，党组副书记、副检察长次仁主持召开周例会

2016年11月20日，检察院组织干警开展爱国主义教育

2016年3月17日，检察院组织干警开展预防职务犯罪法制宣传活动

检察院开展2016年度综治考评工作

江孜县总工会

2016年9月11日，西藏自治区政协副主席、区总工会主席洛桑久美（左二）看望慰问企业在档特困职工

2016年6月14日，工会工作人员到各企业签订安全生产责任书

2016年9月5日，举办企业职工技能竞赛

2016年5月13日，组织学习相关文件精神

2016年2月3日，工会工作人员开展“三大节日”慰问企业在档困难职工活动

2016年9月30日，工会主席拉欧慰问一线企业困难职工

2016年4月27日，工会组织开展“聚集青春力量，传承五四精神”五一系列活动

江孜县工商业联合会

2016年2月6日，江孜县工商联非公经济人士在县职工食堂举办新年座谈会

2016年2月25日，日喀则市工商联党组书记格桑曲珍（左二），县委常委、统战部部长次罗到日星乡参加金塔水塘开工典礼

2016年9月2日，工商联副主席格桑多吉到卡堆乡走访慰问会员企业困难职工

2016年6月21日，工商联主席班久，县政协副主席、工商联副主席扎塔为竞赛获奖人员发放荣誉证书

2016年2月24日，工商联工作人员在西噶建筑施工队党支部会议室为困难群众发放年货

2016年2月24日，江孜县工商联会员企业到敬老院慰问困难群众

2016年12月10日，江孜县工商联会员企业宗山农牧建筑施工队为结对户实施产业帮扶

江孜县 发展和改革委员会

2016年9月6日，日喀则市发改委主任拉巴次仁（左一）到江孜县检查指导灾后重建工作

2016年12月5日，日喀则市发改委副主任丹珍（右排右二）到江孜县自来水厂考察

2016年11月11日，发改委主任边旺到驻村点增麻村开展结对帮扶活动

2016年5月12日，发改委主任边旺到重孜乡检查特色小城镇项目

2016年2月5日，发改委主任边旺到江热乡热旦岗村向农民讲解土地征收政策

2016年4月12日，市工信局副局长巴桑次仁（中）到龙马乡沙拉岗村进行矿泉水源样本采集

2016年1月7日，统计局组织各乡镇召开第三次全国农业普查动员部署会

江孜县民族宗教事务局

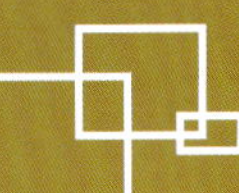

2016年12月8日，县委书记白玛到白居寺检查指导工作

2016年11月15日，日喀则市民宗局副局长扎西顿珠（左二）一行到江孜县拉则村、宗堆居委会检查民族团结示范点建设工作

2016年12月6日，县人大常委会副主任拉平带领县政协、县财政等工作人员实地验收少数民族项目

2016年8月15日，民宗局局长旺金、县统战部副部长张卫红开展学经回流人员教育工作

2016年7月14日，江孜县纳如乡日果村炯堆寺12年一度“芝罗芝达”佛事活动现场

2016年9月14日，组织工作人员在县城向干部群众发放民族团结宣传单

2016年11月1日，民宗局召开2016年度民族团结进步表彰大会

江孜县商务局

2016年10月19日，县委常委、副县长李小波在光伏电站施工现场检查

2016年2月4日，江孜县冬季物交会盛况

2016年10月28日，工作人员开展法制宣传活动

2016年9月26日，江孜县召开招商引资推进会

2016年8月10日，江孜县“达玛节”物交会现场

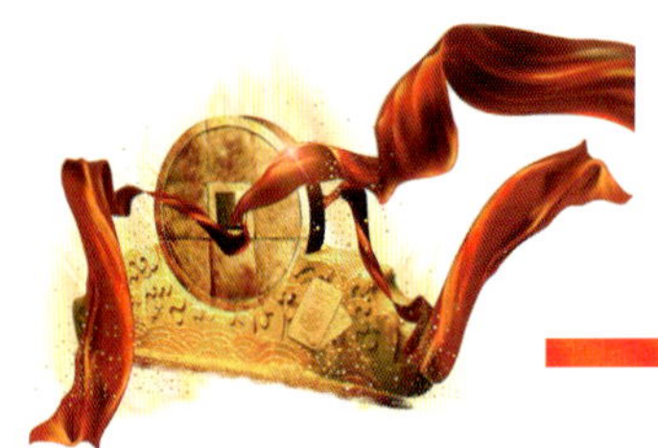

江孜县财政局

2016年4月27日，财政局局长边巴次仁到车仁乡玉西村检查驻村点工作

2016年4月27日，财政局局长边巴次仁到车仁乡玉西村考察水源地

2016年3月15日，财政局工作人员到车仁乡玉西村开展植树活动

2016年5月17日，财政局驻村工作人员在玉西村开展健康素养进村入户活动

2016年5月24日，财政局工作人员到重孜乡兑现民政补助资金

2016年8月27日，财政局开展“讲学习、讲忠诚、正风纪、转作风、提效能”系列学习活动

2016年6月15日，财政局召开党支部会议

江孜县交通运输局

2016年9月3日，交通运输局与日喀则市交通运输局质监站工作人员到紫金乡夏普村检查公路工程原材料

2016年8月20日，工作人员到龙马乡检查卡布琼公路工程进行的桥涵基础达标情况

2016年7月2日，交通运输局向各乡（镇）发放养护物资

2016年7月4日，交通运输局工作人员到龙马乡卓庆村查看公路水毁情况

2016年11月27日，交通运输局工作人员到卡堆乡加措村开展结对认亲活动

2016年9月18日，交通运输局工作人员到重点项目实施地达孜乡了解项目进展情况

江孜县科学技术局

2016年7月11日，科技局局长曲宗到江热乡热旦岗村食用菌生产基地查看食用菌长势情况

2016年9月26日，科技局局长曲宗到江孜县车仁乡热定村进行脱毒马铃薯实地测产

2016年6月16日，科技局工作人员在县宗山广场开展科普宣传活动

2016年11月16日，县科技局党支部书记曲宗带领5名党员干部到江热乡热旦岗村开展“进村入户接地气、结对认亲交朋友”活动

2016年11月2日，江孜县青少年活动中心中学生在教师指导下体验流动科技馆

2016年8月18日，邀请农牧业综合服务中心种养殖专家到江孜县藏改乡开展农牧民科技特派员培训

江孜县教育（体育）局

2016年12月7日，西藏自治区河南商会会长魏万峰（左一）到江孜县第一中学开展爱心助学捐赠

2016年3月21日，日喀则市教育局副调研员普琼到江孜县参加开学检查反馈会

2016年11月10日，日喀则市教育局副调研员普琼（左一）到江孜县调研均衡教育发展情况

2016年3月21日，日喀则市专职督学仓穷（右二）到江孜县检查开学工作

2016年11月29日，县教育局副局长巴桑卓拉参加职称推荐会

2016年7月10日，西藏大学教授克钻到江孜县做师德师风专题讲座

2016年9月9日，教师节表彰大会

2016年9月22日，教体局召开秋季开学检查反馈会

江孜县司法局

2016年7月3日，司法局局长普布顿珠组织干部参观帕拉庄园并进行爱国主义教育

2016年1月6日，司法局局长普布顿珠、副局长仁青旺堆慰问刑满释放人员

2016年1月5日，司法局局长普布顿珠组织党员干部到达孜乡吉才村慰问结对帮扶对象

2016年6月20日，司法局副局长仁青旺堆对四省藏区学经回流人员进行一对一教育

2016年7月18日，司法局组织社区矫正人员集中参加公益劳动

2016年6月15日，司法局工作人员在宗山广场开展安全生产月宣传活动

江孜县公安局

2016年2月10日，县委常委、政法委书记、公安局党委书记、局长、督察长扎西平措到东郊一级公安检查站慰问民警

2016年3月1日，县委常委、政法委书记、公安局党委书记、局长、督察长扎西平措组织公安、武警召开维稳安保誓师大会

2016年7月12日，江孜县东郊一级公安检查站站长、公安局党委副书记、政委张浩参加东郊一级公安检查站业务知识培训会

2016年6月29日，江孜县组织开展“熔铸忠诚警魂、竟展公安风采”文艺汇演

2016年4月28日，检查宗堆便民警务站“两学一做”主题教育活动学习情况

2016年4月4日，公安局组织民警开展清明节“缅怀革命先烈”扫墓活动

2016年4月2日，公安局民警参加义务植树活动

江孜县民政局

2016年5月20日，西藏自治区残疾人康复中心工作人员到江孜县江孜镇开展社区残疾人康复服务

2016年6月21日，民政局局长白玛德吉到卡麦乡查看受灾情况

2016年12月8日，民政局工作人员到驻村点热索乡努康村开展结对帮扶活动

2016年10月9日，民政局工作人员与五保集中供养中心老人一起欢度“重阳节”

2016年6月27日，邀请县消防大队官兵到江孜县五保集中供养中心为老人宣讲消防知识

2016年9月22日，民政局工作人员与浪卡子县民政局工作人员进行县级边界勘界工作

江孜县人力资源和社会保障局（公务员局）

2016年10月22日，日喀则市人社局局长旦增加布（左三）到江孜县重孜乡检查基层就业平台创建工作

2016年8月9日，人社局副局长普琼次仁到加克西乡开展结对帮扶活动

2016年8月13日，人社局副局长普琼次仁到重孜乡开展结对帮扶活动

2016年10月12日，人社局劳动监察办公室工作人员解决农民工工资矛盾纠纷

2016年5月18日，召开第一批新录用人员岗前培训会

2016年3月11日，召开第一期农牧民精准扶贫开班典礼

江孜县国土资源局

2016年11月3日，副县长达次，县委常委、纪委书记张桂英，县监察局局长索丹，国土局副局长扎巴仁青参加土地公开出让会议

2016年9月8日，国土局副局长扎巴仁青主持总结工作

2016年8月15日，国土局副局长扎巴仁青到方辉矿业勘察矿产资源

2016年7月10日，国土局副局长扎巴仁青到紫金乡实地了解灾害情况

2016年6月8日，国土局副局长扎巴仁青到江孜镇兑现征地补偿

江孜县环境保护局

2016年3月6日，县委书记孙嘉丰到环保局检查指导工作

2016年3月16日，县委常委、副县长李荣带领环保局工作人员到垃圾填埋场检查指导工作

2016年7月1日，环保局全体成员开展“两学一做”学习活动

2016年1月3日，环保局局长达瓦次仁到热索乡开展结对帮扶慰问活动

2016年3月14日，环保局工作人员在县广场开展环境保护宣传活动

2016年1月1日，环保局党委在县宗山广场开展“三大节日”慰问城管和环卫工人活动

江孜县住房和城乡建设局

2016年2月15日，西藏自治区住建厅总工程师、副厅长李新昌（左一）到江孜县江孜镇调研特色小城镇建设

2016年3月25日，西藏自治区住建厅副厅长陈锦（左二）到江孜县加日郊老街实地调研江孜镇特色小城镇建设

2016年5月19日，副县长达次、住建局局长尼卓到施工现场检查工程质量

2016年3月13日，住建局局长尼卓带队到卡堆乡吾聂村驻村点慰问驻村工作人员

2016年3月21日，日喀则市住建局工作组到江孜县指导保障性住房建设工作

2016年江孜县棚户区建设项目

江孜县水利局

2016年10月21日，副县长格桑旦增到水塘检查工作

2016年11月7日，水利局局长边巴顿珠到纳如乡慰问结对扶贫户

江孜县2016年小型农田水利重点县建设工程水塘工程

江孜县2016年小型农田水利重点县建设工程日星乡冲优水塘放水口工程

2016年12月27日，水利局主任科员尼玛对参加山洪灾害培训人员讲解山洪灾害防御理论知识

2016年12月28日，在年堆乡挪村开展山洪灾害防御演练

西藏自治区 满拉水利枢纽管理局

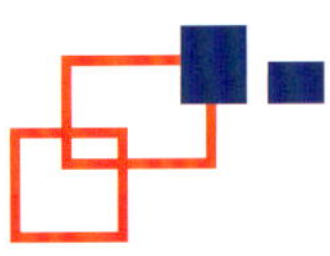

2016年6月25日，西藏自治区水利厅副厅长扎西平措（右二）到冲巴湖水库检查指导汛期前期工作开展情况

2016年4月29日，满管局组织召开“三县一区”春灌供水恰商会

2016年4月10日，组织全局职工到满拉库区开展植树活动

2016年5月4日，组织全局干部职工参观江孜宗山爱国教育基地

2016年7月1日，组织全局党员干部开展“两学一做”知识竞赛活动

江孜县农牧局

2016年12月23日，西藏自治区农牧厅副厅长索朗罗布（右二）到江孜县调研2015年青稞生产基地建设项目

2016年12月23日，西藏自治区农牧厅副厅长索朗罗布（右二）到江孜县调研黄牛配种点建设情况

2016年12月27日，副县长格桑旦增到年堆乡曲乃村调研土地确权工作开展情况

2016年12月6日，副县长格桑旦增调研江孜县饲草基地建设

2016年12月6日，副县长格桑旦增到种羊场调研

2016年11月12日，西藏自治区农牧科学院专家为农牧民授课

2016年7月21日，农牧局党支部召开"两学一做"第二次专题讨论会

江孜县文化广播电影电视局

2016年4月6日，日喀则市文化局党组书记陶明君（左二）到江孜县检查指导公共文化服务体系建设工作

2016年4月8日，文广局召开江孜县公共文化服务体系示范项目创建工作迎检筹备会议

2016年10月13日，江孜县文物局工作人员到白居寺开展第一次可移动文物普查工作

江孜县乃钦康桑唐卡画院展品

2016年11月7日，江孜县电影管理站工作人员到江孜乡东郊村开展“农村电影放映”活动

2016年3月28日，江孜县群众自办文艺团队在乡里开展“西藏百万农奴解放纪念日”文艺演出

江孜县卫生局

2016年3月24日，日喀则市卫计委局长索多到江孜县检查督导工作

2016年5月29日，卫生局局长央宗到年堆乡慰问贫困户

2016年5月23日，卫生局组织开展鼠疫应急室内演练及结核病随访跟踪服务

2016年8月23日，邀请上海市浦东新区人民医院专家对江孜县幼儿园儿童进行义诊活动

江孜县精准健康扶贫建档立卡

江孜县食品药品监督管理局

2016年3月9日，西藏自治区藏药审评中心负责人普赤（左排左二）、自治区药品与化妆品建管处主任科员陈文燮（左排左三）到江孜县藏药制剂室考察

2016年3月1日，日喀则市食品药品监督管理局食品生产和餐饮监管科科长普珍（左二）到江孜县检查学校食堂食品安全工作

2016年9月21日，食药局局长格桑、副局长次仁顿珠到县人民医院药品仓库检查

2016年12月27日，食药局副局长次仁顿珠到化妆品经营单位检查产品质量情况

2016年3月11日，食药局联合公安局清查县卫生服务中心过期特殊药品

2016年3月15日，食药局集中销毁过期失效及假劣食品药品

2016年3月15日，县食安委牵头组织食药监局、工商局、烟草等部门联合检查食品流通单位

江孜县安全生产监督管理局

2016年11月5日，日喀则市副市长次仁扎西（右一）到江孜县督导检查非煤矿山领域安全生产工作

2016年11月5日，日喀则市副市长次仁扎西（左四）到江孜县督导检查危险化学品领域安全生产工作

2016年9月4日，县委常委、副县长洛桑次仁到204、307省道开展道路交通安全隐患排查

2016年12月3日，副县长达次带队调研组开展非煤矿山调研工作

2016年7月5日，县安监局、发改委、住建局、消防等部门组成联合检查组到县建筑施工工地开展安全检查

2016年3月4日，安监局副局长索片到辖区内加油（气）站企业进行安全检查

江孜县林业局

2016年8月7日，林业局局长边巴次仁到江孜苗圃检查苗木生产状况

2016年6月23日，苗圃职工在苗圃地周围开展病虫害防治工作

2016年7月1日，林业局党员干部到日星乡旁孜村开展结对帮扶工作

2016年8月20日，国家林木种苗质量检查组到江孜县抽查林木种苗质量

2016年9月15日，林业局党支部组织开展“两学一做”专题学习

2016年11月8日，林业局工作人员到卡堆乡兑现生态效益补偿基金

江孜县信访局

2016年12月16日，西藏自治区信访局副局长郭顺成（右二）到江孜县督导检查信访工作

2016年11月18日，副县长达次主持召开“双清欠”工作会议

2016年10月，县信访联合县人社局、司法局到全县各工地摸排劳务用工等信访问题隐患

2016年11月15—16日，县信访局与责任单位积极协调、兑现民工工资现场

2016年3月21日，江孜县信访局随同扶贫（农发）办主任罗布下乡排查精准扶贫隐患

2016年10月11日，召开全县信访工作会议

2016年12月23日，民工向副县长达次赠送锦旗

江孜县藏语文工作委员会办公室（编译局）

2016年2月5日，编译局局长伦杰进行工作汇报

2016年5月7日，西藏自治区藏语委办（编译局）党组副书记、主任（局长）洛布（左二），党组成员、副主任（副局长）普布桑珠（左一），日喀则市藏语委办（编译局）党组副书记、主任（局长）次仁（右一）到江孜县编译局检查指导工作

2016年7月5日，编译局工作人员准备江孜县达玛文化旅游节开闭幕式相关翻译工作

2016年7月15日，编译局工作人员查找相关翻译资料文件

2016年8月20日，编译局工作人员翻译江孜县第九次党代会会议材料

2016年12月9日，日喀则市藏语言文字工作交流现场会在江孜县举行

江孜县扶贫（农发）办

2016年6月7日，日喀则市副市长罗布松拉（左二）一行到江孜县检查精准扶贫产业项目

2016年4月7日，日喀则市扶贫办党组书记达珍（左二）到江孜县督查脱贫攻坚工作

2016年5月22日，县委常委、副县长洛桑次仁一行到紫金乡了解易地搬迁户情况

2016年10月20日，县委常委、副县长李小波一行到热索乡了解养猪协会运行管理情况

2016年4月26日，扶贫办主任罗布主持召开19个乡（镇）扶贫专干会议

2016年12月22日，江孜县脱贫攻坚指挥部召开精准扶贫会议

2016年4月15日，江孜县召开精准扶贫工作部署会议并与各乡镇签订目标责任书

江孜县紫金寺

江孜县旅游局

户外大型实景剧《江孜印迹》文艺演出

江孜县紫金湿地

2016年12月20日，旅游局开展“两学一做”学习教育

2016年11月10日，旅游局召开安全生产会议

2017年12月4日，旅游局工作人员开展法制宣传活动

白居寺

江孜县气象局

2016年10月21日，西藏自治区气象局减灾处副处长任永富（左四）、日喀则市气象局副局长扎西（右一）到江孜县气象局检查指导“三农”工作

2016年10月21日，西藏自治区气象局减灾处副处长任永富（右一）到江孜县检查“三农”工作

2016年3月15日，组织工作人员在县城开展法制宣传活动

2016年6月23日，气象局人影工作人员汛期前人影高炮进行检查维护

2016年5月28日，气象局职工参加2016年汛期前天气会商视频会

2016年7月22日，气象局工作人员到江孜镇进行灾后田间调查

江孜县人民医院

中国医院品管圈联盟主席、清华大学医院管理学院院长刘庭芳教授（左二）与院服务中心主任侯坤（左一）、副院长尼玛旺堆（右一）交流工作

2016年10月18日，江孜县医疗服务中心主任侯坤、县医院副院长尼玛旺堆代表西藏医院在成都受邀全国医院品管圈联盟活动现场

2016年11月19日，江孜县人民医院院长格桑在北京被评为“全国优秀医院院长”

江孜县人民医院正式成为全区县级医院中唯一一家二级甲等医院

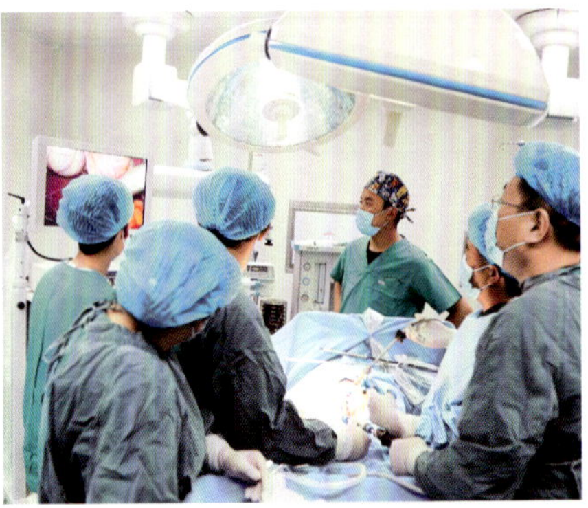

江孜县人民医院成功开展首例腹腔镜下胆囊切除术，手术获得圆满成功

江孜县人民医院16排螺旋CT正式运营

江孜县人民医院门急诊楼

江孜县江孜镇

2016年10月10日，县委常务副书记王高安到江孜镇调研各村（居）工作开展情况

2016年8月23日，江孜镇党委副书记、人大主席达贵到加日郊居委会开展低保政策宣传

2016年4月28日，江孜镇党委副书记、人大主席达贵到江嘎村联户增收示范基地调研

2016年5月6日，党委书记多布杰参观“五四”青年书法比赛

2016年9月14日，江孜镇全体党员开展助农秋收活动

江孜县纳如乡

2016年5月10日，党委书记旺堆主持召开换届党员大会

2016年11月8日，党委书记旺堆组织召开纳如乡生态岗位资金发放大会

2016年8月7日，组织开展项目建设领域突出问题专项整治行动政策法规宣讲活动

2016年3月28日，纳如乡组织开展庆祝“西藏百万农奴解放57周年”纪念活动

2016年4月5日，纳如乡组织工作人员发放“两学一做”宣传手册活动

2016年12月6日，纳如乡组织开展法制宣讲活动

2016年12月18日，纳如乡2016年度表彰大会

江孜县卡麦乡

2016年10月25日，日喀则市政协副主席、农牧局党组书记达娃占堆（右一）到卡麦乡开展结对认亲慰问活动

2016年12月22日，县委书记白玛到卡麦乡检查指导工作

2016年11月18日，县委常委、副县长李小波到卡麦乡小学检查学生生活环境情况

卡麦乡政府周转房

2016年6月30日，卡麦乡庆祝中国共产党成立95周年文艺会演

2016年7月1日，卡麦乡庆祝中国共产党成立95周年，并对先进个人进行表彰

江孜县卡堆乡

2016年3月27日，乡党委书记闫元仓主持开展“西藏百万农奴解放纪念日”系列活动

2016年7月3日，党委副书记、乡长拉欧组织开展“安全生产月”宣传活动

2016年6月21日，乡政法委员、统战委员、副乡长蔺彦龙组织开展“青春志、中国梦”活动

2016年6月8日，卡堆乡召开第十四届人民代表大会第一次会议

2016年11月17日，西藏域雄建筑有限公司到增麻村对该村15户建档立卡贫困户进行慰问、帮扶

2016年11月16日，卡堆乡召开扶贫政策宣讲暨兑现生态补偿资金大会

江孜县藏改乡

2016年12月24日，县委书记白玛到藏改乡了解基层干部工作、生活和学习情况

2016年9月10日，县委副书记、人大常委会主任张峰到藏改乡调研综治工作

2016年4月6日，江孜县卫生局工作人员在藏改乡开展“关注慢性疾病、普及健康知识”教育活动

2016年5月11日，藏改乡召开党员大会，选举产生新一届领导班子

2016年6月8日，藏改乡召开第十四届人民代表大会第一次会议

2016年7月1日，藏改乡机关支部成员组织开展“七一”参观宗山英雄纪念碑爱国主义教育基地活动

2016年9月19日，组织乡机关、派出所、驻村工作队、党员志愿者在藏改村开展“助农收割”活动

江孜县 日朗乡

2016年12月15日，县委书记白玛到日朗乡检查指导工作

2016年7月13日，县委常务副书记王高安到日朗乡检查指导工作

2016年10月13日，党委副书记、乡长仓木琼到卡尔村走访慰问扶贫户群众

2016年10月14日，白朗县文广局工作组到日朗乡参观交流

2016年3月28日，日朗乡开展庆祝“西藏百万农奴解放纪念日”活动

2016年1月22日，组织各村书记召开精准扶贫动员会

2016年5月28日，日朗乡领导班子换届选举

江孜县达孜乡

2016年7月6日，县委副书记、县长杨军到达孜乡调研指导工作

2016年7月12日，县委常务副书记王高安到达孜乡考核扶贫工作

2016年8月17日，党委书记扎西平措召集“两委”班子成员讨论生态岗位相关工作

2016年6月29日，向优秀村“两委”班子颁发奖状

2016年6月29日，达孜乡庆祝中国共产党成立95周年暨“七一”表彰大会

2016年5月2日，达孜乡“万名村（居）干部素质能力提升工程”测试

江孜县热索乡

2016年12月12日，乡党委书记欧珠、乡纪委书记普赤到学经回流人员家中了解动态

2016年12月29日，乡党委书记欧珠组织召开年度总结工作会议

2016年11月20日，乡党委书记欧珠带领各驻村工作队员到孜吾村开展实地观摩和经验交流会

2016年11月18日，乡党委书记欧珠组织召开“讲学习、讲忠诚、正风纪、转作风、提效能”主题活动部署会

2016年9月19日，乡党委书记欧珠组织部队官兵帮助村民铲除田里石头

江孜县重孜乡

2016年10月20日，交通部副部长戴东昌（左一）、日喀则市市长刘虎山（左三）到重孜乡调研精准扶贫相关工作

2016年4月5日，乡党委书记王胜利、副乡长白玛仁增组织召开精准扶贫工作政策宣讲大会

2016年7月2日，党委副书记、乡长扎西云丹，副乡长白玛仁增到重孜乡央白村进行农业大检查

2016年11月13日，西藏自治区农业厅调研员到重孜乡恰古村进行扶贫产业调研（菌类）

2016年6月3日，重孜乡党委换届工作

2016年6月2日，召开重孜乡人大换届群众会议

2016年5月29日，重孜乡央白村召开换届摸底工作

江孜县江热乡

2016年9月16日，副县长格桑旦增到江热乡调研农业生产

2016年11月9日，县委组织部副部长尼扎到江热乡各村（居）检查指导党建工作开展情况

2016年11月9日，县委组织部副部长尼扎到江热乡考核党建工作

2016年11月25日，县扶贫办主任罗布到江热乡检查扶贫工作开展情况

2016年9月23日，乡党委书记欧珠组织召开江热乡“双联户”培训会

2016年9月10日，“桂圆爱心”公益团到江热乡为受资助学生发放爱心资金

2016年12月16日，乡党委书记欧珠组织干部职工学习十八届六中全会和西藏自治区第九次党代会会议精神

江孜县年堆乡

2016年3月10日，县政协党组书记、主席次罗到年堆乡达热村考察驻村工作

2016年3月14日，县政协党组书记、主席次罗到年堆乡调研

2016年2月18日，副县长达次到年堆乡扶贫户了解情况

2016年7月2日，党委书记旦增欧珠主持召开全乡经济工作总结表彰大会

2016年5月7日，年堆乡人大主席卫红主持召开领导班子换届工作动员部署会议

2016年9月27日，为村“两委”颁奖

2016年7月1日，年堆乡庆祝建党95周年文艺会演

江孜县康卓乡

2016年7月19日，县委常委、副县长陆剑涛到康卓乡慰问贫困户

2016年7月11日，党委书记欧珠平措、乡人大主席普穷、党委副书记彭发铖到吉定村查看受灾户生产生活情况

2016年8月11日，党委副书记、乡长张爱娟，乡人大主席普穷带领乡干部到贫困户调查了解情况

2016年8月1日，党委副书记、乡长张爱娟，副科级干部扎珍到查龙村入户调查复核民政低保户

2016年5月26日，康卓乡党委换届，党委书记欧珠平措投票

2016年11月11日，康卓乡组织干部职工观看《榜样》

江孜县金嘎乡

2016年12月5日，县委书记白玛到金嘎乡角白村检查党建工作开展情况

2016年7月12日，县委副书记、县长曲达到金嘎乡完小检查指导工作

2016年10月7日，县委副书记、县长杨军到金嘎乡检查指导工作

2017年3月6日，县委常委、副县长李小波到金嘎乡岗坡村农民合作社调研

2016年6月5日，县委常委、组织部部长李孟云到金嘎乡检查换届相关材料准备情况

2017年1月23日，副县长杨秀梅，县委常委、宣传部部长普琼到金嘎乡看望慰问“三老”人员

江孜县日星乡

2016年12月5日，县委书记白玛到日星乡塔巴村塑料温室试点项目施工现场实地勘验

2016年10月7日，县委副书记、县长杨军到日星乡检查指导工作

2016年11月22日，县委副书记、人大常委会主任张峰到卡吾村开展结对帮扶活动

2016年4月1日，乡党委书记李永生安排部署各村“两委”班子成员“村（居）干部素质能力提升”会议

2016年11月23日，日星乡政府兑现2015年度全乡农牧民种植、养殖业出险理赔金现场

西藏金塔集团工作人员出席日星乡塔巴、旁孜两村新修大型水塘工程建设奠基仪式

江孜县热龙乡

2016年3月10日，县委常委、副县长李小波到热龙乡检查指导工作

2016年11月3日，乡党委书记、乡长裴超刚到完小食堂检查卫生情况

2016年11月3日，乡党委副书记、乡长裴超刚，乡人大主席达旺加到完小检查指导工作

2016年11月9日，乡人大主席达旺加主持召开“讲学习、讲忠诚、正风纪、转作风、提效能”专题动员部署会

2016年3月28日，热龙乡组织开展“西藏百万农奴解放纪念日”活动

江孜县车仁乡

2016年11月11日，党委书记群培，党委副书记、乡长黄红梅在乡政府组织开展全乡干部对贫困户慰问活动

2016年11月3日，党委书记群培，党委副书记、乡长黄红梅组织开展“双联户”表彰大会活动

2016年12月6日，党委书记群培，党委副书记、纪委书记白玛到完小为学生赠送学习用品

2016年11月3日，党委书记群培组织生态岗位贫困户对307省道车仁乡辖区进行环境整治

2016年10月8日，党委副书记、乡长黄红梅，人武部部长罗布次仁到热定村了解秋收粮食产量情况

2016年11月12日，党委副书记、乡长黄红梅到贫困户家中了解情况

江孜县加克西乡◎

2016年12月18日，县委书记白玛到加克西乡检查指导工作

2016年7月12日，党委书记桑珠，党委副书记、乡长张文军到多根村扶贫户入户调查

2016年6月9日，加克西乡召开第十四届人民代表大会第一次会议

2016年7月4日，党委书记桑珠到强村检查草场围栏情况

2016年6月18日，加克西乡召开牧业总结大会

加克西乡西部村南边一角

江孜县
红河谷现代农业科技示范区◎

2016年7月15日，西藏自治区人大常委会副主任李文汉（前排左二）到江孜县红河谷园区考察

2016年7月14日，西藏自治区科技厅农牧处副处长李轶群（右五）到江孜县红河谷园区考察验收第二核心区

育苗温室

高原农产品冻干车间

香菇

青椒

高原特色歌舞表演

工厂化无土栽培育苗区

江孜县人民武装部

2016年8月1日，武装部部长包世贵走访慰问敬老院老人

2016年12月25日，县委常委、武装部政委方美远到金嘎乡慰问贫困家庭

2016年7月10日，武装部部长包世贵对乡镇干部讲解征兵政策

2016年8月15日，武装部组织适龄青年体检

2016年6月9日，武装部组织民兵训练

2016年6月10日，武装部官兵在宗山广场维稳执勤

2016年7月25日，召开征兵工作部署会

江孜县公安消防大队

2016年11月4日，消防大队副连职参谋罗布次仁到县福利院进行消防讲座

2016年11月9日，副大队长龙科到江孜镇联合三社区开展“119消防”宣传讲座

2016年4月2日，满拉水电站微型消防站成立

2016年2月22日，消防大队官兵到白居寺立杆节佛事活动现场安保执勤

2016年11月9日，消防大队官兵到辖区高中为师生培训消防知识

2016年10月17日，消防大队战士到县农机加气站进行消防演练

「武警江孜县中队」

2016年3月12日，武警江孜县中队官兵在县城巡逻

2016年4月12日，武警江孜县中队组织战士体能训练

2016年7月1日，武警江孜县中队官兵到江热乡慰问老人

2016年4月15日，武警江孜县中队官兵到帕拉庄园开展爱国主义教育活动

2016年8月1日，武警江孜县中队官兵参加文艺汇演

2016年8月6日，武警江孜县中队战士在“达玛节”现场执勤

2016年8月5日，武警江孜县中队战士在“达玛节”现场举行升旗仪式

江孜高级中学

2016年8月13日，教育部基础教育司副司长马嘉宾（前排左一）到江孜高中做专题调研

2016年3月18日，日喀则市督导检查组一行到江孜高中检查指导工作

2016年8月15日，组织迎新生文艺会演

2016年8月22日，日喀则市2016高中教育工作现场会在江孜高中举行

2016年9月10日，江孜高中举办教师节文艺晚会

2016年8月10日，江孜高中新生军训演习

江孜县第一中学

2016年11月20日，西藏自治区教育厅督导处处长罗布（左三）到学校调研

2016年9月16日，县委书记白玛到江孜一中调研

2016年4月2日，县林业局局长边巴次仁和相关工作人员一行到学校考察校园绿化情况

2016年10月30日，校长巴桑、副校长顿珠群培看望慰问著名藏学专家玉加（左二）老师

2016年5月3日，一中教师参加江孜县首届教工运动会文艺演出

2016年5月10日，举办“全员教师赛课”活动

江孜县闵行中学

2017年3月26日，副校长罗杰带领党员、老师到卡麦乡康比村扶贫认亲

2016年5月18日，闵行中学副校长旺旦开展法制讲座

2016年4月26日，闵行中学化学教研组薄弱学科攻坚研讨会

2016年4月2日，闵行中学妇联举行为贫困职工捐助

2016年10月1日，闵行中学迎国庆举办教职工篮球活动

2016年3月28日，闵行中学庆祝“西藏百万农奴解放纪念日”红歌比赛

2016年4月4日，闵行中学组织师生到县烈士陵园开展清明节扫墓活动

2016年9月23日，闵行中学新生入学教育

江孜县第一小学

2016年3月19日，日喀则市教育督学、江孜县教育督导委员会主任、原日喀则市副市长巴旺（前排左一）带队检查组到江孜县第一小学检查指导工作

2016年7月19日，县委副书记、县长曲达，副县长乔卫平到学校检查指导工作

2016年3月11日，党支部书记、副校长米玛慰问结对认亲家庭

2016年9月27日，县委常务副书记王高安、教育局副局长巴桑卓拉到学校检查指导工作

2016年5月3日，县第一小学师生参加首届教工运动会

2016年5月3日，县第一小学“三进”传统文化舞蹈队在首届教工运动会上合影

江孜县第二小学

2016年10月12日，西藏自治区少工团工作组一行到江孜县第二小学检查指导工作

2016年4月5日，党支部书记达次到卡麦乡加比村开展结对帮扶

2016年12月9日，第二小学全体党员开展学习“两学一做”活动

2016年9月15日，第二小学送教下乡教学活动

2016年10月26日，第二小学组织教学大赛

2016年4月13日，第二小学“关爱留守儿童”发放学习用具

2016年5月25日，第二小学第37届运动会现场

江孜县幼儿园

2016年12月8日，园长白玛罗布主持召开家长会议

2016年6月1日，在江孜县影剧院庆祝“六一”儿童节文艺会演

2016年4月18日，幼儿园多功能房大班综合考评

2016年5月4日，幼儿园举行“童心向党、唱响童年”幼儿歌咏比赛

2016年5月16日，幼儿园课堂教学

2016年10月20日，幼儿园开展学生逃生演练

2016年11月3日，幼儿园活动场认识交通标志

2016年7月16日，幼儿园大班毕业合影

江孜县国家税务局

2016年5月6日，西藏自治区国税局党组书记董涛（左二）到江孜县国税局调研

2016年7月8日，西藏自治区国税局总会计师琼达（右二）到江孜县国税局调研

2016年10月27日，西藏自治区国税局总经济师谢学忠（左一）到江孜县国税局考察

江孜县国税局党员活动室

2016年4月26日，组织企业开展“营改增”培训

2016年4月6日，组织工作人员开展税收宣传活动

江孜县 工商行政管理局

2016年1月25日，工商局局长达旺主持召开2016年工商工作会议

2016年5月23日，工商局局长达旺主持召开“两学一做”专题会议

2016年3月15日，工商局联合县食药、烟草部门在互利互惠超市开展“3·15”消费维权日市场检查

2016年10月13日，工商局开展“红盾护农秋收护农”行动

2016年10月13日，工商局全体干部开展向经营户代表述职报告活动

2016年3月15日，工商局执法人员在宗山广场开展“3·15”消费维权日宣传活动

2016年10月31日，开展违反使用“中国驰名商标”字样专项检查

2016年12月1日，江孜县工商局首批“两证整合”营业执照颁发仪式

日喀则市交通运输局江孜公路段

2016年10月15日，西藏自治区公路局养护处处长詹胜辉（右二）到江孜公路段检查指导工作

2016年8月4日，公路段工作人员在国道349龙马乡路段进行安全隐患排查

2016年9月27日，公路段养护工作人员在国道349加热村修复路面

2016年2月13日，公路段养护工作人员在国道349卡若拉冰川沿山路段抛洒防滑料

2016年5月27日，公路养护工作人员在国道562萨马达乡对雨季前期全线堵塞涵洞进行清理

2016年12月4日，江孜县公路段工作人员到甲措雄乡开展宣传公路法律法规活动

西藏自治区新闻出版广电局江孜中波转播台

2016年10月25日，西藏自治区新闻出版广电局副局长次仁央宗（右一）到江孜中波台检查指导党建工作

2016年1月26日，组织干部职工召开“党风廉政建设”工作会议

2016年2月8日，中波台技术员下乡收测广播覆盖效果

2016年4月20日，组织干部职工在台区内开展植树活动

2016年3月28日，组织员工开展篮球比赛活动

2016年11月5日，组织干部职工开展“两学一做”学习教育活动

2016年12月16日，组织干部职工打扫江孜大桥卫生区

中国邮政集团公司西藏自治区江孜县分公司

2016年3月31日，营业员在金融台办理业务

2016年12月4日，营业大厅金融服务区

2016年4月3日，工作人员核对包裹单

邮政分公司自助服务区

邮政分公司营业大厅分销展柜区

江孜县邮政分公司办公楼

营业大厅客户等候区

生产区停车场

中国移动通信集团西藏有限公司江孜县分公司

2016年4月15日，工作人员为客户办理业务

2016年5月18日，工作人员到各商铺推销活动

营业员向顾客介绍手机功能

移动营业大厅活动产品展示

顾客使用自助机缴费

江孜县移动分公司职工楼

China unicom中国联通 中国联合网络通信有限公司日喀则市分公司江孜县营业部

2016年12月30日，联通日喀则分公司总经理彭力军（右一）、运维部副总经理王全领（右二）一行到江孜县联通营业部调研

2016年2月5日，联通日喀则分公司总经理巴桑仓决（右二）到江孜县联通营业部调研

2016年5月16日，组织员工学习实名制文件内容

2016年6月12日，联通营业部工作人员到卡麦乡开展实名制宣传工作

2016年4月1日，联通营业部工作人员在县城上海路开展实名制宣传活动

2016年7月12日，联通营业部工作人员到热索乡宣传联通3G业务

2016年11月10日，联通营业部员工到热龙乡开展实名制宣传及发展3G业务

中国电信 CHINA TELECOM 中国电信集团公司江孜电信局

2016年9月9日，中国电信集团公司西藏分公司党委书记、总经理李晓华（左三）到江孜电信局检查指导工作

2016年9月9日，中国电信集团公司西藏分公司党委书记、总经理李晓华与江孜电信局全体员工合影

2016年10月5日，日喀则电信分公司总经理西嘎（左一）到江孜县金嘎乡驻村点调研

2016年1月19日，组织干部职工开展消防知识演练

2016年5月6日，营业厅客户办理智慧家庭业务

2016年11月15日，装维技术人员安装光网宽带

江孜电信局办公楼